ISBN 978-0-332-41595-6
PIBN 10978304

PLATONIS DIALOGI

SECUNDUM

THRASYLLI TETRALOGIAS DISPOSITI.

EX RECOGNITIONE

CAROLI FRIDERICI HERMANNI.

VOL. IV.

LIPSIAE

SUMPTIBUS ET TYPIS B. G. TEUBNERI.

MDCCCLXXIII.

PRAEFATIO.

Absoluta ea dialogorum Platonicorum parte, cui ex Oxoniensi potissimum codice lux et salus petenda erat, in hoc volumine ad eos transgredimur, quorum recensio prae ceteris libris Parisino niti debet, qui decimo saeculo ineunte scriptus forma maxima foliis CCCXLIV quotquot nobis edendi restant dialogos, ne suppositiciis quidem omissis, comprehendit; quemque, ne cum Astii, strenui editoris, nomine confunderetur non ut vulgo solet litera A, sed P vel Par. significare malui. Idem vero quum jam ab Immanuele Bekkero usurpatus, deinde a Car. Ern. Chr. Schneidero, accuratissimae diligentiae viro, in Civitatis libris Lips. 1830—33 editis pro fundamento habitus, denique in ejusdem Schneideri usum ab oculatissimo homine Dübnero denuo excussus Turicensibus quoque in altera Reipublicae editione a. 1847 emissa ante oculos fuerit, meo qualicunque spicilegio in hoc volumine multo tenuiorem messem offerri consentaneum erat. Nam quum plurima ejus pars, solis Timaeo Locro et Minoe exceptis, ab ipso Schneidero Parisiis apud Didotum a. 1846 iisdem fere rationibus, quibus me quoque in hac recognitione duci professus sum, emendata prodierit, in Reipublicae certe libris, quos jam Turicenses secundis curis ad Schneideri auctoritatem direxerunt, mihi hoc fere solum relinquebatur, ut aut paucas optimi codicis lectiones, quas illi immerito sprevisse viderentur, quasi postliminio restituerem aut etiam paucioribus locis aliunde medelam afferrem; in Timaeo autem et Critia si aliquanto saepius a Turicensibus discedendum fuit, plerumque tamen id tantum feci, quod illos quoque in nova editione facturos credibile est, ut me ad Schneideri judicium et exemplum accommodarem. Quibus praeterea auctoribus vel subsidiis usus sim, ad singulos locos annotabitur; universi, quos hoc volumen discrepantes a Turicensi editione exhibet, hi sunt:

Reip. l. I. p. 327 C *ἐλλείπεται* P cum aliis libris haud malis; *ἐνλείπεται* VBST ipseque Schneiderus; credo, quia saepius *ἐλλείπειν* dicitur; at eodem exemplo Phileb. c. 8: *τὸ δ' αὐτό μοι τοῦ λόγου νῦν τε καὶ σμικρὸν ἔμπροσθεν ἐλλείπεται.* — P. 329 C *ἐπειδὰν αἱ* P, *ἐπειδὰν γὰρ αἱ* VBST facilioris structurae gratia; at vide ne protasis per ἐπειδὰν instituta duplici apodosi includatur vel duo enunciata a παντάπασι incipientia velut appositione quadam inter se juncta sint, ut Crit. c. 13 extr. οὔτε πείθεται οὔτε πείθει ἡμᾶς et τούτων οὐδέτερα ποιεῖ, Politic. c. 16 ἀμήχανοι καὶ ἄτεχνοι κατὰ τοὺς πρώτους ἦσαν χρόνους et ἐκ τούτων πάντων ἐν μεγάλαις ἀπορίαις ἦσαν, Republ. II. 17 οὐδέ γε τὸ παράπαν ὡς θεοὶ θεοῖς πολεμοῦσι et πολλοῦ δεῖ γιγαντομαχίας μυθολογητέον: cf. Nägelsbach. ad Iliad. I. 39. — P. 330 A πλέω P et Schneiderus, πλείω VBST. — P. 332 C ἔφη, ὦ πρὸς P et S cum Schneidero, ἔφη, πρὸς VB, ὦ πρὸς T, omisso cum Astio ἔφη, ut Socratis oratio continuetur, quod idem suasit Neukirch. in Plat. Politiam quaest. philol. part. I. Lips. 1834; hunc tamen recte jam redarguit Sommerus in Zeitschr. f. d. Alterth. 1835, p. 971. — P. 341 B ὃν νῦν δὴ ἔλεγες H cum Benedicto Conj. in Plat. libros de republ. Lips. 1805 et Faesio in Bremi philol. Beytr. p. 286; ὃ VBST, quod si ita Schneiderus tuetur, ut neget ὃν utrum ad λόγον an ad ἄρχοντα referendum sit apparere, id ipsum fortasse grammatico, qui genuinam lectionem mutavit, ambiguum fuit; Platoni non fuisse docent proxime sequentia ἰατρός, ὃν ἄρτι ἔλεγες, et c. 16: λέγω δὲ ὅνπερ νῦν δὴ ἔλεγον, τὸν μεγάλα δυνάμενον πλεονεκτεῖν. — P. 345 C πιαίνειν P, ποιμαίνειν VBST et Schneiderus, quod correctori deberi ipse Parisini margo arguit; nostrae lectionis vetustatem vel quod in aliis est παχύνειν testatur. — P. 347 A ξυνιεῖς P, ξυνίῃς VBST: cf. ad Sophist. p. 238 E. — P. 347 E πότερον moxque ποτέρως H c. Astio pro ποτέρως et πότερον ὡς ἀληθεστέρως, quod eo minus ferri poterat, quia ne positivo quidem ὡς ἀληθῶς hic locus foret. — P. 348 B ποτέρως H, ὁποτέρως omnes et scripti et editi, sed contra legem, cujus me vindicem jam ad Sophist. p. 236 B professus sum. — P. 348 D βαλάντια H, βαλλάντια VBST cum Schneidero ipsoque ut videtur Parisino, qui tamen quum alibi parum sibi in hac causa constet, scripturam jam ad Sympos. p. 190 E probatam nunc quoque retinui. — P. 349 D ὁ δὲ μὴ ἐοικέναι P sec. praef. Tur. p. X; ὁ δὲ μὴ μὴ ἐοικ. VBST et Schneiderus cum paucis libris iisque post Stephanum demum collatis, ut hic alteram negationem ex conj. addidisse videatur: certe praeter necessitatem, quum ὁ δὲ solum jam contrarium antegressi significet, cf. V. 14, VII. 2, IX. 1 etc. — P. 352 D. ὥς γέ μοι P et V c. plurimis, ὥς γ' ἐμοὶ BST, qui tamen ipsi sup. p. 329 A vulgatam tolerarunt, nec profecto mutandae causa est: cf. Protag. c. 28 et Sommer. in Allg. Schulzeit. 1830, p. 1046. — P. 354 B αἰεὶ P et V, ἀεὶ BST.

Reip. l. II. p. 358 A post ψέγεται vulgo adjectum ἀδικία δ' ἐπαινεῖται sustuli cum P aliisque libris, quos ipse Schneiderus *partim optimos et raro contra reliquos conspirantes* nuncupat: cui etsi concedo omitti haec etiam propter homoeoteleuton potuisse, non tamen quod potuit semper revera factum est, tantumque abest ut *plura omnino in codicibus errore librariorum omissa quam prava sedulitate immissa* esse credam, ut inter alia plurima, quibus Platonis libri scatent, hoc quoque manifestum scioli interpolamentum tenere mihi videar, qui sequens περὶ ἑκατέρου etiam injustitiae mentionem flagitare existimaverit, etsi haec mentio jam in superioris capitis principio abunde exstat. — P. 359 A δοκεῖ VB et Schneiderus cum libris, δοκεῖν ST ex Astii conjectura, ut haec quoque a φασὶ pendeant; at Glauco ipse eorum, quorum sententiam refert, velut personam suscipit. — Ibid. αὐτῶν P et V cum plerisque libris, αὐτοῖς S cum duobus, αὑτῶν BT et Schneiderus tanquam pro ἀλλήλων dictum; at ubi leges humano arbitrio institutae describuntur, *ipsorum* significatio praevalet. — P. 359 C tutissimum duxi cum Wiegando (Zeitschr. f. d. Alterth. 1834, p. 863) Γύγου circumscribere, quod Platonis non esse inferior locus X. 12 plane probat. Quod enim Stallb. ex paucis libris praetulit Γύγῃ, nec ipsum glossematis suspicione caret et sequentium difficultatem auget; ubi si Λυδοῦ vocabulo Croesum indicari certum est, non apparet, quomodo is universo gentis nomine a proavo suo, itidem Lydo, distinguatur. — P. 361 C ἀπ' αὐτῆς S c. Astio, ὑπ' αὐτῆς VBT et Schneiderus c. libris; illud tamen jam Eusebius et Theodoretus legerunt, inque tanta errandi proclivitate aliquid etiam sermoni tribuendum est. — P. 363 A ἀδίκῳ pro δικαίῳ scribi jam Muretus jussit paruitque Stallbaumius, recte; verbum enim διῆλθε paucis illis, quae p. 361 C de justo dicta erant, non convenit. — P. 364 D στρεπτοὶ ex Par. aliisque, ut dittographiae vetustas appareret, cum cancellis revocavi; ipsum Platonem, quod Stallb. fecit, ex Homero corrigere nolui. — P. 365 B ἐὰν μὴ καὶ S cum Boeckhio ad Pind. T. III. p. 571; ἐὰν καὶ μὴ VBS et Schneiderus cum libris plurimis, sed invita sententia, quae si haec esset: *vel si caream specie, nihil proderit*, ei, qui speciem prae se ferat, etiam minus prodesse significaret! — P. 365 D οὔκουν.. καὶ ἡμῖν μελητέον H levissima mutatione pro οὐκοῦν κ. τ. λ., in quo quum negatio desideraretur, V et Schneid. οὐ post ἡμῖν inseruerunt, B οὐδ' ἡμῖν, ST τί καὶ ἡμῖν scripserunt; nobis in sequentibus librorum fere omnium lectionem integram servare licuit. Majori audacia opus fuit p. 366 A, ubi quum P aliique decem, ut minimum, codices hanc lectionem tradidissent: ἀλλ' ὦ φίλε φήσει λογιζόμενος αἱ τελεταὶ καὶ οἱ λύσιοι θεοί, haec tantum optio relicta erat, utrum cum aliis inferioris notae libris inserendo post τελεταὶ αὖ μέγα δύνανται sententiam qualicunque modo absolverem, an ipso sententiae defectu ad corruptelae indicium converso verbis conjectura mederer. Prius editores a Stephano inde omnes fecerunt; quorum tamen exemplum ne sequerer, et ipsius additamenti et aliorum vulgatae verborum imbecillitas me prohibuit, si quidem et appellatio ὦ φίλε omni vi caret et λογιζόμενος oppido absurdum est in re, quae Graecis omnibus adeo nota et proclivis erat, ut ratiocinatione non indigeret. Accedit ipsa personarum confusio, quarum quum modo tertia hypophoram (φησί τις), prima responsum (φήσομεν) sustinuerit, mirum foret nunc hoc potius ad tertiam referri; quibus omnibus naevis removendis quum aliquid periclitandum esset, non veremur, ne conjectura nostra ὠφελήσουσιν ἀγνιζομένους aut a literarum vestigiis aut a sententia structuraeve rationibus nimis recessisse videatur; cf. Plutarch. Mor. p. 1105 B: οἱ δὲ δεδιότες τελετάς τινας αὖ καὶ καθαρμοὺς οἴονται βοηθεῖν, οἷς ἁγνισάμενοι διατελοῖεν ἐν Ἅιδου παίζοντες καὶ χορεύοντες ἐν τοῖς (leg. τόποις) αὐγὴν καὶ πνεῦμα καθαρὸν καὶ φθόγγον ἔχουσιν. — P. 367 A ὥς γέ μοι P et V cum plerisque, ὥς γ' ἐμοὶ BST; cf. ad p. 352 D. — P. 370 A σῖτον P sec. praef. Tur., σιτίον VBST. — P. 370 D quod ipse olim (Gesamm. Abhh. p. 182) cum Astio probaveram εἰ μὴ αὐτοῖς, quamvis codicum quoque haud exiguo numero oblatum, quia non minorem difficultatem creat, quam tollit, retinere nolui; aliquid tamen deesse etiam nunc sentiens ex conj. οὐδ' εἰ scripsi, quo facto exiguitas oppidi, quam opposita postulant, servatur, non tamen, ut in VBST lectione εἰ αὐτοῖς, *propter* bubulcos et pastores, sed *vel cum* his, qui alioquin magnum efficere videantur. Facilius etiam fuisset κεἰ scribere, sermonis tamen elegantia negationem iterari jubebat, qua nihil saepius omitti scite Alb. Jahnius in praef. Turic. p. 9 monuit. — P. 373 A iterum sustuli interpolamentum καὶ τὴν ποικιλίαν vulgo post κινητέον insertum, quod vix credibile est tot optimorum librorum scriptores, ut Schneiderus existimat, sequenti καὶ seductos omisisse; adjectum potius videtur a semidocto grammatico, qui ζωγραφίαν ad vestes quoque referri posse ignoraret; cf. Wüstemann. ad Theocrit. XV. 81. — P. 376 A οὐδὲν δὲ P cum locupletissimis fidejussoribus, οὐδὲν δὴ VBST et Schneiderus, qui δὴ explicatione egere negat; mihi nunquam hoc loco arrisit particula rem notam vel per se claram significans, libenterque redii ad librorum lectionem, quam iterando verbo facile tuearis, ut III. 3: ἀρχόντων μὲν ὑπηκόους εἶναι, αὐτοὺς δὲ ἄρχοντας . . . ἡδονῶν scil. εἶναι. — P. 378 C λεκτέα post τοιαῦτα apud VBS conspicuum, sed jam a Turicensibus circumscriptum, quia a Par. aliisque multis abest, exturbavi, neque aut p. 379 A ἐάν τε ἐν μέλεσι post ποιῇ aut p. 381 A καὶ ἀμφιέσματα post οἰκοδομήματα vulgo positum iisdem libris invitis toleravi; quibus etsi ab homoeoteleuto excusatio parata sit, certe non minor interpolamenti suspicio est, praesertim in priore exemplo, cui jam in Gesamm. Abhh. p. 182 fidem negavi. — P. 381 D παισὶν B, παισὶ VST et Schneiderus; equidem obtemperavi Meinekio in Zeitschr. f. d. Alterth. 1843, p. 293. — P. 382 C οἷ ἂν H, ὅταν VBST cum libris, sed solemni confusione, cujus exemplum dudum Casaubono auctore Euthyd. p. 280 A correctum est; aliud notavit Spalding. ad Demosth. Mid. §. 24, neque apud eund. adv. Leochar. §. 49 vel Aristot. Rhetor. I. 10. 8 ὅταν rectius quam ὃ ἂν legi arbitror. — P. 382 E οὔτε κατὰ φαντασίας vulgo post ἐξαπατᾷ interpositum cum Par. aliisque sex libris ejeci, ibidemque cum Bekk. et Stallb. οὔτ' ὄναρ scripsi pro οὐδ' ὄναρ, quod cave talibus exemplis defenderis, ubi simplex δὲ post οὔτε sequitur. Similis corruptela erat Aristoph. Lysistr. 1041, quam gemino Euripidis loco Androm. 732 convictam frustra contra Brunckium tuetur Reisig. Conj. p. 213.

Reip. l. III. p. 386 C quae vulgo post ἀκλήρῳ adduntur ᾧ μὴ βίοτος πολὺς εἴη, cum Par. aliisque codd. et Ficino omisi; mox autem pro ἀδροτῆτα, quod ST ex Wolfii Homero receperant, librorum omnium lectionem ἀνδροτῆτα eo securius revocavi, quod eandem nuper etiam Homero Bekkerus reddidit. — P. 387 C ὅσα ἔτη H ex vestigiis plurimorum codicum, ubi est ὡς οἴεται: editi ὡς οἷόν τε, quod magnopere languet; nec quod Winckelm. et Baiterus commendarunt οἰκέται valde juvat, quia non haec philosophi sententia est, ut servos prae ceteris mortem timere dicat, sed ut servitutis causam et originem a mortis metu repetat, unde tamen non sequitur, ut si quis cohorruerit, ea ipsa re ad servilis ingenii similitudinem delabatur. Suspicor igitur annuas potius rhapsodorum recitationes respici; quas etsi in Panathenaeis non ante quintum quemque annum rediisse Lycurg. adv. Leocr. §. 102 testari videtur, tamen et Athenis alias quoque recitandi occasiones exstitisse Tim. p. 21 B docet et in reliqua Graecia tot rhapsodorum certamina habebantur, ut singulis annis Homeri carmina audiri potuisse credibile sit; cf. Ion. c. 1, Xenoph. Symp. III. 6, Ath. VII. 1 etc. — P. 388 B κυλινδούμενον P et V, astipulante Schneidero, κυλινδόμενον BST cum Homero Il. XXII. 414; at obliqua oratio poëticam formam non requirit. — P. 388 E ἐφῇ H ex librorum plurimorum vestigiis, quibus jam praef. Turic. etiam Par. ἔφην scribentem addit; ἐφιῇ VBST, quod Schneiderus ad *statum* ejus, qui se vehementi risui det, refert; at si maxime ferri praesens potest, certe non adeo necessarium est, ut futuri exacti vim in aoristo conspicuam spernamus. — P. 389 A οὔκουν pro οὐκοῦν H, circumscriptis simul ἀποδεξόμεθα περὶ θεῶν, quo facto demum sequentia οὐκ ἀποδεκτέον κατὰ τὸν σὸν λόγον idoneam juncturam nanciscuntur; οὐ post οὐδὲ iterari videmus X. 9, Cratyl. c. 17, Demosth. Cherson. §. 37, Mid. §. 129 etc. — P. 389 D δημιουργοὶ H cum Schneidero librisque longe plurimis; δημιοεργοὶ VBST cum Odyss. XVII. 383, quam tamen Platonem nunc presse sequi opus non erat. Alia causa est p. 389 E, ubi vix arbitror Platonem aut duos Homeri locos Iliad. III. 8 et IV. 431 ita inter se conflasse, ut alter ab altero pendere videretur, aut in priore voc. σιγῇ, cujus summum momentum erat, temere omisisse; id ipsum tamen ne restituerem, ea re impediebar, quod τὰ τούτων ἐχόμενα omnino versum respuebant, qui apud poëtam non post sed ante praecedens exemplum IV. 412 legitur, tutiusque visum est cum Wiegando in Zeitschr. f. d. Alt. 1834, p. 873 totum hemistichium ad interpolatorem referre. — P. 390 B καὶ μόνος H, ὡς μόνος libri; cf. Ritschel. Mus. Rhenan. T. IV. p. 441. — P. 390 C Ἄρεως V et Schneiderus, Ἄρεος BST; vulgatae autem praef. Turic. jam Par. auctoritatem addit. — P. 392 A ἦν δ' ἐγὼ P, ἡμῖν ἦν δ' ἐγὼ VB, ἦν δ' ἐγὼ ἡμῖν ST et Schneiderus, ubi tamen ipsa sedis inconstantia otiosum interpolamentum arguit. — P. 392 B ζητοῦμεν H cum Ficino, ἐζητοῦμεν libri; at cf. IV. 1. — P. 394 B οἷός τ' ἦν P et V, οἷός τ' ᾖ BST praeter necessitatem; cf. I. 2 et Euthyd. init. — P. 394 C εἴ μου Stallb. c. Astio et Heind. ad

Charm. p. 97; εἴ μοι libri; at cf. Phileb. c. 31. — P. 397 A μιμήσεται Schneiderus, διηγήσεται VBST cum libris omnibus praeter unum Monac. B, quem etsi vere Boeckhius Ind. Berol. hib. 1829 passim praeposteram interpolatoris sedulitatem expertum esse monuit, nunc tamen veterem labem felici medicina sustulit. — P. 397 D ἄκρατον H cum libris plurimis, τὸν ἄκρατον VBST; at Par. quoque articulo carere praef. Turic. agnoscit. — P. 398 A οὐδὲ θέμις B, οὔτε θέμις VST et Schneiderus, repugnante sermonis lege, cui quem praeter nostrum locum God. Hermannus Opuscc. T. III. p. 252 opposuit l. VI. p. 508 A, alterum οὔτε apud Bekkerum typothetae tantum errore amisit. — P. 399 C ἁρμονίας post ἀνδρείων in plerisque codd. quamvis perperam iteratum cum cancellis revocavi; p. 400 A autem ποῖα δὲ ποίου pro ὁποίου deficiente Par. ex probatis libris Amb. C, Ang. B, Vat. H aliorumque vestigiis recepi, non quo promiscuum utriusque formae usum in obliqua interrogatione negarem, sed mutuae pronominum relationis gratia, ut Sophist. c. 38, cujus longe alia causa est ac Legg. V. 8, ubi duae interrogationes ita junguntur, ut altera alteri tanquam protasis sit: ὁπόση scil. οὖσα πόσους σώφρονας ὄντας ἱκανὴ τρέφειν. — P. 401 E καὶ inter participia χαίρων et καταδεχόμενος interpositum suspicionem movere dudum Stallb. intellexit; qui etsi cancellos in superiore editione adjectos nuper removit, mihi tamen etiam nunc ex male repetito sequentis vocabuli initio ortum esse videtur. — P. 402 A οἷς ἔστι H, οἷς ἐστὶ VBST, tanquam ad sequens περιφερόμενα pertineat; at hoc ad λανθάνοι referendum est, ut mox ad γνωρίζωμεν. — P. 405 B ἀπορία H, ἀπορίᾳ libri, quod ut antecedentibus congrueret, et librarii et editores particulam καὶ variis modis aut emendare aut explicare instituerunt; multo tamen proclivior erat nominativi restitutio, quem si cum αἰσχρὸν καὶ μέγα τεκμήριον junxeris, omnia sarta tecta habebis. — P. 406 D μακρὰν VS, σμικρὰν B, μικρὰν T et Schneiderus cum Par. aliisque plurimis, quorum tamen auctoritati nunc sententia obstare videtur; recepi igitur ex nonnullis certe codicibus, quod vel conjectura oblatum non rejecissem; eodemque exemplo p. 407 C quamvis omnibus fere libris invitis διατάσεις servavi, quod a Stephano inventum, sed a Galeno T. V. p. 874 Kühn. firmatum Turic. demum et Schneiderus ad librorum lectionem διαστάσεις revocarunt. Etiam p. 408 B τραγῳδιοποιοὶ pro τραγῳδοποιοί, licet nunc uno tantum Vind. B contineri traditum esset, tam propter optimos, quos in sup. vol. auctores habuisset, quam propter ipsius Par. lectionem X. 7 constantiae debebatur; nec p. 410 B μεταχειρίζονται pro μεταχειρίζεται, cujus rationem pluribus in Ritschel. Mus. Rhenan. T. IV. p. 440 reddidi, Galeno fidejussore reponere dubitavi. — P. 411 E διαπράττεται, cujus valde incommodam structuram esse dudum interpretes viderunt, lenissima medela circumscripsi, quo facto antecedentia, quod interpolatorem fugisse videtur, a χρῆται pendebunt; deinde vero εἰ μὴ εἰ pro εἰ μὴ εἴη πάρεργον, quod jam Phaed. p. 91 A tolerandum esse negavi, ex optimo Par. libenter recepi; cf. IX. 7: εἰ μὴ εἴ τι αὐτῶν ἀργύριον ποιεῖ, aliaque exempla apud Stallb. ad Gorg. c. 36. — P. 412 A τοῦ τοιούτου P et Schneiderus, τοιούτου VBST propter sequens τινός, ut videtur articulo omisso, quem tamen etiam pronomen indefinitum admittere ostendit ὁ τυχὼν τις ὅρκος Demosth. Aristocr. §. 68, ὁ κύριός τις Soph. Oed. Col. 288 etc. — P. 412 D ὅταν μάλιστα quia sequenti optativo non convenit, circumscribere, quam cum VBS οἴηται manifestam paucorum codicum correctionem tueri malui; interpolatio est scioli, quem demonstrativum ἐκείνου post relativum ᾧ offendit, licet haec ipsa, ubi diversi casus requiruntur, legitima constructio sit; cf. sup. c. 8 et Stallb. ad Gorg. c. 7. — P. 413 C post εἶναι addidi αὐτοὺς ποιεῖν, leviter tantum mutata plurimorum codicum lectione αὐτοῖς ποιεῖν, quae postquam teste praef. Turic. etiam in Paris. inventa est, interpolamenti suspicione in posterum carebit. Dativum modo, quem librarii vel ad δοκῶσι vel ad βέλτιστον retulisse videntur, accusativo mutari ratio jussit; verbi ipsius repetitio sententiae apprime convenit. — P. 414 E ὡς ἡ γῆ H, καὶ ἡ γῆ libri, ubi tamen quo particulam referas, aegre reperias; nunc iteratur, unde tota structura pependit, ὡς ἄρα: cf. Ritschel. Mus. Rhenan. T. IV. p. 441. — P. 416 C παρασκευάσασθαι P, παρεσκευάσθαι VBST, quo solita acc. c. inf. constructio apud δεῖν servatur; at dativo quoque locum vindicat Xenoph. Anab. III. 4. 35: δεῖ ἐπισάξαι τὸν ἵππον Πέρσῃ ἀνδρί, quumque custodes antea εὐνὰς ποιήσασθαι ipsi jussi sint, haud scio an nunc quoque medium aptissimum sit; melior certe ejus causa est quam sequ. conjunctivi ἐπάρῃ, quem ne Schneidero quidem ita defendere contigit, ut paratissimam Stallb. medelam ἐπαροῖ repudiare auderem.

Reip. l. IV. p. 422 C πλέους P, πλείους VBST; cf. p. 330 A. — P. 425 C τάδε ante τὰ ἀγοραῖα cum P aliisque multis omisi eorundemque vestigia secutus mox ad vulg. lect. λήξεις et καταστάσεις redii, quibus quod BST et Schneiderus c. Astio substituerunt λήξεως et καταστάσεως, in posteriore tantum voce majore codicum numero commendatur, in priore interpolatos potius correctosve testes habet. Veterem confusionem esse et illud probat, quod Vat. Θ καὶ δικῶν λήξεις post καταστάσεως ponit, Mon. B, qui cum paucis λήξεως offert, tamen καταστάσεις servavit; quibus in turbis id amplexus sum, quod facilius corrumpi potuisse videretur, si quidem librarii καὶ — καὶ inter se respondere ob liti δικῶν λήξεις et δικαστῶν καταστάσεις, unde genitivi λοιδοριῶν καὶ αἰκίας pendent, his ipsis assimilandas esse putabant. Praeterea πέρι ante ξυμβολαίων in περὶ mutari ratio jussit. — P. 428 C ᾗ οὐχ pro ἢ οὐχ H cum paucis quidem libris, sed flagitante mox ἑαυτῆς, quod a P et V traditum in αὐτῆς mutare cum Astio BST non debuerant: mihi hac tantum optione relicta, utrum ἑαυτῆς spernerem an ἢ vel ex conjectura in ᾗ mutarem, haec lenior medela visa est, praesertim quum βουλεύεται ad ἐπιστήμην relatum etiam antea βουλευομένην pro βουλευομένη scribi postularet, in quo nunc Stallbaumium sequi opus non erat.

Nec p. 429 C dubito quin sana sit Par. lectio τὸ ἔν τε λύπαις κ. τ. λ., ubi VH cum aliis codd. τῷ correxerunt; modo circumscribatur αὐτὴν σωτηρίαν, quod interpretando διὰ παντὸς adjectum tamen neque ad sententiam necessarium et structurae plane infestum est. — P. 430 E κρείττω δὴ αὐτοῦ λέγοντες moxque φαίνεται H, φαίνονται moxque λέγεται VBT, λέγοντες et λέγεται Stallb. et Schneiderus ex Par. vestigiis, quos in priore vocabulo libenter secutus sum; reliquam meam rationem exposui Gesamm. Abhh. p. 163. — P. 435 D ἄλλη γὰρ H, ἀλλὰ γὰρ libri tam editi quam scripti praeter unum Flor. T, cui tamen adstipulatur Galenus T. V. p. 480 ipsaque lectionis praestantia etiam a Stallb. et Schneidero agnita, cui vel sine libris locum concedi fas esset. — P. 437 A εἴη ἢ καὶ a Bekkero demum inserta etsi in magno codicum ipsiusque Galeni consensu exturbare nolui, mihi tamen veteris erroris suspicionem praebere cancellis significavi. — P. 437 C τί δαί P, cui miror Schneiderum T. II. p. 291 in hoc vocabulo nihil tribuendum esse affirmare; ego certe quem in tanta hujus particulae ambiguitate ducem praeferam, non invenio, eumque etiam inferius passim non monito lectore secutus sum, ut V. p. 464 D, 468 B, 469 BC, 470 A, 475 A, 477 E, 479 B, VI. p. 496 A, 505 C, 506 C, VII. p. 519 B, 523 E, 526 B, 527 D, VIII. p. 551 D, 558 A, 559 A etc. — P. 437 E θερμοῦ ἐπιθυμίαν moxque τὴν τοῦ ψυχροῦ H, ψυχροῦ ἐπιθ. et τὴν τοῦ θερμοῦ libri, speciose, quoniam qui calet, frigidam, qui friget, calidam potionem desiderare solet; sed contra philosophi sententiam, qui attributa a notionum consortio derivat, ut mox πολλοῦ sitim a πλήθει: cf. Ritschel. Mus. Rhenan. T. IV. p. 440. — P. 440 D ἢ πρὸς BS ex conj. Astii; εἰ πρὸς VT et Schneiderus cum libris; medela tamen eo proclivior est, quo saepius librarios ex cadentis graecitatis abusu εἰ in recta interrogatione posuisse constat. — P. 441 A ἐπικουρητικὸν P cum Galeno, ἐπικουρικὸν VBST. — P. 442 A προστατήσετον H ex conj. Bekkeri pro προστήσετον, cujus transitiva vis huc non pertinet. — P. 443 B τι post ἔτι ex dittographia ortum, cujus vestigia etiam libri nonnulli τί οὖν legendo servarunt, circumscripsi. Necessarium non esse probant exempla apud Fritzsch. qu. Lucian. p. 92 et Stallb. ad Phaedr. p. 274; sive addi placuisset, commodiore tamen loco ponendum erat.

Reip. l. V. p. 449 C ὅτι ἐγὼ VS et Astius, ἔτι ἐγὼ BT et Schneiderus cum libris, sed languidissimo particulae usu, quanquam facile intelligas, quomodo ea rariori interrogandi formulae ὅτι τί substitui potuerit. Ita enim interpungendum est, ut ὅτι ad τί referatur, cui quod Schneiderus opposuit, in responso iteratum ὅτι desiderari, recte jam Schaeferus ad Demosth. T. IV. p. 154 responsionem interrogationi non ubique ita exaequari monuit, ut exactissima ambarum conspiratio oriatur; cf. Lucian. Dem. enc. §. 22. — P. 451 A δικαίων circumscripsi cum Sommero in Zeitschr. f. d. Alt. 1835, p. 891; moxque οὔ με dedi pro εὖ με, cui negationem deesse jam ante Cornarium et Astium Mon. B librarius senserat, quem secuti BS *οὐκ εὖ με* ediderunt; mihi tamen ipsum *εὖ* mutari satius visum est, quo facto non ratio sed effectus consolationis notatur. — P. 452 D *κακοῦ καὶ καλοῦ αὖ* P ceterique optimi, quos quum in priore editione etiam Turic. secuti essent, in altera cum BS et Schneidero ad Stephanianam lectionem *κακοῦ ἢ* omissis *καλοῦ αὖ* redierunt; at enim haud scio an altius vitium lateat totaque demum antecedente sententia ut aliena eliminata commoditas structurae restituatur. *Καλοῦ* a *σκοπὸν* pendere clarum est; *στησάμενος* quomodo eodem referendum sit, dixi Gesamm. Abhh. p. 177. — P. 454 B *τὴν ἄλλην φύσιν* H ex conject. Baiteri, *μὴ τὴν αὐτὴν φ.* VBST et Schneiderus; sed *μὴ* plerique libri et Galenus ignorant neque inseri nisi languida et contorta constructione potest. — P. 454 D *ἰατρικὴν ... ὄντας* H, *ἰατρικὴν ... ἔχοντα* V, *ἰατρικὸν ... ὄντα* BST et Schneiderus cum Mon. B et Flor. U, quibus nunc correcturam male cessisse arbitror, quanquam medela etiam Par. plurimorumque lectio *ἰατρικὴν ... ὄντα* indiget; eam tamen et faciliorem et aptiorem habebis legendo *ὄντας*, quo facto *ἰατρικὴν* mulierem potius quam animam cum *ἰατρικῷ* jungere licebit. — P. 455 D *μέν τοι* H, *μέντοι* libri; medelam praeeunte Boeckhio jam Phaed. p. 76 B adhibitam nec hic nec inf. p. 473 C audaciorem esse censui. — P. 456 C *δυνατά τε* B, *δυνατά γε* VST et Schneiderus cum libris praeter Flor. T omnibus; non tamen dubitavi vel solitario auctore recipere, quod ne conjecturae quidem facile negassem. — P. 458 B *τῇ πόλει* P, *τῇ τε πόλει* VBST. — P. 460 E *εἴκοσι* P et Schneiderus, *εἴκοσιν* VBST. — P. 464 B *ὁμολογοῦμεν* BS, *ὡμολογοῦμεν* VT et Schneiderus cum libris plurimis optimisque, sed difficili imperfecti relatione, quo vix arbitror lectorem ad p. 423 remitti posse, ut illic Socratem iis, quae p. 416 dixisset, constitisse intelligat! — P. 466 A *τὸ εὔδαιμον* P et V, quibus hoc certe concessi, ut articulum a Bekkero inde spretum revocarem; eundem tamen, quia ex proxime antecedente syllaba oriri potuit, circumscripsi. — P. 467 E *διδαξαμένους* B, *διδαξομένους* VST, *διδαχθέντας* Schneiderus, quod etsi codd. aliquanto majorem quam aor. med. auctoritatem habet, vix tamen credibile est ex illo potius quam ex hoc futurum a plurimis traditum prodiisse; praetuli igitur medium ad patres puerorum referendum, in quo mutata accusativi potestate eo minus deterreor, quo magis usitatus et fere legitimus hic casus in verbalium subjectis est, cf. Xenoph. M. Socr. III. 11: *ἰτέον ἂν εἴη θεασαμένους*, pluraque apud Schaefer. ad Demosth. T. III. p. 416. — P. 471 A *αὐτοῖς* VB, *αὑτοῖς* ST et Schneiderus, sed exigua librorum fide praeterque necessitatem, quum proximum subjectum *πάντες* sint. — P. 473 C *προεικάζομεν* P et B, *παρεικάζομεν* V, *προσεικάζομεν* ST, *προσῃκάζομεν* Schneiderus; cui tamen de augmento Politic. c. 44, Symp. c. 33, Gorg. c. 47, de praepositione hoc opponere licet, quod quam ipse aptam esse significationem concessit, ut *προεικάζειν* pro *ἐν τῷ πρόσθεν εἰκάζειν* accipiatur, non ab usu aliquo, sed ab adverbiali ipsius particulae vi pendet. — P. 473 D *βασιλεῖς* pro *βασιλῆς* libri omnes, item ut p. 488

A γραφεῖς, quapropter nec p. 484 C ejusdem vocis attica forma placuit; cf. Schneider. T. I. p. 157. — P. 474 E τινὸς V, τίνος BST et Schneiderus cum Ficino, libris tamen parum astipulantibus nec verborum collocatione adeo cogente, ut acutissimo interpreti visum est. Habet enim aliquam vim τινός, quasi dicat: ecquem censes inveniri praeter amatorem, qui tale nomen excogitare potuerit? cf. IX, p. 578 A: οἴει ἔν τινι ἄλλῃ πλείους εὑρήσειν. — P. 477 A εἰλικρινῶς ut semper; praetereaque ἐπεὶ ante ἐπὶ insertum ex conjectura, quod et sententiae et sequentis vocabuli elementis accommodatius est, quam quod olim Stallb. ex duobus codd. interpolatis restituerat εἰ. Particulae defectum ita tantum tolerari posse, si mox δὲ post ἐπὶ τῷ μεταξὺ interponatur, recte contra Neukirchium monuit Sommerus Zeitschr. f. d. Alt. 1835, p. 983, itaque nuper etiam Stallb. scripsit; id autem quum optimorum plurimorumque codd. consensu damnetur, illud supplementum praetuli. — P. 477 B κατὰ τὴν ἄλλην H eadem et conjectura et sententia qua sup. p. 454 B: κατὰ τὴν αὐτὴν VBST, Stallb. tamen incluso cum Schneidero αὐτήν, quod alienum esse et ipse concedo, non tamen intrusum sed corruptum ab eo, qui praegnantiam dictionis non intelligeret: secundum suam quaeque *diversam ab altera* vim. — P. 479 C ᾧ H pro ὡς, quod nollem Stallb. in novissima editione revocasset, postquam scite olim cum multis libris ipsoque Ath. X. 76 dativum recepit. Schneidero, qui Platonem non instrumentum tantum, sed etiam condicionem jacientis et eventum uno illo ὡς comprehendisse censet, parum favet collocatio vocabuli, quod sic post ἐφ' οὗ potius subjungendum fuerat. Eadem varietas erat sup. p. 461 B.

Reip. l. VI. p. 484 A διεξελθόντες H, διεξελθόντος VBST et Schneiderus cum libris plerisque, quibus non is sum qui Vind. F, Ang. B, Flor. R auctoritatem opponam; quod tamen vel conjecturae indulsissem, non pessimae notae libris negare nolui. Nam διεξελθεῖν non λόγος, sed λόγον homines dicuntur; nunc autem facile fieri poterat, ut genitivo genitivum trahente librarius elegantiam imaginis negligeret, qua se ex sermonum ambagibus quasi emersisse Socrates gaudet; cf. Legg. III. 5: νῦν οὖν τοσόνδε πλεονεκτοῦμεν τῇ πλάνῃ τοῦ λόγου διὰ πολιτειῶν τινῶν καὶ κατοικισμῶν διεξελθόντες. — P. 488 A τὸ ante πάθος cum Par. sustuli; quod etsi propter genitivum adjectum in latino sermone durius pro praedicato haberetur, graecus in tanta attractionis licentia id non prohibebit; nec magis p. 490 D particulae ἤδη ante διαβολῆς vulgo insertae parci idem codex passus est; quanquam p. 489 B ne invito quidem illo λέγει pro λέγεις cum BS recipere dubitavi, quia personae mutatio, quo Schneiderus confugit, a toto loci colore aliena esse videtur; meaque ipsius conjectura p. 492 B οἱ inter ἀθρόοι et πολλοὶ adjeci, quia solius numeri in corrumpendo adolescente minor vis est; cf. p. 493 D: ὁ τὴν τῶν πολλῶν καὶ παντοδαπῶν συνιόντων ὀργὴν κατανενοηκέναι σοφίαν ἡγούμενος. — P. 491 D τὸ μὴ P, τὸν μὴ VBST, quod, ut ipsius Schneideri verba in contrariam partem vertam, non ineptum, sed multo deterius est; mihi certe et ipsius multitudinis dominatio longe expressius significari videtur, si *quicquid* sibi obsequium negaverit, vi adigere dicitur, et sequentia *ὅ τι περ ἂν σωθῇ κ. τ. λ.* plane hanc rationem confirmant; adde c. 10: *πάνσμικρον καὶ βραχὺ εὐφυές*. — P. 492 E aliquid negativi ad loci vim deesse docte intelligens Nägelsbachius Emend. Platon. p. 4 *οὐκ* inseri jussit, quo tamen haud scio an nimis negationes cumulentur; praetuli igitur *ἄλλο ἤ*, quod ante *ἀλλοῖον* facile excidere potuit, nisi etiam longius emendando progredi totumque locum sic refingere placuerit: *οὐδὲ οὖν μὴ γένηται ἄλλο ἢ ὄνειδος πρὸς ἀρετήν*; certe *ἦθος* et *εἶδος* confusa habemus etiam p. 497 B. — P. 493 B *ἑκάστας* H, *ἕκαστος* VBST cum libris plerisque, nisi quod duo *ἃς ἐφ' ἑκάστοις*, unus Vind. E *ἐφ' οἷς ἑκάστοτε* praebet, quod Astio quoque et Schneidero placuit; mihi lenior medela praesto esse videbatur, cujus idem sensus, structura autem planior esset neque cum Ast. et Stallb. *ἃς* ante *ἐφ' οἷς* inseri postularet. — P. 493 D *αὑτοῦ* P et V, *αὐτοῦ* BST et Schneiderus praeter necessitatem, quum *κυρίους* propius ad *τοὺς πολλοὺς* quam ad *τὸν ποιοῦντα* respiciat. — P. 494 B *παισὶν* H ex conj. de Geerii diatr. in polit. Plat. princ. p. 58, Stallbaumio quoque et Sommero in Allg. Schulzeit. 1832, p. 783 probata, pro *πᾶσιν*, quod vel Schneiderum retinuisse miror. — P. 494 D *ἐξαρεῖν* pro *ἐξαίρειν*, Stephani conjecturam, praeter alios libros jam etiam Par. confirmare praef. Turic. testatur; vellem etiam p. 496 A omissionem voc. *ἄξιον*, quod circumscribere certe cum Ast. et Stallb. nullus dubitavi; p. 499 B autem Par. et plurimorum codicum lectionem *περιβάλῃ* ne consensui quidem editorum cedere passus sum, quibus ipsis dubito num sui verbi *παραβάλῃ* prorsus geminum exemplum suppetat; quod donec inveniatur, librorum fidem, quam vel Schneiderus comparato Eur. Ion. 843 fulsit, servandam duxi. — P. 499 E *ἀλλ' οἵαν* V, *ἀλλοίαν* BST et Schneiderus, quod etsi Par. quoque habere traditur, tamen et ipsum abruptius infertur et ea difficultate laborat, quod idem mox prorsus contrario sensu usurpatur; nostra lectio, cujus quam prona corruptela fuerit, sponte patet, praecedentibus ita opponitur, ut Socrates vulgus *pro ea* potius sententia judicari jubeat, quam meliore doctrina accepturum sit, *ἀλλὰ* scil. *λογιζόμενος*, *οἵαν κ. τ. λ.* Deinde *φιλομαθίας* pro *φιλομαθείας* ut Alc. II. p. 147, moxque 500 A *ἀλλοίαν τε* pro *τοι*, quod ex antegressis in librariorum memoria haesisse videtur; verum in superiore editione Stallb. intellexerat, quem constare sibi noluisse miror. — P. 500 B *αὑτοῖς* VB cum libris, *αὐτοῖς* ST cum Schneidero, quem recte jam Sommerus l. c. p. 781 refutavit; respiciuntur enim *οἱ πολλοί*. — P. 501 A *διενέγκοιεν* BS, *διενεγκεῖν* VT et Schneiderus cum libris praeter Mon. B et Flor. U omnibus, non tamen ut horum auctoritatem legitimae structurae praeferam, quae rectam orationem ad obliquae similitudinem existimari recusat. — P. 502 A *εἰ μή τι ἀλλὰ* H ex Astii conj. pro *ἄλλο*: cf. p. 509 C et Menon. p. 86 E. Item p. 504 A *ἄθλοις* ex praeclara

Orellii suspicione pro ἄλλοις dedi, nec p. 505 B ἄνευ τοῦ ἀγαθοῦ glossematis nota a Stallbaumio adjecta carere volui; p. 506 C autem meo periculo pro σκολιὰ scripsi σκότια, quod non vereor ne quis ideo, quia poëtarum magis proprium est, a Platonis sermone alienius quam a Democriti censeat, qui eodem sensu σκοτίην γνώμην a γνησίῃ distinguit ap. Sext. Emp. adv. Math. VII. 139; ad rem certe, quantum equidem existimo, unice convenit. Σκολιὰ enim ὀρθοῖς opponuntur; atqui τυφλὰς δόξας nihil prohibet ὀρθὰς esse; aliud igitur adjectivum opus erat omnia pariter δοξῶν genera comprehendens, quae sive rectae sive pravae sunt, hoc tamen commune habent, quod scientiae lumine carent; cf. nos in Prooem. Marb. 1837—38, p. VI. — P. 509 D οὐρανὸν P, οὐρανοῦ VBST et Schneiderus, qui id quoque recte dici probavit; alteri tamen favet docta Lehrsii observatio Quaest. epic. p. 325, nec si maxime optimus liber deserendus esset, major hic causa fuit quam mox, ubi idem contra vulgares regulas ἑκάτερον τμῆμα sine articulo exhibuit. At enim saepius inseri quam omitti τὸ a librariis et superius exemplum p. 466 A et proxime sequens p. 510 B ostendit, ubi necessario cum Stallb. circumscribendum fuit; itaque hic quoque solito duci parui, cujus auctoritati addas Plutarchi exemplum V. Lucull. c. 1: ἤσκητο καὶ λέγειν ἱκανῶς ἑκατέραν γλῶτταν.

Reip. l. VII. p. 514 A αὐτοῦ pro αὐτοὺς H ex conj. Hirschigii ad Aristoph. Vesp. p. 139, qui mox quoque καομένου pro καόμενον non inepte commendavit; at illic vide ne φῶς πυρὸς ita in unam notionem coalescant, ut alterius attributum simul etiam alteri conveniat. — P. 515 B ταὐτὰ P, ταῦτα VBST iidemque mox παρόντα, quod tamen vel invito Par. cum Astio et superiore Stallb. editione in παριόντα mutavi; cf. p. 516 C: τῷ ὀξύτατα καθορῶντι τὰ παριόντα; neque aut p. 516 E dubito quin rectius ἂν πλέως quam cum libris ἀνάπλεως scripserim, qua in lectione nec compositum solitam τοῦ μεμολυσμένου (Ruhnk. ad Tim. p. 31) vim habet nec particula adest, quam sequ. optativus σχοίη requirit, aut p. 517 A, ubi καὶ ἀποκτιννύναι, ἀποκτιννύναι ἂν V, καὶ ἀποκτείνειν ἀποκτιννύναι ἂν BS, καὶ ἀποκτιννύναι ἂν T ediderunt, in manifesta codicum confusione tanta anacoluthi auctoritas visa est, ut facilem Astii medelam κἂν ἀποκτείνειαν repudiarem. — P. 519 B κάτω στρέφουσι H, περὶ τὰ κάτω στρ. VBST et Schneiderus, qui tamen ipse non solum τὰ a Par. aliisque libris plurimis abesse narrat, sed hac re etiam περὶ suspectum fieri sensit; alterum igitur sustuli, alterum circumscripsi, fretus etiam gemino loco c. 9: πρὸς τὸ ἄνω σχεῖν ἃ νῦν κάτω οὐ δέον ἔχομεν. — P. 521 C οὖσα ἐπάνοδος H, οὔσης ἐπάνοδον VB, οὖσαν ἐπάνοδον ST et Schneiderus cum Par. et libris plurimis; at antecedentes accusativi librarios confudisse videntur, qui ἡμέραν ad ἀληθινὴν supplendum esse non intelligerent; veri vestigia servavit Jamblichus ab Alb. Jahnio in praef. Turic. p. 9 laudatus in Villois. Anecdd. T. II p. 104, cui jungas inf. c. 13: ἡ δέ γε λύσις καὶ μεταστροφὴ καὶ ἐκ τοῦ καταγείου εἰς τὸν ἥλιον ἐπάνοδος. — P. 524 E πότερον Par. sec. praef. Tur. p. XXII, ποτέρων VBST et Schneiderus; cf. ad Phaedon. p. 78 B. — P. 525 A περὶ τὸ αὐτὸ P et V, περὶ αὐτὸ BST et Schneiderus cum paucis libris, scilicet ad ἓν referentes; at ὄψις non ad ἓν sed ad ipsum ταὐτὸν pertinet, quod ut unum pariter ac multa cerni proxima clare narrant. Ibid. τούτῳ P pro τοῦτο, quod si ita Schn. tuetur, ut non quidvis, sed certum quoddam, universo numero pariter atque uni accidere arguat, id ipsum etiam dativus declarat: *et universi numeri eadem quae unius causa est.* — P. 525 E δύο, quod Par. cum duobus aliis habet, etsi nec explicare nec emendare possum, tamen, ne vetustae lectionis vestigia perirent, cum cancellis inserui. — P. 527 D ἔμοιγ' οὖν V et Schneiderus, ἐμοὶ γοῦν BST; at illis et libri plurimi et sententia favet, quae affirmationem potius quam restrictionem postulat; cf. p. 335 E. — P. 529 B ἐὰν δέ τις H, ἐάν τέ τις VBST, sed ut Bekk. ipse mox cod. Mon. secutus novam sententiam ab iteratis ἐὰν δὲ ἄνω που κεχηνὼς ordiatur; quem etsi recte Schneiderus interpolationem amplexum esse demonstravit, causa tamen interpolandi nostra demum medela tollitur; cui ne quis hoc objiciat, quod mox ἄνω βλέπειν solum refutatur, sententia haec est, externum gestum nihil ad cognoscendam veritatem efficere, nec qui sursum oculos tollat, plus lucrari quam qui obstipo capite, ut Persii verbo utar, terram figat; κάτω συμμεμυκὼς igitur eodem modo sententiam universam reddit, quo ῥητὰ καὶ ἄρρητα, δικαίως κἀδίκως, multaque alia inter se contraria ad qualemcunque casum significandum junguntur; cf. Lange Vind. trag. roman. p. 49 et Haupt. in Verh. d. Leipz. Gesellsch. d. Wiss. 1849, p. 173. — P. 530 C ἀλλὰ γάρ τι H, ἀλλὰ γάρ τί libri et editi et scripti praeter Vind. F et Mon. B, quos tamen hic recte emendatos arbitror; τί enim οὐδὲν in responso flagitaret, ut IX. 2, p. 573 A. — P. 532 A κἂν μὴ ἀποστῇ H c. Sommero in Zeitschr. f. d. Alt. 1835, p. 987, καὶ μὴ ἀποστῇ VBST et Schneiderus, hic tamen praemisso cum Astio ὁρμᾷν, quo etsi sententiarum junctura emendatur, verborum structura vel impeditior fit; nunc aeque leni medela omnia in rectam viam abeunt. — P. 532 B locum jam a Rettigio Quaest. Plat. Gissae 1831, p. 17 non infeliciter tractatum praeclara Naegelsbachii conjectura l. c. p. 18 ἔτ' ἀδυναμία pro ἐπ' ἀδυναμίᾳ plane sanavit; p. 533 E autem, ubi vulgo ἀλλ' ὃ ἂν μόνον δηλοῖ πρὸς τὴν λέξιν σαφηνείᾳ legebatur, graviore medicina opus erat, quanquam interpolamenti vestigia cum Stallb. et Schneidero equidem nulla deprehendo. Immo emendandi viam jam Tur. muniverunt ἕξιν pro λέξιν ex libris fere omnibus revocato, unde si mecum τὴν ἕξω σαφήνειαν extricaveris, vim certe literis non tantam attuleris quantam Winckelm. in Zeitschr. f. d. Alt. 1840, p. 1282 πρὸς τὴν ἐξέτασιν scribendo; nec nisi hoc restat, ut ipsa sententia apto verbo concludatur, quo commodius nullum inveni quam quod facillime ante ἀρέσκει excidere potuit ἀρκέσει; confusas a librariis habes etiam Xenoph. Cyr. VIII. 3, 46. Hoc ritur ex conject. inserui; reliqua autem, quibuscum conferas Legg. I.

7: δηλοῦντα μόνον ἃ λέγει, ne ita quidem tentavi, ut cum Schneidero ex Par. manu sec. λέγεις reciperem, nedum cum Rettigio l. c. p. 21 ἡ ψυχὴ legerem; plures enim emendandi viae patebant, quarum nulli totum me addicere poteram. — P. 534 C ἐξεγρέσθαι pro ἐξέγρεσθαι scripsi ut Sympos. c. 39; p. 535 C autem ᾗ τινι ascivi cum Prinsterero Platon. prosopogr. p. 209 pro ἤ τίνι, cui responsum non magis quam sup. p. 530 C congruit; nunc est ut p. 578 A: οἴει ἔν τινι ἄλλῃ πλείους εὑρήσειν; οὐδαμῶς. — P. 536 A ἄρχουσι V et Schneiderus, ἄρχουσιν BST, nescio unde. — P. 537 E ἐμπίπλανται Ast. et Stallb. cum Ficino nec sine libris, etsi optimi ἐμπίπλαται, quod Schneiderus ad ipsam dialecticam refert; idem tamen pluralem propter sequens αὐτοὺς aptiorem esse agnoscit, quem equidem vel conjectura restituendum fuisse dixerim; eodemque exemplo mox p. 538 B vel contra consensum librorum αἰσθόμενον pro αἰσθόμενος scripsi, quem nominativum absolutum haberi posse Schneidero T. I. p. 377 neutiquam concedo.

Reip. l. VIII. p. 543 C ἀλλ' ἄγε BS, ἀλλά γε VT et Schneiderus, quod etsi ferri posse p. 331 B codices doceant, nunc tamen restrictivam vim, quae illic manifesta est, aut nullam video, aut si qua esset incommodam, ut, quasi aliud egisset, haec *saltem* recordari Glauco juberetur. — P. 544 C ἡ δευτέρως H, καὶ δευτέρως libri, deficiente subjecto vel certe articulo, quo hoc et antea et post insignitur; correxi igitur, quod passim confusum esse in Ritschel. Mus. Rhen. T. IV. p. 441 monui; nisi forte lenior haec medela videatur, ut ἡ, quod mox ante πασῶν in Par. aliisque libris praeter omnem necessitatem legitur, tanquam alieno loco intrusum huc revocemus. Ibid. ἥ τινα S c. Astio nec sine libris, ἤ τίνα VBT et Schneiderus, quod non magis hic quam sup. p. 474 E collocatione pronominis ante ἄλλην defenditur, sensui autem minus convenit, qui numerari potius quam nominari rerum publicarum genera postulat. — P. 546 D καταστήσουσι H exigua trium librorum non optimorum fide, sed necessaria, ut opinor, correctura pro καταστήσονται, quod Aeschyli exemplo Eumen. 676 aegre tuearis, praesertim quum librariis nihil proclivius fuerit, quam antegresso medio medium iterare; cf. Strange in Jahn. Archiv. T. III. p. 13. Ibid. δεύτερον δὲ τὰ γυμναστικῆς sana esse non arbitror, quia tantum abest ut deterius illud rei publicae genus juxta musicam etiam gymnasticam contemnat, ut qui ei congruit homo p. 549 A φιλογυμναστὴς καὶ φιλόθηρος describatur; quod si quis pro δεύτερον alium comparativum invenerit, qui praeferri illic gymnasticam musicae declaret, eo uti non recusem, interim autem verba ad sententiam certe non necessaria circumscripsi. — P. 547 A σιδηροῦ ἀργυρῷ P sec. praef. Tur. p. XXIII, σιδήρου ἀργύρῳ VBST et Schneiderus, haud inepte, si quidem Plato p. 415 metalla ipsa pura servari jussit; illud tamen γενῶν mentioni, quae praecessit, aptius est. — P. 547 B τὼ δ' αὖ τὸ H ex egregia Schneideri conjectura, cujus miror ne secundam quidem partem, quam ipse P aliique libri αὐτὸ scribentes firmant, illius exemplo ST ree, sed cum VB in τὸ δ' αὖ acquievisse; mihi autem recepto αὖ o prius τὸ ferri posse visum est. — P. 551 C ἤ τινος manifestum natici interpretamentum cum Stallb. circumscripsi; p. 552 D autem 'ar. formam βαλαντιατόμοι revocavi, cujus par cum βαλαντιοτόμοι se nec Lobeck. ad Phryn. p. 657 negat et Aristoph. Ran. 772 aperte t; alterum tantum λ, in quo ipse parum sibi codex constat, sustuli; p. p. 348. — P. 556 A ὅποι B et Astius, ὅπῃ ST, ὅπη Schnei-; at cf. p. 568 D et Aristoph. Nub. 857, Vesp. 685: ποῖ τρέπεται x τὰ ἄλλα χρήματα etc. — P. 556 C συστρατιῶται P, ξυστρα-ι VBST, iidemque mox εἰσὶν οὐδέν, quanquam quum alii libri tum 'ar. habent εἰσὶ γὰρ οὐδέν, unde quod scite effinxit Baiterus praef. . p. XXIV, libenter recepi; cf. Rhinthon. ap. Cic. Att. I. 20. 3: ν παρ' οὐδέν εἰσι, τοῖς δ' οὐδὲν μέλει. — P. 557 A καὶ ἐς τὸ ... γίγνονται, quia non ad originem sed ad formam democratiae ent, eo securius circumscripsi, quo minus sequentia ad sortitionem emoratam respiciunt; nec p. 558 A temperare mihi potui, quin so-confusione fretus ὡς ἡδεῖα pro καὶ ἡδεῖα scriberem, quod post :σία valde languet, nisi ita hae voces inter se referantur, ut θεσπε-er attractionem pro θεσπέσιον dicta sit, ut Herod. III. 113: ἀπόζει ς χώρης τῆς Ἀραβίης θεσπέσιον ὡς ἡδύ: cf. Kühner. Gr. p. 511. 558 B ἅπαντα ταῦτα VB, ἅπαντ' αὐτὰ ST cum P, quem tamen e Schneiderus quidem sequi voluit. — P. 559 B οὐ inserui ante :ή, quod incongruum esse in Ritschel. Mus. Rhenan. T. IV, p. 442 lisse mihi videor. Lenissima utique medela foret ἀδυνάτῃ, si dici raece potuisse constaret; nunc ea tantum optione data, utrum οὐ :ῇ an ἀδύνατος scriberem, illud facilius visum est; attractio autem, is erret, eadem est quae Legg. V. 3: καὶ ὅσα ἄλλα ἀγαθά τις ται δυνατὰ hoc est ἃ δυνατόν ἐστι μὴ μόνον αὐτὸν ἔχειν, ἀλλὰ λλοις μεταδιδόναι. — P. 562 B ὑπὲρ ante πλοῦτος circumscripsi Schneidero; tollere quamvis ineptum nolui, quia haud scio an alia lectio lateat, ut εἶπες. — P. 564 C μελιττουργὸν pro μελιτουρ-quod BST ex unius Par. manu prima receperunt, cum Schneidero .entius restitui, quod ipsi Stallb. et Tur. altero loco Legg. VIII. 9 tam servarunt; μέλιτταν pro melle docte tuetur Reisig. ad Soph. Col. p. LXXXII. — P. 564 E βλίττεται H ex conject. Ruhnken. m. p. 63; βλίττει ST, βλύττει VB et Schneiderus; at neque omnino sitivo locus est, ubi κηφήνων actio describitur, neque βλίττει se-e mox activo βλίσεις intransitivum sensum habere potest; ultro recepi, quod etiam Dindorf. in Steph. Thesaur. Didot. T. II. p. 293 vit. — P. 567 E τί δὲ H cum sup. Stallb. edit. nec sine libris, m unus (Mon. B) ipsum τί, Par. cum plurimis τίς δὲ exhibet; δὲ VBST et Schneiderus, cujus subtilem defensionem non intelligo; τοὺς αὐτόθεν in responso flagitaret τίνας, non πῶς, structurae ıolum αὐτόθεν suppleto μεταπέμψασθαι κηφῆνας prorsus suf-P. 568 D ἡ post τιμὴ quanquam ferendum non ratus tamen propter bonorum codicum consensum cum cancellis restitui; mox a c. 19 non solum ἐπιλείπῃ pro ἐπιλίπῃ cum Par. revocavi, sed etia pro τὰ τῶν ἀποδομένων ex conj. scripsi simulque interpungendo ne quis porro haec verba pro subjecto cum ἐξαρκῇ jungeret. Haec structura et sensu caret et prohibet, quominus ἐξαρκῇ ad verum jectum suum ἱερὰ χρήματα referatur; nunc absoluta sententia es IV. 2 vel IX. 3 τὸ τῶν καιζόντων, spectatque prodigorum excusatio qui si bona sua venderent, hoc velut in lucro deputabant, quod tr pendere non jam deberent; ἀφανοῦς enim οὐσίας εἰσφορὰ nulla cf. Staatsalt. §. 162, not. 14. — Ibid. ἐὰν δὲ H cum sec. Stallb. edi cod. Ang. B, ἐάν τι S c. Mon. B, ἐάν τε VBT et Schneiderus, tamen membro in sequentibus respondente, quare vel sine libris correcturae erat; eodemque exemplo mox p. 569 quamvis uno Mc tutum ἀπὸ servavi, quod quum in superiorem edit. Stallb. cum I recepisset, eundem nunc cum Tur. et Schneidero ad vulg. ὑπὸ rec miror.

Reip. l. IX. p. 573 E ἐπιλείπῃ P, ἐπιλίπῃ VBST et Schneid iidem tamen mox p. 574 D praesentis tenaces, cujus non video cur melior quam nunc aut sup. p. 568 E causa sit; immo recte utrobiq *deficiat* non *si defecerit*. — P. 578 E πόσῳ H, ὁπόσῳ libri et edi scripti praeter Mon. B et Flor. U omnes; at cf. ad Sophist. p. 23 nec p. 579 C μὴ ὡς cum Stallb. ex solo paene Stobaeo Serm. XLIX recipere dubitavi pro ὡς μή, quod etsi structuram plane pervertit brarios tamen fere omnes soliti ordinis specie seduxisse videtur; p. D autem τὸ λογιστικὸν in Par. aliisque multis vel addito vel omiss ticulo insertum ea certe tenus negligere nolui, ut simul interpolat notam adderem; cf. Wiegand. in Zeitschr. f. d. Alterth. 1842, p. Audacius fortasse egisse videbor p. 581 BC itemque p. 582 E et p. C, ubi φιλόνικον et φιλονικίαν pro φιλόνεικον et φιλονεικίαν c at enim tam aperte Plato hanc vocem a νίκῃ derivat, ut nisi hanc v sim νείκει cedere jusseris, sine summa scriptoris inconstantia φιλόνε retinere non possis, eaque potius dubitatio oriatur, ne forte jam s rius p. 545. 548. 550 eidem correcturae locus fuerit, ubi eosdem nunc mores Plato respicit. Retinuit tamen etiam Sauppius, qui Dem Mid. §. 59 φιλονικῶν reddidit, aliis in locis diphthongum, quun codicum in hoc genere ad errorem summa proclivitas sit, finem mut aegre invenias; ideoque ne λέγομεν quidem p. 581 C cum Schnei revocavi, ne distributio illa, cujus φιλονικία pars est, a propria hujus ratione ad communem aliquem usum referri videretur. — P. 581 γε pro ὅ τε χρηματιστικός Π anacoluthi vitandi causa, quod etsi e sari possit, simul tamen in exemplis γέ fere ut γοῦν meliorem trans efficit. — P. 581 E τί οἰώμεθα pro ποιώμεθα praeclara est Gr conjectura Spec. advers. p. 23, Wiegando quoque l. c. p. 542 probata, q vel Stallbaumianae μὴ οἰώμεθα praeferri elementorum similitudo ju τί οἰόμεθα legi necesse est, quanquam in illis literis etiam optimum :em errare Schneiderus T. III. p. 148 observavit; ipsam autem emen-nem non minus necessariam habeo, quam quod meo periculo p. 584 οἳ pro εἰ καὶ ἄπειροι edidi, quia non intelligebam, quibuscum nibus imperitos in pravis opinionibus alendis partic. καὶ consociaret. quoque p. 585 C ἀνομοίου ex conj. scripsi pro ἀεὶ ὁμοίου, in quo articulo aegre careas, sententiam autem haud scio an prorsus con-am ejus habeas, quam et reliquus loci tenor et doctrinae ratio fla-. Nimirum eam essentiam, quae ad semper idem pertineat, vulgata essentiae magis quam scientiae participem esse narrat; quod ne ita pias, quasi cum ipsa essentia scientiam conjunctam habeat, vetan entia, ubi veritate pariter ac essentia deterior audit; atqui scientia m tantum est, quorum eadem semper condicio constat; si qua igitur α et scientiae et veritatis minus particeps dicitur, non τοῦ ἀεὶ ὁμοίου, τοῦ μηδέποτε ὁμοίου καὶ θνητοῦ esse debet. Denique p. 591 D ηται circumscripsi, quod ab eo demum adjectum esse apparet, qui cipii ἁρμοττόμενος eandem quam praecedentium βλέπων et πρε-ων structuram esse parum intelligeret; at φαίνηται, quod ab ἐὰν pendet, ita tantum sensui constaret, si ἀλλ' ἀεὶ in καὶ ἀεὶ mutaretur, vel sic languorem ex inani similis sententiae iteratione prodeuntem eret.

Reip. l. X. p. 595 C συννοήσω P et Schneiderus, ξυννοήσω VBST. . 597 E τραγῳδιοποιὸς H ut semper, quod p. 605 A etiam Par. sque Schneideri consensu nititur; eodemque exemplo p. 606 D κω-ιοποιὸς et p. 607 A τραγῳδιοποιῶν scribendum erat. — P. 599 B ναοῦν P et S cum Euseb. Praep. Evang. XII. 49; ὁντινοῦν VBT et eiderus; at optimi cod. auctoritatem jam praef. Turic. p. XXVI te-r. — P. 603 B ἢ καὶ κατὰ H cum libris plerisque et editionibus Stephanum, ἢ καὶ ἡ κατὰ VBST et Schneiderus cum Mon. B et U praeter necessitatem, nedum astipulante P, ubi vel καὶ correctura ım accessit. — P. 605 C εἰδωλοποιοῦντα S cum Morgensternio et , εἰδωλοποιοῦντι VBT et Schneiderus cum libris, quibus praece-dativus fraudem fecisse videtur; nunc idem et εἴδωλον notionem iteraret et sequens δὲ vix admitteret, quo accusativum potius ac-ivo ἀφεστῶτα opponi par est. — P. 606 C impeditissimum locum certe modo ad justam structuram refingere conatus sum, cui con-m Naegelsbachii explicationem Emend. Plat. p. 6 sufficere vix ar-. Immo libenter recepi Schneideri emendationem Sommero quoque eitschr. f. d. Alt. 1835, p. 993 probatam ὅτι ἂν pro ὅτι ἂν αὐτὸς ὕνοιο, deinde vero lenissima medela δὲ in δὴ mutavi insertoque conjunctivis χαρῇς et μισῇς dedi unde penderent, neutiquam tamen gnaturus, si quis his participia potius χαρεὶς et μισήσας substituere erit; aliquid modo faciendum erat, ne ἂν contra omnes sermonis mplicem rectionem haberet. — P. 606 E ἄξιον P et VB, ἄξιος

ST et Schneiderus cum ceteris libris fere omnibus, sed correctis ut videtur a grammaticis, qui *ἄξιον* elegantius impersonaliter strui ignorarent; cf. VIII. 14 *ἄξιον οἰκεῖν*, Phaed. c. 58 *ἄξιον ἀκοῦσαι*, pluraque apud Sinten. ad Plut. Them. p. 204. — P. 607 B *ἀπολελογίσθω* P, *ἀπολελογήσθω* VBST et Schneiderus, qui tamen illud et Sophist. p. 261 D et Demosth. Timocr. §. 108 concessit, unde videmus esse *singulatim rationem reddere* vel *exputare*, quod haud scio an *λόγου* notioni, quam mox Socrates urget, etiam magis quam simplex *defensio* congruat. Alia causa est p. 607 D, modo hic quoque cum Par. *ἀπολογησομένη* potius quam cum ST et Schneidero *ἀπολογησαμένη* scribamus; judicii enim, in quo causam dicere poësin oportet, intra civitatem locus est, unde sequitur ut non defensio reditum sed reditus defensionem antecedat, condicione tantum adjecta, ut causam suam philosophis probet. — Ibid. *ἐν μέλει* P teste praef. Turic. sine *ἤ*, quod quum ab aliis quoque plurimis absit, tolerari amplius non poterat. — P. 610 A *ὀρθότατ' ἂν . . . λέγοις* S, *ὀρθότατ' ἂν . . . λέγεις* V et Schneiderus cum libris, *ὀρθότατα . . . λέγεις* BT cum Astio, ad structuram rectius quam Schneiderus, quem miror Stallbaumio *minime usitatam assentiendi formulam* exprobrare, quasi *ἂν λέγεις* pluribus exemplis nitatur; immo nostrae aliud latere videtur Legg. II. p. 656 A, ubi pro *ὀρθότατα λέγεις* ipse Par. *λέγοις* exhibet. Mox quoque p. 610 D cum Stallb. *αὐτοῦ τούτου* pro *αὐτοῦ τοῦ* et *διὰ τοῦτο* pro *διὰ τούτου* scripsi quamvis codicum fide exigua, at ipso sermone jubente, quo duce prisci librorum correctores passim inveterata menda sustulerunt. *Τούτου* requiri etiam Bekk. intellexit; id ipsum autem haud scio an olim vitioso *τοῦ* corrigendo ascriptum, deinde alieno loco illatum, novum mendum creaverit. — P. 612 D *ἦν δ' ἐγὼ* H, *ἐγὼ* VBST et Schneiderus, invito tamen P, qui cum aliis libris etiam pronomen omittit; quod quum alii rursum cum *ἦν* conjunctum ante *τοίνυν* inserant adeoque Par. ibidem *ἦν* habeat, in manifesta codd. confusione probabilissimum erat formulam *ἦν δ' ἐγὼ* apto loco reddi, unde postquam casu aliquo excidit, margini adscripta mox variis modis discerpta et intrusa esse videtur. — P. 613 E *εἶτα στρεβλώσονται καὶ ἐκκαυθήσονται* cum Astio circumscripsi, quia nec tempus antecedentibus congruit nec totius sententiae ratio Socratem singula supplicia enumerare patitur; p. 614 E autem vulg. *κλαιούσας* pro *κλαούσας* eo fidentius revocavi, quo major supra p. 388 B in illa forma consensus apparet, cui nunc ne Par. quidem manum primam cum solis Mon. B et Flor. U junctam opponere audeo. — P. 615 C *αὐτόχειρος* H ex Astii conjectura Lex. Platon. T. I. p. 319, cui priorem ejusdem *αὐτοχειρίας* facile posthabui; *αὐτόχειρας* libri, cujus tamen structuram, quum *εἰς* non ab *ἀσεβείας* pariter ac *μισθοὺς* pendere possit, aegre commodam invenias. — P. 616 A *ταῦτα ὑπομένοιεν* post *ὧν ἕνεκά τε* mox que *τὸν φόβον* post *ὑπερβάλλειν* cum aliis plurimis etiam Par. omitte praef. Turic. docet, quem quum praeterea *εἰς ὅ τι* pro *ὅτι εἰς* exhibe dudum constaret, ad totum locum interpolatione liberandum unum rel quum erat, ut *τὸν τάρταρον* pro glossemate circumscriberem. — P. 61

B ἀνὰ τόνον cur vel invito Par. cum Stephano retinuerim, in Gesamm. Abhh. p. 181 dictum est. Antiquum mendum esse vel Plutarchi et Procli consensus in ἕνα τόνον ostendit: nihilo tamen magis arbitror Platonem bis deinceps idem dicere voluisse, sed hoc potius egisse, ut singulas voces, quas Sirenes ederent, totidem tonis distingueret, quod ipsum distributiva praep. ἀνὰ vis efficit; adde Wiegand. in Zeitschr. f. d. Alt. 1842, p. 598. — P. 618 C καὶ ante εἰδέναι cum Par. aliisque libris plurimis omisi, quo tamen ipso factum est, ut eandem particulam ante ἀναλογιζόμενον inseri, post ῥηθέντα tolli necesse esset; vetus confusio audaciam emendandi, si qua est, excusabit; minor certe fuit mox p. 618 D in εὐμάθειαι et δυσμάθειαι, quibus scripturam alibi quoque a me probatam pro —ίαι reddidi; cf. ad Menon. p. 88 A, ubi pravum accentum peritos dudum correxisse spero.

Tim. p. 17 A δὲ pro δ' ἑστιατόρων et συνουσίας pro ξυνουσίας P, quem his in rebus ubique cum Schneidero secutus sum; id vero semel monuisse sufficiat. — P. 17 B εἴη ἂν H, ἂν εἴη VBST et Schneiderus; mihi illud propius ad Par. lectionem εἶναι accedere visum est. Ibid. καὶ ἀφ' ἑκάστου P, ἑκάστη V, καὶ μίαν ἑκάστῳ BST, μίαν ἑκάστου Schneiderus, iidemque mox τέχνην, ubi Par. τῇ τέχνῃ: ego lenissima mutatione τὴν τέχνην edidi, totum autem enunciatum, quae jam Boeckhii sententia fuit in Spec. Heidelberg. 1807, p. XVII, pro glossemate circumscripsi, praesertim quia a Procli commentario abest, cujus quanta in priore hujus dialogi parte recensenda auctoritas sit, recte intellexit E. A. Schmidtius in progr. Sedinensi de Timaeo Platonis e Proclo restituendo 1842. — P. 17 D ἔνδοθεν et καὶ φύσει P et Schneiderus, ἔνδον et ἅτε φύσει VBST, utrumque manifesto interpretamento, quanquam non recuso, ne quis καὶ solita confusione ex ὡς ortum putet; ἔνδοθεν autem proleptice dictum est ut c. 31 ἀπὸ τῶν ἔνδοθεν ἐπιθυμιῶν, Lach. c. 7 ὑπὸ τῶν ἐκ τῆς ὁλκάδος etc. — P. 18 C τί δαὶ δὴ pro τί δὲ δὴ P idemque mox cum ceteris fere omnibus μηχανωμένους, cui frustra B ex Buttmanni conj. μηχανωμένοις, ST ex Stephani μηχανώμενοι substituerunt; me ut cum Schneidero vulg. retinerem, movit imprimis Legg. VI. 7: τούτων δὴ πάντων τὰ μὲν αἱρετὰ χρή, τὰ δὲ κληρωτὰ γίγνεσθαι, μιγνύντας κ. τ. λ. — P. 19 A ὡς ἀπολειπόμενον P et Schneiderus, ἀπολειπόμενον VBST; at cf. Boeckh. p. XXVI. — P. 20 B ἱκανὴν Schneiderus c. Proclo, ἱκανῆς VBST; at nostrum ex Par. quoque Bastius apud Stallb. enotavit, pro quo nunc ut alibi Bekkerus F scripsisse videtur. — Ibid. πιστευτέον δή· ὃ H, πιστευτέον· διὸ VBST et Schneiderus, quos nollem διανοούμενος objecto carere passos esse. — P. 20 C αὐτὰ ταῦτα pro αὖ ταῦτα ἐσκοποῦμεν P et Schneiderus c. Proclo. — P. 20 E που post Κριτίαν ex Par. supplevi, cujus omittendi pronior quam addendi librariis occasio erat; nec p. 22 E πᾶν post κάτωθεν ex eodem, quamvis, si Bekkerum audimus, correcto, Procli accedente testimonio recipere dubitavi; contra p. 22 D οἱ ante θεοὶ et p. 23 E τε post

νόμους abjeci, quorum prius etiam Schneiderus expunxit; eundem
secutus p. 23 D ἔχειν pro σχεῖν et p. 24 D ὑπερβεβληκότες revoc
quod a plurimis optimisque libris oblatum nollem BST vulgatae ὑπερ
βηκότες posthabuissent: cf. Alc. p. 103: οὐδεὶς ὃς οὐχ ὑπερβλη
τῷ φρονήματι ὑπὸ σοῦ ἔφευγε, Lysias adv. Dardan. §. 8: ὑπερ
λόντων ἀλλήλους καὶ πρὸς σφᾶς αὐτοὺς μαχομένων. — Ibid. πάν
γε μὴν P, πάντων μὴν VBST et Schneiderus; aliquid tamen praet
adfuisse Procli lectio δὲ μὴν testatur, quas ipsas particulas quum j
recte neget Krüger. ad Xenoph. Anab. II. 4, 6, opt. cod. medelan
benter arripui: cf. Klotz. ad Devar. T. II. p. 344. — P. 25 C ἐπελ
σης P et S cum Proclo, ἐλθούσης VBT et Schneiderus; at cf. Thu
IV. 129. — Ibid. ὑμῖν P et Schneiderus, ὑμῶν VBST; at Procli ἡμῖν
magis favet, nec motus unde nunc significatur. — P. 25 D βραχέο
et Schneiderus cum Proclo nec contra vulgatam, ubi καταβραχέος l
batur; βαθέος BT cum Par. librisque plurimis, quos tamen hic ma
ad blandam speciem correctos esse arbitror. *Βραχέα vada* esse no
est; cf. Lobeck. ad Phrynich. p. 537; hinc vero ipse Plat. Phaed. c
βραχυτέρους τῷ βάθει locos minus profundos dixit, eodemque exemplo
flumen Ath. VIII. 11 nunc coenum vadosum βραχὺ appellari poterat
P. 26 A ὄτε pro ὅτι in edit. Turic. II. typothetae error est, quales
sim in illa exstant, ut p. 29 B τοὺ pro τοῦ, p. 41 A ἄλλους, p. 6
γεγόνασιν, p. 76 E ξωήν: eandem tamen etiam p. 26 D νῦν ante μ
νεγκόντες inserendo et p. 27 B ἐπικαλέσαντα pro καλέσαντα scribe
utrumque Stallbaumio, alterum ipso Schneidero auctoribus deserui
Paulo audacius p. 29 B καί, quod ab optimis libris prorsus omis
alii ante καθ᾽ ὅσον inseruerunt, equidem post οἷόν τε addidi, ut
a qualitatis significatione admodum otiosa ad solitam facultatis vim
vocarem: quod autem mox μεμνημένους pro μεμνημένον scripsi
Proclo et Schneidero praeeuntibus feci, quibus quum etiam Cicer
auctoritas accedat, quamvis suprascriptam Par. lectionem respuere n
Malae correctoris sedulitati mox demum debetur lectio λόγον pro
μον, quam valde miror non Turic. tantum sed etiam Stallbaumium. c
superior editio glossema clare agnoverat, nunc retinuisse: veram
gatae rationem docte aperuit Schneiderus ad Remp. T. II. p. 313
P. 31 C τε post αὐτὸν ex Proclo addidi, eundemque et Par. cum St
et Schneid. secutus p. 31 A manifestum interpolamentum τοῦτο a[illegible]
μένον ejeci. p. 32 C autem καὶ inter τούτων et τοιούτων cum ca[illegible]
lis certe restitui, quod etsi Platonem scripsisse non credo, a[illegible]
tamen multa alia glossemata superat, quibus editores [illegible]
scriptoris concesserunt, ut mox p. 35 A αὖ περί, quod ne [illegible]
dem pro suspecto voluerunt, quamquam jam Davis. ad Cic. N. [illegible]
S ex antecedentibus male iteratum esse vidit. — P. 35 C [illegible]
[illegible] S et Schneiderus cum libris: [illegible] VBT. — P. [illegible]
τῆς δὲ τοῦ [illegible] P, τῆς τοῦ [illegible] VBST et Schneiderus: [illegible]
[illegible] pars longe maxima et [illegible] quae [illegible]

λείπων et ἐχούσης pari ordine haberi postulat; cf. ad Lucian. Hist. conscr. p. 87. — Ibid. καὶ δὴ καὶ P et S, καὶ δὴ VBT; at cf. Schneid. ad Rempubl. T. I. p. 250. — Ibid. ἀναλώκει P, ἀπηναλώκει V, καταναλώκει BST et Schneiderus; at praepositionem et ceterorum librorum dissensus et Par. omissio damnat; augmentum poni rectius quam omitti non grammatici tantum sed etiam monumenta docent, cf. C. Inscr. T. I. p. 222 et Benseler. ad Isocr. Areop. p. 133 sqq. — P. 36 C εἰς ἓν κύκλῳ Schneiderus cum Proclo, εἰς κύκλον VBST, interpunctione ante ξυνάψας posita, quam Schneiderum quoque retinuisse miror, quum εἰς ἓν συνάπτειν multo usitatius sit. — P. 36 E αὐτὴ ἐν αὑτῇ S et Schneiderus cum P et Proclo; αὐτή τε ἐν αὑτῇ VBT ex interpolamento. — P. 37 B θάτερον ὂν P et Schneiderus c. Proclo, θάτερον ὢν VBST; at λόγος et circa id quod diversum et circa id quod idem sit verus esse dicitur; nec minus recte Schneiderus cum iisdem p. 37 C ἐνόησε pro ἐνενόησε et p. 38 A αἰῶνα sine τε, quia αἰῶνα μιμεῖσθαι et κατ' ἀριθμὸν κυκλοῦσθαι mutua necessitudine non egent. — P. 39 B ὡς τὰ περὶ pro καὶ τὰ περὶ in Comm. de interpr. Timaei a Cicerone relicta, Gott. 1842. 4, p. 31 pluribus probavi, neque obscurum esse arbitror πρὸς ἄλληλα ita tantum locum suum recte tueri, ubi τὰ περὶ pro subjecto habeant: *quibus celeritatis tarditatisque rationibus octo illi orbes inter se continerentur;* p. 40 A autem ἀπειργάζετο pro ἀπήρξατο ex Proclo non minore fiducia recepi, quam qua Theaet. p. 168 C προσήρκεσα μὲν pro προσηρξάμην scribendo similem pronunciationis errorem correxi. — P. 40 D οὐ ante δυναμένοις ex P a Stallb. et Schneidero insertum pridem in Comm. cit. p. 32 commendavi; vellemque eodem exemplo Stallbaumius, ut p. 40 E φασκόντων pro φάσκουσιν et p. 41 A οἱ θεοὶ pro θεοὶ cum Schneidero ascivit, mox etiam μὴ ante ἐθέλοντος restituisset, cujus prorsus eadem vis est quae p. 43 D λυταὶ οὐκ ἦσαν πλὴν ὑπὸ τοῦ συνδήσαντος, neque aliud Cicero interpretatur *me invito.* Deinceps quoque Schneidero praeeunte p. 41 C τέλεος pro τέλειος, p. 44 A ὅταν τε pro ὅταν γε, p. 44 E πορείαν pro πορεία, p. 45 B διέταξαν τὸ pro διετάξαντο, p. 46 E ἔχειν pro σχεῖν, p. 47 B τούτου pro τοῦτο, p. 47 C τὴν μεγίστην pro μεγίστην recepi, quarum duas extremas etiam Stallb. probavit; mox autem non solum p. 47 E ἐπὶ ταὐτὰ pro ἐπὶ ταῦτα, sed etiam p. 48 C οὐδ' ἂν ὡς pro οὐδ' ὡς ex codd. vestigiis scripsi, qui quum οὐδαμῶς exhibeant, plane suppeditant particulam, cujus post οὐδὲ non minor vis quam alibi in κἂν est, cf. Lys. p. 209 E. — P. 49 A αὐτὴν pro αὐτό, moxque ἀληθὲς pro τἀληθές, item p. 49 D ἀσφαλέστατα pro ἀσφαλέστατον ex Par. jam Schneiderus recepit, nec minore jure idem p. 51 D τὰ inter ταῦτα et ἀναίσθητα Tur. conjectura interpositum exterminavit, quia ἀναίσθητα ὑφ' ἡμῶν εἴδη non subjecti partes sunt, sed praedicativa quadam appositione cum hoc conjunguntur. — P. 52 D τὴν δὲ δὴ pro τὴν δὲ ex eodem cod. Vat. recepi, qui magno alibi cum Par. consensu insignis mox etiam Stallbaumio et Schneidero ἀνικμώμενα pro ἀναλικμώμενα, lectionem jam grammatici testimonio apud Bekk.

Anecdd. p. 405 firmatam, praebuit; nec p. 53 A quamvis paucorum librorum fide *δεξαμένης* pro *δεξαμενῆς* revocare dubitavi, quia nostro loco non ut Critiae p. 117 *canalis* significatio, sed ea potius convenit, quam Timaeus etiam p. 57 C participio *δεχομένη* declaravit; ipsi vero Par. p. 53 E *τόδε* pro *τότε*, p. 54 B *λόγος* pro *ὁ λόγος* et *ἐξελέγξαντι* pro *ἐλέγξαντι* debetur, ejusdemque vestigiis *δὴ* post *ἀνευρόντι* sustuli, si quidem ille *μὴ* omittendo, quod ipsum passim cum *δὴ* confunditur, hoc ex dittographia demum irrepsisse arguit: denique p. 55 D *ποτὲ* et *θεὸς* non equidem ut Schneiderus simpliciter, attamen cum cancellis priscae corruptelae notis revocavi. — Ibid. *τοῦτον* P, *τούτων* VBST et Schneiderus; at etiamsi *μεθετέον* ad medium quoque revocari licet, ipsa sententia non tam res quam hominem *mitti* postulat, nimirum eum, quem aliter sentire posse modo dictum erat. — P. 58 A *ἀνισότης* sine *ἡ* e' p. 58 D *κινητικὸν* pro *κινητὸν* ex eodem Stallb. et Schneiderus receperunt, prior etiam *ἀποβάλλει, ταύτην δὲ* ante *ἀπολέσαν*, quod etsi correctori deberi cum Schneidero arbitror, propter codicis tamen auctoritatem et ipsum cum cancellis inserui. — P. 59 A *ψῦξιν* pro *ψύξιν* vel sine libris Stallb. et Schn. scribendum viderunt; iidem vero quod p 59 B *δὲ τῇ* post *πυκνότητα* ex Par. addiderunt, ego facili Baiteri correcturae *δ' ἔτι* posthabui, non minus, ut opinor, certae, quam quod mox p. 59 C ab eodem libro oblatum *κατατιθέμενος* pro *καταθέμενος* quamvis invito Schneidero cum Stallb. inter media alia praesentia recipere nullus dubitavi. — P. 59 D *ἐφέντες* VBS et Schneiderus, *ἀφέντες* T cum P, quibus tamen obtemperare nunc nolui, quia ipsa quae sequuntur ad *μέτριον καὶ φρόνιμον παιδιὰν* pertinent, cui indulgere Timaeum, non missam facere consentaneum est; nec p. 60 C quod Stallb. et Schn. ex Par. receperunt *κενὸν δ' ὑπερεῖχεν* vulgatum *κενὸν δ' ὑπῆρχεν* veritate superare arbitror, sequente praesertim *αὐτῶν*, quod aegre quo referas invenias. Accedit quod non *ὑπερέχειν* sed *περιέχειν* solemne in quaestionibus physiologicis de vacuo verbum est, cf. Stob. Ecl. phys. p. 380, Sext. Emp. adv. Math. X. 1, Hypot. Pyrrh. III. 125; libenter igitur ascivi, quod quamvis corrigendo demum in Par. illatum probabiliter tamen locum restituit, *κενὸν δ' οὐ περιεῖχεν αὐτὸν οὐδέν*. — Ibid. *ἀνῄει* pro *ἀνῄειν* codd. fere omnium consensu scriptum est nec vulg. *ἂν εἴη* aliorsum ducit; *εἶδος* autem pro *λίθος* meo periculo edidi, quia nec *ἔχον* masculinum genus nec tota sententia lapidem admittit. Nam etiam si cum Lindavio et Martino Etudes sur le Timée p. 264 basanitem interpretemur, discrimen ab antecedente *πέτρᾳ* praeter colorem nullum nanciscemur, iidemque certatim *ἔχων* legere coacti sunt; quod si carere correctura ne sic quidem locus potest, nostra duas simul difficultates tollit nec ipsa majorem confusionem statuit, quam qua Reip. VI. p. 497 *ἦθος* et *εἶδος* a librariis permutata sunt. — Mox demum ad Par. reversus cum Schneidero p. 62 A *τούτων* pro *τούτῳ*, p. 62 C *τῆς τοῦ κάτω* pro *τῆς κάτω*, p. 63 B *ἐπεμβὰς* pro *ἐπαναβάς*, p. 64 C *καὶ τὰς τρίχας* pro *καὶ τρίχας*, p. 65 E *λεαινόμενα* pro *λειαινόμενα*, p. 66 E *ἔχειν* pro *σχεῖν* et στενότεραι pro στενώτεραι scripsi; nec si p. 66 E pro δι' οὖν, quod editores post Bekk. ex codicibus fere omnibus receperunt, ad Stephanianum διὰ οὖν redire satius duxi, p. 67 D aut ὀλίγα ex Par. margine a Stallbaumio ascitum aut τὸν ἐπιεικῆ pro ἐπιεικεῖ cum eodem a Schneidero scriptum sprevi, quanquam haud nego persanando loco mihi etiam λόγῳ in λόγον mutandum videri, ut ipse ἐπιεικὴς λόγος paucis illis, quibus idem argumentum superius tractatum esse Timaeus dicit, opponatur. — Paris. liber etiam p. 68 A ἀθρόον καὶ ὕδωρ pro καὶ ὕδωρ ἀθρόον, item p. 68 D ἱκανῶς pro ἱκανὸς ὅς et p. 69 A λογιζόμενον pro λογιζομένους Schneidero suppeditavit, eundemque nec διυλισμένα pro διυλασμένα quamvis ex correctura praebentem sequi detrectavi; p. 69 D autem ejus lectionem αἰσθήσει δὲ .. ταῦτα pro αἰσθήσει τε ... ταὐτὰ eo libentius amplexus sum, quo aptiorem inde paululum mutata interpunctione sensum Schneideri sagacitas elicuit, nimirum ut αἴσθησις ἄλογος et ἐπιχειρητὴς παντὸς ἔρως, in quibus τοῦ ἐπιθυμητικοῦ summa cernitur, non ad ἐλπίδα tantum movendam restringantur, sed tanquam altera irrationalis animae pars cum ipsa spe, iracundia, ceterisque animi affectibus aequo jure et ordine habeantur. — P. 69 E quoque genuinam ut spero lectionem τὸ τοῦ θώρακος αὖ κύτος ex Par. vestigiis erui, ubi quum editi τοῦ θώρακος αὖ τὸ κύτος, ille vero τὸ τοῦ θώρακος αὐτὸ κύτος legat, ego articuli certe locum eundem servavi, quem in opposita capitis mentione c. 10: περὶ τὸ τῆς κεφαλῆς κύτος habet: altera lectio haud scio an κύτος ad solum θώρακα restringat. — P. 70 C et 73 A πόμα pro πῶμα, ut hoc certe in libro mihi constarem, cum Schneidero edidi, in Legibus ad productam formam rediturus; p. 70 D autem unice dignam Platone vocem μάλαγμα pro ἅλμα μαλακὸν ex Longino de Sublim. XXXII. 5 et Alcinoi Isagoge c. 23 restitui, quia nec ἅλμα pulmo dici potest, nec paucorum librorum correctura ἅμμα a nodo luctatorio (Krause Gymnastik p. 419) ita ad pulverem palaestricum transferri potest, ut exsultanti cordi molliter excipiendo inserviat. Atqui id ipsum praestat μάλαγμα, quod non *fomentum* tantum apud medicos, sed apud mechanicos quoque velut *culcitas* coriaceas sive pelles alga fartas significat, quibus tormentorum ictus frangerentur, cf. Wessel. ad Diodor. XVII. 45; quod tamen ignorantes librarii ubi semel adjectivum μαλακὸν rariori substantivo substituerant, ipsa correctura suprascripta ex terminatione αγμα facile in ἅλμα transire poterat. — P. 71 A αὐτῶν αἰσθήσεως P et Schneiderus, αὖ τῶν αἰσθήσεων VBST, in quo illud offendit, quod sensus quoque fortuito tantum τῷ ἐπιθυμητικῷ contingere dicerentur; mihi haec Timaei mens esse videtur, cupiditatem rationes neque intelligere, nec si forte *sensum* harum aliquem nacta sit, valde eas curare; unde etiam plur. αὐτῶν explicatur, quia mox λόγων dicturus Plato haec scripsit. — Etiam p. 71 C et E recte cum P Schneiderus φαντάσματα pro φάσματα reposuit, quod ipsum paulo ante cum εἰδώλοις Plato junxit; p. 71 D autem optione data, utrum optimum codicem ξυστήσαντες habere Bekkero an ξυνιστάντες Bastio crederem, hujus auctoritatem vel ideo praetuli, quia ipse Bekk. ut nuper etiam Stallb. praesens retinuit; meo quidem judicio ad sensum quoque aptius, qui id tempus respicit, quo maxime dii corpora humana fabricabantur. — P. 73 D praeclarae Valckenarii conjecturae ad Eurip. Phoen. 1085 περίβολον pro περὶ ὅλον locum negare nolui; deinceps vero ad Par. reversus κατελείπετο pro κατελίπετο, item p. 75 A περὶ τὰ vulgo omissum cum Stallb. et Schneidero revocavi, nec p. 76 B quamvis eleganti Corais suspicioni id tribui, ut τρηθέντος potius cum BST quam τρωθέντος cum Schneidero et libris retinerem; praesertim quum ipsa pilorum origo non foramina tantum, sed etiam exsudationem aliquam requirat, quae commode a vulneribus cuti illatis repetitur. — Ibid. εἰλικρινὲς pro εἰλικρινὲς constantiae indulsi; p. 77 D autem διδύμους non ut Bekk. tradit ex corr. P, sed si Bastium sequimur ex prima ejus manu recepi, cui ab altera demum vulg. δίδυμον suprascripta est; quanquam in hoc cod. etiam correctori aliquid tribuendum esse et superius significavi et mox p. 79 C agnovi, ubi cum illo τὸ ante τοῦ πλεύμονος omisi ibidemque προσεικάζομεν pro προσῃκάζομεν scripsi, alterum praeeunte Schneidero, alterum invito, sed ut ei rationi constarem, quam jam Reip. p. 473 C secutus essem. — P. 80 D αἰωρουμένῳ pro αἰωρουμένου ex conj. edidi, quod etsi quis ita explicet, ut αἰωρούμενος ignis spiritum secutus esse dicatur, hujus tamen propria αἰώρησις, ignis συναιώρησις tantum est, utque incommode duo participiorum genitivi junguntur, ita facillime intelligitur, quomodo antecedens πυρὸς sequens participium in sui communionem trahere potuerit; in reliquis autem et κατὰ ταὐτὰ pro κατὰ ταῦτα et φλέβας τε pro δὲ et — hic saltem etiam Schneidero auctore — γέγονε pro γεγονέναι moxque p. 81 A ἀποπέμποντα pro ἀποπέμποι et p. 81 E γήρως pro γῆρας ex Par. recepi, quorum extrema etiam sine codd. sensus commendabat. Immo et p. 85 C et 86 A quamvis dubiam multis ipsique Schneidero visam formam μόλις pro μόγις eodem libro fretus revocavi, quibus de formis quae olim Allg. Schulzeit. 1831, p. 719 statui, etiam nunc teneo; nec p. 85 D παρ' αὐτῆς pro παρ' αὐτῆς aut p. 86 A τὸ δ' ἐκ pro τὸ δὲ indidem recipere dubitavi; orthographiam denique ejusdem et p. 85 E καίουσα (cf. et sup. p. 60 B) et p. 87 A δυσμαθείας (cf. Reip. X. p. 618 D) et p. 90 B φιλομαθίαν (cf. Anterast. p. 133 D) et p. 90 E ἐμμετρότερος (cf. Schneid. ad Rempubl. T. II. p. 33) et p. 91 A πόμα (cf. p. 70 C) scribendo expressi. Duo tantum loci restabant, quibus aliunde medelam petendam arbitrarer, p. 86 C, ubi καὶ ante καθαπερεὶ circumscribendo durissimam modorum enallagen vitavi, et p. 86 E, ubi jam Stallb. egregiam Vat. o et Flor. x lectionem ἄκοντι pro κακόν τι ascivit; contra p. 89 B vel sine Schneidero κατ' αὐτὸ pro καθ' αὑτό, p. 90 B autem cum illo et Stallb. περὶ ante φιλονεικίας ex ipso Par. recepi; nec p. 91 C cautius agi posse putavi, quam si cum Stallb. hujus lectiones ξυνδιαγαγόντες (hanc enim Bastius testatur; Bekk. et Schneiderus ξυναγαγόντες) et καταδρέψαντες pro ἐξαγαγόντες et κατα δρέψαντες amplecterer, quanquam haud scio an priori loco aptius ξυνδυάζοντες conjecerim.

In epitome, quae Timaei Locri nomen mentitur, quoniam Par. subsidio caremus, omnibus rite pensitatis plerumque ad Ven. Ξ redire visum est, adhibitis secundo loco Parisinis *I* et *M*, quibus etiam J. J. de Gelder in editione Lugdunensi 1836 non sine fructu usus est; qui tamen quod eosdem literis B et C insignivit, probe monendum est, ne cum Bekkerianis B et C confundantur, quibus etsi Bekkerus multum tribuisse videtur, equidem ne tantam quidem quantam Veneto *Φ* fidem habui. De dialecto tantum presse Bekkerum secutus sum; cujus quum locupletissimus hujus rei arbiter Ahrensius T. II. p. 23 curam probaverit, nolui argutari in formis, de quibus haud scio an ne ipsi quidem libelli scriptori liquido constiterit; reliqua, ubi aut librorum fidem aut conjecturae medelam potiorem habui, haec fere sunt: P. 93 A ὄντα, quod ex *ΦBCu* Bekk. adjecit, sustuli, structura quoque, ut opinor, favente, quae συναίτια praecedentibus copulis ad praedicati locum deprimi aegre patitur; utque mox ἀεὶ post εἶμεν plurimorum librorum consensu oblatum libenter recepi, ita quatuor illis non sum deterritus, ne aut p. 94 A vulg. ἄμορφον pro ἀμόρφωτον revocarem aut p. 94 B ἐντὶ post ἀρχαὶ a tribus optimis commendatum pro ἐναντίαι substituerem, praesertim quum ipsa illa principia, quamvis contraria inter se sint, tamen non hoc nomine, sed ita potius commemorentur, ut conjunctione sua omnia efficiant. — P. 94 C ταὶ pro καὶ διακρίσιες ex conj. scripsi non minus, opinor, necessaria quam facili ad idem exemplum, quo inf. p. 98 B μὲν καὶ pro μὲν ταὶ in cod. *I* scriptum est; mox autem δέχοιτο pro δέχοιντο ad σώματα referendum ex *ΞIM* et Mon. *B* recepi, ibidemque πάντα τἄλλα pro τἄλλα πάντα et καὶ ante σφαιροειδὲς a Bekk. omissum restitui; denique ὁρμᾶν ab eodem ex *ΦBC* in ὁρμὰ mutatum reduxi, quia substantivum aut articulum ἁ aut praecedentem dativum pro genitivo flagitare videbatur. — P. 95 C κἀνάπαλιν pro κἂν πάλιν Gelderus conjecit egoque libenter recepi, quanquam haud scio an etiam lenior medela κἄμπαλιν fuerit; mox autem ἀπολιπὲν potius quam ἀπολείπειν scribi librorum ἀπολιπεῖν exhibentium vestigia jusserunt, cui ne praesens λαμβάνεν obstare putes, cf. Spec. Plut. p. 18 et Weber. ad Demosth. Aristocr. p. 131. — P. 96 B οὖσαν libri; οὐσᾶν BST; at primus numerus est CCCLXXXIV constans ex quatuor unitatibus cum octo denariis et tribus centenariis; recte igitur ἁ πράτα μονάδων οὖσα τεττόρων appellatur. — Ibid. optione data, utrum vulgatam πληρώμασι an quod Bekk. ex *BCDI* ascivit συμπληρώμασι amplecterer, id praetuli, quod minorem correcturae speciem gereret; in reliquis autem, quanquam καὶ ante ἐπογδόοις mihi non magis tolerandum videbatur quam unius cod. lectio a Geldero recepta λήμμασι — ipsa enim ἐπόγδοα sunt πληρώματα —, illud tantum mihi indulsi, ut μυριάδας ipsa structura jubente cum cod. Vat. in μυριάδων mutarem ac deinceps cum Geldero vetus diagramma restituerem, quod Stephani exemplo ab omnibus editoribus omissum merito jam miratus est Valcken. ad Theocr. Adoniaz. p. 259. Nimirum pro interpretamento tantum habuisse videntur, nec codicum auctoritate in ea opinione carebant, quorum alii idem et ipsi omiserunt, alii ad finem relegarunt, ut Bekk. *Φ*, in quo ad marginem ascriptum legitur: ζήτει τὰς διαιρέσεις ἐν τῷ τέλει τοῦ τοιούτου λόγου: at haec ipsa verba, quantum equidem sentio, ipsius libelli partem has διαιρέσεις esse indicant, idque etiam clarius apparet, modo ne eo loco, quem vel in priscis editionibus obtinent, ante τὰν μὲν ὦν τῷ ὅλω ψυχάν, sed ubi ego posui inferantur. Ita enim fit, ut simul et summae iteratio, quae in vulgata lectione prorsus otiosa est, veram suam vim recuperet, quae non in ea re cernitur, ut praedicatum ad διαιρέσιες sit, sed ut totum numerum, cujus singulae partes per diagramma dispositae sunt, subductis calculis comprehendat; antecedentia autem ταὶ δὲ διαιρέσιες αὗται ἐντὶ ipsi, quod sequitur, diagrammati viam muniunt. — P. 96 C ἁπάντων pro πάντων ex *ΞIM* revocavi, moxque mea conjectura τὰν καθ' ἅπαν, quod post ἄγει πάντα omni vi caret, in τὰν καθ' ἁμέραν mutavi; p. 97 autem non solum τῷ ἀλίῳ cum *ΞIM* ejiciendum esse significavi, sed eorundem vestigiis ingressus et περικαταλάψιας pro περικαταλάμψιας et ἃς pro ὃν ἐκόσμησεν revocavi, denique οὕτως post ἐγεννάθη solius *I* fide a Bekk. eliminatum restitui, quia nihil obstat quominus sequens ὡς etiam quasi s. velut παράδειγμα significet. Quanquam haec leviora sunt; gravius corrupta p. 97 D, ubi non ὥρος tantum ex Valcken. conject. apud Gelderum pro ὅρος recepi, sed ne ἁμέρας quidem integrum esse arbitror, pro quo quum optimi libri ἀγὸς habeant, αὐγᾶς scribendum fuisse sero intellexi; immo mox quoque nec quod vulgo edebatur ὡς περιγραφόμενα nec quod in libris plurimis est περιγραφόμεθα sanum erat, sed ὡς (hoc est οὓς) περιγράφομεν edidi, cui quum forte α adhaesisset, deteriores quoque libri quamvis soloeca constructione verbalem saltem vim retinuerunt. — P. 97 E τῶν ἄλλων a Bekk. demum ex *ΦBC* post βάσις insertum cum Geldero rursus ejeci, eodemque duce p. 98 B συντεθειμένον pro συντιθέμενον, p. 98 E τῷ παντὸς pro τοῦ παντός, p. 99 B πολλὰ εἴδεα ἔχει pro ἴσχει, p. 99 C μόλιβδος pro μόλυβδος recepi, quorum qui auctoritates requiret, apud illum inveniet; p. 99 E autem vetere dittographia oblata, unde vulg. ἵδρυται μένον originem cepit, ἱδρυμένον cum *M* quam ἵδρυται cum reliquis ut difficilius scribere malui, nec p. 101 A leni mutatione ἐν δ' αὖ pro ἐν αὖ abstinui, qua nexus cum antecedentibus restituitur, quanquam nunc haud scio an ipsum αὐτούτοις pro vulg. τούτοις dittographiam contineat, veraque lectio ἔν τ' αὐτοῖς potius habenda sit. — P. 102 B δίοδος πνεύματι ἢ τροφᾷ διαδιδῶται H cum Geldero, nisi quod is, incertum consulto an errore, certe contra ipsos suos codices, τροφὰ retinuit; δίοδος ἢ πνεύματι ἢ τροφὰ μὴ διαδίδοται reliqui editores; at ἢ et τροφὰ paucorum, μὴ fere nullorum codicum fide nititur, nec nisi διαδιδῶται ingenio Gelderi debetur, quod tamen vel in vulg. lect. praecedenti αἴ κα adaptandum fuerat. — P. 102 C ἀπλαῖ V, ἁπλαὶ reliqui, nescio unde, nec mox c. 16 sibi constantes. — P. 103 A ἀτόνως H, ἀτόπως libri, quo sensu, ignoro. Neque enim virum bonum eum dixeris, qui in perturbationibus animi nesciat quo se vertat; atqui id est ἀτόπως ἔχειν, ut Alcib. p. 116; conjeci igitur, quod praegresso σύντονος oppositum quasi ἀπαθῆ vel ἀναίσθητον adversus πάθη significet. — Ibid. πλεονάζεν Geld. ex libris suis, ceteri πλεονάζειν. — P. 103 D αὗται γάρ ταὶ V et Gelderus, αὗται γὰρ ceteri cum uno codice non optimo, quem contra sermonis leges sequi nefas habui. — P. 104 B πρεσβίστα scripsi ut p. 97 E; πρεσβύστα V, πρεσβύττα ceteri, quod tamen si probabant, etiam superius restitutum oportebat. — P. 104 D ἐπουράνια V et Gelderus; ὑπουράνια ceteri cum duobus mediocris fidei libris ΦC neque ad sensum apte, quia τὰ ὑπουράνια rectius caelestibus, inferis autem τὰ ἐπουράνια opponuntur, ut Apol. c. 3, Phaedr. c. 37; multo tamen inconsideratius iidem ipseque Gelderus mox Valcken. conject. ὅθι pro ὅτι receperunt, quasi haec ipse scriptor apud inferos exstare narraret nec aliorum potius ψευδέσι λόγοις tribueret, quo ὅτι obliquae orationis signum simplicissima structura refertur.

Crit. p. 107 B ἴστε μὲν H, ἴσμεν libri, quod nisi sequentibus opponatur, misere languebit, oppositum autem μὲν certe postulat, quod optione data utrum post ἴσμεν insererem an prima persona in secundam mutata ex ipsa illius syllaba extrema particulam effingerem, propter συνεπίσπεσθε (ita enim Tur. et Schneiderus scribere debebant) posterius praetuli. — P. 108 A διδόσθω V, δεδόσθω BST et Schneiderus, sed, nisi quem Bekk. omisit, tam exigua librorum fide, ut quamvis commodam lectionem amplecti nolim. — P. 108 E πέραν H ex praeclara Heusdii conjectura Spec. crit. p. 134 a Stallb. quoque dudum probata; quem nihilominus cum Schneid. et Tur. vulgatum πᾶν retinuisse miror. — P. 109 C αὑτῶν VB, αὐτῶν ST et Schneiderus ex Baiteri conject. non, opinor, necessaria, modo ipsorum deorum sententiam alienae hominum opponas; ambiguitas ea re evitatur, quod humanum genus aut prima persona (ἡμᾶς) aut singulari numero (θνητὸν) memoratur. — P. 110 B καὶ τὰ τῶν γυναικῶν V et Schneiderus, κατὰ τ. γ. BST cum Par., cujus tamen in tam levi discrimine exigua auctoritas est; rectius ex eodem mox τὰ αὐτὰ recepissent, ubi ταὐτὰ nullus, plerique ταῦτα exhibere videntur. — P. 111 C φελλέας H, Φελλέως libri; emendavit Sauppius Epist. crit. p. 63 praeeunte Rossio, qui quum alibi tum griech. Königsreisen T. II. p. 70 ex ipso nostri loci scholiasta φελλέα non proprium sed appellativum nomen esse docuit, quo omnino agri saxosi significentur; cf. Hesych. T. II. p. 1499. Item p. 111 D εἰς αὐτὴν pro εἰς αὑτὴν Schneiderus ex conjectura, ut videtur, sed verissima, si quidem non ipsa tellus Attica in se, sed in largam potius, qua obducta fuerit, humum aquas pluvias recepisse dicitur. — Ibid. ταῖς ante πρότερον οὔσαις idem cum P et B recte omisit, quia praedicativa structura est: *ubi fontes pridem fuerunt;*

p. 112 C autem miror omnes intactum reliquisse ἱερῶν, cui non video quomodo nunc locus sit, postquam oratio jam ad humanas habitationes transiit; scripsi igitur ἱερέων, quia sacerdotes cum militibus juxta templum habitare consentaneum erat. — P. 112 D ἤδη καὶ τότε ἔτι P et Σ, ἤδη κατὰ τὰ ἔτη V cum Cornario, ἤδη καὶ τὸ ἔτι BST et Schneiderus cum libris reliquis, quo *in posterum quoque* eodem numero mansurae copiae significarentur; at hoc jam inest in πρὸς τὸν ἀεὶ χρόνον, nec quamvis elegans ἔτι antiquum mihi sed ex concursu literarum τ et π conflatum esse videtur, quo facto demum τότε a librariis in τὸ mutatum est; hoc igitur cum optimo codice restituto et ἔτι circumscripto egregia prodit sententia, jam tum eundem civium Atticorum numerum fuisse, quem Socratis et Platonis aetati probatissima testimonia tribuunt, cf. Boeckh. Staatsh. N. E. p. 47 sqq. — P. 112 E οἷα αὖ ἦν B ex P vestigiis, ubi οἷα ἂν ἦν est; οἷα ἦν VST et Schneiderus; at mihi αὖ transitum ad contrarias partes recte notare videtur. — P. 114 A τόπον a BT ex Par. receptum, a Stallb. et Schneid. sano judicio omissum non equidem tollere rursus sed circumscribere tutissimum duxi. — P. 114 B ὅπερ τὴν ἐπίκλην ταύτην H, ὅπερ ἂν τὴν ἐπίκλησιν ταύτην VT, ὅπερ τ' ἦν ἐπίκλην ταύτῃ BS et Schneiderus c. P, unde rariorem formam ἐπίκλην Hesychii quoque testimonio firmatam libenter recepi, neque ἄν, quo potentialis optativi vis non eget, abjicere dubitavi; reliquam tamen lectionem ad commodiorem vulg. structuram redegi. — P. 115 A ἔτρεφεν S et Schneiderus cum Par. aliisque libris, ἔφερβεν VBT, in quo tamen haud scio an Turicensibus illud fraudi fuerit, quod varietatem a Bekk. enotatam ad antecedens ἔφερε retulerunt. — P. 115 B πόματα P et V, πώματα BST; equidem hic ut in Republica Schneiderum secutus sum. — P. 116 B ἅμα εἰργάζοντο H, ἅμα ἀπειργάζοντο VBST; at ἅμα omittit P, quo quum carere non possimus, praepositionem ex illo ipso ortam esse suspicor. — P. 116 D καὶ ἀργύρῳ post χρυσῷ apud VST et Schneiderum insertum cum P et B omisi; eodemque ex codice cum Schneidero mox αὐτόν τε in αὐτὸν δὲ mutavi. — P. 117 B ἔχον τὸ δὲ H, ἔχοντα VBST et Schneiderus, incommoda structura, qua δένδρα . . . ἔχοντα pro appositione ad ἄλσος accipere cogimur, nec Par. addicente, qui ἔχοντος potius exhibet; cui si hoc addideris, quod Steph. multique libri post δένδρα part. δὲ habent, quam alio loco reponi quam prorsus exterminari lenius est, non nimis temere emendasse videbor. — P. 117 D πάντα P et Schneiderus, πάντα δὲ VBST. — P. 121 C αὑτῶν iidem pro vulg. αὐτῶν, quo Jovem cum reliquis diis comprehendi necessarium non est.

Min. p. 313 A ποῖον H pro ὁποῖον, cf. ad Sophist. p. 236 B; idemque ὥσπερ ἂν εἰ ἠρόμην pro ὥσπερ εἰ ἀνηρόμην, ubi compositi rationem vix invenias; transposui igitur syllabam, quo facto egregia formula ὥσπερ ἂν εἰ sequentem apodosin hypotheticam praeparat. — P. 314 A δηλούσῃ τὰ πράγματα P, δηλούσῃ ἡμῖν τὰ χρώματα VBST, nisi quod Tur. ἡμῖν circumscripserunt: mihi vero non hoc tantum tollendum, sed etiam χρώματα mutandum visum est, quod ne quis sequ. φωνὰς opponendum censeat, reputet auditu nihil nisi sonos percipi, visu etiam alia multa praeter colores. Mox τί δαὶ P et B, τί δέ ST. — P. 316 A falsam esse vulg. lect. οὐκοῦν καὶ παρὰ πᾶσιν οὕτως ὡς ἐνθάδε νομίζεται, quam post responsum ναὶ demum altera quaestio οὐκοῦν καὶ ἐν Πέρσαις sequitur, jam internis rationibus assequi licebat, si quidem nihil omnino causae est, quapropter concesso *omnium* consensu peculiaris Persarum mentio sequatur; accedit vero etiam codicum plurimorum auctoritas, qui responsum καὶ ἐν Πέρσαις, quod alteram illam quaestionem respicit, omittunt; neu quis jam cum nonnullis καὶ ἀεὶ δήπου cum hac continuet, Par. vetat, qui clare ἀλλὰ tuetur; quae quum ita essent, turbatae scripturae hanc medelam adhibui, ut παρὰ πᾶσιν tanquam glossema prorsus eliminarem, ejusque in locum ipsos Persas substituerem, quorum nunc ne peculiaris quidem mentio magis offendit, quam mox Carthaginiensium et Lycaeorum. — P. 317 D νεῖμαι ab ἀγαθὸς pendere recte Stallb. vidit; id ipsum autem me movit, ut καὶ suspectum mihi esse significarem, quanquam haud scio an commodius in ὡς mutetur quam prorsus eliminetur; certius utique p. 318 B νόμοις circumscripsi, quia νομοθέτης ἐν νόμοις inconcinne dicitur ipsique αὐλητικοὶ nunc homines potius tibicinii peritos significare videntur. — P. 321 D τε post νομοθέτης c. Stallb. ex codice Leid. aliisque addidi, flagitante communi adjectivo ἀγαθός, quod sine hac particula pariter ad utrumque substantivum aegre referas.

Ceterum hoc loco non possum non palam queri de nupera censoris Monacensis socordia, qui in judicando primo hujus editionis volumine, quod totum in codice Oxon. nititur, unicum illius testem oculatum Gaisfordium non adiit, sed sola Bekkeri commentaria usurpavit neque adeo Stallbaumii aut Heindorfii annotationes diligenter inspexit. Hinc factum est ut Phaed. p. 61 D σαφῶς in solo Oxon. exstare diceret, quod praeterea insignissimum Tubing. fidejussorem habet, eundemque p. 74 A in verbis τῷ μὲν . . . τῷ δὲ ignoraret; omnium autem iniquissime me tractavit de p. 59 E, ubi me ἐκέλευεν cum *secunda* Oxon. manu scribendo meas ipsum leges violasse criminatur. Scilicet Bekkerus notam *sed ex em.* a Gaisfordio ad sequentem lectionem εἰσελθόντας ascriptam per errorem simul ad antecedentem retulit eoque facto etiam Stallbaumium conturbavit; ipsas diligentissimi hominis lectiones si inspexeris, ἐκέλευεν primam solamque optimi codicis scripturam esse invenies. Eadem causa est p. 70 A, ubi Bekk. lectionem ἀποθάνῃ margini Oxon. ascriptam commemorare neglexit, quam ego, qui id modo quaererem, aoristi an praesentis vetustior auctoritas esset, jure meo tanquam secundam primae opposui, qua in ipso verborum ordine ἀποθνήσκει quidem scriptum, sed ῃ suprascriptum est; censor autem alteram illam ignorans vitio mihi dedit, quod ἀποθνήσκῃ ad primam manum retulissem. Omnino si quis ipsum

Gaisfordii librum tractaverit, Bekkeri notas ad dinoscendas varias Oxon. manus non sufficere facile intelliget, praesertim in vocabulis omissis et supra lineam aut in margine suppletis, quorum ne Gaisfordius quidem scriptores ubique distinxit; quod si hoc quoque in genere inconstantiam mihi censor exprobravit, ego vero incautior mihi visus essem, si p. 69 C τινὲς aut p. 82 D ἔφη propter hanc solam causam, quia in margine leguntur, ad secundam manum rejecissem.

Scr. Gottingae d. XVIII. Maji a. MDCCCLII.

C. Fr. Hermann.

ΠΟΛΙΤΕΙΑ

[ἢ περὶ δικαίου, πολιτικός.]

ΤΑ ΤΟΥ ΔΙΑΛΟΓΟΥ ΠΡΟΣΩΠΑ

ΣΩΚΡΑΤΗΣ, ΓΛΑΥΚΩΝ, ΠΟΛΕΜΑΡΧΟΣ, ΘΡΑΣΥΜΑΧΟΣ, ΑΔΕΙΜΑΝΤΟΣ, ΚΕΦΑΛΟΣ.

Α. St. T. II. p.

I. Κατέβην χθὲς εἰς Πειραιᾶ μετὰ Γλαύκωνος τοῦ 327
Ἀρίστωνος, προσευξόμενός τε τῇ θεῷ καὶ ἅμα τὴν ἑορτὴν βουλόμενος θεάσασθαι τίνα τρόπον ποιήσουσιν, ἅτε νῦν πρῶτον ἄγοντες. καλὴ μὲν οὖν μοι καὶ ἡ τῶν ἐπιχωρίων πομπὴ ἔδοξεν εἶναι, οὐ μέντοι ἧττον ἐφαίνετο πρέπειν ἣν οἱ Θρᾷκες ἔπεμπον. προσευξάμενοι δὲ καὶ θεωρήσαντες ἀπῇμεν πρὸς τὸ ἄστυ. κατιδὼν οὖν πόρρω- B
θεν ἡμᾶς οἴκαδε ὡρμημένους Πολέμαρχος ὁ Κεφάλου ἐκέλευσε δραμόντα τὸν παῖδα περιμεῖναί ἑ κελεῦσαι. καί μου ὄπισθεν ὁ παῖς λαβόμενος τοῦ ἱματίου, Κελεύει ὑμᾶς, ἔφη, Πολέμαρχος περιμεῖναι. καὶ ἐγὼ μετεστράφην τε καὶ ἠρόμην ὅπου αὐτὸς εἴη. Οὗτος, ἔφη, ὄπισθεν προσέρχεται· ἀλλὰ περιμένετε. Ἀλλὰ περιμενοῦμεν, ἦ δ' ὃς ὁ Γλαύκων. καὶ ὀλίγῳ ὕστερον ὅ τε Πολέμαρχος ἧκε καὶ C
Ἀδείμαντος ὁ τοῦ Γλαύκωνος ἀδελφὸς καὶ Νικήρατος ὁ Νικίου καὶ ἄλλοι τινές, ὡς ἀπὸ τῆς πομπῆς. ὁ οὖν Πολέμαρχος ἔφη Ὦ Σώκρατες, δοκεῖτέ μοι πρὸς ἄστυ ὡρμῆσθαι ὡς ἀπιόντες. Οὐ γὰρ κακῶς δοξάζεις, ἦν δ' ἐγώ. Ὁρᾷς οὖν ἡμᾶς, ἔφη, ὅσοι ἐσμέν; Πῶς γὰρ οὔ; Ἢ τοίνυν τούτων, ἔφη, κρείττους γένεσθε ἢ μένετ' αὐτοῦ. Ουκ-

[illegible] πείσωμεν ὑμᾶς,
[illegible] πεῖσαι
[illegible] Γλαύκων. Ὡς τοίνυν
[illegible] ἀκούσεσθε. [illegible] Ἀδείμαντος,
[illegible] ἔσται πρὸς ἑσπέ-
[illegible] ἐγὼ καινόν γε
[illegible] συνδώσουσιν ἀλλήλοις ἁμιλλώ-
[illegible] Οὕτως, [illegible] Πολέμαρ-
[illegible] ποιήσουσιν, [illegible] ἔξιον θεα-
[illegible] μετὰ τὸ δεῖπνον καὶ τὴν
[illegible] καὶ συνεσόμεθά τε πολλοῖς τῶν
[illegible] ἀλλὰ μένετε καὶ μὴ ἄλλως
[illegible] Γλαύκων, Δοκεῖ, ἔφη, μενετέον εἶναι.
[illegible] οὕτω χρὴ ποιεῖν.

[illegible] τοῦ Πολεμάρχου, καὶ Λυ-
[illegible] κατελάβομεν καὶ Εὐθύδημον, τοὺς τοῦ
[illegible] καὶ δὴ καὶ Θρασύμαχον τὸν Χαλ-
[illegible] τὸν Παιανιέα καὶ Κλειτο-
[illegible] ἦν δ' ἔνδον καὶ ὁ πατὴρ ὁ τοῦ
[illegible] Κέφαλος. καὶ μάλα πρεσβύτης μοι ἔδοξεν
[illegible] γὰρ καὶ ἑωράκη αὐτόν. καθῆστο δὲ
[illegible] ἐπί τινος προσκεφαλαίου τε καὶ δίφρου·
[illegible] ἐτύγχανεν ἐν τῇ αὐλῇ. ἐκαθεζόμεθα οὖν
[illegible] ἔκειντο γὰρ δίφροι τινὲς αὐτόθι κύκλῳ. εὐ-
[illegible] ὁ Κέφαλος ἠσπάζετό τε καὶ εἶπεν Ὦ
[illegible] θαμίζεις ἡμῖν καταβαίνων εἰς τὸν Πει-
[illegible] εἰ μὲν γὰρ ἐγὼ ἔτι ἐν δυνάμει ἦν τοῦ
[illegible] πρὸς τὸ ἄστυ, οὐδὲν ἄν σε ἔδει δεῦρο
[illegible] ἡμεῖς ἂν παρὰ σὲ ᾖμεν· νῦν δέ σε χρὴ πυ-
[illegible] δεῦρο ἰέναι· ὡς εὖ ἴσθι ὅτι ἔμοιγε, ὅσον αἱ κατὰ
[illegible] ἡδοναὶ ἀπομαραίνονται, τοσοῦτον αὔξονται αἱ
[illegible] τοὺς λόγους ἐπιθυμίαι τε καὶ ἡδοναί. μὴ οὖν ἄλλως

ποίει, ἀλλὰ τοῖσδέ τε τοῖς νεανίαις ξύνισθι καὶ δεῦρο
παρ' ἡμᾶς φοίτα ὡς παρὰ φίλους τε καὶ πάνυ οἰκείους.
Καὶ μήν, ἦν δ' ἐγώ, ὦ Κέφαλε, χαίρω γε διαλεγόμενος
τοῖς σφόδρα πρεσβύταις· δοκεῖ γάρ μοι χρῆναι παρ' αὐ- E
τῶν πυνθάνεσθαι, ὥσπερ τινὰ ὁδὸν προεληλυθότων, ἣν
καὶ ἡμᾶς ἴσως δεήσει πορεύεσθαι, ποία τίς ἐστι, τραχεῖα
καὶ χαλεπή, ἢ ῥᾳδία καὶ εὔπορος· καὶ δὴ καὶ σοῦ ἡδέως
ἂν πυθοίμην, ὅ τί σοι φαίνεται τοῦτο, ἐπειδὴ ἐνταῦθα
ἤδη εἶ τῆς ἡλικίας, ὃ δὴ ἐπὶ γήραος οὐδῷ φασὶν εἶναι οἱ
ποιηταί, πότερον χαλεπὸν τοῦ βίου ἢ πῶς σὺ αὐτὸ ἐξαγ-
γέλλεις.

III. Ἐγώ σοι, ἔφη, νὴ τὸν Δία ἐρῶ, ὦ Σώκρατες,
οἷόν γέ μοι φαίνεται. πολλάκις γὰρ συνερχόμεθά τινες 329
εἰς ταὐτὸ παραπλησίαν ἡλικίαν ἔχοντες, διασῴζοντες τὴν
παλαιὰν παροιμίαν. οἱ οὖν πλεῖστοι ἡμῶν ὀλοφύρονται
ξυνιόντες, τὰς ἐν τῇ νεότητι ἡδονὰς ποθοῦντες καὶ ἀνα-
μιμνησκόμενοι περί τε τἀφροδίσια καὶ περὶ πότους καὶ
εὐωχίας καὶ ἄλλ' ἄττα ἃ τῶν τοιούτων ἔχεται, καὶ ἀγα-
νακτοῦσιν ὡς μεγάλων τινῶν ἀπεστερημένοι καὶ τότε μὲν
εὖ ζῶντες, νῦν δὲ οὐδὲ ζῶντες· ἔνιοι δὲ καὶ τὰς τῶν οἰ- B
κείων προπηλακίσεις τοῦ γήρως ὀδύρονται, καὶ ἐπὶ τού-
τῳ δὴ τὸ γῆρας ὑμνοῦσιν ὅσων κακῶν σφίσιν αἴτιον.
ἐμοὶ δὲ δοκοῦσιν, ὦ Σώκρατες, οὗτοι οὐ τὸ αἴτιον αἰ-
τιᾶσθαι. εἰ γὰρ ἦν τοῦτ' αἴτιον, κἂν ἐγὼ τὰ αὐτὰ ταῦτα
ἐπεπόνθη ἕνεκά γε γήρως καὶ οἱ ἄλλοι πάντες ὅσοι ἐν-
ταῦθα ἦλθον ἡλικίας. νῦν δ' ἔγωγε ἤδη ἐντετύχηκα οὐχ
οὕτως ἔχουσι καὶ ἄλλοις καὶ δὴ καὶ Σοφοκλεῖ ποτὲ τῷ
ποιητῇ παρεγενόμην ἐρωτωμένῳ ὑπό τινος Πῶς, ἔφη,
ὦ Σοφόκλεις, ἔχεις πρὸς τἀφροδίσια; ἔτι οἷός τε εἶ γυ- C
ναικὶ συγγίγνεσθαι; καὶ ὅς, Εὐφήμει, ἔφη, ὦ ἄνθρωπε·
ἀσμεναίτατα μέντοι αὐτὸ ἀπέφυγον, ὥσπερ λυττῶντά
τινα καὶ ἄγριον δεσπότην ἀποφυγών. εὖ οὖν μοι καὶ

τότε ἔδοξεν ἐκεῖνος εἰπεῖν καὶ νῦν οὐχ ἧττον. παντάπασι
γὰρ τῶν γε τοιούτων ἐν τῷ γήρᾳ πολλὴ εἰρήνη γίγνεται
καὶ ἐλευθερία, ἐπειδὰν αἱ ἐπιθυμίαι παύσωνται κατατεί-
νουσαι καὶ χαλάσωσι, παντάπασι τὸ τοῦ Σοφοκλέους γί-
D γνεται· δεσποτῶν πάνυ πολλῶν ἔστι καὶ μαινομένων ἀπηλ-
λάχθαι. ἀλλὰ καὶ τούτων πέρι καὶ τῶν γε πρὸς τοὺς οἰ-
κείους μία τις αἰτία ἐστίν, οὐ τὸ γῆρας, ὦ Σώκρατες,
ἀλλ᾽ ὁ τρόπος τῶν ἀνθρώπων. ἂν μὲν γὰρ κόσμιοι καὶ
εὔκολοι ὦσι, καὶ τὸ γῆρας μετρίως ἐστὶν ἐπίπονον· εἰ δὲ
μή, καὶ γῆρας, ὦ Σώκρατες, καὶ νεότης χαλεπὴ τῷ τοιού-
τῳ ξυμβαίνει.

IV Καὶ ἐγὼ ἀγασθεὶς αὐτοῦ εἰπόντος ταῦτα, βου-
λόμενος ἔτι λέγειν αὐτὸν ἐκίνουν καὶ εἶπον Ὦ Κέφαλε,
E οἶμαί σου τοὺς πολλούς, ὅταν ταῦτα λέγῃς, οὐκ ἀποδέ-
χεσθαι, ἀλλ᾽ ἡγεῖσθαι σε ῥᾳδίως τὸ γῆρας φέρειν οὐ διὰ
τὸν τρόπον, ἀλλὰ διὰ τὸ πολλὴν οὐσίαν κεκτῆσθαι· τοῖς
γὰρ πλουσίοις πολλὰ παραμύθιά φασιν εἶναι. Ἀληθῆ,
ἔφη, λέγεις· οὐ γὰρ ἀποδέχονται. καὶ λέγουσι μέν τι,
οὐ μέντοι γε ὅσον οἴονται. ἀλλὰ τὸ τοῦ Θεμιστοκλέους
εὖ ἔχει, ὃς τῷ Σεριφίῳ λοιδορουμένῳ καὶ λέγοντι, ὅτι οὐ
330 δι᾽ αὑτὸν ἀλλὰ διὰ τὴν πόλιν εὐδοκιμοῖ, ἀπεκρίνατο,
ὅτι οὔτ᾽ ἂν αὐτὸς Σερίφιος ὢν ὀνομαστὸς ἐγένετο οὔτ᾽
ἐκεῖνος Ἀθηναῖος. καὶ τοῖς δὴ μὴ πλουσίοις, χαλεπῶς δὲ
τὸ γῆρας φέρουσιν, εὖ ἔχει ὁ αὐτὸς λόγος, ὅτι οὔτ᾽ ἂν ὁ
ἐπιεικὴς πάνυ τι ῥᾳδίως γῆρας μετὰ πενίας ἐνέγκοι, οὔθ᾽
ὁ μὴ ἐπιεικὴς πλουτήσας εὔκολός ποτ᾽ ἂν ἑαυτῷ γένοιτο.
Πότερον δέ, ἦν δ᾽ ἐγώ, ὦ Κέφαλε, ὧν κέκτησαι τὰ πλέω
B παρέλαβες ἢ ἐπεκτήσω; Ποῖ᾽ ἐπεκτησάμην, ἔφη, ὦ Σώ-
κρατες; μέσος τις γέγονα χρηματιστὴς τοῦ τε πάππου καὶ
τοῦ πατρός. ὁ μὲν γὰρ πάππος τε καὶ ὁμώνυμος ἐμοὶ σχε-
δόν τι ὅσην ἐγὼ νῦν οὐσίαν κέκτημαι παραλαβὼν πολλά-
κις τοσαύτην ἐποίησε, Λυσανίας δὲ ὁ πατὴρ ἔτι ἐλάττω

αὐτὴν ἐποίησε τῆς νῦν οὔσης· ἐγὼ δὲ ἀγαπῶ, ἐὰν μὴ
ἐλάττω καταλίπω τουτοισί, ἀλλὰ βραχεῖ γέ τινι πλείω ἢ
παρέλαβον. Οὗ τοι ἕνεκα ἠρόμην, ἦν δ' ἐγώ, ὅτι μοι
ἔδοξας οὐ σφόδρα ἀγαπᾶν τὰ χρήματα. τοῦτο δὲ ποιοῦσιν C
ὡς τὸ πολὺ οἳ ἂν μὴ αὐτοὶ κτήσωνται· οἱ δὲ κτησάμενοι
διπλῇ ἢ οἱ ἄλλοι ἀσπάζονται αὐτά. ὥσπερ γὰρ οἱ ποιηταὶ
τὰ αὑτῶν ποιήματα καὶ οἱ πατέρες τοὺς παῖδας ἀγαπῶσι,
ταύτῃ τε δὴ καὶ οἱ χρηματισάμενοι περὶ τὰ χρήματα
σπουδάζουσιν ὡς ἔργον ἑαυτῶν, καὶ κατὰ τὴν χρείαν,
ᾗπερ οἱ ἄλλοι. χαλεποὶ οὖν καὶ ξυγγενέσθαι εἰσίν, οὐδὲν
ἐθέλοντες ἐπαινεῖν ἀλλ' ἢ τὸν πλοῦτον. Ἀληθῆ, ἔφη,
λέγεις.

V. Πάνυ μὲν οὖν, ἦν δ' ἐγώ. ἀλλά μοι ἔτι τοσόνδε D
εἰπέ· τί μέγιστον οἴει ἀγαθὸν ἀπολελαυκέναι τοῦ πολλὴν
οὐσίαν κεκτῆσθαι; Ὅ, ἦ δ' ὅς, ἴσως οὐκ ἂν πολλοὺς πεί-
σαιμι λέγων. εὖ γὰρ ἴσθι, ἔφη, ὦ Σώκρατες, ὅτι, ἐπει-
δάν τις ἐγγὺς ᾖ τοῦ οἴεσθαι τελευτήσειν, εἰσέρχεται αὐτῷ
δέος καὶ φροντὶς περὶ ὧν ἔμπροσθεν οὐκ εἰσῄει. οἵ τε
γὰρ λεγόμενοι μῦθοι περὶ τῶν ἐν Ἅιδου, ὡς τὸν ἐνθάδε
ἀδικήσαντα δεῖ ἐκεῖ διδόναι δίκην, καταγελώμενοι τέως,
τότε δὴ στρέφουσιν αὐτοῦ τὴν ψυχὴν μὴ ἀληθεῖς ὦσι· καὶ E
αὐτὸς ἤτοι ὑπὸ τῆς τοῦ γήρως ἀσθενείας ἢ καὶ ὥσπερ
ἤδη ἐγγυτέρω ὢν τῶν ἐκεῖ μᾶλλόν τι καθορᾷ αὐτά. ὑπο-
ψίας δ' οὖν καὶ δείματος μεστὸς γίγνεται καὶ ἀναλογίζε-
ται ἤδη καὶ σκοπεῖ, εἴ τινά τι ἠδίκηκεν. ὁ μὲν οὖν εὑ-
ρίσκων ἑαυτοῦ ἐν τῷ βίῳ πολλὰ ἀδικήματα καὶ ἐκ τῶν
ὕπνων, ὥσπερ οἱ παῖδες, θαμὰ ἐγειρόμενος δειμαίνει καὶ
ζῇ μετὰ κακῆς ἐλπίδος· τῷ δὲ μηδὲν ἑαυτῷ ἄδικον ξυν- 331
ειδότι ἡδεῖα ἐλπὶς ἀεὶ πάρεστι καὶ ἀγαθὴ γηροτρόφος,
ὡς καὶ Πίνδαρος λέγει. χαριέντως γάρ τοι, ὦ Σώκρατες,
τοῦτ' ἐκεῖνος εἶπεν, ὅτι ὃς ἂν δικαίως καὶ ὁσίως τὸν βίον
διαγάγῃ,

D τοῖς ὄψοις τὰ ἡδύσματα. Εἶεν· ἡ οὖν δὴ τίσι τί ἀποδιδοῦ-
σα τέχνη δικαιοσύνη ἂν καλοῖτο; Εἰ μέν τι, ἔφη, δεῖ ἀκο-
λουθεῖν, ὦ Σώκρατες, τοῖς ἔμπροσθεν εἰρημένοις, ἡ τοῖς
φίλοις τε καὶ ἐχθροῖς ὠφελείας τε καὶ βλάβας ἀποδιδοῦσα.
Τὸ τοὺς φίλους ἄρα εὖ ποιεῖν καὶ τοὺς ἐχθροὺς κακῶς
δικαιοσύνην λέγει; Δοκεῖ μοι. Τίς οὖν δυνατώτατος κά-
μνοντας φίλους εὖ ποιεῖν καὶ ἐχθροὺς κακῶς πρὸς νόσον
E καὶ ὑγίειαν; Ἰατρός. Τίς δὲ πλέοντας πρὸς τὸν τῆς θα-
λάττης κίνδυνον; Κυβερνήτης. Τί δὲ ὁ δίκαιος; ἐν τίνι
πράξει καὶ πρὸς τί ἔργον δυνατώτατος φίλους ὠφελεῖν
καὶ ἐχθροὺς βλάπτειν; Ἐν τῷ προσπολεμεῖν καὶ ἐν τῷ
ξυμμαχεῖν, ἔμοιγε δοκεῖ. Εἶεν· μὴ κάμνουσί γε μήν, ὦ
φίλε Πολέμαρχε, ἰατρὸς ἄχρηστος. Ἀληθῆ. Καὶ μὴ πλέου-
σι δὴ κυβερνήτης. Ναί. Ἆρα καὶ τοῖς μὴ πολεμοῦσιν ὁ
δίκαιος ἄχρηστος; Οὐ πάνυ μοι δοκεῖ τοῦτο. Χρήσιμον
333 ἄρα καὶ ἐν εἰρήνῃ δικαιοσύνη; Χρήσιμον. Καὶ γὰρ γε-
ωργία· ἢ οὔ; Ναί. Πρός γε καρποῦ κτῆσιν. Ναί. Καὶ
μὴν καὶ σκυτοτομική; Ναί. Πρός γε ὑποδημάτων ἄν,
οἶμαι, φαίης κτῆσιν. Πάνυ γε. Τί δὲ δή; τὴν δικαιοσύ-
νην πρὸς τίνος χρείαν ἢ κτῆσιν ἐν εἰρήνῃ φαίης ἂν χρή-
σιμον εἶναι; Πρὸς τὰ ξυμβόλαια, ὦ Σώκρατες. Ξυμβό-
λαια δὲ λέγεις κοινωνήματα, ἤ τι ἄλλο; Κοινωνήματα
B δῆτα. Ἆρ' οὖν ὁ δίκαιος ἀγαθὸς καὶ χρήσιμος κοινωνὸς
εἰς πεττῶν θέσιν, ἢ ὁ πεττευτικός; Ὁ πεττευτικός. Ἀλλ'
εἰς πλίνθων καὶ λίθων θέσιν ὁ δίκαιος χρησιμώτερός τε
καὶ ἀμείνων κοινωνὸς τοῦ οἰκοδομικοῦ; Οὐδαμῶς. Ἀλλ'
εἰς τίνα δὴ κοινωνίαν ὁ δίκαιος ἀμείνων κοινωνὸς τοῦ
κιθαριστικοῦ, ὥσπερ ὁ κιθαριστικὸς τοῦ δικαίου εἰς κρου-
μάτων; Εἰς ἀργυρίου, ἔμοιγε δοκεῖ. Πλήν γ' ἴσως, ὦ
Πολέμαρχε, πρὸς τὸ χρῆσθαι ἀργυρίῳ, ὅταν δέῃ ἀργυ-
C ρίου κοινῇ πρίασθαι ἢ ἀποδόσθαι ἵππον· τότε δέ, ὡς ἐγὼ
οἶμαι, ὁ ἱππικός· ἦ γάρ; Φαίνεται. Καὶ μὴν ὅταν γε

πλοῖον ὁ ναυπηγὸς ἢ ὁ κυβερνήτης. Ἔοικεν. Ὅταν ουν τί δέῃ ἀργυρίῳ ἢ χρυσίῳ κοινῇ χρῆσθαι, ὁ δίκαιος χρησιμώτερος τῶν ἄλλων; Ὅταν παρακαταθέσθαι καὶ σῶν εἶναι, ὦ Σώκρατες. Οὐκοῦν λέγεις, ὅταν μηδὲν δέῃ αὐτῷ χρῆσθαι ἀλλὰ κεῖσθαι; Πάνυ γε. Ὅταν ἄρα ἄχρηστον ᾖ ἀργύριον, τότε χρήσιμος ἐπ' αὐτῷ ἡ δικαιοσύνη; Κιν- D
δυνεύει. Καὶ ὅταν δὴ δρέπανον δέῃ φυλάττειν, ἡ δικαιοσύνη χρήσιμος καὶ κοινῇ καὶ ἰδίᾳ· ὅταν δὲ χρῆσθαι, ἡ ἀμπελουργική; Φαίνεται. Φήσεις δὲ καὶ ἀσπίδα καὶ λύραν ὅταν δέῃ φυλάττειν καὶ μηδὲν χρῆσθαι, χρήσιμον εἶναι τὴν δικαιοσύνην, ὅταν δὲ χρῆσθαι, τὴν ὁπλιτικὴν καὶ τὴν μουσικήν; Ἀνάγκη. Καὶ περὶ τἆλλα δὴ πάντα ἡ δικαιοσύνη ἑκάστου ἐν μὲν χρήσει ἄχρηστος, ἐν δὲ ἀχρηστίᾳ χρήσιμος; Κινδυνεύει.

VIII. Οὐκ ἂν οὖν, ὦ φίλε, πάνυ γέ τι σπουδαῖον εἴη E
ἡ δικαιοσύνη, εἰ πρὸς τὰ ἄχρηστα χρήσιμον ὂν τυγχάνει. τόδε δὲ σκεψώμεθα. ἆρ' οὐχ ὁ πατάξαι δεινότατος ἐν μάχῃ εἴτε πυκτικῇ εἴτε τινὶ καὶ ἄλλῃ, οὗτος καὶ φυλάξασθαι; Πάνυ γε. Ἆρ' οὖν καὶ νόσον ὅστις δεινὸς φυλάξασθαι, καὶ λαθεῖν οὗτος δεινότατος ἐμποιῆσαι; Ἔμοιγε δοκεῖ. Ἀλλὰ μὴν στρατοπέδου γε ὁ αὐτὸς φύλαξ ἀγαθός, ὅσπερ 334
καὶ τὰ τῶν πολεμίων κλέψαι καὶ βουλεύματα καὶ τὰς ἄλλας πράξεις. Πάνυ γε. Ὅτου τις ἄρα δεινὸς φύλαξ, τούτου καὶ φὼρ δεινός. Ἔοικεν. Εἰ ἄρα ὁ δίκαιος ἀργύριον δεινὸς φυλάττειν, καὶ κλέπτειν δεινός. Ὡς γοῦν ὁ λόγος, ἔφη, σημαίνει. Κλέπτης ἄρα τις ὁ δίκαιος, ὡς ἔοικεν, ἀναπέφανται· καὶ κινδυνεύεις παρ' Ὁμήρου μεμαθηκέναι αὐτό. καὶ γὰρ ἐκεῖνος τὸν τοῦ Ὀδυσσέως πρὸς μητρὸς πάππον Αὐτόλυκον ἀγαπᾷ τε καί φησιν αὐτὸν πάντας B
ἀνθρώπους κεκάσθαι κλεπτοσύνῃ θ' ὅρκῳ τε. ἔοικεν οὖν ἡ δικαιοσύνη καὶ κατὰ σὲ καὶ καθ' Ὅμηρον καὶ κατὰ Σιμωνίδην κλεπτική τις εἶναι, ἐπ' ὠφελείᾳ μέντοι τῶν φί-

λειν καὶ ἐπὶ βλάβῃ τῶν ἐχθρῶν. οὐχ οὕτως ἔλεγες; Οὐ μὰ τὸν Δί᾽, ἔφη, ἀλλ᾽ οὐκέτι οἶδα ἔγωγε ὅ τι ἔλεγον· τοῦτο μέντοι ἔμοιγε δοκεῖ ἔτι, ὠφελεῖν μὲν τοὺς φίλους ἡ δικαιοσύνη, βλάπτειν δὲ τοὺς ἐχθρούς. Φίλους δὲ λέγεις
C εἶναι πότερον τοὺς δοκοῦντας ἑκάστῳ χρηστοὺς εἶναι, ἢ τοὺς ὄντας, κἂν μὴ δοκῶσι, καὶ ἐχθροὺς ὡσαύτως; Εἰκὸς μέν, ἔφη, οὓς ἄν τις ἡγῆται χρηστούς, φιλεῖν, οὓς δ᾽ ἂν πονηρούς, μισεῖν. Ἆρ᾽ οὖν οὐχ ἁμαρτάνουσιν οἱ ἄνθρωποι περὶ τοῦτο, ὥστε δοκεῖν αὐτοῖς πολλοὺς μὲν χρηστοὺς εἶναι μὴ ὄντας, πολλοὺς δὲ τοὐναντίον; Ἁμαρτάνουσιν. Τούτοις ἄρα οἱ μὲν ἀγαθοὶ ἐχθροί, οἱ δὲ κακοὶ φίλοι; Πάνυ γε. Ἀλλ᾽ ὅμως δίκαιον τότε τούτοις, τοὺς
D μὲν πονηροὺς ὠφελεῖν, τοὺς δὲ ἀγαθοὺς βλάπτειν. Φαίνεται. Ἀλλὰ μὴν οἵ γε ἀγαθοὶ δίκαιοί τε καὶ οἷοι μὴ ἀδικεῖν. Ἀληθῆ. Κατὰ δὴ τὸν σὸν λόγον τοὺς μηδὲν ἀδικοῦντας δίκαιον κακῶς ποιεῖν. Μηδαμῶς, ἔφη, ὦ Σώκρατες· πονηρὸς γὰρ ἔοικεν εἶναι ὁ λόγος. Τοὺς ἀδίκους ἄρα, ἦν δ᾽ ἐγώ, δίκαιον βλάπτειν, τοὺς δὲ δικαίους ὠφελεῖν. Οὗτος ἐκείνου καλλίων φαίνεται. Πολλοῖς ἄρα, ὦ Πολέμαρχε, ξυμβήσεται, ὅσοι διημαρτήκασι τῶν ἀνθρώπων,
E δίκαιον εἶναι τοὺς μὲν φίλους βλάπτειν· πονηροὶ γὰρ αὐτοῖς εἰσί· τοὺς δ᾽ ἐχθροὺς ὠφελεῖν· ἀγαθοὶ γάρ· καὶ οὕτως ἐροῦμεν αὐτὸ τοὐναντίον ἢ τὸν Σιμωνίδην ἔφαμεν λέγειν. Καὶ μάλα, ἔφη, οὕτω ξυμβαίνει. ἀλλὰ μεταθώμεθα· κινδυνεύομεν γὰρ οὐκ ὀρθῶς τὸν φίλον καὶ ἐχθρὸν θέσθαι. Πῶς θέμενοι, ὦ Πολέμαρχε; Τὸν δοκοῦντα χρηστόν, τοῦτον φίλον εἶναι. Νῦν δὲ πῶς, ἦν δ᾽ ἐγώ, μεταθώμεθα; Τὸν δοκοῦντά τε, ἦ δ᾽ ὅς, καὶ τὸν ὄντα χρη-
335 στὸν φίλον· τὸν δὲ δοκοῦντα μέν, ὄντα δὲ μή, δοκεῖν ἀλλὰ μὴ εἶναι φίλον· καὶ περὶ τοῦ ἐχθροῦ δὲ ἡ αὐτὴ θέσις. Φίλος μὲν δή, ὡς ἔοικε, τούτῳ τῷ λόγῳ ὁ ἀγαθὸς ἔσται, ἐχθρὸς δὲ ὁ πονηρός. Ναί. Κελεύεις δὴ ἡμᾶς προσθεῖναι

τῷ δικαίῳ ἢ ὡς τὸ πρῶτον ἐλέγομεν, λέγοντες δίκαιον εἶναι τὸν μὲν φίλον εὖ ποιεῖν, τὸν δὲ ἐχθρὸν κακῶς· νῦν πρὸς τούτῳ ὧδε λέγειν, ὅτι ἔστι δίκαιον τὸν μὲν φίλον ἀγαθὸν ὄντα εὖ ποιεῖν, τὸν δ' ἐχθρὸν κακὸν ὄντα βλάπτειν; Πάνυ μὲν οὖν, ἔφη, οὕτως ἄν μοι δοκεῖ καλῶς λέ- B
γεσθαι.

IX. Ἔστιν ἄρα, ἦν δ' ἐγώ, δικαίου ἀνδρὸς βλάπτειν καὶ ὁντινοῦν ἀνθρώπων; Καὶ πάνυ γε, ἔφη, τούς γε πονηρούς τε καὶ ἐχθροὺς δεῖ βλάπτειν. Βλαπτόμενοι δ' ἵπποι βελτίους ἢ χείρους γίγνονται; Χείρους. Ἆρα εἰς τὴν τῶν κυνῶν ἀρετήν, ἢ εἰς τὴν τῶν ἵππων; Εἰς τὴν τῶν ἵππων. Ἆρ' οὖν καὶ κύνες βλαπτόμενοι χείρους γίγνονται εἰς τὴν τῶν κυνῶν, ἀλλ' οὐκ εἰς τὴν τῶν ἵππων ἀρετήν; Ἀνάγκη. Ἀνθρώπους δέ, ὦ ἑταῖρε, μὴ οὕτω φῶμεν, C
βλαπτομένους εἰς τὴν ἀνθρωπείαν ἀρετὴν χείρους γίγνεσθαι; Πάνυ μὲν οὖν. Ἀλλ' ἡ δικαιοσύνη οὐκ ἀνθρωπεία ἀρετή; Καὶ τοῦτ' ἀνάγκη. Καὶ τοὺς βλαπτομένους ἄρα, ὦ φίλε, τῶν ἀνθρώπων ἀνάγκη ἀδικωτέρους γίγνεσθαι. Ἔοικεν. Ἆρ' οὖν τῇ μουσικῇ οἱ μουσικοὶ ἀμούσους δύνανται ποιεῖν; Ἀδύνατον. Ἀλλὰ τῇ ἱππικῇ οἱ ἱππικοὶ ἀφίππους; Οὐκ ἔστιν. Ἀλλὰ τῇ δικαιοσύνῃ δὴ οἱ δίκαιοι ἀδίκους; ἢ καὶ ξυλλήβδην ἀρετῇ οἱ ἀγαθοὶ κακούς; Ἀλλὰ D
ἀδύνατον. Οὐ γὰρ θερμότητος, οἶμαι, ἔργον ψύχειν, ἀλλὰ τοῦ ἐναντίου. Ναί. Οὐδὲ ξηρότητος ὑγραίνειν, ἀλλὰ τοῦ ἐναντίου. Πάνυ γε Οὐδὲ δὴ τοῦ ἀγαθοῦ βλάπτειν, ἀλλὰ τοῦ ἐναντίου. Φαίνεται. Ὁ δέ γε δίκαιος ἀγαθός; Πάνυ γε. Οὐκ ἄρα τοῦ δικαίου βλάπτειν ἔργον, ὦ Πολέμαρχε, οὔτε φίλον οὔτ' ἄλλον οὐδένα, ἀλλὰ τοῦ ἐναντίου, τοῦ ἀδίκου. Παντάπασί μοι δοκεῖς ἀληθῆ λέγειν, ἔφη, ὦ E
Σώκρατες. Εἰ ἄρα τὰ ὀφειλόμενα ἑκάστῳ ἀποδιδόναι φησί τις δίκαιον εἶναι, τοῦτο δὲ δὴ νοεῖ αὐτῷ, τοῖς μὲν ἐχθροῖς βλάβην ὀφείλεσθαι παρὰ τοῦ δικαίου ἀνδρός, τοῖς

δὲ φίλοις ὠφέλειαν, οὐκ ἦν σοφὸς ὁ ταῦτα εἰπών· οὐ γὰρ ἀληθῆ ἔλεγεν· οὐδαμοῦ γὰρ δίκαιον οὐδένα ἡμῖν ἐφάνη ὂν βλάπτειν. Συγχωρῶ, ἦ δ' ὅς. Μαχούμεθα ἄρα, ἦν δ' ἐγώ, κοινῇ ἐγώ τε καὶ σύ, ἐάν τις αὐτὸ φῇ ἢ Σιμωνίδην ἢ Βίαντα ἢ Πιττακὸν εἰρηκέναι ἤ τιν' ἄλλον τῶν σοφῶν τε καὶ μακαρίων ἀνδρῶν. Ἔγωγ' οὖν, ἔφη, ἕτοιμός εἰμι
336 κοινωνεῖν τῆς μάχης. Ἀλλ' οἶσθα, ἦν δ' ἐγώ, οὗ μοι δοκεῖ εἶναι τὸ ῥῆμα τὸ φάναι δίκαιον εἶναι τοὺς μὲν φίλους ὠφελεῖν, τοὺς δ' ἐχθροὺς βλάπτειν; Τίνος; ἔφη. Οἶμαι αὐτὸ Περιάνδρου εἶναι ἢ Περδίκκου ἢ Ξέρξου ἢ Ἰσμηνίου τοῦ Θηβαίου ἤ τινος ἄλλου μέγα οἰομένου δύνασθαι πλουσίου ἀνδρός. Ἀληθέστατα, ἔφη, λέγεις. Εἶεν, ἦν δ' ἐγώ· ἐπειδὴ δὲ οὐδὲ τοῦτο ἐφάνη ἡ δικαιοσύνη ὂν οὐδὲ τὸ δίκαιον, τί ἂν ἄλλο τις αὐτὸ φαίη εἶναι;

B X. Καὶ ὁ Θρασύμαχος πολλάκις μὲν καὶ διαλεγομένων ἡμῶν μεταξὺ ὥρμα ἀντιλαμβάνεσθαι τοῦ λόγου, ἔπειτα ὑπὸ τῶν παρακαθημένων διεκωλύετο βουλομένων διακοῦσαι τὸν λόγον· ὡς δὲ διεπαυσάμεθα καὶ ἐγὼ ταῦτ' εἶπον, οὐκέτι ἡσυχίαν ἦγεν, ἀλλὰ συστρέψας ἑαυτὸν ὥσπερ θηρίον ἧκεν ἐφ' ἡμᾶς ὡς διαρπασόμενος. καὶ ἐγώ τε καὶ ὁ Πολέμαρχος δείσαντες διεπτοήθημεν· ὁ δ' εἰς τὸ
C μέσον φθεγξάμενος Τίς, ἔφη, ἡμᾶς πάλαι φλυαρία ἔχει, ὦ Σώκρατες; καὶ τί εὐηθίζεσθε πρὸς ἀλλήλους ὑποκατακλινόμενοι ὑμῖν αὐτοῖς; ἀλλ' εἴπερ ὡς ἀληθῶς βούλει εἰδέναι τὸ δίκαιον ὅ τι ἐστί, μὴ μόνον ἐρώτα μηδὲ φιλοτιμοῦ ἐλέγχων, ἐπειδάν τίς τι ἀποκρίνηται, ἐγνωκὼς τοῦτο, ὅτι ῥᾷον ἐρωτᾶν ἢ ἀποκρίνεσθαι, ἀλλὰ καὶ αὐτὸς ἀπό-
D κριναι καὶ εἰπέ, τί φῂς εἶναι τὸ δίκαιον· καὶ ὅπως μοι μὴ ἐρεῖς, ὅτι τὸ δέον ἐστὶ μηδ' ὅτι τὸ ὠφέλιμον μηδ' ὅτι τὸ λυσιτελοῦν μηδ' ὅτι τὸ κερδαλέον μηδ' ὅτι τὸ ξυμφέρον, ἀλλὰ σαφῶς μοι καὶ ἀκριβῶς λέγε ὅ τι ἂν λέγῃς· ὡς ἐγὼ οὐκ ἀποδέξομαι, ἐὰν ὕθλους τοιούτους λέγῃς. καὶ ἐγὼ

ἀκούσας ἐξεπλάγην καὶ προσβλέπων αὐτὸν ἐφοβούμην,
καί μοι δοκῶ, εἰ μὴ πρότερος ἑωράκη αὐτὸν ἢ ἐκεῖνος ἐμέ,
ἄφωνος ἂν γενέσθαι. νῦν δὲ ἡνίκα ὑπὸ τοῦ λόγου ἤρχετο
ἐξαγριαίνεσθαι, προσέβλεψα αὐτὸν πρότερος, ὥστε αὐ- E
τῷ οἷός τ' ἐγενόμην ἀποκρίνασθαι, καὶ εἶπον ὑποτρέμων
Ὦ Θρασύμαχε, μὴ χαλεπὸς ἡμῖν ἴσθι· εἰ γὰρ ἐξαμαρτά-
νομεν ἐν τῇ τῶν λόγων σκέψει ἐγώ τε καὶ ὅδε, εὖ ἴσθι ὅτι
ἄκοντες ἁμαρτάνομεν. μὴ γὰρ δὴ οἴου, εἰ μὲν χρυσίον
ἐζητοῦμεν, οὐκ ἄν ποτε ἡμᾶς ἑκόντας εἶναι ὑποκατακλί-
νεσθαι ἀλλήλοις ἐν τῇ ζητήσει καὶ διαφθείρειν τὴν εὕρε-
σιν αὐτοῦ, δικαιοσύνην δὲ ζητοῦντας, πρᾶγμα πολλῶν
χρυσίων τιμιώτερον, ἔπειθ' οὕτως ἀνοήτως ὑπείκειν ἀλ-
λήλοις καὶ οὐ σπουδάζειν ὅ τι μάλιστα φανῆναι αὐτό. οἴου
γε σύ, ὦ φίλε· ἀλλ', οἶμαι, οὐ δυνάμεθα· ἐλεεῖσθαι οὖν
ἡμᾶς πολὺ μᾶλλον εἰκός ἐστί που ὑπὸ ὑμῶν τῶν δεινῶν 337
ἢ χαλεπαίνεσθαι.

XI. Καὶ ὃς ἀκούσας ἀνεκάγχασέ τε μάλα σαρδάνιον
καὶ εἶπεν Ὦ Ἡράκλεις, ἔφη, αὕτη 'κείνη ἡ εἰωθυῖα εἰρωνεία
Σωκράτους, καὶ ταῦτ' ἐγὼ ἤδη τε καὶ τούτοις προὔλεγον,
ὅτι σὺ ἀποκρίνασθαι μὲν οὐκ ἐθελήσοις, εἰρωνεύσοιο δὲ
καὶ πάντα μᾶλλον ποιήσοις ἢ ἀποκρινοῖο, εἴ τίς τί σε ἐρω-
τᾷ. Σοφὸς γὰρ εἶ, ἦν δ' ἐγώ, ὦ Θρασύμαχε· εὖ οὖν ᾔδη-
σθα ὅτι, εἴ τινα ἔροιο ὁπόσα ἐστὶ τὰ δώδεκα, καὶ ἐρόμενος
προείποις αὐτῷ· ὅπως μοι, ὦ ἄνθρωπε, μὴ ἐρεῖς, ὅτι B
ἔστι τὰ δώδεκα δὶς ἓξ μηδ' ὅτι τρὶς τέτταρα μηδ' ὅτι ἑξάκις
δύο μηδ' ὅτι τετράκις τρία· ὡς οὐκ ἀποδέξομαί σου, ἐὰν
τοιαῦτα φλυαρῇς· δῆλον, οἶμαι, σοὶ ἦν ὅτι οὐδεὶς ἀπο-
κρίνοιτο τῷ οὕτω πυνθανομένῳ. ἀλλ' εἴ σοι εἶπεν· ὦ
Θρασύμαχε, πῶς λέγεις; μὴ ἀποκρίνωμαι ὧν προεῖπες
μηδέν; πότερον, ὦ θαυμάσιε, μηδ' εἰ τούτων τι τυγχά-
νει ὄν, ἀλλ' ἕτερον εἴπω τι τοῦ ἀληθοῦς; ἢ πῶς λέγεις;
τί ἂν αὐτῷ εἶπες πρὸς ταῦτα; Εἶεν, ἔφη· ὡς δὴ ὅμοιον C

τοῦτο ἐκείνῳ. Οὐδέν γε κωλύει, ἦν δ' ἐγώ· εἰ δ' οὖν καὶ
μὴ ἔστιν ὅμοιον, φαίνεται δὲ τῷ ἐρωτηθέντι τοιοῦτον,
ἧττόν τι αὐτὸν οἴει ἀποκρινεῖσθαι τὸ φαινόμενον ἑαυτῷ,
ἐάν τε ἡμεῖς ἀπαγορεύωμεν ἐάν τε μή; Ἄλλο τι οὖν, ἔφη,
καὶ σὺ οὕτω ποιήσεις; ὧν ἐγὼ ἀπεῖπον, τούτων τι ἀπο-
κρινεῖ; Οὐκ ἂν θαυμάσαιμι, ἦν δ' ἐγώ, εἴ μοι σκεψαμένῳ
D οὕτω δόξειεν. Τί οὖν, ἔφη, ἂν ἐγὼ δείξω ἑτέραν ἀπόκρι-
σιν παρὰ πάσας ταύτας περὶ δικαιοσύνης βελτίω τούτων;
τί ἀξιοῖς παθεῖν; Τί ἄλλο, ἦν δ' ἐγώ, ἢ ὅπερ προσήκει
πάσχειν τῷ μὴ εἰδότι; προσήκει δέ που μαθεῖν παρὰ τοῦ
εἰδότος· καὶ ἐγὼ οὖν τοῦτο ἀξιῶ παθεῖν. Ἡδὺς γὰρ εἶ,
ἔφη· ἀλλὰ πρὸς τῷ μαθεῖν καὶ ἀπότισον ἀργύριον. Οὐκ-
οῦν ἐπειδάν μοι γένηται, εἶπον. Ἀλλ' ἔστιν, ἔφη ὁ Γλαύ-
κων· ἀλλ' ἕνεκα ἀργυρίου, ὦ Θρασύμαχε, λέγε· πάντες
B γὰρ ἡμεῖς Σωκράτει εἰσοίσομεν. Πάνυ γε, οἶμαι, ἦ δ' ὅς,
ἵνα Σωκράτης τὸ εἰωθὸς διαπράξηται, αὐτὸς μὲν μὴ ἀπο-
κρίνηται, ἄλλου δ' ἀποκρινομένου λαμβάνῃ λόγον καὶ
ἐλέγχῃ. Πῶς γὰρ ἄν, ἔφην ἐγώ, ὦ βέλτιστε, τὶς ἀποκρί-
ναιτο πρῶτον μὲν μὴ εἰδὼς μηδὲ φάσκων εἰδέναι, ἔπειτα,
εἴ τι καὶ οἴεται περὶ τούτων, ἀπειρημένον αὐτῷ εἴη, ὅπως
μηδὲν ἐρεῖ ὧν ἡγεῖται, ὑπ' ἀνδρὸς οὐ φαύλου; ἀλλὰ σὲ δὴ
338 μᾶλλον εἰκὸς λέγειν· σὺ γὰρ δὴ φῂς εἰδέναι καὶ ἔχειν
εἰπεῖν. μὴ οὖν ἄλλως ποίει, ἀλλ' ἐμοί τε χαρίζου ἀποκρι-
νόμενος καὶ μὴ φθονήσῃς καὶ Γλαύκωνα τόνδε διδάξαι
καὶ τοὺς ἄλλους.

XII. Εἰπόντος δέ μου ταῦτα ὅ τε Γλαύκων καὶ οἱ
ἄλλοι ἐδέοντο αὐτοῦ μὴ ἄλλως ποιεῖν· καὶ ὁ Θρασύμαχος
φανερὸς μὲν ἦν ἐπιθυμῶν εἰπεῖν, ἵν' εὐδοκιμήσειεν,
ἡγούμενος ἔχειν ἀπόκρισιν παγκάλην· προσεποιεῖτο δὲ
φιλονεικεῖν πρὸς τὸ ἐμὲ εἶναι τὸν ἀποκρινόμενον. τελευ-
B τῶν δὲ ξυνεχώρησε, κἄπειτα Αὕτη δή, ἔφη, ἡ Σωκράτους
σοφία, αὐτὸν μὲν μὴ ἐθέλειν διδάσκειν, παρὰ δὲ τῶν ἄλ-

περιιόντα μανθάνειν καὶ τούτων μηδὲ χάριν ἀποδι-
κι. Ὅτι μέν, ἦν δ' ἐγώ, μανθάνω παρὰ τῶν ἄλλων,
θῆ εἶπες, ὦ Θρασύμαχε· ὅτι δὲ οὔ με φῂς χάριν ἐκτί-
, ψεύδει. ἐκτίνω γὰρ ὅσην δύναμαι· δύναμαι δὲ ἐπαι-
μόνον· χρήματα γὰρ οὐκ ἔχω· ὡς δὲ προθύμως
το δρῶ, ἐάν τίς μοι δοκῇ εὖ λέγειν, εὖ εἴσει αὐτίκα δὴ
κ, ἐπειδὰν ἀποκρίνῃ· οἶμαι γάρ σε εὖ ἐρεῖν. Ἄκουε C
ἦ δ' ὅς. φημὶ γὰρ ἐγὼ εἶναι τὸ δίκαιον οὐκ ἄλλο τι ἢ
οῦ κρείττονος ξυμφέρον. ἀλλὰ τί οὐκ ἐπαινεῖς; ἀλλ'
ἐθελήσεις. Ἐὰν μάθω γε πρῶτον, ἔφην, τί λέγεις·
γὰρ οὔπω οἶδα. τὸ τοῦ κρείττονος φῂς ξυμφέρον δί-
ν εἶναι. καὶ τοῦτο, ὦ Θρασύμαχε, τί ποτε λέγεις; οὐ
που τό γε τοιόνδε φῄς· εἰ Πουλυδάμας ἡμῶν κρείτ-
ὁ παγκρατιαστὴς καὶ αὐτῷ ξυμφέρει τὰ βόεια κρέα
ς τὸ σῶμα, τοῦτο τὸ σιτίον εἶναι καὶ ἡμῖν τοῖς ἥττοσιν D
νου ξυμφέρον ἅμα καὶ δίκαιον. Βδελυρὸς γὰρ εἶ,
, ὦ Σώκρατες, καὶ ταύτῃ ὑπολαμβάνεις, ᾗ ἂν κακουρ-
αις μάλιστα τὸν λόγον. Οὐδαμῶς, ὦ ἄριστε, ἦν δ'
· ἀλλὰ σαφέστερον εἰπέ, τί λέγεις. Εἶτ' οὐκ οἶσθ',
, ὅτι τῶν πόλεων αἱ μὲν τυραννοῦνται, αἱ δὲ δημοκρα-
νται, αἱ δὲ ἀριστοκρατοῦνται; Πῶς γὰρ οὔ; Οὐκοῦν
το κρατεῖ ἐν ἑκάστῃ πόλει, τὸ ἄρχον; Πάνυ γε. Τίθε-
δέ γε τοὺς νόμους ἑκάστη ἡ ἀρχὴ πρὸς τὸ αὑτῇ ξυμφέ- E
, δημοκρατία μὲν δημοκρατικούς, τυραννὶς δὲ τυραν-
ούς, καὶ αἱ ἄλλαι οὕτω· θέμεναι δὲ ἀπέφηναν τοῦτο
ιον τοῖς ἀρχομένοις εἶναι, τὸ σφίσι ξυμφέρον, καὶ τὸν
του ἐκβαίνοντα κολάζουσιν ὡς παρανομοῦντά τε καὶ
ιοῦντα. τοῦτ' οὖν ἐστίν, ὦ βέλτιστε, ὃ λέγω ἐν ἁπά-
; ταῖς πόλεσι ταὐτὸν εἶναι δίκαιον, τὸ τῆς καθεστη- 339
κς ἀρχῆς ξυμφέρον· αὕτη δέ που κρατεῖ, ὥστε ξυμβαί-
τῷ ὀρθῶς λογιζομένῳ πανταχοῦ εἶναι τὸ αὐτὸ δίκαιον,
οῦ κρείττονος ξυμφέρον. Νῦν, ἦν δ' ἐγώ, ἔμαθον ὃ

λέγεις· εἰ δὲ ἀληθὲς ἢ μή, πειράσομαι μαθεῖν. τὸ ξυμφέ-
ρον μὲν οὖν, ὦ Θρασύμαχε, καὶ σὺ ἀπεκρίνω δίκαιον
εἶναι· καίτοι ἔμοιγε ἀπηγόρευες ὅπως μὴ τοῦτο ἀποκρι-
B νοίμην· πρόσεστι δὲ δὴ αὐτόθι τὸ τοῦ κρείττονος. Σμι-
κρά γε ἴσως, ἔφη, προσθήκη. Οὔπω δῆλον οὐδ' εἰ μεγά-
λη· ἀλλ' ὅτι μὲν τοῦτο σκεπτέον εἰ ἀληθῆ λέγεις, δῆλον.
ἐπειδὴ γὰρ ξυμφέρον γέ τι εἶναι καὶ ἐγὼ ὁμολογῶ τὸ δί-
καιον, σὺ δὲ προστίθης καὶ αὐτὸ φῂς εἶναι τὸ τοῦ κρείτ-
τονος, ἐγὼ δὲ ἀγνοῶ, σκεπτέον δή. Σκόπει, ἔφη.
XIII. Ταῦτ' ἔσται, ἦν δ' ἐγώ. καί μοι εἰπέ· οὐ καὶ
πείθεσθαι μέντοι τοῖς ἄρχουσι δίκαιον φῂς εἶναι; Ἔγωγε.
C Πότερον δὲ ἀναμάρτητοί εἰσιν οἱ ἄρχοντες ἐν ταῖς πόλεσιν
ἑκάσταις ἢ οἷοί τι καὶ ἁμαρτεῖν; Πάντως που, ἔφη, οἷοί τι
καὶ ἁμαρτεῖν. Οὐκοῦν ἐπιχειροῦντες νόμους τιθέναι τοὺς
μὲν ὀρθῶς τιθέασι, τοὺς δέ τινας οὐκ ὀρθῶς; Οἶμαι
ἔγωγε. Τὸ δὲ ὀρθῶς ἄρα τὸ τὰ ξυμφέροντά ἐστι τίθεσθαι
ἑαυτοῖς, τὸ δὲ μὴ ὀρθῶς ἀξύμφορα; ἢ πῶς λέγεις; Οὕ-
τως. Ἃ δ' ἂν θῶνται, ποιητέον τοῖς ἀρχομένοις, καὶ
τοῦτό ἐστι τὸ δίκαιον; Πῶς γὰρ οὔ; Οὐ μόνον ἄρα δί-
D καιόν ἐστι κατὰ τὸν σὸν λόγον τὸ τοῦ κρείττονος ξυμφέ-
ρον ποιεῖν, ἀλλὰ καὶ τοὐναντίον τὸ μὴ ξυμφέρον. Τί λέ-
γεις σύ; ἔφη. Ἃ σὺ λέγεις, ἔμοιγε δοκῶ· σκοπῶμεν δὲ
βέλτιον. οὐχ ὡμολόγηται τοὺς ἄρχοντας τοῖς ἀρχομένοις
προστάττοντας ποιεῖν ἄττα ἐνίοτε διαμαρτάνειν τοῦ ἑαυ-
τοῖς βελτίστου, ἃ δ' ἂν προστάττωσιν οἱ ἄρχοντες, δίκαιον
εἶναι τοῖς ἀρχομένοις ποιεῖν; ταῦτ' οὐχ ὡμολόγηται; Οἶ-
E μαι ἔγωγε, ἔφη. Οἴου τοίνυν, ἦν δ' ἐγώ, καὶ τὸ ἀξύμφορα
ποιεῖν τοῖς ἄρχουσί τε καὶ κρείττοσι δίκαιον εἶναι ὡμολο-
γῆσθαί σοι, ὅταν οἱ μὲν ἄρχοντες ἄκοντες κακὰ αὑτοῖς
προστάττωσι, τοῖς δὲ δίκαιον εἶναι φῇς ταῦτα ποιεῖν, ἃ
ἐκεῖνοι προσέταξαν· ἆρα τότε, ὦ σοφώτατε Θρασύμαχε,
οὐκ ἀναγκαῖον συμβαίνειν αὐτὸ οὑτωσὶ δίκαιον εἶναι

ποιεῖν, τοὐναντίον ἢ ὃ σὺ λέγεις; τὸ γὰρ τοῦ κρείττονος
ἀξύμφορον δήπου προστάττεται τοῖς ἥττοσι ποιεῖν. Ναὶ
μὰ Δί', ἔφη, ὦ Σώκρατες, ὁ Πολέμαρχος, σαφέστατά γε. 340
Ἐὰν σύ γ', ἔφη, αὐτῷ μαρτυρήσῃς, ὁ Κλειτοφῶν ὑπο-
λαβών. Καὶ τί, ἔφη, δεῖται μάρτυρος; αὐτὸς γὰρ Θρα-
σύμαχος ὁμολογεῖ τοὺς μὲν ἄρχοντας ἐνίοτε ἑαυτοῖς κακὰ
προστάττειν, τοῖς δὲ ἀρχομένοις δίκαιον εἶναι ταῦτα ποι-
εῖν. Τὸ γὰρ τὰ κελευόμενα ποιεῖν, ὦ Πολέμαρχε, ὑπὸ
τῶν ἀρχόντων δίκαιον εἶναι ἔθετο Θρασύμαχος. Καὶ γὰρ
τὸ τοῦ κρείττονος, ὦ Κλειτοφῶν, ξυμφέρον δίκαιον εἶναι
ἔθετο. ταῦτα δὲ ἀμφότερα θέμενος ὡμολόγησεν αὖ ἐνίοτε B
τοὺς κρείττους τὰ αὑτοῖς ἀξύμφορα κελεύειν τοὺς ἥττους
τε καὶ ἀρχομένους ποιεῖν. ἐκ δὲ τούτων τῶν ὁμολογιῶν
οὐδὲν μᾶλλον τὸ τοῦ κρείττονος ξυμφέρον δίκαιον ἂν εἴη
ἢ τὸ μὴ ξυμφέρον. Ἀλλ', ἔφη ὁ Κλειτοφῶν, τὸ τοῦ κρείτ-
τονος ξυμφέρον ἔλεγεν ὃ ἡγοῖτο ὁ κρείττων αὑτῷ ξυμφέ-
ρειν· τοῦτο ποιητέον εἶναι τῷ ἥττονι, καὶ τὸ δίκαιον τοῦτο
ἐτίθετο. Ἀλλ' οὐχ οὕτως, ἦ δ' ὃς ὁ Πολέμαρχος, ἐλέγετο.
Οὐδέν, ἦν δ' ἐγώ, ὦ Πολέμαρχε, διαφέρει, ἀλλ' εἰ νῦν C
οὕτω λέγει Θρασύμαχος, οὕτως αὐτοῦ ἀποδεχώμεθα.

XIV. Καί μοι εἰπέ, ὦ Θρασύμαχε· τοῦτο ἦν ὃ ἐβού-
λου λέγειν τὸ δίκαιον, τὸ τοῦ κρείττονος ξυμφέρον δο-
κοῦν εἶναι τῷ κρείττονι, ἐάν τε ξυμφέρῃ ἐάν τε μή; οὕτω
σε φῶμεν λέγειν; Ἥκιστά γ', ἔφη· ἀλλὰ κρείττω με οἴει
καλεῖν τὸν ἐξαμαρτάνοντα, ὅταν ἐξαμαρτάνῃ; Ἔγωγε,
εἶπον, ᾤμην σε τοῦτο λέγειν, ὅτε τοὺς ἄρχοντας ὡμολό-
γεις οὐκ ἀναμαρτήτους εἶναι, ἀλλά τι καὶ ἐξαμαρτάνειν. D
Συκοφάντης γὰρ εἶ, ἔφη, ὦ Σώκρατες, ἐν τοῖς λόγοις·
ἐπεὶ αὐτίκα ἰατρὸν καλεῖς σὺ τὸν ἐξαμαρτάνοντα περὶ
τοὺς κάμνοντας κατ' αὐτὸ τοῦτο ὃ ἐξαμαρτάνει; ἢ λογι-
στικόν, ὃς ἂν ἐν λογισμῷ ἁμαρτάνῃ, τότε ὅταν ἁμαρτάνῃ,
κατὰ ταύτην τὴν ἁμαρτίαν; ἀλλ', οἶμαι, λέγομεν τῷ ῥή-

ματι οὕτως, ὅτι ὁ ἰατρὸς ἐξήμαρτε καὶ ὁ λογιστὴς ἐξή-
μαρτε καὶ ὁ γραμματιστής· τὸ δ', οἶμαι, ἕκαστος τούτων,
E καθ' ὅσον τοῦτ' ἔστιν ὃ προσαγορεύομεν αὐτόν, οὐδέ-
ποτε ἁμαρτάνει· ὥστε κατὰ τὸν ἀκριβῆ λόγον, ἐπειδὴ καὶ
σὺ ἀκριβολογεῖ, οὐδεὶς τῶν δημιουργῶν ἁμαρτάνει. ἐπι-
λιπούσης γὰρ ἐπιστήμης ὁ ἁμαρτάνων ἁμαρτάνει, ἐν ᾧ
οὐκ ἔστι δημιουργός· ὥστε δημιουργὸς ἢ σοφὸς ἢ ἄρχων
οὐδεὶς ἁμαρτάνει τότε ὅταν ἄρχων ᾖ, ἀλλὰ πᾶς γ' ἂν εἴποι,
ὅτι ὁ ἰατρὸς ἥμαρτε καὶ ὁ ἄρχων ἥμαρτε. τοιοῦτον οὖν
δή σοι καὶ ἐμὲ ὑπόλαβε νῦν δὴ ἀποκρίνεσθαι· τὸ δὲ ἀκρι-
341 βέστατον ἐκεῖνο τυγχάνει ὄν, τὸν ἄρχοντα, καθ' ὅσον ἄρ-
χων ἐστί, μὴ ἁμαρτάνειν, μὴ ἁμαρτάνοντα δὲ τὸ αὑτῷ
βέλτιστον τίθεσθαι, τοῦτο δὲ τῷ ἀρχομένῳ ποιητέον·
ὥστε, ὅπερ ἐξ ἀρχῆς ἔλεγον, δίκαιον λέγω τὸ τοῦ κρείττο-
νος ποιεῖν συμφέρον.

XV. Εἶεν, ἦν δ' ἐγώ, ὦ Θρασύμαχε· δοκῶ σοι συκο-
φαντεῖν; Πάνυ μὲν οὖν, ἔφη. Οἴει γάρ με ἐξ ἐπιβουλῆς
ἐν τοῖς λόγοις κακουργοῦντά σε ἐρέσθαι ὡς ἠρόμην; Εὖ
μὲν οὖν οἶδα, ἔφη· καὶ οὐδέν γέ σοι πλέον ἔσται· οὔτε
B γὰρ ἄν με λάθοις κακουργῶν, οὔτε μὴ λαθὼν βιάσασθαι
τῷ λόγῳ δύναιο. Οὐδέ γ' ἂν ἐπιχειρήσαιμι, ἦν δ' ἐγώ,
ὦ μακάριε. ἀλλ' ἵνα μὴ αὖθις ἡμῖν τοιοῦτον ἐγγένηται,
διόρισαι, ποτέρως λέγεις τὸν ἄρχοντά τε καὶ τὸν κρείτ-
τονα, τὸν ὡς ἔπος εἰπεῖν ἢ τὸν ἀκριβεῖ λόγῳ, ὃν νῦν δὴ
ἔλεγες, οὗ τὸ ξυμφέρον κρείττονος ὄντος δίκαιον ἔσται
τῷ ἥττονι ποιεῖν. Τὸν τῷ ἀκριβεστάτῳ, ἔφη, λόγῳ ἄρ-
χοντα ὄντα. πρὸς ταῦτα κακούργει καὶ συκοφάντει, εἴ τι
C δύνασαι· οὐδέν σου παρίεμαι· ἀλλ' οὐ μὴ οἷός τ' ᾖς. Οἴει
γὰρ ἄν με, εἶπον, οὕτω μανῆναι, ὥστε ξυρεῖν ἐπιχειρεῖν
λέοντα καὶ συκοφαντεῖν Θρασύμαχον; Νῦν γοῦν, ἔφη,
ἐπεχείρησας, οὐδὲν ὢν καὶ ταῦτα. Ἅδην, ἦν δ' ἐγώ, τῶν
τοιούτων. ἀλλ' εἰπέ μοι· ὁ τῷ ἀκριβεῖ λόγῳ ἰατρός, ὃν

ἄρτι ἔλεγες, πότερον χρηματιστής ἐστιν ἢ τῶν καμνόντων θεραπευτής; καὶ λέγε τὸν τῷ ὄντι ἰατρὸν ὄντα. Τῶν καμνόντων, ἔφη, θεραπευτής. Τί δὲ κυβερνήτης; ὁ ὀρθῶς κυβερνήτης ναυτῶν ἄρχων ἐστὶν ἢ ναύτης; Ναυτῶν ἄρχων. Οὐδέν, οἶμαι, τοῦτο ὑπολογιστέον, ὅτι πλεῖ ἐν τῇ D
νηΐ, οὐδ' ἐστὶ κλητέος ναύτης· οὐ γὰρ κατὰ τὸ πλεῖν κυβερνήτης καλεῖται, ἀλλὰ κατὰ τὴν τέχνην καὶ τὴν τῶν ναυτῶν ἀρχήν. Ἀληθῆ, ἔφη. Οὐκοῦν ἑκάστῳ τούτων ἔστι τι ξυμφέρον; Πάνυ γε. Οὐ καὶ ἡ τέχνη, ἦν δ' ἐγώ, ἐπὶ τούτῳ πέφυκεν, ἐπὶ τῷ τὸ ξυμφέρον ἑκάστῳ ζητεῖν τε καὶ ἐκπορίζειν; Ἐπὶ τούτῳ, ἔφη. Ἆρ' οὖν καὶ ἑκάστῃ τῶν τεχνῶν ἔστι τι ξυμφέρον ἄλλο ἢ ὅ τι μάλιστα τελέαν εἶναι; Πῶς τοῦτο ἐρωτᾷς; Ὥσπερ, ἔφην ἐγώ, εἴ με ἔροιο, E
εἰ ἐξαρκεῖ σώματι εἶναι σώματι ἢ προσδεῖταί τινος, εἴποιμ' ἂν ὅτι παντάπασι μὲν οὖν προσδεῖται. διὰ ταῦτα καὶ ἡ τέχνη ἐστὶν ἡ ἰατρικὴ νῦν εὑρημένη, ὅτι σῶμά ἐστι πονηρὸν καὶ οὐκ ἐξαρκεῖ αὐτῷ τοιούτῳ εἶναι. τούτῳ οὖν ὅπως ἐκπορίζῃ τὰ ξυμφέροντα, ἐπὶ τούτῳ παρεσκευάσθη ἡ τέχνη. ἦ ὀρθῶς σοι δοκῶ, ἔφην, ἂν εἰπεῖν οὕτω λέγων, ἢ οὔ; Ὀρθῶς, ἔφη. Τί δὲ δή; αὐτὴ ἡ ἰατρική ἐστι πονηρά, ἢ 342
ἄλλη τις τέχνη ἔσθ' ὅ τι προσδεῖταί τινος ἀρετῆς, ὥσπερ ὀφθαλμοὶ ὄψεως καὶ ὦτα ἀκοῆς καὶ διὰ ταῦτα ἐπ' αὐτοῖς δεῖ τινὸς τέχνης τῆς τὸ ξυμφέρον εἰς ταῦτα σκεψομένης τε καὶ ἐκποριζούσης; ἆρα καὶ ἐν αὐτῇ τῇ τέχνῃ ἔνι τις πονηρία, καὶ δεῖ ἑκάστῃ τέχνῃ ἄλλης τέχνης, ἥτις αὐτῇ τὸ ξυμφέρον σκέψεται, καὶ τῇ σκοπουμένῃ ἑτέρας αὖ τοιαύτης, καὶ τοῦτ' ἔστιν ἀπέραντον; ἢ αὐτὴ αὑτῇ τὸ ξυμφέρον σκέψεται; ἢ οὔτε αὑτῆς οὔτε ἄλλης προσδεῖται ἐπὶ τὴν B
αὑτῆς πονηρίαν τὸ ξυμφέρον σκοπεῖν· οὔτε γὰρ πονηρία οὔτε ἁμαρτία οὐδεμία οὐδεμιᾷ τέχνῃ πάρεστιν, οὐδὲ προσήκει τέχνῃ ἄλλῳ τὸ ξυμφέρον ζητεῖν ἢ ἐκείνῳ οὗ τέχνη ἐστίν, αὐτὴ δὲ ἀβλαβὴς καὶ ἀκέραιός ἐστιν ὀρθὴ οὖσα,

ἕωσπερ ἂν ᾖ ἑκάστη ἀκριβὴς ὅλη ἥπερ ἐστί; καὶ σκόπει
ἐκείνῳ τῷ ἀκριβεῖ λόγῳ· οὕτως ἢ ἄλλως ἔχει; Οὕτως,
ἔφη, φαίνεται. Οὐκ ἄρα, ἦν δ' ἐγώ, ἰατρικὴ ἰατρικῇ τὸ
C ξυμφέρον σκοπεῖ ἀλλὰ σώματι. Ναί, ἔφη. Οὐδὲ ἱππικὴ
ἱππικῇ ἀλλ' ἵπποις· οὐδὲ ἄλλη τέχνη οὐδεμία ἑαυτῇ, οὐδὲ
γὰρ προσδεῖται, ἀλλ' ἐκείνῳ οὗ τέχνη ἐστίν. Φαίνεται,
ἔφη, οὕτως. Ἀλλὰ μήν, ὦ Θρασύμαχε, ἄρχουσί γε αἱ τέ-
χναι καὶ κρατοῦσιν ἐκείνου, οὗπέρ εἰσι τέχναι. Συνεχώ-
ρησεν ἐνταῦθα καὶ μάλα μόγις. Οὐκ ἄρα ἐπιστήμη γε
οὐδεμία τὸ τοῦ κρείττονος ξυμφέρον σκοπεῖ οὐδ' ἐπιτάτ-
D τει, ἀλλὰ τὸ τοῦ ἥττονός τε καὶ ἀρχομένου ὑπὸ ἑαυτῆς.
Ξυνωμολόγησε μὲν καὶ ταῦτα τελευτῶν, ἐπεχείρει δὲ περὶ
αὐτὰ μάχεσθαι· ἐπειδὴ δὲ ὡμολόγησεν, Ἄλλο τι οὖν, ἦν
δ' ἐγώ, οὐδὲ ἰατρὸς οὐδείς, καθ' ὅσον ἰατρός, τὸ τῷ
ἰατρῷ ξυμφέρον σκοπεῖ οὐδ' ἐπιτάττει, ἀλλὰ τὸ τῷ κά-
μνοντι; ὡμολόγηται γὰρ ὁ ἀκριβὴς ἰατρὸς σωμάτων εἶναι
ἄρχων ἀλλ' οὐ χρηματιστής. ἢ οὐχ ὡμολόγηται; Ξυνέφη.
Οὐκοῦν καὶ ὁ κυβερνήτης ὁ ἀκριβὴς ναυτῶν εἶναι ἄρχων
E ἀλλ' οὐ ναύτης; Ὡμολόγηται. Οὐκ ἄρα ὅ γε τοιοῦτος
κυβερνήτης τε καὶ ἄρχων τὸ τῷ κυβερνήτῃ ξυμφέρον
σκέψεταί τε καὶ προστάξει, ἀλλὰ τὸ τῷ ναύτῃ τε καὶ ἀρχο-
μένῳ. Ξυνέφησε μόγις. Οὐκοῦν, ἦν δ' ἐγώ, ὦ Θρασύ-
μαχε, οὐδ' ἄλλος οὐδεὶς ἐν οὐδεμιᾷ ἀρχῇ, καθ' ὅσον ἄρ-
χων ἐστί, τὸ αὑτῷ ξυμφέρον σκοπεῖ οὐδ' ἐπιτάττει, ἀλλὰ
τὸ τῷ ἀρχομένῳ καὶ ᾧ ἂν αὐτὸς δημιουργῇ, καὶ πρὸς
ἐκεῖνο βλέπων καὶ τὸ ἐκείνῳ ξυμφέρον καὶ πρέπον καὶ
λέγει ἃ λέγει καὶ ποιεῖ ἃ ποιεῖ ἅπαντα.

343 XVI. Ἐπειδὴ οὖν ἐνταῦθα ἦμεν τοῦ λόγου καὶ πᾶσι
καταφανὲς ἦν, ὅτι ὁ τοῦ δικαίου λόγος εἰς τοὐναντίον πε-
ριειστήκει, ὁ Θρασύμαχος ἀντὶ τοῦ ἀποκρίνεσθαι, Εἰπέ
μοι, ἔφη, ὦ Σώκρατες, τίτθη σοι ἔστιν; Τί δέ; ἦν δ' ἐγώ·
οὐκ ἀποκρίνεσθαι χρῆν μᾶλλον ἢ τοιαῦτα ἐρωτᾶν; Ὅτι

τοί σε, ἔφη, κορυζῶντα περιορᾷ καὶ οὐκ ἀπομύττει δεόμενον, ὅς γε αὐτῇ οὐδὲ πρόβατα οὐδὲ ποιμένα γιγνώσκεις. Ὅτι δὴ τί μάλιστα; ἦν δ᾿ ἐγώ. Ὅτι οἴει τοὺς ποιμένας
ἢ τοὺς βουκόλους τὸ τῶν προβάτων ἢ τὸ τῶν βοῶν ἀγα- B
θὸν σκοπεῖν καὶ παχύνειν αὐτοὺς καὶ θεραπεύειν πρὸς ἄλλο τι βλέποντας ἢ τὸ τῶν δεσποτῶν ἀγαθὸν καὶ τὸ αὑτῶν· καὶ δὴ καὶ τοὺς ἐν ταῖς πόλεσιν ἄρχοντας, οἳ ὡς ἀληθῶς ἄρχουσιν, ἄλλως πως ἡγεῖ διανοεῖσθαι πρὸς τοὺς ἀρχομένους ἢ ὥσπερ ἄν τις πρὸς πρόβατα διατεθείη, καὶ ἄλλο τι σκοπεῖν αὐτοὺς διὰ νυκτὸς καὶ ἡμέρας ἢ τοῦτο
ὅθεν αὐτοὶ ὠφελήσονται. καὶ οὕτω πόρρω εἶ περί τε τοῦ C
δικαίου καὶ δικαιοσύνης καὶ ἀδίκου τε καὶ ἀδικίας, ὥστε ἀγνοεῖς, ὅτι ἡ μὲν δικαιοσύνη καὶ τὸ δίκαιον ἀλλότριον ἀγαθὸν τῷ ὄντι, τοῦ κρείττονός τε καὶ ἄρχοντος ξυμφέρον, οἰκεία δὲ τοῦ πειθομένου τε καὶ ὑπηρετοῦντος βλάβη, ἡ δὲ ἀδικία τοὐναντίον, καὶ ἄρχει τῶν ὡς ἀληθῶς εὐηθικῶν τε καὶ δικαίων, οἱ δ᾿ ἀρχόμενοι ποιοῦσι τὸ ἐκείνου ξυμφέρον κρείττονος ὄντος, καὶ εὐδαίμονα ἐκεῖνον
ποιοῦσιν ὑπηρετοῦντες αὐτῷ, ἑαυτοὺς δὲ οὐδ᾿ ὁπωστιοῦν. D
σκοπεῖσθαι δέ, ὦ εὐηθέστατε Σώκρατες, οὑτωσὶ χρή, ὅτι δίκαιος ἀνὴρ ἀδίκου πανταχοῦ ἔλαττον ἔχει. πρῶτον μὲν ἐν τοῖς πρὸς ἀλλήλους ξυμβολαίοις, ὅπου ἂν ὁ τοιοῦτος τῷ τοιούτῳ κοινωνήσῃ, οὐδαμοῦ ἂν εὕροις ἐν τῇ διαλύσει τῆς κοινωνίας πλέον ἔχοντα τὸν δίκαιον τοῦ ἀδίκου ἀλλ᾿ ἔλαττον· ἔπειτα ἐν τοῖς πρὸς τὴν πόλιν, ὅταν τέ τινες εἰσφοραὶ ὦσιν, ὁ μὲν δίκαιος ἀπὸ τῶν ἴσων πλέον εἰσφέ-
ρει, ὁ δ᾿ ἔλαττον, ὅταν τε λήψεις, ὁ μὲν οὐδέν, ὁ δὲ πολλὰ E
κερδαίνει. καὶ γὰρ ὅταν ἀρχήν τινα ἄρχῃ ἑκάτερος, τῷ μὲν δικαίῳ ὑπάρχει, καὶ εἰ μηδεμία ἄλλη ζημία, τά γε οἰκεῖα δι᾿ ἀμέλειαν μοχθηροτέρως ἔχειν, ἐκ δὲ τοῦ δημοσίου μηδὲν ὠφελεῖσθαι διὰ τὸ δίκαιον εἶναι, πρὸς δὲ τούτοις ἀπέχθεσθαι τοῖς τε οἰκείοις καὶ τοῖς γνωρίμοις, ὅταν μη-

ἐκπορίζειν· ἐπεὶ τά γε αὑτῆς, ὥστ᾽ εἶναι βελτίστη, ἱκανῶς
δήπου ἐκπεπόρισται, ἕως γ᾽ ἂν μηδὲν ἐνδέῃ τοῦ ποιμε-
νικὴ εἶναι· οὕτω δὲ ᾤμην ἔγωγε νῦν δὴ ἀναγκαῖον εἶναι
ἡμῖν ὁμολογεῖν, πᾶσαν ἀρχήν, καθ᾽ ὅσον ἀρχή, μηδενὶ
ἄλλῳ τὸ βέλτιστον σκοπεῖσθαι ἢ ἐκείνῳ τῷ ἀρχομένῳ τε
E καὶ θεραπευομένῳ, ἔν τε πολιτικῇ καὶ ἰδιωτικῇ ἀρχῇ. σὺ
δὲ τοὺς ἄρχοντας ἐν ταῖς πόλεσι, τοὺς ἀληθῶς ἄρχοντας,
ἑκόντας οἴει ἄρχειν; Μὰ Δί᾽ οὔκ, ἔφη, ἀλλ᾽ εὖ οἶδα.

XVIII. Τί δέ; ἦν δ᾽ ἐγώ, ὦ Θρασύμαχε, τὰς ἄλλας
ἀρχὰς οὐκ ἐννοεῖς ὅτι οὐδεὶς ἐθέλει ἄρχειν ἑκών, ἀλλὰ
μισθὸν αἰτοῦσιν, ὡς οὐχὶ αὐτοῖσιν ὠφέλειαν ἐσομένην ἐκ
346 τοῦ ἄρχειν ἀλλὰ τοῖς ἀρχομένοις; ἐπεὶ τοσόνδε εἰπέ· οὐχὶ
ἑκάστην μέντοι φαμὲν ἑκάστοτε τῶν τεχνῶν τούτῳ ἑτέ-
ραν εἶναι, τῷ ἑτέραν τὴν δύναμιν ἔχειν; καί, ὦ μακάριε,
μὴ παρὰ δόξαν ἀποκρίνου, ἵνα τι καὶ περαίνωμεν. Ἀλλὰ
τούτῳ, ἔφη, ἑτέρα. Οὐκοῦν καὶ ὠφέλειαν ἑκάστη ἰδίαν
τινὰ ἡμῖν παρέχεται, ἀλλ᾽ οὐ κοινήν, οἷον ἰατρικὴ μὲν
ὑγίειαν, κυβερνητικὴ δὲ σωτηρίαν ἐν τῷ πλεῖν, καὶ αἱ
ἄλλαι οὕτως; Πάνυ γε. Οὐκοῦν καὶ μισθωτικὴ μισθόν;
B αὕτη γὰρ αὐτῆς ἡ δύναμις· ἢ τὴν ἰατρικὴν σὺ καὶ τὴν
κυβερνητικὴν τὴν αὐτὴν καλεῖς; ἢ ἐάνπερ βούλῃ ἀκρι-
βῶς διορίζειν, ὥσπερ ὑπέθου, οὐδέν τι μᾶλλον, ἐάν τις
κυβερνῶν ὑγιὴς γίγνηται διὰ τὸ ξυμφέρειν αὐτῷ πλεῖν ἐν
τῇ θαλάττῃ, ἕνεκα τούτου καλεῖς μᾶλλον αὐτὴν ἰατρι-
κήν; Οὐ δῆτα, ἔφη. Οὐδέ γ᾽, οἶμαι, τὴν μισθωτικήν, ἐὰν
ὑγιαίνῃ τις μισθαρνῶν. Οὐ δῆτα. Τί δέ; τὴν ἰατρικὴν
C μισθαρνητικήν, ἐὰν ἰώμενός τις μισθαρνῇ; Οὔκ, ἔφη.
Οὐκοῦν τήν γε ὠφέλειαν ἑκάστης τῆς τέχνης ἰδίαν ὡμο-
λογήσαμεν εἶναι; Ἔστω, ἔφη. Ἥντινα ἄρα ὠφέλειαν
κοινῇ ὠφελοῦνται πάντες οἱ δημιουργοί, δῆλον ὅτι κοινῇ
τινὶ τῷ αὐτῷ προσχρώμενοι ἀπ᾽ ἐκείνου ὠφελοῦνται.
Ἔοικεν, ἔφη. Φαμὲν δέ γε τὸ μισθὸν ἀρνυμένους ὠφελεῖ-

σθαι τοὺς δημιουργοὺς ἀπὸ τοῦ προσχρῆσθαι τῇ μισθω-
τικῇ τέχνῃ γίγνεσθαι αὐτοῖς. Ξυνέφη μόγις. Οὐκ ἄρα
ἀπὸ τῆς αὑτοῦ τέχνης ἑκάστῳ αὕτη ἡ ὠφέλειά ἐστιν, ἡ D
τοῦ μισθοῦ λῆψις, ἀλλ', εἰ δεῖ ἀκριβῶς σκοπεῖσθαι, ἡ μὲν
ἰατρικὴ ὑγίειαν ποιεῖ, ἡ δὲ μισθαρνητικὴ μισθόν, καὶ ἡ
μὲν οἰκοδομικὴ οἰκίαν, ἡ δὲ μισθαρνητικὴ αὐτῇ ἑπομένη
μισθόν, καὶ αἱ ἄλλαι πᾶσαι οὕτω· τὸ αὑτῆς ἑκάστη ἔργον
ἐργάζεται καὶ ὠφελεῖ ἐκεῖνο, ἐφ' ᾧ τέτακται. ἐὰν δὲ μὴ
μισθὸς αὐτῇ προσγίγνηται, ἔσθ' ὅ τι ὠφελεῖται ὁ δη-
μιουργὸς ἀπὸ τῆς τέχνης; Οὐ φαίνεται, ἔφη. Ἆρ' οὖν
οὐδ' ὠφελεῖ τότε, ὅταν προῖκα ἐργάζηται; Οἶμαι ἔγωγε. E
Οὐκοῦν, ὦ Θρασύμαχε, τοῦτο ἤδη δῆλον, ὅτι οὐδεμία
τέχνη οὐδὲ ἀρχὴ τὸ αὑτῇ ὠφέλιμον παρασκευάζει, ἀλλ',
ὅπερ πάλαι ἐλέγομεν, τὸ τῷ ἀρχομένῳ καὶ παρασκευάζει
καὶ ἐπιτάττει, τὸ ἐκείνου ξυμφέρον ἥττονος ὄντος σκο-
ποῦσα, ἀλλ' οὐ τὸ τοῦ κρείττονος. διὰ δὴ ταῦτα ἔγωγε, ὦ
φίλε Θρασύμαχε, καὶ ἄρτι ἔλεγον μηδένα ἐθέλειν ἑκόντα
ἄρχειν καὶ τὰ ἀλλότρια κακὰ μεταχειρίζεσθαι ἀνορθοῦντα,
ἀλλὰ μισθὸν αἰτεῖν, ὅτι ὁ μέλλων καλῶς τῇ τέχνῃ πράξειν 347
οὐδέποτε αὑτῷ τὸ βέλτιστον πράττει οὐδ' ἐπιτάττει κατὰ
τὴν τέχνην ἐπιτάττων, ἀλλὰ τῷ ἀρχομένῳ· ὧν δὴ ἕνεκα,
ὡς ἔοικε, μισθὸν δεῖν ὑπάρχειν τοῖς μέλλουσιν ἐθελήσειν
ἄρχειν, ἢ ἀργύριον ἢ τιμήν, ἢ ζημίαν, ἐὰν μὴ ἄρχῃ.

XIX. Πῶς τοῦτο λέγεις, ὦ Σώκρατες; ἔφη ὁ Γλαύ-
κων. τοὺς μὲν γὰρ δύο μισθοὺς γιγνώσκω· τὴν δὲ ζημίαν
ἥντινα λέγεις καὶ ὡς ἐν μισθοῦ μέρει εἴρηκας, οὐ ξυνῆκα.
Τὸν τῶν βελτίστων ἄρα μισθόν, ἔφην, οὐ ξυνιεῖς, δι' ὃν B
ἄρχουσιν οἱ ἐπιεικέστατοι, ὅταν ἐθέλωσιν ἄρχειν. ἢ οὐκ
οἶσθα, ὅτι τὸ φιλότιμόν τε καὶ φιλάργυρον εἶναι ὄνειδος
λέγεταί τε καὶ ἔστιν; Ἔγωγε, ἔφη. Διὰ ταῦτα τοίνυν,
ἦν δ' ἐγώ, οὔτε χρημάτων ἕνεκα ἐθέλουσιν ἄρχειν οἱ ἀγα-
θοὶ οὔτε τιμῆς· οὔτε γὰρ φανερῶς πραττόμενοι τῆς ἀρχῆς

ἕνεκα μισθὸν μισθωτοὶ βούλονται κεκλῆσθαι, οὔτε λάθρᾳ αὐτοὶ ἐκ τῆς ἀρχῆς λαμβάνοντες κλέπται· οὐδ' αὖ τιμῆς
C ἕνεκα· οὐ γάρ εἰσι φιλότιμοι. δεῖ δὴ αὐτοῖς ἀνάγκην προσεῖναι καὶ ζημίαν, εἰ μέλλουσιν ἐθέλειν ἄρχειν· ὅθεν κινδυνεύει τὸ ἑκόντα ἐπὶ τὸ ἄρχειν ἰέναι ἀλλὰ μὴ ἀνάγκην περιμένειν αἰσχρὸν νενομίσθαι. τῆς δὲ ζημίας μεγίστη το ὑπὸ πονηροτέρου ἄρχεσθαι, ἐὰν μὴ αὐτὸς ἐθέλῃ ἄρχειν· ἣν δείσαντές μοι φαίνονται ἄρχειν, ὅταν ἄρχωσιν, οἱ ἐπιεικεῖς, καὶ τότε ἔρχονται ἐπὶ τὸ ἄρχειν, οὐχ ὡς ἐπ' ἀγαθόν τι ἰόντες οὐδ' ὡς εὐπαθήσοντες ἐν αὐτῷ, ἀλλ' ὡς
D ἐπ' ἀναγκαῖον καὶ οὐκ ἔχοντες ἑαυτῶν βελτίοσιν ἐπιτρέψαι οὐδὲ ὁμοίοις. ἐπεὶ κινδυνεύει, πόλις ἀνδρῶν ἀγαθῶν εἰ γένοιτο, περιμάχητον ἂν εἶναι τὸ μὴ ἄρχειν, ὥσπερ νυνὶ τὸ ἄρχειν, καὶ ἐνταῦθ' ἂν καταφανὲς γενέσθαι, ὅτι τῷ ὄντι ἀληθινὸς ἄρχων οὐ πέφυκε τὸ αὑτῷ συμφέρον σκοπεῖσθαι, ἀλλὰ τὸ τῷ ἀρχομένῳ· ὥστε πᾶς ἂν ὁ γιγνώσκων τὸ ὠφελεῖσθαι μᾶλλον ἕλοιτο ὑπ' ἄλλου ἢ ἄλλον ὠφελῶν πράγματα ἔχειν. τοῦτο μὲν οὖν ἔγωγε οὐδαμῇ συγχωρῶ
E Θρασυμάχῳ, ὡς τὸ δίκαιόν ἐστι τὸ τοῦ κρείττονος ξυμφέρον. ἀλλὰ τοῦτο μὲν δὴ καὶ εἰσαῦθις σκεψόμεθα· πολὺ δέ μοι δοκεῖ μεῖζον εἶναι, ὃ νῦν λέγει Θρασύμαχος, τὸν τοῦ ἀδίκου βίον φάσκων εἶναι κρείττω ἢ τὸν τοῦ δικαίου. σὺ οὖν πότερον, ἦν δ' ἐγώ, ὦ Γλαύκων, αἱρεῖ καὶ ποτέρως ἀληθεστέρως δοκεῖ σοι λέγεσθαι; Τὸν τοῦ δικαίου ἔγωγε, ἔφη, λυσιτελέστερον βίον εἶναι. Ἤκουσας, ἦν δ'
348 ἐγώ, ὅσα ἄρτι Θρασύμαχος ἀγαθὰ διῆλθε τῷ τοῦ ἀδίκου; Ἤκουσα, ἔφη, ἀλλ' οὐ πείθομαι. Βούλει οὖν αὐτὸν πείθωμεν, ἂν δυνώμεθά πῃ ἐξευρεῖν, ὡς οὐκ ἀληθῆ λέγει; Πῶς γὰρ οὐ βούλομαι; ἦ δ' ὅς. Ἂν μὲν τοίνυν, ἦν δ' ἐγώ, ἀντικατατείναντες λέγωμεν αὐτῷ λόγον παρὰ λόγον, ὅσα αὖ ἀγαθὰ ἔχει τὸ δίκαιον εἶναι, καὶ αὖθις οὗτος, καὶ ἄλλον ἡμεῖς, ἀριθμεῖν δεήσει τἀγαθὰ καὶ μετρεῖν, ὅσα

ἑκάτεροι ἐν ἑκατέρῳ λέγομεν, καὶ ἤδη δικαστῶν τινῶν B
τῶν διακρινούντων δεησόμεθα· ἂν δὲ ὥσπερ ἄρτι ἀνομο-
λογούμενοι πρὸς ἀλλήλους σκοπῶμεν, ἅμα αὐτοί τε δι-
κασταὶ καὶ ῥήτορες ἐσόμεθα. Πάνυ μὲν οὖν, ἔφη. Πο-
τέρως οὖν σοι, ἦν δ' ἐγώ, ἀρέσκει; Οὕτως, ἔφη.

XX. Ἴθι δή, ἦν δ' ἐγώ, ὦ Θρασύμαχε, ἀπόκριναι
ἡμῖν ἐξ ἀρχῆς· τὴν τελέαν ἀδικίαν τελέας οὔσης δικαιο-
σύνης λυσιτελεστέραν φῂς εἶναι; Πάνυ μὲν οὖν καὶ φημί,
ἔφη, καὶ δι' ἅ, εἴρηκα. Φέρε δὴ τὸ τοιόνδε περὶ αὐτῶν C
πῶς λέγεις; τὸ μέν που ἀρετὴν αὐτοῖν καλεῖς, τὸ δὲ κα-
κίαν; Πῶς γὰρ οὔ; Οὐκοῦν τὴν μὲν δικαιοσύνην ἀρετήν,
τὴν δὲ ἀδικίαν κακίαν; Εἰκός γ', ἔφη, ὦ ἥδιστε, ἐπειδὴ
καὶ λέγω ἀδικίαν μὲν λυσιτελεῖν, δικαιοσύνην δ' οὔ.
Ἀλλὰ τί μήν; Τοὐναντίον, ἦ δ' ὅς. Ἦ τὴν δικαιοσύνην
κακίαν; Οὔκ, ἀλλὰ πάνυ γενναίαν εὐήθειαν. Τὴν ἀδι- D
κίαν ἄρα κακοήθειαν καλεῖς; Οὔκ, ἀλλ' εὐβουλίαν, ἔφη.
Ἦ καὶ φρόνιμοί σοι, ὦ Θρασύμαχε, δοκοῦσιν εἶναι καὶ
ἀγαθοὶ οἱ ἄδικοι; Οἵ γε τελέως, ἔφη, οἷοί τε ἀδικεῖν, πό-
λεις τε καὶ ἔθνη δυνάμενοι ἀνθρώπων ὑφ' ἑαυτοὺς ποιεῖ-
σθαι· σὺ δὲ οἴει με ἴσως τοὺς τὰ βαλάντια ἀποτέμνοντας
λέγειν. λυσιτελεῖ μὲν οὖν, ἦ δ' ὅς, καὶ τὰ τοιαῦτα, ἐάν-
περ λανθάνῃ· ἔστι δὲ οὐκ ἄξια λόγου, ἀλλ' ἃ νῦν δὴ ἔλε-
γον. Τοῦτο μέντοι, ἔφην, οὐκ ἀγνοῶ ὅ τι βούλει λέγειν· E
ἀλλὰ τόδε ἐθαύμασα, εἰ ἐν ἀρετῆς καὶ σοφίας τίθης μέρει
τὴν ἀδικίαν, τὴν δὲ δικαιοσύνην ἐν τοῖς ἐναντίοις. Ἀλλὰ
πάνυ οὕτω τίθημι. Τοῦτο, ἦν δ' ἐγώ, ἤδη στερεώτερον,
ὦ ἑταῖρε, καὶ οὐκέτι ῥᾴδιον ἔχειν ὅ τί τις εἴπῃ. εἰ γαρ λυ-
σιτελεῖν μὲν τὴν ἀδικίαν ἐτίθεσο, κακίαν μέντοι ἢ αἰσχρὸν
αὐτὸ ὡμολόγεις εἶναι, ὥσπερ ἄλλοι τινές, εἴχομεν ἄν τι
λέγειν κατὰ τὰ νομιζόμενα λέγοντες· νῦν δὲ δῆλος εἶ ὅτι
φήσεις αὐτὸ καὶ καλὸν καὶ ἰσχυρὸν εἶναι καὶ τἄλλα αὐτῷ
πάντα προσθήσεις, ἃ ἡμεῖς τῷ δικαίῳ προσετίθεμεν, ἐπει- 349

δή γε καὶ ἐν ἀρετῇ αὐτὸ καὶ σοφίᾳ ἐτόλμησας θεῖναι. Ἀληθέστατα, ἔφη, μαντεύει. Ἀλλ' οὐ μέντοι, ἦν δ' ἐγώ, ἀποκνητέον γε τῷ λόγῳ ἐπεξελθεῖν σκοπούμενον, ἕως ἄν σε ὑπολαμβάνω λέγειν ἅπερ διανοεῖ. ἐμοὶ γὰρ δοκεῖς σύ, ὦ Θρασύμαχε, ἀτεχνῶς νῦν οὐ σκώπτειν, ἀλλὰ τὰ δοκοῦντα περὶ τῆς ἀληθείας λέγειν. Τί δέ σοι, ἔφη, τοῦτο διαφέρει, εἴτε μοι δοκεῖ εἴτε μή, ἀλλ' οὐ τὸν λόγον ἐλέγ-
B χεις; Οὐδέν, ἦν δ' ἐγώ. ἀλλὰ τόδε μοι πειρῶ ἔτι πρὸς τούτοις ἀποκρίνασθαι· ὁ δίκαιος τοῦ δικαίου δοκεῖ τί σοι ἂν ἐθέλειν πλέον ἔχειν; Οὐδαμῶς, ἔφη· οὐ γὰρ ἂν ἦν ἀστεῖος, ὥσπερ νῦν, καὶ εὐήθης. Τί δέ; τῆς δικαίας πράξεως; Οὐδὲ τῆς δικαίας, ἔφη. Τοῦ δὲ ἀδίκου πότερον ἀξιοῖ ἂν πλεονεκτεῖν καὶ ἡγοῖτο δίκαιον εἶναι, ἢ οὐκ ἂν ἡγοῖτο δίκαιον; Ἡγοῖτ' ἄν, ἦ δ' ὅς, καὶ ἀξιοῖ, ἀλλ' οὐκ ἂν δύναιτο. Ἀλλ' οὐ τοῦτο, ἦν δ' ἐγώ, ἐρωτῶ, ἀλλ' εἰ
C τοῦ μὲν δικαίου μὴ ἀξιοῖ πλέον ἔχειν μηδὲ βούλεται ὁ δίκαιος, τοῦ δὲ ἀδίκου; Ἀλλ' οὕτως, ἔφη, ἔχει. Τί δὲ δὴ ὁ ἄδικος; ἆρα ἀξιοῖ τοῦ δικαίου πλεονεκτεῖν καὶ τῆς δικαίας πράξεως; Πῶς γὰρ οὔκ; ἔφη, ὅς γε πάντων πλέον ἔχειν ἀξιοῖ. Οὐκοῦν καὶ ἀδίκου ἀνθρώπου τε καὶ πράξεως ὁ ἄδικος πλεονεκτήσει καὶ ἁμιλλήσεται ὡς, ἁπάντων πλεῖστον αὐτὸς λάβῃ; Ἔστι ταῦτα.

XXI. Ὧδε δὴ λέγωμεν, ἔφην· ὁ δίκαιος τοῦ μὲν ὁμοί-
D ου οὐ πλεονεκτεῖ, τοῦ δὲ ἀνομοίου, ὁ δὲ ἄδικος τοῦ τε ὁμοίου καὶ τοῦ ἀνομοίου. Ἄριστα, ἔφη, εἴρηκας. Ἔστι δέ γε, ἔφην, φρόνιμός τε καὶ ἀγαθὸς ὁ ἄδικος, ὁ δὲ δίκαιος οὐδέτερα. Καὶ τοῦτ', ἔφη, εὖ. Οὐκοῦν, ἦν δ' ἐγώ, καὶ ἔοικε τῷ φρονίμῳ καὶ τῷ ἀγαθῷ ὁ ἄδικος, ὁ δὲ δίκαιος οὐκ ἔοικεν; Πῶς γὰρ οὐ μέλλει, ἔφη, ὁ τοιοῦτος ὢν καὶ ἐοικέναι τοῖς τοιούτοις, ὁ δὲ μὴ ἐοικέναι; Καλῶς. τοιοῦτος ἄρα ἐστὶν ἑκάτερος αὐτῶν οἷσπερ ἔοικεν. Ἀλλὰ τί μέλλει; ἔφη. Εἶεν,
E ὦ Θρασύμαχε· μουσικὸν δέ τινα λέγεις, ἕτερον δὲ ἄμουσον·

Ἔγωγε. Πότερον φρόνιμον καὶ πότερον ἄφρονα; Τὸν
μὲν μουσικὸν δήπου φρόνιμον, τὸν δὲ ἄμουσον ἄφρονα.
Οὐκοῦν καὶ ἅπερ φρόνιμον, ἀγαθόν, ἃ δὲ ἄφρονα, κα-
κόν; Ναί. Τί δὲ ἰατρικόν; οὐχ οὕτως; Οὕτως. Δοκεῖ
ἂν οὖν τίς σοι, ὦ ἄριστε, μουσικὸς ἀνὴρ ἁρμοττόμενος
λύραν ἐθέλειν μουσικοῦ ἀνδρὸς ἐν τῇ ἐπιτάσει καὶ ἀνέσει
τῶν χορδῶν πλεονεκτεῖν ἢ ἀξιοῦν πλέον ἔχειν; Οὐκ ἔμοι-
γε. Τί δέ; ἀμούσου; Ἀνάγκη, ἔφη. Τί δὲ ἰατρικός; ἐν 350
τῇ ἐδωδῇ ἢ πόσει ἐθέλειν ἄν τι ἰατρικοῦ πλεονεκτεῖν ἢ
ἀνδρὸς ἢ πράγματος; Οὐ δῆτα. Μὴ ἰατρικοῦ δέ; Ναί.
Περὶ πάσης δὲ ὅρα ἐπιστήμης τε καὶ ἀνεπιστημοσύνης, εἴ
τίς σοι δοκεῖ ἐπιστήμων ὁστισοῦν πλείω ἂν ἐθέλειν αἱρεῖ-
σθαι ἢ ὅσα ἄλλος ἐπιστήμων ἢ πράττειν ἢ λέγειν, καὶ οὐ
ταὐτὰ τῷ ὁμοίῳ ἑαυτῷ εἰς τὴν αὐτὴν πρᾶξιν. Ἀλλ' ἴσως,
ἔφη, ἀνάγκη τοῦτό γε οὕτως ἔχειν. Τί δὲ ὁ ἀνεπιστήμων;
οὐχὶ ὁμοίως μὲν ἐπιστήμονος πλεονεκτήσειεν ἄν, ὁμοίως B
δὲ ἀνεπιστήμονος; Ἴσως· Ὁ δὲ ἐπιστήμων σοφός; Φη-
μί. Ὁ δὲ σοφὸς ἀγαθός; Φημί. Ὁ ἄρα ἀγαθός τε καὶ σο-
φὸς τοῦ μὲν ὁμοίου οὐκ ἐθελήσει πλεονεκτεῖν, τοῦ δὲ
ἀνομοίου τε καὶ ἐναντίου. Ἔοικεν, ἔφη. Ὁ δὲ κακός τε
καὶ ἀμαθὴς τοῦ τε ὁμοίου καὶ τοῦ ἐναντίου. Φαίνεται.
Οὐκοῦν, ὦ Θρασύμαχε, ἦν δ' ἐγώ, ὁ ἄδικος ἡμῖν τοῦ
ἀνομοίου τε καὶ ὁμοίου πλεονεκτεῖ; ἢ οὐχ οὕτως ἔλεγες;
Ἔγωγε, ἔφη. Ὁ δέ γε δίκαιος τοῦ μὲν ὁμοίου οὐ πλεο- C
νεκτήσει, τοῦ δὲ ἀνομοίου; Ναί. Ἔοικεν ἄρα, ἦν δ'
ἐγώ, ὁ μὲν δίκαιος τῷ σοφῷ καὶ ἀγαθῷ, ὁ δὲ ἄδικος τῷ
κακῷ καὶ ἀμαθεῖ. Κινδυνεύει. Ἀλλὰ μὴν ὡμολογοῦμεν,
ᾧ γε ὅμοιος ἑκάτερος εἴη, τοιοῦτον καὶ ἑκάτερον εἶναι.
Ὡμολογοῦμεν γάρ. Ὁ μὲν ἄρα δίκαιος ἡμῖν ἀναπέφανται
ὢν ἀγαθός τε καὶ σοφός, ὁ δὲ ἄδικος ἀμαθής τε καὶ
κακός.

XXII. Ὁ δὲ Θρασύμαχος ὡμολόγησε μὲν πάντα

θρὸν καὶ ἑαυτῷ καὶ τοῖς δικαίοις· ἦ γάρ; Ναί. Δίκαιοι
B δέ γ' εἰσίν, ὦ φίλε, καὶ οἱ θεοί; Ἔστωσαν, ἔφη. Καὶ
θεοῖς ἄρα ἐχθρὸς ἔσται ὁ ἄδικος, ὦ Θρασύμαχε, ὁ δὲ δί-
καιος φίλος. Εὐωχοῦ τοῦ λόγου, ἔφη, θαρρῶν· οὐ γὰρ
ἔγωγέ σοι ἐναντιώσομαι, ἵνα μὴ τοῖσδε ἀπέχθωμαι. Ἴθι
δή, ἦν δ' ἐγώ, καὶ τὰ λοιπά μοι τῆς ἑστιάσεως ἀποπλήρω-
σον ἀποκρινόμενος ὥσπερ καὶ νῦν. ὅτι μὲν γὰρ καὶ σο-
φώτεροι καὶ ἀμείνους καὶ δυνατώτεροι πράττειν οἱ δί-
καιοι φαίνονται, οἱ δὲ ἄδικοι οὐδὲν πράττειν μετ' ἀλλή-
C λων οἷοί τε, ἀλλὰ δὴ καὶ οὓς φαμεν ἐρρωμένως πώποτέ τι
μετ' ἀλλήλων κοινῇ πρᾶξαι ἀδίκους ὄντας, τοῦτο οὐ παν-
τάπασιν ἀληθὲς λέγομεν· οὐ γὰρ ἂν ἀπείχοντο ἀλλήλων
κομιδῇ ὄντες ἄδικοι, ἀλλὰ δῆλον ὅτι ἐνῆν τις αὐτοῖς δι-
καιοσύνη, ἣ αὐτοὺς ἐποίει μήτοι καὶ ἀλλήλους γε καὶ ἐφ'
οὓς ᾖεσαν ἅμα ἀδικεῖν, δι' ἣν ἔπραξαν ἃ ἔπραξαν, ὥρ-
μησαν δὲ ἐπὶ τὰ ἄδικα ἀδικίᾳ ἡμιμόχθηροι ὄντες, ἐπεὶ οἵ
D γε παμπόνηροι καὶ τελέως ἄδικοι τελέως εἰσὶ καὶ πράττειν
ἀδύνατοι· ταῦτα μὲν οὖν ὅτι οὕτως ἔχει, μανθάνω, ἀλλ'
οὐχ ὡς σὺ τὸ πρῶτον ἐτίθεσο. εἰ δὲ καὶ ἄμεινον ζῶσιν οἱ
δίκαιοι τῶν ἀδίκων καὶ εὐδαιμονέστεροί εἰσιν, ὅπερ τὸ
ὕστερον προὐθέμεθα σκέψασθαι, σκεπτέον. φαίνονται
μὲν οὖν καὶ νῦν, ὥς γέ μοι δοκεῖ, ἐξ ὧν εἰρήκαμεν· ὅμως
δ' ἔτι βέλτιον σκεπτέον. οὐ γὰρ περὶ τοῦ ἐπιτυχόντος ὁ
λόγος, ἀλλὰ περὶ τοῦ ὅντινα τρόπον χρὴ ζῆν. Σκόπει δή,
ἔφη. Σκοπῶ, ἦν δ' ἐγώ· καί μοι λέγε· δοκεῖ τί σοι εἶναι
E ἵππου ἔργον; Ἔμοιγε. Ἆρ' οὖν τοῦτο ἂν θείης καὶ ἵππου
καὶ ἄλλου ὁτουοῦν ἔργον, ὃ ἂν ἢ μόνῳ ἐκείνῳ ποιῇ τις ἢ
ἄριστα; Οὐ μανθάνω, ἔφη. Ἀλλ' ὧδε· ἔσθ' ὅτῳ ἂν ἄλλῳ
ἴδοις ἢ ὀφθαλμοῖς; Οὐ δῆτα. Τί δέ; ἀκούσαις ἄλλῳ ἢ
ὠσίν; Οὐδαμῶς. Οὐκοῦν δικαίως ἂν ταῦτα τούτων φα-
353 μὲν ἔργα εἶναι; Πάνυ γε. Τί δέ; μαχαίρᾳ ἂν ἀμπέλου
κλῆμα ἀποτέμοις καὶ σμίλῃ καὶ ἄλλοις πολλοῖς; Πῶς γὰρ

οὔ; Ἀλλ' οὐδενί γ' ἄν, οἶμαι, οὕτω καλῶς, ὡς δρεπάνῳ τῷ ἐπὶ τοῦτο ἐργασθέντι. Ἀληθῆ. Ἆρ' οὖν οὐ τοῦτο τούτου ἔργον θήσομεν; Θήσομεν μὲν οὖν.

XXIV. Νῦν δή, οἶμαι, ἄμεινον ἂν μάθοις ὃ ἄρτι ἠρώτων πυνθανόμενος, εἰ οὐ τοῦτο ἑκάστου εἴη ἔργον, ὃ ἂν ἢ μόνον τι ἢ κάλλιστα τῶν ἄλλων ἀπεργάζηται. Ἀλλ', ἔφη, μανθάνω τε καί μοι δοκεῖ τοῦτο ἑκάστου πράγματος ἔργον εἶναι. Εἶεν, ἦν δ' ἐγώ· οὐκοῦν καὶ B ἀρετὴ δοκεῖ σοι εἶναι ἑκάστῳ, ᾧπερ καὶ ἔργον τι προστέτακται; ἴωμεν δὲ ἐπὶ τὰ αὐτὰ πάλιν. ὀφθαλμῶν, φαμέν, ἔστιν ἔργον; Ἔστιν. Ἆρ' οὖν καὶ ἀρετὴ ὀφθαλμῶν ἔστιν; Καὶ ἀρετή. Τί δέ; ὤτων ἦν τι ἔργον; Ναί. Οὐκοῦν καὶ ἀρετή; Καὶ ἀρετή. Τί δὲ πάντων πέρι τῶν ἄλλων; οὐχ οὕτω; Οὕτω. Ἔχε δή· ἆρ' ἄν ποτε ὄμματα τὸ αὑτῶν ἔργον καλῶς ἀπεργάσαιντο μὴ ἔχοντα τὴν αὑτῶν οἰκείαν C ἀρετήν, ἀλλ' ἀντὶ τῆς ἀρετῆς κακίαν; Καὶ πῶς ἄν; ἔφη· τυφλότητα γὰρ ἴσως λέγεις ἀντὶ τῆς ὄψεως. Ἥτις, ἦν δ' ἐγώ, αὐτῶν ἡ ἀρετή· οὐ γάρ πω τοῦτο ἐρωτῶ, ἀλλ' εἰ τῇ οἰκείᾳ μὲν ἀρετῇ τὸ αὑτῶν ἔργον εὖ ἐργάσεται τὰ ἐργαζόμενα, κακίᾳ δὲ κακῶς. Ἀληθές, ἔφη, τοῦτό γε λέγεις. Οὐκοῦν καὶ ὦτα στερόμενα τῆς αὑτῶν ἀρετῆς κακῶς τὸ αὑτῶν ἔργον ἀπεργάσεται; Πάνυ γε. Τίθεμεν οὖν καὶ τἄλλα πάντα εἰς τὸν αὐτὸν λόγον; Ἔμοιγε δοκεῖ. Ἴθι δή, D μετὰ ταῦτα τόδε σκέψαι· ψυχῆς ἔστι τι ἔργον, ὃ ἄλλῳ τῶν ὄντων οὐδ' ἂν ἑνὶ πράξαις, οἷον τὸ τοιόνδε· τὸ ἐπιμελεῖσθαι καὶ ἄρχειν καὶ βουλεύεσθαι καὶ τὰ τοιαῦτα πάντα, ἔσθ' ὅτῳ ἄλλῳ ἢ ψυχῇ δικαίως ἂν αὐτὰ ἀποδοῖμεν καὶ φαῖμεν ἴδια ἐκείνης εἶναι; Οὐδενὶ ἄλλῳ. Τί δ' αὖ τὸ ζῆν; ψυχῆς φήσομεν ἔργον εἶναι; Μάλιστά γ', ἔφη. Οὐκοῦν καὶ ἀρετήν φαμέν τινα ψυχῆς εἶναι; Φαμέν. Ἆρ' E οὖν ποτέ, ὦ Θρασύμαχε, ψυχὴ τὰ αὑτῆς ἔργα εὖ ἀπεργάσεται στερομένη τῆς οἰκείας ἀρετῆς, ἢ ἀδύνατον; Ἀδύνα-

τον. Ἀνάγκη ἄρα κακῇ ψυχῇ κακῶς ἄρχειν καὶ ἐπιμελεῖ-
σθαι, τῇ δὲ ἀγαθῇ πάντα ταῦτα εὖ πράττειν. Ἀνάγκη.
Οὐκοῦν ἀρετήν γε ξυνεχωρήσαμεν ψυχῆς εἶναι δικαιοσύ-
νην, κακίαν δὲ ἀδικίαν; Συνεχωρήσαμεν γάρ. Ἡ μὲν
ἄρα δικαία ψυχὴ καὶ ὁ δίκαιος ἀνὴρ εὖ βιώσεται, κακῶς
354 δὲ ὁ ἄδικος. Φαίνεται, ἔφη, κατὰ τὸν σὸν λόγον. Ἀλλὰ
μὴν ὅ γε εὖ ζῶν μακάριός τε καὶ εὐδαίμων, ὁ δὲ μὴ τἀναν-
τία. Πῶς γὰρ οὔ; Ὁ μὲν δίκαιος ἄρα εὐδαίμων, ὁ δ' ἄδι-
κος ἄθλιος. Ἔστωσαν, ἔφη. Ἀλλὰ μὴν ἄθλιόν γε εἶναι οὐ
λυσιτελεῖ, εὐδαίμονα δέ. Πῶς γὰρ οὔ; Οὐδέποτ' ἄρα, ὦ
μακάριε Θρασύμαχε, λυσιτελέστερον ἀδικία δικαιοσύνης.
Ταῦτα δή σοι, ἔφη, ὦ Σώκρατες, εἱστιάσθω ἐν τοῖς Βεν-
διδείοις. Ὑπὸ σοῦ γε, ἦν δ' ἐγώ, ὦ Θρασύμαχε, ἐπειδή
μοι πρᾶος ἐγένου καὶ χαλεπαίνων ἐπαύσω. οὐ μέντοι κα-
B λῶς γε εἱστίαμαι, δι' ἐμαυτόν, ἀλλ' οὐ διὰ σέ· ἀλλ' ὥσπερ
οἱ λίχνοι τοῦ αἰεὶ παραφερομένου ἀπογεύονται ἁρπάζον-
τες, πρὶν τοῦ προτέρου μετρίως ἀπολαῦσαι, καὶ ἐγώ μοι
δοκῶ οὕτω, πρὶν ὃ τὸ πρῶτον ἐσκοποῦμεν εὑρεῖν, τὸ δί-
καιον ὅ τί ποτ' ἐστίν, ἀφέμενος ἐκείνου ὁρμῆσαι ἐπὶ τὸ
σκέψασθαι περὶ αὐτοῦ, εἴτε κακία ἐστὶ καὶ ἀμαθία εἴτε σο-
φία καὶ ἀρετή, καὶ ἐμπεσόντος αὖ ὕστερον λόγου, ὅτι λυ-
σιτελέστερον ἡ ἀδικία τῆς δικαιοσύνης, οὐκ ἀπεσχόμην
C τὸ μὴ οὐκ ἐπὶ τοῦτο ἐλθεῖν ἀπ' ἐκείνου, ὥστε μοι νυνὶ γέ-
γονεν ἐκ τοῦ διαλόγου μηδὲν εἰδέναι· ὁπότε γὰρ τὸ δί-
καιον μὴ οἶδα ὅ ἐστι, σχολῇ εἴσομαι εἴτε ἀρετή τις οὖσα
τυγχάνει εἴτε καὶ οὔ, καὶ πότερον ὁ ἔχων αὐτὸ οὐκ εὐδαί-
μων ἐστὶν ἢ εὐδαίμων.

B.

1. Ἐγὼ μὲν οὖν ταῦτα εἰπὼν ᾤμην λόγου ἀπηλλά- 357
χθαι· τὸ δ' ἦν ἄρα, ὡς ἔοικε, προοίμιον. ὁ γὰρ Γλαύκων
ἀεί τε ἀνδρειότατος ὢν τυγχάνει πρὸς ἅπαντα, καὶ δὴ
καὶ τότε τοῦ Θρασυμάχου τὴν ἀπόρρησιν οὐκ ἀπεδέξατο,
ἀλλ' ἔφη Ὦ Σώκρατες, πότερον ἡμᾶς βούλει δοκεῖν πε-
πεικέναι ἢ ὡς ἀληθῶς πεῖσαι, ὅτι παντὶ τρόπῳ ἄμεινόν B
ἐστι δίκαιον εἶναι ἢ ἄδικον; Ὡς ἀληθῶς, εἶπον, ἔγωγ'
ἂν ἑλοίμην, εἰ ἐπ' ἐμοὶ εἴη. Οὐ τοίνυν, ἔφη, ποιεῖς ὃ
βούλει. λέγε γάρ μοι· ἆρά σοι δοκεῖ τοιόνδε τι εἶναι ἀγα-
θόν, ὃ δεξαίμεθ' ἂν ἔχειν οὐ τῶν ἀποβαινόντων ἐφιέμε-
νοι, ἀλλ' αὐτὸ αὑτοῦ ἕνεκα ἀσπαζόμενοι; οἷον τὸ χαίρειν
καὶ αἱ ἡδοναὶ ὅσαι ἀβλαβεῖς καὶ μηδὲν εἰς τὸν ἔπειτα χρό-
νον διὰ ταύτας γίγνεται ἄλλο ἢ χαίρειν ἔχοντα. Ἔμοιγε,
ἦν δ' ἐγώ, δοκεῖ τι εἶναι τοιοῦτον. Τί δέ; ὃ αὐτό τε αὑ- C
τοῦ χάριν ἀγαπῶμεν καὶ τῶν ἀπ' αὐτοῦ γιγνομένων; οἷον
αὖ τὸ φρονεῖν καὶ τὸ ὁρᾶν καὶ τὸ ὑγιαίνειν· τὰ γὰρ τοι-
αῦτά που δι' ἀμφότερα ἀσπαζόμεθα. Ναί, εἶπον. Τρίτον
δὲ ὁρᾷς τι, ἔφη, εἶδος ἀγαθοῦ, ἐν ᾧ τὸ γυμνάζεσθαι καὶ
τὸ κάμνοντα ἰατρεύεσθαι καὶ ἰάτρευσίς τε καὶ ὁ ἄλλος
χρηματισμός; ταῦτα γὰρ ἐπίπονα φαῖμεν ἄν, ὠφελεῖν δὲ
ἡμᾶς, καὶ αὐτὰ μὲν ἑαυτῶν ἕνεκα οὐκ ἂν δεξαίμεθα ἔχειν, D
τῶν δὲ μισθῶν τε χάριν καὶ τῶν ἄλλων ὅσα γίγνεται ἀπ'
αὐτῶν. Ἔστι γὰρ οὖν, ἔφην, καὶ τοῦτο τρίτον. ἀλλὰ τί
δή; Ἐν ποίῳ, ἔφη, τούτων τὴν δικαιοσύνην τίθης; Ἐγὼ
μὲν οἶμαι, ἦν δ' ἐγώ, ἐν τῷ καλλίστῳ, ὃ καὶ δι' αὑτὸ καὶ 358
διὰ τὰ γιγνόμενα ἀπ' αὐτοῦ ἀγαπητέον τῷ μέλλοντι μα-
καρίῳ ἔσεσθαι. Οὐ τοίνυν δοκεῖ, ἔφη, τοῖς πολλοῖς, ἀλ-
λὰ τοῦ ἐπιπόνου εἴδους, ὃ μισθῶν θ' ἕνεκα καὶ εὐδοκι-
μήσεων διὰ δόξαν ἐπιτηδευτέον, αὐτὸ δὲ δι' αὑτὸ φευ-
κτέον ὡς ὂν χαλεπόν.

κοῦντι τοιούτῳ εἶναι· ἄδηλον οὖν, εἴτε τοῦ δικαίου εἴτε
τῶν δωρεῶν τε καὶ τιμῶν ἕνεκα τοιοῦτος εἴη. γυμνωτέος
δὴ πάντων πλὴν δικαιοσύνης, καὶ ποιητέος ἐναντίως δια-
κείμενος τῷ προτέρῳ· μηδὲν γὰρ ἀδικῶν δόξαν ἐχέτω τὴν
μεγίστην ἀδικίας, ἵνα ᾖ βεβασανισμένος εἰς δικαιοσύνην
τῷ μὴ τέγγεσθαι ὑπὸ κακοδοξίας καὶ τῶν ἀπ' αὐτῆς γι-
D γνομένων· ἀλλ' ἴτω ἀμετάστατος μέχρι θανάτου, δοκῶν
μὲν εἶναι ἄδικος διὰ βίου, ὢν δὲ δίκαιος, ἵν' ἀμφότεροι
εἰς τὸ ἔσχατον ἐληλυθότες, ὁ μὲν δικαιοσύνης, ὁ δὲ ἀδι-
κίας, κρίνωνται ὁπότερος αὐτοῖν εὐδαιμονέστερος.

V. Βαβαί, ἦν δ' ἐγώ, ὦ φίλε Γλαύκων, ὡς ἐρρωμένως
ἑκάτερον ὥσπερ ἀνδριάντα εἰς τὴν κρίσιν ἐκκαθαίρεις
τοῖν ἀνδροῖν. Ὡς μάλιστ', ἔφη, δύναμαι. ὄντοιν δὲ τοι-
ούτοιν, οὐδὲν ἔτι, ὡς ἐγᾦμαι, χαλεπὸν ἐπεξελθεῖν τῷ
E λόγῳ, οἷος ἑκάτερον βίος ἐπιμένει. λεκτέον οὖν· καὶ δὴ
κἂν ἀγροικοτέρως λέγηται, μὴ ἐμὲ οἴου λέγειν, ὦ Σώκρα-
τες, ἀλλὰ τοὺς ἐπαινοῦντας πρὸ δικαιοσύνης ἀδικίαν.
ἐροῦσι δὲ τάδε, ὅτι οὕτω διακείμενος ὁ δίκαιος μαστιγώ-
σεται, στρεβλώσεται, δεδήσεται, ἐκκαυθήσεται τὠφθαλ-
362 μώ, τελευτῶν πάντα κακὰ παθὼν ἀνασχινδυλευθήσεται,
καὶ γνώσεται, ὅτι οὐκ εἶναι δίκαιον ἀλλὰ δοκεῖν δεῖ ἐθέ-
λειν· τὸ δὲ τοῦ Αἰσχύλου πολὺ ἦν ἄρα ὀρθότερον λέγειν
κατὰ τοῦ ἀδίκου. τῷ ὄντι γὰρ φήσουσι τὸν ἄδικον, ἅτε
ἐπιτηδεύοντα πρᾶγμα ἀληθείας ἐχόμενον καὶ οὐ πρὸς δό-
ξαν ζῶντα, οὐ δοκεῖν ἄδικον ἀλλ' εἶναι ἐθέλειν,

βαθεῖαν ἄλοκα διὰ φρενὸς καρπούμενον,
B ἐξ ἧς τὰ κεδνὰ βλαστάνει βουλεύματα,

πρῶτον μὲν ἄρχειν ἐν τῇ πόλει δοκοῦντι δικαίῳ εἶναι,
ἔπειτα γαμεῖν ὁπόθεν ἂν βούληται, ἐκδιδόναι εἰς οὓς ἂν
βούληται, ξυμβάλλειν, κοινωνεῖν οἷς ἂν ἐθέλῃ, καὶ παρὰ
ταῦτα πάντα ὠφελεῖσθαι κερδαίνοντα τῷ μὴ δυσχεραί-
νειν τὸ ἀδικεῖν· εἰς ἀγῶνας τοίνυν ἰόντα καὶ ἰδίᾳ καὶ δη-

μοσίᾳ περιγίγνεσθαι καὶ πλεονεκτεῖν τῶν ἐχθρῶν, πλεο-
νεκτοῦντα δὲ πλουτεῖν καὶ τούς τε φίλους εὖ ποιεῖν καὶ
τοὺς ἐχθροὺς βλάπτειν, καὶ θεοῖς θυσίας καὶ ἀναθήματα C
ἱκανῶς καὶ μεγαλοπρεπῶς θύειν τε καὶ ἀνατιθέναι, καὶ
θεραπεύειν τοῦ δικαίου πολὺ ἄμεινον τοὺς θεοὺς καὶ τῶν
ἀνθρώπων οὓς ἂν βούληται, ὥστε καὶ θεοφιλέστερον
αὐτὸν εἶναι μᾶλλον προσήκειν ἐκ τῶν εἰκότων ἢ τὸν δί-
καιον. οὕτω φασίν, ὦ Σώκρατες, παρὰ θεῶν καὶ παρ' ἀν-
θρώπων τῷ ἀδίκῳ παρεσκευάσθαι τὸν βίον ἄμεινον ἢ τῷ
δικαίῳ.

VI. Ταῦτ' εἰπόντος τοῦ Γλαύκωνος, ἐγὼ μὲν ἐν νῷ D
εἶχόν τι λέγειν πρὸς ταῦτα, ὁ δὲ ἀδελφὸς αὐτοῦ Ἀδείμαν-
τος, Οὔ τί που οἴει, ἔφη, ὦ Σώκρατες, ἱκανῶς εἰρῆσθαι
περὶ τοῦ λόγου; Ἀλλὰ τί μήν; εἶπον. Αὐτό, ἦ δ' ὅς, οὐκ
εἴρηται ὃ μάλιστα ἔδει ῥηθῆναι. Οὐκοῦν, ἦν δ' ἐγώ, τὸ
λεγόμενον, ἀδελφὸς ἀνδρὶ παρείη· ὥστε καὶ σύ, εἴ τι ὅδε
ἐλλείπει, ἐπάμυνε. καίτοι ἐμέ γε ἱκανὰ καὶ τὰ ὑπὸ τούτου
ῥηθέντα καταπαλαῖσαι καὶ ἀδύνατον ποιῆσαι βοηθεῖν δι-
καιοσύνῃ. καὶ ὅς, Οὐδέν, ἔφη, λέγεις, ἀλλ' ἔτι καὶ τάδε E
ἄκουε· δεῖ γὰρ διελθεῖν ἡμᾶς καὶ τοὺς ἐναντίους λόγους
ὧν ὅδε εἶπεν, οἳ δικαιοσύνην μὲν ἐπαινοῦσιν, ἀδικίαν δὲ
ψέγουσιν, ἵν' ᾖ σαφέστερον ὅ μοι δοκεῖ βούλεσθαι Γλαύ-
κων. λέγουσι δέ που καὶ παρακελεύονται πατέρες τε υἱέσι
καὶ πάντες οἱ τινῶν κηδόμενοι, ὡς χρὴ δίκαιον εἶναι, οὐκ 363
αὐτὸ δικαιοσύνην ἐπαινοῦντες, ἀλλὰ τὰς ἀπ' αὐτῆς εὐ-
δοκιμήσεις, ἵνα δοκοῦντι δικαίῳ εἶναι γίγνηται ἀπὸ τῆς
δόξης ἀρχαί τε καὶ γάμοι καὶ ὅσαπερ Γλαύκων διῆλθεν
ἄρτι ἀπὸ τοῦ εὐδοκιμεῖν ὄντα τῷ ἀδίκῳ. ἐπὶ πλέον δὲ οὗτοι
τὰ τῶν δοξῶν λέγουσι· τὰς γὰρ παρὰ θεῶν εὐδοκιμήσεις
ἐμβάλλοντες ἄφθονα ἔχουσι λέγειν ἀγαθά, τοῖς ὁσίοις ἅ φα-
σι θεοὺς διδόναι, ὥσπερ ὁ γενναῖος Ἡσίοδός τε καὶ Ὅμη-
ρός φασιν, ὁ μὲν τὰς δρῦς τοῖς δικαίοις τοὺς θεοὺς ποιεῖν B

ἄκρας μέν τε φέρειν βαλάνους, μέσσας δὲ μελίσσας·
εἰροπόκοι δ' ὄϊες, φησίν, μαλλοῖς καταβεβρίθασι,

καὶ ἄλλα δὴ πολλὰ ἀγαθὰ τούτων ἐχόμενα· παραπλήσια δὲ καὶ ὁ ἕτερος· ὥστε τευ γάρ φησιν

ἢ βασιλῆος ἀμύμονος, ὅστε θεουδὴς
εὐδικίας ἀνέχῃσι, φέρῃσι δὲ γαῖα μέλαινα
C πυροὺς καὶ κριθάς, βρίθῃσι δὲ δένδρεα καρπῷ,
τίκτῃ δ' ἔμπεδα μῆλα, θάλασσα δὲ παρέχῃ ἰχθῦς.

Μουσαῖος δὲ τούτων νεανικώτερα τἀγαθὰ καὶ ὁ υἱὸς αὐτοῦ παρὰ θεῶν διδόασι τοῖς δικαίοις· εἰς Ἅιδου γὰρ ἀγαγόντες τῷ λόγῳ καὶ κατακλίναντες καὶ συμπόσιον τῶν
D ὁσίων κατασκευάσαντες ἐστεφανωμένους ποιοῦσι τὸν ἅπαντα χρόνον ἤδη διάγειν μεθύοντας, ἡγησάμενοι κάλλιστον ἀρετῆς μισθὸν μέθην αἰώνιον· οἱ δ' ἔτι τούτων μακροτέρους ἀποτείνουσι μισθοὺς παρὰ θεῶν· παῖδας γὰρ παίδων φασὶ καὶ γένος κατόπισθεν λείπεσθαι τοῦ ὁσίου καὶ εὐόρκου. ταῦτα δὴ καὶ ἄλλα τοιαῦτα ἐγκωμιάζουσι δικαιοσύνην· τοὺς δὲ ἀνοσίους αὖ καὶ ἀδίκους εἰς πηλόν τινα κατορύττουσιν ἐν Ἅιδου καὶ κοσκίνῳ ὕδωρ
E ἀναγκάζουσι φέρειν, ἔτι τε ζῶντας εἰς κακὰς δόξας ἄγοντες, ἅπερ Γλαύκων περὶ τῶν δικαίων δοξαζομένων δὲ ἀδίκων διῆλθε τιμωρήματα, ταῦτα περὶ τῶν ἀδίκων λέγουσιν, ἄλλα δὲ οὐκ ἔχουσιν. ὁ μὲν οὖν ἔπαινος καὶ ὁ ψόγος οὗτος ἑκατέρων.

VII. Πρὸς δὲ τούτοις σκέψαι, ὦ Σώκρατες, ἄλλο αὖ εἶδος λόγων περὶ δικαιοσύνης τε καὶ ἀδικίας ἰδίᾳ τε λεγό-
364 μενον καὶ ὑπὸ ποιητῶν. πάντες γὰρ ἐξ ἑνὸς στόματος ὑμνοῦσιν, ὡς καλὸν μὲν ἡ σωφροσύνη τε καὶ δικαιοσύνη, χαλεπὸν μέντοι καὶ ἐπίπονον· ἀκολασία δὲ καὶ ἀδικία ἡδὺ μὲν καὶ εὐπετὲς κτήσασθαι, δόξῃ δὲ μόνον καὶ νόμῳ αἰσχρόν. λυσιτελέστερα δὲ τῶν δικαίων τὰ ἄδικα ὡς ἐπὶ τὸ πλῆθος λέγουσι, καὶ πονηροὺς πλουσίους καὶ ἄλλας δυ-

νάμεις ἔχοντας εὐδαιμονίζειν καὶ τιμᾶν εὐχερῶς ἐθέλουσι δημοσίᾳ τε καὶ ἰδίᾳ, τοὺς δὲ ἀτιμάζειν καὶ ὑπερορᾶν, οἵ ἄν πῃ ἀσθενεῖς τε καὶ πένητες ὦσιν, ὁμολογοῦντες αὐ- B
τοὺς ἀμείνους εἶναι τῶν ἑτέρων. τούτων δὲ πάντων οἱ περὶ θεῶν τε λόγοι καὶ ἀρετῆς θαυμασιώτατοι λέγονται, ὡς ἄρα καὶ θεοὶ πολλοῖς μὲν ἀγαθοῖς δυστυχίας τε καὶ βίον κακὸν ἔνειμαν, τοῖς δ' ἐναντίοις ἐναντίαν μοῖραν. ἀγύρται δὲ καὶ μάντεις ἐπὶ πλουσίων θύρας ἰόντες πείθουσιν ὡς ἔστι παρὰ σφίσι δύναμις ἐκ θεῶν ποριζομένη θυσίαις τε καὶ ἐπῳδαῖς, εἴτε τι ἀδίκημά του γέγονεν αὐ- C
τοῦ ἢ προγόνων, ἀκεῖσθαι μεθ' ἡδονῶν τε καὶ ἑορτῶν, ἐάν τέ τινα ἐχθρὸν πημῆναι ἐθέλῃ, μετὰ σμικρῶν δαπανῶν ὁμοίως δίκαιον ἀδίκῳ βλάψειν, ἐπαγωγαῖς τισὶ καὶ καταδέσμοις τοὺς θεούς, ὥς φασι, πείθοντές σφισιν ὑπηρετεῖν. τούτοις δὲ πᾶσι τοῖς λόγοις μάρτυρας ποιητὰς 'πάγονται, οἱ μὲν κακίας πέρι εὐπετείας διδόντες,

ὡς τὴν μὲν κακότητα καὶ ἰλαδὸν ἔστιν ἑλέσθαι
ῥηϊδίως· λείη μὲν ὁδός, μάλα δ' ἐγγύθι ναίει· D
τῆς δ' ἀρετῆς ἱδρῶτα θεοὶ προπάροιθεν ἔθηκαν

καί τινα ὁδὸν μακράν τε καὶ ἀνάντη· οἱ δὲ τῆς τῶν θεῶν ὑπ' ἀνθρώπων παραγωγῆς τὸν Ὅμηρον μαρτύρονται, ὅτι καὶ ἐκεῖνος εἶπε

λιστοὶ δέ [στρεπτοί] τε καὶ θεοὶ αὐτοί,
καὶ τοὺς μὲν θυσίαισι καὶ εὐχωλαῖς ἀγαναῖσιν
λοιβῇ τε κνίσῃ τε παρατρωπῶσ' ἄνθρωποι E
λισσόμενοι, ὅτε κέν τις ὑπερβήῃ καὶ ἁμάρτῃ.

βίβλων δὲ ὅμαδον παρέχονται Μουσαίου καὶ Ὀρφέως, Σελήνης τε καὶ Μουσῶν ἐγγόνων, ὥς φασι, καθ' ἃς θυηπολοῦσι, πείθοντες οὐ μόνον ἰδιώτας ἀλλὰ καὶ πόλεις, ὡς ἄρα λύσεις τε καὶ καθαρμοὶ ἀδικημάτων διὰ θυσιῶν καὶ παιδιᾶς ἡδονῶν εἰσὶ μὲν ἔτι ζῶσιν, εἰσὶ δὲ καὶ τελευ- 365 τήσασιν, ἃς δὴ τελετὰς καλοῦσιν, αἳ τῶν ἐκεῖ κακῶν ἀπολύουσιν ἡμᾶς, μὴ θύσαντας δὲ δεινὰ περιμένει.

VIII. Ταῦτα πάντα, ἔφη, ὦ φίλε Σώκρατες, τοιαῦτα καὶ τοσαῦτα λεγόμενα ἀρετῆς πέρι καὶ κακίας, ὡς ἄνθρωποι καὶ θεοὶ περὶ αὐτὰ ἔχουσι τιμῆς, τί οἰόμεθα ἀκουούσας νέων ψυχὰς ποιεῖν, ὅσοι εὐφυεῖς καὶ ἱκανοὶ ἐπὶ πάντα τὰ λεγόμενα ὥσπερ ἐπιπτόμενοι συλλογίσασθαι ἐξ αὐτῶν,
B ποῖός τις ἂν ὢν καὶ πῇ πορευθεὶς τὸν βίον ὡς ἄριστα διέλθοι; λέγοι γὰρ ἂν ἐκ τῶν εἰκότων πρὸς αὑτὸν κατὰ Πίνδαρον ἐκεῖνο τὸ

πότερον δίκᾳ τεῖχος ὕψιον
ἢ σκολιαῖς ἀπάταις

ἀναβὰς καὶ ἐμαυτὸν οὕτω περιφράξας διαβιῶ; τὰ μὲν γὰρ λεγόμενα δικαίῳ μὲν ὄντι μοι, ἐὰν μὴ καὶ δοκῶ, ὄφελος οὐδέν φασιν εἶναι, πόνους δὲ καὶ ζημίας φανεράς· ἀδίκῳ δὲ δόξαν δικαιοσύνης παρασκευασαμένῳ θε-
C σπέσιος βίος λέγεται. οὐκοῦν, ἐπειδὴ τὸ δοκεῖν, ὡς δηλοῦσί μοι οἱ σοφοί, καὶ τὰν ἀλάθειαν βιᾶται καὶ κύριον εὐδαιμονίας, ἐπὶ τοῦτο δὴ τρεπτέον ὅλως· πρόθυρα μὲν καὶ σχῆμα κύκλῳ περὶ ἐμαυτὸν σκιαγραφίαν ἀρετῆς περιγραπτέον, τὴν δὲ τοῦ σοφωτάτου Ἀρχιλόχου ἀλώπεκα ἑλκτέον ἐξόπισθεν κερδαλέαν καὶ ποικίλην. ἀλλὰ γάρ, φησί τις, οὐ ῥᾴδιον ἀεὶ λανθάνειν κακὸν ὄντα. οὐδὲ γὰρ ἄλλο οὐδὲν εὐπετές, φήσομεν, τῶν μεγάλων· ἀλλ᾽ ὅμως,
D εἰ μέλλομεν εὐδαιμονήσειν, ταύτῃ ἰτέον, ὡς τὰ ἴχνη τῶν λόγων φέρει. ἐπὶ γὰρ τὸ λανθάνειν ξυνωμοσίας τε καὶ ἑταιρείας συνάξομεν, εἰσί τε πειθοῦς διδάσκαλοι σοφίαν δημηγορικήν τε καὶ δικανικὴν διδόντες, ἐξ ὧν τὰ μὲν πείσομεν, τὰ δὲ βιασόμεθα, ὡς πλεονεκτοῦντες δίκην μὴ διδόναι. ἀλλὰ δὴ θεοὺς οὔτε λανθάνειν οὔτε βιάσασθαι δυνατόν. οὔκουν, εἰ μὲν μὴ εἰσὶν ἢ μηδὲν αὐτοῖς τῶν ἀν-
E θρωπίνων μέλει, καὶ ἡμῖν μελητέον τοῦ λανθάνειν· εἰ δὲ

εἰσί τε καὶ ἐπιμελοῦνται, οὐκ ἄλλοθέν τοι αὐτοὺς ἴσμεν ἢ
ἀκηκόαμεν ἢ ἔκ τε τῶν λόγων καὶ τῶν γενεαλογησάντων
ποιητῶν· οἱ δὲ αὐτοὶ οὗτοι λέγουσιν, ὡς εἰσὶν οἷοι θυσίαις
τε καὶ εὐχωλαῖς ἀγανῇσι καὶ ἀναθήμασι παράγεσθαι ἀνα-
πειθόμενοι· οἷς ἢ ἀμφότερα ἢ οὐδέτερα πειστέον· εἰ δ'
οὖν πειστέον, ἀδικητέον καὶ θυτέον ἀπὸ τῶν ἀδικημά-
των. δίκαιοι μὲν γὰρ ὄντες ἀζήμιοι ὑπὸ θεῶν ἐσόμεθα, τὰ 366
δ' ἐξ ἀδικίας κέρδη ἀπωσόμεθα· ἄδικοι δὲ κερδανοῦμέν
τε καὶ λισσόμενοι ὑπερβαίνοντες καὶ ἁμαρτάνοντες πεί-
θοντες αὐτοὺς ἀζήμιοι ἀπαλλάξομεν. ἀλλὰ γὰρ ἐν Ἅιδου
δίκην δώσομεν ὧν ἂν ἐνθάδε ἀδικήσωμεν, ἢ αὐτοὶ ἢ παῖ-
δες παίδων. ἀλλ' ὠφελήσουσιν ἁγνιζομένους αἱ τελεταὶ
καὶ οἱ λύσιοι θεοί, ὡς αἱ μέγισται πόλεις λέγουσι καὶ οἱ B
θεῶν παῖδες, ποιηταὶ καὶ προφῆται τῶν θεῶν γενόμενοι,
οἳ ταῦτα οὕτως ἔχειν μηνύουσιν.

IX. Κατὰ τίνα οὖν ἔτι λόγον δικαιοσύνην ἂν πρὸ με-
γίστης ἀδικίας αἱροίμεθ' ἄν; ἣν ἐὰν μετ' εὐσχημοσύνης
κιβδήλου κτησώμεθα, καὶ παρὰ θεοῖς καὶ παρ' ἀνθρώποις
πράξομεν κατὰ νοῦν ζῶντές τε καὶ τελευτήσαντες, ὡς ὁ
τῶν πολλῶν τε καὶ ἄκρων λεγόμενος λόγος. ἐκ δὴ πάντων
τῶν εἰρημένων τίς μηχανή, ὦ Σώκρατες, δικαιοσύνην
τιμᾷν ἐθέλειν, ᾧ τις δύναμις ὑπάρχει ψυχῆς ἢ χρημάτων C
ἢ σώματος ἢ γένους, ἀλλὰ μὴ γελᾷν ἐπαινουμένης ἀκού-
οντα; ὡς δή τοι εἴ τις ἔχει ψευδῆ μὲν ἀποφῆναι ἃ εἰρήκα-
μεν, ἱκανῶς δὲ ἔγνωκεν ὅτι ἄριστον δικαιοσύνη, πολλήν
που συγγνώμην ἔχει καὶ οὐκ ὀργίζεται τοῖς ἀδίκοις, ἀλλ'
οἶδεν, ὅτι πλὴν εἴ τις θείᾳ φύσει δυσχεραίνων τὸ ἀδικεῖν
ἢ ἐπιστήμην λαβὼν ἀπέχεται αὐτοῦ, τῶν γε ἄλλων οὐδεὶς D
ἑκὼν δίκαιος, ἀλλ' ὑπὸ ἀνανδρίας ἢ γήρως ἤ τινος ἄλλης
ἀσθενείας ψέγει τὸ ἀδικεῖν, ἀδυνατῶν αὐτὸ δρᾷν. ὡς δέ,
δῆλον· ὁ γὰρ πρῶτος τῶν τοιούτων εἰς δύναμιν ἐλθὼν
πρῶτος ἀδικεῖ, καθ' ὅσον ἂν οἷός τ' ᾖ. καὶ τούτων ἁπάν-

των οὐδὲν ἄλλο αἴτιον ἢ ἐκεῖνο, ὅθενπερ ἅπας ὁ λόγος οὗτος ὥρμησε καὶ τῷδε καὶ ἐμοὶ πρὸς σέ, ὦ Σώκρατες, εἰπεῖν, ὅτι ὦ θαυμάσιε πάντων ὑμῶν, ὅσοι ἐπαινέται
E φατὲ δικαιοσύνης εἶναι, ἀπὸ τῶν ἐξ ἀρχῆς ἡρώων ἀρξάμενοι, ὅσων λόγοι λελειμμένοι, μέχρι τῶν νῦν ἀνθρώπων οὐδεὶς πώποτε ἔψεξεν ἀδικίαν οὐδ' ἐπήνεσε δικαιοσύνην ἄλλως ἢ δόξας τε καὶ τιμὰς καὶ δωρεὰς τὰς ἀπ' αὐτῶν γιγνομένας· αὐτὸ δ' ἑκάτερον τῇ αὑτοῦ δυνάμει ἐν τῇ τοῦ ἔχοντος ψυχῇ ἐνὸν καὶ λανθάνον θεούς τε καὶ ἀνθρώπους οὐδεὶς πώποτε οὔτ' ἐν ποιήσει οὔτ' ἐν ἰδίοις λόγοις ἐπεξῆλθεν ἱκανῶς τῷ λόγῳ, ὡς τὸ μὲν μέγιστον κακῶν ὅσα ἴσχει ψυχὴ ἐν αὑτῇ, δικαιοσύνη δὲ μέγιστον
367 ἀγαθόν. εἰ γὰρ οὕτως ἐλέγετο ἐξ ἀρχῆς ὑπὸ πάντων ὑμῶν καὶ ἐκ νέων ἡμᾶς ἐπείθετε, οὐκ ἂν ἀλλήλους ἐφυλάττομεν μὴ ἀδικεῖν, ἀλλ' αὐτὸς αὑτοῦ ἦν ἕκαστος φύλαξ, δεδιὼς μὴ ἀδικῶν τῷ μεγίστῳ κακῷ ξύνοικος ᾖ. ταῦτα, ὦ Σώκρατες, ἴσως δὲ καὶ ἔτι τούτων πλείω Θρασύμαχός τε καὶ ἄλλος πού τις ὑπὲρ δικαιοσύνης τε καὶ ἀδικίας λέγοιεν ἂν μεταστρέφοντες αὐτοῖν τὴν δύναμιν, φορτικῶς, ὥς γέ μοι
B δοκεῖ· ἀλλ' ἐγώ, οὐδὲν γάρ σε δέομαι ἀποκρύπτεσθαι, σοῦ ἐπιθυμῶν ἀκοῦσαι τἀναντία, ὡς δύναμαι μάλιστα κατατείνας λέγω. μὴ οὖν ἡμῖν μόνον ἐνδείξῃ τῷ λόγῳ, ὅτι δικαιοσύνη ἀδικίας κρεῖττον, ἀλλὰ τί ποιοῦσα ἑκατέρα τὸν ἔχοντα αὐτὴ δι' αὑτὴν ἡ μὲν κακόν, ἡ δὲ ἀγαθόν ἐστι· τὰς δὲ δόξας ἀφαίρει, ὥσπερ Γλαύκων διεκελεύσατο. εἰ γὰρ μὴ ἀφαιρήσεις ἑκατέρωθεν τὰς ἀληθεῖς, τὰς δὲ ψευδεῖς προσθήσεις, οὐ τὸ δίκαιον φήσομεν ἐπαινεῖν σε, ἀλλὰ τὸ
C δοκεῖν, οὐδὲ τὸ ἄδικον εἶναι ψέγειν, ἀλλὰ τὸ δοκεῖν, καὶ παρακελεύεσθαι ἄδικον ὄντα λανθάνειν, καὶ ὁμολογεῖν Θρασυμάχῳ, ὅτι τὸ μὲν δίκαιον ἀλλότριον ἀγαθόν, ξυμφέρον τοῦ κρείττονος, τὸ δὲ ἄδικον αὑτῷ μὲν ξυμφέρον καὶ λυσιτελοῦν, τῷ δὲ ἥττονι ἀξύμφορον. ἐπειδὴ οὖν

ὡμολόγησας τῶν μεγίστων ἀγαθῶν εἶναι δικαιοσύνην,
ἃ τῶν τε ἀποβαινόντων ἀπ' αὐτῶν ἕνεκα ἄξια κεκτῆσθαι,
πολὺ δὲ μᾶλλον αὐτὰ αὑτῶν, οἷον ὁρᾶν, ἀκούειν, φρο-
νεῖν, καὶ ὑγιαίνειν δή, καὶ ὅσ' ἄλλα ἀγαθὰ γόνιμα τῇ αὑ- D
τῶν φύσει ἀλλ' οὐ δόξῃ ἐστί, τοῦτ' οὖν αὐτὸ ἐπαίνεσον
δικαιοσύνης, ὃ αὐτὴ δι' αὑτὴν τὸν ἔχοντα ὀνίνησι καὶ
ἀδικία βλάπτει· μισθοὺς δὲ καὶ δόξας πάρες ἄλλοις ἐπαι-
νεῖν. ὡς ἐγὼ τῶν μὲν ἄλλων ἀνασχοίμην ἂν οὕτως ἐπαι-
νούντων δικαιοσύνην καὶ ψεγόντων ἀδικίαν, δόξας τε
περὶ αὐτῶν καὶ μισθοὺς ἐγκωμιαζόντων καὶ λοιδορούν-
των, σοῦ δὲ οὐκ ἄν, εἰ μὴ σὺ κελεύοις, διότι πάντα τὸν
βίον οὐδὲν ἄλλο σκοπῶν διελήλυθας ἢ τοῦτο. μὴ οὖν E
ἡμῖν ἐνδείξῃ μόνον τῷ λόγῳ, ὅτι δικαιοσύνη ἀδικίας
κρεῖττον, ἀλλὰ τί ποιοῦσα ἑκατέρα τὸν ἔχοντα αὐτὴ δι'
αὑτήν, ἐάν τε λανθάνῃ ἐάν τε μὴ θεούς τε καὶ ἀνθρώ-
πους, ἡ μὲν ἀγαθόν, ἡ δὲ κακόν ἐστιν.

X. Καὶ ἐγὼ ἀκούσας ἀεὶ μὲν δὴ τὴν φύσιν τοῦ τε
Γλαύκωνος καὶ τοῦ Ἀδειμάντου ἠγάμην, ἀτὰρ οὖν καὶ
τότε πάνυ γε ἥσθην καὶ εἶπον· Οὐ κακῶς εἰς ὑμᾶς, ὦ 368
παῖδες ἐκείνου τοῦ ἀνδρός, τὴν ἀρχὴν τῶν ἐλεγείων ἐποί-
ησεν ὁ Γλαύκωνος ἐραστής, εὐδοκιμήσαντας περὶ τὴν
Μεγαροῖ μάχην, εἰπών·

παῖδες Ἀρίστωνος, κλεινοῦ θεῖον γένος ἀνδρός.

τοῦτό μοι, ὦ φίλοι, εὖ δοκεῖ ἔχειν· πάνυ γὰρ θεῖον πε-
πόνθατε, εἰ μὴ πέπεισθε ἀδικίαν δικαιοσύνης ἄμεινον
εἶναι, οὕτω δυνάμενοι εἰπεῖν ὑπὲρ αὐτοῦ. δοκεῖτε δή μοι
ὡς ἀληθῶς οὐ πεπεῖσθαι. τεκμαίρομαι δὲ ἐκ τοῦ ἄλλου B
τοῦ ὑμετέρου τρόπου, ἐπεὶ κατά γε αὐτοὺς τοὺς λόγους
ἠπίστουν ἂν ὑμῖν· ὅσῳ δὲ μᾶλλον πιστεύω, τοσούτῳ μᾶλ-
λον ἀπορῶ ὅ τι χρήσωμαι· οὔτε γὰρ ὅπως βοηθῶ ἔχω·
δοκῶ γάρ μοι ἀδύνατος εἶναι· σημεῖον δέ μοι, ὅτι ἃ πρὸς
Θρασύμαχον λέγων ᾤμην ἀποφαίνειν, ὡς ἄμεινον δικαιο-

σύνη ἀδικίας, οὐκ ἀπεδέξασθέ μου· οὔτ' αὖ ὅπως μὴ βοηθήσω ἔχω· δέδοικα γάρ, μὴ οὐδ' ὅσιον ᾖ παραγενόμενον
C δικαιοσύνῃ κακηγορουμένῃ ἀπαγορεύειν καὶ μὴ βοηθεῖν ἔτι ἐμπνέοντα καὶ δυνάμενον φθέγγεσθαι. κράτιστον οὖν οὕτως ὅπως δύναμαι ἐπικουρεῖν αὐτῇ. ὅ τε οὖν Γλαύκων καὶ οἱ ἄλλοι ἐδέοντο παντὶ τρόπῳ βοηθῆσαι καὶ μὴ ἀνεῖναι τὸν λόγον, ἀλλὰ διερευνήσασθαι τί τέ ἐστιν ἑκάτερον καὶ περὶ τῆς ὠφελείας αὐτοῖν τἀληθὲς ποτέρως ἔχει. εἶπον οὖν ὅπερ ἐμοὶ ἔδοξεν, ὅτι Τὸ ζήτημα ᾧ ἐπιχειροῦμεν οὐ φαῦλον ἀλλ' ὀξὺ βλέποντος, ὡς ἐμοὶ φαίνεται.
D ἐπειδὴ οὖν ἡμεῖς οὐ δεινοί, δοκεῖ μοι, ἦν δ' ἐγώ, τοιαύτην ποιήσασθαι ζήτησιν αὐτοῦ, οἵανπερ ἂν εἰ προσέταξέ τις γράμματα σμικρὰ πόρρωθεν ἀναγνῶναι μὴ πάνυ ὀξὺ βλέπουσιν, ἔπειτά τις ἐνενόησεν, ὅτι τὰ αὐτὰ γράμματα ἔστι που καὶ ἄλλοθι μείζω τε καὶ ἐν μείζονι, ἕρμαιον ἂν ἐφάνη, οἶμαι, ἐκεῖνα πρῶτον ἀναγνόντας οὕτως ἐπισκοπεῖν τὰ ἐλάττω, εἰ τὰ αὐτὰ ὄντα τυγχάνει. Πάνυ μὲν οὖν,
E ἔφη ὁ Ἀδείμαντος· ἀλλὰ τί τοιοῦτον, ὦ Σώκρατες, ἐν τῇ περὶ τὸ δίκαιον ζητήσει καθορᾷς; Ἐγώ σοι, ἔφην, ἐρῶ. δικαιοσύνη, φαμέν, ἔστι μὲν ἀνδρὸς ἑνός, ἔστι δέ που καὶ ὅλης πόλεως; Πάνυ γε, ἦ δ' ὅς. Οὐκοῦν μεῖζον πόλις ἑνὸς ἀνδρός; Μεῖζον, ἔφη. Ἴσως τοίνυν πλείων ἂν δικαιοσύνη ἐν τῷ μείζονι ἐνείη καὶ ῥᾴων καταμαθεῖν. εἰ
369 οὖν βούλεσθε, πρῶτον ἐν ταῖς πόλεσι ζητήσωμεν ποῖόν τί ἐστιν· ἔπειτα οὕτως ἐπισκεψώμεθα καὶ ἐν ἑνὶ ἑκάστῳ, τὴν τοῦ μείζονος ὁμοιότητα ἐν τῇ τοῦ ἐλάττονος ἰδέᾳ ἐπισκοποῦντες. Ἀλλά μοι δοκεῖς, ἔφη, καλῶς λέγειν. Ἆρ' οὖν, ἦν δ' ἐγώ, εἰ γιγνομένην πόλιν θεασαίμεθα λόγῳ, καὶ τὴν δικαιοσύνην αὐτῆς ἴδοιμεν ἂν γιγνομένην καὶ τὴν ἀδικίαν; Τάχ' ἄν, ἦ δ' ὅς. Οὐκοῦν γενομένου αὐτοῦ
B ἐλπὶς εὐπετέστερον ἰδεῖν ὃ ζητοῦμεν; Πολύ γε. Δοκεῖ οὖν χρῆναι ἐπιχειρῆσαι περαίνειν; οἶμαι μὲν γὰρ οὐκ ὀλίγον

ἔργον αὐτὸ εἶναι· σκοπεῖτε οὖν. Ἔσκεπται, ἔφη ὁ Ἀδεί-
μαντος· ἀλλὰ μὴ ἄλλως ποίει.

XI. Γίγνεται τοίνυν, ἦν δ' ἐγώ, πόλις, ὡς ἐγῷμαι,
ἐπειδὴ τυγχάνει ἡμῶν ἕκαστος οὐκ αὐτάρκης, ἀλλὰ πολ-
λῶν ἐνδεής· ἢ τίν' οἴει ἀρχὴν ἄλλην πόλιν οἰκίζειν; Οὐ-
δεμίαν, ἦ δ' ὅς. Οὕτω δὴ ἄρα παραλαμβάνων ἄλλος ἄλ- C
λον ἐπ' ἄλλου, τὸν δ' ἐπ' ἄλλου χρείᾳ, πολλῶν δεόμενοι,
πολλοὺς εἰς μίαν οἴκησιν ἀγείραντες κοινωνούς τε καὶ
βοηθούς, ταύτῃ τῇ ξυνοικίᾳ ἐθέμεθα πόλιν ὄνομα. ἦ γάρ;
Πάνυ μὲν οὖν· Μεταδίδωσι δὴ ἄλλος ἄλλῳ, εἴ τι μεταδί-
δωσιν, ἢ μεταλαμβάνει οἰόμενος αὑτῷ ἄμεινον εἶναι.
Πάνυ γε. Ἴθι δή, ἦν δ' ἐγώ, τῷ λόγῳ ἐξ ἀρχῆς ποιῶμεν
πόλιν. ποιήσει δὲ αὐτήν, ὡς ἔοικεν, ἡ ἡμετέρα χρεία. Πῶς
δ' οὔ; Ἀλλὰ μὴν πρώτη γε καὶ μεγίστη τῶν χρειῶν ἡ τῆς D
τροφῆς παρασκευὴ τοῦ εἶναί τε καὶ ζῆν ἕνεκα. Παντά-
πασί γε. Δευτέρα δὴ οἰκήσεως, τρίτη δὲ ἐσθῆτος καὶ τῶν
τοιούτων. Ἔστι ταῦτα. Φέρε δή, ἦν δ' ἐγώ, πῶς ἡ πόλις
ἀρκέσει ἐπὶ τοσαύτην παρασκευήν; ἄλλο τι γεωργὸς μὲν
εἷς, ὁ δὲ οἰκοδόμος, ἄλλος δέ τις ὑφάντης; ἢ καὶ σκυτο-
τόμον αὐτόσε προσθήσομεν ἤ τιν' ἄλλον τῶν περὶ τὸ σῶ-
μα θεραπευτήν; Πάνυ γε. Εἴη δ' ἂν ἥ γε ἀναγκαιοτάτη
πόλις ἐκ τεττάρων ἢ πέντε ἀνδρῶν. Φαίνεται. Τί δὴ E
οὖν; ἕνα ἕκαστον τούτων δεῖ τὸ αὑτοῦ ἔργον ἅπασι κοι-
νὸν κατατιθέναι, οἷον τὸν γεωργὸν ἕνα ὄντα παρασκευά-
ζειν σιτία τέτταρσι καὶ τετραπλάσιον χρόνον τε καὶ πόνον
ἀναλίσκειν ἐπὶ σίτου παρασκευῇ, καὶ ἄλλοις κοινωνεῖν;
ἢ ἀμελήσαντα ἑαυτῷ μόνον τέταρτον μέρος ποιεῖν τού-
του τοῦ σίτου ἐν τετάρτῳ μέρει τοῦ χρόνου, τὰ δὲ τρία, τὸ 370
μὲν ἐπὶ τῇ τῆς οἰκίας παρασκευῇ διατρίβειν, τὸ δὲ ἱμα-
τίου, τὸ δὲ ὑποδημάτων, καὶ μὴ ἄλλοις κοινωνοῦντα
πράγματα ἔχειν, ἀλλ' αὐτὸν δι' αὑτὸν τὰ αὑτοῦ πράτ-
τειν; καὶ ὁ Ἀδείμαντος ἔφη Ἀλλ' ἴσως, ὦ Σώκρατες,

οὕτω ῥᾷον ἢ 'κείνως. Οὐδέν, ἦν δ' ἐγώ, μὰ Δί' ἄτοπον.
ἐννοῶ γὰρ καὶ αὐτὸς εἰπόντος σοῦ, ὅτι πρῶτον μὲν φύε-
B ται ἕκαστος οὐ πάνυ ὅμοιος ἑκάστῳ, ἀλλὰ διαφέρων τὴν
φύσιν, ἄλλος ἐπ' ἄλλου ἔργου πρᾶξιν. ἢ οὐ δοκεῖ σοι;
Ἔμοιγε. Τί δέ; πότερον κάλλιον πράττοι ἄν τις εἷς ὢν
πολλὰς τέχνας ἐργαζόμενος, ἢ ὅταν μίαν εἷς; Ὅταν, ἦ δ'
ὅς, εἷς μίαν. Ἀλλὰ μήν, οἶμαι, καὶ τόδε δῆλον, ὡς, ἐάν τίς
τινος παρῇ ἔργου καιρόν, διόλλυται. Δῆλον γάρ. Οὐ
γάρ, οἶμαι, ἐθέλει τὸ πραττόμενον τὴν τοῦ πράττοντος
σχολὴν περιμένειν, ἀλλ' ἀνάγκη τὸν πράττοντα τῷ πρατ-
C τομένῳ ἐπακολουθεῖν μὴ ἐν παρέργου μέρει. Ἀνάγκη.
Ἐκ δὴ τούτων πλείω τε ἕκαστα γίγνεται καὶ κάλλιον καὶ
ῥᾷον, ὅταν εἷς ἓν κατὰ φύσιν καὶ ἐν καιρῷ, σχολὴν τῶν
ἄλλων ἄγων, πράττῃ. Παντάπασι μὲν οὖν. Πλειόνων
δή, ὦ Ἀδείμαντε, δεῖ πολιτῶν ἢ τεττάρων ἐπὶ τὰς παρα-
σκευὰς ὧν ἐλέγομεν· ὁ γὰρ γεωργός, ὡς ἔοικεν, οὐκ αὐ-
τὸς ποιήσεται ἑαυτῷ τὸ ἄροτρον, εἰ μέλλει καλὸν εἶναι,
D οὐδὲ σμινύην οὐδὲ τἆλλα ὄργανα ὅσα περὶ γεωργίαν·
οὐδ' αὖ ὁ οἰκοδόμος· πολλῶν δὲ καὶ τούτῳ δεῖ· ὡσαύτως
δ' ὁ ὑφάντης τε καὶ ὁ σκυτοτόμος. Ἀληθῆ. Τέκτονες δὴ
καὶ χαλκῆς καὶ τοιοῦτοί τινες πολλοὶ δημιουργοί, κοινω-
νοὶ ἡμῖν τοῦ πολιχνίου γιγνόμενοι, συχνὸν αὐτὸ ποιοῦ-
σιν. Πάνυ μὲν οὖν. Ἀλλ' οὐκ ἄν πω πάνυ γε μέγα τι εἴη,
*οὐδ' *εἰ αὐτοῖς βουκόλους τε καὶ ποιμένας τούς τε ἄλ-
E λους νομέας προσθεῖμεν, ἵνα οἵ τε γεωργοὶ ἐπὶ τὸ ἀροῦν
ἔχοιεν βοῦς, οἵ τε οἰκοδόμοι πρὸς τὰς ἀγωγὰς μετὰ τῶν
γεωργῶν χρῆσθαι ὑποζυγίοις, ὑφάνται δὲ καὶ σκυτοτόμοι
δέρμασί τε καὶ ἐρίοις. Οὐδέ γε, ἦ δ' ὅς, σμικρὰ πόλις ἂν
εἴη ἔχουσα πάντα ταῦτα. Ἀλλὰ μήν, ἦν δ' ἐγώ, κατοικί-
σαι γε αὐτὴν τὴν πόλιν εἰς τοιοῦτον τόπον, οὗ ἐπεισαγω-
γίμων μὴ δεήσεται, σχεδόν τι ἀδύνατον. Ἀδύνατον γάρ.
Προσδεήσει ἄρα ἔτι καὶ ἄλλων, οἳ ἐξ ἄλλης πόλεως αὐτῇ

κομίσουσιν ὧν δεῖται. Δεήσει. Καὶ μὴν κενὸς ἂν ἴῃ ὁ
διάκονος, μηδὲν ἄγων ὧν ἐκεῖνοι δέονται, παρ' ὧν ἂν
κομίζωνται ὧν ἂν αὐτοῖς χρεία, κενὸς ἄπεισιν. ἦ γάρ; 371
Δοκεῖ μοι. Δεῖ δὴ τὰ οἴκοι μὴ μόνον ἑαυτοῖς ποιεῖν ἱκα-
νά, ἀλλὰ καὶ οἷα καὶ ὅσα ἐκείνοις ὧν ἂν δέωνται. Δεῖ
γάρ. Πλειόνων δὴ γεωργῶν τε καὶ τῶν ἄλλων δημιουρ-
γῶν δεῖ ἡμῖν τῇ πόλει. Πλειόνων γάρ. Καὶ δὴ καὶ τῶν
ἄλλων διακόνων που τῶν τε εἰσαξόντων καὶ ἐξαξόντων
ἕκαστα· οὗτοι δέ εἰσιν ἔμποροι· ἦ γάρ; Ναί. Καὶ ἐμπό-
ρων δὴ δεησόμεθα. Πάνυ γε. Καὶ ἐὰν μέν γε κατὰ θά-
λατταν ἡ ἐμπορία γίγνηται, συχνῶν καὶ ἄλλων προσδεή- B
σεται τῶν ἐπιστημόνων τῆς περὶ τὴν θάλατταν ἐργασίας.
Συχνῶν μέντοι.

XII. Τί δὲ δὴ ἐν αὐτῇ τῇ πόλει; πῶς ἀλλήλοις μετα-
δώσουσιν ὧν ἂν ἕκαστοι ἐργάζωνται; ὧν δὴ ἕνεκα καὶ
κοινωνίαν ποιησάμενοι πόλιν ᾠκίσαμεν. Δῆλον δή, ἦ δ'
ὅς, ὅτι πωλοῦντες καὶ ὠνούμενοι. Ἀγορὰ δὴ ἡμῖν καὶ νό-
μισμα ξύμβολον τῆς ἀλλαγῆς ἕνεκα γενήσεται ἐκ τούτου.
Πάνυ μὲν οὖν. Ἂν οὖν κομίσας ὁ γεωργὸς εἰς τὴν ἀγο- C
ράν τι ὧν ποιεῖ ἤ τις ἄλλος τῶν δημιουργῶν μὴ εἰς
τὸν αὐτὸν χρόνον ἥκῃ τοῖς δεομένοις τὰ παρ' αὐτοῦ
ἀλλάξασθαι, ἀργήσει τῆς αὐτοῦ δημιουργίας καθήμενος
ἐν ἀγορᾷ; Οὐδαμῶς, ἦ δ' ὅς, ἀλλ' εἰσὶν οἳ τοῦτο ὁρῶντες
ἑαυτοὺς ἐπὶ τὴν διακονίαν τάττουσι ταύτην, ἐν μὲν ταῖς
ὀρθῶς οἰκουμέναις πόλεσι σχεδόν τι οἱ ἀσθενέστατοι τὰ
σώματα καὶ ἀχρεῖοί τι ἄλλο ἔργον πράττειν. αὐτοῦ γὰρ
δεῖ μένοντας αὐτοὺς περὶ τὴν ἀγορὰν τὰ μὲν ἀντ' ἀργυ- D
ρίου ἀλλάξασθαι τοῖς τι δεομένοις ἀποδόσθαι, τοῖς δὲ ἀντὶ
αὖ ἀργυρίου διαλλάττειν, ὅσοι τι δέονται πρίασθαι. Αὕτη
ἄρα, ἦν δ' ἐγώ, ἡ χρεία καπήλων ἡμῖν γένεσιν ἐμποιεῖ τῇ
πόλει. ἢ οὐ καπήλους καλοῦμεν τοὺς πρὸς ὠνήν τε καὶ
πρᾶσιν διακονοῦντας ἱδρυμένους ἐν ἀγορᾷ, τοὺς δὲ πλα-

νήτας ἐπὶ τὰς πόλεις ἐμπόρους; Πάνυ μὲν οὖν. Ἔτι δή τινες, ὡς ἐγῷμαι, εἰσὶ καὶ ἄλλοι διάκονοι, οἳ ἂν τὰ μὲν τῆς
E διανοίας μὴ πάνυ ἀξιοκοινώνητοι ὦσι, τὴν δὲ τοῦ σώματος ἰσχὺν ἱκανὴν ἐπὶ τοὺς πόνους ἔχωσιν· οἳ δὴ πωλοῦντες τὴν τῆς ἰσχύος χρείαν, τὴν τιμὴν ταύτην μισθὸν καλοῦντες, κέκληνται, ὡς ἐγῷμαι, μισθωτοί· ἦ γάρ; Πάνυ μὲν οὖν. Πλήρωμα δὴ πόλεώς εἰσιν, ὡς ἔοικε, καὶ μισθωτοί. Δοκεῖ μοι. Ἆρ' οὖν, ὦ Ἀδείμαντε, ἤδη ἡμῖν ηὔξηται ἡ πόλις, ὥστ' εἶναι τελέα; Ἴσως. Ποῦ οὖν ἄν ποτε ἐν αὐτῇ εἴη ἥ τε δικαιοσύνη καὶ ἡ ἀδικία; καὶ τίνι ἅμα ἐγγε-
372 νομένη ὧν ἐσκέμμεθα; Ἐγὼ μέν, ἔφη, οὐκ ἐννοῶ, ὦ Σώκρατες, εἰ μή που ἐν αὐτῶν τούτων χρείᾳ τινὶ τῇ πρὸς ἀλλήλους. Ἀλλ' ἴσως, ἦν δ' ἐγώ, καλῶς λέγεις· καὶ σκεπτέον γε καὶ οὐκ ἀποκνητέον. πρῶτον οὖν σκεψώμεθα, τίνα τρόπον διαιτήσονται οἱ οὕτω παρεσκευασμένοι. ἄλλο τι ἢ σῖτόν τε ποιοῦντες καὶ οἶνον καὶ ἱμάτια καὶ ὑποδήματα, καὶ οἰκοδομησάμενοι οἰκίας, θέρους μὲν τὰ πολλὰ γυμνοί τε καὶ ἀνυπόδητοι ἐργάσονται, τοῦ δὲ χειμῶνος
B ἠμφιεσμένοι τε καὶ ὑποδεδεμένοι ἱκανῶς; θρέψονται δὲ ἐκ μὲν τῶν κριθῶν ἄλφιτα σκευαζόμενοι, ἐκ δὲ τῶν πυρῶν ἄλευρα, τὰ μὲν πέψαντες, τὰ δὲ μάξαντες, μάζας γενναίας καὶ ἄρτους ἐπὶ κάλαμόν τινα παραβαλλόμενοι ἢ φύλλα καθαρά, κατακλινέντες ἐπὶ στιβάδων ἐστρωμένων μίλακί τε καὶ μυρρίναις, εὐωχήσονται αὐτοί τε καὶ τὰ παιδία, ἐπιπίνοντες τοῦ οἴνου, ἐστεφανωμένοι καὶ ὑμνοῦντες τοὺς θεούς, ἡδέως ξυνόντες ἀλλήλοις, οὐχ ὑπὲρ τὴν οὐ-
C σίαν ποιούμενοι τοὺς παῖδας, εὐλαβούμενοι πενίαν ἢ πόλεμον;

XIII. Καὶ ὁ Γλαύκων ὑπολαβών, Ἄνευ ὄψου, ἔφη, ὡς ἔοικας, ποιεῖς τοὺς ἄνδρας ἑστιωμένους. Ἀληθῆ, ἦν δ' ἐγώ, λέγεις. ἐπελαθόμην ὅτι καὶ ὄψον ἕξουσιν· ἅλας τε δῆλον ὅτι καὶ ἐλάας καὶ τυρόν, καὶ βολβοὺς καὶ λάχανα,

οἷα δὴ ἐν ἀγροῖς ἑψήματα, ἑψήσονται· καὶ τραγήματά που
παραθήσομεν αὐτοῖς τῶν τε σύκων καὶ ἐρεβίνθων καὶ
κυάμων, καὶ μύρτα καὶ φηγοὺς σποδιοῦσι πρὸς τὸ πῦρ, D
μετρίως ὑποπίνοντες· καὶ οὕτω διάγοντες τὸν βίον ἐν
εἰρήνῃ μετὰ ὑγιείας, ὡς εἰκός, γηραιοὶ τελευτῶντες ἄλλον
τοιοῦτον βίον τοῖς ἐκγόνοις παραδώσουσιν. καὶ ὅς, Εἰ
δὲ ὑῶν πόλιν, ὦ Σώκρατες, ἔφη, κατεσκεύαζες, τί ἂν
αὐτὰς ἄλλο ἢ ταῦτα ἐχόρταζες; Ἀλλὰ πῶς χρή, ἦν δ' ἐγώ,
ὦ Γλαύκων; Ἅπερ νομίζεται, ἔφη· ἐπί τε κλινῶν κατα-
κεῖσθαι, οἶμαι, τοὺς μέλλοντας μὴ ταλαιπωρεῖσθαι, καὶ
ἀπὸ τραπεζῶν δειπνεῖν καὶ ὄψα ἅπερ καὶ οἱ νῦν ἔχουσι E
καὶ τραγήματα. Εἶεν, ἦν δ' ἐγώ, μανθάνω· οὐ πόλιν, ὡς
ἔοικε, σκοποῦμεν μόνον ὅπως γίγνεται, ἀλλὰ καὶ τρυφῶ-
σαν πόλιν. ἴσως οὖν οὐδὲ κακῶς ἔχει· σκοποῦντες γὰρ καὶ
τοιαύτην τάχ' ἂν κατίδοιμεν τήν τε δικαιοσύνην καὶ ἀδι-
κίαν ὅπῃ ποτὲ ταῖς πόλεσιν ἐμφύονται. ἡ μὲν οὖν ἀλη-
θινὴ πόλις δοκεῖ μοι εἶναι ἣν διεληλύθαμεν, ὥσπερ ὑγιής
τις· εἰ δ' αὖ βούλεσθε καὶ φλεγμαίνουσαν πόλιν θεωρή-
σωμεν, οὐδὲν ἀποκωλύει. ταῦτα γὰρ δή τισιν, ὡς δοκεῖ,
οὐκ ἐξαρκέσει, οὐδ' αὕτη ἡ δίαιτα, ἀλλὰ κλῖναί τε προσέ- 373
σονται καὶ τράπεζαι καὶ τἆλλα σκεύη, καὶ ὄψα δὴ καὶ
μύρα καὶ θυμιάματα καὶ ἑταῖραι καὶ πέμματα, ἕκαστα
τούτων παντοδαπά· καὶ δὴ καὶ ἃ τὸ πρῶτον ἐλέγομεν οὐκ-
έτι τὰ ἀναγκαῖα θετέον, οἰκίας τε καὶ ἱμάτια καὶ ὑποδή-
ματα, ἀλλὰ τήν τε ζωγραφίαν κινητέον καὶ χρυσὸν καὶ
ἐλέφαντα καὶ πάντα τὰ τοιαῦτα κτητέον. ἦ γάρ; Ναί, ἔφη. B
Οὐκοῦν μείζονά τε αὖ τὴν πόλιν δεῖ ποιεῖν; ἐκείνη γὰρ ἡ
ὑγιεινὴ οὐκέτι ἱκανή, ἀλλ' ἤδη ὄγκου ἐμπληστέα καὶ πλή-
θους, ἃ οὐκέτι τοῦ ἀναγκαίου ἕνεκά ἐστιν ἐν ταῖς πόλε-
σιν, οἷον οἵ τε θηρευταὶ πάντες, οἵ τε μιμηταί, πολλοὶ μὲν
οἱ περὶ τὰ σχήματά τε καὶ χρώματα, πολλοὶ δὲ οἱ περὶ
μουσικήν, ποιηταί τε καὶ τούτων ὑπηρέται, ῥαψῳδοί, ὑπο-

κριταί, χορευταί, ἐργολάβοι, σκευῶν τε παντοδαπῶν δη-
C μιουργοί, τῶν τε ἄλλων καὶ τῶν περὶ τὸν γυναικεῖον κό-
σμον. καὶ δὴ καὶ διακόνων πλειόνων δεησόμεθα. ἢ οὐ
δοκεῖ δεήσειν παιδαγωγῶν, τιτθῶν, τροφῶν, κομμω-
τριῶν, κουρέων, καὶ αὖ ὀψοποιῶν τε καὶ μαγείρων; ἔτι δὲ
καὶ συβωτῶν προσδεησόμεθα· τοῦτο γὰρ ἡμῖν ἐν τῇ προ-
τέρᾳ πόλει οὐκ ἐνῆν· ἔδει γὰρ οὐδέν· ἐν δὲ ταύτῃ καὶ
τούτου προσδεήσει, δεήσει δὲ καὶ τῶν ἄλλων βοσκημάτων
παμπόλλων, εἴ τις αὐτὰ ἔδεται. ἢ γάρ; Πῶς γὰρ οὔ;
D Οὐκοῦν καὶ ἰατρῶν ἐν χρείαις ἐσόμεθα πολὺ μᾶλλον
οὕτω διαιτώμενοι ἢ ὡς τὸ πρότερον; Πολύ γε.

XIV. Καὶ ἡ χώρα που ἡ τότε ἱκανὴ τρέφειν τοὺς τότε
σμικρὰ δὴ ἐξ ἱκανῆς ἔσται· ἢ πῶς λέγομεν; Οὕτως, ἔφη.
Οὐκοῦν τῆς τῶν πλησίον χώρας ἡμῖν ἀποτμητέον, εἰ μέλ-
λομεν ἱκανὴν ἕξειν νέμειν τε καὶ ἀροῦν, καὶ ἐκείνοις αὖ
τῆς ἡμετέρας, ἐὰν καὶ ἐκεῖνοι ἀφῶσιν αὑτοὺς ἐπὶ χρημά-
των κτῆσιν ἄπειρον, ὑπερβάντες τὸν τῶν ἀναγκαίων
E ὅρον; Πολλὴ ἀνάγκη, ἔφη, ὦ Σώκρατες. Πολεμήσομεν
τὸ μετὰ τοῦτο, ὦ Γλαύκων; ἢ πῶς ἔσται; Οὕτως, ἔφη.
Καὶ μηδέν γέ πω λέγωμεν, ἦν δ' ἐγώ, μήτ' εἴ τι κακὸν
μήτ' εἰ ἀγαθὸν ὁ πόλεμος ἐργάζεται, ἀλλὰ τοσοῦτον μό-
νον, ὅτι πολέμου αὖ γένεσιν εὑρήκαμεν, ἐξ ὧν μάλιστα
ταῖς πόλεσι καὶ ἰδίᾳ καὶ δημοσίᾳ κακὰ γίγνεται, ὅταν γί-
γνηται. Πάνυ μὲν οὖν. Ἔτι δή, ὦ φίλε, μείζονος τῆς πό-
374 λεως δεῖ οὔτι σμικρῷ, ἀλλ' ὅλῳ στρατοπέδῳ, ὃ ἐξελθὸν
ὑπὲρ τῆς οὐσίας ἁπάσης καὶ ὑπὲρ ὧν νῦν δὴ ἐλέγομεν
διαμαχεῖται τοῖς ἐπιοῦσιν. Τί δέ; ἦ δ' ὅς· αὐτοὶ οὐχ ἱκα-
νοί; Οὔκ, εἰ σύ γε, ἦν δ' ἐγώ, καὶ ἡμεῖς ἅπαντες ὡμολο-
γήσαμεν καλῶς, ἡνίκα ἐπλάττομεν τὴν πόλιν· ὡμολο-
γοῦμεν δέ που, εἰ μέμνησαι, ἀδύνατον ἕνα πολλὰς καλῶς
ἐργάζεσθαι τέχνας. Ἀληθῆ λέγεις, ἔφη. Τί οὖν; ἦν δ'
B ἐγώ· ἡ περὶ τὸν πόλεμον ἀγωνία οὐ τεχνικὴ δοκεῖ εἶναι;

Καὶ μάλα, ἔφη. Ἡ οὖν τι σκυτικῆς δεῖ μᾶλλον κήδεσθαι
ἢ πολεμικῆς; Οὐδαμῶς. Ἀλλ' ἄρα τὸν μὲν σκυτοτόμον
διεκωλύομεν μήτε γεωργὸν ἐπιχειρεῖν εἶναι ἅμα μήτε
ὑφάντην μήτε οἰκοδόμον, ἵνα δὴ ἡμῖν τὸ τῆς σκυτικῆς
ἔργον καλῶς γίγνοιτο, καὶ τῶν ἄλλων ἑνὶ ἑκάστῳ ὡσαύ-
τως ἓν ἀπεδίδομεν, πρὸς ὃ πεφύκει ἕκαστος καὶ ἐφ' ᾧ
ἔμελλε τῶν ἄλλων σχολὴν ἄγων διὰ βίου αὐτὸ ἐργαζόμε- C
νος οὐ παριεὶς τοὺς καιροὺς καλῶς ἀπεργάζεσθαι· τὰ δὲ
δὴ περὶ τὸν πόλεμον πότερον οὐ περὶ πλείστου ἐστὶν εὖ
ἀπεργασθέντα; ἢ οὕτω ῥᾴδιον, ὥστε καὶ γεωργῶν τις
ἅμα πολεμικὸς ἔσται καὶ σκυτοτομῶν καὶ ἄλλην τέχνην
ἡντινοῦν ἐργαζόμενος, πεττευτικὸς δὲ ἢ κυβευτικὸς ἱκα-
νῶς οὐδ' ἂν εἷς γένοιτο μὴ αὐτὸ τοῦτο ἐκ παιδὸς ἐπιτη-
δεύων, ἀλλὰ παρέργῳ χρώμενος; καὶ ἀσπίδα μὲν λαβὼν
ἤ τι ἄλλο τῶν πολεμικῶν ὅπλων τε καὶ ὀργάνων αὐθημε- D
ρὸν ὁπλιτικῆς ἤ τινος ἄλλης μάχης τῶν κατὰ πόλεμον
ἱκανὸς ἔσται ἀγωνιστής, τῶν δὲ ἄλλων ὀργάνων οὐδὲν
οὐδένα δημιουργὸν οὐδὲ ἀθλητὴν ληφθὲν ποιήσει, οὐδ'
ἔσται χρήσιμον τῷ μήτε τὴν ἐπιστήμην ἑκάστου λαβόντι
μήτε τὴν μελέτην ἱκανὴν παρασχομένῳ; Πολλοῦ γὰρ ἄν,
ἦ δ' ὅς, τὰ ὄργανα ἦν ἄξια.

XV. Οὐκοῦν, ἦν δ' ἐγώ, ὅσῳ μέγιστον τὸ τῶν φυ-
λάκων ἔργον, τοσούτῳ σχολῆς τε τῶν ἄλλων πλείστης ἂν E
εἴη καὶ αὖ τέχνης τε καὶ ἐπιμελείας μεγίστης δεόμενον.
Οἶμαι ἔγωγε, ἦ δ' ὅς. Ἆρ' οὖν οὐ καὶ φύσεως ἐπιτηδείας
εἰς αὐτὸ τὸ ἐπιτήδευμα; Πῶς δ' οὔ; Ἡμέτερον δὴ ἔργον
ἂν εἴη, ὡς ἔοικεν, εἴπερ οἷοί τ' ἐσμέν, ἐκλέξασθαι, τίνες
τε καὶ ποῖαι φύσεις ἐπιτήδειαι εἰς πόλεως φυλακήν. Ἡμέ-
τερον μέντοι. Μὰ Δία, ἦν δ' ἐγώ, οὐκ ἄρα φαῦλον πρᾶγ-
μα ἠράμεθα· ὅμως δὲ οὐκ ἀποδειλιατέον, ὅσον γ' ἂν
δύναμις παρείκῃ. Οὐ γὰρ οὖν, ἔφη. Οἴει οὖν τι, ἦν δ' 375
ἐγώ, διαφέρειν φύσιν γενναίου σκύλακος εἰς φυλακὴν

νεανίσκου εὐγενοῦς; Τὸ ποῖον λέγεις; Οἷον ὀξύν τέ που δεῖ αὐτοῖν ἑκάτερον εἶναι πρὸς αἴσθησιν καὶ ἐλαφρὸν πρὸς τὸ αἰσθανόμενον διωκάθειν, καὶ ἰσχυρὸν αὖ, ἐὰν δέῃ ἑλόντα διαμάχεσθαι. Δεῖ γὰρ οὖν, ἔφη, πάντων τούτων. Καὶ μὴν ἀνδρεῖόν γε, εἴπερ εὖ μαχεῖται. Πῶς δ' οὔ; Ἀνδρεῖος δὲ εἶναι ἆρα ἐθελήσει ὁ μὴ θυμοειδὴς εἴτε ἵππος
B εἴτε κύων ἢ ἄλλο ὁτιοῦν ζῷον; ἢ οὐκ ἐννενόηκας, ὡς ἄμαχόν τε καὶ ἀνίκητον θυμός, οὗ παρόντος ψυχὴ πᾶσα πρὸς πάντα ἄφοβός τέ ἐστι καὶ ἀήττητος; Ἐννενόηκα. Τὰ μὲν τοίνυν τοῦ σώματος οἷον δεῖ τὸν φύλακα εἶναι, δῆλα. Ναί. Καὶ μὴν καὶ τὰ τῆς ψυχῆς, ὅτι γε θυμοειδῆ. Καὶ τοῦτο. Πῶς οὖν, ἦν δ' ἐγώ, ὦ Γλαύκων, οὐκ ἄγριοι ἀλλήλοις ἔσονται καὶ τοῖς ἄλλοις πολίταις, ὄντες τοιοῦτοι τὰς φύσεις; Μὰ Δία, ἦ δ' ὅς, οὐ ῥᾳδίως. Ἀλλὰ μέντοι
C δεῖ γε πρὸς μὲν τοὺς οἰκείους πρᾴους αὐτοὺς εἶναι, πρὸς δὲ τοὺς πολεμίους χαλεπούς· εἰ δὲ μή, οὐ περιμενοῦσιν ἄλλους σφᾶς διολέσαι, ἀλλ' αὐτοὶ φθήσονται αὐτὸ δράσαντες. Ἀληθῆ, ἔφη. Τί οὖν, ἦν δ' ἐγώ, ποιήσομεν; πόθεν ἅμα πρᾷον καὶ μεγαλόθυμον ἦθος εὑρήσομεν; ἐναντία γάρ που θυμοειδεῖ πραεῖα φύσις. Φαίνεται. Ἀλλὰ μέντοι τούτων ὁποτέρου ἂν στέρηται, φύλαξ ἀγαθὸς οὐ μὴ γένηται· ταῦτα δὲ ἀδυνάτοις ἔοικε, καὶ οὕτω δὴ
D ξυμβαίνει ἀγαθὸν φύλακα ἀδύνατον γενέσθαι. Κινδυνεύει, ἔφη. καὶ ἐγὼ ἀπορήσας τε καὶ ἐπισκεψάμενος τὰ ἔμπροσθεν, Δικαίως γε, ἦν δ' ἐγώ, ὦ φίλε, ἀποροῦμεν· ἧς γὰρ προυθέμεθα εἰκόνος ἀπελείφθημεν. Πῶς λέγεις; Οὐκ ἐνοήσαμεν, ὅτι εἰσὶν ἄρα φύσεις, οἵας ἡμεῖς οὐκ ᾠήθημεν, ἔχουσαι τἀναντία ταῦτα. Ποῦ δή; Ἴδοι μὲν ἄν τις καὶ ἐν ἄλλοις ζώοις, οὐ μέντ' ἂν ἥκιστα ἐν ᾧ ἡμεῖς
E παρεβάλλομεν τῷ φύλακι. οἶσθα γάρ που τῶν γενναίων κυνῶν, ὅτι τοῦτο φύσει αὐτῶν τὸ ἦθος, πρὸς μὲν τοὺς συνήθεις τε καὶ γνωρίμους ὡς οἷόν τε πρᾳοτάτους εἶναι,

πρὸς δὲ τοὺς ἀγνῶτας τοὐναντίον. Οἶδα μέντοι. Τοῦτο μὲν ἄρα, ἦν δ' ἐγώ, δυνατόν, καὶ οὐ παρὰ φύσιν ζητοῦμεν τοιοῦτον εἶναι τὸν φύλακα. Οὐκ ἔοικεν.

XVI. Ἆρ' οὖν σοι δοκεῖ ἔτι τοῦδε προσδεῖσθαι ὁ φυλακικὸς ἐσόμενος, πρὸς τῷ θυμοειδεῖ ἔτι προσγενέσθαι φιλόσοφος τὴν φύσιν; Πῶς δή; ἔφη· οὐ γὰρ ἐννοῶ. Καὶ 376
τοῦτο, ἦν δ' ἐγώ, ἐν τοῖς κυσὶ κατόψει, ὃ καὶ ἄξιον θαυμάσαι τοῦ θηρίου. Τὸ ποῖον; Ὃν μὲν ἂν ἴδῃ ἀγνῶτα, χαλεπαίνει, οὐδὲν δὲ κακὸν προπεπονθώς· ὃν δ' ἂν γνώριμον, ἀσπάζεται, κἂν μηδὲν πώποτε ὑπ' αὐτοῦ ἀγαθὸν πεπόνθῃ. ἢ οὔπω τοῦτο ἐθαύμασας; Οὐ πάνυ, ἔφη, μέχρι τούτου προσέσχον τὸν νοῦν· ὅτι δέ που δρᾷ ταῦτα, δῆλον. Ἀλλὰ μὴν κομψόν γε φαίνεται τὸ πάθος αὐτοῦ τῆς φύσεως καὶ ὡς ἀληθῶς φιλόσοφον. Πῇ δή; Ἧι, ἦν B
δ' ἐγώ, ὄψιν οὐδενὶ ἄλλῳ φίλην καὶ ἐχθρὰν διακρίνει, ἢ τῷ τὴν μὲν καταμαθεῖν, τὴν δὲ ἀγνοῆσαι· καίτοι πῶς οὐκ ἂν φιλομαθὲς εἴη, συνέσει τε καὶ ἀγνοίᾳ ὁριζόμενον τό τε οἰκεῖον καὶ τὸ ἀλλότριον; Οὐδαμῶς, ἦ δ' ὅς, ὅπως οὔ. Ἀλλὰ μέντοι, εἶπον ἐγώ, τό γε φιλομαθὲς καὶ φιλόσοφον ταὐτόν; Ταὐτὸν γάρ, ἔφη. Οὐκοῦν θαρροῦντες τιθῶμεν καὶ ἐν ἀνθρώπῳ, εἰ μέλλει πρὸς τοὺς οἰκείους καὶ γνωρίμους πρᾶός τις ἔσεσθαι, φύσει φιλόσοφον καὶ φιλομαθῆ C
αὐτὸν δεῖν εἶναι; Τιθῶμεν, ἔφη. Φιλόσοφος δὴ καὶ θυμοειδὴς καὶ ταχὺς καὶ ἰσχυρὸς ἡμῖν τὴν φύσιν ἔσται ὁ μέλλων καλὸς κἀγαθὸς ἔσεσθαι φύλαξ πόλεως; Παντάπασι μὲν οὖν, ἔφη. Οὗτος μὲν δὴ ἂν οὕτως ὑπάρχοι· θρέψονται δὲ δὴ ἡμῖν οὗτοι καὶ παιδευθήσονται τίνα τρόπον; καὶ ἆρά τι προὔργου ἡμῖν ἐστιν αὐτὸ σκοποῦσι πρὸς D
τὸ κατιδεῖν, οὗπερ ἕνεκα πάντα σκοποῦμεν, δικαιοσύνην τε καὶ ἀδικίαν τίνα τρόπον ἐν πόλει γίγνεται; ἵνα μὴ ἐῶμεν ἱκανὸν λόγον ἢ συχνὸν διεξίωμεν. καὶ ὁ τοῦ Γλαύκωνος ἀδελφὸς Πάνυ μὲν οὖν, ἔφη, ἔγωγε προσδοκῶ προὔρ-

γου εἶναι εἰς τοῦτο ταύτην τὴν σκέψιν. Μὰ Δία, ἦν δ' ἐγώ, ὦ φίλε Ἀδείμαντε, οὐκ ἄρα ἀφετέον, οὐδ' εἰ μακροτέρα τυγχάνει οὖσα· Οὐ γὰρ οὖν. Ἴθι οὖν, ὥσπερ ἐν μύθῳ μυθολογοῦντές τε καὶ σχολὴν ἄγοντες λόγῳ παι-
E δεύωμεν τοὺς ἄνδρας. Ἀλλὰ χρή.

XVII. Τίς οὖν ἡ παιδεία; ἢ χαλεπὸν εὑρεῖν βελτίω τῆς ὑπὸ τοῦ πολλοῦ χρόνου εὑρημένης; ἔστι δέ που ἡ μὲν ἐπὶ σώμασι γυμναστική, ἡ δ' ἐπὶ ψυχῇ μουσική. Ἔστι γάρ. Ἆρ' οὖν οὐ μουσικῇ πρότερον ἀρξόμεθα παιδεύοντες ἢ γυμναστικῇ; Πῶς δ' οὔ; Μουσικῆς δ' εἰπὼν τίθης λόγους, ἢ οὔ; Ἔγωγε. Λόγων δὲ διττὸν εἶδος, τὸ μὲν
377 ἀληθές, ψεῦδος δ' ἕτερον; Ναί. Παιδευτέον δ' ἐν ἀμφοτέροις, πρότερον δ' ἐν τοῖς ψευδέσιν; Οὐ μανθάνω, ἔφη, πῶς λέγεις. Οὐ μανθάνεις, ἦν δ' ἐγώ, ὅτι πρῶτον τοῖς παιδίοις μύθους λέγομεν; τοῦτο δέ που ὡς τὸ ὅλον εἰπεῖν ψεῦδος, ἔνι δὲ καὶ ἀληθῆ. πρότερον δὲ μύθοις πρὸς τὰ παιδία ἢ γυμνασίοις χρώμεθα. Ἔστι ταῦτα. Τοῦτο δὴ ἔλεγον, ὅτι μουσικῆς πρότερον ἁπτέον ἢ γυμναστικῆς. Ὀρθῶς, ἔφη. Οὐκοῦν οἶσθ' ὅτι ἀρχὴ παντὸς
B ἔργου μέγιστον, ἄλλως τε καὶ νέῳ καὶ ἁπαλῷ ὁτῳοῦν; μάλιστα γὰρ δὴ τότε πλάττεται καὶ ἐνδύεται τύπος, ὃν ἂν τις βούληται ἐνσημήνασθαι ἑκάστῳ. Κομιδῇ μὲν οὖν. Ἆρ' οὖν ῥᾳδίως οὕτω παρήσομεν τοὺς ἐπιτυχόντας ὑπὸ τῶν ἐπιτυχόντων μύθους πλασθέντας ἀκούειν τοὺς παῖδας καὶ λαμβάνειν ἐν ταῖς ψυχαῖς ὡς ἐπὶ τὸ πολὺ ἐναντίας δόξας ἐκείναις, ἅς, ἐπειδὰν τελεωθῶσιν, ἔχειν οἰησόμεθα δεῖν αὐτούς; Οὐδ' ὁπωστιοῦν παρήσομεν. Πρῶτον δὴ ἡμῖν, ὡς ἔοικεν, ἐπιστατητέον τοῖς μυθοποιοῖς, καὶ ὃν μὲν ἂν
C καλὸν ποιήσωσιν, ἐγκριτέον, ὃν δ' ἂν μή, ἀποκριτέον· τοὺς δ' ἐγκριθέντας πείσομεν τὰς τροφούς τε καὶ μητέρας λέγειν τοῖς παισὶ καὶ πλάττειν τὰς ψυχὰς αὐτῶν τοῖς μύθοις πολὺ μᾶλλον ἢ τὰ σώματα ταῖς χερσίν, ὧν δὲ νῦν

λέγουσι τοὺς πολλοὺς ἐκβλητέον. Ποίους δή; ἔφη. Ἐν
τοῖς μείζοσιν, ἦν δ' ἐγώ, μύθοις ὀψόμεθα καὶ τοὺς ἐλάτ-
τους. δεῖ γὰρ δὴ τὸν αὐτὸν τύπον εἶναι καὶ ταὐτὸν δύ-
νασθαι τούς τε μείζους καὶ τοὺς ἐλάττους. ἢ οὐκ οἴει; D
Ἔγωγ', ἔφη· ἀλλ' οὐκ ἐννοῶ οὐδὲ τοὺς μείζους τίνας λέ-
γεις. Οὓς Ἡσίοδός τε, εἶπον, καὶ Ὅμηρος ἡμῖν ἐλεγέτην
καὶ οἱ ἄλλοι ποιηταί. οὗτοι γάρ που μύθους τοῖς ἀνθρώ-
ποις ψευδεῖς συντιθέντες ἔλεγόν τε καὶ λέγουσιν. Ποίους
δή, ἦ δ' ὅς, καὶ τί αὐτῶν μεμφόμενος λέγεις; Ὅπερ, ἦν
δ' ἐγώ, χρὴ καὶ πρῶτον καὶ μάλιστα μέμφεσθαι, ἄλλως
τε καὶ ἐάν τις μὴ καλῶς ψεύδηται. Τί τοῦτο; Ὅταν εἰ- E
κάζῃ τις κακῶς τῷ λόγῳ περὶ θεῶν τε καὶ ἡρώων οἷοί εἰ-
σιν, ὥσπερ γραφεὺς μηδὲν ἐοικότα γράφων οἷς ἂν ὅμοια
βουληθῇ γράψαι. Καὶ γάρ, ἔφη, ὀρθῶς ἔχει τά γε τοιαῦ-
τα μέμφεσθαι. ἀλλὰ πῶς δὴ λέγομεν καὶ ποῖα; Πρῶτον
μέν, ἦν δ' ἐγώ, τὸ μέγιστον καὶ περὶ τῶν μεγίστων ψεῦδος
ὁ εἰπὼν οὐ καλῶς ἐψεύσατο, ὡς Οὐρανός τε εἰργάσατο ἅ
φησι δρᾶσαι αὐτὸν Ἡσίοδος, ὅ τε αὖ Κρόνος ὡς ἐτιμωρή-
σατο αὐτόν· τὰ δὲ δὴ τοῦ Κρόνου ἔργα καὶ πάθη ὑπὸ τοῦ 378
υἱέος, οὐδ' ἂν εἰ ἦν ἀληθῆ, ᾤμην δεῖν ῥᾳδίως οὕτω λέγε-
σθαι πρὸς ἄφρονάς τε καὶ νέους, ἀλλὰ μάλιστα μὲν σιγᾶ-
σθαι, εἰ δὲ ἀνάγκη τις ἦν λέγειν, δι' ἀπορρήτων ἀκούειν
ὡς ὀλιγίστους, θυσαμένους οὐ χοῖρον, ἀλλά τι μέγα καὶ
ἄπορον θῦμα, ὅπως ὅ τι ἐλαχίστοις συνέβη ἀκοῦσαι. Καὶ
γάρ, ἦ δ' ὅς, οὗτοί γε οἱ λόγοι χαλεποί. Καὶ οὐ λεκτέοι
γ', ἔφην, ὦ Ἀδείμαντε, ἐν τῇ ἡμετέρᾳ πόλει, οὐδὲ λε- B
κτέον νέῳ ἀκούοντι, ὡς ἀδικῶν τὰ ἔσχατα οὐδὲν ἂν θαυ-
μαστὸν ποιοῖ, οὐδ' αὖ ἀδικοῦντα πατέρα κολάζων παντὶ
τρόπῳ, ἀλλὰ δρῴη ἂν ὅπερ θεῶν οἱ πρῶτοί τε καὶ μέγι-
στοι. Οὐ μὰ τὸν Δία, ἦ δ' ὅς, οὐδὲ αὐτῷ μοι δοκεῖ ἐπι-
τήδεια εἶναι λέγειν. Οὐδέ γε, ἦν δ' ἐγώ, τὸ παράπαν,
ὡς θεοὶ θεοῖς πολεμοῦσί τε καὶ ἐπιβουλεύουσι καὶ μάχον-

C ται· οὐδὲ γὰρ ἀληθῆ· εἴ γε δεῖ ἡμῖν τοὺς μέλλοντας τὴν
πόλιν φυλάξειν αἴσχιστον νομίζειν τὸ ῥᾳδίως ἀλλήλοις
ἀπεχθάνεσθαι· πολλοῦ δεῖ γιγαντομαχίας τε μυθολογη-
τέον αὐτοῖς καὶ ποικιλτέον, καὶ ἄλλας ἔχθρας πολλὰς καὶ
παντοδαπὰς θεῶν τε καὶ ἡρώων πρὸς συγγενεῖς τε καὶ
οἰκείους αὐτῶν· ἀλλ' εἴ πως μέλλομεν πείσειν, ὡς οὐδεὶς
πώποτε πολίτης ἕτερος ἑτέρῳ ἀπήχθετο οὐδ' ἔστι τοῦτο
D ὅσιον, τοιαῦτα μᾶλλον πρὸς τὰ παιδία εὐθὺς καὶ γέρουσι
καὶ γραυσὶ καὶ πρεσβυτέροις γιγνομένοις, καὶ τοὺς ποιη-
τὰς ἐγγὺς τούτων ἀναγκαστέον λογοποιεῖν. Ἥρας δὲ δε-
σμοὺς ὑπὸ υἱέος καὶ Ἡφαίστου ῥίψεις ὑπὸ πατρός, μέλ-
λοντος τῇ μητρὶ τυπτομένῃ ἀμύνειν, καὶ θεομαχίας ὅσας
Ὅμηρος πεποίηκεν οὐ παραδεκτέον εἰς τὴν πόλιν, οὔτ'
ἐν ὑπονοίαις πεποιημένας οὔτε ἄνευ ὑπονοιῶν. ὁ γὰρ
νέος οὐχ οἷός τε κρίνειν ὅ τί τε ὑπόνοια καὶ ὃ μή, ἀλλ' ἃ
E ἂν τηλικοῦτος ὢν λάβῃ ἐν ταῖς δόξαις, δυσέκνιπτά τε καὶ
ἀμετάστατα φιλεῖ γίγνεσθαι. ὧν δὴ ἴσως ἕνεκα περὶ παν-
τὸς ποιητέον, ἃ πρῶτα ἀκούουσιν, ὅ τι κάλλιστα μεμυ-
θολογημένα πρὸς ἀρετὴν ἀκούειν.

XVIII. Ἔχει γάρ, ἔφη, λόγον. ἀλλ' εἴ τις αὖ καὶ
ταῦτα ἐρωτῴη ἡμᾶς, ταῦτα ἅττα ἐστὶ καὶ τίνες οἱ μῦθοι,
τίνας ἂν φαῖμεν; καὶ ἐγὼ εἶπον Ὦ Ἀδείμαντε, οὐκ ἐσμὲν
379 ποιηταὶ ἐγώ τε καὶ σὺ ἐν τῷ παρόντι, ἀλλ' οἰκισταὶ πό-
λεως. οἰκισταῖς δὲ τοὺς μὲν τύπους προσήκει εἰδέναι, ἐν
οἷς δεῖ μυθολογεῖν τοὺς ποιητάς, παρ' οὓς ἐὰν ποιῶσιν
οὐκ ἐπιτρεπτέον, οὐ μὴν αὐτοῖς γε ποιητέον μύθους. Ὀρ-
θῶς, ἔφη· ἀλλ' αὐτὸ δὴ τοῦτο, οἱ τύποι περὶ θεολογίας
τίνες ἂν εἶεν; Τοιοίδε πού τινες, ἦν δ' ἐγώ· οἷος τυγχάνει
ὁ θεὸς ὤν, ἀεὶ δήπου ἀποδοτέον, ἐάν τέ τις αὐτὸν ἐν ἔπεσι
ποιῇ ἐάν τε ἐν τραγῳδίᾳ. Δεῖ γάρ. Οὐκοῦν ἀγαθὸς ὅ γε
B θεὸς τῷ ὄντι τε καὶ λεκτέον οὕτως; Τί μήν; Ἀλλὰ μὴν
οὐδέν γε τῶν ἀγαθῶν βλαβερόν. ἦ γάρ; Οὔ μοι δοκεῖ.

*Ἆρ' οὖν, ὃ μὴ βλαβερόν, βλάπτει; Οὐδαμῶς. Ὃ δὲ μὴ
βλάπτει, κακόν τι ποιεῖ; Οὐδὲ τοῦτο. Ὃ δέ γε μηδὲν κα-
κὸν ποιεῖ, οὐδ' ἄν τινος εἴη κακοῦ αἴτιον; Πῶς γάρ; Τί
δέ; ὠφέλιμον τὸ ἀγαθόν; Ναί. Αἴτιον ἄρα εὐπραγίας;
Ναί. Οὐκ ἄρα πάντων γε αἴτιον τὸ ἀγαθόν, ἀλλὰ τῶν
μὲν εὖ ἐχόντων αἴτιον, τῶν δὲ κακῶν ἀναίτιον. Παντε-
λῶς γ', ἔφη. Οὐδ' ἄρα, ἦν δ' ἐγώ, ὁ θεός, ἐπειδὴ ἀγα- C
θός, πάντων ἂν εἴη αἴτιος, ὡς οἱ πολλοὶ λέγουσιν, ἀλλ'
ὀλίγων μὲν τοῖς ἀνθρώποις αἴτιος, πολλῶν δὲ ἀναίτιος·
πολὺ γὰρ ἐλάττω τἀγαθὰ τῶν κακῶν ἡμῖν· καὶ τῶν μὲν
ἀγαθῶν οὐδένα ἄλλον αἰτιατέον, τῶν δὲ κακῶν ἄλλ' ἄττα
δεῖ ζητεῖν τὰ αἴτια, ἀλλ' οὐ τὸν θεόν. Ἀληθέστατα, ἔφη,
δοκεῖς μοι λέγειν. Οὐκ ἄρα, ἦν δ' ἐγώ, ἀποδεκτέον οὔτε
Ὁμήρου οὔτ' ἄλλου ποιητοῦ ταύτην τὴν ἁμαρτίαν περὶ D
τοὺς θεοὺς ἀνοήτως ἁμαρτάνοντος καὶ λέγοντος, ὡς δοιοὶ
πίθοι*

*κατακείαται ἐν Διὸς οὔδει
κηρῶν ἔμπλειοι, ὁ μὲν ἐσθλῶν, αὐτὰρ ὃ δειλῶν·
καὶ ᾧ μὲν ἂν μίξας ὁ Ζεὺς δῷ ἀμφοτέρων,
ἄλλοτε μέν τε κακῷ ὅ γε κύρεται, ἄλλοτε δ' ἐσθλῷ,
ᾧ δ' ἂν μή, ἀλλ' ἄκρατα τὰ ἕτερα,
τὸν δὲ κακὴ βούβρωστις ἐπὶ χθόνα δῖαν ἐλαύνει·
οὐδ' ὡς ταμίας ἡμῖν Ζεὺς ἀγαθῶν τε κακῶν τε τέτυκται.* E

XIX. *Τὴν δὲ τῶν ορκων καὶ σπονδῶν σύγχυσιν, ἣν
ὁ Πάνδαρος συνέχεεν, ἐάν τις φῇ δι' Ἀθηνᾶς τε καὶ Διὸς
γεγονέναι, οὐκ ἐπαινεσόμεθα· οὐδὲ θεῶν ἔριν τε καὶ κρί-
σιν διὰ Θέμιτός τε καὶ Διός· οὐδ' αὖ, ὡς Αἰσχύλος λέγει,* 380
ἐατέον ἀκούειν τοὺς νέους, ὅτι

*θεὸς μὲν αἰτίαν φύει βροτοῖς,
ὅταν κακῶσαι δῶμα παμπήδην θέλῃ.*

*ἀλλ' ἐάν τις ποιῇ, ἐν οἷς ταῦτα τὰ ἰαμβεῖα ἔνεστι, τὰ τῆς
Νιόβης πάθη ἢ τὰ Πελοπιδῶν ἢ τὰ Τρωϊκὰ ἤ τι ἄλλο τῶν*

τοιούτων, ἢ οὐ θεοῦ ἔργα ἐατέον αὐτὰ λέγειν, ἢ εἰ θεοῦ, ἐξευρετέον αὐτοῖς σχεδὸν ὃν νῦν ἡμεῖς λόγον ζητοῦμεν,
B καὶ λεκτέον, ὡς ὁ μὲν θεὸς δίκαιά τε καὶ ἀγαθὰ εἰργάζετο, οἱ δὲ ὠνίναντο κολαζόμενοι. ὡς δὲ ἄθλιοι μὲν οἱ δίκην διδόντες, ἦν δὲ δὴ ὁ δρῶν ταῦτα θεός, οὐκ ἐατέον λέγειν τὸν ποιητήν· ἀλλ' εἰ μὲν ὅτι ἐδεήθησαν κολάσεως λέγοιεν, ὡς ἄθλιοι οἱ κακοί, διδόντες δὲ δίκην ὠφελοῦντο ὑπὸ τοῦ θεοῦ, ἐατέον· κακῶν δὲ αἴτιον φάναι θεόν τινι γίγνεσθαι ἀγαθὸν ὄντα, διαμαχετέον παντὶ τρόπῳ μήτε τινὰ λέγειν ταῦτα ἐν τῇ αὑτοῦ πόλει, εἰ μέλλει εὐνομήσεσθαι, μήτε
C τινὰ ἀκούειν, μήτε νεώτερον μήτε πρεσβύτερον, μήτ' ἐν μέτρῳ μήτε ἄνευ μέτρου μυθολογοῦντα, ὡς οὔτε ὅσια ἂν λεγόμενα, εἰ λέγοιτο, οὔτε ξύμφορα ἡμῖν οὔτε σύμφωνα αὐτὰ αὑτοῖς. Σύμψηφός σοί εἰμι, ἔφη, τούτου τοῦ νόμου, καί μοι ἀρέσκει. Οὗτος μὲν τοίνυν, ἦν δ' ἐγώ, εἷς ἂν εἴη τῶν περὶ θεοὺς νόμων τε καὶ τύπων, ἐν ᾧ δεήσει τοὺς λέγοντας λέγειν καὶ τοὺς ποιοῦντας ποιεῖν, μὴ πάντων αἴτιον τὸν θεὸν ἀλλὰ τῶν ἀγαθῶν. Καὶ μάλ', ἔφη, ἀπό-
D χρη. Τί δὲ δὴ ὁ δεύτερος ὅδε; ἆρα γόητα τὸν θεὸν οἴει εἶναι καὶ οἷον ἐξ ἐπιβουλῆς φαντάζεσθαι ἄλλοτε ἐν ἄλλαις ἰδέαις, τοτὲ μὲν αὐτὸν γιγνόμενον καὶ ἀλλάττοντα τὸ αὑτοῦ εἶδος εἰς πολλὰς μορφάς, τοτὲ δὲ ἡμᾶς ἀπατῶντα καὶ ποιοῦντα περὶ αὑτοῦ τοιαῦτα δοκεῖν, ἢ ἁπλοῦν τε εἶναι καὶ πάντων ἥκιστα τῆς ἑαυτοῦ ἰδέας ἐκβαίνειν; Οὐκ ἔχω, ἔφη, νῦν γε οὕτως εἰπεῖν. Τί δὲ τόδε; οὐκ ἀνάγκη, εἴπερ τι ἐξίσταιτο τῆς αὑτοῦ ἰδέας, ἢ αὐτὸ ὑφ' ἑαυτοῦ μεθίστα-
E σθαι ἢ ὑπ' ἄλλου; Ἀνάγκη. Οὐκοῦν ὑπὸ μὲν ἄλλου τὰ ἄριστα ἔχοντα ἥκιστα ἀλλοιοῦταί τε καὶ κινεῖται; οἷον σῶμα ὑπὸ σιτίων τε καὶ ποτῶν καὶ πόνων, καὶ πᾶν φυτὸν ὑπὸ εἱλήσεών τε καὶ ἀνέμων καὶ τῶν τοιούτων παθημά-
381 των, οὐ τὸ ὑγιέστατον καὶ ἰσχυρότατον ἥκιστα ἀλλοιοῦται; Πῶς δ' οὔ; Ψυχὴν δὲ οὐ τὴν ἀνδρειοτάτην καὶ φρο-

νιμωτάτην ἥκιστ' ἄν τι ἔξωθεν πάθος ταράξειέ τε καὶ ἀλλοιώσειεν; Ναί. Καὶ μὴν που καὶ τά γε ξύνθετα πάντα σκεύη τε καὶ οἰκοδομήματα κατὰ τὸν αὐτὸν λόγον, τὰ εὖ εἰργασμένα καὶ εὖ ἔχοντα ὑπὸ χρόνου τε καὶ τῶν ἄλλων παθημάτων ἥκιστα ἀλλοιοῦται. Ἔστι δὴ ταῦτα. Πᾶν δὴ τὸ καλῶς ἔχον ἢ φύσει ἢ τέχνῃ ἢ ἀμφοτέροις ἐλαχίστην B μεταβολὴν ὑπ' ἄλλου ἐνδέχεται. Ἔοικεν. Ἀλλὰ μὴν ὁ θεός γε καὶ τὰ τοῦ θεοῦ πάντῃ ἄριστα ἔχει. Πῶς δ' οὔ; Ταύτῃ μὲν δὴ ἥκιστα ἂν πολλὰς μορφὰς ἴσχοι ὁ θεός. Ἥκιστα δῆτα.

XX. Ἀλλ' ἆρα αὐτὸς αὑτὸν μεταβάλλοι ἂν καὶ ἀλλοιοῖ; Δῆλον, ἔφη, ὅτι, εἴπερ ἀλλοιοῦται. Πότερον οὖν ἐπὶ τὸ βέλτιόν τε καὶ κάλλιον μεταβάλλει ἑαυτὸν ἢ ἐπὶ τὸ χεῖρον καὶ τὸ αἴσχιον ἑαυτοῦ; Ἀνάγκη, ἔφη, ἐπὶ τὸ χεῖρον, εἴπερ ἀλλοιοῦται· οὐ γάρ που ἐνδεᾶ γε φήσομεν τὸν C θεὸν κάλλους ἢ ἀρετῆς εἶναι. Ὀρθότατα, ἦν δ' ἐγώ, λέγεις· καὶ οὕτως ἔχοντος δοκεῖ ἄν τίς σοι, ὦ Ἀδείμαντε, ἑκὼν αὑτὸν χείρω ποιεῖν ὁπῃοῦν ἢ θεῶν ἢ ἀνθρώπων; Ἀδύνατον, ἔφη. Ἀδύνατον ἄρα, ἔφην, καὶ θεῷ ἐθέλειν αὑτὸν ἀλλοιοῦν, ἀλλ', ὡς ἔοικε, κάλλιστος καὶ ἄριστος ὢν εἰς τὸ δυνατὸν ἕκαστος αὐτῶν μένει ἀεὶ ἁπλῶς ἐν τῇ αὑτοῦ μορφῇ. Ἅπασα, ἔφη, ἀνάγκη ἔμοιγε δοκεῖ. Μηδεὶς ἄρα, ἦν δ' ἐγώ, ὦ ἄριστε, λεγέτω ἡμῖν τῶν ποιητῶν, ὡς D

θεοὶ ξείνοισιν ἐοικότες ἀλλοδαποῖσι
παντοῖοι τελέθοντες ἐπιστρωφῶσι πόληας·

μηδὲ Πρωτέως καὶ Θέτιδος καταψευδέσθω μηδείς, μηδ' ἐν τραγῳδίαις μηδ' ἐν τοῖς ἄλλοις ποιήμασιν εἰσαγέτω Ἥραν ἠλλοιωμένην ὡς ἱέρειαν ἀγείρουσαν

Ἰνάχου Ἀργείου ποταμοῦ παισὶν βιοδώροις·

καὶ ἄλλα τοιαῦτα πολλὰ μὴ ἡμῖν ψευδέσθωσαν· μηδ' αὖ E ὑπὸ τούτων ἀναπειθόμεναι αἱ μητέρες τὰ παιδία ἐκδειματούντων, λέγουσαι τοὺς μύθους κακῶς, ὡς ἄρα θεοί

τινες περιέρχονται νύκτωρ πολλοῖς ξένοις καὶ παντοδαποῖς ἰνδαλλόμενοι, ἵνα μὴ ἅμα μὲν εἰς θεοὺς βλασφημῶσιν, ἅμα δὲ τοὺς παῖδας ἀπεργάζωνται δειλοτέρους. Μὴ γάρ, ἔφη. Ἀλλ' ἄρα, ἦν δ' ἐγώ, αὐτοὶ μὲν οἱ θεοί εἰσιν οἷοι μὴ μεταβάλλειν, ἡμῖν δὲ ποιοῦσι δοκεῖν σφᾶς παντοδαποὺς φαίνεσθαι, ἐξαπατῶντες καὶ γοητεύοντες;
382 Ἴσως, ἔφη. Τί δέ; ἦν δ' ἐγώ· ψεύδεσθαι θεὸς ἐθέλοι ἂν ἢ λόγῳ ἢ ἔργῳ φάντασμα προτείνων; Οὐκ οἶδα, ἦ δ' ὅς. Οὐκ οἶσθα, ἦν δ' ἐγώ, ὅτι τό γε ὡς ἀληθῶς ψεῦδος, εἰ οἷόν τε τοῦτο εἰπεῖν, πάντες θεοί τε καὶ ἄνθρωποι μισοῦσιν; Πῶς, ἔφη, λέγεις; Οὕτως, ἦν δ' ἐγώ, ὅτι τῷ κυριωτάτῳ που ἑαυτῶν ψεύδεσθαι καὶ περὶ τὰ κυριώτατα οὐδεὶς ἑκὼν ἐθέλει, ἀλλὰ πάντων μάλιστα φοβεῖται ἐκεῖ αὐτὸ κεκτῆσθαι. Οὐδὲ νῦν πω, ἦ δ' ὅς, μανθάνω. Οἴει
B γάρ τί με, ἔφην, σεμνὸν λέγειν· ἐγὼ δὲ λέγω, ὅτι τῇ ψυχῇ περὶ τὰ ὄντα ψεύδεσθαί τε καὶ ἐψεῦσθαι καὶ ἀμαθῆ εἶναι καὶ ἐνταῦθα ἔχειν τε καὶ κεκτῆσθαι τὸ ψεῦδος πάντες ἥκιστα ἂν δέξαιντο καὶ μισοῦσι μάλιστα αὐτὸ ἐν τῷ τοιούτῳ. Πολύ γε, ἔφη. Ἀλλὰ μὴν ὀρθότατά γ' ἄν, ὃ νῦν δὴ ἔλεγον, τοῦτο ὡς ἀληθῶς ψεῦδος καλοῖτο, ἡ ἐν τῇ ψυχῇ ἄγνοια ἡ τοῦ ἐψευσμένου· ἐπεὶ τό γε ἐν τοῖς λόγοις μίμημά τι τοῦ ἐν τῇ ψυχῇ ἐστὶ παθήματος καὶ ὕστερον γε-
C γονὸς εἴδωλον, οὐ πάνυ ἄκρατον ψεῦδος. ἢ οὐχ οὕτως; Πάνυ μὲν οὖν.

XXI. Τὸ μὲν δὴ τῷ ὄντι ψεῦδος οὐ μόνον ὑπὸ θεῶν ἀλλὰ καὶ ὑπ' ἀνθρώπων μισεῖται. Δοκεῖ μοι. Τί δὲ δή; τὸ ἐν τοῖς λόγοις ψεῦδος πότε καὶ τῷ χρήσιμον, ὥστε μὴ ἄξιον εἶναι μίσους; ἆρ' οὐ πρός τε τοὺς πολεμίους, καὶ τῶν καλουμένων φίλων οἳ ἂν διὰ μανίαν ἤ τινα ἄνοιαν κακόν τι ἐπιχειρῶσι πράττειν, τότε ἀποτροπῆς ἕνεκα ὡς
D φάρμακον χρήσιμον γίγνεται; καὶ ἐν αἷς νῦν δὴ ἐλέγομεν ταῖς μυθολογίαις διὰ τὸ μὴ εἰδέναι, ὅπῃ τἀληθὲς ἔχει περὶ

τῶν παλαιῶν, ἀφομοιοῦντες τῷ ἀληθεῖ τὸ ψεῦδος ὅ τι μάλιστα οὕτω χρήσιμον ποιοῦμεν; Καὶ μάλα, ἦ δ' ὅς, οὕτως ἔχει. Κατὰ τί δὴ οὖν τούτων τῷ θεῷ το ψεῦδος χρησιμον; πότερον διὰ τὸ μὴ εἰδέναι τὰ παλαιὰ ἀφομοιῶν ἂν ψεύδοιτο; Γελοῖον μέντ' ἂν εἴη, ἔφη. Ποιητὴς μὲν ἄρα ψευδὴς ἐν θεῷ οὐκ ἔνι. Οὔ μοι δοκεῖ. Ἀλλὰ δεδιὼς τοὺς ἐχθροὺς ψεύδοιτο; Πολλοῦ γε δεῖ. Ἀλλὰ δι' οἰκείων E ἄνοιαν ἢ μανίαν; Ἀλλ' οὐδείς, ἔφη, τῶν ἀνοήτων καὶ μαινομένων θεοφιλής. Οὐκ ἄρα ἔστιν οὗ ἕνεκα ἂν θεὸς ψεύδοιτο. Οὐκ ἔστιν. Πάντῃ ἄρα ἀψευδὲς τὸ δαιμόνιόν τε καὶ τὸ θεῖον. Παντάπασι μὲν οὖν, ἔφη. Κομιδῇ ἄρα ὁ θεὸς ἁπλοῦν καὶ ἀληθὲς ἔν τε ἔργῳ καὶ ἐν λόγῳ, καὶ οὔτε αὐτὸς μεθίσταται οὔτε ἄλλους ἐξαπατᾷ, οὔτε κατὰ λόγους οὔτε κατὰ σημείων πομπάς, οὔθ' ὕπαρ οὔτ' ὄναρ. Οὕτως, ἔφη, ἔμοιγε καὶ αὐτῷ φαίνεται σοῦ λέγοντος. 383 Συγχωρεῖς ἄρα, ἔφην, τοῦτον δεύτερον τύπον εἶναι, ἐν ᾧ δεῖ περὶ θεῶν καὶ λέγειν καὶ ποιεῖν, ὡς μήτε αὐτους γόητας ὄντας τῷ μεταβάλλειν ἑαυτοὺς μήτε ἡμᾶς ψεύδεσι παράγειν ἐν λόγῳ ἢ ἐν ἔργῳ; Συγχωρῶ. Πολλὰ ἄρα Ὁμήρου ἐπαινοῦντες ἄλλα τοῦτο οὐκ ἐπαινεσόμεθα, τὴν τοῦ ἐνυπνίου πομπὴν ὑπὸ Διὸς τῷ Ἀγαμέμνονι· οὐδὲ Αἰσχύλου, ὅταν φῇ ἡ Θέτις τὸν Ἀπόλλω ἐν τοῖς αὐτῆς γά- B μοις ᾄδοντα

ἐνδατεῖσθαι τὰς ἑὰς εὐπαιδίας,
νόσων τ' ἀπείρους καὶ μακραίωνας βίους.
ξύμπαντά τ' εἰπὼν θεοφιλεῖς ἐμὰς τύχας
παιῶν' ἐπευφήμησεν, εὐθυμῶν ἐμέ.
κἀγὼ τὸ Φοίβου θεῖον ἀψευδὲς στόμα
ἤλπιζον εἶναι, μαντικῇ βρύον τέχνῃ.
ὁ δ', αὐτὸς ὑμνῶν, αὐτὸς ἐν θοίνῃ παρων,
αὐτὸς τάδ' εἰπών, αὐτός ἐστιν ὁ κτανων
τὸν παῖδα τὸν ἐμόν

C ὅταν τις τοιαῦτα λέγῃ περὶ θεῶν, χαλεπανοῦμέν τε καὶ χορὸν οὐ δώσομεν, οὐδὲ τοὺς διδασκάλους ἐάσομεν ἐπὶ παιδείᾳ χρῆσθαι τῶν νέων, εἰ μέλλουσιν ἡμῖν οἱ φύλακες θεοσεβεῖς τε καὶ θεῖοι γίγνεσθαι, καθ᾽ ὅσον ἀνθρώπῳ ἐπὶ πλεῖστον οἷόν τε. Παντάπασιν, ἔφη, ἔγωγε τοὺς τύπους τούτους συγχωρῶ καὶ ὡς νόμοις ἂν χρῴμην.

Γ.

I. Τὰ μὲν δὴ περὶ θεούς, ἦν δ᾽ ἐγώ, τοιαῦτ᾽ ἄττα, ὡς ἔοικεν, ἀκουστέον τε καὶ οὐκ ἀκουστέον εὐθὺς ἐκ παίδων τοῖς θεούς τε τιμήσουσι καὶ γονέας τήν τε ἀλλήλων φιλίαν μὴ περὶ σμικροῦ ποιησομένοις. Καὶ οἶμαί γ᾽, ἔφη, ὀρθῶς ἡμῖν φαίνεσθαι. Τί δὲ δή; εἰ μέλλουσιν εἶναι ἀνδρεῖοι, ἆρ᾽ οὐ ταῦτά τε λεκτέον καὶ οἷα αὐτοὺς ποιῆσαι
B ἥκιστα τὸν θάνατον δεδιέναι; ἢ ἡγεῖ τινά ποτ᾽ ἂν γενέσθαι ἀνδρεῖον, ἔχοντα ἐν αὑτῷ τοῦτο τὸ δεῖμα; Μὰ Δία, ἦ δ᾽ ὅς, οὐκ ἔγωγε. Τί δέ; τἀν Ἅιδου ἡγούμενον εἶναί τε καὶ δεινὰ εἶναι οἴει τινὰ θανάτου ἀδεῆ ἔσεσθαι καὶ ἐν ταῖς μάχαις αἱρήσεσθαι πρὸ ἥττης τε καὶ δουλείας θάνατον; Οὐδαμῶς. Δεῖ δή, ὡς ἔοικεν, ἡμᾶς ἐπιστατεῖν καὶ περὶ τούτων τῶν μύθων τοῖς ἐπιχειροῦσι λέγειν, καὶ δεῖσθαι μὴ λοιδορεῖν ἁπλῶς οὕτως τὰ ἐν Ἅιδου, ἀλλὰ μᾶλλον
C ἐπαινεῖν, ὡς οὔτ᾽ ἀληθῆ λέγοντας οὔτ᾽ ὠφέλιμα τοῖς μέλλουσι μαχίμοις ἔσεσθαι. Δεῖ μέντοι, ἔφη. Ἐξαλείψομεν ἄρα, ἦν δ᾽ ἐγώ, ἀπὸ τοῦδε τοῦ ἔπους ἀρξάμενοι πάντα τα τοιαῦτα,

βουλοίμην κ᾽ ἐπάρουρος ἐὼν θητευέμεν ἄλλῳ
ἀνδρὶ παρ᾽ ἀκλήρῳ — —
ἢ πᾶσιν νεκύεσσι καταφθιμένοισιν ἀνάσσειν·

καὶ τὸ

οἰκία δὲ θνητοῖσι καὶ ἀθανάτοισι φανείη D
σμερδαλέ' εὐρώεντα, τά τε στυγέουσι θεοί περ·

καὶ

ὢ πόποι, ἦ ῥά τίς ἐστι καὶ εἰν Ἀΐδαο δόμοισι
ψυχὴ καὶ εἴδωλον, ἀτὰρ φρένες οὐκ ἔνι πάμπαν·

καὶ τὸ

οἴῳ πεπνῦσθαι, ταὶ δὲ σκιαὶ ἀΐσσουσι·

καὶ

ψυχὴ δ' ἐκ ῥεθέων πταμένη Ἄϊδόσδε βεβήκει,
ὃν πότμον γοόωσα, λιποῦσ' ἀνδροτῆτα καὶ ἥβην·

καὶ τὸ 387

ψυχὴ δὲ κατὰ χθονός, ἠΰτε καπνός,
ᾤχετο τετριγυῖα·

καὶ

ὡς δ' ὅτε νυκτερίδες μυχῷ ἄντρου θεσπεσίοιο
τρίζουσαι ποτέονται, ἐπεί κέ τις ἀποπέσῃσιν
ὁρμαθοῦ ἐκ πέτρης, ἀνά τ' ἀλλήλῃσιν ἔχονται,
ὣς αἳ τετριγυῖαι ἅμ' ᾔεσαν.

ταῦτα καὶ τὰ τοιαῦτα πάντα παραιτησόμεθα Ὅμηρόν τε B καὶ τοὺς ἄλλους ποιητὰς μὴ χαλεπαίνειν ἂν διαγράφωμεν, οὐχ ὡς οὐ ποιητικὰ καὶ ἡδέα τοῖς πολλοῖς ἀκούειν, ἀλλ' ὅσῳ ποιητικώτερα, τοσούτῳ ἧττον ἀκουστέον παισὶ καὶ ἀνδράσιν, οὓς δεῖ ἐλευθέρους εἶναι, δουλείαν θανάτου μᾶλλον πεφοβημένους. Παντάπασι μὲν οὖν.

II. Οὐκοῦν ἔτι καὶ τὰ περὶ ταῦτα ὀνόματα πάντα τὰ δεινά τε καὶ φοβερὰ ἀποβλητέα, κωκυτούς τε καὶ στύγας καὶ ἐνέρους καὶ ἀλίβαντας, καὶ ἄλλα ὅσα τούτου τοῦ C τύπου ὀνομαζόμενα φρίττειν δὴ ποιεῖ ὅσα ἔτη πάντας τοὺς ἀκούοντας. καὶ ἴσως εὖ ἔχει πρὸς ἄλλο τι· ἡμεῖς δὲ ὑπὲρ τῶν φυλάκων φοβούμεθα, μὴ ἐκ τῆς τοιαύτης φρίκης θερμότεροι καὶ μαλακώτεροι τοῦ δέοντος γένωνται ἡμῖν. Καὶ ὀρθῶς γ', ἔφη, φοβούμεθα. Ἀφαιρετέα ἄρα;

Ναί. Τὸν δὲ ἐναντίον τύπον τούτοις λεκτέον τε καὶ ποιητέον; Δῆλα δή. Καὶ τοὺς ὀδυρμοὺς ἄρα ἐξαιρήσομεν
D καὶ τοὺς οἴκτους τοὺς τῶν ἐλλογίμων ἀνδρῶν; Ἀνάγκη, ἔφη, εἴπερ καὶ τὰ πρότερα. Σκόπει δή, ἦν δ' ἐγώ, εἰ ὀρθῶς ἐξαιρήσομεν ἢ οὔ. φαμὲν δὲ δή, ὅτι ὁ ἐπιεικὴς ἀνὴρ τῷ ἐπιεικεῖ, οὗπερ καὶ ἑταῖρός ἐστι, τὸ τεθνάναι οὐ δεινὸν ἡγήσεται. Φαμὲν γάρ. Οὐκ ἄρα ὑπέρ γ' ἐκείνου ὡς δεινόν τι πεπονθότος ὀδύροιτ' ἄν. Οὐ δῆτα. Ἀλλὰ μὴν καὶ τόδε λέγομεν, ὡς ὁ τοιοῦτος μάλιστα αὐτὸς αὑτῷ
E αὐτάρκης πρὸς τὸ εὖ ζῆν, καὶ διαφερόντως τῶν ἄλλων ἥκιστα ἑτέρου προσδεῖται. Ἀληθῆ, ἔφη. Ἥκιστ' ἄρ' αὐτῷ δεινὸν στερηθῆναι υἱέος ἢ ἀδελφοῦ ἢ χρημάτων ἢ ἄλλου του τῶν τοιούτων. Ἥκιστα μέντοι. Ἥκιστ' ἄρα καὶ ὀδύρεσθαι, φέρειν δὲ ὡς πρᾳότατα, ὅταν τις αὐτὸν τοιαύτη ξυμφορὰ καταλάβῃ. Πολύ γε. Ὀρθῶς ἄρ' ἂν ἐξαιροῖμεν τοὺς θρήνους τῶν ὀνομαστῶν ἀνδρῶν, γυναιξὶ
388 δὲ ἀποδιδοῖμεν, καὶ οὐδὲ ταύταις σπουδαίαις, καὶ ὅσοι κακοὶ τῶν ἀνδρῶν, ἵνα ἡμῖν δυσχεραίνωσιν ὅμοια τούτοις ποιεῖν οὓς δή φαμεν ἐπὶ φυλακῇ τῆς χώρας τρέφειν. Ὀρθῶς, ἔφη. Πάλιν δὴ Ὁμήρου τε δεησόμεθα καὶ τῶν ἄλλων ποιητῶν μὴ ποιεῖν Ἀχιλλέα θεᾶς παῖδα

ἄλλοτ' ἐπὶ πλευρᾶς κατακείμενον, ἄλλοτε δ' αὖτε
ὕπτιον, ἄλλοτε δὲ πρηνῆ,
τοτὲ δ' ὀρθὸν ἀναστάντα
πλωΐζοντ' ἀλύοντ' ἐπὶ θῖν' ἁλὸς ἀτρυγέτοιο,

B μηδὲ ἀμφοτέρῃσι χερσὶν ἑλόντα κόνιν αἰθαλόεσσαν χευάμενον κὰκ κεφαλῆς, μηδὲ ἄλλα κλαίοντά τε καὶ ὀδυρόμενον, ὅσα καὶ οἷα ἐκεῖνος ἐποίησε· μηδὲ Πρίαμον ἐγγὺς θεῶν γεγονότα λιτανεύοντά τε καὶ κυλινδούμενον κατὰ κόπρον,

ἐξονομακλήδην ὀνομάζοντ' ἄνδρα ἕκαστον.

πολὺ δ' ἔτι τούτων μᾶλλον δεησόμεθα μήτοι θεούς γε ποιεῖν ὀδυρομένους καὶ λέγοντας

ὤμοι ἐγὼ δειλή, ὤμοι δυσαριστοτόκεια· C

εἰ δ' οὖν θεούς, μήτοι τόν γε μέγιστον τῶν θεῶν τολμῆσαι οὕτως ἀνομοίως μιμήσασθαι, ὥστε· ὢ πόποι, φάναι,

ἦ φίλον ἄνδρα διωκόμενον περὶ ἄστυ
ὀφθαλμοῖσιν ὁρῶμαι, ἐμὸν δ' ὀλοφύρεται ἦτορ·

καὶ

αἲ αἲ ἐγών, ὅτε μοι Σαρπηδόνα φίλτατον ἀνδρῶν
μοῖρ' ὑπὸ Πατρόκλοιο Μενοιτιάδαο δαμῆναι. D

III. Εἰ γάρ, ὦ φίλε Ἀδείμαντε, τὰ τοιαῦτα ἡμῖν οἱ νέοι σπουδῇ ἀκούοιεν καὶ μὴ καταγελῷεν ὡς ἀναξίως λεγομένων, σχολῇ ἂν ἑαυτόν γέ τις ἄνθρωπον ὄντα ἀνάξιον ἡγήσαιτο τούτων καὶ ἐπιπλήξειεν, εἰ καὶ ἐπίοι αὐτῷ τοιοῦτον ἢ λέγειν ἢ ποιεῖν, ἀλλ' οὐδὲν αἰσχυνόμενος οὐδὲ καρτερῶν πολλοὺς ἐπὶ σμικροῖσι παθήμασι θρήνους ἂν ᾄδοι καὶ ὀδυρμούς. Ἀληθέστατα, ἔφη, λέγεις. Δεῖ δέ γε E οὔχ, ὡς ἄρτι ἡμῖν ὁ λόγος ἐσήμαινεν· ᾧ πειστέον, ἕως ἄν τις ἡμᾶς ἄλλῳ καλλίονι πείσῃ. Οὐ γὰρ οὖν δεῖ. Ἀλλὰ μὴν οὐδὲ φιλογέλωτάς γε δεῖ εἶναι. σχεδὸν γὰρ ὅταν τις ἐφῇ ἰσχυρῷ γέλωτι, ἰσχυρὰν καὶ μεταβολὴν ζητεῖ τὸ τοιοῦτον. Δοκεῖ μοι, ἔφη. Οὔτε ἄρα ἀνθρώπους ἀξίους λόγου κρατουμένους ὑπὸ γέλωτος ἄν τις ποιῇ, ἀποδεκτέον, 389 πολὺ δὲ ἧττον, ἐὰν θεούς. Πολὺ μέντοι, ἦ δ' ὅς. Οὐκοῦν Ὁμήρου οὐδὲ τὰ τοιαῦτα [ἀποδεξόμεθα περὶ θεῶν],

ἄσβεστος δ' ἄρ' ἐνῶρτο γέλως μακάρεσσι θεοῖσιν,
ὡς ἴδον Ἥφαιστον διὰ δώματα ποιπνύοντα,

οὐκ ἀποδεκτέον κατὰ τὸν σὸν λόγον. Εἰ σύ, ἔφη, βούλει ἐμὸν τιθέναι· οὐ γὰρ οὖν δὴ ἀποδεκτέον. Ἀλλὰ μὴν B καὶ ἀλήθειάν γε περὶ πολλοῦ ποιητέον. εἰ γὰρ ὀρθῶς ἐλέγομεν ἄρτι καὶ τῷ ὄντι θεοῖσι μὲν ἄχρηστον ψεῦδος, ἀνθρώποις δὲ χρήσιμον ὡς ἐν φαρμάκου εἴδει, δῆλον,

ὅτι τό γε τοιοῦτον ἰατροῖς δοτέον, ἰδιώταις δὲ οὐχ ἁπτέον.
Δῆλον, ἔφη. Τοῖς ἄρχουσι δὴ τῆς πόλεως εἴπερ τισὶν
ἄλλοις προσήκει ψεύδεσθαι ἢ πολεμίων ἢ πολιτῶν ἕνεκα
ἐπ' ὠφελείᾳ τῆς πόλεως· τοῖς δὲ ἄλλοις πᾶσιν οὐχ ἁπτέον
C τοῦ τοιούτου, ἀλλὰ πρός γε δὴ τοὺς τοιούτους ἄρχοντας
ἰδιώτῃ ψεύσασθαι ταὐτὸν καὶ μεῖζον ἁμάρτημα φήσομεν
ἢ κάμνοντι πρὸς ἰατρὸν ἢ ἀσκοῦντι πρὸς παιδοτρίβην
περὶ τῶν τοῦ αὑτοῦ σώματος παθημάτων μὴ τἀληθῆ λέγειν, ἢ πρὸς κυβερνήτην περὶ τῆς νεώς τε καὶ τῶν ναυτῶν
μὴ τὰ ὄντα λέγοντι, ὅπως ἢ αὐτὸς ἤ τις τῶν ξυνναυτῶν
πράξεως ἔχει. Ἀληθέστατα, ἔφη. Ἂν ἄρ' ἄλλον τινὰ
D λαμβάνῃ ψευδόμενον ἐν τῇ πόλει τῶν οἳ δημιουργοὶ ἔασι,

μάντιν ἢ ἰητῆρα κακῶν ἢ τέκτονα δούρων,

κολάσει ὡς ἐπιτήδευμα εἰσάγοντα πόλεως ὥσπερ νεὼς
ἀνατρεπτικόν τε καὶ ὀλέθριον. Ἐάν γε, ἦ δ' ὅς, ἐπί γε
λόγῳ ἔργα τελῆται. Τί δέ; σωφροσύνης ἆρα οὐ δεήσει
ἡμῖν τοῖς νεανίαις; Πῶς δ' οὔ; Σωφροσύνης δὲ ὡς πλήθει οὐ τὰ τοιάδε μέγιστα, ἀρχόντων μὲν ὑπηκόους εἶναι,
E αὐτοὺς δὲ ἄρχοντας τῶν περὶ πότους καὶ ἀφροδίσια καὶ
περὶ ἐδωδὰς ἡδονῶν; Ἔμοιγε δοκεῖ. Τὰ δὴ τοιάδε φήσομεν, οἶμαι, καλῶς λέγεσθαι, οἷα καὶ Ὁμήρῳ Διομήδης
λέγει,

τέττα, σιωπῇ ἧσο, ἐμῷ δ' ἐπιπείθεο μύθῳ,

καὶ τὰ τούτων ἐχόμενα, τὰ [ἴσαν μένεα πνείοντες Ἀχαιοί]

σιγῇ δειδιότες σημάντορας,

390 καὶ ὅσα ἄλλα τοιαῦτα. Καλῶς. Τί δέ; τὰ τοιάδε

οἰνοβαρές, κυνὸς ὄμματ' ἔχων, κραδίην δ' ἐλάφοιο

καὶ τὰ τούτων ἑξῆς ἆρα καλῶς, καὶ ὅσα ἄλλα τις ἐν λόγῳ ἢ
ἐν ποιήσει εἴρηκε νεανιεύματα ἰδιωτῶν εἰς ἄρχοντας; Οὐ
καλῶς. Οὐ γάρ, οἶμαι, εἴς γε σωφροσύνην νέοις ἐπιτήδεια ἀκούειν· εἰ δέ τινα ἄλλην ἡδονὴν παρέχεται, θαυμαστὸν οὐδέν· ἢ πῶς σοι φαίνεται; Οὕτως, ἔφη.

IV. *Τί δέ; ποιεῖν ἄνδρα τὸν σοφώτατον λέγοντα, ὡς δοκεῖ αὐτῷ κάλλιστον εἶναι πάντων, ὅταν παραπλεῖαι ὦσι τράπεζαι*

> *σίτου καὶ κρειῶν, μέθυ δ᾽ ἐκ κρητῆρος ἀφύσσων* B
> *οἰνοχόος φορέῃσι καὶ ἐγχείῃ δεπάεσσι,*

δοκεῖ σοι ἐπιτήδειον εἶναι πρὸς ἐγκράτειαν ἑαυτοῦ ἀκούειν νέῳ; ἢ τὸ

> *λιμῷ δ᾽ οἴκτιστον θανέειν καὶ πότμον ἐπισπεῖν;*

ἢ Δία, καθευδόντων τῶν ἄλλων θεῶν τε καὶ ἀνθρώπων
καὶ μόνος ἐγρηγορὼς ἃ ἐβουλεύσατο, τούτων πάντων
ῥᾳδίως ἐπιλανθανόμενον διὰ τὴν τῶν ἀφροδισίων ἐπι- C
θυμίαν, καὶ οὕτως ἐκπλαγέντα ἰδόντα τὴν Ἥραν, ὥστε μηδ᾽ εἰς τὸ δωμάτιον ἐθέλειν ἐλθεῖν, ἀλλ᾽ αὐτοῦ βουλόμενον χαμαὶ ξυγγίγνεσθαι, καὶ λέγοντα ὡς οὕτως ὑπὸ ἐπιθυμίας ἔχεται, ὡς οὐδ᾽ ὅτε τὸ πρῶτον ἐφοίτων πρὸς ἀλλήλους

> *φίλους λήθοντε τοκῆας;*

οὐδὲ Ἄρεώς τε καὶ Ἀφροδίτης ὑπὸ Ἡφαίστου δεσμὸν δι᾽ ἕτερα τοιαῦτα. Οὐ μὰ τὸν Δία, ἦ δ᾽ ὅς, οὔ μοι φαίνεται
ἐπιτήδειον. Ἀλλ᾽ εἴ πού τινες, ἦν δ᾽ ἐγώ, καρτερίαι πρὸς D
ἅπαντα καὶ λέγονται καὶ πράττονται ὑπὸ ἐλλογίμων ἀνδρῶν, θεατέον τε καὶ ἀκουστέον, οἷον καὶ τὸ

> *στῆθος δὲ πλήξας κραδίην ἠνίπαπε μύθῳ·*
> *τέτλαθι δή, κραδίη· καὶ κύντερον ἄλλο ποτ᾽ ἔτλης.*

Παντάπασι μὲν οὖν, ἔφη. Οὐ μὲν δὴ δωροδόκους γε
ἑατέον εἶναι τοὺς ἄνδρας οὐδὲ φιλοχρημάτους. Οὐδαμῶς. E
Οὐδ᾽ ᾀστέον αὐτοῖς ὅτι

> *δῶρα θεοὺς πείθει, δῶρ᾽ αἰδοίους βασιλῆας·*

οὐδὲ τὸν τοῦ Ἀχιλλέως παιδαγωγὸν Φοίνικα ἐπαινετέον, ὡς μετρίως ἔλεγε συμβουλεύων αὐτῷ δῶρα μὲν λαβόντι ἐπαμύνειν τοῖς Ἀχαιοῖς, ἄνευ δὲ δώρων μη ἀπαλλάττεσθαι τῆς μήνιος. οὐδ᾽ αὐτὸν τὸν Ἀχιλλέα ἀξιώσομεν οὐδ᾽ ὁμολογήσομεν οὕτω φιλοχρήματον εἶναι, ὥστε παρὰ τοῦ

Ἀγαμέμνονος δῶρα λαβεῖν, καὶ τιμὴν αὖ λαβόντα νε-
391 κροῦ ἀπολύειν, ἄλλως δὲ μὴ θέλειν. Οὔκουν δίκαιόν γε,
ἔφη, ἐπαινεῖν τὰ τοιαῦτα. Ὀκνῶ δέ γε, ἦν δ' ἐγώ, δι'
Ὅμηρον λέγειν, ὅτι οὐδ' ὅσιον ταῦτά γε κατὰ Ἀχιλλέως
φάναι καὶ ἄλλων λεγόντων πείθεσθαι, καὶ αὖ ὡς πρὸς
τὸν Ἀπόλλω εἶπεν

ἔβλαψάς μ' ἑκάεργε, θεῶν ὀλοώτατε πάντων·
ἦ σ' ἂν τισαίμην, εἴ μοι δύναμίς γε παρείη·

B καὶ ὡς πρὸς τὸν ποταμόν, θεὸν ὄντα, ἀπειθῶς εἶχε καὶ
μάχεσθαι ἕτοιμος ἦν· καὶ αὖ τὰς τοῦ ἑτέρου ποταμοῦ
Σπερχειοῦ ἱερὰς τρίχας

Πατρόκλῳ ἥρωϊ, ἔφη, κόμην ὀπάσαιμι φέρεσθαι,

νεκρῷ ὄντι, καὶ ὡς ἔδρασε τοῦτο, οὐ πειστέον. τάς τε
αὖ Ἕκτορος ἕλξεις περὶ τὸ σῆμα τὸ Πατρόκλου καὶ τὰς
τῶν ζωγρηθέντων σφαγὰς εἰς τὴν πυράν, ξύμπαντα ταῦ-
τα οὐ φήσομεν ἀληθῆ εἰρῆσθαι, οὐδ' ἐάσομεν πείθεσθαι
C τοὺς ἡμετέρους ὡς Ἀχιλλεύς, θεᾶς ὢν παῖς καὶ Πηλέως,
σωφρονεστάτου τε καὶ τρίτου ἀπὸ Διός, καὶ ὑπὸ τῷ σο-
φωτάτῳ Χείρωνι τεθραμμένος, τοσαύτης ἦν ταραχῆς
πλέως, ὥστ' ἔχειν ἐν αὑτῷ νοσήματε δύο ἐναντίω ἀλλή-
λοιν, ἀνελευθερίαν μετὰ φιλοχρηματίας καὶ αὖ ὑπερηφα-
νίαν θεῶν τε καὶ ἀνθρώπων. Ὀρθῶς, ἔφη, λέγεις.

V. Μὴ τοίνυν, ἦν δ' ἐγώ, μηδὲ τάδε πειθώμεθα μηδ'
ἐῶμεν λέγειν, ὡς Θησεὺς Ποσειδῶνος υἱὸς Πειρίθους τε
D Διὸς ὥρμησεν οὕτως ἐπὶ δεινὰς ἁρπαγάς, μηδέ τιν' ἄλλον
θεοῦ παῖδά τε καὶ ἥρω τολμῆσαι ἂν δεινὰ καὶ ἀσεβῆ ἐργά-
σασθαι, οἷα νῦν καταψεύδονται αὐτῶν· ἀλλὰ προσαναγ-
κάζωμεν τοὺς ποιητὰς ἢ μὴ τούτων αὐτὰ ἔργα φάναι
ἢ τούτους μὴ εἶναι θεῶν παῖδας, ἀμφότερα δὲ μὴ λέγειν,
μηδὲ ἡμῖν ἐπιχειρεῖν πείθειν τοὺς νέους, ὡς οἱ θεοὶ κακὰ
E γεννῶσι καὶ ἥρωες ἀνθρώπων οὐδὲν βελτίους. ὅπερ γὰρ
ἐν τοῖς πρόσθεν ἐλέγομεν, οὔθ' ὅσια ταῦτα οὔτ' ἀληθῆ·

ἐπεδείξαμεν γάρ που, ὅτι ἐκ θεῶν κακὰ γίγνεσθαι ἀδύ-
νατον. Πῶς γὰρ οὔ; Καὶ μὴν τοῖς γε ἀκούουσι βλαβερά·
πᾶς γὰρ ἑαυτῷ ξυγγνώμην ἕξει κακῷ ὄντι, πεισθεὶς ὡς
ἄρα τοιαῦτα πράττουσί τε καὶ ἔπραττον καὶ οἱ θεῶν ἀγ-
χίσποροι, Ζηνὸς ἐγγύς,

ὧν κατ' Ἰδαῖον πάγον
Διὸς πατρῴου βωμός ἐστ' ἐν αἰθέρι,
καὶ οὔ πώ σφιν ἐξίτηλον αἷμα δαιμόνων.

ὧν ἕνεκα παυστέον τοὺς τοιούτους μύθους, μὴ ἡμῖν πολ-
λὴν εὐχέρειαν ἐντίκτωσι τοῖς νέοις πονηρίας. Κομιδῇ μὲν 392
οὖν, ἔφη. Τί οὖν, ἦν δ' ἐγώ, ἔτι λοιπὸν εἶδος λόγων πέρι
ὁριζομένοις οἵους τε λεκτέον καὶ μή; περὶ γὰρ θεῶν ὡς δεῖ
λέγεσθαι εἴρηται, καὶ περὶ δαιμόνων τε καὶ ἡρώων καὶ
τῶν ἐν Ἅιδου. Πάνυ μὲν οὖν. Οὐκοῦν καὶ περὶ ἀνθρώ-
πων τὸ λοιπὸν εἴη ἄν; Δῆλα δή. Ἀδύνατον δή, ὦ φίλε,
ἡμῖν τοῦτό γε ἐν τῷ παρόντι τάξαι. Πῶς; Ὅτι οἶμαι
ἡμᾶς ἐρεῖν, ὡς ἄρα καὶ ποιηταὶ καὶ λογοποιοὶ κακῶς λέ-
γουσι περὶ ἀνθρώπων τὰ μέγιστα, ὅτι εἰσὶν ἄδικοι μέν, εὐ- B
δαίμονες δὲ πολλοί, δίκαιοι δὲ ἄθλιοι, καὶ ὡς λυσιτελεῖ
τὸ ἀδικεῖν, ἐὰν λανθάνῃ, ἡ δὲ δικαιοσύνη ἀλλότριον μὲν
ἀγαθόν, οἰκεία δὲ ζημία· καὶ τὰ μὲν τοιαῦτα ἀπερεῖν λέ-
γειν, τὰ δ' ἐναντία τούτων προστάξειν ᾄδειν τε καὶ μυ-
θολογεῖν· ἢ οὐκ οἴει; Εὖ μὲν οὖν, ἔφη, οἶδα. Οὐκοῦν
ἐὰν ὁμολογῇς ὀρθῶς με λέγειν, φήσω σε ὡμολογηκέναι
ἃ πάλαι ζητοῦμεν; Ὀρθῶς, ἔφη, ὑπέλαβες. Οὐκοῦν περὶ C
ἀνθρώπων ὅτι τοιούτους δεῖ λόγους λέγεσθαι, τότε διο-
μολογησόμεθα, ὅταν εὕρωμεν, οἷόν ἐστι δικαιοσύνη, καὶ
ὡς φύσει λυσιτελοῦν τῷ ἔχοντι, ἐάν τε δοκῇ ἐάν τε μὴ
τοιοῦτος εἶναι; Ἀληθέστατα, ἔφη.

VI. Τὰ μὲν δὴ λόγων πέρι ἐχέτω τέλος, τὸ δὲ λέξεως, ὡς ἐγῷμαι, μετὰ τοῦτο σκεπτέον, καὶ ἡμῖν ἅ τε λεκτέον καὶ ὡς λεκτέον παντελῶς ἐσκέψεται. καὶ ὁ Ἀδείμαντος,

Τοῦτο, ἦ δ' ὅς, οὐ μανθάνω ὅ τι λέγεις. Ἀλλὰ μέντοι,
D ἦν δ' ἐγώ, δεῖ γε. ἴσως οὖν τῇδε μᾶλλον εἴσει. ἆρ' οὐ
πάντα, ὅσα ὑπὸ μυθολόγων ἢ ποιητῶν λέγεται, διήγησις
οὖσα τυγχάνει ἢ γεγονότων ἢ ὄντων ἢ μελλόντων; Τί
γάρ, ἔφη, ἄλλο; Ἆρ' οὖν οὐχὶ ἤτοι ἁπλῇ διηγήσει ἢ διὰ
μιμήσεως γιγνομένῃ ἢ δι' ἀμφοτέρων περαίνουσιν; Καὶ
τοῦτο, ἦ δ' ὅς, ἔτι δέομαι σαφέστερον μαθεῖν. Γελοῖος,
ἦν δ' ἐγώ, ἔοικα διδάσκαλος εἶναι καὶ ἀσαφής. ὥσπερ οὖν
E οἱ ἀδύνατοι λέγειν, οὐ κατὰ ὅλον ἀλλ' ἀπολαβὼν μέρος
τι πειράσομαί σοι ἐν τούτῳ δηλῶσαι ὃ βούλομαι. καί μοι
εἰπέ· ἐπίστασαι τῆς Ἰλιάδος τὰ πρῶτα, ἐν οἷς ὁ ποιητής
φησι τὸν μὲν Χρύσην δεῖσθαι τοῦ Ἀγαμέμνονος ἀπολῦ-
σαι τὴν θυγατέρα, τὸν δὲ χαλεπαίνειν, τὸν δέ, ἐπειδὴ
393 οὐκ ἐτύγχανε, κατεύχεσθαι τῶν Ἀχαιῶν πρὸς τὸν θεόν;
Ἔγωγε. Οἶσθ' οὖν ὅτι μέχρι μὲν τούτων τῶν ἐπῶν

καὶ ἐλίσσετο πάντας Ἀχαιούς,
Ἀτρείδα δὲ μάλιστα δύω, κοσμήτορε λαῶν

λέγει τε αὐτὸς ὁ ποιητὴς καὶ οὐδ' ἐπιχειρεῖ ἡμῶν τὴν διά-
νοιαν ἄλλοσε τρέπειν, ὡς ἄλλος τις ὁ λέγων ἢ αὐτός· τὰ
B δὲ μετὰ ταῦτα ὥσπερ αὐτὸς ὢν ὁ Χρύσης λέγει καὶ πειρᾶ-
ται ἡμᾶς ὅ τι μάλιστα ποιῆσαι μὴ Ὅμηρον δοκεῖν εἶναι
τὸν λέγοντα ἀλλὰ τὸν ἱερέα, πρεσβύτην ὄντα· καὶ τὴν
ἄλλην δὴ πᾶσαν σχεδόν τι οὕτω πεποίηται διήγησιν περί
τε τῶν ἐν Ἰλίῳ καὶ περὶ τῶν ἐν Ἰθάκῃ καὶ ὅλῃ Ὀδυσσείᾳ
παθημάτων. Πάνυ μὲν οὖν, ἔφη. Οὐκοῦν διήγησις μέν
ἐστι καὶ ὅταν τὰς ῥήσεις ἑκάστοτε λέγῃ καὶ ὅταν τὰ μεταξὺ
τῶν ῥήσεων; Πῶς γὰρ οὔ; Ἀλλ' ὅταν γέ τινα λέγῃ ῥῆσιν
C ὥς τις ἄλλος ὤν, ἆρ' οὐ τότε ὁμοιοῦν αὐτὸν φήσομεν ὅ
τι μάλιστα τὴν αὑτοῦ λέξιν ἑκάστῳ, ὃν ἂν προείπῃ ὡς
ἐροῦντα; Φήσομεν· τί γάρ; Οὐκοῦν τό γε ὁμοιοῦν ἑαυτὸν
ἄλλῳ ἢ κατὰ φωνὴν ἢ κατὰ σχῆμα μιμεῖσθαί ἐστιν ἐκεῖνον
ᾧ ἄν τις ὁμοιοῖ; Τί μήν; Ἐν δὴ τῷ τοιούτῳ, ὡς ἔοικεν,

οὗτός τε καὶ οἱ ἄλλοι ποιηταὶ διὰ μιμήσεως τὴν διήγησιν
ποιοῦνται. Πάνυ μὲν οὖν. Εἰ δέ γε μηδαμοῦ ἑαυτὸν ἀπο-
κρύπτοιτο ὁ ποιητής, πᾶσα ἂν αὐτῷ ἄνευ μιμήσεως ἡ
ποίησίς τε καὶ διήγησις γεγονυῖα εἴη. ἵνα δὲ μὴ εἴπῃς, ὅτι D
οὐκ αὖ μανθάνεις, ὅπως ἂν τοῦτο γένοιτο, ἐγὼ φράσω.
εἰ γὰρ Ὅμηρος εἰπών, ὅτι ἦλθεν ὁ Χρύσης τῆς τε θυγα-
τρὸς λύτρα φέρων καὶ ἱκέτης τῶν Ἀχαιῶν, μάλιστα δὲ
τῶν βασιλέων, μετὰ τοῦτο μὴ ὡς Χρύσης γενόμενος ἔλε-
γεν, ἀλλ' ἔτι ὡς Ὅμηρος, οἶσθ' ὅτι οὐκ ἂν μίμησις ἦν ἀλλ'
ἁπλῆ διήγησις. εἶχε δ' ἂν ὧδέ πως· φράσω δὲ ἄνευ μέτρου·
οὐ γάρ εἰμι ποιητικός· ἐλθὼν ὁ ἱερεὺς εὔχετο ἐκείνοις μὲν E
τοὺς θεοὺς δοῦναι ἑλόντας τὴν Τροίαν αὐτοὺς σωθῆναι,
τὴν δὲ θυγατέρα οἱ λῦσαι δεξαμένους ἄποινα καὶ τὸν θεὸν
αἰδεσθέντας. ταῦτα δὲ εἰπόντος αὐτοῦ οἱ μὲν ἄλλοι ἐσέβον-
το καὶ συνῄνουν, ὁ δὲ Ἀγαμέμνων ἠγρίαινεν ἐντελλόμενος
νῦν τε ἀπιέναι καὶ αὖθις μὴ ἐλθεῖν, μὴ αὐτῷ τό τε σκῆ-
πτρον καὶ τὰ τοῦ θεοῦ στέμματα οὐκ ἐπαρκέσοι· πρὶν δὲ
λυθῆναι αὐτοῦ τὴν θυγατέρα, ἐν Ἄργει ἔφη γηράσειν μετὰ
οὗ· ἀπιέναι δ' ἐκέλευε καὶ μὴ ἐρεθίζειν, ἵνα σῶς οἴκαδε ἔλ- 394
θοι. ὁ δὲ πρεσβύτης ἀκούσας ἔδεισέ τε καὶ ἀπῄει σιγῇ, ἀπο-
χωρήσας δὲ ἐκ τοῦ στρατοπέδου πολλὰ τῷ Ἀπόλλωνι εὔχε-
το, τάς τε ἐπωνυμίας τοῦ θεοῦ ἀνακαλῶν καὶ ὑπομιμνή-
σκων καὶ ἀπαιτῶν, εἴ τι πώποτε ἢ ἐν ναῶν οἰκοδομήσεσιν
ἢ ἐν ἱερῶν θυσίαις κεχαρισμένον δωρήσαιτο· ὧν δὴ χάριν
κατεύχετο τῖσαι τοὺς Ἀχαιοὺς τὰ ἃ δάκρυα τοῖς ἐκείνου βέ-
λεσιν. οὕτως, ἦν δ' ἐγώ, ὦ ἑταῖρε, ἄνευ μιμήσεως ἁπλῆ B
διήγησις γίγνεται. Μανθάνω, ἔφη.

VII. Μάνθανε τοίνυν, ἦν δ' ἐγώ, ὅτι ταύτης αὖ
ἐναντία γίγνεται, ὅταν τις τὰ τοῦ ποιητοῦ τὰ μεταξὺ τῶν
ῥήσεων ἐξαιρῶν τὰ ἀμοιβαῖα καταλείπῃ. Καὶ τοῦτο, ἔφη,
μανθάνω, ὅτι ἔστι τὸ περὶ τὰς τραγῳδίας τοιοῦτον. Ὀρ-
θότατα, ἔφην, ὑπέλαβες, καὶ οἶμαί σοι ἤδη δηλοῦν ὃ

ἔμπροσθεν οὐχ οἷός τ' ἦν, ὅτι τῆς ποιήσεώς τε καὶ μυθο-
C λογίας ἡ μὲν διὰ μιμήσεως ὅλη ἐστίν, ὥσπερ σὺ λέγεις, τραγῳδία τε καὶ κωμῳδία, ἡ δὲ δι' ἀπαγγελίας αὐτοῦ τοῦ ποιητοῦ· εὕροις δ' ἂν αὐτὴν μάλιστά που ἐν διθυράμβοις· ἡ δ' αὖ δι' ἀμφοτέρων ἔν τε τῇ τῶν ἐπῶν ποιήσει, πολλαχοῦ δὲ καὶ ἄλλοθι, εἴ μου μανθάνεις. Ἀλλὰ ξυνίημι, ἔφη, ὃ τότε ἐβούλου λέγειν. Καὶ τὸ πρὸ τούτου δὴ ἀναμνήσθητι, ὅτι ἔφαμεν, ἃ μὲν λεκτέον, ἤδη εἰρῆσθαι, ὡς δὲ λεκτέον, ἔτι σκεπτέον εἶναι. Ἀλλὰ μέμνημαι. Τοῦτο
D τοίνυν αὐτὸ ἦν ὃ ἔλεγον ὅτι χρείη διομολογήσασθαι, πότερον ἐάσομεν τοὺς ποιητὰς μιμουμένους ἡμῖν τὰς διηγήσεις ποιεῖσθαι, ἢ τὰ μὲν μιμουμένους, τὰ δὲ μή, καὶ ὁποῖα ἑκάτερα, ἢ οὐδὲ μιμεῖσθαι. Μαντεύομαι, ἔφη, σκοπεῖσθαί σε, εἴτε παραδεξόμεθα τραγῳδίαν τε καὶ κωμῳδίαν εἰς τὴν πόλιν, εἴτε καὶ οὔ. Ἴσως, ἦν δ' ἐγώ· ἴσως δὲ καὶ πλείω ἔτι τούτων· οὐ γὰρ δὴ ἔγωγέ πω οἶδα, ἀλλ' ὅπῃ ἂν ὁ λόγος ὥσπερ πνεῦμα φέρῃ, ταύτῃ ἰτέον.
E Καὶ καλῶς γ', ἔφη, λέγεις. Τόδε τοίνυν, ὦ Ἀδείμαντε, ἄθρει, πότερον μιμητικοὺς ἡμῖν δεῖ εἶναι τοὺς φύλακας ἢ οὔ; ἢ καὶ τοῦτο τοῖς ἔμπροσθεν ἕπεται, ὅτι εἷς ἕκαστος ἓν μὲν ἂν ἐπιτήδευμα καλῶς ἐπιτηδεύοι, πολλὰ δ' οὔ, ἀλλ' εἰ τοῦτο ἐπιχειροῖ, πολλῶν ἐφαπτόμενος πάντων ἀποτυγχάνοι ἄν, ὥστ' εἶναί που ἐλλόγιμος; Τί δ' οὐ μέλλει; Οὐκοῦν καὶ περὶ μιμήσεως ὁ αὐτὸς λόγος, ὅτι πολλὰ ὁ αὐτὸς μιμεῖσθαι εὖ ὥσπερ ἓν οὐ δυνατός; Οὐ γὰρ οὖν.
395 Σχολῇ ἄρα ἐπιτηδεύσει γέ τι ἅμα τῶν ἀξίων λόγου ἐπιτηδευμάτων καὶ πολλὰ μιμήσεται καὶ ἔσται μιμητικός, ἐπεί που οὐδὲ τὰ δοκοῦντα ἐγγὺς ἀλλήλων εἶναι δύο μιμήματα δύνανται οἱ αὐτοὶ ἅμα εὖ μιμεῖσθαι, οἷον κωμῳδίαν καὶ τραγῳδίαν ποιοῦντες. ἢ οὐ μιμήματε ἄρτι τούτω ἐκάλεις; Ἔγωγε· καὶ ἀληθῆ γε λέγεις, ὅτι οὐ δύνανται οἱ αὐτοί. Οὐδὲ μὴν ῥαψῳδοί γε καὶ ὑποκριταὶ ἅμα. Ἀληθῆ. Ἀλλ'

οὐδέ τοι ὑποκριταὶ κωμῳδοῖς τε καὶ τραγῳδοῖς οἱ αὐτοί· B
πάντα δέ ταῦτα μιμήματα. ἢ οὔ; Μιμήματα. Καὶ ἔτι γε τούτων, ὦ Ἀδείμαντε, φαίνεταί μοι εἰς σμικρότερα κατακεκερματίσθαι ἡ τοῦ ἀνθρώπου φύσις, ὥστ' ἀδύνατος εἶναι πολλὰ καλῶς μιμεῖσθαι, ἢ αὐτὰ ἐκεῖνα πράττειν, ὧν δὴ καὶ τὰ μιμήματά ἐστιν ἀφομοιώματα. Ἀληθέστατα, ἦ δ' ὅς.

VIII. Εἰ ἄρα τὸν πρῶτον λόγον διασώσομεν, τοὺς φύλακας ἡμῖν τῶν ἄλλων πασῶν δημιουργιῶν ἀφειμένους δεῖν εἶναι δημιουργοὺς ἐλευθερίας τῆς πόλεως πάνυ ἀκρι- C
βεῖς καὶ μηδὲν ἄλλο ἐπιτηδεύειν, ὅ τι μὴ εἰς τοῦτο φέρει, οὐδὲν δὴ δέοι ἂν αὐτοὺς ἄλλο πράττειν οὐδὲ μιμεῖσθαι· ἐὰν δὲ μιμῶνται, μιμεῖσθαι τὰ τούτοις προσήκοντα εὐθὺς ἐκ παίδων, ἀνδρείους, σώφρονας, ὁσίους, ἐλευθέρους, καὶ τὰ τοιαῦτα πάντα, τὰ δὲ ἀνελεύθερα μήτε ποιεῖν μήτε δεινοὺς εἶναι μιμήσασθαι, μηδὲ ἄλλο μηδὲν τῶν αἰσχρῶν, ἵνα μὴ ἐκ τῆς μιμήσεως τοῦ εἶναι ἀπολαύσωσιν. ἢ οὐκ ᾔσθησαι, ὅτι αἱ μιμήσεις, ἐὰν ἐκ νέων πόρρω διατελέσω- D
σιν, εἰς ἔθη τε καὶ φύσιν καθίστανται καὶ κατὰ σῶμα καὶ φωνὰς καὶ κατὰ τὴν διάνοιαν; Καὶ μάλα, ἦ δ' ὅς. Οὐ δὴ ἐπιτρέψομεν, ἦν δ' ἐγώ, ὧν φαμὲν κήδεσθαι καὶ δεῖν αὐτοὺς ἄνδρας ἀγαθοὺς γενέσθαι, γυναῖκα μιμεῖσθαι ἄνδρας ὄντας, ἢ νέαν ἢ πρεσβυτέραν, ἢ ἀνδρὶ λοιδορουμένην ἢ πρὸς θεοὺς ἐρίζουσάν τε καὶ μεγαλαυχουμένην, οἰομένην εὐδαίμονα εἶναι, ἢ ἐν ξυμφοραῖς τε καὶ πένθεσι καὶ θρήνοις ἐχομένην· κάμνουσαν δὲ ἢ ἐρῶσαν ἢ ὠδίνου- E
σαν πολλοῦ καὶ δεήσομεν. Παντάπασι μὲν οὖν, ἦ δ' ὅς. Οὐδέ γε δούλας τε καὶ δούλους πράττοντας ὅσα δούλων. Οὐδὲ τοῦτο. Οὐδέ γε ἄνδρας κακούς, ὡς ἔοικε, δειλούς τε καὶ τὰ ἐναντία πράττοντας ὧν νῦν δὴ εἴπομεν, κακηγοροῦντάς τε καὶ κωμῳδοῦντας ἀλλήλους καὶ αἰσχρολογοῦντας, μεθύοντας ἢ καὶ νήφοντας, ἢ καὶ ἄλλα ὅσα οἱ 396

τοιοῦτοι καὶ ἐν λόγοις καὶ ἐν ἔργοις ἁμαρτάνουσιν εἴς αὑτούς τε καὶ εἰς ἄλλους· οἶμαι δὲ οὐδὲ μαινομένοις ἐθιστέον ἀφομοιοῦν αὑτοὺς ἐν λόγοις οὐδ' ἐν ἔργοις. γνωστέον μὲν γὰρ καὶ μαινομένους καὶ πονηροὺς ἄνδρας τε καὶ γυναῖκας, ποιητέον δὲ οὐδὲν τούτων οὐδὲ μιμητέον. Ἀληθέστατα, ἔφη. Τί δ'; ἦν δ' ἐγώ· χαλκεύοντας ἤ τι ἄλλο δημιουργοῦντας, ἢ ἐλαύνοντας τριήρεις ἢ κελεύον-
B τας τούτοις, ἤ τι ἄλλο τῶν περὶ ταῦτα μιμητέον; Καὶ πῶς, ἔφη, οἷς γε οὐδὲ προσέχειν τὸν νοῦν τούτων οὐδενὶ ἐξέσται; Τί δέ; ἵππους χρεμετίζοντας καὶ ταύρους μυκωμένους καὶ ποταμοὺς ψοφοῦντας καὶ θάλατταν κτυποῦσαν καὶ βροντὰς καὶ πάντα αὖ τὰ τοιαῦτα ἦ μιμήσονται; Ἀλλ' ἀπείρηται αὐτοῖς, ἔφη, μήτε μαίνεσθαι μήτε μαινομένοις ἀφομοιοῦσθαι. Εἰ ἄρ', ἦν δ' ἐγώ, μανθάνω ἃ σὺ λέγεις, ἔστι τι εἶδος λέξεώς τε καὶ διηγήσεως, ἐν ᾧ ἂν διη-
C γοῖτο ὁ τῷ ὄντι καλὸς κἀγαθός, ὁπότε τι δέοι αὐτὸν λέγειν· καὶ ἕτερον αὖ ἀνόμοιον τούτῳ εἶδος, οὗ ἂν ἔχοιτο αἰεὶ καὶ ἐν ᾧ διηγοῖτο ὁ ἐναντίως ἐκείνῳ φύς τε καὶ τραφείς. Ποῖα δή, ἔφη, ταῦτα; Ὁ μέν μοι δοκεῖ, ἦν δ' ἐγώ, μέτριος ἀνήρ, ἐπειδὰν ἀφίκηται ἐν τῇ διηγήσει ἐπὶ λέξιν τινὰ ἢ πρᾶξιν ἀνδρὸς ἀγαθοῦ, ἐθελήσειν ὡς αὐτὸς ὢν ἐκεῖνος ἀπαγγέλλειν καὶ οὐκ αἰσχυνεῖσθαι ἐπὶ τῇ τοιαύτῃ μιμήσει, μάλιστα μὲν μιμούμενος τὸν ἀγαθὸν ἀσφα-
D λῶς τε καὶ ἐμφρόνως πράττοντα, ἐλάττω δὲ καὶ ἧττον ἢ ὑπὸ νόσων ἢ ὑπὸ ἐρώτων ἐσφαλμένον ἢ καὶ ὑπὸ μέθης ἤ τινος ἄλλης ξυμφορᾶς· ὅταν δὲ γίγνηται κατά τινα ἑαυτοῦ ἀνάξιον, οὐκ ἐθελήσειν σπουδῇ ἀπεικάζειν ἑαυτὸν τῷ χείρονι, εἰ μὴ ἄρα κατὰ βραχύ, ὅταν τι χρηστὸν ποιῇ, ἀλλ' αἰσχυνεῖσθαι, ἅμα μὲν ἀγύμναστος ὢν τοῦ μιμεῖσθαι τοὺς τοιούτους, ἅμα δὲ καὶ δυσχεραίνων αὑτὸν ἐκμάττειν
E τε καὶ ἐνιστάναι εἰς τοὺς τῶν κακιόνων τύπους, ἀτιμάζων τῇ διανοίᾳ, ὅ τι μὴ παιδιᾶς χάριν. Εἰκός, ἔφη.

IX. Οὐκοῦν διηγήσει χρήσεται οἵᾳ ἡμεῖς ὀλίγον
πρότερον διήλθομεν περὶ τα τοῦ Ὁμήρου ἔπη, καὶ ἔσται
αὐτοῦ ἡ λέξις μετέχουσα μὲν ἀμφοτέρων, μιμήσεώς τε καὶ
τῆς ἄλλης διηγήσεως, σμικρὸν δέ τι μέρος ἐν πολλῷ λόγῳ
τῆς μιμήσεως· ἢ οὐδὲν λέγω; Καὶ μάλα, ἔφη, οἷόν γε
ἀνάγκη τὸν τύπον εἶναι τοῦ τοιούτου ῥήτορος. Οὐκοῦν,
ἦν δ᾽ ἐγώ, ὁ μὴ τοιοῦτος αὖ, ὅσῳ ἂν φαυλότερος ᾖ, πάντα 397
τε μᾶλλον μιμήσεται καὶ οὐδὲν ἑαυτοῦ ἀνάξιον οἰήσεται
εἶναι, ὥστε πάντα ἐπιχειρήσει μιμεῖσθαι σπουδῇ τε καὶ
ἐναντίον πολλῶν, καὶ ἃ νῦν δὴ ἐλέγομεν, βροντάς τε καὶ
ψόφους ἀνέμων τε καὶ χαλαζῶν καὶ ἀξόνων καὶ τροχιλίων
καὶ σαλπίγγων καὶ αὐλῶν καὶ συρίγγων καὶ πάντων ὀρ-
γάνων φωνάς, καὶ ἔτι κυνῶν καὶ προβάτων καὶ ὀρνέων
φθόγγους· καὶ ἔσται δὴ ἡ τούτου λέξις ἅπασα διὰ μιμή- B
σεως φωναῖς τε καὶ σχήμασιν, ἢ σμικρόν τι διηγήσεως
ἔχουσα; Ἀνάγκη, ἔφη, καὶ τοῦτο. Ταῦτα τοίνυν, ἦν δ᾽
ἐγώ, ἔλεγον τὰ δύο εἴδη τῆς λέξεως. Καὶ γὰρ ἔστιν, ἔφη.
Οὐκοῦν αὐτοῖν τὸ μὲν σμικρὰς τὰς μεταβολὰς ἔχει, καὶ
ἐάν τις ἀποδιδῷ πρέπουσαν ἁρμονίαν καὶ ῥυθμὸν τῇ λέξει,
ὀλίγου πρὸς τὴν αὐτὴν γίγνεται λέγειν τῷ ὀρθῶς λέγοντι
καὶ ἐν μιᾷ ἁρμονίᾳ — σμικραὶ γὰρ αἱ μεταβολαί — καὶ δὴ
ἐν ῥυθμῷ ὡσαύτως παραπλησίῳ τινί; Κομιδῇ μὲν οὖν, C
ἔφη, οὕτως ἔχει. Τί δὲ τὸ τοῦ ἑτέρου εἶδος; οὐ τῶν ἐναν-
τίων δεῖται, πασῶν μὲν ἁρμονιῶν, πάντων δὲ ῥυθμῶν,
εἰ μέλλει αὖ οἰκείως λέγεσθαι, διὰ τὸ παντοδαπὰς μορφὰς
τῶν μεταβολῶν ἔχειν; Καὶ σφόδρα γε οὕτως ἔχει. Ἆρ᾽
οὖν πάντες οἱ ποιηταὶ καὶ οἵ τι λέγοντες ἢ τῷ ἑτέρῳ τού-
των ἐπιτυγχάνουσι τύπῳ τῆς λέξεως ἢ τῷ ἑτέρῳ ἢ ἐξ
ἀμφοτέρων τινὶ ξυγκεραννύντες; Ἀνάγκη, ἔφη. Τί οὖν D
ποιήσομεν; ἦν δ᾽ ἐγώ· πότερον εἰς τὴν πόλιν πάντας τού-
τους παραδεξόμεθα ἢ τῶν ἀκράτων τὸν ἕτερον ἢ τὸν
κεκραμένον; Ἐὰν ἡ ἐμή, ἔφη, νικᾷ, τὸν τοῦ ἐπιεικοῦς

μιμητὴν ἄκρατον. Ἀλλὰ μήν, ὦ Ἀδείμαντε, ἡδύς γε καὶ ὁ κεκραμένος, πολὺ δὲ ἥδιστος παισί τε καὶ παιδαγωγοῖς ὁ ἐναντίος οὗ σὺ αἱρεῖ καὶ τῷ πλείστῳ ὄχλῳ. Ἥδιστος γάρ. Ἀλλ' ἴσως, ἦν δ' ἐγώ, οὐκ ἂν αὐτὸν ἁρμόττειν φαίης
E τῇ ἡμετέρᾳ πολιτείᾳ, ὅτι οὐκ ἔστι διπλοῦς ἀνὴρ παρ' ἡμῖν οὐδὲ πολλαπλοῦς, ἐπειδὴ ἕκαστος ἓν πράττει. Οὐ γὰρ οὖν ἁρμόττει. Οὐκοῦν διὰ ταῦτα ἐν μόνῃ τῇ τοιαύτῃ πόλει τόν τε σκυτοτόμον σκυτοτόμον εὑρήσομεν καὶ οὐ κυβερνήτην πρὸς τῇ σκυτοτομίᾳ, καὶ τὸν γεωργὸν γεωργὸν καὶ οὐ δικαστὴν πρὸς τῇ γεωργίᾳ, καὶ τὸν πολεμικὸν πολεμικὸν καὶ οὐ χρηματιστὴν πρὸς τῇ πολεμικῇ, καὶ πάντας οὕτω; Ἀληθῆ, ἔφη. Ἄνδρα δή, ὡς ἔοικε, δυνάμενον
398 ὑπὸ σοφίας παντοδαπὸν γίγνεσθαι καὶ μιμεῖσθαι πάντα χρήματα, εἰ ἡμῖν ἀφίκοιτο εἰς τὴν πόλιν αὐτός τε καὶ τὰ ποιήματα βουλόμενος ἐπιδείξασθαι, προσκυνοῖμεν ἂν αὐτὸν ὡς ἱερὸν καὶ θαυμαστὸν καὶ ἡδύν, εἴποιμεν δ' ἂν ὅτι οὐκ ἔστι τοιοῦτος ἀνὴρ ἐν τῇ πόλει παρ' ἡμῖν οὐδὲ θέμις ἐγγενέσθαι, ἀποπέμποιμέν τε εἰς ἄλλην πόλιν μύρον κατὰ τῆς κεφαλῆς καταχέαντες καὶ ἐρίῳ στέψαντες, αὐτοὶ δ' ἂν τῷ αὐστηροτέρῳ καὶ ἀηδεστέρῳ ποιητῇ χρῴμεθα
B καὶ μυθολόγῳ ὠφελείας ἕνεκα, ὃς ἡμῖν τὴν τοῦ ἐπιεικοῦς λέξιν μιμοῖτο καὶ τὰ λεγόμενα λέγοι ἐν ἐκείνοις τοῖς τύποις, οἷς κατ' ἀρχὰς ἐνομοθετησάμεθα, ὅτε τοὺς στρατιώτας ἐπεχειροῦμεν παιδεύειν. Καὶ μάλ', ἔφη, οὕτως ἂν ποιοῖμεν, εἰ ἐφ' ἡμῖν εἴη. Νῦν δή, εἶπον ἐγώ, ὦ φίλε, κινδυνεύει ἡμῖν τῆς μουσικῆς τὸ περὶ λόγους τε καὶ μύθους παντελῶς διαπεπεράνθαι· ἅ τε γὰρ λεκτέον καὶ ὡς λεκτέον, εἴρηται. Καὶ αὐτῷ μοι δοκεῖ, ἔφη.

C X. Οὐκοῦν μετὰ τοῦτο, ἦν δ' ἐγώ, τὸ περὶ ᾠδῆς τρόπου καὶ μελῶν λοιπόν; Δῆλα δή. Ἆρ' οὖν οὐ πᾶς ἤδη ἂν εὕροι, ἃ ἡμῖν λεκτέον περὶ αὐτῶν, οἷα δεῖ εἶναι, εἴπερ μέλλομεν τοῖς προειρημένοις συμφωνήσειν; καὶ ὁ

Γλαύκων ἐπιγελάσας, Ἐγὼ τοίνυν, ἔφη, ὦ Σώκρατες,
κινδυνεύω ἐκτὸς τῶν πάντων εἶναι· οὔκουν ἱκανῶς γε
ἔχω ἐν τῷ παρόντι ξυμβαλέσθαι, ποῖ᾽ ἄττα δεῖ ἡμᾶς λέγειν,
ὑποπτεύω μέντοι. Πάντως δήπου, ἦν δ᾽ ἐγώ, πρῶτον
μὲν τόδε ἱκανῶς ἔχεις λέγειν, ὅτι τὸ μέλος ἐκ τριῶν ἐστὶ D
συγκείμενον, λόγου τε καὶ ἁρμονίας καὶ ῥυθμοῦ. Ναί,
ἔφη, τοῦτό γε. Οὐκοῦν ὅσον γε αὐτοῦ λόγος ἐστίν, οὐδὲν
δήπου διαφέρει τοῦ μὴ ᾀδομένου λόγου πρὸς τὸ ἐν τοῖς
αὐτοῖς δεῖν τύποις λέγεσθαι οἷς ἄρτι προείπομεν καὶ ὡς-
αύτως; Ἀληθῆ, ἔφη. Καὶ μὴν τήν γε ἁρμονίαν καὶ ῥυθ-
μὸν ἀκολουθεῖν δεῖ τῷ λόγῳ. Πῶς δ᾽ οὔ; Ἀλλὰ μέντοι
θρήνων τε καὶ ὀδυρμῶν ἔφαμεν ἐν λόγοις οὐδὲν προς-
δεῖσθαι. Οὐ γὰρ οὖν. Τίνες οὖν θρηνώδεις ἁρμονίαι; E
λέγε μοι· σὺ γὰρ μουσικός. Μιξολυδιστί, ἔφη, καὶ συν-
τονολυδιστὶ καὶ τοιαῦταί τινες. Οὐκοῦν αὗται, ἦν δ᾽
ἐγώ, ἀφαιρετέαι· ἄχρηστοι γὰρ καὶ γυναιξὶν ἃς δεῖ ἐπιει-
κεῖς εἶναι, μὴ ὅτι ἀνδράσιν. Πάνυ γε. Ἀλλὰ μὴν μέθη
γε φύλαξιν ἀπρεπέστατον καὶ μαλακία καὶ ἀργία. Πῶς
γὰρ οὔ; Τίνες οὖν μαλακαί τε καὶ συμποτικαὶ τῶν ἁρμο-
νιῶν; Ἰαστί, ἦ δ᾽ ὅς, καὶ λυδιστί, αἵτινες χαλαραὶ κα-
λοῦνται. Ταύταις οὖν, ὦ φίλε, ἐπὶ πολεμικῶν ἀνδρῶν 399
ἔσθ᾽ ὅ τι χρήσει; Οὐδαμῶς, ἔφη· ἀλλὰ κινδυνεύει σοι
δωριστὶ λείπεσθαι καὶ φρυγιστί. Οὐκ οἶδα, ἔφην ἐγώ,
τὰς ἁρμονίας, ἀλλὰ κατάλειπε ἐκείνην τὴν ἁρμονίαν, ἣ
ἔν τε πολεμικῇ πράξει ὄντος ἀνδρείου καὶ ἐν πάσῃ βιαίῳ
ἐργασίᾳ πρεπόντως ἂν μιμήσαιτο φθόγγους τε καὶ προσῳ-
δίας, καὶ ἀποτυχόντος, ἢ εἰς τραύματα ἢ εἰς θανάτους
ἰόντος ἢ εἴς τινα ἄλλην ξυμφορὰν πεσόντος, ἐν πᾶσι τού- B
τοις παρατεταγμένως καὶ καρτερούντως ἀμυνομένου τὴν
τύχην· καὶ ἄλλην αὖ ἐν εἰρηνικῇ τε καὶ μὴ βιαίῳ ἀλλ᾽ ἐν
ἑκουσίῳ πράξει ὄντος, ἢ τινά τι πείθοντός τε καὶ δεομένου,
ἢ εὐχῇ θεὸν ἢ διδαχῇ καὶ νουθετήσει ἄνθρωπον, ἢ τού-

ναντίον ἄλλῳ δεομένῳ ἢ διδάσκοντι ἢ μεταπείθοντι ἑαυ-
τὸν ἐπέχοντα, καὶ ἐκ τούτων πράξαντα κατὰ νοῦν, καὶ
μὴ ὑπερηφάνως ἔχοντα, ἀλλὰ σωφρόνως τε καὶ μετρίως
C ἐν πᾶσι τούτοις πράττοντά τε καὶ τὰ ἀποβαίνοντα ἀγα-
πῶντα. ταύτας δύο ἁρμονίας, βίαιον, ἑκούσιον, δυς-
τυχούντων, εὐτυχούντων, σωφρόνων, ἀνδρείων [ἁρμο-
νίας] αἵτινες φθόγγους μιμήσονται κάλλιστα, ταύτας
λεῖπε. Ἀλλ', ἦ δ' ὅς, οὐκ ἄλλας αἰτεῖς λείπειν, ἢ ἃς νῦν
δὴ ἐγὼ ἔλεγον. Οὐκ ἄρα, ἦν δ' ἐγώ, πολυχορδίας γε
οὐδὲ παναρμονίου ἡμῖν δεήσει ἐν ταῖς ᾠδαῖς τε καὶ μέλε-
σιν. Οὔ μοι, ἔφη, φαίνεται. Τριγώνων ἄρα καὶ πηκτί-
D δων καὶ πάντων ὀργάνων, ὅσα πολύχορδα καὶ πολυαρ-
μόνια, δημιουργοὺς οὐ θρέψομεν. Οὐ φαινόμεθα. Τί
δέ; αὐλοποιοὺς ἢ αὐλητὰς παραδέξει εἰς τὴν πόλιν; ἢ οὐ
τοῦτο πολυχορδότατον, καὶ αὐτὰ τὰ παναρμόνια αὐλοῦ
τυγχάνει ὄντα μίμημα; Δῆλα δή, ἦ δ' ὅς. Λύρα δή σοι,
ἦν δ' ἐγώ, καὶ κιθάρα λείπεται καὶ κατὰ πόλιν χρήσιμα·
καὶ αὖ κατ' ἀγροὺς τοῖς νομεῦσι σύριγξ ἄν τις εἴη. Ὡς
E γοῦν, ἔφη, ὁ λόγος ἡμῖν σημαίνει. Οὐδέν γε, ἦν δ' ἐγώ,
καινὸν ποιοῦμεν, ὦ φίλε, κρίνοντες τὸν Ἀπόλλω καὶ τὰ
τοῦ Ἀπόλλωνος ὄργανα πρὸ Μαρσύου τε καὶ τῶν ἐκείνου
ὀργάνων. Μὰ Δί', ἦ δ' ὅς, οὔ μοι φαινόμεθα. Καὶ νὴ
τὸν κύνα, εἶπον, λελήθαμέν γε διακαθαίροντες πάλιν ἣν
ἄρτι τρυφᾶν ἔφαμεν πόλιν. Σωφρονοῦντές γε ἡμεῖς, ἦ
δ' ὅς.

XI. Ἴθι δή, ἔφην, καὶ τὰ λοιπὰ καθαίρωμεν. ἑπό-
μενον γὰρ δὴ ταῖς ἁρμονίαις ἂν ἡμῖν εἴη τὸ περὶ ῥυθ-
μούς, μὴ ποικίλους αὐτοὺς διώκειν μηδὲ παντοδαπὰς βά-
σεις, ἀλλὰ βίου ῥυθμοὺς ἰδεῖν κοσμίου τε καὶ ἀνδρείου
τίνες εἰσίν· οὓς ἰδόντα τὸν πόδα τῷ τοιούτου λόγῳ ἀναγ-
κάζειν ἕπεσθαι καὶ τὸ μέλος, ἀλλὰ μὴ λόγον ποδί τε καὶ
μέλει. οἵτινες δ' ἂν εἶεν οὗτοι οἱ ῥυθμοί, σὸν ἔργον,

ὥσπερ τὰς ἁρμονίας, φράσαι. Ἀλλὰ μὰ Δί', ἔφη, οὐκ ἔχω λέγειν. ὅτι μὲν γὰρ τρί' ἅττα ἐστὶν εἴδη, ἐξ ὧν αἱ βάσεις πλέκονται, ὥσπερ ἐν τοῖς φθόγγοις τέτταρα, ὅθεν αἱ πᾶσαι ἁρμονίαι, τεθεαμένος ἂν εἴποιμι· ποῖα δὲ ποίου βίου μιμήματα, λέγειν οὐκ ἔχω. Ἀλλὰ ταῦτα μέν, ἦν δ' B
ἐγώ, καὶ μετὰ Δάμωνος βουλευσόμεθα, τίνες τε ἀνελευθερίας καὶ ὕβρεως ἢ μανίας καὶ ἄλλης κακίας πρέπουσαι βάσεις, καὶ τίνας τοῖς ἐναντίοις λειπτέον ῥυθμούς. οἶμαι δέ με ἀκηκοέναι οὐ σαφῶς ἐνόπλιόν τέ τινα ὀνομάζοντος αὐτοῦ ξύνθετον καὶ δάκτυλον καὶ ἡρῷόν γε, οὐκ οἶδα ὅπως διακοσμοῦντος καὶ ἴσον ἄνω καὶ κάτω τιθέντος, εἰς βραχύ τε καὶ μακρὸν γιγνόμενον, καί, ὡς ἐγῷμαι, ἴαμβον καί τιν' ἄλλον τροχαῖον ὠνόμαζε, μήκη δὲ καὶ βραχύτητας προσῆπτε· καὶ τούτων τισὶν οἶμαι τὰς ἀγωγὰς C
τοῦ ποδὸς αὐτὸν οὐχ ἧττον ψέγειν τε καὶ ἐπαινεῖν ἢ τοὺς ῥυθμοὺς αὐτούς, ἤτοι ξυναμφότερόν τι· οὐ γὰρ ἔχω λέγειν. ἀλλὰ ταῦτα μέν, ὥσπερ εἶπον, εἰς Δάμωνα ἀναβεβλήσθω· διελέσθαι γὰρ οὐ σμικροῦ λόγου· ἢ σὺ οἴει; Μὰ Δί', οὐκ ἔγωγε. Ἀλλὰ τόδε γε, ὅτι τὸ τῆς εὐσχημοσύνης τε καὶ ἀσχημοσύνης τῷ εὐρύθμῳ τε καὶ ἀρρύθμῳ ἀκολουθεῖ, δύνασαι διελέσθαι; Πῶς δ' οὔ; Ἀλλὰ μὴν τὸ εὔρυθμόν γε καὶ τὸ ἄρρυθμον τὸ μὲν τῇ καλῇ λέξει D
ἕπεται ὁμοιούμενον, τὸ δὲ τῇ ἐναντίᾳ, καὶ τὸ εὐάρμοστον καὶ ἀνάρμοστον ὡσαύτως, εἴπερ ῥυθμός γε καὶ ἁρμονία λόγῳ, ὥσπερ ἄρτι ἐλέγετο, ἀλλὰ μὴ λόγος τούτοις. Ἀλλὰ μήν, ἦ δ' ὅς, ταῦτά γε λόγῳ ἀκολουθητέον. Τί δ' ὁ τρόπος τῆς λέξεως, ἦν δ' ἐγώ, καὶ ὁ λόγος; οὐ τῷ τῆς ψυχῆς ἤθει ἕπεται; Πῶς γὰρ οὔ; Τῇ δὲ λέξει τἆλλα; Ναί. Εὐλογία ἄρα καὶ εὐαρμοστία καὶ εὐσχημοσύνη καὶ εὐρυθμία εὐηθείᾳ ἀκολουθεῖ, οὐχ ἣν ἄνοιαν οὖσαν ὑποκοριζόμενοι καλοῦμεν ὡς εὐήθειαν, ἀλλὰ τὴν ὡς ἀληθῶς εὖ E
τε καὶ καλῶς τὸ ἦθος κατεσκευασμένην διάνοιαν. Παντά-

πασι μὲν οὖν, ἔφη. Ἆρ' οὖν οὐ πανταχοῦ ταῦτα διωκτέα τοῖς νέοις, εἰ μέλλουσι τὸ αὑτῶν πράττειν; Διωκτέα μὲν
401 οὖν. Ἔστι δέ γέ που πλήρης μὲν γραφικὴ αὐτῶν καὶ πᾶσα ἡ τοιαύτη δημιουργία, πλήρης δὲ ὑφαντικὴ καὶ ποικιλία καὶ οἰκοδομία καὶ πᾶσα αὖ ἡ τῶν ἄλλων σκευῶν ἐργασία, ἔτι δὲ ἡ τῶν σωμάτων φύσις καὶ ἡ τῶν ἄλλων φυτῶν· ἐν πᾶσι γὰρ τούτοις ἔνεστιν εὐσχημοσύνη ἢ ἀσχημοσύνη. καὶ ἡ μὲν ἀσχημοσύνη καὶ ἀρρυθμία καὶ ἀναρμοστία κακολογίας καὶ κακοηθείας ἀδελφά, τὰ δ' ἐναντία τοῦ ἐναντίου, σώφρονός τε καὶ ἀγαθοῦ ἤθους, ἀδελφά τε καὶ μιμήματα. Παντελῶς μὲν οὖν, ἔφη.

B XII. Ἆρ' οὖν τοῖς ποιηταῖς ἡμῖν μόνον ἐπιστατητέον καὶ προσαναγκαστέον τὴν τοῦ ἀγαθοῦ εἰκόνα ἤθους ἐμποιεῖν τοῖς ποιήμασιν ἢ μὴ παρ' ἡμῖν ποιεῖν, ἢ καὶ τοῖς ἄλλοις δημιουργοῖς ἐπιστατητέον καὶ διακωλυτέον τὸ κακόηθες τοῦτο καὶ ἀκόλαστον καὶ ἀνελεύθερον καὶ ἄσχημον μήτε ἐν εἰκόσι ζώων μήτε ἐν οἰκοδομήμασι μήτε ἐν ἄλλῳ μηδενὶ δημιουργουμένῳ ἐμποιεῖν, ἢ ὁ μὴ οἷός τε ὢν οὐκ ἐατέος παρ' ἡμῖν δημιουργεῖν, ἵνα μὴ ἐν κακίας εἰκόσι τρεφόμενοι ἡμῖν οἱ φύλακες ὥσπερ ἐν κακῇ βοτάνῃ,
C πολλὰ ἑκάστης ἡμέρας κατὰ σμικρὸν ἀπὸ πολλῶν δρεπόμενοί τε καὶ νεμόμενοι, ἕν τι ξυνιστάντες λανθάνωσι κακὸν μέγα ἐν τῇ αὑτῶν ψυχῇ· ἀλλ' ἐκείνους ζητητέον τοὺς δημιουργοὺς τοὺς εὐφυῶς δυναμένους ἰχνεύειν τὴν τοῦ καλοῦ τε καὶ εὐσχήμονος φύσιν, ἵν' ὥσπερ ἐν ὑγιεινῷ τόπῳ οἰκοῦντες οἱ νέοι ἀπὸ παντὸς ὠφελῶνται, ὁπόθεν ἂν αὐτοῖς ἀπὸ τῶν καλῶν ἔργων ἢ πρὸς ὄψιν ἢ πρὸς ἀκοήν τι προσβάλῃ, ὥσπερ αὔρα φέρουσα ἀπὸ χρηστῶν
D τόπων ὑγίειαν, καὶ εὐθὺς ἐκ παίδων λανθάνῃ εἰς ὁμοιότητά τε καὶ φιλίαν καὶ ξυμφωνίαν τῷ καλῷ λόγῳ ἄγουσα; Πολὺ γὰρ ἄν, ἔφη, κάλλιστα οὕτω τραφεῖεν. Ἆρ' οὖν, ἦν δ' ἐγώ, ὦ Γλαύκων, τούτων ἕνεκα κυριωτάτη ἐν

μουσικῇ τροφή, ὅτι μάλιστα καταδύεται εἰς τὸ ἐντὸς τῆς
ψυχῆς ὅ τε ῥυθμὸς καὶ ἁρμονία, καὶ ἐρρωμενέστατα
ἅπτεται αὐτῆς, φέροντα τὴν εὐσχημοσύνην, καὶ ποιεῖ εὐ-
σχήμονα, ἐάν τις ὀρθῶς τραφῇ, εἰ δὲ μή, τοὐναντίον; καὶ E
ὅτι αὖ τῶν παραλειπομένων καὶ μὴ καλῶς δημιουργη-
θέντων ἢ μὴ καλῶς φύντων ὀξύτατ' ἂν αἰσθάνοιτο ὁ ἐκεῖ
τραφεὶς ὡς ἔδει, καὶ ὀρθῶς δὴ δυσχεραίνων τὰ μὲν καλὰ
ἐπαινοῖ καὶ χαίρων [καὶ] καταδεχόμενος εἰς τὴν ψυχὴν
τρέφοιτ' ἂν ἀπ' αὐτῶν καὶ γίγνοιτο καλός τε κἀγαθός, τὰ 402
δ' αἰσχρὰ ψέγοι τ' ἂν ὀρθῶς καὶ μισοῖ ἔτι νέος ὤν, πρὶν
λόγον δυνατὸς εἶναι λαβεῖν, ἐλθόντος δὲ τοῦ λόγου ἀσπά-
ζοιτ' ἂν αὐτὸν γνωρίζων δι' οἰκειότητα μάλιστα ὁ οὕτω
τραφείς; Ἐμοὶ γοῦν δοκεῖ, ἔφη, τῶν τοιούτων ἕνεκα ἐν
μουσικῇ εἶναι ἡ τροφή. Ὥσπερ ἄρα, ἦν δ' ἐγώ, γραμμά-
των πέρι τότε ἱκανῶς εἴχομεν, ὅτε τὰ στοιχεῖα μὴ λαν-
θάνοι ἡμᾶς ὀλίγα ὄντα ἐν ἅπασιν οἷς ἔστι περιφερόμενα,
καὶ οὔτ' ἐν σμικρῷ οὔτ' ἐν μεγάλῳ ἠτιμάζομεν αὐτά, ὡς B
οὐ δέοι αἰσθάνεσθαι, ἀλλὰ πανταχοῦ προὐθυμούμεθα
διαγιγνώσκειν, ὡς οὐ πρότερον ἐσόμενοι γραμματικοὶ
πρὶν οὕτως ἔχοιμεν. Ἀληθῆ. Οὐκοῦν καὶ εἰκόνας γραμ-
μάτων, εἴ που ἢ ἐν ὕδασιν ἢ ἐν κατόπτροις ἐμφαίνοιντο,
οὐ πρότερον γνωσόμεθα, πρὶν ἂν αὐτὰ γνῶμεν, ἀλλ' ἔστι
τῆς αὐτῆς τέχνης τε καὶ μελέτης; Παντάπασι μὲν οὖν.
Ἆρ' οὖν, ὃ λέγω, πρὸς θεῶν, οὕτως οὐδὲ μουσικοὶ πρό-
τερον ἐσόμεθα, οὔτε αὐτοὶ οὔτε οὓς φαμεν ἡμῖν παιδευ- C
τέον εἶναι τοὺς φύλακας, πρὶν ἂν τὰ τῆς σωφροσύνης
εἴδη καὶ ἀνδρείας καὶ ἐλευθεριότητος καὶ μεγαλοπρεπείας
καὶ ὅσα τούτων ἀδελφὰ καὶ τὰ τούτων αὖ ἐναντία παν-
ταχοῦ περιφερόμενα γνωρίζωμεν καὶ ἐνόντα ἐν οἷς ἔνε-
στιν αἰσθανώμεθα καὶ αὐτὰ καὶ εἰκόνας αὐτῶν, καὶ μήτε
ἐν σμικροῖς μήτε ἐν μεγάλοις ἀτιμάζωμεν, ἀλλὰ τῆς αὐ-
τῆς οἰώμεθα τέχνης εἶναι καὶ μελέτης; Πολλὴ ἀνάγκη,

δή; Καὶ παρ' Ὁμήρου, ἦν δ' ἐγώ, τά γε τοιαῦτα μάθοι ἄν
τις. οἶσθα γὰρ ὅτι ἐπὶ στρατείας ἐν ταῖς τῶν ἡρώων ἑστιά-
C σεσιν οὔτε ἰχθύσιν αὐτοὺς ἑστιᾷ, καὶ ταῦτα ἐπὶ θαλάττῃ
ἐν Ἑλλησπόντῳ ὄντας, οὔτε ἑφθοῖς κρέασιν ἀλλὰ μόνον
ὀπτοῖς, ἃ δὴ μάλιστ' ἂν εἴη στρατιώταις εὔπορα· παν-
ταχοῦ γάρ, ὡς ἔπος εἰπεῖν, αὐτῷ τῷ πυρὶ χρῆσθαι εὐπο-
ρώτερον ἢ ἀγγεῖα ξυμπεριφέρειν. Καὶ μάλα. Οὐδὲ μὴν
ἡδυσμάτων, ὡς ἐγᾦμαι, Ὅμηρος πώποτε ἐμνήσθη· ἢ
τοῦτο μὲν καὶ οἱ ἄλλοι ἀσκηταὶ ἴσασιν, ὅτι τῷ μέλλοντι
σώματι εὖ ἕξειν ἀφεκτέον τῶν τοιούτων ἁπάντων; Καὶ
D ὀρθῶς γε, ἔφη, ἴσασί τε καὶ ἀπέχονται. Συρακοσίαν δέ,
ὦ φίλε, τράπεζαν καὶ Σικελικὴν ποικιλίαν ὄψου, ὡς ἔοι-
κας, οὐκ αἰνεῖς, εἴπερ σοι ταῦτα δοκεῖ ὀρθῶς ἔχειν. Οὔ
μοι δοκῶ. Ψέγεις ἄρα καὶ Κορινθίαν κόρην φίλην εἶναι
ἀνδράσι μέλλουσιν εὖ σώματος ἕξειν. Παντάπασι μὲν
οὖν. Οὐκοῦν καὶ Ἀττικῶν πεμμάτων τὰς δοκούσας εἶναι
εὐπαθείας; Ἀνάγκη. Ὅλην γάρ, οἶμαι, τὴν τοιαύτην
σίτησιν καὶ δίαιταν τῇ μελοποιίᾳ τε καὶ ᾠδῇ τῇ ἐν τῷ
E παναρμονίῳ καὶ ἐν πᾶσι ῥυθμοῖς πεποιημένῃ ἀπεικάζον-
τες ὀρθῶς ἂν ἀπεικάζοιμεν. Πῶς γὰρ οὔ; Οὐκοῦν ἐκεῖ
μὲν ἀκολασίαν ἡ ποικιλία ἐνέτικτεν, ἐνταῦθα δὲ νόσον, ἡ
δὲ ἁπλότης κατὰ μὲν μουσικὴν ἐν ψυχαῖς σωφροσύνην,
κατὰ δὲ γυμναστικὴν ἐν σώμασιν ὑγίειαν; Ἀληθέστατα,
405 ἔφη. Ἀκολασίας δὲ καὶ νόσων πληθυουσῶν ἐν πόλει ἆρ'
οὐ δικαστήριά τε καὶ ἰατρεῖα πολλὰ ἀνοίγεται, καὶ δικα-
νική τε καὶ ἰατρικὴ σεμνύνονται, ὅταν δὴ καὶ ἐλεύθεροι
πολλοὶ καὶ σφόδρα περὶ αὐτὰ σπουδάζωσιν; Τί γὰρ οὐ
μέλλει;

XIV. Τῆς δὲ κακῆς τε καὶ αἰσχρᾶς παιδείας ἐν πόλει
ἆρα μή τι μεῖζον ἕξεις λαβεῖν τεκμήριον, ἢ τὸ δεῖσθαι
ἰατρῶν καὶ δικαστῶν ἄκρων, μὴ μόνον τοὺς φαύλους τε
καὶ χειροτέχνας, ἀλλὰ καὶ τοὺς ἐν ἐλευθέρῳ σχήματι

προσποιουμένους τεθράφθαι; ἢ οὐκ αἰσχρὸν δοκεῖ καὶ B
ἀπαιδευσίας μέγα τεκμήριον τὸ ἐπακτῷ παρ' ἄλλων, ὡς
δεσποτῶν τε καὶ κριτῶν, τῷ δικαίῳ ἀναγκάζεσθαι χρῆ-
σθαι, καὶ ἀπορίᾳ οἰκείων; Πάντων μὲν οὖν, ἔφη, αἴσχι-
στον. Ἦ δοκεῖ σοι, ἦν δ' ἐγώ, τούτου αἴσχιον εἶναι τοῦτο,
ὅταν τις μὴ μόνον τὸ πολὺ τοῦ βίου ἐν δικαστηρίοις
φεύγων τε καὶ διώκων κατατρίβηται, ἀλλὰ καὶ ὑπὸ ἀπει-
ροκαλίας ἐπ' αὐτῷ δὴ τούτῳ πεισθῇ καλλωπίζεσθαι, ὡς
δεινὸς ὢν περὶ τὸ ἀδικεῖν καὶ ἱκανὸς πάσας μὲν στροφὰς C
στρέφεσθαι, πάσας δὲ διεξόδους διεξελθὼν ἀποστρα-
φῆναι λυγιζόμενος, ὥστε μὴ παρασχεῖν δίκην, καὶ ταῦτα
σμικρῶν τε καὶ οὐδενὸς ἀξίων ἕνεκα, ἀγνοῶν, ὅσῳ κάλ-
λιον καὶ ἄμεινον τὸ παρασκευάζειν τὸν βίον αὑτῷ μηδὲν
δεῖσθαι νυστάζοντος δικαστοῦ; Οὔκ, ἀλλὰ τοῦτ', ἔφη,
ἐκείνου ἔτι αἴσχιον. Τὸ δὲ ἰατρικῆς, ἦν δ' ἐγώ, δεῖσθαι, ὅ
τι μὴ τραυμάτων ἕνεκα ἤ τινων ἐπετείων νοσημάτων ἐπι-
πεσόντων, ἀλλὰ δι' ἀργίαν τε καὶ δίαιταν οἵαν διήλθο- D
μεν ῥευμάτων τε καὶ πνευμάτων ὥσπερ λίμνας ἐμπιπλα-
μένους φύσας τε καὶ κατάρρους νοσήμασιν ὀνόματα τί-
θεσθαι ἀναγκάζειν τοὺς κομψοὺς Ἀσκληπιάδας, οὐκ
αἰσχρὸν δοκεῖ; Καὶ μάλ', ἔφη, ὡς ἀληθῶς καινὰ ταῦτα
καὶ ἄτοπα νοσημάτων ὀνόματα. Οἷα, ἦν δ' ἐγώ, ὡς οἶμαι,
οὐκ ἦν ἐπ' Ἀσκληπιοῦ· τεκμαίρομαι δέ, ὅτι αὐτοῦ οἱ
υἱεῖς ἐν Τροίᾳ Εὐρυπύλῳ τετρωμένῳ ἐπ' οἶνον Πρά- E
μνειον ἄλφιτα πολλὰ ἐπιπασθέντα καὶ τυρὸν ἐπιξυσθέν- 406
τα, ἃ δὴ δοκεῖ φλεγματώδη εἶναι, οὐκ ἐμέμψαντο τῇ
δούσῃ πιεῖν, οὐδὲ Πατρόκλῳ τῷ ἰωμένῳ ἐπετίμησαν. Καὶ
μὲν δή, ἔφη, ἄτοπόν γε τὸ πῶμα οὕτως ἔχοντι. Οὔκ, εἰ
γ' ἐννοεῖς, εἶπον, ὅτι τῇ παιδαγωγικῇ τῶν νοσημάτων
ταύτῃ τῇ νῦν ἰατρικῇ πρὸ τοῦ Ἀσκληπιάδαι οὐκ ἐχρῶντο,
ὥς φασι, πρὶν Ἡρόδικον γενέσθαι· Ἡρόδικος δὲ παιδο-
τρίβης ὢν καὶ νοσώδης γενόμενος, μίξας γυμναστικην

στὴν ζητεῖν τὸν ἀγαθόν τε καὶ σοφόν, ἀλλὰ τὸν πρότε-
ρον. πονηρία μὲν γὰρ ἀρετήν τε καὶ αὑτὴν οὔποτ᾽ ἂν
γνοίη, ἀρετὴ δὲ φύσεως παιδευομένης χρόνῳ ἅμα αὑτῆς
E τε καὶ πονηρίας ἐπιστήμην λήψεται. σοφὸς οὖν οὗτος, ὥς
μοι δοκεῖ, ἀλλ᾽ οὐχ ὁ κακὸς γίγνεται. Καὶ ἐμοί, ἔφη, ξυν-
δοκεῖ. Οὐκοῦν καὶ ἰατρικήν, οἵαν εἴπομεν, μετὰ τῆς
τοιαύτης δικαστικῆς κατὰ πόλιν νομοθετήσεις, αἳ τῶν
410 πολιτῶν σοι τοὺς μὲν εὐφυεῖς τὰ σώματα καὶ τὰς ψυχὰς
θεραπεύσουσι, τοὺς δὲ μή, ὅσοι μὲν κατὰ σῶμα τοιοῦτοι,
ἀποθνήσκειν ἐάσουσι, τοὺς δὲ κατὰ τὴν ψυχὴν κακοφυεῖς
καὶ ἀνιάτους αὐτοὶ ἀποκτενοῦσιν; Τὸ γοῦν ἄριστον,
ἔφη, αὐτοῖς τε τοῖς πάσχουσι καὶ τῇ πόλει οὕτω πέφαν-
ται. Οἱ δὲ δὴ νέοι, ἦν δ᾽ ἐγώ, δῆλον ὅτι εὐλαβήσονταί
σοι δικαστικῆς εἰς χρείαν ἰέναι, τῇ ἁπλῇ ἐκείνῃ μουσικῇ
χρώμενοι, ἣν δὴ ἔφαμεν σωφροσύνην ἐντίκτειν. Τί μήν;
B ἔφη. Ἆρ᾽ οὖν οὐ κατὰ ταὐτὰ ἴχνη ταῦτα ὁ μουσικὸς γυ-
μναστικὴν διώκων, ἐὰν ἐθέλῃ, αἱρήσει, ὥστε μηδὲν ἰα-
τρικῆς δεῖσθαι ὅ τι μὴ ἀνάγκη; Ἔμοιγε δοκεῖ. Αὐτὰ μὴν
τὰ γυμνάσια καὶ τοὺς πόνους πρὸς τὸ θυμοειδὲς τῆς φύ-
σεως βλέπων κἀκεῖνο ἐγείρων πονήσει μᾶλλον ἢ πρὸς
ἰσχύν, οὐχ ὥσπερ οἱ ἄλλοι ἀθληταὶ ῥώμης ἕνεκα σιτία
καὶ πόνους μεταχειρίζονται. Ὀρθότατα, ἦ δ᾽ ὅς. Ἆρ᾽ οὖν,
ἦν δ᾽ ἐγώ, ὦ Γλαύκων, καὶ οἱ καθιστάντες μουσικῇ καὶ
C γυμναστικῇ παιδεύειν οὐχ οὗ ἕνεκά τινες οἴονται καθι-
στᾶσιν, ἵνα τῇ μὲν τὸ σῶμα θεραπεύοιντο, τῇ δὲ τὴν
ψυχήν; Ἀλλὰ τί μήν; ἔφη. Κινδυνεύουσιν, ἦν δ᾽ ἐγώ,
ἀμφότερα τῆς ψυχῆς ἕνεκα τὸ μέγιστον καθιστάναι. Πῶς
δή; Οὐκ ἐννοεῖς, εἶπον, ὡς διατίθενται αὐτὴν τὴν διά-
νοιαν, οἳ ἂν γυμναστικῇ μὲν διὰ βίου ὁμιλήσωσι, μουσι-
κῆς δὲ μὴ ἅψωνται; ἢ ὅσοι ἂν τοὐναντίον διατεθῶσιν;
D Τίνος δέ, ἦ δ᾽ ὅς, πέρι λέγεις; Ἀγριότητός τε καὶ σκληρό-
τητος, καὶ αὖ μαλακίας τε καὶ ἡμερότητος, ἦν δ᾽ ἐγώ.

Ἔγωγε, ἔφη, ὅτι οἱ μὲν γυμναστικῇ ἀκράτῳ χρησάμενοι
ἀγριώτεροι τοῦ δέοντος ἀποβαίνουσιν, οἱ δὲ μουσικῇ μα-
λακώτεροι αὖ γίγνονται ἢ ὡς κάλλιον αὐτοῖς. Καὶ μήν,
ἦν δ' ἐγώ, τό γε ἄγριον τὸ θυμοειδὲς ἂν τῆς φύσεως παρ-
έχοιτο, καὶ ὀρθῶς μὲν τραφὲν ἀνδρεῖον ἂν εἴη, μᾶλλον
δ' ἐπιταθὲν τοῦ δέοντος σκληρόν τε καὶ χαλεπὸν γίγνοιτ'
ἄν, ὡς τὸ εἰκός. Δοκεῖ μοι, ἔφη. Τί δέ; τὸ ἥμερον οὐχ ἡ E
φιλόσοφος ἂν ἔχοι φύσις; καὶ μᾶλλον μὲν ἀνεθέντος αὐ-
τοῦ μαλακώτερον εἴη τοῦ δέοντος, καλῶς δὲ τραφέντος
ἥμερόν τε καὶ κόσμιον; Ἔστι ταῦτα. Δεῖν δέ γέ φαμεν
τοὺς φύλακας ἀμφοτέρα ἔχειν τούτω τὼ φύσει. Δεῖ γάρ.
Οὐκοῦν ἡρμόσθαι δεῖ αὐτὰς πρὸς ἀλλήλας; Πῶς δ' οὔ;
Καὶ τοῦ μὲν ἡρμοσμένου σώφρων τε καὶ ἀνδρεία ἡ ψυχή; 411
Πάνυ γε. Τοῦ δὲ ἀναρμόστου δειλὴ καὶ ἄγροικος; Καὶ
μάλα.

XVIII. Οὐκοῦν ὅταν μέν τις μουσικῇ παρέχῃ καταυ-
λεῖν καὶ καταχεῖν τῆς ψυχῆς διὰ τῶν ὤτων ὥσπερ διὰ
χώνης ἃς νῦν δὴ ἡμεῖς ἐλέγομεν τὰς γλυκείας τε καὶ μα-
λακὰς καὶ θρηνώδεις ἁρμονίας, καὶ μινυρίζων τε καὶ γε-
γανωμένος ὑπὸ τῆς ᾠδῆς διατελῇ τὸν βίον ὅλον, οὗτος τὸ
μὲν πρῶτον, εἴ τι θυμοειδὲς εἶχεν, ὥσπερ σίδηρον ἐμάλαξε B
καὶ χρήσιμον ἐξ ἀχρήστου καὶ σκληροῦ ἐποίησεν· ὅταν δ'
ἐπέχων μὴ ἀνίῃ ἀλλὰ κηλῇ, τὸ μετὰ τοῦτο ἤδη τήκει καὶ
λείβει, ἕως ἂν ἐκτήξῃ τὸν θυμὸν καὶ ἐκτέμῃ ὥσπερ νεῦρα
ἐκ τῆς ψυχῆς καὶ ποιήσῃ μαλθακὸν αἰχμητήν. Πάνυ μὲν
οὖν, ἔφη. Καὶ ἐὰν μέν γε, ἦν δ' ἐγώ, ἐξ ἀρχῆς φύσει
ἄθυμον λάβῃ, ταχὺ τοῦτο διεπράξατο· ἐὰν δὲ θυμοειδῆ,
ἀσθενῆ ποιήσας τὸν θυμὸν ὀξύρροπον ἀπειργάσατο, ἀπὸ
σμικρῶν ταχὺ ἐρεθιζόμενόν τε καὶ κατασβεννύμενον. C
ἀκρόχολοι οὖν καὶ ὀργίλοι ἀντὶ θυμοειδοῦς γεγένηνται,
δυσκολίας ἔμπλεοι. Κομιδῇ μὲν οὖν. Τί δέ; ἂν αὖ γυ-
μναστικῇ πολλὰ πονῇ καὶ εὐωχῆται εὖ μάλα, μουσικῆς δὲ

καὶ φιλοσοφίας μὴ ἅπτηται, οὐ πρῶτον μὲν εὖ ἴσχων τὸ
σῶμα φρονήματός τε καὶ θυμοῦ ἐμπίπλαται καὶ ἀνδρειό-
τερος γίγνεται αὐτὸς αὑτοῦ; Καὶ μάλα γε. Τί δαί; ἐπει-
δὰν ἄλλο μηδὲν πράττῃ μηδὲ κοινωνῇ Μούσης μηδαμῇ,
D οὐκ εἴ τι καὶ ἐνῆν αὐτοῦ φιλομαθὲς ἐν τῇ ψυχῇ, ἅτε οὔτε
μαθήματος γευόμενον οὐδενὸς οὔτε ζητήματος, οὔτε λό-
γου μετίσχον οὔτε τῆς ἄλλης μουσικῆς, ἀσθενές τε καὶ
κωφὸν καὶ τυφλὸν γίγνεται, ἅτε οὐκ ἐγειρόμενον οὐδὲ
τρεφόμενον οὐδὲ διακαθαιρομένων τῶν αἰσθήσεων αὐ-
τοῦ; Οὕτως, ἔφη. Μισολόγος δή, οἶμαι, ὁ τοιοῦτος γίγ-
νεται καὶ ἄμουσος, καὶ πειθοῖ μὲν διὰ λόγων οὐδὲν ἔτι
E χρῆται, βίᾳ δὲ καὶ ἀγριότητι ὥσπερ θηρίον πρὸς πάντα
[διαπράττεται], καὶ ἐν ἀμαθίᾳ καὶ σκαιότητι μετὰ ἀρρυθ-
μίας τε καὶ ἀχαριστίας ζῇ. Παντάπασιν, ἦ δ' ὅς, οὕτως
ἔχει. Ἐπὶ δὴ δύ' ὄντε τούτω, ὡς ἔοικε, δύο τέχνα θεὸν
ἔγωγ' ἄν τινα φαίην δεδωκέναι τοῖς ἀνθρώποις, μουσι-
κήν τε καὶ γυμναστικὴν ἐπὶ τὸ θυμοειδὲς καὶ τὸ φιλόσο-
φον, οὐκ ἐπὶ ψυχὴν καὶ σῶμα, εἰ μὴ εἰ πάρεργον, ἀλλ' ἐπ'
412 ἐκείνω, ὅπως ἂν ἀλλήλοιν ξυναρμοσθῆτον ἐπιτεινομένω
καὶ ἀνιεμένω μέχρι τοῦ προσήκοντος. Καὶ γὰρ ἔοικεν,
ἔφη. Τὸν κάλλιστ' ἄρα μουσικῇ γυμναστικὴν κεραννύντα
καὶ μετριώτατα τῇ ψυχῇ προσφέροντα, τοῦτον ὀρθότατ'
ἂν φαῖμεν εἶναι τελέως μουσικώτατον καὶ εὐαρμοστότα-
τον, πολὺ μᾶλλον ἢ τὸν τὰς χορδὰς ἀλλήλαις ξυνιστάντα.
Εἰκότως γ', ἔφη, ὦ Σώκρατες. Οὐκοῦν καὶ ἐν τῇ πόλει
ἡμῖν, ὦ Γλαύκων, δεήσει τοῦ τοιούτου τινὸς ἀεὶ ἐπιστά-
B του, εἰ μέλλει ἡ πολιτεία σώζεσθαι; Δεήσει μέντοι ὡς
οἷόν τέ γε μάλιστα.

XIX. Οἱ μὲν δὴ τύποι τῆς παιδείας τε καὶ τροφῆς
οὗτοι ἂν εἶεν. χορείας γάρ τί ἄν τις διεξίοι τῶν τοιούτων
καὶ θήρας τε καὶ κυνηγέσια καὶ γυμνικοὺς ἀγῶνας καὶ
ἱππικούς; σχεδὸν γάρ τι δῆλα δὴ ὅτι τούτοις ἑπόμενα δεῖ

αὐτὰ εἶναι, καὶ οὐκέτι χαλεπὰ εὑρεῖν. Ἴσως, ἦ δ' ὅς, οὐ
χαλεπά. Εἶεν, ἦν δ' ἐγώ· τὸ δὴ μετὰ τοῦτο τί ἂν ἡμῖν
διαιρετέον εἴη; ἆρ' οὐκ αὐτῶν τούτων οἵτινες ἄρξουσί τε
καὶ ἄρξονται; Τί μήν; Ὅτι μὲν πρεσβυτέρους τοὺς ἄρ- C
χοντας δεῖ εἶναι, νεωτέρους δὲ τοὺς ἀρχομένους, δῆλον;
Δῆλον. Καὶ ὅτι γε τοὺς ἀρίστους αὐτῶν; Καὶ τοῦτο. Οἱ
δὲ γεωργῶν ἄριστοι ἆρ' οὐ γεωργικώτατοι γίγνονται;
Ναί. Νῦν δ', ἐπειδὴ φυλάκων αὐτοὺς ἀρίστους δεῖ εἶναι,
ἆρ' οὐ φυλακικωτάτους πόλεως; Ναί. Οὐκοῦν φρονί-
μους τε εἰς τοῦτο δεῖ ὑπάρχειν καὶ δυνατοὺς καὶ ἔτι κηδε-
μόνας τῆς πόλεως; Ἔστι ταῦτα. Κήδοιτο δέ γ' ἄν τις D
μάλιστα τούτου ὃ τυγχάνοι φιλῶν. Ἀνάγκη. Καὶ μὴν
τοῦτό γ' ἂν μάλιστα φιλοῖ, ᾧ ξυμφέρειν ἡγοῖτο τὰ αὐτὰ
καὶ ἑαυτῷ καὶ [ὅταν μάλιστα] ἐκείνου μὲν εὖ πράττοντος
οἴοιτο ξυμβαίνειν καὶ ἑαυτῷ εὖ πράττειν, μὴ δέ, τοὐναν-
τίον. Οὕτως, ἔφη. Ἐκλεκτέον ἄρ' ἐκ τῶν ἄλλων φυλάκων
τοιούτους ἄνδρας, οἳ ἂν σκοποῦσιν ἡμῖν μάλιστα φαί-
νωνται παρὰ πάντα τὸν βίον, ὃ μὲν ἂν τῇ πόλει ἡγήσων-
ται ξυμφέρειν, πάσῃ προθυμίᾳ ποιεῖν, ὃ δ' ἂν μή, μηδενὶ E
τρόπῳ πρᾶξαι ἂν ἐθέλειν. Ἐπιτήδειοι γάρ, ἔφη. Δοκεῖ
δή μοι τηρητέον αὐτοὺς εἶναι ἐν ἁπάσαις ταῖς ἡλικίαις, εἰ
φυλακικοί εἰσι τούτου τοῦ δόγματος καὶ μήτε γοητευόμε-
νοι μήτε βιαζόμενοι ἐκβάλλουσιν ἐπιλανθανόμενοι δόξαν
τὴν τοῦ ποιεῖν δεῖν, ἃ τῇ πόλει βέλτιστα. Τίνα, ἔφη, λέγεις
τὴν ἐκβολήν; Ἐγώ σοι, ἔφην, ἐρῶ. φαίνεταί μοι δόξα
ἐξιέναι ἐκ διανοίας ἢ ἑκουσίως ἢ ἀκουσίως, ἑκουσίως μὲν
ἡ ψευδὴς τοῦ μεταμανθάνοντος, ἀκουσίως δὲ πᾶσα ἡ 413
ἀληθής. Τὸ μὲν τῆς ἑκουσίου, ἔφη, μανθάνω, τὸ δὲ τῆς
ἀκουσίου δέομαι μαθεῖν. Τί δαί; οὐ καὶ σὺ ἡγεῖ, ἔφην
ἐγώ, τῶν μὲν ἀγαθῶν ἀκουσίως στέρεσθαι τοὺς ἀνθρώ-
πους, τῶν δὲ κακῶν ἑκουσίως; ἢ οὐ τὸ μὲν ἐψεῦσθαι τῆς
ἀληθείας κακόν, τὸ δὲ ἀληθεύειν ἀγαθόν; ἢ οὐ τὸ τὰ

ὄντα δοξάζειν ἀληθεύειν δοκεῖ σοι εἶναι; Ἀλλ᾽, ἦ δ᾽ ὅς, ὀρθῶς λέγεις, καί μοι δοκοῦσιν ἄκοντες ἀληθοῦς δόξης στερίσκεσθαι. Οὐκοῦν κλαπέντες ἢ γοητευθέντες ἢ βιασθέντες τοῦτο πάσχουσιν; Οὐδὲ νῦν, ἔφη, μανθάνω.
B Τραγικῶς, ἦν δ᾽ ἐγώ, κινδυνεύω λέγειν. κλαπέντας μὲν γὰρ τοὺς μεταπεισθέντας λέγω καὶ τοὺς ἐπιλανθανομένους, ὅτι τῶν μὲν χρόνος, τῶν δὲ λόγος ἐξαιρούμενος λανθάνει. νῦν γάρ που μανθάνεις; Ναί. Τοὺς τοίνυν βιασθέντας λέγω οὓς ἂν ὀδύνη τις ἢ ἀλγηδὼν μεταδοξάσαι ποιήσῃ. Καὶ τοῦτ᾽, ἔφη, ἔμαθον, καὶ ὀρθῶς λέγεις. Τοὺς
C μὴν γοητευθέντας, ὡς ἐγᾦμαι, κἂν σὺ φαίης εἶναι οἳ ἂν μεταδοξάσωσιν ἢ ὑφ᾽ ἡδονῆς κηληθέντες ἢ ὑπὸ φόβου τι δείσαντες. Ἔοικε γάρ, ἦ δ᾽ ὅς, γοητεύειν πάντα ὅσα ἀπατᾷ.

XX. Ὃ τοίνυν ἄρτι ἔλεγον, ζητητέον, τίνες ἄριστοι φύλακες τοῦ παρ᾽ αὑτοῖς δόγματος, τοῦτο ὡς ποιητέον, ὃ ἂν τῇ πόλει ἀεὶ δοκῶσι βέλτιστον εἶναι αὐτοὺς ποιεῖν. τηρητέον δὴ εὐθὺς ἐκ παίδων, προθεμένοις ἔργα, ἐν οἷς ἄν τις τὸ τοιοῦτον μάλιστα ἐπιλανθάνοιτο καὶ ἐξαπατῷτο,
D καὶ τὸν μὲν μνήμονα καὶ δυσεξαπάτητον ἐγκριτέον, τὸν δὲ μὴ ἀποκριτέον. ἦ γάρ; Ναί. Καὶ πόνους γε αὖ καὶ ἀλγηδόνας καὶ ἀγῶνας αὐτοῖς θετέον, ἐν οἷς ταὐτὰ ταῦτα τηρητέον. Ὀρθῶς, ἔφη. Οὐκοῦν, ἦν δ᾽ ἐγώ, καὶ τρίτου εἴδους τούτοις γοητείας ἅμιλλαν ποιητέον, καὶ θεατέον, ὥσπερ τοὺς πώλους ἐπὶ τοὺς ψόφους τε καὶ θορύβους ἄγοντες σκοποῦσιν εἰ φοβεροί, οὕτω νέους ὄντας εἰς δεί-
E ματ᾽ ἄττα κομιστέον καὶ εἰς ἡδονὰς αὖ μεταβλητέον, βασανίζοντας πολὺ μᾶλλον ἢ χρυσὸν ἐν πυρί, εἰ δυσγοήτευτος καὶ εὐσχήμων ἐν πᾶσι φαίνεται, φύλαξ αὑτοῦ ὢν ἀγαθὸς καὶ μουσικῆς ἧς ἐμάνθανεν, εὔρυθμόν τε καὶ εὐάρμοστον ἑαυτὸν ἐν πᾶσι τούτοις παρέχων, οἷος δὴ ἂν ὢν καὶ ἑαυτῷ καὶ πόλει χρησιμώτατος εἴη. καὶ τὸν ἀεὶ ἔν τε

παισὶ καὶ νεανίσκοις καὶ ἐν ἀνδράσι βασανιζόμενον καὶ
ἀκήρατον ἐκβαίνοντα καταστατέον ἄρχοντα τῆς πόλεως 414
καὶ φύλακα, καὶ τιμὰς δοτέον καὶ ζῶντι καὶ τελευτήσαντι,
τάφων τε καὶ τῶν ἄλλων μνημείων μέγιστα γέρα λαγχά-
νοντα· τὸν δὲ μὴ τοιοῦτον ἀποκριτέον. τοιαύτη τις, ἦν
δ' ἐγώ, δοκεῖ μοι, ὦ Γλαύκων, ἡ ἐκλογὴ εἶναι καὶ κατά-
στασις τῶν ἀρχόντων τε καὶ φυλάκων, ὡς ἐν τύπῳ, μὴ δι'
ἀκριβείας, εἰρῆσθαι. Καὶ ἐμοί, ἦ δ' ὅς, οὕτω πῃ φαίνεται.
Ἆρ' οὖν ὡς ἀληθῶς ὀρθότατον καλεῖν τούτους μὲν φύ- B
λακας παντελεῖς τῶν τε ἔξωθεν πολεμίων τῶν τε ἐντὸς
φιλίων, ὅπως οἱ μὲν μὴ βουλήσονται, οἱ δὲ μὴ δυνήσονται
κακουργεῖν, τοὺς δὲ νέους, οὓς νῦν δὴ φύλακας ἐκαλοῦ-
μεν, ἐπικούρους τε καὶ βοηθοὺς τοῖς τῶν ἀρχόντων δόγ-
μασιν; Ἔμοιγε δοκεῖ, ἔφη.

XXI. Τίς ἂν οὖν ἡμῖν, ἦν δ' ἐγώ, μηχανὴ γένοιτο
τῶν ψευδῶν τῶν ἐν δέοντι γιγνομένων, ὧν δὴ νῦν ἐλέγο-
μεν, γενναῖόν τι ἓν ψευδομένους πεῖσαι μάλιστα μὲν καὶ C
αὐτοὺς τοὺς ἄρχοντας, εἰ δὲ μή, τὴν ἄλλην πόλιν; Ποῖόν
τι; ἔφη. Μηδὲν καινόν, ἦν δ' ἐγώ, ἀλλὰ Φοινικικόν τι,
πρότερον μὲν ἤδη πολλαχοῦ γεγονός, ὥς φασιν οἱ ποιη-
ταὶ καὶ πεπείκασιν, ἐφ' ἡμῶν δὲ οὐ γεγονὸς οὐδ' οἶδα εἰ
γενόμενον ἄν, πεῖσαι δὲ συχνῆς πειθοῦς. Ὡς ἔοικας, ἔφη,
ὀκνοῦντι λέγειν. Δόξω δέ σοι, ἦν δ' ἐγώ, καὶ μάλ' εἰκό-
τως ὀκνεῖν, ἐπειδὰν εἴπω. Λέγ', ἔφη, καὶ μὴ φοβοῦ. Λέγω
δή· καίτοι οὐκ οἶδα ὁποίᾳ τόλμῃ ἢ ποίοις λόγοις χρώμενος D
ἐρῶ· καὶ ἐπιχειρήσω πρῶτον μὲν αὐτοὺς τοὺς ἄρχοντας
πείθειν καὶ τοὺς στρατιώτας, ἔπειτα δὲ καὶ τὴν ἄλλην πό-
λιν, ὡς ἄρ' ἃ ἡμεῖς αὐτοὺς ἐτρέφομέν τε καὶ ἐπαιδεύομεν,
ὥσπερ ὀνείρατα ἐδόκουν ταῦτα πάντα πάσχειν τε καὶ
γίγνεσθαι περὶ αὐτούς, ἦσαν δὲ τότε τῇ ἀληθείᾳ ὑπὸ γῆς
ἐντὸς πλαττόμενοι καὶ τρεφόμενοι καὶ αὐτοὶ καὶ τὰ ὅπλα
αὐτῶν καὶ ἡ ἄλλη σκευὴ δημιουργουμένη, ἐπειδὴ δὲ παν- E

τελῶς ἐξειργασμένοι ἦσαν, ὡς ἡ γῆ αὐτοὺς μήτηρ οὖσα
ἀνῆκε, καὶ νῦν δεῖ ὡς περὶ μητρὸς καὶ τροφοῦ τῆς χώρας
ἐν ᾗ εἰσὶ βουλεύεσθαί τε καὶ ἀμύνειν αὐτούς, ἐάν τις ἐπ'
αὐτὴν ἴῃ, καὶ ὑπὲρ τῶν ἄλλων πολιτῶν ὡς ἀδελφῶν ὄντων
καὶ γηγενῶν διανοεῖσθαι. Οὐκ ἐτός, ἔφη, πάλαι ᾐσχύνου
415 τὸ ψεῦδος λέγειν. Πάνυ, ἦν δ' ἐγώ, εἰκότως· ἀλλ' ὅμως
ἄκουε καὶ τὸ λοιπὸν τοῦ μύθου. ἐστὲ μὲν γὰρ δὴ πάντες
οἱ ἐν τῇ πόλει ἀδελφοί, ὡς φήσομεν πρὸς αὐτοὺς μυθολο-
γοῦντες, ἀλλ' ὁ θεὸς πλάττων, ὅσοι μὲν ὑμῶν ἱκανοὶ ἄρ-
χειν, χρυσὸν ἐν τῇ γενέσει ξυνέμιξεν αὐτοῖς, διὸ τιμιώτα-
τοί εἰσιν· ὅσοι δ' ἐπίκουροι, ἄργυρον· σίδηρον δὲ καὶ
χαλκὸν τοῖς τε γεωργοῖς καὶ τοῖς ἄλλοις δημιουργοῖς. ἅτε
οὖν ξυγγενεῖς ὄντες πάντες τὸ μὲν πολὺ ὁμοίους ἂν ὑμῖν
B αὐτοῖς γεννῷτε, ἔστι δ' ὅτε ἐκ χρυσοῦ γεννηθείη ἂν ἀρ-
γυροῦν καὶ ἐξ ἀργυροῦ χρυσοῦν ἔκγονον καὶ τἆλλα πάντα
οὕτως ἐξ ἀλλήλων. τοῖς οὖν ἄρχουσι καὶ πρῶτον καὶ μά-
λιστα παραγγέλλει ὁ θεός, ὅπως μηδενὸς οὕτω φύλακες
ἀγαθοὶ ἔσονται μηδ' οὕτω σφόδρα φυλάξουσι μηδὲν ὡς
τοὺς ἐκγόνους, ὅ τι αὐτοῖς τούτων ἐν ταῖς ψυχαῖς παρα-
μέμικται, καὶ ἐάν τε σφέτερος ἔκγονος ὑπόχαλκος ἢ ὑπο-
C σίδηρος γένηται, μηδενὶ τρόπῳ κατελεήσουσιν, ἀλλὰ τὴν
τῇ φύσει προσήκουσαν τιμὴν ἀποδόντες ὤσουσιν εἰς
δημιουργοὺς ἢ εἰς γεωργούς, καὶ ἂν αὖ ἐκ τούτων τις
ὑπόχρυσος ἢ ὑπάργυρος φυῇ, τιμήσαντες ἀνάξουσι τοὺς
μὲν εἰς φυλακήν, τοὺς δὲ εἰς ἐπικουρίαν, ὡς χρησμοῦ
ὄντος τότε τὴν πόλιν διαφθαρῆναι, ὅταν αὐτὴν ὁ σίδηρος
ἢ ὁ χαλκὸς φυλάξῃ. τοῦτον οὖν τὸν μῦθον ὅπως ἂν πει-
σθεῖεν, ἔχεις τινὰ μηχανήν; Οὐδαμῶς, ἔφη, ὅπως γ' ἂν
D αὐτοὶ οὗτοι· ὅπως μέντ' ἂν οἱ τούτων υἱεῖς καὶ οἱ ἔπειτα
οἵ τ' ἄλλοι ἄνθρωποι οἱ ὕστερον. Ἀλλὰ καὶ τοῦτο, ἦν δ'
ἐγώ, εὖ ἂν ἔχοι πρὸς τὸ μᾶλλον αὐτοὺς τῆς πόλεώς τε καὶ
ἀλλήλων κήδεσθαι· σχεδὸν γάρ τι μανθάνω ὃ λέγεις.

XXII. Καὶ τοῦτο μὲν δὴ ἕξει ὅπῃ ἂν αὐτὸ ἡ φήμη ἀγάγῃ· ἡμεῖς δὲ τούτους τοὺς γηγενεῖς ὁπλίσαντες προάγωμεν ἡγουμένων τῶν ἀρχόντων. ἐλθόντες δὲ θεασάσθων τῆς πόλεως ὅπου κάλλιστον στρατοπεδεύσασθαι,
ὅθεν τούς τε ἔνδον μάλιστ' ἂν κατέχοιεν, εἴ τις μὴ ἐθέλοι E
τοῖς νόμοις πείθεσθαι, τούς τε ἔξωθεν ἀπαμύνοιεν, εἰ πολέμιος ὥσπερ λύκος ἐπὶ ποίμνην τις ἴοι, στρατοπεδευσάμενοι δέ, θύσαντες οἷς χρή, εὐνὰς ποιησάσθων· ἢ πῶς; Οὕτως, ἔφη. Οὐκοῦν τοιαύτας, οἵας χειμῶνός τε στέγειν καὶ θέρους ἱκανὰς εἶναι; Πῶς γὰρ οὐχί; οἰκήσεις γάρ, ἔφη, δοκεῖς μοι λέγειν. Ναί, ἦν δ' ἐγώ, στρατιωτικάς γε,
ἀλλ' οὐ χρηματιστικάς. Πῶς, ἔφη, αὖ τοῦτο λέγεις δια- 416
φέρειν ἐκείνου; Ἐγώ σοι, ἦν δ' ἐγώ, πειράσομαι εἰπεῖν. δεινότατον γάρ που πάντων καὶ αἴσχιστον ποιμέσι τοιούτους γε καὶ οὕτω τρέφειν κύνας ἐπικούρους ποιμνίων, ὥστε ὑπὸ ἀκολασίας ἢ λιμοῦ ἤ τινος ἄλλου κακοῦ ἔθους αὐτοὺς τοὺς κύνας ἐπιχειρῆσαι τοῖς προβάτοις κακουργεῖν καὶ ἀντὶ κυνῶν λύκοις ὁμοιωθῆναι. Δεινόν, ἦ δ' ὅς· πῶς
δ' οὔ; Οὐκοῦν φυλακτέον παντὶ τρόπῳ, μὴ τοιοῦτον ἡμῖν B
οἱ ἐπίκουροι ποιήσωσι πρὸς τοὺς πολίτας, ἐπειδὴ αὐτῶν κρείττους εἰσίν, ἀντὶ ξυμμάχων εὐμενῶν δεσπόταις ἀγρίοις ἀφομοιωθῶσιν; Φυλακτέον, ἔφη. Οὐκοῦν τὴν μεγίστην τῆς εὐλαβείας παρεσκευασμένοι ἂν εἶεν, εἰ τῷ ὄντι καλῶς πεπαιδευμένοι εἰσίν; Ἀλλὰ μὴν εἰσί γ', ἔφη. καὶ ἔγωγ' εἶπον, Τοῦτο μὲν οὐκ ἄξιον διισχυρίζεσθαι, ὦ φίλε Γλαύκων· ὃ μέντοι ἄρτι ἐλέγομεν, ἄξιον, ὅτι δεῖ αὐτοὺς
τῆς ὀρθῆς τυχεῖν παιδείας, ἥτις ποτέ ἐστιν, εἰ μέλλουσι τὸ C
μέγιστον ἔχειν πρὸς τὸ ἥμεροι εἶναι αὐτοῖς τε καὶ τοῖς φυλαττομένοις ὑπ' αὐτῶν. Καὶ ὀρθῶς γε, ἦ δ' ὅς. Πρὸς τοίνυν τῇ παιδείᾳ ταύτῃ φαίη ἄν τις νοῦν ἔχων δεῖν καὶ τὰς οἰκήσεις καὶ τὴν ἄλλην οὐσίαν τοιαύτην αὐτοῖς παρασκευάσασθαι, ἥτις μήτε τοὺς φύλακας ὡς ἀρίστους εἶναι

παύσοι αὐτούς, κακουργεῖν τε μὴ ἐπαροῖ περὶ τοὺς ἄλλους
D πολίτας. Καὶ ἀληθῶς γε φήσει. Ὅρα δή, εἶπον ἐγώ, εἰ
τοιόνδε τινὰ τρόπον δεῖ αὐτοὺς ζῆν τε καὶ οἰκεῖν, εἰ μέλ-
λουσι τοιοῦτοι ἔσεσθαι· πρῶτον μὲν οὐσίαν κεκτημένον
μηδεμίαν μηδένα ἰδίαν, ἂν μὴ πᾶσα ἀνάγκη· ἔπειτα οἴκη-
σιν καὶ ταμιεῖον μηδενὶ εἶναι μηδὲν τοιοῦτον, εἰς ὃ οὐ πᾶς
ὁ βουλόμενος εἴσεισι· τὰ δ᾽ ἐπιτήδεια, ὅσων δέονται ἄν-
δρες ἀθληταὶ πολέμου σώφρονές τε καὶ ἀνδρεῖοι, ταξαμέ-
E νους παρὰ τῶν ἄλλων πολιτῶν δέχεσθαι μισθὸν τῆς φυ-
λακῆς τοσοῦτον, ὅσον μήτε περιεῖναι αὐτοῖς εἰς τὸν ἐνιαυ-
τὸν μήτε ἐνδεῖν· φοιτῶντας δὲ εἰς ξυσσίτια ὥσπερ ἐστρα-
τοπεδευμένους κοινῇ ζῆν· χρυσίον δὲ καὶ ἀργύριον εἰπεῖν
αὐτοῖς ὅτι θεῖον παρὰ θεῶν ἀεὶ ἐν τῇ ψυχῇ ἔχουσι καὶ
οὐδὲν προσδέονται τοῦ ἀνθρωπείου, οὐδὲ ὅσια τὴν ἐκεί-
νου κτῆσιν τῇ τοῦ θνητοῦ χρυσοῦ κτήσει ξυμμιγνύντας
417 μιαίνειν, διότι πολλὰ καὶ ἀνόσια περὶ τὸ τῶν πολλῶν νό-
μισμα γέγονε, τὸ παρ᾽ ἐκείνοις δὲ ἀκήρατον· ἀλλὰ μόνοις
αὐτοῖς τῶν ἐν τῇ πόλει μεταχειρίζεσθαι καὶ ἅπτεσθαι
χρυσοῦ καὶ ἀργύρου οὐ θέμις, οὐδ᾽ ὑπὸ τὸν αὐτὸν ὄρο-
φον ἰέναι οὐδὲ περιάψασθαι οὐδὲ πίνειν ἐξ ἀργύρου ἢ
χρυσοῦ. καὶ οὕτω μὲν σώζοιντό τ᾽ ἂν καὶ σώζοιεν τὴν πό-
λιν· ὁπότε δ᾽ αὐτοὶ γῆν τε ἰδίαν καὶ οἰκίας καὶ νομίσματα
κτήσονται, οἰκονόμοι μὲν καὶ γεωργοὶ ἀντὶ φυλάκων
B ἔσονται, δεσπόται δ᾽ ἐχθροὶ ἀντὶ ξυμμάχων τῶν ἄλλων
πολιτῶν γενήσονται, μισοῦντες δὲ δὴ καὶ μισούμενοι καὶ
ἐπιβουλεύοντες καὶ ἐπιβουλευόμενοι διάξουσι πάντα τὸν
βίον, πολὺ πλείω καὶ μᾶλλον δεδιότες τοὺς ἔνδον ἢ
τοὺς ἔξωθεν πολεμίους, θέοντες ἤδη τότε ἐγγύτατα ὀλέ-
θρου αὐτοί τε καὶ ἡ ἄλλη πόλις. τούτων οὖν πάντων
ἕνεκα, ἦν δ᾽ ἐγώ, φῶμεν οὕτω δεῖν κατεσκευάσθαι τοὺς
φύλακας οἰκήσεώς τε πέρι καὶ τῶν ἄλλων, καὶ ταῦτα νο-
μοθετήσωμεν, ἢ οὔ; Πάνυ γε, ἦ δ᾽ ὃς ὁ Γλαύκων.

Δ.

I. Καὶ ὁ Ἀδείμαντος ὑπολαβὼν Τί οὖν, ἔφη, ὦ Σώ-
κρατες, ἀπολογήσει, ἐάν τίς σε φῇ μὴ πάνυ τι εὐδαίμονας
ποιεῖν τούτους τοὺς ἄνδρας, καὶ ταῦτα δι' ἑαυτούς, ὧν
ἔστι μὲν ἡ πόλις τῇ ἀληθείᾳ, οἱ δὲ μηδὲν ἀπολαύουσιν
ἀγαθὸν τῆς πόλεως, οἷον ἄλλοι ἀγρούς τε κεκτημένοι καὶ
οἰκίας οἰκοδομούμενοι καλὰς καὶ μεγάλας καὶ ταύταις
πρέπουσαν κατασκευὴν κτώμενοι καὶ θυσίας θεοῖς ἰδίας
θύοντες καὶ ξενοδοκοῦντες, καὶ δὴ καὶ ἃ νῦν δὴ σὺ ἔλεγες,
χρυσόν τε καὶ ἄργυρον κεκτημένοι καὶ πάντα ὅσα νομί-
ζεται τοῖς μέλλουσι μακαρίοις εἶναι; ἀλλ' ἀτεχνῶς, φαίη
ἄν, ὥσπερ ἐπίκουροι μισθωτοὶ ἐν τῇ πόλει φαίνονται κα- 420
θῆσθαι οὐδὲν ἄλλο ἢ φρουροῦντες. Ναί, ἦν δ' ἐγώ, καὶ
ταῦτά γε ἐπισίτιοι καὶ οὐδὲ μισθὸν πρὸς τοῖς σιτίοις λαμ-
βάνοντες ὥσπερ οἱ ἄλλοι, ὥστε οὐδ' ἂν ἀποδημῆσαι βού-
λωνται ἰδίᾳ, ἐξέσται αὐτοῖς, οὐδ' ἑταίραις διδόναι οὐδ'
ἀναλίσκειν ἄν ποι βούλωνται ἄλλοσε, οἷα δὴ οἱ εὐδαίμο-
νες δοκοῦντες εἶναι ἀναλίσκουσι. ταῦτα καὶ ἄλλα τοιαῦτα
συχνὰ τῆς κατηγορίας ἀπολείπεις. Ἀλλ', ἦ δ' ὅς, ἔστω καὶ
ταῦτα κατηγορημένα. Τί οὖν δὴ ἀπολογησόμεθα, φής; B
Ναί. Τὸν αὐτὸν οἶμον, ἦν δ' ἐγώ, πορευόμενοι εὑρήσο-
μεν, ὡς ἐγῷμαι, ἃ λεκτέα. ἐροῦμεν γάρ, ὅτι θαυμαστὸν
μὲν ἂν οὐδὲν εἴη, εἰ καὶ οὗτοι οὕτως εὐδαιμονέστατοί
εἰσιν, οὐ μὴν πρὸς τοῦτο βλέποντες τὴν πόλιν οἰκίζομεν,
ὅπως ἕν τι ἡμῖν ἔθνος ἔσται διαφερόντως εὔδαιμον, ἀλλ'
ὅπως ὅ τι μάλιστα ὅλη ἡ πόλις. ᾠήθημεν γὰρ ἐν τῇ τοι-
αύτῃ μάλιστα ἂν εὑρεῖν δικαιοσύνην καὶ αὖ ἐν τῇ κά-
κιστα οἰκουμένῃ ἀδικίαν, κατιδόντες δὲ κρῖναι ἄν, ὃ πάλαι C
ζητοῦμεν. νῦν μὲν οὖν, ὡς οἰόμεθα, τὴν εὐδαίμονα πλάτ-

τομεν οὐκ ἀπολαβόντες, ὀλίγους ἐν αὐτῇ τοιούτους τινὰς
τιθέντες, ἀλλ' ὅλην· αὐτίκα δὲ τὴν ἐναντίαν σκεψόμεθα.
ὥσπερ οὖν ἄν, εἰ ἡμᾶς ἀνδριάντας γράφοντας προσελ-
θών τις ἔψεγε λέγων, ὅτι οὐ τοῖς καλλίστοις τοῦ ζώου τὰ
κάλλιστα φάρμακα προστίθεμεν· οἱ γὰρ ὀφθαλμοὶ κάλ-
λιστον ὂν οὐκ ὀστρείῳ ἐναληλιμμένοι εἶεν ἀλλὰ μέλανι·
D μετρίως ἂν ἐδοκοῦμεν πρὸς αὐτὸν ἀπολογεῖσθαι λέγοντες·
ὦ θαυμάσιε, μὴ οἴου δεῖν ἡμᾶς οὕτω καλοὺς ὀφθαλμοὺς
γράφειν, ὥστε μηδὲ ὀφθαλμοὺς φαίνεσθαι, μηδ' αὖ τἆλλα
μέρη, ἀλλ' ἄθρει εἰ τὰ προσήκοντα ἑκάστοις ἀποδιδόντες
τὸ ὅλον καλὸν ποιοῦμεν· καὶ δὴ καὶ νῦν μὴ ἀνάγκαζε
ἡμᾶς τοιαύτην εὐδαιμονίαν τοῖς φύλαξι προσάπτειν, ἣ
ἐκείνους πᾶν μᾶλλον ἀπεργάσεται ἢ φύλακας. ἐπιστάμεθα
E γὰρ καὶ τοὺς γεωργοὺς ξυστίδας ἀμφιέσαντες καὶ χρυσὸν
περιθέντες πρὸς ἡδονὴν ἐργάζεσθαι κελεύειν τὴν γῆν, καὶ
τοὺς κεραμέας κατακλίναντες ἐπιδέξια πρὸς τὸ πῦρ δια-
πίνοντάς τε καὶ εὐωχουμένους, τὸν τροχὸν παραθεμένους,
ὅσον ἂν ἐπιθυμῶσι κεραμεύειν, καὶ τοὺς ἄλλους πάντας
τοιούτῳ τρόπῳ μακαρίους ποιεῖν, ἵνα δὴ ὅλη ἡ πόλις εὐ-
δαιμονῇ· ἀλλ' ἡμᾶς μὴ οὕτω νουθέτει· ὡς, ἄν σοι πει-
421 θώμεθα, οὔτε ὁ γεωργὸς γεωργὸς ἔσται οὔτε ὁ κεραμεὺς
κεραμεὺς οὔτε ἄλλος οὐδεὶς οὐδὲν ἔχων σχῆμα, ἐξ ὧν πό-
λις γίγνεται. ἀλλὰ τῶν μὲν ἄλλων ἐλάττων λόγος· νευ-
ρορράφοι γὰρ φαῦλοι γενόμενοι καὶ διαφθαρέντες καὶ
προσποιησάμενοι εἶναι μὴ ὄντες πόλει οὐδὲν δεινόν· φύ-
λακες δὲ νόμων τε καὶ πόλεως μὴ ὄντες ἀλλὰ δοκοῦντες
ὁρᾷς δὴ ὅτι πᾶσαν ἄρδην πόλιν ἀπολλύασι, καὶ αὖ τοῦ
εὖ οἰκεῖν καὶ εὐδαιμονεῖν μόνοι τὸν καιρὸν ἔχουσιν. εἰ
μὲν οὖν ἡμεῖς μὲν φύλακας ὡς ἀληθῶς ποιοῦμεν, ἥκιστα
B κακούργους τῆς πόλεως, ὁ δ' ἐκεῖνο λέγων γεωργούς τινας
καὶ ὥσπερ ἐν πανηγύρει ἀλλ' οὐκ ἐν πόλει ἑστιάτορας
εὐδαίμονας, ἄλλο ἄν τι ἢ πόλιν λέγοι, σκεπτέον οὖν, πό-

τερον πρὸς τοῦτο βλέποντες τοὺς φύλακας καθιστῶμεν,
ὅπως ὅ τι πλείστη αὐτοῖς εὐδαιμονία ἐγγενήσεται, ἢ τοῦτο
μὲν εἰς τὴν πόλιν ὅλην βλέποντας θεατέον εἰ ἐκείνῃ ἐγγίγ-
νεται, τοὺς δ' ἐπικούρους τούτους καὶ τοὺς φύλακας
ἐκεῖνο ἀναγκαστέον ποιεῖν καὶ πειστέον, ὅπως ὅ τι ἄρι- C
στοι δημιουργοὶ τοῦ ἑαυτῶν ἔργου ἔσονται, καὶ τοὺς
ἄλλους ἅπαντας ὡσαύτως, καὶ οὕτω ξυμπάσης τῆς πόλεως
αὐξανομένης καὶ καλῶς οἰκιζομένης ἐατέον ὅπως ἑκάστοις
τοῖς ἔθνεσιν ἡ φύσις ἀποδίδωσι τοῦ μεταλαμβάνειν εὐ-
δαιμονίας.

II. Ἀλλ', ἦ δ' ὅς, καλῶς μοι δοκεῖς λέγειν. Ἆρ' οὖν,
ἦν δ' ἐγώ, καὶ τὸ τούτου ἀδελφὸν δόξω σοι μετρίως λέ-
γειν; Τί μάλιστα; Τοὺς ἄλλους αὖ δημιουργοὺς σκόπει
εἰ τάδε διαφθείρει, ὥστε καὶ κακοὺς γίγνεσθαι. Τὰ ποῖα D
δὴ ταῦτα; Πλοῦτος, ἦν δ' ἐγώ, καὶ πενία. Πῶς δή; Ὧδε·
πλουτήσας χυτρεὺς δοκεῖ σοι ἔτι θελήσειν ἐπιμελεῖσθαι
τῆς τέχνης; Οὐδαμῶς, ἔφη. Ἀργὸς δὲ καὶ ἀμελὴς γενή-
σεται μᾶλλον αὐτὸς αὑτοῦ; Πολύ γε. Οὐκοῦν κακίων
χυτρεὺς γίγνεται; Καὶ τοῦτο, ἔφη, πολύ. Καὶ μὴν καὶ
ὄργανά γε μὴ ἔχων παρέχεσθαι ὑπὸ πενίας ἤ τι ἄλλο τῶν
εἰς τὴν τέχνην, τά τε ἔργα πονηρότερα ἐργάσεται καὶ τοὺς E
υἱεῖς ἢ ἄλλους οὓς ἂν διδάσκῃ χείρους δημιουργοὺς δι-
δάξεται. Πῶς δ' οὔ; Ὑπ' ἀμφοτέρων δή, πενίας τε καὶ
πλούτου, χείρω μὲν τὰ τῶν τεχνῶν ἔργα, χείρους δὲ αὐτοί.
Φαίνεται. Ἕτερα δή, ὡς ἔοικε, τοῖς φύλαξιν εὑρήκαμεν, ἃ
παντὶ τρόπῳ φυλακτέον ὅπως μήποτε αὐτοὺς λήσει εἰς
τὴν πόλιν παραδύντα. Ποῖα ταῦτα; Πλοῦτός τε, ἦν δ'
ἐγώ, καὶ πενία, ὡς τοῦ μὲν τρυφὴν καὶ ἀργίαν καὶ νεωτε- 422
ρισμὸν ποιοῦντος, τοῦ δὲ ἀνελευθερίαν καὶ κακοεργίαν
πρὸς τῷ νεωτερισμῷ. Πάνυ μὲν οὖν, ἔφη. τόδε μέντοι,
ὦ Σώκρατες, σκόπει, πῶς ἡμῖν ἡ πόλις οἵα τ' ἔσται πολε-
μεῖν, ἐπειδὰν χρήματα μὴ κεκτημένη ᾖ, ἄλλως τε κἂν πρὸς

μεγάλην τε καὶ πλουσίαν ἀναγκασθῇ πολεμεῖν. Δῆλον, ἦν δ' ἐγώ, ὅτι πρὸς μὲν μίαν χαλεπώτερον, πρὸς δὲ δύο
B τοιαύτας ῥᾷον. Πῶς εἶπες; ἦ δ' ὅς. Πρῶτον μέν που, εἶπον, ἐὰν δέῃ μάχεσθαι, ἆρα οὐ πλουσίοις ἀνδράσι μαχοῦνται αὐτοὶ ὄντες πολέμου ἀθληταί; Ναὶ τοῦτό γε, ἔφη. Τί οὖν, ἦν δ' ἐγώ, ὦ Ἀδείμαντε; εἷς πύκτης ὡς οἷόν τε κάλλιστα ἐπὶ τοῦτο παρεσκευασμένος δυοῖν μὴ πύκταιν, πλουσίοιν δὲ καὶ πιόνοιν, οὐκ ἂν δοκεῖ σοι ῥᾳδίως μάχεσθαι; Οὐκ ἂν ἴσως, ἔφη, ἅμα γε. Οὐδ' εἰ ἐξείη, ἦν δ' ἐγώ, ὑποφεύγοντι τὸν πρότερον ἀεὶ προσφερόμενον
C ἀναστρέφοντα κρούειν, καὶ τοῦτο ποιοῖ πολλάκις ἐν ἡλίῳ τε καὶ πνίγει; ἆρά γε οὐ καὶ πλέους χειρώσαιτ' ἂν τοιούτους ὁ τοιοῦτος; Ἀμέλει, ἔφη, οὐδὲν ἂν γένοιτο θαυμαστόν. Ἀλλ' οὐκ οἴει πυκτικῆς πλέον μετέχειν τοὺς πλουσίους ἐπιστήμῃ τε καὶ ἐμπειρίᾳ ἢ πολεμικῆς; Ἔγωγ', ἔφη. Ῥᾳδίως ἄρα ἡμῖν οἱ ἀθληταὶ ἐκ τῶν εἰκότων διπλασίοις τε καὶ τριπλασίοις αὑτῶν μαχοῦνται. Συγχωρήσομαί σοι,
D ἔφη· δοκεῖς γάρ μοι ὀρθῶς λέγειν. Τί δ', ἂν πρεσβείαν πέμψαντες εἰς τὴν ἑτέραν πόλιν τἀληθῆ εἴπωσιν, ὅτι ἡμεῖς μὲν οὐδὲν χρυσίῳ οὐδ' ἀργυρίῳ χρώμεθα, οὐδ' ἡμῖν θέμις, ὑμῖν δέ· ξυμπολεμήσαντες οὖν μεθ' ἡμῶν ἔχετε τὰ τῶν ἑτέρων· οἴει τινὰς ἀκούσαντας ταῦτα αἱρήσεσθαι κυσὶ πολεμεῖν στερεοῖς τε καὶ ἰσχνοῖς μᾶλλον ἢ μετὰ κυνῶν προβάτοις πίοσί τε καὶ ἁπαλοῖς; Οὔ μοι δοκεῖ. ἀλλ' ἐὰν εἰς μίαν, ἔφη, πόλιν ξυναθροισθῇ τὰ τῶν ἄλλων χρή-
E ματα, ὅρα μὴ κίνδυνον φέρῃ τῇ μὴ πλουτούσῃ. Εὐδαίμων εἶ, ἦν δ' ἐγώ, ὅτι οἴει ἄξιον εἶναι ἄλλην τινὰ προσειπεῖν πόλιν ἢ τὴν τοιαύτην οἵαν ἡμεῖς κατεσκευάζομεν. Ἀλλὰ τί μήν; ἔφη. Μειζόνως, ἦν δ' ἐγώ, χρὴ προσαγορεύειν τὰς ἄλλας· ἑκάστη γὰρ αὐτῶν πόλεις εἰσὶ πάμπολλαι, ἀλλ' οὐ πόλις, τὸ τῶν παιζόντων. δύο μέν, κἂν ὁτιοῦν ᾖ, πολεμία ἀλλήλαις, ἡ μὲν πενήτων, ἡ δὲ πλου

σίων· τούτων δ' ἐν ἑκατέρᾳ πάνυ πολλαί, αἷς ἐὰν μὲν ὡς 423
μιᾷ προσφέρῃ, παντὸς ἂν ἁμάρτοις, ἐὰν δὲ ὡς πολλαῖς, διδοὺς τὰ τῶν ἑτέρων τοῖς ἑτέροις χρήματά τε καὶ δυνάμεις ἢ καὶ αὐτούς, ξυμμάχοις μὲν ἀεὶ πολλοῖς χρήσει, πολεμίοις δ' ὀλίγοις. καὶ ἕως ἂν ἡ πόλις σοι οἰκῇ σωφρόνως ὡς ἄρτι ἐτάχθη, μεγίστη ἔσται, οὐ τῷ εὐδοκιμεῖν λέγω, ἀλλ' ὡς ἀληθῶς μεγίστη, καὶ ἐὰν μόνον ᾖ χιλίων τῶν προπολεμούντων· οὕτω γὰρ μεγάλην πόλιν μίαν οὐ ῥᾳδίως
οὔτε ἐν Ἕλλησιν οὔτε ἐν βαρβάροις εὑρήσεις, δοκούσας δὲ B
πολλὰς καὶ πολλαπλασίας τῆς τηλικαύτης. ἢ ἄλλως οἴει; Οὐ μὰ τὸν Δί', ἔφη.

III. Οὐκοῦν, ἦν δ' ἐγώ, οὗτος ἂν εἴη καὶ κάλλιστος ὅρος τοῖς ἡμετέροις ἄρχουσιν, ὅσην δεῖ τὸ μέγεθος τὴν πόλιν ποιεῖσθαι καὶ ἡλίκῃ οὔσῃ ὅσην χώραν ἀφορισαμένους τὴν ἄλλην χαίρειν ἐᾶν. Τίς, ἔφη, ὅρος; Οἶμαι μέν, ἦν δ' ἐγώ, τόνδε· μέχρι οὗ ἂν ἐθέλῃ αὐξομένη εἶναι μία, μέχρι
τούτου αὔξειν, πέρα δὲ μή. Καὶ καλῶς γ', ἔφη. Οὐκοῦν C
καὶ τοῦτο αὖ ἄλλο πρόσταγμα τοῖς φύλαξι προστάξομεν, φυλάττειν παντὶ τρόπῳ, ὅπως μήτε σμικρὰ ἡ πόλις ἔσται μήτε μεγάλη δοκοῦσα, ἀλλά τις ἱκανὴ καὶ μία. Καὶ φαῦλόν γ', ἔφη, ἴσως αὐτοῖς προστάξομεν. Καὶ τούτου γε, ἦν δ' ἐγώ, ἔτι φαυλότερον τόδε, οὗ καὶ ἐν τῷ πρόσθεν ἐπεμνήσθημεν λέγοντες, ὡς δέοι, ἐάν τε τῶν φυλάκων τις φαῦλος ἔκγονος γένηται, εἰς τοὺς ἄλλους αὐτὸν ἀποπέμ-
πεσθαι, ἐάν τ' ἐκ τῶν ἄλλων σπουδαῖος, εἰς τοὺς φύλακας. D
τοῦτο δ' ἐβούλετο δηλοῦν, ὅτι καὶ τοὺς ἄλλους πολίτας, πρὸς ὅ τις πέφυκε, πρὸς τοῦτο ἕνα πρὸς ἓν ἕκαστον ἔργον δεῖ κομίζειν, ὅπως ἂν ἓν τὸ αὑτοῦ ἐπιτηδεύων ἕκαστος μὴ πολλοί, ἀλλὰ εἷς γίγνηται, καὶ οὕτω δὴ ξύμπασα ἡ πόλις μία φύηται, ἀλλὰ μὴ πολλαί. Ἔστι γάρ, ἔφη, τοῦτο ἐκείνου σμικρότερον. Οὗτοι, ἦν δ' ἐγώ, ὦ 'γαθὲ Ἀδείμαντε, ὡς δόξειεν ἄν τις, ταῦτα πολλὰ καὶ μεγάλα αὐτοῖς προς-

E τάττομεν, ἀλλὰ πάντα φαῦλα, ἐὰν τὸ λεγόμενον ἓν μέγα
φυλάττωσι, μᾶλλον δ' ἀντὶ μεγάλου ἱκανόν. Τί τοῦτο;
ἔφη. Τὴν παιδείαν, ἦν δ' ἐγώ, καὶ τροφήν. ἐὰν γὰρ εὖ
παιδευόμενοι μέτριοι ἄνδρες γίγνωνται, πάντα ταῦτα
ῥᾳδίως διόψονται καὶ ἄλλα γε, ὅσα νῦν ἡμεῖς παραλείπο-
μεν, τήν τε τῶν γυναικῶν κτῆσιν καὶ γάμων καὶ παιδο-
424 ποιίας, ὅτι δεῖ ταῦτα κατὰ τὴν παροιμίαν πάντα ὅ τι μά-
λιστα κοινὰ τὰ φίλων ποιεῖσθαι. Ὀρθότατα γάρ, ἔφη,
γίγνοιτ' ἄν. Καὶ μήν, εἶπον, πολιτεία, ἐάνπερ ἅπαξ ὁρ-
μήσῃ εὖ, ἔρχεται ὥσπερ κύκλος αὐξανομένη. τροφὴ γὰρ
καὶ παίδευσις χρηστὴ σωζομένη φύσεις ἀγαθὰς ἐμποιεῖ,
καὶ αὖ φύσεις χρησταὶ τοιαύτης παιδείας ἀντιλαμβανό-
μεναι ἔτι βελτίους τῶν προτέρων φύονται εἴς τε τἆλλα
B καὶ εἰς τὸ γεννᾷν, ὥσπερ καὶ ἐν τοῖς ἄλλοις ζώοις. Εἰκός
γ', ἔφη. Ὡς τοίνυν διὰ βραχέων εἰπεῖν, τούτου ἀνθεκτέον
τοῖς ἐπιμεληταῖς τῆς πόλεως, ὅπως ἂν αὐτοὺς μὴ λάθῃ
διαφθαρέν, ἀλλὰ παρὰ πάντα αὐτὸ φυλάττωσι, τὸ μὴ
νεωτερίζειν περὶ γυμναστικήν τε καὶ μουσικὴν παρὰ
τὴν τάξιν, ἀλλ' ὡς οἷόν τε μάλιστα φυλάττειν φοβου-
μένους, ὅταν τις λέγῃ, ὡς τὴν ἀοιδὴν μᾶλλον ἐπιφρονέου-
σιν ἄνθρωποι,

ἥτις ἀειδόντεσσι νεωτάτη ἀμφιπέληται,

μὴ πολλάκις τὸν ποιητήν τις οἴηται λέγειν οὐκ ᾄσματα
C νέα, ἀλλὰ τρόπον ᾠδῆς νέον, καὶ τοῦτο ἐπαινῇ. δεῖ δ' οὔτ'
ἐπαινεῖν τὸ τοιοῦτον οὔτε ὑπολαμβάνειν. εἶδος γὰρ και-
νὸν μουσικῆς μεταβάλλειν εὐλαβητέον ὡς ἐν ὅλῳ κινδυ-
νεύοντα· οὐδαμοῦ γὰρ κινοῦνται μουσικῆς τρόποι ἄνευ
πολιτικῶν νόμων τῶν μεγίστων, ὥς φησί τε Δάμων καὶ
ἐγὼ πείθομαι. Καὶ ἐμὲ τοίνυν, ἔφη ὁ Ἀδείμαντος, θὲς
τῶν πεπεισμένων.

D IV. Τὸ δὴ φυλακτήριον, ἦν δ' ἐγώ, ὡς ἔοικεν, ἐν-
ταῦθά που οἰκοδομητέον τοῖς φύλαξιν, ἐν μουσικῇ. Ἡ

*γοῦν παρανομία, ἔφη, ῥᾳδίως αὕτη λανθάνει παραδυο-
μένη. Ναί, ἔφην, ὡς ἐν παιδιᾶς γε μέρει καὶ ὡς κακὸν οὐ-
δὲν ἐργαζομένη. Οὐδὲ γὰρ ἐργάζεται, ἔφη, ἄλλο γε ἢ κατὰ
σμικρὸν εἰσοικισαμένη ἠρέμα ὑπορρεῖ πρὸς τὰ ἤθη τε καὶ
τὰ ἐπιτηδεύματα· ἐκ δὲ τούτων εἰς τὰ πρὸς ἀλλήλους
ξυμβόλαια μείζων ἐκβαίνει, ἐκ δὲ δὴ τῶν ξυμβολαίων ἔρ-
χεται ἐπὶ τοὺς νόμους καὶ πολιτείας σὺν πολλῇ, ὦ Σώ-* E
*κρατες, ἀσελγείᾳ, ἕως ἂν τελευτῶσα πάντα ἰδίᾳ καὶ δημο-
σίᾳ ἀνατρέψῃ. Εἶεν, ἦν δ' ἐγώ· οὕτω τοῦτ' ἔχει; Δοκεῖ
μοι, ἔφη. Οὐκοῦν ὃ ἐξ ἀρχῆς ἐλέγομεν, τοῖς ἡμετέροις παι-
σὶν ἐννομωτέρου εὐθὺς παιδιᾶς μεθεκτέον, ὡς παρανό-
μου γιγνομένης αὐτῆς καὶ παίδων τοιούτων ἐννόμους τε
καὶ σπουδαίους ἐξ αὐτῶν ἄνδρας αὐξάνεσθαι ἀδύνατον* 425
*ὄν; Πῶς δ' οὐχί; ἔφη. Ὅταν δὴ ἄρα καλῶς ἀρξάμενοι
παῖδες παίζειν εὐνομίαν διὰ τῆς μουσικῆς εἰσδέξωνται,
πάλιν τοὐναντίον ἢ 'κείνοις εἰς πάντα ξυνέπεταί τε καὶ
αὔξει, ἐπανορθοῦσα εἴ τι καὶ πρότερον τῆς πόλεως ἔκειτο.
Ἀληθῆ μέντοι, ἔφη. Καὶ τὰ σμικρὰ ἄρα, εἶπον, δοκοῦντα
εἶναι νόμιμα ἐξευρίσκουσιν οὗτοι, ἃ οἱ πρότερον ἀπώλ-
λυσαν πάντα. Ποῖα; Τὰ τοιάδε· σιγάς τε τῶν νεωτέρων
παρὰ πρεσβυτέροις, ἃς πρέπει, καὶ κατακλίσεις καὶ ὑπα-* B
*ναστάσεις καὶ γονέων θεραπείας, καὶ κουράς γε καὶ ἀμ-
πεχόνας καὶ ὑποδέσεις καὶ ὅλον τὸν τοῦ σώματος σχημα-
τισμὸν καὶ τἆλλα ὅσα τοιαῦτα. ἢ οὐκ οἴει; Ἔγωγε. Νο-
μοθετεῖν δ' αὐτὰ οἶμαι εὔηθες· οὔτε γάρ που γίγνεται
οὔτ' ἂν μείνειεν, λόγῳ τε καὶ γράμμασι νομοθετηθέντα.
Πῶς γάρ; Κινδυνεύει γοῦν, ἦν δ' ἐγώ, ὦ Ἀδείμαντε, ἐκ
τῆς παιδείας, ὅποι ἄν τις ὁρμήσῃ, τοιαῦτα καὶ τὰ ἑπόμενα* C
*εἶναι. ἢ οὐκ ἀεὶ τὸ ὅμοιον ὂν ὅμοιον παρακαλεῖ; Τί μήν;
Καὶ τελευτῶν δή, οἶμαι, φαῖμεν ἂν εἰς ἕν τι τέλεον καὶ
νεανικὸν ἀποβαίνειν αὐτὸ ἢ ἀγαθὸν ἢ καὶ τοὐναντίον.
Τί γὰρ οὔκ; ἦ δ' ὅς. Ἐγὼ μὲν τοίνυν, εἶπον, διὰ ταῦτα*

οὐκ ἂν ἔτι τὰ τοιαῦτα ἐπιχειρήσαιμι νομοθετεῖν. Εἰκότως
γ', ἔφη. Τί δέ, ὦ πρὸς θεῶν, ἔφην, τὰ ἀγοραῖα ξυμβο-
λαίων τε πέρι κατ' ἀγορὰν ἕκαστοι ἃ πρὸς ἀλλήλους ξυμ-
D βάλλουσιν, εἰ δὲ βούλει, καὶ χειροτεχνικῶν περὶ ξυμβο-
λαίων καὶ λοιδοριῶν καὶ αἰκίας καὶ δικῶν λήξεις καὶ δι-
καστῶν καταστάσεις, καὶ εἴ που τελῶν τινὲς ἢ πράξεις ἢ
θέσεις ἀναγκαῖοί εἰσιν ἢ κατ' ἀγορὰς ἢ λιμένας, ἢ καὶ τὸ
παράπαν ἀγορανομικὰ ἄττα ἢ ἀστυνομικὰ ἢ ἐλλιμενικὰ
ἢ ὅσα ἄλλα τοιαῦτα, τούτων τολμήσομέν τι νομοθετεῖν;
Ἀλλ' οὐκ ἄξιον, ἔφη, ἀνδράσι καλοῖς κἀγαθοῖς ἐπιτάτ-
τειν· τὰ πολλὰ γὰρ αὐτῶν, ὅσα δεῖ νομοθετήσασθαι,
E ῥᾳδίως που εὑρήσουσιν. Ναί, ὦ φίλε, εἶπον, ἐάν γε θεὸς
αὐτοῖς διδῷ σωτηρίαν τῶν νόμων ὧν ἔμπροσθεν διήλθο-
μεν. Εἰ δὲ μή γε, ἦ δ' ὅς, πολλὰ τοιαῦτα τιθέμενοι ἀεὶ
καὶ ἐπανορθούμενοι τὸν βίον διατελέσουσιν, οἰόμενοι
ἐπιλήψεσθαι τοῦ βελτίστου. Λέγεις, ἔφην ἐγώ, βιώσε-
σθαι τοὺς τοιούτους ὥσπερ τοὺς κάμνοντάς τε καὶ οὐκ
ἐθέλοντας ὑπὸ ἀκολασίας ἐκβῆναι πονηρᾶς διαίτης. Πάνυ
426 μὲν οὖν. Καὶ μὴν οὗτοί γε χαριέντως διατελοῦσιν. ἰατρευό-
μενοι γὰρ οὐδὲν περαίνουσι, πλήν γε ποικιλώτερα καὶ
μείζω ποιοῦσι τὰ νοσήματα, καὶ ἀεὶ ἐλπίζοντες, ἐάν τις
φάρμακον ξυμβουλεύσῃ, ὑπὸ τούτου ἔσεσθαι ὑγιεῖς.
Πάνυ γάρ, ἔφη, τῶν οὕτω καμνόντων τὰ τοιαῦτα πάθη.
Τί δέ; ἦν δ' ἐγώ· τόδε αὐτῶν οὐ χαρίεν, τὸ πάντων ἔχθι-
στον ἡγεῖσθαι τὸν τἀληθῆ λέγοντα, ὅτι πρὶν ἂν μεθύων
καὶ ἐμπιπλάμενος καὶ ἀφροδισιάζων καὶ ἀργῶν παύσηται,
B οὔτε φάρμακα οὔτε καύσεις οὔτε τομαὶ οὐδ' αὖ ἐπῳδαὶ
αὐτὸν οὐδὲ περίαπτα οὐδὲ ἄλλο τῶν τοιούτων οὐδὲν
ὀνήσει; Οὐ πάνυ χαρίεν, ἔφη· τὸ γὰρ τῷ εὖ λέγοντι
χαλεπαίνειν οὐκ ἔχει χάριν. Οὐκ ἐπαινέτης εἶ, ἔφην ἐγώ,
ὡς ἔοικας, τῶν τοιούτων ἀνδρῶν. Οὐ μέντοι μὰ Δία.

V. Οὐδ' ἂν ἡ πόλις ἄρα, ὅπερ ἄρτι ἐλέγομεν, ὅλη

τοιοῦτον ποιῇ, οὐκ ἐπαινέσει. ἢ οὐ φαίνονταί σοι ταὐτὸν
ἐργάζεσθαι τούτοις τῶν πόλεων ὅσαι κακῶς πολιτευόμε-
ναι προαγορεύουσι τοῖς πολίταις τὴν μὲν κατάστασιν τῆς C
πόλεως ὅλην μὴ κινεῖν, ὡς ἀποθανουμένους, ὃς ἂν τοῦτο
δρᾷ· ὃς δ' ἂν σφᾶς οὕτω πολιτευομένους ἥδιστα θερα-
πεύῃ καὶ χαρίζηται ὑποτρέχων καὶ προγιγνώσκων τὰς
σφετέρας βουλήσεις καὶ ταύτας δεινὸς ᾖ ἀποπληροῦν,
οὗτος ἄρα ἀγαθός τε ἔσται ἀνὴρ καὶ σοφὸς τὰ μεγάλα καὶ
τιμήσεται ὑπὸ σφῶν; Ταὐτὸν μὲν οὖν, ἔφη, ἔμοιγε δο-
κοῦσι δρᾶν, καὶ οὐδ' ὁπωστιοῦν ἐπαινῶ. Τί δ' αὖ τοὺς D
θέλοντας θεραπεύειν τὰς τοιαύτας πόλεις καὶ προθυμου-
μένους οὐκ ἄγασαι τῆς ἀνδρείας τε καὶ εὐχερείας; Ἔγωγ',
ἔφη, πλήν γ' ὅσοι ἐξηπάτηνται ὑπ' αὐτῶν καὶ οἴονται τῇ
ἀληθείᾳ πολιτικοὶ εἶναι, ὅτι ἐπαινοῦνται ὑπὸ τῶν πολ-
λῶν. Πῶς λέγεις; οὐ συγγιγνώσκεις, ἦν δ' ἐγώ, τοῖς ἀν-
δράσιν; ἢ οἴει οἷόν τ' εἶναι ἀνδρὶ μὴ ἐπισταμένῳ μετρεῖν,
ἑτέρων τοιούτων πολλῶν λεγόντων ὅτι τετράπηχύς ἐστιν,
αὐτὸν ταῦτα μὴ ἡγεῖσθαι περὶ αὑτοῦ; Οὐκ αὖ, ἔφη, τοῦτό E
γε. Μὴ τοίνυν χαλέπαινε· καὶ γάρ πού εἰσι πάντων χαριέ-
στατοι οἱ τοιοῦτοι, νομοθετοῦντές τε οἷα ἄρτι διήλθομεν
καὶ ἐπανορθοῦντες ἀεὶ οἰόμενοί τι πέρας εὑρήσειν περὶ
τὰ ἐν τοῖς ξυμβολαίοις κακουργήματα καὶ περὶ ἃ νῦν δὴ
ἐγὼ ἔλεγον, ἀγνοοῦντες ὅτι τῷ ὄντι ὥσπερ ὕδραν τέμνου-
σιν. Καὶ μήν, ἔφη, οὐκ ἄλλο τί γε ποιοῦσιν. Ἐγὼ μὲν 427
τοίνυν, ἦν δ' ἐγώ, τὸ τοιοῦτον εἶδος νόμων πέρι καὶ πο-
λιτείας οὔτ' ἐν κακῶς οὔτ' ἐν εὖ πολιτευομένῃ πόλει ᾤμην
ἂν δεῖν τὸν ἀληθινὸν νομοθέτην πραγματεύεσθαι, ἐν τῇ
μὲν ὅτι ἀνωφελῆ καὶ πλέον οὐδέν, ἐν δὲ τῇ, ὅτι τὰ μὲν αὐ-
τῶν κἂν ὁστισοῦν εὕροι, τὰ δὲ ὅτι αὐτόματα ἔπεισιν ἐκ
τῶν ἔμπροσθεν ἐπιτηδευμάτων. Τί οὖν, ἔφη, ἔτι ἂν ἡμῖν B
λοιπὸν τῆς νομοθεσίας εἴη; καὶ ἐγὼ εἶπον ὅτι Ἡμῖν μὲν
οὐδέν, τῷ μέντοι Ἀπόλλωνι τῷ ἐν Δελφοῖς τά τε μέγιστα

καὶ κάλλιστα καὶ πρῶτα τῶν νομοθετημάτων. Τὰ ποῖα;
ἦ δ' ὅς. Ἱερῶν τε ἱδρύσεις καὶ θυσίαι καὶ ἄλλαι θεῶν τε
καὶ δαιμόνων καὶ ἡρώων θεραπεῖαι, τελευτησάντων* τε*
αὖ θῆκαι καὶ ὅσα τοῖς ἐκεῖ δεῖ ὑπηρετοῦντας ἵλεως αὐτοὺς
ἔχειν. τὰ γὰρ δὴ τοιαῦτα οὔτ' ἐπιστάμεθα ἡμεῖς οἰκίζον-
C τές τε πόλιν οὐδενὶ ἄλλῳ πεισόμεθα, ἐὰν νοῦν ἔχωμεν,
οὐδὲ χρησόμεθα ἐξηγητῇ ἀλλ' ἢ τῷ πατρίῳ· οὗτος γὰρ
δήπου ὁ θεὸς περὶ τὰ τοιαῦτα πᾶσιν ἀνθρώποις πά-
τριος ἐξηγητὴς ἐν μέσῳ τῆς γῆς ἐπὶ τοῦ ὀμφαλοῦ καθή-
μενος ἐξηγεῖται. Καὶ καλῶς γ', ἔφη, λέγεις· καὶ ποιητέον
οὕτω.

D VI. Ὠικισμένη μὲν τοίνυν, ἦν δ' ἐγώ, ἤδη ἄν σοι εἴη,
ὦ παῖ Ἀρίστωνος, ἡ πόλις· τὸ δὲ δὴ μετὰ τοῦτο σκόπει ἐν
αὐτῇ φῶς ποθὲν πορισάμενος ἱκανὸν αὐτός τε καὶ τὸν
ἀδελφὸν παρακάλει καὶ Πολέμαρχον καὶ τοὺς ἄλλους, ἐάν
πως ἴδωμεν, ποῦ ποτ' ἂν εἴη ἡ δικαιοσύνη καὶ ποῦ ἡ
ἀδικία, καὶ τί ἀλλήλοιν διαφέρετον, καὶ πότερον δεῖ κε-
κτῆσθαι τὸν μέλλοντα εὐδαίμονα εἶναι, ἐάν τε λανθάνῃ
ἐάν τε μὴ πάντας θεούς τε καὶ ἀνθρώπους. Οὐδὲν λέγεις,
E ἔφη ὁ Γλαύκων· σὺ γὰρ ὑπέσχου ζητήσειν, ὡς οὐχ ὅσιόν
σοι ὂν μὴ οὐ βοηθεῖν δικαιοσύνῃ εἰς δύναμιν παντὶ
τρόπῳ. Ἀληθῆ, ἔφην ἐγώ, ὑπομιμνήσκεις, καὶ ποιητέον
μέν γε οὕτω, χρὴ δὲ καὶ ὑμᾶς ξυλλαμβάνειν. Ἀλλ', ἔφη,
ποιήσομεν οὕτω. Ἐλπίζω τοίνυν, ἦν δ' ἐγώ, εὑρήσειν
αὐτὸ ὧδε. οἶμαι ἡμῖν τὴν πόλιν, εἴπερ ὀρθῶς γε ᾤκισται,
τελέως ἀγαθὴν εἶναι. Ἀνάγκη, ἔφη. Δῆλον δὴ ὅτι σοφή
τ' ἐστὶ καὶ ἀνδρεία καὶ σώφρων καὶ δικαία. Δῆλον. Οὐκ-
οῦν ὅ τι ἂν αὐτῶν εὕρωμεν ἐν αὐτῇ, τὸ ὑπόλοιπον ἔσται
428 τὸ οὐχ εὑρημένον; Τί μήν; Ὥσπερ τοίνυν ἄλλων τινῶν
τεττάρων, εἰ ἕν τι ἐζητοῦμεν αὐτῶν ἐν ὁτῳοῦν, ὁπότε
πρῶτον ἐκεῖνο ἔγνωμεν, ἱκανῶς ἂν εἶχεν ἡμῖν, εἰ δὲ τὰ
τρία πρότερον ἐγνωρίσαμεν, αὐτῷ ἂν τούτῳ ἐγνώριστο τὸ

ζητούμενον· δῆλον γὰρ ὅτι οὐκ ἄλλο ἔτι ἦν ἢ τὸ ὑπολειφθέν. Ὀρθῶς, ἔφη, λέγεις. Οὐκοῦν καὶ περὶ τούτων, ἐπειδὴ τέτταρα ὄντα τυγχάνει, ὡσαύτως ζητητέον; Δῆλα δή. Καὶ μὲν δὴ πρῶτόν γέ μοι δοκεῖ ἐν αὐτῷ κατάδηλον εἶναι ἡ σοφία· καί τι ἄτοπον περὶ αὐτὴν φαίνεται. Τί; ἦ B
δ' ὅς. Σοφὴ μὲν τῷ ὄντι δοκεῖ μοι ἡ πόλις εἶναι ἣν διήλθομεν· εὔβουλος γάρ. οὐχί; Ναί. Καὶ μὴν τοῦτό γε αὐτό, ἡ εὐβουλία, δῆλον ὅτι ἐπιστήμη τίς ἐστιν· οὐ γάρ που ἀμαθίᾳ γε ἀλλ' ἐπιστήμῃ εὖ βουλεύονται. Δῆλον. Πολλαὶ δέ γε καὶ παντοδαπαὶ ἐπιστῆμαι ἐν τῇ πόλει εἰσίν. Πῶς γὰρ οὔ; Ἆρ' οὖν διὰ τὴν τῶν τεκτόνων ἐπιστήμην σοφὴ καὶ εὔβουλος ἡ πόλις προσρητέα; Οὐδαμῶς, ἔφη, C
διά γε ταύτην, ἀλλὰ τεκτονική. Οὐκ ἄρα διὰ τὴν ὑπὲρ τῶν ξυλίνων σκευῶν ἐπιστήμην, βουλευομένη, ὡς ἂν ἔχοι βέλτιστα, σοφὴ κλητέα πόλις. Οὐ μέντοι. Τί δέ; τὴν ὑπὲρ τῶν ἐκ τοῦ χαλκοῦ ἤ τινα ἄλλην τῶν τοιούτων; Οὐδ' ἡντινοῦν, ἔφη. Οὐδὲ τὴν ὑπὲρ τοῦ καρποῦ τῆς γενέσεως ἐκ τῆς γῆς, ἀλλὰ γεωργική. Δοκεῖ μοι. Τί δέ; ἦν δ' ἐγώ· ἔστι τις ἐπιστήμη ἐν τῇ ἄρτι ὑφ' ἡμῶν οἰκισθείσῃ παρά τισι τῶν πολιτῶν, ᾗ οὐχ ὑπὲρ τῶν ἐν τῇ πόλει τινὸς βου- D
λεύεται, ἀλλ' ὑπὲρ ἑαυτῆς ὅλης, ὅντινα τρόπον αὐτή τε πρὸς αὑτὴν καὶ πρὸς τὰς ἄλλας πόλεις ἄριστα ὁμιλοῖ; Ἔστι μέντοι. Τίς, ἔφην ἐγώ, καὶ ἐν τίσιν; Αὕτη, ἦ δ' ὅς, ἡ φυλακικὴ καὶ ἐν τούτοις τοῖς ἄρχουσιν, οὓς νῦν δὴ τελέους φύλακας ὠνομάζομεν. Διὰ ταύτην οὖν τὴν ἐπιστήμην τί τὴν πόλιν προσαγορεύεις; Εὔβουλον, ἔφη, καὶ τῷ ὄντι σοφήν. Πότερον οὖν, ἦν δ' ἐγώ, ἐν τῇ πόλει οἴει ἡμῖν χαλκέας πλείους ἐνέσεσθαι ἢ τοὺς ἀληθινοὺς φύλα- E
κας τούτους; Πολύ, ἔφη, χαλκέας. Οὐκοῦν, ἔφην, καὶ τῶν ἄλλων, ὅσοι ἐπιστήμας ἔχοντες ὀνομάζονταί τινες εἶναι, πάντων τούτων οὗτοι ἂν εἶεν ὀλίγιστοι; Πολύ γε. Τῷ σμικροτάτῳ ἄρα ἔθνει καὶ μέρει ἑαυτῆς καὶ τῇ ἐν

τούτῳ ἐπιστήμῃ, τῷ προεστῶτι καὶ ἄρχοντι, ὅλη σοφὴ ἂν εἴη κατὰ φύσιν οἰκισθεῖσα πόλις· καὶ τοῦτο, ὡς ἔοικε,
429 φύσει ὀλίγιστον γίγνεται γένος, ᾧ προσήκει ταύτης τῆς ἐπιστήμης μεταλαγχάνειν, ἣν μόνην δεῖ τῶν ἄλλων ἐπιστημῶν σοφίαν καλεῖσθαι. Ἀληθέστατα, ἔφη, λέγεις. Τοῦτο μὲν δὴ ἓν τῶν τεττάρων οὐκ οἶδα ὅντινα τρόπον εὑρήκαμεν αὐτό τε καὶ ὅπου τῆς πόλεως ἵδρυται. Ἐμοὶ γοῦν δοκεῖ, ἔφη, ἀποχρώντως εὑρῆσθαι.

VII. Ἀλλὰ μὴν ἀνδρεία γε αὐτή τε καὶ ἐν ᾧ κεῖται τῆς πόλεως, δι' ὃ τοιαύτη κλητέα ἡ πόλις, οὐ πάνυ χαλε-
B πὸν ἰδεῖν. Πῶς δή; Τίς ἄν, ἦν δ' ἐγώ, εἰς ἄλλο τι ἀποβλέψας ἢ δειλὴν ἢ ἀνδρείαν πόλιν εἴποι, ἀλλ' ἢ εἰς τοῦτο τὸ μέρος, ὃ προπολεμεῖ τε καὶ στρατεύεται ὑπὲρ αὐτῆς; Οὐδ' ἂν εἷς, ἔφη, εἰς ἄλλο τι. Οὐ γὰρ οἶμαι, εἶπον, οἵ γε ἄλλοι ἐν αὐτῇ ἢ δειλοὶ ἢ ἀνδρεῖοι ὄντες κύριοι ἂν εἶεν ἢ τοίαν αὐτὴν εἶναι ἢ τοίαν. Οὐ γάρ. Καὶ ἀνδρεία ἄρα πόλις μέρει τινὶ ἑαυτῆς ἐστί, διὰ τὸ ἐν ἐκείνῳ ἔχειν δύναμιν
C τοιαύτην, ἣ διὰ παντὸς σώσει τὴν περὶ τῶν δεινῶν δόξαν, ταῦτά τε αὐτὰ εἶναι καὶ τοιαῦτα, ἅ τε καὶ οἷα ὁ νομοθέτης παρήγγειλεν ἐν τῇ παιδείᾳ. ἢ οὐ τοῦτο ἀνδρείαν καλεῖς; Οὐ πάνυ, ἔφη, ἔμαθον ὃ εἶπες, ἀλλ' αὖθις εἰπέ. Σωτηρίαν ἔγωγ', εἶπον, λέγω τινὰ εἶναι τὴν ἀνδρείαν. Ποίαν δὴ σωτηρίαν; Τὴν τῆς δόξης τῆς ὑπὸ νόμου διὰ τῆς παιδείας γεγονυίας περὶ τῶν δεινῶν, ἅ τέ ἐστι καὶ οἷα. διὰ παντὸς δὲ ἔλεγον [αὐτὴν σωτηρίαν] τὸ ἔν τε λύπαις ὄντα
D διασώζεσθαι αὐτὴν καὶ ἐν ἡδοναῖς καὶ ἐν ἐπιθυμίαις καὶ ἐν φόβοις καὶ μὴ ἐκβάλλειν. ᾧ δέ μοι δοκεῖ ὅμοιον εἶναι, ἐθέλω ἀπεικάσαι, εἰ βούλει. Ἀλλὰ βούλομαι. Οὐκοῦν οἶσθα, ἦν δ' ἐγώ, ὅτι οἱ βαφεῖς, ἐπειδὰν βουληθῶσι βάψαι ἔρια ὥστ' εἶναι ἁλουργά, πρῶτον μὲν ἐκλέγονται ἐκ τοσούτων χρωμάτων μίαν φύσιν τὴν τῶν λευκῶν, ἔπειτα προπαρασκευάζουσιν οὐκ ὀλίγῃ παρασκευῇ θεραπεύσαν-

τες, ὅπως δέξεται ὅ τι μάλιστα τὸ ἄνθος, καὶ οὕτω δὴ βά-
πτουσι· καὶ ὃ μὲν ἂν τούτῳ τῷ τρόπῳ βαφῇ, δευσοποιὸν E
γίγνεται τὸ βαφέν, καὶ ἡ πλύσις οὔτ' ἄνευ ῥυμμάτων οὔτε
μετὰ ῥυμμάτων δύναται αὐτῶν τὸ ἄνθος ἀφαιρεῖσθαι· ἃ
δ' ἂν μή, οἶσθα οἷα δὴ γίγνεται, ἐάν τέ τις ἄλλα χρώματα
βάπτῃ ἐάν τε καὶ ταῦτα μὴ προθεραπεύσας. Οἶδα, ἔφη,
ὅτι ἔκπλυτα καὶ γελοῖα. Τοιοῦτον τοίνυν, ἦν δ' ἐγώ, ὑπό-
λαβε κατὰ δύναμιν ἐργάζεσθαι καὶ ἡμᾶς, ὅτε ἐξελεγόμεθα
τοὺς στρατιώτας καὶ ἐπαιδεύομεν μουσικῇ καὶ γυμνα- 430
στικῇ· μηδὲν οἴου ἄλλο μηχανᾶσθαι, ἢ ὅπως ἡμῖν ὅ τι
κάλλιστα τοὺς νόμους πεισθέντες δέξοιντο ὥσπερ βαφήν,
ἵνα δευσοποιὸς αὐτῶν ἡ δόξα γίγνοιτο καὶ περὶ δεινῶν καὶ
περὶ τῶν ἄλλων, διὰ τὸ τήν τε φύσιν καὶ τὴν τροφὴν ἐπι-
τηδείαν ἐσχηκέναι, καὶ μὴ αὐτῶν ἐκπλύναι τὴν βαφὴν τὰ
ῥύμματα ταῦτα, δεινὰ ὄντα ἐκκλύζειν, ἥ τε ἡδονή, παν-
τὸς χαλεστραίου δεινοτέρα οὖσα τοῦτο δρᾷν καὶ κονίας, B
λύπη τε καὶ φόβος καὶ ἐπιθυμία, παντὸς ἄλλου ῥύμματος.
τὴν δὴ τοιαύτην δύναμιν καὶ σωτηρίαν διὰ παντὸς δόξης
ὀρθῆς τε καὶ νομίμου δεινῶν πέρι καὶ μὴ ἀνδρείαν ἔγωγε
καλῶ καὶ τίθεμαι, εἰ μή τι σὺ ἄλλο λέγεις. Ἀλλ' οὐδέν, ἦ
δ' ὅς, λέγω. δοκεῖς γάρ μοι τὴν ὀρθὴν δόξαν περὶ τῶν
αὐτῶν τούτων ἄνευ παιδείας γεγονυῖαν, τήν τε θηριώδη
καὶ ἀνδραποδώδη, οὔτε πάνυ νόμιμον ἡγεῖσθαι, ἄλλο τέ
τι ἢ ἀνδρείαν καλεῖν. Ἀληθέστατα, ἦν δ' ἐγώ, λέγεις. C
Ἀποδέχομαι τοίνυν τοῦτο ἀνδρείαν εἶναι. Καὶ γὰρ ἀπο-
δέχου, ἦν δ' ἐγώ, πολιτικήν γε, καὶ ὀρθῶς ἀποδέξει·
αὖθις δὲ περὶ αὐτοῦ, ἐὰν βούλῃ, ἔτι κάλλιον δίιμεν. νῦν
γὰρ οὐ τοῦτο ἐζητοῦμεν, ἀλλὰ δικαιοσύνην· πρὸς οὖν τὴν
ἐκείνου ζήτησιν, ὡς ἐγᾦμαι, ἱκανῶς ἔχει. Ἀλλὰ καλῶς,
ἔφη, λέγεις.

VIII. Δύο μήν, ἦν δ' ἐγώ, ἔτι λοιπά, ἃ δεῖ κατιδεῖν D
ἐν τῇ πόλει, ἥ τε σωφροσύνη καὶ οὗ δὴ ἕνεκα πάντα

ζητοῦμεν δικαιοσύνῃ. Πάνυ μὲν οὖν. Πῶς οὖν ἂν τὴν
δικαιοσύνην εὕροιμεν, ἵνα μηκέτι πραγματευώμεθα περὶ
σωφροσύνης; Ἐγὼ μὲν τοίνυν, ἔφη, οὔτε οἶδα οὔτ' ἂν
βουλοίμην αὐτὸ πρότερον φανῆναι, εἴπερ μηκέτι ἐπισκε-
ψόμεθα σωφροσύνην· ἀλλ' εἰ ἔμοιγε βούλει χαρίζεσθαι,
σκόπει πρότερον τοῦτο ἐκείνου. Ἀλλὰ μέντοι, ἦν δ' ἐγώ,
E βούλομαί γε, εἰ μὴ ἀδικῶ. Σκόπει δή, ἔφη. Σκεπτέον,
εἶπον· καὶ ὥς γε ἐντεῦθεν ἰδεῖν, ξυμφωνίᾳ τινὶ καὶ ἁρ-
μονίᾳ προσέοικε μᾶλλον ἢ τὰ πρότερον. Πῶς; Κόσμος
πού τις, ἦν δ' ἐγώ, ἡ σωφροσύνη ἐστὶ καὶ ἡδονῶν τινῶν
καὶ ἐπιθυμιῶν ἐγκράτεια, ὥς φασι, κρείττω δὴ αὑτοῦ λέ-
γοντες οὐκ οἶδ' ὅντινα τρόπον, καὶ ἄλλα ἄττα τοιαῦτα
ὥσπερ ἴχνη αὐτῆς φαίνεται· ἢ γάρ; Πάντων μάλιστα, ἔφη.
Οὐκοῦν τὸ μὲν κρείττω αὑτοῦ γελοῖον; ὁ γὰρ ἑαυτοῦ
κρείττων καὶ ἥττων δήπου ἂν αὑτοῦ εἴη καὶ ὁ ἥττων
431 κρείττων· ὁ αὐτὸς γὰρ ἐν ἅπασι τούτοις προσαγορεύεται.
Τί δ' οὔ; Ἀλλ', ἦν δ' ἐγώ, φαίνεταί μοι βούλεσθαι λέ-
γειν οὗτος ὁ λόγος, ὥς τι ἐν αὐτῷ τῷ ἀνθρώπῳ περὶ τὴν
ψυχὴν τὸ μὲν βέλτιον ἔνι, τὸ δὲ χεῖρον, καὶ ὅταν μὲν τὸ
βέλτιον φύσει τοῦ χείρονος ἐγκρατὲς ᾖ, τοῦτο λέγειν τὸ
κρείττω αὑτοῦ· ἐπαινεῖ γοῦν· ὅταν δὲ ὑπὸ τροφῆς κακῆς
ἤ τινος ὁμιλίας κρατηθῇ ὑπὸ πλήθους τοῦ χείρονος σμι-
B κρότερον τὸ βέλτιον ὄν, τοῦτο δὲ ὡς ἐν ὀνείδει ψέγειν τε
καὶ καλεῖν ἥττω ἑαυτοῦ καὶ ἀκόλαστον τὸν οὕτω διακεί-
μενον. Καὶ γὰρ ἔοικεν, ἔφη. Ἀπόβλεπε τοίνυν, ἦν δ'
ἐγώ, πρὸς τὴν νέαν ἡμῖν πόλιν, καὶ εὑρήσεις ἐν αὐτῇ τὸ
ἕτερον τούτων ἐνόν· κρείττω γὰρ αὐτὴν αὑτῆς δικαίως
φήσεις προσαγορεύεσθαι, εἴπερ, οὗ τὸ ἄμεινον τοῦ χείρο-
νος ἄρχει, σῶφρον κλητέον καὶ κρεῖττον αὑτοῦ. Ἀλλ'
ἀποβλέπω, ἔφη, καὶ ἀληθῆ λέγεις. Καὶ μὴν καὶ τάς γε
C πολλὰς καὶ παντοδαπὰς ἐπιθυμίας καὶ ἡδονάς τε καὶ λύ-
πας ἐν παισὶ μάλιστα ἄν τις εὕροι καὶ γυναιξὶ καὶ οἰκέταις

καὶ τῶν ἐλευθέρων λεγομένων ἐν τοῖς πολλοῖς τε καὶ φαύλοις. Πάνυ μὲν οὖν· Τὰς δέ γε ἁπλᾶς τε καὶ μετρίας, αἳ δὴ μετὰ νοῦ τε καὶ δόξης ὀρθῆς λογισμῷ ἄγονται, ἐν ὀλίγοις τε ἐπιτεύξει καὶ τοῖς βέλτιστα μὲν φῦσι, βέλτιστα δὲ παιδευθεῖσιν. Ἀληθῆ, ἔφη. Οὐκοῦν καὶ ταῦτα ὁρᾷς ἐνόντα σοι ἐν τῇ πόλει, καὶ κρατουμένας αὐτόθι τὰς ἐπιθυμίας τὰς ἐν τοῖς πολλοῖς τε καὶ φαύλοις ὑπό τε τῶν ἐπι- D
θυμιῶν καὶ τῆς φρονήσεως τῆς ἐν τοῖς ἐλάττοσί τε καὶ ἐπιεικεστέροις; Ἔγωγ', ἔφη.

IX. Εἰ ἄρα δεῖ τινὰ πόλιν προσαγορεύειν κρείττω ἡδονῶν τε καὶ ἐπιθυμιῶν καὶ αὐτὴν αὑτῆς, καὶ ταύτην προσρητέον. Παντάπασι μὲν οὖν, ἔφη. Ἆρ' οὖν οὐ καὶ σώφρονα κατὰ πάντα ταῦτα; Καὶ μάλα, ἔφη. Καὶ μὴν εἴπερ αὖ ἐν ἄλλῃ πόλει ἡ αὐτὴ δόξα ἔνεστι τοῖς τε ἄρχουσι καὶ ἀρχομένοις περὶ τοῦ οὕστινας δεῖ ἄρχειν, καὶ ἐν ταύτῃ E
ἂν εἴη τοῦτο ἐνόν· ἢ οὐ δοκεῖ; Καὶ μάλα, ἔφη, σφόδρα. Ἐν ποτέροις οὖν φήσεις τῶν πολιτῶν τὸ σωφρονεῖν ἐνεῖναι, ὅταν οὕτως ἔχωσιν, ἐν τοῖς ἄρχουσιν ἢ ἐν τοῖς ἀρχομένοις; Ἐν ἀμφοτέροις που, ἔφη. Ὁρᾷς οὖν, ἦν δ' ἐγώ, ὅτι ἐπιεικῶς ἐμαντευόμεθα ἄρτι, ὡς ἁρμονίᾳ τινὶ ἡ σωφροσύνη ὡμοίωται; Τί δή; Ὅτι οὐχ ὥσπερ ἡ ἀνδρεία καὶ ἡ σοφία ἐν μέρει τινὶ ἑκατέρα ἐνοῦσα ἡ μὲν σοφήν, ἡ δὲ 432
ἀνδρείαν τὴν πόλιν παρείχετο, οὐχ οὕτω ποιεῖ αὕτη, ἀλλὰ δι' ὅλης ἀτεχνῶς τέταται, διὰ πασῶν παρεχομένη ξυνᾴδοντας τούς τε ἀσθενεστάτους ταὐτὸν καὶ τοὺς ἰσχυροτάτους καὶ τοὺς μέσους, εἰ μὲν βούλει, φρονήσει, εἰ δὲ βούλει, ἰσχύϊ, εἰ δέ, καὶ πλήθει ἢ χρήμασιν ἢ ἄλλῳ ὁτῳοῦν τῶν τοιούτων· ὥστε ὀρθότατ' ἂν φαῖμεν ταύτην τὴν ὁμόνοιαν σωφροσύνην εἶναι, χείρονός τε καὶ ἀμείνονος κατὰ φύσιν ξυμφωνίαν, ὁπότερον δεῖ ἄρχειν καὶ ἐν πόλει καὶ ἐν ἑνὶ ἑκάστῳ. Πάνυ μοι, ἔφη, ξυνδοκεῖ. Εἶεν, ἦν δ' B
ἐγώ· τὰ μὲν τρία ἡμῖν ἐν τῇ πόλει κατῶπται, ὥς γε οὑ-

τωσὶ δόξαι· τὸ δὲ δὴ λοιπὸν εἶδος, δι' ὃ ἂν ἔτι ἀρετῆς
μετέχοι πόλις, τί ποτ' ἂν εἴη; δῆλον γάρ, ὅτι τοῦτό ἐστιν
ἡ δικαιοσύνη. Δῆλον. Οὐκοῦν, ὦ Γλαύκων, νῦν δὴ ἡμᾶς
δεῖ ὥσπερ κυνηγέτας τινὰς θάμνον κύκλῳ περιίστασθαι
προσέχοντας τὸν νοῦν, μή πῃ διαφύγῃ ἡ δικαιοσύνη καὶ
C ἀφανισθεῖσα ἄδηλος γένηται· φανερὸν γὰρ δὴ ὅτι ταύτῃ
πῃ ἔστιν· ὅρα οὖν καὶ προθυμοῦ κατιδεῖν, ἐάν πως πρό-
τερος ἐμοῦ ἴδῃς καὶ ἐμοὶ φράσῃς. Εἰ γὰρ ὤφελον, ἔφη·
ἀλλὰ μᾶλλον, ἐάν μοι ἑπομένῳ χρῇ καὶ τὰ δεικνύμενα δυ-
ναμένῳ καθορᾶν, πάνυ μοι μετρίως χρήσει. Ἕπου, ἦν δ'
ἐγώ, εὐξάμενος μετ' ἐμοῦ· Ποιήσω ταῦτα, ἀλλὰ μόνον, ἦ
δ' ὅς, ἡγοῦ. Καὶ μήν, εἶπον ἐγώ, δύσβατός γέ τις ὁ τόπος
φαίνεται καὶ ἐπίσκιος· ἔστι γοῦν σκοτεινὸς καὶ δυσδιε-
D ρεύνητος· ἀλλὰ γὰρ ὅμως ἰτέον. Ἰτέον γάρ, ἔφη. καὶ ἐγὼ
κατιδὼν Ἰοὺ ἰού, εἶπον, ὦ Γλαύκων· κινδυνεύομέν τι
ἔχειν ἴχνος, καί μοι δοκεῖ οὐ πάνυ τι ἐκφευξεῖσθαι ἡμᾶς.
Εὖ ἀγγέλλεις, ἦ δ' ὅς. Ἦ μήν, ἦν δ' ἐγώ, βλακικόν γε
ἡμῶν τὸ πάθος. Τὸ ποῖον; Πάλαι, ὦ μακάριε, φαίνεται
πρὸ ποδῶν ἡμῖν ἐξ ἀρχῆς κυλινδεῖσθαι, καὶ οὐχ ἑωρῶμεν
ἄρ' αὐτό, ἀλλ' ἦμεν καταγελαστότατοι· ὥσπερ οἱ ἐν ταῖς
E χερσὶν ἔχοντες ζητοῦσιν ἐνίοτε ὃ ἔχουσι, καὶ ἡμεῖς εἰς αὐτὸ
μὲν οὐκ ἀπεβλέπομεν, πόρρω δέ ποι ἀπεσκοποῦμεν, ᾗ δὴ
καὶ ἐλάνθανεν ἴσως ἡμᾶς. Πῶς, ἔφη, λέγεις; Οὕτως,
εἶπον, ὡς δοκοῦμέν μοι καὶ λέγοντες αὐτὸ καὶ ἀκούοντες
πάλαι οὐ μανθάνειν ἡμῶν αὐτῶν, ὅτι ἐλέγομεν τρόπον
τινὰ αὐτό. Μακρόν, ἔφη, τὸ προοίμιον τῷ ἐπιθυμοῦντι
ἀκοῦσαι.

433 X. Ἀλλ', ἦν δ' ἐγώ, ἄκουε, εἴ τι ἄρα λέγω. ὃ γὰρ ἐξ
ἀρχῆς ἐθέμεθα δεῖν ποιεῖν διὰ παντός, ὅτε τὴν πόλιν κατ-
ῳκίζομεν, τοῦτό ἐστιν, ὡς ἐμοὶ δοκεῖ, ἤτοι τούτου τι εἶδος
ἡ δικαιοσύνη. ἐθέμεθα δὲ δήπου καὶ πολλάκις ἐλέγομεν,
εἰ μέμνησαι, ὅτι ἕνα ἕκαστον ἓν δέοι ἐπιτηδεύειν τῶν περὶ

τὴν πόλιν, εἰς ὃ αὐτοῦ ἡ φύσις ἐπιτηδειοτάτη πεφυκυῖα εἴη. Ἐλέγομεν γάρ. Καὶ μὴν ὅτι γε τὸ τὰ αὑτοῦ πράττειν καὶ μὴ πολυπραγμονεῖν δικαιοσύνη ἐστί, καὶ τοῦτο ἄλλων τε πολλῶν ἀκηκόαμεν καὶ αὐτοὶ πολλάκις εἰρήκαμεν. Εἰ- B
ρήκαμεν γάρ. Τοῦτο τοίνυν, ἦν δ' ἐγώ, ὦ φίλε, κινδυνεύει τρόπον τινὰ γιγνόμενον ἡ δικαιοσύνη εἶναι, τὸ τὰ αὑτοῦ πράττειν. οἶσθα ὅθεν τεκμαίρομαι; Οὔκ, ἀλλὰ λέγ', ἔφη. Δοκεῖ μοι, ἦν δ' ἐγώ, τὸ ὑπόλοιπον ἐν τῇ πόλει ὧν ἐσκέμμεθα, σωφροσύνης καὶ ἀνδρείας καὶ φρονήσεως, τοῦτο εἶναι, ὃ πᾶσιν ἐκείνοις τὴν δύναμιν παρέσχεν, ὥστε ἐγγενέσθαι, καὶ ἐγγενομένοις γε σωτηρίαν παρέχειν, ἕωσπερ ἂν ἐνῇ. καίτοι ἔφαμεν δικαιοσύνην ἔσεσθαι τὸ ὑπο- C
λειφθὲν ἐκείνων, εἰ τὰ τρία εὕροιμεν. Καὶ γὰρ ἀνάγκη, ἔφη. Ἀλλὰ μέντοι, ἦν δ' ἐγώ, εἰ δέοι γε κρῖναι, τί τὴν πόλιν ἡμῖν τούτων μάλιστα ἀγαθὴν ἀπεργάσεται ἐγγενόμενον, δύσκριτον ἂν εἴη, πότερον ἡ ὁμοδοξία τῶν ἀρχόντων τε καὶ ἀρχομένων, ἢ ἡ περὶ δεινῶν τε καὶ μή, ἅττα ἐστί, δόξης ἐννόμου σωτηρία ἐν τοῖς στρατιώταις ἐγγενομένη, ἢ ἡ ἐν τοῖς ἄρχουσι φρόνησίς τε καὶ φυλακὴ ἐνοῦσα, ἢ τοῦτο μάλιστα ἀγαθὴν αὐτὴν ποιεῖ ἐνὸν καὶ ἐν παιδὶ D
καὶ ἐν γυναικὶ καὶ δούλῳ καὶ ἐλευθέρῳ καὶ δημιουργῷ καὶ ἄρχοντι καὶ ἀρχομένῳ, ὅτι τὸ αὑτοῦ ἕκαστος εἷς ὢν ἔπραττε καὶ οὐκ ἐπολυπραγμόνει. Δύσκριτον, ἔφη· πῶς δ' οὔ; Ἐνάμιλλον ἄρα, ὡς ἔοικε, πρὸς ἀρετὴν πόλεως τῇ τε σοφίᾳ αὐτῆς καὶ τῇ σωφροσύνῃ καὶ τῇ ἀνδρείᾳ ἡ τοῦ ἕκαστον ἐν αὐτῇ τὰ αὑτοῦ πράττειν δύναμις. Καὶ μάλ', ἔφη. Οὐκοῦν δικαιοσύνην τό γε τούτοις ἐνάμιλλον ἂν εἰς ἀρετὴν E
πόλεως θείης; Παντάπασι μὲν οὖν· Σκόπει δὴ καὶ τῇδε, εἰ οὕτω δόξει. ἆρα τοῖς ἄρχουσιν ἐν τῇ πόλει τὰς δίκας προστάξεις δικάζειν; Τί μήν; Ἦ ἄλλου οὑτινοσοῦν μᾶλλον ἐφιέμενοι δικάσουσιν ἢ τούτου, ὅπως ἂν ἕκαστοι μήτ' ἔχωσι τἀλλότρια μήτε τῶν αὑτῶν στέρωνται; Οὔκ, ἀλλὰ

τούτου. Ὡς δικαίου ὄντος; Ναί. Καὶ ταύτῃ ἄρα πῃ ἡ τοῦ οἰκείου τε καὶ ἑαυτοῦ ἕξις τε καὶ πρᾶξις δικαιοσύνη
434 ἂν ὁμολογοῖτο. Ἔστι ταῦτα. Ἴδε δή, ἐὰν σοὶ ὅπερ ἐμοὶ ξυνδοκῇ. τέκτων σκυτοτόμου ἐπιχειρῶν ἔργα ἐργάζεσθαι ἢ σκυτοτόμος τέκτονος, ἢ τὰ ὄργανα μεταλαμβάνοντες τἀλλήλων ἢ τιμάς, ἢ καὶ ὁ αὐτὸς ἐπιχειρῶν ἀμφότερα πράττειν, πάντα τἆλλα μεταλλαττόμενα ἆρά σοι ἄν τι δοκεῖ μέγα βλάψαι πόλιν; Οὐ πάνυ, ἔφη. Ἀλλ' ὅταν γε, οἶμαι, δημιουργὸς ὢν ἤ τις ἄλλος χρηματιστὴς φύσει
B ἔπειτα ἐπαιρόμενος ἢ πλούτῳ ἢ πλήθει ἢ ἰσχύϊ ἢ ἄλλῳ τῳ τοιούτῳ εἰς τὸ τοῦ πολεμικοῦ εἶδος ἐπιχειρῇ ἰέναι, ἢ τῶν πολεμικῶν τις εἰς τὸ τοῦ βουλευτικοῦ καὶ φύλακος ἀνάξιος ὤν, καὶ τὰ ἀλλήλων οὗτοι ὄργανα μεταλαμβάνωσι καὶ τὰς τιμάς, ἢ ὅταν ὁ αὐτὸς πάντα ταῦτα ἅμα ἐπιχειρῇ πράττειν, τότε οἶμαι καὶ σοὶ δοκεῖν ταύτην τὴν τούτων μεταβολὴν καὶ πολυπραγμοσύνην ὄλεθρον εἶναι τῇ πόλει. Παντάπασι μὲν οὖν. Ἡ τριῶν ἄρα ὄντων γενῶν πο-
C λυπραγμοσύνη καὶ μεταβολὴ εἰς ἄλληλα μεγίστη τε βλάβη τῇ πόλει καὶ ὀρθότατ' ἂν προσαγορεύοιτο μάλιστα κακουργία. Κομιδῇ μὲν οὖν. Κακουργίαν δὲ τὴν μεγίστην τῆς ἑαυτοῦ πόλεως οὐκ ἀδικίαν φήσεις εἶναι; Πῶς δ' οὔ; Τοῦτο μὲν ἄρα ἀδικία.

XI. Πάλιν δὲ ὧδε λέγωμεν· χρηματιστικοῦ, ἐπικουρικοῦ, φυλακικοῦ γένους οἰκειοπραγία, ἑκάστου τούτων τὸ αὑτοῦ πράττοντος ἐν πόλει, τοὐναντίον ἐκείνου δικαιοσύνη τ' ἂν εἴη καὶ τὴν πόλιν δικαίαν παρέχοι. Οὐκ
D ἄλλῃ ἔμοιγε δοκεῖ, ἦ δ' ὅς, ἔχειν ἢ ταύτῃ. Μηδέν, ἦν δ' ἐγώ, πω πάνυ παγίως αὐτὸ λέγωμεν, ἀλλ' ἐὰν μὲν ἡμῖν καὶ εἰς ἕνα ἕκαστον τῶν ἀνθρώπων ἰὸν τὸ εἶδος τοῦτο ὁμολογῆται καὶ ἐκεῖ δικαιοσύνη εἶναι, ξυγχωρησόμεθα ἤδη· τί γὰρ καὶ ἐροῦμεν; εἰ δὲ μή, τότε ἄλλο τι σκεψόμεθα· νῦν δ' ἐκτελέσωμεν τὴν σκέψιν, ἣν ᾠήθημεν, εἰ ἐν

μείζονί τινι τῶν ἐχόντων δικαιοσύνην πρότερον ἐκεῖνο
ἐπιχειρήσαιμεν θεάσασθαι, ῥᾷον ἂν ἐν ἑνὶ ἀνθρώπῳ κατ-
ιδεῖν οἷόν ἐστι, καὶ ἔδοξε δὴ ἡμῖν τοῦτο εἶναι πόλις, καὶ E
οὕτως ᾠκίζομεν ὡς ἐδυνάμεθα ἀρίστην, εὖ εἰδότες ὅτι ἔν
γε τῇ ἀγαθῇ ἂν εἴη. ὃ οὖν ἡμῖν ἐκεῖ ἐφάνη, ἐπαναφέρω-
μεν εἰς τὸν ἕνα, κἂν μὲν ὁμολογῆται, καλῶς ἕξει· ἐὰν δέ
τι ἄλλο ἐν τῷ ἑνὶ ἐμφαίνηται, πάλιν ἐπανιόντες ἐπὶ τὴν
πόλιν βασανιοῦμεν, καὶ τάχ' ἂν παρ' ἄλληλα σκοποῦντες 435
καὶ τρίβοντες ὥσπερ ἐκ πυρείων ἐκλάμψαι ποιήσαιμεν τὴν
δικαιοσύνην, καὶ φανερὰν γενομένην βεβαιωσαίμεθ' ἂν
αὐτὴν παρ' ἡμῖν αὐτοῖς. Ἀλλ', ἔφη, καθ' ὁδόν τε λέγεις
καὶ ποιεῖν χρὴ οὕτως. Ἆρ' οὖν, ἦν δ' ἐγώ, ὅ γε ταὐτὸν
ἄν τις προσείποι μεῖζόν τε καὶ ἔλαττον, ἀνόμοιον τυγχάνει
ὂν ταύτῃ, ᾗ ταὐτὸν προσαγορεύεται, ἢ ὅμοιον; Ὅμοιον,
ἔφη. Καὶ δίκαιος ἄρα ἀνὴρ δικαίας πόλεως κατ' αὐτὸ τὸ B
τῆς δικαιοσύνης εἶδος οὐδὲν διοίσει, ἀλλ' ὅμοιος ἔσται.
Ὅμοιος, ἔφη. Ἀλλὰ μέντοι πόλις γε ἔδοξεν εἶναι δικαία,
ὅτε ἐν αὐτῇ τριττὰ γένη φύσεων ἐνόντα τὸ αὑτῶν ἕκαστον
ἔπραττε· σώφρων δὲ αὖ καὶ ἀνδρεία καὶ σοφὴ διὰ τῶν
αὐτῶν τούτων γενῶν ἄλλ' ἄττα πάθη τε καὶ ἕξεις. Ἀληθῆ,
ἔφη. Καὶ τὸν ἕνα ἄρα, ὦ φίλε, οὕτως ἀξιώσομεν, τὰ αὐτὰ
ταῦτα εἴδη ἐν τῇ αὑτοῦ ψυχῇ ἔχοντα, διὰ τὰ αὐτὰ πάθη C
ἐκείνοις τῶν αὐτῶν ὀνομάτων ὀρθῶς ἀξιοῦσθαι τῇ πόλει.
Πᾶσα ἀνάγκη, ἔφη. Εἰς φαῦλόν γε αὖ, ἦν δ' ἐγώ, ὦ θαυ-
μάσιε, σκέμμα ἐμπεπτώκαμεν περὶ ψυχῆς, εἴτε ἔχει τὰ
τρία εἴδη ταῦτα ἐν αὑτῇ εἴτε μή. Οὐ πάνυ μοι δοκοῦμεν,
ἔφη, εἰς φαῦλον. Ἴσως γάρ, ὦ Σώκρατες, τὸ λεγόμενον
ἀληθές, ὅτι χαλεπὰ τὰ καλά. Φαίνεται, ἦν δ' ἐγώ· καὶ
εὖ γ' ἴσθι, ὦ Γλαύκων, ὡς ἡ ἐμὴ δόξα, ἀκριβῶς μὲν τοῦτο D
ἐκ τοιούτων μεθόδων, οἵαις νῦν ἐν τοῖς λόγοις χρώμεθα,
οὐ μή ποτε λάβωμεν· ἄλλη γὰρ μακροτέρα καὶ πλείων
ὁδὸς ἡ ἐπὶ τοῦτο ἄγουσα· ἴσως μέντοι τῶν γε προειρημε-

νων τε καὶ προεσκεμμένων ἀξίως. Οὐκοῦν ἀγαπητόν; ἔφη· ἐμοὶ μὲν γὰρ ἔν γε τῷ παρόντι ἱκανῶς ἂν ἔχοι. Ἀλλὰ μέντοι, εἶπον, ἔμοιγε καὶ πάνυ ἐξαρκέσει. Μὴ τοί-
E νυν ἀποκάμῃς, ἔφη, ἀλλὰ σκόπει. Ἆρ' οὖν ἡμῖν, ἦν δ' ἐγώ, πολλὴ ἀνάγκη ὁμολογεῖν, ὅτι γε τὰ αὐτὰ ἐν ἑκάστῳ ἔνεστιν ἡμῶν εἴδη τε καὶ ἤθη, ἅπερ ἐν τῇ πόλει; οὐ γάρ που ἄλλοθεν ἐκεῖσε ἀφῖκται. γελοῖον γὰρ ἂν εἴη, εἴ τις οἰηθείη τὸ θυμοειδὲς μὴ ἐκ τῶν ἰδιωτῶν ἐν ταῖς πόλεσιν ἐγγεγονέναι, οἳ δὴ καὶ ἔχουσι ταύτην τὴν αἰτίαν, οἷον οἱ κατὰ τὴν Θρᾴκην τε καὶ Σκυθικὴν καὶ σχεδόν τι κατὰ τὸν ἄνω τόπον, ἢ τὸ φιλομαθές, ὃ δὴ περὶ τὸν παρ' ἡμῖν
436 μάλιστ' ἄν τις αἰτιάσαιτο τόπον, ἢ τὸ φιλοχρήματον, ὃ περὶ τούς τε Φοίνικας εἶναι καὶ τοὺς κατὰ Αἴγυπτον φαίη τις ἂν οὐχ ἥκιστα. Καὶ μάλα, ἔφη. Τοῦτο μὲν δὴ οὕτως ἔχει, ἦν δ' ἐγώ, καὶ οὐδὲν χαλεπὸν γνῶναι. Οὐ δῆτα.

XII. Τόδε δὲ ἤδη χαλεπόν, εἰ τῷ αὐτῷ τούτῳ ἕκαστα πράττομεν ἢ τρισὶν οὖσιν ἄλλο ἄλλῳ· μανθάνομεν μὲν ἑτέρῳ, θυμούμεθα δὲ ἄλλῳ τῶν ἐν ἡμῖν, ἐπιθυμοῦμεν δ' αὖ τρίτῳ τινὶ τῶν περὶ τὴν τροφήν τε καὶ γέννησιν ἡδο-
B νῶν καὶ ὅσα τούτων ἀδελφά, ἢ ὅλῃ τῇ ψυχῇ καθ' ἕκαστον αὐτῶν πράττομεν, ὅταν ὁρμήσωμεν· ταῦτ' ἔσται τὰ χαλεπὰ διορίσασθαι ἀξίως λόγου. Καὶ ἐμοὶ δοκεῖ, ἔφη. Ὧδε τοίνυν ἐπιχειρῶμεν αὐτὰ ὁρίζεσθαι, εἴτε τὰ αὐτὰ ἀλλήλοις εἴτε ἕτερά ἐστιν. Πῶς; Δῆλον ὅτι ταὐτὸν τἀναντία ποιεῖν ἢ πάσχειν κατὰ ταὐτόν γε καὶ πρὸς ταὐτὸν οὐκ ἐθελήσει ἅμα, ὥστε ἐάν που εὑρίσκωμεν ἐν αὐτοῖς ταῦτα
C γιγνόμενα, εἰσόμεθα ὅτι οὐ ταὐτὸν ἦν ἀλλὰ πλείω. Εἶεν. Σκόπει δὴ ὃ λέγω. Λέγε, ἔφη. Ἑστάναι, εἶπον, καὶ κινεῖσθαι τὸ αὐτὸ ἅμα κατὰ τὸ αὐτὸ ἆρα δυνατόν; Οὐδαμῶς. Ἔτι τοίνυν ἀκριβέστερον ὁμολογησώμεθα, μή πῃ προϊόντες ἀμφισβητήσωμεν. εἰ γάρ τις λέγοι ἄνθρωπον ἑστηκότα, κινοῦντα δὲ τὰς χεῖράς τε καὶ τὴν κεφαλήν, ὅτι ὁ

αὐτὸς ἕστηκέ τε καὶ κινεῖται ἅμα, οὐκ ἄν, οἶμαι, ἀξιοῖμεν
οὕτω λέγειν δεῖν, ἀλλ' ὅτι τὸ μέν τι αὐτοῦ ἕστηκε, τὸ δὲ D
κινεῖται. οὐχ οὕτως; Οὕτως. Οὐκοῦν καὶ εἰ ἔτι μᾶλλον
χαριεντίζοιτο ὁ ταῦτα λέγων κομψευόμενος, ὡς οἵ γε στρό-
βιλοι ὅλοι ἑστᾶσί τε ἅμα καὶ κινοῦνται, ὅταν ἐν τῷ αὐτῷ
πήξαντες τὸ κέντρον περιφέρωνται, ἢ καὶ ἄλλο τι κύκλῳ
περιὸν ἐν τῇ αὐτῇ ἕδρᾳ τοῦτο δρᾷ, οὐκ ἂν ἀποδεχοίμεθα,
ὡς οὐ κατὰ ταὐτὰ ἑαυτῶν τὰ τοιαῦτα τότε μενόντων τε
καὶ φερομένων, ἀλλὰ φαῖμεν ἂν ἔχειν αὐτὰ εὐθύ τε καὶ E
περιφερὲς ἐν αὐτοῖς, καὶ κατὰ μὲν τὸ εὐθὺ ἑστάναι, οὐ-
δαμῇ γὰρ ἀποκλίνειν, κατὰ δὲ τὸ περιφερὲς κύκλῳ κινεῖ-
σθαι· ὅταν δὲ τὴν εὐθυωρίαν ἢ εἰς δεξιὰν ἢ εἰς ἀριστε-
ρὰν ἢ εἰς τὸ πρόσθεν ἢ εἰς τὸ ὄπισθεν ἐγκλίνῃ ἅμα περι-
φερόμενον, τότε οὐδαμῇ ἔστιν ἑστάναι. Καὶ ὀρθῶς γε,
ἔφη. Οὐδὲν ἄρα ἡμᾶς τῶν τοιούτων λεγόμενον ἐκπλήξει,
οὐδὲ μᾶλλόν τι πείσει, ὥς ποτέ τι ἂν τὸ αὐτὸ ὂν ἅμα κατὰ
τὸ αὐτὸ πρὸς τὸ αὐτὸ τἀναντία πάθοι ἢ καὶ [εἴη ἢ καὶ] 437
ποιήσειεν. Οὔκουν ἐμέ γε, ἔφη. Ἀλλ' ὅμως, ἦν δ' ἐγώ,
ἵνα μὴ ἀναγκαζώμεθα πάσας τὰς τοιαύτας ἀμφισβητήσεις
ἐπεξιόντες καὶ βεβαιούμενοι ὡς οὐκ ἀληθεῖς οὔσας μηκύ-
νειν, ὑποθέμενοι ὡς τούτου οὕτως ἔχοντος εἰς τὸ πρόσθεν
προΐωμεν, ὁμολογήσαντες, ἐάν ποτε ἄλλῃ φανῇ ταῦτα ἢ
ταύτῃ, πάντα ἡμῖν τὰ ἀπὸ τούτου ξυμβαίνοντα λελυμένα
ἔσεσθαι. Ἀλλὰ χρή, ἔφη, ταῦτα ποιεῖν.

XIII. Ἆρ' οὖν, ἦν δ' ἐγώ, τὸ ἐπινεύειν τῷ ἀνανεύειν B
καὶ τὸ ἐφίεσθαί τινος λαβεῖν τῷ ἀπαρνεῖσθαι καὶ τὸ προσ-
άγεσθαι τῷ ἀπωθεῖσθαι, πάντα τὰ τοιαῦτα τῶν ἐναν-
τίων ἀλλήλοις θείης εἴτε ποιημάτων εἴτε παθημάτων;
οὐδὲν γὰρ ταύτῃ διοίσει. Ἀλλ', ἦ δ' ὅς, τῶν ἐναντίων. Τί
οὖν; ἦν δ' ἐγώ· διψῆν καὶ πεινῆν καὶ ὅλως τὰς ἐπιθυμίας,
καὶ αὖ τὸ ἐθέλειν καὶ τὸ βούλεσθαι, οὐ πάντα ταῦτα εἰς
ἐκεῖνά ποι ἂν θείης τὰ εἴδη τὰ νῦν δὴ λεχθέντα; οἷον ἀεὶ C

πώματός γε. Οὐκοῦν ποιοῦ μέν τινος πώματος ποιόν τι καὶ δίψος, δίψος δ' οὖν αὐτὸ οὔτε πολλοῦ οὔτε ὀλίγου, οὔτε ἀγαθοῦ οὔτε κακοῦ, οὐδ' ἑνὶ λόγῳ ποιοῦ τινός, ἀλλ' αὐτοῦ πώματος μόνον αὐτὸ δίψος πέφυκεν; Παντάπασι μὲν οὖν. Τοῦ διψῶντος ἄρα ἡ ψυχή, καθ' ὅσον διψῇ, οὐκ
B ἄλλο τι βούλεται ἢ πιεῖν, καὶ τούτου ὀρέγεται καὶ ἐπὶ τοῦτο ὁρμᾷ. Δῆλον δή. Οὐκοῦν εἴ ποτέ τι αὐτὴν ἀνθέλκει διψῶσαν, ἕτερον ἄν τι ἐν αὐτῇ εἴη αὐτοῦ τοῦ διψῶντος καὶ ἄγοντος ὥσπερ θηρίον ἐπὶ τὸ πιεῖν; οὐ γὰρ δή, φαμέν, τό γε αὐτὸ τῷ αὐτῷ ἑαυτοῦ περὶ τὸ αὐτὸ ἅμα τἀναντία πράττοι. Οὐ γὰρ οὖν. Ὥσπερ γε, οἶμαι, τοῦ τοξότου οὐ καλῶς ἔχει λέγειν, ὅτι αὐτοῦ ἅμα αἱ χεῖρες τὸ τόξον ἀπωθοῦνταί τε καὶ προσέλκονται, ἀλλ' ὅτι ἄλλη μὲν ἡ ἀπωθοῦσα χείρ, ἑτέρα δὲ ἡ προσαγομένη. Παντάπασι μὲν οὖν,
C ἔφη. Πότερον δὴ φῶμέν τινας ἔστιν ὅτε διψῶντας οὐκ ἐθέλειν πιεῖν; Καὶ μάλα γ', ἔφη, πολλοὺς καὶ πολλάκις. Τί οὖν, ἔφην ἐγώ, φαίη τις ἂν τούτων πέρι; οὐκ ἐνεῖναι μὲν ἐν τῇ ψυχῇ αὐτῶν τὸ κελεῦον, ἐνεῖναι δὲ τὸ κωλῦον πιεῖν, ἄλλο ὂν καὶ κρατοῦν τοῦ κελεύοντος; Ἔμοιγε, ἔφη, δοκεῖ. Ἆρ' οὖν οὐ τὸ μὲν κωλῦον τὰ τοιαῦτα ἐγγίγνεται,
D ὅταν ἐγγένηται, ἐκ λογισμοῦ, τὰ δὲ ἄγοντα καὶ ἕλκοντα διὰ παθημάτων τε καὶ νοσημάτων παραγίγνεται; Φαίνεται. Οὐ δὴ ἀλόγως, ἦν δ' ἐγώ, ἀξιώσομεν αὐτὰ διττά τε καὶ ἕτερα ἀλλήλων εἶναι, τὸ μὲν ᾧ λογίζεται λογιστικὸν προσαγορεύοντες τῆς ψυχῆς, τὸ δὲ ᾧ ἐρᾷ τε καὶ πεινῇ καὶ διψῇ καὶ περὶ τὰς ἄλλας ἐπιθυμίας ἐπτόηται ἀλόγιστόν τε καὶ ἐπιθυμητικόν, πληρώσεών τινων καὶ ἡδονῶν ἑταῖρον.
E Οὔκ, ἀλλ' εἰκότως, ἔφη, ἡγοίμεθ' ἂν οὕτως. Ταῦτα μὲν τοίνυν, ἦν δ' ἐγώ, δύο ἡμῖν ὡρίσθω εἴδη ἐν ψυχῇ ἐνόντα· τὸ δὲ δὴ τοῦ θυμοῦ καὶ ᾧ θυμούμεθα πότερον τρίτον ἢ τούτων ποτέρῳ ἂν εἴη ὁμοφυές; Ἴσως, ἔφη, τῷ ἑτέρῳ, τῷ ἐπιθυμητικῷ. Ἀλλ', ἦν δ' ἐγώ, ποτὲ ἀκούσας τι πιστεύω

*τούτῳ, ὡς ἄρα Λεόντιος ὁ Ἀγλαΐωνος ἀνιὼν ἐκ Πειραιέως
ὑπὸ τὸ βόρειον τεῖχος ἐκτός, αἰσθόμενος νεκροὺς παρὰ τῷ
δημίῳ κειμένους, ἅμα μὲν ἰδεῖν ἐπιθυμοῖ, ἅμα δ' αὖ δυσ-
χεραίνοι καὶ ἀποτρέποι ἑαυτόν, καὶ τέως μάχοιτό τε καὶ
παρακαλύπτοιτο, κρατούμενος δ' οὖν ὑπὸ τῆς ἐπιθυμίας,* 440
*διελκύσας τοὺς ὀφθαλμούς, προσδραμὼν πρὸς τοὺς νε-
κρούς, ἰδοὺ ὑμῖν, ἔφη, ὦ κακοδαίμονες, ἐμπλήσθητε τοῦ
καλοῦ θεάματος. Ἤκουσα, ἔφη, καὶ αὐτός. Οὗτος μέν-
τοι, ἔφην, ὁ λόγος σημαίνει τὴν ὀργὴν πολεμεῖν ἐνίοτε ταῖς
ἐπιθυμίαις ὡς ἄλλο ὂν ἄλλῳ. Σημαίνει γάρ, ἔφη.*

XV. *Οὐκοῦν καὶ ἄλλοθι, ἔφην, πολλαχοῦ αἰσθανό-
μεθα, ὅταν βιάζωνταί τινα παρὰ τὸν λογισμὸν ἐπιθυμίαι,
λοιδοροῦντά τε αὑτὸν καὶ θυμούμενον τῷ βιαζομένῳ ἐν* B
*αὑτῷ, καὶ ὥσπερ δυοῖν στασιαζόντοιν ξύμμαχον τῷ λόγῳ
γιγνόμενον τὸν θυμὸν τοῦ τοιούτου; ταῖς δ' ἐπιθυμίαις
αὐτὸν κοινωνήσαντα, αἱροῦντος λόγου μὴ δεῖν, ἀντιπράτ-
τειν, οἶμαί σε οὐκ ἂν φάναι γενομένου ποτὲ ἐν σαυτῷ τοῦ
τοιούτου αἰσθέσθαι, οἶμαι δ' οὐδ' ἐν ἄλλῳ. Οὐ μὰ τὸν
Δία, ἔφη. Τί δέ; ἦν δ' ἐγώ· ὅταν τις οἴηται ἀδικεῖν, οὐχ* C
*ὅσῳ ἂν γενναιότερος ᾖ, τοσούτῳ ἧττον δύναται ὀργίζε-
σθαι καὶ πεινῶν καὶ ῥιγῶν καὶ ἄλλο ὁτιοῦν τῶν τοιούτων
πάσχων ὑπ' ἐκείνου, ὃν ἂν οἴηται δικαίως ταῦτα δρᾶν,
καί, ὃ λέγω, οὐκ ἐθέλει πρὸς τοῦτον αὐτοῦ ἐγείρεσθαι ὁ
θυμός; Ἀληθῆ, ἔφη. Τί δέ; ὅταν ἀδικεῖσθαί τις ἡγῆται,
οὐκ ἐν τούτῳ ζεῖ τε καὶ χαλεπαίνει καὶ ξυμμαχεῖ τῷ δο-
κοῦντι δικαίῳ καὶ διὰ τὸ πεινῆν καὶ διὰ τὸ ῥιγοῦν καὶ
πάντα τὰ τοιαῦτα πάσχειν ὑπομένων καὶ νικᾷ καὶ οὐ λήγει* D
*τῶν γενναίων, πρὶν ἂν ἢ διαπράξηται ἢ τελευτήσῃ ἢ
ὥσπερ κύων ὑπὸ νομέως ὑπὸ τοῦ λόγου τοῦ παρ' αὐτῷ
ἀνακληθεὶς πραϋνθῇ; Πάνυ μὲν οὖν, ἔφη, ἔοικε τούτῳ
ᾧ λέγεις, καίτοι γ' ἐν τῇ ἡμετέρᾳ πόλει τοὺς ἐπικούρους
ὥσπερ κύνας ἐθέμεθα ὑπηκόους τῶν ἀρχόντων ὥσπερ*

ποιμένων πόλεως. Καλῶς γάρ, ἦν δ' ἐγώ, νοεῖς ὃ βούλο-
E μαι λέγειν. ἀλλ' ἦ πρὸς τούτῳ καὶ τόδε ἐνθυμεῖ; Τὸ
ποῖον; Ὅτι τοὐναντίον ἢ ἀρτίως ἡμῖν φαίνεται περὶ τοῦ
θυμοειδοῦς. τότε μὲν γὰρ ἐπιθυμητικόν τι αὐτὸ ᾠόμεθα
εἶναι, νῦν δὲ πολλοῦ δεῖν φαμέν, ἀλλὰ πολὺ μᾶλλον αὐτὸ
ἐν τῇ τῆς ψυχῆς στάσει τίθεσθαι τὰ ὅπλα πρὸς τοῦ λογι-
στικοῦ. Παντάπασιν, ἔφη. Ἆρ' οὖν ἕτερον ὂν καὶ τού-
του, ἢ λογιστικοῦ τι εἶδος, ὥστε μὴ τρία ἀλλὰ δύο εἴδη
εἶναι ἐν ψυχῇ, λογιστικὸν καὶ ἐπιθυμητικόν; ἢ καθάπερ
441 ἐν τῇ πόλει ξυνεῖχεν αὐτὴν τρία ὄντα γένη, χρηματιστι-
κόν, ἐπικουρητικόν, βουλευτικόν, οὕτω καὶ ἐν ψυχῇ τρίτον
τοῦτό ἐστι τὸ θυμοειδές, ἐπίκουρον ὂν τῷ λογιστικῷ φύσει,
ἐὰν μὴ ὑπὸ κακῆς τροφῆς διαφθαρῇ; Ἀνάγκη, ἔφη, τρί-
τον. Ναί, ἦν δ' ἐγώ, ἄν γε τοῦ λογιστικοῦ ἄλλο τι φανῇ,
ὥσπερ τοῦ ἐπιθυμητικοῦ ἐφάνη ἕτερον ὄν. Ἀλλ' οὐ χα-
λεπόν, ἔφη, φανῆναι. καὶ γὰρ ἐν τοῖς παιδίοις τοῦτό γ'
ἄν τις ἴδοι, ὅτι θυμοῦ μὲν εὐθὺς γενόμενα μεστά ἐστι,
B λογισμοῦ δ' ἔνιοι μὲν ἔμοιγε δοκοῦσιν οὐδέποτε μεταλαμ-
βάνειν, οἱ δὲ πολλοὶ ὀψέ ποτε. Ναὶ μὰ Δί', ἦν δ' ἐγώ,
καλῶς γε εἶπες. ἔτι δὲ ἐν τοῖς θηρίοις ἄν τις ἴδοι ὃ λέγεις,
ὅτι οὕτως ἔχει. πρὸς δὲ τούτοις καὶ ὃ ἄνω που ἐκεῖ εἴπο-
μεν, τὸ τοῦ Ὁμήρου μαρτυρήσει, τὸ

στῆθος δὲ πλήξας κραδίην ἠνίπαπε μύθῳ·

ἐνταῦθα γὰρ δὴ σαφῶς ὡς ἕτερον ἑτέρῳ ἐπιπλῆττον πε-
C ποίηκεν Ὅμηρος τὸ ἀναλογισάμενον περὶ τοῦ βελτίονός τε
καὶ χείρονος τῷ ἀλογίστως θυμουμένῳ. Κομιδῇ, ἔφη,
ὀρθῶς λέγεις.

XVI. Ταῦτα μὲν ἄρα, ἦν δ' ἐγώ, μόγις διανενεύκαμεν, καὶ ἡμῖν ἐπιεικῶς ὁμολογεῖται, τὰ αὐτὰ μὲν ἐν πόλει, τὰ αὐτὰ δ' ἐν ἑνὸς ἑκάστου τῇ ψυχῇ γένη ἐνεῖναι καὶ ἴσα τὸν ἀριθμόν. Ἔστι ταῦτα. Οὐκοῦν ἐκεῖνό γε ἤδη ἀναγκαῖον, ὡς πόλις ἦν σοφὴ καὶ ᾧ, οὕτω καὶ τὸν ἰδιώτην καὶ

ῳ σοφον εἶναι; Τί μήν; Καὶ ᾧ δὴ ἀνδρεῖος ἰδιώτης
ὅς, τούτῳ καὶ πόλιν ἀνδρείαν καὶ οὕτως, καὶ τἆλλα D
:α πρὸς ἀρετὴν ὡσαύτως ἀμφότερα ἔχειν. Ἀνάγκη.
δίκαιον δή, ὦ Γλαύκων, οἶμαι, φήσομεν ἄνδρα εἶναι
:ὐτῷ τρόπῳ, ᾧπερ καὶ πόλις ἦν δικαία. Καὶ τοῦτο
ι ἀνάγκη. Ἀλλ' οὔ πῃ μὴν τοῦτο ἐπιλελήσμεθα, ὅτι
'η γε τῷ τὸ ἑαυτοῦ ἕκαστον ἐν αὐτῇ πράττειν τριῶν
ιν γενῶν δικαία ἦν. Οὔ μοι δοκοῦμεν, ἔφη, ἐπιλελῆ-
. Μνημονευτέον ἄρα ἡμῖν, ὅτι καὶ ἡμῶν ἕκαστος,
ἂν τὰ αὑτοῦ ἕκαστον τῶν ἐν αὐτῷ πράττῃ, οὗτος δί- E
ς τε ἔσται καὶ τὰ αὑτοῦ πράττων. Καὶ μάλα, ἦ δ' ὅς,
ιονευτέον. Οὐκοῦν τῷ μὲν λογιστικῷ ἄρχειν προσή-
σοφῷ ὄντι καὶ ἔχοντι τὴν ὑπὲρ ἁπάσης τῆς ψυχῆς προ-
ειαν, τῷ δὲ θυμοειδεῖ ὑπηκόῳ εἶναι καὶ ξυμμάχῳ τού-
Πάνυ γε. Ἆρ' οὖν οὐχ, ὥσπερ ἐλέγομεν, μουσικῆς
γυμναστικῆς κρᾶσις ξύμφωνα αὐτὰ ποιήσει, τὸ μὲν
είνουσα καὶ τρέφουσα λόγοις τε καλοῖς καὶ μαθήμασι, 442
ἀνιεῖσα παραμυθουμένη, ἡμεροῦσα ἁρμονίᾳ τε καὶ
ιῷ; Κομιδῇ γε, ἦ δ' ὅς. Καὶ τούτω δὴ οὕτω τραφέντε
ὡς ἀληθῶς τὰ αὑτῶν μαθόντε καὶ παιδευθέντε προ-
'ήσετον τοῦ ἐπιθυμητικοῦ, ὃ δὴ πλεῖστον τῆς ψυχῆς
ιάστῳ ἐστὶ καὶ χρημάτων φύσει ἀπληστότατον· ὃ τη-
:τον, μὴ τῷ πίμπλασθαι τῶν περὶ τὸ σῶμα καλουμέ-
ἡδονῶν πολὺ καὶ ἰσχυρὸν γενόμενον οὐκ αὖ τὰ αὑ-
πράττῃ, ἀλλὰ καταδουλώσασθαι καὶ ἄρχειν ἐπιχει- B
η ὧν οὐ προσῆκον αὐτῷ γένει, καὶ ξύμπαντα τὸν βίον
των ἀνατρέψῃ. Πάνυ μὲν οὖν, ἔφη. Ἆρ' οὖν, ἦν δ'
καὶ τοὺς ἔξωθεν πολεμίους τούτω ἂν κάλλιστα φυ-
:οίτην ὑπὲρ ἁπάσης τῆς ψυχῆς τε καὶ τοῦ σώματος, τὸ
βουλευόμενον, τὸ δὲ προπολεμοῦν, ἑπόμενον δὲ τῷ
ιντι καὶ τῇ ἀνδρείᾳ ἐπιτελοῦν τὰ βουλευθέντα; Ἔστι
:α. Καὶ ἀνδρεῖον δή, οἶμαι, τούτῳ τῷ μέρει καλοῦμεν

τι, οἶμαι, δόξαιμεν ψεύδεσθαι. Μὰ Δία οὐ μέντοι, ἔφη. Φῶμεν ἄρα; Φῶμεν.

XVIII. Ἔστω δή, ἦν δ' ἐγώ· μετὰ γὰρ τοῦτο σκεπτέον, οἶμαι, ἀδικίαν. Δῆλον ὅτι. Οὐκοῦν στάσιν τινὰ αὖ τριῶν
B ὄντων τούτων δεῖ αὐτὴν εἶναι καὶ πολυπραγμοσύνην καὶ ἀλλοτριοπραγμοσύνην καὶ ἐπανάστασιν μέρους τινὸς τῷ ὅλῳ τῆς ψυχῆς, ἵν' ἄρχῃ ἐν αὐτῇ οὐ προσῆκον, ἀλλὰ τοιούτου ὄντος φύσει, οἵου πρέπειν αὐτῷ δουλεύειν τῷ τοῦ ἀρχικοῦ γένους ὄντι; τοιαῦτ' ἄττα, οἶμαι, φήσομεν καὶ τὴν τούτων ταραχὴν καὶ πλάνην εἶναι τήν τε ἀδικίαν καὶ ἀκολασίαν καὶ δειλίαν καὶ ἀμαθίαν καὶ ξυλλήβδην πᾶσαν
C κακίαν. Ταὐτὰ μὲν οὖν ταῦτα, ἔφη. Οὐκοῦν, ἦν δ' ἐγώ, καὶ τὸ ἄδικα πράττειν καὶ τὸ ἀδικεῖν καὶ αὖ τὸ δίκαια ποιεῖν, ταῦτα πάντα τυγχάνει ὄντα κατάδηλα ἤδη σαφῶς, εἴπερ καὶ ἡ ἀδικία τε καὶ δικαιοσύνη; Πῶς δή; Ὅτι, ἦν δ' ἐγώ, τυγχάνει οὐδὲν διαφέροντα τῶν ὑγιεινῶν τε καὶ νοσωδῶν, ὡς ἐκεῖνα ἐν σώματι, ταῦτα ἐν ψυχῇ. Πῇ; ἔφη. Τὰ μέν που ὑγιεινὰ ὑγίειαν ἐμποιεῖ, τὰ δὲ νοσώδη νόσον. Ναί. Οὐκοῦν καὶ τὸ μὲν δίκαια πράττειν δικαιοσύνην
D ἐμποιεῖ, τὸ δ' ἄδικα ἀδικίαν; Ἀνάγκη. Ἔστι δὲ τὸ μὲν ὑγίειαν ποιεῖν τὰ ἐν τῷ σώματι κατὰ φύσιν καθιστάναι κρατεῖν τε καὶ κρατεῖσθαι ὑπ' ἀλλήλων, τὸ δὲ νόσον παρὰ φύσιν ἄρχειν τε καὶ ἄρχεσθαι ἄλλο ὑπ' ἄλλου. Ἔστι γάρ. Οὐκοῦν αὖ, ἔφην, τὸ δικαιοσύνην ἐμποιεῖν τὰ ἐν τῇ ψυχῇ κατὰ φύσιν καθιστάναι κρατεῖν τε καὶ κρατεῖσθαι ὑπ' ἀλλήλων, τὸ δὲ ἀδικίαν παρὰ φύσιν ἄρχειν τε καὶ ἄρχεσθαι ἄλλο ὑπ' ἄλλου; Κομιδῇ, ἔφη. Ἀρετὴ μὲν ἄρα, ὡς
E ἔοικεν, ὑγίειά τέ τις ἂν εἴη καὶ κάλλος καὶ εὐεξία ψυχῆς, κακία δὲ νόσος τε καὶ αἶσχος καὶ ἀσθένεια. Ἔστιν οὕτω. Ἆρ' οὖν οὐ καὶ τὰ μὲν καλὰ ἐπιτηδεύματα εἰς ἀρετῆς κτῆσιν φέρει, τὰ δ' αἰσχρὰ εἰς κακίας; Ἀνάγκη.

XIX. Τὸ δὴ λοιπὸν ἤδη, ὡς ἔοικεν, ἡμῖν ἐστὶ σκέψα-

σθαι, πότερον αὖ λυσιτελεῖ δίκαιά τε πράττειν καὶ καλὰ 445
ἐπιτηδεύειν καὶ εἶναι δίκαιον, ἐάν τε λανθάνῃ ἐάν τε μὴ
τοιοῦτος ὤν, ἢ ἀδικεῖν τε καὶ ἄδικον εἶναι, ἐάνπερ μὴ διδῷ
δίκην μηδὲ βελτίων γίγνηται κολαζόμενος. Ἀλλ', ἔφη, ὦ
Σώκρατες, γελοῖον ἔμοιγε φαίνεται τὸ σκέμμα γίγνεσθαι
ἤδη, εἰ τοῦ μὲν σώματος τῆς φύσεως διαφθειρομένης
δοκεῖ οὐ βιωτὸν εἶναι οὐδὲ μετὰ πάντων σιτίων τε καὶ
ποτῶν καὶ παντὸς πλούτου καὶ πάσης ἀρχῆς, τῆς δὲ αὐ-
τοῦ τούτου ᾧ ζῶμεν φύσεως ταραττομένης καὶ διαφθει- B
ρομένης βιωτὸν ἄρα ἔσται, ἐάνπερ τις ποιῇ ὃ ἂν βουληθῇ
ἄλλο πλὴν τοῦτο, ὁπόθεν κακίας μὲν καὶ ἀδικίας ἀπαλλα-
γήσεται, δικαιοσύνην δὲ καὶ ἀρετὴν κτήσεται, ἐπειδήπερ
ἐφάνη γε ὄντα ἑκάτερα οἷα ἡμεῖς διεληλύθαμεν. Γελοῖον
γάρ, ἦν δ' ἐγώ· ἀλλ' ὅμως ἐπείπερ ἐνταῦθα ἐληλύθαμεν,
ὅσον οἷόν τε σαφέστατα κατιδεῖν ὅτι ταῦτα οὕτως ἔχει, οὐ
χρὴ ἀποκάμνειν. Ἥκιστα νὴ τὸν Δία, ἔφη, πάντων ἀπο-
κμητέον. Δεῦρο νῦν, ἦν δ' ἐγώ, ἵνα καὶ ἴδῃς, ὅσα καὶ εἴδη C
ἔχει ἡ κακία, ὡς ἐμοὶ δοκεῖ, ἅ γε δὴ καὶ ἄξια θέας. Ἕπο-
μαι, ἔφη· μόνον λέγε. Καὶ μήν, ἦν δ' ἐγώ, ὥσπερ ἀπὸ
σκοπιᾶς μοι φαίνεται, ἐπειδὴ ἐνταῦθα ἀναβεβήκαμεν τοῦ
λόγου, ἓν μὲν εἶναι εἶδος τῆς ἀρετῆς, ἄπειρα δὲ τῆς κακίας,
τέτταρα δ' ἐν αὐτοῖς ἅττα ὧν καὶ ἄξιον ἐπιμνησθῆναι.
Πῶς λέγεις; ἔφη. Ὅσοι, ἦν δ' ἐγώ, πολιτειῶν τρόποι εἰσὶν
εἴδη ἔχοντες, τοσοῦτοι κινδυνεύουσι καὶ ψυχῆς τρόποι
εἶναι. Πόσοι δή; Πέντε μέν, ἦν δ' ἐγώ, πολιτειῶν, πέντε D
δὲ ψυχῆς. Λέγε, ἔφη, τίνες. Λέγω, εἶπον, ὅτι εἷς μὲν οὗτος
ὃν ἡμεῖς διεληλύθαμεν πολιτείας εἴη ἂν τρόπος, ἐπονο-
μασθείη δ' ἂν καὶ διχῇ· ἐγγενομένου μὲν γὰρ ἀνδρὸς ἑνὸς
ἐν τοῖς ἄρχουσι διαφέροντος βασιλεία ἂν κληθείη, πλειό-
νων δὲ ἀριστοκρατία. Ἀληθῆ, ἔφη. Τοῦτο μὲν τοίνυν,
ἦν δ' ἐγώ, ἓν εἶδος λέγω· οὔτε γὰρ ἂν πλείους οὔτε εἷς
γγενόμενος κινήσειεν ἂν τῶν ἀξίων λόγου νόμων τῆς πό- E

λεως, τροφῇ τε καὶ παιδείᾳ χρησάμενος, ᾗ διήλθομεν. Οὐ γὰρ εἰκός, ἔφη.

Ε.

449 I. Ἀγαθὴν μὲν τοίνυν τὴν τοιαύτην πόλιν τε καὶ πολιτείαν καὶ ὀρθὴν καλῶ, καὶ ἄνδρα τὸν τοιοῦτον· κακὰς δὲ τὰς ἄλλας καὶ ἡμαρτημένας, εἴπερ αὕτη ὀρθή, περί τε πόλεων διοικήσεις καὶ περὶ ἰδιωτῶν ψυχῆς τρόπου κατασκευήν, ἐν τέτταρσι πονηρίας εἴδεσιν οὔσας. Ποίας δὴ ταύτας; ἔφη. καὶ ἐγὼ μὲν ᾖα τὰς ἐφεξῆς ἐρῶν, ὥς μοι
B ἐφαίνοντο ἕκασται ἐξ ἀλλήλων μεταβαίνειν· ὁ δὲ Πολέμαρχος — σμικρὸν γὰρ ἀπωτέρω τοῦ Ἀδειμάντου καθῆστο — ἐκτείνας τὴν χεῖρα καὶ λαβόμενος τοῦ ἱματίου ἄνωθεν αὐτοῦ παρὰ τὸν ὦμον ἐκεῖνόν τε προσηγάγετο καὶ προτείνας ἑαυτὸν ἔλεγεν ἄττα προσκεκυφώς, ὧν ἄλλο μὲν οὐδὲν κατηκούσαμεν, τόδε δέ· Ἀφήσομεν οὖν, ἔφη, ἢ τί δράσομεν; Ἥκιστά γε, ἔφη ὁ Ἀδείμαντος μέγα ἤδη λέγων. καὶ ἐγώ, Τί μάλιστα, ἔφην, ὑμεῖς οὐκ ἀφίετε; Σέ, ἦ δ' ὅς.
C Ὅτι, ἐγὼ εἶπον, τί μάλιστα; Ἀπορρᾳθυμεῖν ἡμῖν δοκεῖς, ἔφη, καὶ εἶδος ὅλον οὐ τὸ ἐλάχιστον ἐκκλέπτειν τοῦ λόγου, ἵνα μὴ διέλθῃς, καὶ λήσειν οἰηθῆναι εἰπὼν αὐτὸ φαύλως, ὡς ἄρα περὶ γυναικῶν τε καὶ παίδων παντὶ δῆλον, ὅτι κοινὰ τὰ φίλων ἔσται. Οὐκοῦν ὀρθῶς, ἔφην, ὦ Ἀδείμαντε; Ναί, ἦ δ' ὅς· ἀλλὰ τὸ ὀρθῶς τοῦτο, ὥσπερ τἆλλα, λόγου δεῖται, τίς ὁ τρόπος τῆς κοινωνίας· πολλοὶ γὰρ ἂν γένοιντο. μὴ οὖν παρῇς ὅντινα σὺ λέγεις. ὡς ἡμεῖς πάλαι
D περιμένομεν οἰόμενοί σέ που μνησθήσεσθαι παιδοποιίας τε πέρι, πῶς παιδοποιήσονται, καὶ γενομένους πῶς θρέψουσι, καὶ ὅλην ταύτην ἣν λέγεις κοινωνίαν γυναικῶν τε καὶ παίδων· μέγα γάρ τι οἰόμεθα φέρειν καὶ ὅλον εἰς πολι-

τείαν ὀρθῶς ἢ μὴ ὀρθῶς γιγνόμενον. νῦν οὖν ἐπειδὴ
ἄλλης ἐπιλαμβάνει πολιτείας πρὶν ταῦτα ἱκανῶς διελέ-
σθαι, δέδοκται ἡμῖν τοῦτο, ὃ σὺ ἤκουσας, τὸ σὲ μὴ μεθιέ- 450
ναι, πρὶν ἂν ταῦτα πάντα ὥσπερ τἆλλα διέλθῃς. Καὶ ἐμὲ
τοίνυν, ὁ Γλαύκων ἔφη, κοινωνὸν τῆς ψήφου ταύτης τί-
θετε. Ἀμέλει, ἔφη ὁ Θρασύμαχος, πᾶσι ταῦτα δεδογμένα
ἡμῖν νόμιζε, ὦ Σώκρατες.

II. Οἷον, ἦν δ᾽ ἐγώ, εἰργάσασθε ἐπιλαβόμενοί μου!
ὅσον λόγον πάλιν ὥσπερ ἐξ ἀρχῆς κινεῖτε περὶ τῆς πολι-
τείας! ἣν ὡς ἤδη διεληλυθὼς ἔγωγε ἔχαιρον ἀγαπῶν, εἴ
τις ἐάσοι ταῦτα ἀποδεξάμενος ὡς τότε ἐρρήθη· ἃ νῦν
ὑμεῖς παρακαλοῦντες οὐκ ἴστε ὅσον ἑσμὸν λόγων ἐπεγεί- B
ρετε· ὃν ὁρῶν ἐγὼ παρῆκα τότε, μὴ παράσχοι πολὺν ὄχλον.
Τί δέ; ἦ δ᾽ ὃς ὁ Θρασύμαχος· χρυσοχοήσοντας οἴει τούσδε
νῦν ἐνθάδε ἀφῖχθαι, ἀλλ᾽ οὐ λόγων ἀκουσομένους; Ναί,
εἶπον, μετρίων γε. Μέτρον δέ γ᾽, ἔφη, ὦ Σώκρατες, ὁ
Γλαύκων, τοιούτων λόγων ἀκούειν ὅλος ὁ βίος νοῦν ἔχου-
σιν. ἀλλὰ τὸ μὲν ἡμέτερον ἔα· σὺ δὲ περὶ ὧν ἐρωτῶμεν
μηδαμῶς ἀποκάμῃς ᾗ σοι δοκεῖ διεξιών, τίς ἡ κοινωνία C
τοῖς φύλαξιν ἡμῖν παίδων τε πέρι καὶ γυναικῶν ἔσται καὶ
τροφῆς νέων ἔτι ὄντων τῆς ἐν τῷ μεταξὺ χρόνῳ γιγνομέ-
νης γενέσεώς τε καὶ παιδείας, ἣ δὴ ἐπιπονωτάτη δοκεῖ
εἶναι. πειρῶ οὖν εἰπεῖν τίνα τρόπον δεῖ γίγνεσθαι αὐτήν.
Οὐ ῥᾴδιον, ὦ εὔδαιμον, ἦν δ᾽ ἐγώ, διελθεῖν· πολλὰς γὰρ
ἀπιστίας ἔχει ἔτι μᾶλλον τῶν ἔμπροσθεν ὧν διήλθομεν.
καὶ γὰρ ὡς δυνατὰ λέγεται, ἀπιστοῖτ᾽ ἄν, καὶ εἰ ὅ τι μά-
λιστα γένοιτο, ὡς ἄριστ᾽ ἂν εἴη ταῦτα, καὶ ταύτῃ ἀπιστή- D
σεται. διὸ δὴ καὶ ὄκνος τις αὐτῶν ἅπτεσθαι, μὴ εὐχὴ δοκῇ
εἶναι ὁ λόγος, ὦ φίλε ἑταῖρε. Μηδέν, ἦ δ᾽ ὅς, ὄκνει· οὔτε
γὰρ ἀγνώμονες οὔτε ἄπιστοι οὔτε δύσνοι οἱ ἀκουσόμενοι.
καὶ ἐγὼ εἶπον Ὦ ἄριστε, ἦ που βουλόμενός με παραθαρρύ-
νειν λέγεις; Ἔγωγ᾽, ἔφη. Πᾶν τοίνυν, ἦν δ᾽ ἐγώ, τοὐ-

ναντίον ποιεῖς. πιστεύοντος μὲν γὰρ ἐμοῦ ἐμοὶ εἰδέναι ἃ
E λέγω, καλῶς εἶχεν ἡ παραμυθία· ἐν γὰρ φρονίμοις τε καὶ
φίλοις περὶ τῶν μεγίστων τε καὶ φίλων τἀληθῆ εἰδότα
λέγειν ἀσφαλὲς καὶ θαρραλέον· ἀπιστοῦντα δὲ καὶ ζη-
τοῦντα ἅμα τοὺς λόγους ποιεῖσθαι, ὃ δὴ ἐγὼ δρῶ, φοβε-
451 ρόν τε καὶ σφαλερόν, οὔ τι γέλωτα ὀφλεῖν· παιδικὸν γὰρ
τοῦτό γε· ἀλλὰ μὴ σφαλεὶς τῆς ἀληθείας οὐ μόνον αὐτὸς
ἀλλὰ καὶ τοὺς φίλους ξυνεπισπασάμενος κείσομαι περὶ ἃ
ἥκιστα δεῖ σφάλλεσθαι. προσκυνῶ δὲ Ἀδράστειαν, ὦ
Γλαύκων, χάριν οὗ μέλλω λέγειν· ἐλπίζω γὰρ οὖν ἔλατ-
τον ἁμάρτημα ἀκουσίως τινὸς φονέα γενέσθαι ἢ ἀπα
τεῶνα καλῶν τε καὶ ἀγαθῶν καὶ [δικαίων] νομίμων πέρι.
τοῦτο οὖν τὸ κινδύνευμα κινδυνεύειν ἐν ἐχθροῖς κρεῖττον
B ἢ φίλοις, ὥστε οὔ με παραμυθεῖ. καὶ ὁ Γλαύκων γελάσας
Ἀλλ', ὦ Σώκρατες, ἔφη, ἐάν τι πάθωμεν πλημμελὲς ὑπὸ
τοῦ λόγου, ἀφίεμέν σε ὥσπερ φόνου καὶ καθαρὸν εἶναι
καὶ μὴ ἀπατεῶνα ἡμῶν· ἀλλὰ θαρρήσας λέγε. Ἀλλὰ μέν-
τοι, εἶπον, καθαρός γε καὶ ἐκεῖ ὁ ἀφεθείς, ὡς ὁ νόμος λέγει·
εἰκὸς δέ γε, εἴπερ ἐκεῖ, κἀνθάδε. Λέγε τοίνυν, ἔφη, τού-
του γ' ἕνεκα. Λέγειν δή, ἔφην ἐγώ, χρὴ ἀνάπαλιν αὖ
νῦν, ἃ τότε ἴσως ἔδει ἐφεξῆς λέγειν· τάχα δὲ οὕτως
C ἂν ὀρθῶς ἔχοι, μετὰ ἀνδρεῖον δρᾶμα παντελῶς διαπεραν-
θὲν τὸ γυναικεῖον αὖ περαίνειν, ἄλλως τε καὶ ἐπειδὴ σὺ
οὕτω προκαλεῖ.

III. Ἀνθρώποις γὰρ φῦσι καὶ παιδευθεῖσιν ὡς ἡμεῖς
διήλθομεν, κατ' ἐμὴν δόξαν οὐκ ἔστ' ἄλλη ὀρθὴ παίδων
τε καὶ γυναικῶν κτῆσίς τε καὶ χρεία ἢ κατ' ἐκείνην τὴν ὁρ-
μὴν ἰοῦσιν, ἥνπερ τὸ πρῶτον ὡρμήσαμεν· ἐπεχειρήσαμεν
δέ που ὡς ἀγέλης φύλακας τοὺς ἄνδρας καθιστάναι τῷ
D λόγῳ. Ναί. Ἀκολουθῶμεν τοίνυν καὶ τὴν γένεσιν καὶ
τροφὴν παραπλησίαν ἀποδιδόντες, καὶ σκοπῶμεν, εἰ ἡμῖν
πρέπει ἢ οὔ. Πῶς; ἔφη. Ὧδε. τὰς θηλείας τῶν φυλάκων

κυνῶν πότερα ξυμφυλάττειν οἰόμεθα δεῖν, ἅπερ ἂν οἱ
ἄρρενες φυλάττωσι, καὶ ξυνθηρεύειν καὶ τἆλλα κοινῇ
πράττειν, ἢ τὰς μὲν οἰκουρεῖν ἔνδον ὡς ἀδυνάτους διὰ
τὸν τῶν σκυλάκων τόκον τε καὶ τροφήν, τοὺς δὲ πονεῖν τε
καὶ πᾶσαν ἐπιμέλειαν ἔχειν περὶ τὰ ποίμνια; Κοινῇ, ἔφη,
πάντα· πλὴν ὡς ἀσθενεστέραις χρώμεθα, τοῖς δὲ ὡς ἰσχυ- E
ροτέροις. Οἷόν τ' οὖν, ἔφην ἐγώ, ἐπὶ τὰ αὐτὰ χρῆσθαί
τινι ζῴῳ, ἂν μὴ τὴν αὐτὴν τροφήν τε καὶ παιδείαν ἀπο-
διδῷς; Οὐχ οἷόν τε. Εἰ ἄρα ταῖς γυναιξὶν ἐπὶ ταὐτὰ χρη-
σόμεθα καὶ τοῖς ἀνδράσι, ταὐτὰ καὶ διδακτέον αὐτάς.
Ναί. Μουσικὴ μὲν ἐκείνοις τε καὶ γυμναστικὴ ἐδόθη. 452
Ναί. Καὶ ταῖς γυναιξὶν ἄρα τούτω τὼ τέχνα καὶ τὰ περὶ
τὸν πόλεμον ἀποδοτέον καὶ χρηστέον κατὰ ταὐτά. Εἰκὸς
ἐξ ὧν λέγεις, ἔφη. Ἴσως δή, εἶπον, παρὰ τὸ ἔθος γελοῖα
ἂν φαίνοιτο πολλὰ περὶ τὰ νῦν λεγόμενα, εἰ πράξεται ᾗ
λέγεται. Καὶ μάλα, ἔφη. Τί, ἦν δ' ἐγώ, γελοιότατον αὐ-
τῶν ὁρᾷς; ἢ δῆλα δὴ ὅτι γυμνὰς τὰς γυναῖκας ἐν ταῖς πα-
λαίστραις γυμναζομένας μετὰ τῶν ἀνδρῶν, οὐ μόνον τὰς B
νέας, ἀλλὰ καὶ ἤδη τὰς πρεσβυτέρας, ὥσπερ τοὺς γέροντας
ἐν τοῖς γυμνασίοις, ὅταν ῥυσοὶ καὶ μὴ ἡδεῖς τὴν ὄψιν ὅμως
φιλογυμναστῶσιν; Νὴ τὸν Δία, ἔφη· γελοῖον γὰρ ἄν, ὥς
γε ἐν τῷ παρεστῶτι, φανείη. Οὐκοῦν, ἦν δ' ἐγώ, ἐπείπερ
ὡρμήσαμεν λέγειν, οὐ φοβητέον τὰ τῶν χαριέντων σκώμ-
ματα, ὅσα καὶ οἷα ἂν εἴποιεν εἰς τὴν τοιαύτην μεταβολὴν
γενομένην καὶ περὶ τὰ γυμνάσια καὶ περὶ μουσικὴν καὶ C
οὐκ ἐλάχιστα περὶ τὴν τῶν ὅπλων σχέσιν καὶ ἵππων ὀχή-
σεις. Ὀρθῶς, ἔφη, λέγεις. Ἀλλ' ἐπείπερ λέγειν ἠρξάμεθα,
πορευτέον πρὸς τὸ τραχὺ τοῦ νόμου, δεηθεῖσί τε τούτων
μὴ τὰ αὑτῶν πράττειν ἀλλὰ σπουδάζειν, καὶ ὑπομνήσα-
σιν, ὅτι οὐ πολὺς χρόνος ἐξ οὗ τοῖς Ἕλλησιν ἐδόκει αἰσχρὰ
εἶναι καὶ γελοῖα, ἅπερ νῦν τοῖς πολλοῖς τῶν βαρβάρων,
γυμνοὺς ἄνδρας ὁρᾶσθαι, καὶ ὅτε ἤρχοντο τῶν γυμνασίων

D πρῶτοι μὲν Κρῆτες, ἔπειτα Λακεδαιμόνιοι, ἐξῆν τοῖς τότε
ἀστείοις πάντα ταῦτα κωμῳδεῖν· ἢ οὐκ οἴει; Ἔγωγε.
Ἀλλ' ἐπειδή, οἶμαι, χρωμένοις ἄμεινον τὸ ἀποδύεσθαι
τοῦ συγκαλύπτειν πάντα τὰ τοιαῦτα ἐφάνη, καὶ τὸ ἐν τοῖς
ὀφθαλμοῖς δὴ γελοῖον ἐξερρύη ὑπὸ τοῦ ἐν τοῖς λόγοις
μηνυθέντος ἀρίστου, καὶ τοῦτο ἐνεδείξατο, ὅτι μάταιος ὃς
γελοῖον ἄλλο τι ἡγεῖται ἢ τὸ κακόν, καὶ [ὁ γελωτοποιεῖν
ἐπιχειρῶν πρὸς ἄλλην τινὰ ὄψιν ἀποβλέπων ὡς γελοίου
E ἢ τὴν τοῦ ἄφρονός τε καὶ κακοῦ, καὶ] καλοῦ αὖ σπουδάζει
πρὸς ἄλλον τινὰ σκοπὸν στησάμενος ἢ τὸν τοῦ ἀγαθοῦ.
Παντάπασι μὲν οὖν, ἔφη.

IV. Ἆρ' οὖν οὐ πρῶτον μὲν τοῦτο περὶ αὐτῶν ἀνο-
μολογητέον, εἰ δυνατὰ ἢ οὔ, καὶ δοτέον ἀμφισβήτησιν,
εἴτε τις φιλοπαίσμων εἴτε σπουδαστικὸς ἐθέλει ἀμφισβη-
453 τῆσαι, πότερον δυνατὴ φύσις ἡ ἀνθρωπίνη ἡ θήλεια τῇ
τοῦ ἄρρενος γένους κοινωνῆσαι εἰς ἅπαντα τὰ ἔργα, ἢ
οὐδ' εἰς ἕν, ἢ εἰς τὰ μὲν οἷά τε, εἰς δὲ τὰ οὔ, καὶ τοῦτο δὴ
τὸ περὶ τὸν πόλεμον ποτέρων ἐστίν; ἆρ' οὐχ οὕτως ἂν
κάλλιστά τις ἀρχόμενος ὡς τὸ εἰκὸς καὶ κάλλιστα τελευ-
τήσειεν; Πολύ γε, ἔφη. Βούλει οὖν, ἦν δ' ἐγώ, ἡμεῖς πρὸς
ἡμᾶς αὐτοὺς ὑπὲρ τῶν ἄλλων ἀμφισβητήσωμεν, ἵνα μὴ
B ἔρημα τὰ τοῦ ἑτέρου λόγου πολιορκῆται; Οὐδέν, ἔφη, κω-
λύει. Λέγωμεν δὴ ὑπὲρ αὐτῶν ὅτι ὦ Σώκρατές τε καὶ
Γλαύκων, οὐδὲν δεῖ ὑμῖν ἄλλους ἀμφισβητεῖν· αὐτοὶ γὰρ
ἐν ἀρχῇ τῆς κατοικίσεως, ἣν ᾠκίζετε πόλιν, ὡμολογεῖτε
δεῖν κατὰ φύσιν ἕκαστον ἕνα ἓν τὸ αὑτοῦ πράττειν. Ὡμο-
λογήσαμεν, οἶμαι· πῶς γὰρ οὔ; Ἔστιν οὖν ὅπως οὐ πάμ-
πολυ διαφέρει γυνὴ ἀνδρὸς τὴν φύσιν; Πῶς δ' οὐ δια-
φέρει; Οὐκοῦν ἄλλο καὶ ἔργον ἑκατέρῳ προσήκει προσ-
C τάττειν τὸ κατὰ τὴν αὑτοῦ φύσιν; Τί μήν; Πῶς οὖν οὐχ
ἁμαρτάνετε νῦν καὶ τἀναντία ὑμῖν αὐτοῖς λέγετε, φά-
σκοντες αὖ τοὺς ἄνδρας καὶ τὰς γυναῖκας δεῖν τὰ αὐτὰ

πράττειν, πλεῖστον κεχωρισμένην φύσιν ἔχοντας; ἕξεις τι,
ὦ θαυμάσιε, πρὸς ταῦτ' ἀπολογεῖσθαι; Ὡς μὲν ἐξαίφνης,
ἔφη, οὐ πάνυ ῥᾴδιον· ἀλλὰ σοῦ δεήσομαί τε καὶ δέομαι
καὶ τὸν ὑπὲρ ἡμῶν λόγον, ὅστις ποτ' ἐστίν, ἑρμηνεῦσαι.
Ταῦτ' ἐστίν, ἦν δ' ἐγώ, ὦ Γλαύκων, καὶ ἄλλα πολλὰ τοι-
αῦτα, ἃ ἐγὼ πάλαι προορῶν ἐφοβούμην τε καὶ ὤκνουν D
ἅπτεσθαι τοῦ νόμου τοῦ περὶ τὴν τῶν γυναικῶν καὶ παί-
δων κτῆσιν καὶ τροφήν. Οὐ μὰ τὸν Δία, ἔφη, οὐ γὰρ εὐ-
κόλῳ ἔοικεν. Οὐ γάρ, εἶπον· ἀλλὰ δὴ ὧδ' ἔχει· ἄν τέ τις
εἰς κολυμβήθραν μικρὰν ἐμπέσῃ ἄν τε εἰς τὸ μέγιστον
πέλαγος μέσον, ὅμως γε νεῖ οὐδὲν ἧττον. Πάνυ μὲν οὖν.
Οὐκοῦν καὶ ἡμῖν νευστέον καὶ πειρατέον σώζεσθαι ἐκ
τοῦ λόγου, ἤτοι δελφῖνά τινα ἐλπίζοντας ἡμᾶς ὑπολαβεῖν
ἂν ἤ τινα ἄλλην ἄπορον σωτηρίαν. Ἔοικεν, ἔφη. Φέρε δή, E
ἦν δ' ἐγώ, ἐάν πῃ εὕρωμεν τὴν ἔξοδον. ὡμολογοῦμεν γὰρ
δὴ ἄλλην φύσιν ἄλλο δεῖν ἐπιτηδεύειν, γυναικὸς δὲ καὶ
ἀνδρὸς ἄλλην εἶναι· τὰς δὲ ἄλλας φύσεις τὰ αὐτά φαμεν
νῦν δεῖν ἐπιτηδεῦσαι. ταῦτα ἡμῶν κατηγορεῖτε; Κομιδῇ
γε. Ἦ γενναία, ἦν δ' ἐγώ, ὦ Γλαύκων, ἡ δύναμις τῆς ἀν- 454
τιλογικῆς τέχνης. Τί δή; Ὅτι, εἶπον, δοκοῦσί μοι εἰς αὐ-
τὴν καὶ ἄκοντες πολλοὶ ἐμπίπτειν καὶ οἴεσθαι οὐκ ἐρίζειν,
ἀλλὰ διαλέγεσθαι, διὰ τὸ μὴ δύνασθαι κατ' εἴδη διαιρού-
μενοι τὸ λεγόμενον ἐπισκοπεῖν, ἀλλὰ κατ' αὐτὸ τὸ ὄνομα
διώκειν τοῦ λεχθέντος τὴν ἐναντίωσιν, ἔριδι, οὐ διαλέκτῳ
πρὸς ἀλλήλους χρώμενοι. Ἔστι γὰρ δή, ἔφη, περὶ πολλοὺς
τοῦτο τὸ πάθος· ἀλλὰ μῶν καὶ πρὸς ἡμᾶς τοῦτο τείνει ἐν
τῷ παρόντι; Παντάπασι μὲν οὖν, ἦν δ' ἐγώ· κινδυνεύο- B
μεν γοῦν ἄκοντες ἀντιλογίας ἅπτεσθαι. Πῶς; Τὸ τὴν
ἄλλην φύσιν ὅτι οὐ τῶν αὐτῶν δεῖ ἐπιτηδευμάτων τυγχά-
νειν πάνυ ἀνδρείως τε καὶ ἐριστικῶς κατὰ τὸ ὄνομα διώ-
κομεν, ἐπεσκεψάμεθα δὲ οὐδ' ὁπῃοῦν, τί εἶδος τὸ τῆς ἑτέ-
ρας τε καὶ τῆς αὐτῆς φύσεως καὶ πρὸς τί τεῖνον ὡριζόμεθα

τότε, ὅτι τὰ ἐπιτηδεύματα ἄλλῃ φύσει ἄλλα, τῇ δὲ αὐτῇ
τὰ αὐτὰ ἀπεδίδομεν. Οὐ γὰρ οὖν, ἔφη, ἐπεσκεψάμεθα.
C Τοιγάρτοι, εἶπον, ἔξεστιν ἡμῖν, ὡς ἔοικεν, ἀνερωτᾶν ἡμᾶς
αὐτούς, εἰ ἡ αὐτὴ φύσις φαλακρῶν καὶ κομητῶν καὶ οὐχ
ἡ ἐναντία, καὶ ἐπειδὰν ὁμολογῶμεν ἐναντίαν εἶναι, ἐὰν
φαλακροὶ σκυτοτομῶσι, μὴ ἐᾶν κομήτας, ἐὰν δ' αὖ κομῆ-
ται, μὴ τοὺς ἑτέρους. Γελοῖον μέντ' ἂν εἴη, ἔφη. Ἆρα κατ'
ἄλλο τι, εἶπον ἐγώ, γελοῖον, ἢ ὅτι τότε οὐ πάντως τὴν αὐ-
τὴν καὶ τὴν ἑτέραν φύσιν ἐτιθέμεθα, ἀλλ' ἐκεῖνο τὸ εἶδος
D τῆς ἀλλοιώσεώς τε καὶ ὁμοιώσεως μόνον ἐφυλάττομεν τὸ
πρὸς αὐτὰ τεῖνον τὰ ἐπιτηδεύματα; οἷον ἰατρικὸν μὲν καὶ
ἰατρικὴν τὴν ψυχὴν ὄντας τὴν αὐτὴν φύσιν ἔχειν ἐλέγο-
μεν· ἢ οὐκ οἴει; Ἔγωγε. Ἰατρικὸν δὲ καὶ τεκτονικὸν ἄλ-
λην; Πάντως που.

V. Οὐκοῦν, ἦν δ' ἐγώ, καὶ τὸ τῶν ἀνδρῶν καὶ τὸ
τῶν γυναικῶν γένος, ἐὰν μὲν πρὸς τέχνην τινὰ ἢ
ἄλλο ἐπιτήδευμα διαφέρον φαίνηται, τοῦτο δὴ φήσο-
μεν ἑκατέρῳ δεῖν ἀποδιδόναι, ἐὰν δ' αὐτῷ τούτῳ φαί-
νηται διαφέρειν, τῷ τὸ μὲν θῆλυ τίκτειν, τὸ δὲ ἄρρεν
E ὀχεύειν, οὐδέν τί πω φήσομεν μᾶλλον ἀποδεδεῖχθαι, ὡς
πρὸς ὃ ἡμεῖς λέγομεν διαφέρει γυνὴ ἀνδρός, ἀλλ' ἔτι οἰη-
σόμεθα δεῖν τὰ αὐτὰ ἐπιτηδεύειν τούς τε φύλακας ἡμῖν
καὶ τὰς γυναῖκας αὐτῶν. Καὶ ὀρθῶς, ἔφη. Οὐκοῦν μετὰ
455 τοῦτο κελεύομεν τὸν τὰ ἐναντία λέγοντα τοῦτο αὐτὸ δι-
δάσκειν ἡμᾶς, πρὸς τίνα τέχνην ἢ τί ἐπιτήδευμα τῶν περὶ
πόλεως κατασκευὴν οὐχ ἡ αὐτὴ ἀλλὰ ἑτέρα φύσις γυναι-
κός τε καὶ ἀνδρός; Δίκαιον γοῦν. Τάχα τοίνυν ἄν, ὅπερ
σὺ ὀλίγον πρότερον ἔλεγες, εἴποι ἂν καὶ ἄλλος, ὅτι ἐν μὲν
τῷ παραχρῆμα ἱκανῶς εἰπεῖν οὐ ῥᾴδιον, ἐπισκεψαμένῳ δὲ
οὐδὲν χαλεπόν. Εἴποι γὰρ ἄν. Βούλει οὖν δεώμεθα τοῦ
B τὰ τοιαῦτα ἀντιλέγοντος ἀκολουθῆσαι ἡμῖν, ἐάν πως ἡμεῖς
ἐκείνῳ ἐνδειξώμεθα, ὅτι οὐδέν ἐστιν ἐπιτήδευμα ἴδιον

γυναικὶ πρὸς διοίκησιν πόλεως; Πάνυ γε. Ἴθι δή, φήσο-
μεν πρὸς αὐτόν, ἀποκρίνου· ἆρα οὕτως ἔλεγες τὸν μὲν
εὐφυῆ πρός τι εἶναι, τὸν δὲ ἀφυῆ, ἐν ᾧ ὁ μὲν ῥᾳδίως τι
μανθάνοι, ὁ δὲ χαλεπῶς, καὶ ὁ μὲν ἀπὸ βραχείας μαθή-
σεως ἐπὶ πολὺ εὑρετικὸς εἴη οὗ ἔμαθεν, ὁ δὲ πολλῆς μαθή-
σεως τυχὼν καὶ μελέτης μηδ' ἃ ἔμαθε σώζοιτο, καὶ τῷ μὲν
τὰ τοῦ σώματος ἱκανῶς ὑπηρετοῖ τῇ διανοίᾳ, τῷ δὲ ἐναν- C
τιοῖτο; ἆρ' ἄλλ' ἄττα ἐστὶν ἢ ταῦτα, οἷς τὸν εὐφυῆ πρὸς
ἕκαστα καὶ τὸν μὴ ὡρίζου; Οὐδείς, ἦ δ' ὅς, ἄλλα φήσει.
Οἶσθά τι οὖν ὑπὸ ἀνθρώπων μελετώμενον, ἐν ᾧ οὐ πάντα
ταῦτα τὸ τῶν ἀνδρῶν γένος διαφερόντως ἔχει ἢ τὸ τῶν
γυναικῶν; ἢ μακρολογῶμεν τήν τε ὑφαντικὴν λέγοντες
καὶ τὴν τῶν ποπάνων τε καὶ ἑψημάτων θεραπείαν, ἐν οἷς
δή τι δοκεῖ τὸ γυναικεῖον γένος εἶναι, οὗ καὶ καταγελα- D
στότατόν ἐστι πάντων ἡττώμενον; Ἀληθῆ, ἔφη, λέγεις,
ὅτι πολὺ κρατεῖται ἐν ἅπασιν ὡς ἔπος εἰπεῖν τὸ γένος τοῦ
γένους. γυναῖκες μέν τοι πολλαὶ πολλῶν ἀνδρῶν βελτίους
εἰς πολλά· τὸ δὲ ὅλον ἔχει ὡς σὺ λέγεις. Οὐδὲν ἄρα ἐστίν,
ὦ φίλε, ἐπιτήδευμα τῶν πόλιν διοικούντων γυναικὸς διότι
γυνή, οὐδ' ἀνδρὸς διότι ἀνήρ, ἀλλ' ὁμοίως διεσπαρμέναι
αἱ φύσεις ἐν ἀμφοῖν τοῖν ζώοιν, καὶ πάντων μὲν μετέχει
γυνὴ ἐπιτηδευμάτων κατὰ φύσιν, πάντων δὲ ἀνήρ, ἐπὶ E
πᾶσι δὲ ἀσθενέστερον γυνὴ ἀνδρός. Πάνυ γε. Ἦ οὖν ἀν-
δράσι πάντα προστάξομεν, γυναικὶ δὲ οὐδέν; Καὶ πῶς;
Ἀλλ' ἔστι γάρ, οἶμαι, ὡς φήσομεν, καὶ γυνὴ ἰατρική, ἡ δ'
οὔ, καὶ μουσική, ἡ δ' ἄμουσος φύσει. Τί μήν; Γυμνα-
στικὴ δ' ἄρα οὔ, οὐδὲ πολεμική, ἡ δὲ ἀπόλεμος καὶ οὐ φι- 456
λογυμναστική; Οἶμαι ἔγωγε. Τί δέ; φιλόσοφός τε καὶ
μισόσοφος; καὶ θυμοειδής, ἡ δ' ἄθυμος; Ἔστι καὶ ταῦτα.
Ἔστιν ἄρα καὶ φυλακικὴ γυνή, ἡ δ' οὔ. ἢ οὐ τοιαύτην καὶ
τῶν ἀνδρῶν τῶν φυλακικῶν φύσιν ἐξελεξάμεθα; Τοιαύ-
την μὲν οὖν· Καὶ γυναικὸς ἄρα καὶ ἀνδρὸς ἡ αὐτὴ φύσις

ξύστασιν· ἐγὼ δ᾽ ᾤμην ἔκ γε τοῦ ἑτέρου ἀποδράσεσθαι,
εἴ σοι δόξειεν ὠφέλιμον εἶναι, λοιπὸν δὲ δή μοι ἔσεσθαι
περὶ τοῦ δυνατοῦ καὶ μή. Ἀλλ᾽ οὐκ ἔλαθες, ἦ δ᾽ ὅς, ἀπο-
διδράσκων, ἀλλ᾽ ἀμφοτέρων πέρι δίδου λόγον. Ὑφεκτέον,
ἦν δ᾽ ἐγώ, δίκην. τοσόνδε μέντοι χάρισαί μοι· ἔασόν με
458 ἑορτάσαι, ὥσπερ οἱ ἀργοὶ τὴν διάνοιαν εἰώθασιν ἑστιᾶ-
σθαι ὑφ᾽ ἑαυτῶν, ὅταν μόνοι πορεύωνται. καὶ γὰρ οἱ
τοιοῦτοί που, πρὶν ἐξευρεῖν, τίνα τρόπον ἔσται τι ὧν ἐπι-
θυμοῦσι, τοῦτο παρέντες, ἵνα μὴ κάμνωσι βουλευόμενοι
περὶ τοῦ δυνατοῦ καὶ μή, θέντες ὡς ὑπάρχον εἶναι ὃ βού-
λονται, ἤδη τὰ λοιπὰ διατάττουσι καὶ χαίρουσι διεξιόντες
οἷα δράσουσι γενομένου, ἀργὸν καὶ ἄλλως ψυχὴν ἔτι ἀρ-
B γοτέραν ποιοῦντες. ἤδη οὖν καὶ αὐτὸς μαλθακίζομαι, καὶ
ἐκεῖνα μὲν ἐπιθυμῶ ἀναβαλέσθαι καὶ ὕστερον ἐπισκέψα-
σθαι, ᾗ δυνατά, νῦν δὲ ὡς δυνατῶν ὄντων θεὶς σκέψομαι,
ἄν μοι παρίῃς, πῶς διατάξουσιν αὐτὰ οἱ ἄρχοντες γιγνό-
μενα, καὶ ὅτι πάντων ξυμφορώτατ᾽ ἂν εἴη πραχθέντα τῇ
πόλει καὶ τοῖς φύλαξι. ταῦτα πειράσομαί σοι πρότερα
συνδιασκοπεῖσθαι, ὕστερα δ᾽ ἐκεῖνα, εἴπερ παρίῃς. Ἀλλὰ
παρίημι, ἔφη, καὶ σκόπει. Οἶμαι τοίνυν, ἦν δ᾽ ἐγώ, εἴπερ
C ἔσονται οἱ ἄρχοντες ἄξιοι τούτου τοῦ ὀνόματος, οἵ τε
τούτοις ἐπίκουροι κατὰ ταὐτά, τοὺς μὲν ἐθελήσειν ποιεῖν
τὰ ἐπιταττόμενα, τοὺς δὲ ἐπιτάξειν, τὰ μὲν αὐτοὺς πει-
θομένους τοῖς νόμοις, τὰ δὲ καὶ μιμουμένους ὅσα ἂν ἐκεί-
νοις ἐπιτρέψωμεν. Εἰκός, ἔφη. Σὺ μὲν τοίνυν, ἦν δ᾽
ἐγώ, ὁ νομοθέτης αὐτοῖς, ὥσπερ τοὺς ἄνδρας ἐξέλεξας,
οὕτω καὶ τὰς γυναῖκας ἐκλέξας παραδώσεις καθ᾽ ὅσον
οἷόν τε ὁμοφυεῖς· οἱ δὲ ἅτε οἰκίας τε καὶ ξυσσίτια κοινὰ
ἔχοντες, ἰδίᾳ δὲ οὐδενὸς οὐδὲν τοιοῦτο κεκτημένου, ὁμοῦ
D δὴ ἔσονται, ὁμοῦ δὲ ἀναμεμιγμένων καὶ ἐν γυμνασίοις
καὶ ἐν τῇ ἄλλῃ τροφῇ ὑπ᾽ ἀνάγκης, οἶμαι, τῆς ἐμφύτου
ἄξονται πρὸς τὴν ἀλλήλων μῖξιν. ἢ οὐκ ἀναγκαῖά σοι

δοκῶ λέγειν; Οὐ γεωμετρικαῖς γε,· ἦ δ' ὅς, ἀλλ' ερω-
τικαῖς ἀνάγκαις, αἳ κινδυνεύουσιν ἐκείνων δριμύτεραι
εἶναι πρὸς τὸ πείθειν τε καὶ ἕλκειν τὸν πολὺν λεών.
VIII. Καὶ μάλα, εἶπον. ἀλλὰ μετὰ δὴ ταῦτα, ὦ Γλαύ-
κων, ἀτάκτως μὲν μίγνυσθαι ἀλλήλοις ἢ ἄλλο ὁτιοῦν E
ποιεῖν οὔτε ὅσιον ἐν εὐδαιμόνων πόλει οὔτ' ἐάσουσιν οἱ
ἄρχοντες. Οὐ γὰρ δίκαιον, ἔφη. Δῆλον δὴ ὅτι γάμους τὸ
μετὰ τοῦτο ποιήσομεν ἱεροὺς εἰς δύναμιν ὅ τι μάλιστα·
εἶεν δ' ἂν ἱεροὶ οἱ ὠφελιμώτατοι. Παντάπασι μὲν οὖν.
Πῶς οὖν δὴ ὠφελιμώτατοι ἔσονται; τόδε μοι λέγε, ὦ 459
Γλαύκων· ὁρῶ γάρ σου ἐν τῇ οἰκίᾳ καὶ κύνας θηρευτι-
κοὺς καὶ τῶν γενναίων ὀρνίθων μάλα συχνούς· ἆρ' οὖν,
ὦ πρὸς Διός, προσέσχηκάς τι τοῖς τούτων γάμοις τε καὶ
παιδοποιίαις; Τὸ ποῖον, ἔφη; Πρῶτον μὲν αὐτῶν τού-
των, καίπερ ὄντων γενναίων, ἆρ' οὐκ εἰσί τινες καὶ γί-
γνονται ἄριστοι; Εἰσίν. Πότερον οὖν ἐξ ἁπάντων ὁμοίως
γεννᾷς, ἢ προθυμεῖ ὅ τι μάλιστα ἐκ τῶν ἀρίστων; Ἐκ τῶν B
ἀρίστων. Τί δ'; ἐκ τῶν νεωτάτων ἢ ἐκ τῶν γεραιτάτων
ἢ ἐξ ἀκμαζόντων ὅ τι μάλιστα; Ἐξ ἀκμαζόντων. Καὶ ἐὰν
μὴ οὕτω γεννᾶται, πολύ σοι ἡγεῖ χεῖρον ἔσεσθαι τό τε τῶν
ὀρνίθων καὶ τὸ τῶν κυνῶν γένος; Ἔγωγ', ἔφη. Τί δὲ ἵπ-
πων οἴει, ἦν δ' ἐγώ, καὶ τῶν ἄλλων ζώων; ἦ ἄλλῃ πῃ
ἔχειν; Ἄτοπον μέντ' ἄν, ἦ δ' ὅς, εἴη. Βαβαί, ἦν δ' ἐγώ,
ὦ φίλε ἑταῖρε, ὡς ἄρα σφόδρα ἡμῖν δεῖ ἄκρων εἶναι τῶν
ἀρχόντων, εἴπερ καὶ περὶ τὸ τῶν ἀνθρώπων γένος ὡσαύ-
τως ἔχει. Ἀλλὰ μὲν δὴ ἔχει, ἔφη· ἀλλὰ τί δή; Ὅτι ἀνάγκη C
αὐτοῖς, ἦν δ' ἐγώ, φαρμάκοις πολλοῖς χρῆσθαι. ἰατρὸν δε
που μὴ δεομένοις μὲν σώμασι φαρμάκων, ἀλλὰ διαίτῃ
ἐθελόντων ὑπακούειν, καὶ φαυλότερον ἐξαρκεῖν ἡγού-
μεθα εἶναι· ὅταν δὲ δὴ καὶ φαρμακεύειν δέῃ, ἴσμεν ὅτι
ἀνδρειοτέρου δεῖ τοῦ ἰατροῦ. Ἀληθῆ· ἀλλὰ πρὸς τί λε-
γεις; Πρὸς τόδε, ἦν δ' ἐγώ· συχνῷ τῷ ψεύδει καὶ τῇ

ἀπάτῃ κινδυνεύει ἡμῖν δεήσειν χρῆσθαι τοὺς ἄρχοντας
D ἐπ᾽ ὠφελείᾳ τῶν ἀρχομένων. ἔφαμεν δέ που ἐν φαρμά-
κου εἴδει πάντα τὰ τοιαῦτα χρήσιμα εἶναι. Καὶ ὀρθῶς γε,
ἔφη. Ἐν τοῖς γάμοις τοίνυν καὶ παιδοποιίαις ἔοικε τὸ ὀρ-
θὸν τοῦτο γίγνεσθαι οὐκ ἐλάχιστον. Πῶς δή; Δεῖ μέν,
εἶπον, ἐκ τῶν ὡμολογημένων τοὺς ἀρίστους ταῖς ἀρίσταις
συγγίγνεσθαι ὡς πλειστάκις, τοὺς δὲ φαυλοτάτους ταῖς
φαυλοτάταις τοὐναντίον, καὶ τῶν μὲν τὰ ἔκγονα τρέφειν,
E τῶν δὲ μή, εἰ μέλλει τὸ ποίμνιον ὅ τι ἀκρότατον εἶναι·
καὶ ταῦτα πάντα γιγνόμενα λανθάνειν πλὴν αὐτοὺς τοὺς
ἄρχοντας, εἰ αὖ ἡ ἀγέλη τῶν φυλάκων ὅ τι μάλιστα ἀστα-
σίαστος ἔσται. Ὀρθότατα, ἔφη. Οὐκοῦν δὴ ἑορταί τινες
νομοθετητέαι ἔσονται, ἐν αἷς ξυνάξομεν τάς τε νύμφας
καὶ τοὺς νυμφίους, καὶ θυσίαι καὶ ὕμνοι ποιητέοι τοῖς
460 ἡμετέροις ποιηταῖς πρέποντες τοῖς γιγνομένοις γάμοις· τὸ
δὲ πλῆθος τῶν γάμων ἐπὶ τοῖς ἄρχουσι ποιήσομεν, ἵν᾽ ὡς
μάλιστα διασώζωσι τὸν αὐτὸν ἀριθμὸν τῶν ἀνδρῶν, πρὸς
πολέμους τε καὶ νόσους καὶ πάντα τὰ τοιαῦτα ἀποσκο-
ποῦντες, καὶ μήτε μεγάλη ἡμῖν ἡ πόλις κατὰ τὸ δυνατὸν
μήτε σμικρὰ γίγνηται. Ὀρθῶς, ἔφη. Κλῆροι δή τινες,
οἶμαι, ποιητέοι κομψοί, ὥστε τὸν φαῦλον ἐκεῖνον αἰτιᾶ-
σθαι ἐφ᾽ ἑκάστης συνέρξεως τύχην, ἀλλὰ μὴ τοὺς ἄρχον-
τας. Καὶ μάλα, ἔφη.
B IX. Καὶ τοῖς ἀγαθοῖς γέ που τῶν νέων ἐν πολέμῳ ἢ
ἄλλοθί που γέρα δοτέον καὶ ἆθλα ἄλλα τε καὶ ἀφθονεστέρα
ἡ ἐξουσία τῆς τῶν γυναικῶν ξυγκοιμήσεως, ἵνα καὶ ἅμα
μετὰ προφάσεως ὡς πλεῖστοι τῶν παίδων ἐκ τῶν τοιού-
των σπείρωνται. Ὀρθῶς. Οὐκοῦν καὶ τὰ ἀεὶ γιγνόμενα
ἔκγονα παραλαμβάνουσαι αἱ ἐπὶ τούτων ἐφεστηκυῖαι ἀρ-
χαὶ εἴτε ἀνδρῶν εἴτε γυναικῶν εἴτε ἀμφότερα· κοιναὶ μὲν
C γάρ που καὶ ἀρχαὶ γυναιξί τε καὶ ἀνδράσιν. Ναί. Τὰ μὲν
δὴ τῶν ἀγαθῶν, δοκῶ, λαβοῦσαι εἰς τὸν σηκὸν οἴσου

παρά τινας τροφούς, χωρὶς οἰκούσας ἔν τινι μέρει τῆς πόλεως· τὰ δὲ τῶν χειρόνων, καὶ ἐάν τι τῶν ἑτέρων ἀνάπηρον γίγνηται, ἐν ἀπορρήτῳ τε καὶ ἀδήλῳ κατακρύψουσιν ὡς πρέπει. Εἴπερ μέλλει, ἔφη, καθαρὸν τὸ γένος τῶν φυλάκων ἔσεσθαι. Οὐκοῦν καὶ τροφῆς οὗτοι ἐπιμελήσονται, τάς τε μητέρας ἐπὶ τὸν σηκὸν ἄγοντες, ὅταν σπαργῶσι, πᾶσαν μηχανὴν μηχανώμενοι, ὅπως μηδεμία τὸ αὑτῆς D
αἰσθήσεται, καὶ ἄλλας γάλα ἐχούσας ἐκπορίζοντες, ἐὰν μὴ αὐταὶ ἱκαναὶ ὦσι, καὶ αὐτῶν τούτων ἐπιμελήσονται, ὅπως μέτριον χρόνον θηλάσονται, ἀγρυπνίας δὲ καὶ τὸν ἄλλον πόνον τίτθαις τε καὶ τροφοῖς παραδώσουσιν; Πολλὴν ῥᾳστώνην, ἔφη, λέγεις τῆς παιδοποιίας ταῖς τῶν φυλάκων γυναιξίν. Πρέπει γάρ, ἦν δ' ἐγώ. τὸ δ' ἐφεξῆς διέλθωμεν ὃ προθυμούμεθα. ἔφαμεν γὰρ δὴ ἐξ ἀκμαζόντων δεῖν τὰ ἔκγονα γίγνεσθαι. Ἀληθῆ. Ἆρ' οὖν σοι ξυνδοκεῖ μέτριος E
χρόνος ἀκμῆς τὰ εἴκοσι ἔτη γυναικί, ἀνδρὶ δὲ τὰ τριάκοντα; Τὰ ποῖα αὐτῶν; ἔφη. Γυναικὶ μέν, ἦν δ' ἐγώ, ἀρξαμένῃ ἀπὸ εἰκοσιέτιδος μέχρι τετταρακονταέτιδος τίκτειν τῇ πόλει· ἀνδρὶ δέ, ἐπειδὰν τὴν ὀξυτάτην δρόμου ἀκμὴν παρῇ, τὸ ἀπὸ τούτου γεννᾷν τῇ πόλει μέχρι πεντε καιπεντηκονταέτους. Ἀμφοτέρων γοῦν, ἔφη, αὕτη ἀκμὴ 461
σώματός τε καὶ φρονήσεως. Οὐκοῦν ἐάν τε πρεσβύτερος τούτων ἐάν τε νεώτερος τῶν εἰς τὸ κοινὸν γεννήσεων ἅψηται, οὔτε ὅσιον οὔτε δίκαιον φήσομεν τὸ ἁμάρτημα, ὡς παῖδα φιτύοντος τῇ πόλει, ὅς, ἂν λάθῃ, γεννήσεται οὐχ ὑπὸ θυσιῶν οὐδ' ὑπὸ εὐχῶν φύς, ἃς ἐφ' ἑκάστοις τοῖς γάμοις εὔξονται καὶ ἱέρειαι καὶ ἱερεῖς καὶ ξύμπασα ἡ πόλις ἐξ ἀγαθῶν ἀμείνους καὶ ἐξ ὠφελίμων ὠφελιμωτέρους ἀεὶ τοὺς ἐκγόνους γίγνεσθαι, ἀλλ' ὑπὸ σκότου μετὰ δει- B
νῆς ἀκρατείας γεγονώς. Ὀρθῶς, ἔφη. Ὁ αὐτὸς δέ γ', εἶπον, νόμος, ἐάν τις τῶν ἔτι γεννώντων μὴ ξυνέρξαντος ἄρχοντος ἅπτηται τῶν ἐν ἡλικίᾳ γυναικῶν· νόθον γὰρ

καὶ ἀνέγγυον καὶ ἀνίερον φήσομεν αὐτὸν παῖδα τῇ πόλει καθιστάναι. Ὀρθότατα, ἔφη. Ὅταν δὲ δή, οἶμαι, αἵ τε γυναῖκες καὶ οἱ ἄνδρες τοῦ γεννᾶν ἐκβῶσι τὴν ἡλικίαν, ἀφήσομέν που ἐλευθέρους αὐτοὺς συγγίγνεσθαι ᾧ ἂν
C ἐθέλωσι, πλὴν θυγατρὶ καὶ μητρὶ καὶ ταῖς τῶν θυγατέρων παισὶ καὶ ταῖς ἄνω μητρός, καὶ γυναῖκας αὖ πλὴν υἱεῖ καὶ πατρὶ καὶ τοῖς τούτων εἰς τὸ κάτω καὶ ἐπὶ τὸ ἄνω, καὶ ταῦτά γ' ἤδη πάντα διακελευσάμενοι προθυμεῖσθαι, μάλιστα μὲν μηδ' εἰς φῶς ἐκφέρειν κύημα μηδέ γ' ἕν, ἐὰν γένηται, ἐὰν δέ τι βιάσηται, οὕτω τιθέναι, ὡς οὐκ οὔσης τροφῆς τῷ τοιούτῳ. Καὶ ταῦτα μέν γ', ἔφη, μετρίως λέγε-
D ται· πατέρας δὲ καὶ θυγατέρας καὶ ἃ νῦν δὴ ἔλεγες πῶς διαγνώσονται ἀλλήλων; Οὐδαμῶς, ἦν δ' ἐγώ, ἀλλ' ἀφ' ἧς ἂν ἡμέρας τις αὐτῶν νυμφίος γένηται, μετ' ἐκείνην δεκάτῳ μηνὶ καὶ ἑβδόμῳ δὴ ἃ ἂν γένηται ἔκγονα, ταῦτα πάντα προσερεῖ τὰ μὲν ἄρρενα υἱεῖς, τὰ δὲ θήλεα θυγατέρας, καὶ ἐκεῖνα ἐκεῖνον πατέρα, καὶ οὕτω δὴ τὰ τούτων ἔκγονα παίδων παῖδας καὶ ἐκεῖνα αὖ ἐκείνους πάππους τε καὶ τηθάς, τὰ δ' ἐν ἐκείνῳ τῷ χρόνῳ γεγονότα, ἐν ᾧ αἱ μητέρες καὶ οἱ πατέρες αὐτῶν ἐγέννων, ἀδελφάς τε καὶ
E ἀδελφούς· ὥστε, ὃ νῦν δὴ ἐλέγομεν, ἀλλήλων μὴ ἅπτεσθαι· ἀδελφοὺς δὲ καὶ ἀδελφὰς δώσει ὁ νόμος συνοικεῖν, ἐὰν ὁ κλῆρος ταύτῃ ξυμπίπτῃ καὶ ἡ Πυθία προσαναιρῇ. Ὀρθότατα, ἦ δ' ὅς.

X. Ἡ μὲν δὴ κοινωνία, ὦ Γλαύκων, αὕτη τε καὶ τοιαύτη γυναικῶν τε καὶ παίδων τοῖς φύλαξί σοι τῆς πόλεως· ὡς δὲ ἑπομένη τε τῇ ἄλλῃ πολιτείᾳ καὶ μακρῷ βελτίστη, δεῖ δὴ τὸ μετὰ τοῦτο βεβαιώσασθαι παρὰ τοῦ λόγου· ἢ
462 πῶς ποιῶμεν; Οὕτω νὴ Δία, ἦ δ' ὅς. Ἆρ' οὖν οὐχ ἥδε ἀρχὴ τῆς ὁμολογίας, ἐρέσθαι ἡμᾶς αὐτούς, τί ποτε τὸ μέγιστον ἀγαθὸν ἔχομεν εἰπεῖν εἰς πόλεως κατασκευήν, οὗ δεῖ στοχαζόμενον τὸν νομοθέτην τιθέναι τοὺς νόμους, καὶ

τί μέγιστον κακόν, εἶτα ἐπισκέψασθαι, ἆρα ἃ νῦν δὴ διήλθομεν εἰς μὲν τὸ τοῦ ἀγαθοῦ ἴχνος ἡμῖν ἁρμόττει, τῷ δὲ τοῦ κακοῦ ἀναρμοστεῖ; Πάντων μάλιστα, ἔφη. Ἔχομεν οὖν τι μεῖζον κακὸν πόλει ἢ ἐκεῖνο, ὃ ἂν αὐτὴν διασπᾷ καὶ ποιῇ πολλὰς ἀντὶ μιᾶς; ἢ μεῖζον ἀγαθὸν τοῦ ὃ ἂν B
ξυνδῇ τε καὶ ποιῇ μίαν; Οὐκ ἔχομεν. Οὐκοῦν ἡ μὲν ἡδονῆς τε καὶ λύπης κοινωνία ξυνδεῖ, ὅταν ὅ τι μάλιστα πάντες οἱ πολῖται τῶν αὐτῶν γιγνομένων τε καὶ ἀπολλυμένων παραπλησίως χαίρωσι καὶ λυπῶνται; Παντάπασι μὲν οὖν, ἔφη. Ἡ δέ γε τῶν τοιούτων ἰδίωσις διαλύει, ὅταν οἱ μὲν περιαλγεῖς, οἱ δὲ περιχαρεῖς γίγνωνται ἐπὶ τοῖς αὐτοῖς παθήμασι τῆς πόλεώς τε καὶ τῶν ἐν τῇ πόλει; Τί δ᾽ C
οὔ; Ἆρ᾽ οὖν ἐκ τοῦδε τὸ τοιόνδε γίγνεται, ὅταν μὴ ἅμα φθέγγωνται ἐν τῇ πόλει τὰ τοιάδε ῥήματα, τό τε ἐμὸν καὶ τὸ οὐκ ἐμόν, καὶ περὶ τοῦ ἀλλοτρίου κατὰ ταὐτά; Κομιδῇ μὲν οὖν· Ἐν ᾗτινι δὴ πόλει πλεῖστοι ἐπὶ τὸ αὐτὸ κατὰ ταὐτὰ τοῦτο λέγουσι τὸ ἐμὸν καὶ τὸ οὐκ ἐμόν, αὕτη ἄριστα διοικεῖται; Πολύ γε. Καὶ ἥτις δὴ ἐγγύτατα ἑνὸς ἀνθρώπου ἔχει, οἷον ὅταν που ἡμῶν δάκτυλός του πληγῇ, πᾶσα ἡ κοινωνία ἡ κατὰ τὸ σῶμα πρὸς τὴν ψυχὴν τεταμένη εἰς μίαν σύνταξιν τὴν τοῦ ἄρχοντος ἐν αὐτῇ ᾔσθετό D
τε καὶ πᾶσα ἅμα ξυνήλγησε μέρους πονήσαντος ὅλη, καὶ οὕτω δὴ λέγομεν ὅτι ὁ ἄνθρωπος τὸν δάκτυλον ἀλγεῖ· καὶ περὶ ἄλλου ὁτουοῦν τῶν τοῦ ἀνθρώπου ὁ αὐτὸς λόγος, περί τε λύπης πονοῦντος μέρους καὶ περὶ ἡδονῆς ῥαΐζοντος. Ὁ αὐτὸς γάρ, ἔφη, καὶ τοῦτο ὃ ἐρωτᾷς, τοῦ τοιούτου ἐγγύτατα ἡ ἄριστα πολιτευομένη πόλις οἰκεῖ. Ἑνὸς δή, οἶμαι, πάσχοντος τῶν πολιτῶν ὁτιοῦν ἢ ἀγαθὸν ἢ κακόν, ἡ τοιαύτη πόλις μάλιστά τε φήσει ἑαυτῆς εἶναι τὸ πά- E
σχον, καὶ ἢ ξυνησθήσεται ἅπασα ἢ ξυλλυπήσεται. Ἀνάγκη, ἔφη, τήν γε εὔνομον.

XI. Ὥρα ἂν εἴη, ἦν δ᾽ ἐγώ, ἐπανιέναι ἡμῖν ἐπὶ τὴν

ἡμετέραν πόλιν, καὶ τὰ τοῦ λόγου ὁμολογήματα σκοπεῖν
ἐν αὐτῇ, εἰ αὐτὴ μάλιστ' ἔχει εἴτε καὶ ἄλλη τις μᾶλλον.
463 Οὐκοῦν χρή, ἔφη. Τί οὖν; ἔστι μέν που καὶ ἐν ταῖς ἄλ-
λαις πόλεσιν ἄρχοντές τε καὶ δῆμος, ἔστι δὲ καὶ ἐν αὐτῇ;
Ἔστιν. Πολίτας μὲν δὴ πάντες οὗτοι ἀλλήλους προσε-
ροῦσιν; Πῶς δ' οὔ; Ἀλλὰ πρὸς τῷ πολίτας τί ὁ ἐν ταῖς
ἄλλαις δῆμος τοὺς ἄρχοντας προσαγορεύει; Ἐν μὲν ταῖς
πολλαῖς δεσπότας, ἐν δὲ ταῖς δημοκρατουμέναις αὐτὸ τοὔ-
νομα τοῦτο, ἄρχοντας. Τί δ' ὁ ἐν τῇ ἡμετέρᾳ δῆμος;
πρὸς τῷ πολίτας τί τοὺς ἄρχοντάς φησιν εἶναι; Σωτῆράς
B τε καὶ ἐπικούρους, ἔφη. Τί δ' οὗτοι τὸν δῆμον; Μισθο-
δότας τε καὶ τροφέας. Οἱ δ' ἐν ταῖς ἄλλαις ἄρχοντες τοὺς
δήμους; Δούλους, ἔφη. Τί δ' οἱ ἄρχοντες ἀλλήλους;
Ξυνάρχοντας, ἔφη. Τί δ' οἱ ἡμέτεροι; Ξυμφύλακας.
Ἔχεις οὖν εἰπεῖν τῶν ἀρχόντων τῶν ἐν ταῖς ἄλλαις πόλε-
σιν, εἴ τίς τινα ἔχει προσειπεῖν τῶν ξυναρχόντων τὸν μὲν
ὡς οἰκεῖον, τὸν δ' ὡς ἀλλότριον; Καὶ πολλούς γε. Οὐκ-
C οῦν τὸν μὲν οἰκεῖον ὡς ἑαυτοῦ νομίζει τε καὶ λέγει, τὸν δ'
ἀλλότριον ὡς οὐχ ἑαυτοῦ; Οὕτως. Τί δὲ οἱ παρὰ σοὶ φύ-
λακες; ἔσθ' ὅστις αὐτῶν ἔχοι ἂν τῶν ξυμφυλάκων νο-
μίσαι τινὰ ἢ προσειπεῖν ὡς ἀλλότριον; Οὐδαμῶς, ἔφη·
παντὶ γάρ, ᾧ ἂν ἐντυγχάνῃ τις, ἢ ὡς ἀδελφῷ ἢ ὡς ἀδελφῇ
ἢ ὡς πατρὶ ἢ ὡς μητρὶ ἢ υἱεῖ ἢ θυγατρὶ ἢ τούτων ἐκγόνοις
ἢ προγόνοις νομιεῖ ἐντυγχάνειν. Κάλλιστα, ἦν δ' ἐγώ,
λέγεις· ἀλλ' ἔτι καὶ τόδε εἰπέ· πότερον αὐτοῖς τὰ ὀνόματα
D μόνον οἰκεῖα νομοθετήσεις, ἢ καὶ τὰς πράξεις πάσας κατὰ
τὰ ὀνόματα πράττειν, περί τε τοὺς πατέρας, ὅσα νόμος
περὶ πατέρας αἰδοῦς τε πέρι καὶ κηδεμονίας καὶ τοῦ ὑπή-
κοον δεῖν εἶναι τῶν γονέων, ἢ μήτε πρὸς θεῶν μήτε πρὸς
ἀνθρώπων αὐτῷ ἄμεινον ἔσεσθαι, ὡς οὔτε ὅσια οὔτε δί-
καια πράττοντος ἄν, εἰ ἄλλα πράττοι ἢ ταῦτα; αὗταί σοι
ἢ ἄλλαι φῆμ[illegible]ων [illegible] πολιτῶν ὑμνήσουσιν εὐ-

θὺς περὶ τὰ τῶν παίδων ὦτα καὶ περὶ πατέρων, οὓς ἂν
αὐτοῖς τις ἀποφήνῃ, καὶ περὶ τῶν ἄλλων ξυγγενῶν; Αὗ- E
ται, ἔφη· γελοῖον γὰρ ἂν εἴη, εἰ ἄνευ ἔργων οἰκεῖα ὀνό-
ματα διὰ τῶν στομάτων μόνον φθέγγοιντο. Πασῶν ἄρα
πόλεων μάλιστα ἐν αὐτῇ ξυμφωνήσουσιν ἑνός τινος ἢ εὖ
ἢ κακῶς πράττοντος, ὃ νῦν δὴ ἐλέγομεν τὸ ῥῆμα, τὸ ὅτι
τὸ ἐμὸν εὖ πράττει ἢ ὅτι τὸ ἐμὸν κακῶς. Ἀληθέστατα, ἦ
δ' ὅς. Οὐκοῦν μετὰ τούτου τοῦ δόγματός τε καὶ ῥήματος 464
ἔφαμεν ξυνακολουθεῖν τάς τε ἡδονὰς καὶ τὰς λύπας
κοινῇ; Καὶ ὀρθῶς γε ἔφαμεν. Οὐκοῦν μάλιστα τοῦ αὐ-
τοῦ κοινωνήσουσιν ἡμῖν οἱ πολῖται, ὃ δὴ ἐμὸν ὀνομά-
σουσι· τούτου δὲ κοινωνοῦντες οὕτω δὴ λύπης τε καὶ
ἡδονῆς μάλιστα κοινωνίαν ἕξουσιν; Πολύ γε. Ἆρ' οὖν
τούτων αἰτία πρὸς τῇ ἄλλῃ καταστάσει ἡ τῶν γυναικῶν τε
καὶ παίδων κοινωνία τοῖς φύλαξιν; Πολὺ μὲν οὖν μάλι- B
στα, ἔφη.

XII. Ἀλλὰ μὴν μέγιστόν γε πόλει αὐτὸ ὡμολογήσα-
μεν ἀγαθόν, ἀπεικάζοντες εὖ οἰκουμένην πόλιν σώματι
πρὸς μέρος αὐτοῦ λύπης τε πέρι καὶ ἡδονῆς ὡς ἔχει. Καὶ
ὀρθῶς γ', ἔφη, ὡμολογήσαμεν. Τοῦ μεγίστου ἄρα ἀγα-
θοῦ τῇ πόλει αἰτία ἡμῖν πέφανται ἡ κοινωνία τοῖς ἐπικού-
ροις τῶν τε παίδων καὶ τῶν γυναικῶν. Καὶ μάλ', ἔφη.
Καὶ μὲν δὴ καὶ τοῖς πρόσθεν γε ὁμολογοῦμεν· ἔφαμεν
γάρ που, οὔτε οἰκίας τούτοις ἰδίας δεῖν εἶναι οὔτε γῆν οὔτε
τι κτῆμα, ἀλλὰ παρὰ τῶν ἄλλων τροφὴν λαμβάνοντας C
μισθὸν τῆς φυλακῆς κοινῇ πάντας ἀναλίσκειν, εἰ μέλλοιεν
ὄντως φύλακες εἶναι. Ὀρθῶς, ἔφη. Ἆρ' οὖν οὐχ, ὅπερ
λέγω, τά τε πρόσθεν εἰρημένα καὶ τὰ νῦν λεγόμενα ἔτι
μᾶλλον ἀπεργάζεται αὐτοὺς ἀληθινοὺς φύλακας, καὶ ποιεῖ
μὴ διασπᾶν τὴν πόλιν, τὸ ἐμὸν ὀνομάζοντας μὴ τὸ αὐτὸ
ἀλλ' ἄλλον ἄλλο, τὸν μὲν εἰς τὴν ἑαυτοῦ οἰκίαν ἕλκοντα,
ὅ τι ἂν δύνηται χωρὶς τῶν ἄλλων κτήσασθαι, τὸν δὲ εἰς

D τὴν ἑαυτοῦ ἑτέραν οὖσαν› καὶ γυναῖκά τε καὶ παῖδας ἑτέ-
ρους, ἡδονάς τε καὶ ἀλγηδόνας ἐμποιοῦντας ἰδίων ὄντων
ἰδίας, ἀλλ' ἑνὶ δόγματι τοῦ οἰκείου περι ἐπὶ τὸ αὐτὸ τεί-
νοντας πάντας εἰς τὸ δυνατὸν ὁμοπαθεῖς λύπης τε καὶ
ἡδονῆς εἶναι; Κομιδῇ μὲν οὖν, ἔφη. Τί δαί; δίκαι τε καὶ
ἐγκλήματα πρὸς ἀλλήλους οὐκ οἰχήσεται ἐξ αὐτῶν, ὡς
ἔπος εἰπεῖν, διὰ τὸ μηδὲν ἴδιον ἐκτῆσθαι πλὴν τὸ σῶμα,
τὰ δ' ἄλλα κοινά; ὅθεν δὴ ὑπάρχει τούτοις ἀστασιάστοις
E εἶναι, ὅσα γε διὰ χρημάτων ἢ παίδων καὶ ξυγγενῶν κτῆ-
σιν ἄνθρωποι στασιάζουσιν; Πολλὴ ἀνάγκη, ἔφη, ἀπηλ-
λάχθαι. Καὶ μὴν οὐδὲ βιαίων γε οὐδ' αἰκίας δίκαι δικαίως
ἂν εἶεν ἐν αὐτοῖς. ἥλιξι μὲν γὰρ ἥλικας ἀμύνεσθαι καλὸν
καὶ δίκαιόν που φήσομεν, ἀνάγκην σωμάτων ἐπιμελείᾳ
465 τιθέντες. Ὀρθῶς› ἔφη. Καὶ γὰρ τόδε ὀρθὸν ἔχει, ἦν δ'
ἐγώ, οὗτος ὁ νόμος· εἴ πού τίς τῳ θυμοῖτο, ἐν τῷ τοιούτῳ
πληρῶν τὸν θυμὸν ἧττον ἐπὶ μείζους ἂν ἴοι στάσεις. Πάνυ
μὲν οὖν. Πρεσβυτέρῳ μὴν νεωτέρων πάντων ἄρχειν τε
καὶ κολάζειν προστετάξεται. Δῆλον. Καὶ μὴν ὅτι γε νεώ-
τερος πρεσβύτερον, ἂν μὴ ἄρχοντες προστάττωσιν, οὔτε
ἄλλο βιάζεσθαι ἐπιχειρήσει ποτὲ οὔτε τύπτειν, ὡς τὸ εἰ-
κός· οἶμαι δ' οὐδὲ ἄλλως ἀτιμάσει· ἱκανὼ γὰρ τὼ φύλακε
B κωλύοντε, δέος τε καὶ αἰδώς, αἰδὼς μὲν ὡς γονέων μὴ
ἅπτεσθαι εἴργουσα, δέος δὲ τὸ τῷ πάσχοντι τοὺς ἄλλους
βοηθεῖν, τοὺς μὲν ὡς υἱεῖς, τοὺς δὲ ὡς ἀδελφούς, τοὺς δὲ
ὡς πατέρας. Ξυμβαίνει γὰρ οὕτως, ἔφη. Πανταχῇ δὴ ἐκ
τῶν νόμων εἰρήνην πρὸς ἀλλήλους οἱ ἄνδρες ἄξουσιν;
Πολλήν γε. Τούτων μὴν ἐν ἑαυτοῖς μὴ στασιαζόντων οὐ-
δὲν δεινὸν μή ποτε ἡ ἄλλη πόλις πρὸς τούτους ἢ πρὸς ἀλ-
C λήλους διχοστατήσῃ. Οὐ γὰρ οὖν. Τά γε μὴν σμικρότατα
τῶν κακῶν δι' ἀπρέπειαν ὀκνῶ καὶ λέγειν, ὧν ἀπηλλαγ-
μένοι ἂν εἶεν, κολακείας τε πλουσίων πένητες ἀπορίας τε
καὶ ἀλγηδόνας, ὅσας ἐν παιδοτροφί[illegible]ηματισμοῖς διὰ

τροφὴν οἰκετῶν ἀναγκαίαν ἴσχουσι, τὰ μὲν δανειζόμενοι, τὰ δὲ ἐξαρνούμενοι, τὰ δὲ πάντως πορισάμενοι θέμενοι παρὰ γυναῖκάς τε καὶ οἰκέτας, ταμιεύειν παραδόντες, ὅσα τε, ὦ φίλε, περὶ αὐτὰ καὶ οἷα πάσχουσι, δῆλά τε δὴ καὶ ἀγεννῆ καὶ οὐκ ἄξια λέγειν. D

XIII. Δῆλα γάρ, ἔφη, καὶ τυφλῷ. Πάντων τε δὴ τούτων ἀπαλλάξονται, ζήσουσί τε τοῦ μακαριστοῦ βίου, ὃν οἱ ὀλυμπιονῖκαι ζῶσι, μακαριώτερον. Πῇ; Διὰ σμικρόν που μέρος εὐδαιμονίζονται ἐκεῖνοι ὧν τούτοις ὑπάρχει. ἥ τε γὰρ τῶνδε νίκη καλλίων, ἥ τ' ἐκ τοῦ δημοσίου τροφὴ τελεωτέρα. νίκην τε γὰρ νικῶσι ξυμπάσης τῆς πόλεως σωτηρίαν, τροφῇ τε καὶ τοῖς ἄλλοις πᾶσιν, ὅσων βίος δεῖται, αὐτοί τε καὶ παῖδες ἀναδοῦνται, καὶ γέρα δέχονται E παρὰ τῆς αὑτῶν πόλεως ζῶντές τε καὶ τελευτήσαντες ταφῆς ἀξίας μετέχουσιν. Καὶ μάλα, ἔφη, καλά. Μέμνησαι οὖν, ἦν δ' ἐγώ, ὅτι ἐν τοῖς πρόσθεν οὐκ οἶδα ὅτου λόγος ἡμῖν ἐπέπληξεν, ὅτι τοὺς φύλακας οὐκ εὐδαίμονας ποιοῦμεν, οἷς ἐξὸν πάντα ἔχειν τὰ τῶν πολιτῶν οὐδὲν 466 ἔχοιεν; ἡμεῖς δέ που εἴπομεν, ὅτι τοῦτο μέν, εἴ που παραπίπτοι, εἰσαῦθις σκεψόμεθα, νῦν δὲ τοὺς μὲν φύλακας φύλακας ποιοῦμεν, τὴν δὲ πόλιν ὡς οἷοί τ' εἶμεν εὐδαιμονεστάτην, ἀλλ' οὐκ εἰς ἓν ἔθνος ἀποβλέποντες ἐν αὐτῇ τοῦτο [τὸ] εὔδαιμον πλάττοιμεν; Μέμνημαι, ἔφη. Τί οὖν; νῦν ἡμῖν ὁ τῶν ἐπικούρων βίος, εἴπερ τοῦ γε τῶν ὀλυμπιονικῶν πολύ τε καλλίων καὶ ἀμείνων φαίνεται, μή πῃ κατὰ τὸν τῶν σκυτοτόμων φαίνεται βίον ἤ τινων B ἄλλων δημιουργῶν ἢ τὸν τῶν γεωργῶν; Οὔ μοι δοκεῖ, ἔφη. Ἀλλὰ μέντοι, ὅ γε καὶ ἐκεῖ ἔλεγον, δίκαιον καὶ ἐνταῦθα εἰπεῖν, ὅτι, εἰ οὕτως ὁ φύλαξ ἐπιχειρήσει εὐδαίμων γίγνεσθαι, ὥστε μηδὲ φύλαξ εἶναι, μηδ' ἀρκέσει αὐτῷ βίος οὕτω μέτριος καὶ βέβαιος καὶ ὡς ἡμεῖς φαμὲν ἄριστος, ἀλλ' ἀνόητός τε καὶ μειρακιώδης δόξα ἐμπεσοῦσα εὐδαι-

C μονίας πέρι ὁρμήσει αὐτὸν διὰ δύναμιν ἐπὶ τὸ ἅπαντα τὰ
ἐν τῇ πόλει οἰκειοῦσθαι, γνώσεται τὸν Ἡσίοδον ὅτι τῷ
ὄντι ἦν σοφὸς λέγων πλέον εἶναί πως ἥμισυ παντός. Ἐμοὶ
μέν, ἔφη, ξυμβούλῳ χρώμενος μενεῖ ἐπὶ τούτῳ τῷ βίῳ.
Συγχωρεῖς ἄρα, ἦν δ᾽ ἐγώ, τὴν τῶν γυναικῶν κοινωνίαν
τοῖς ἀνδράσιν, ἣν διεληλύθαμεν παιδείας τε πέρι καὶ
παίδων καὶ φυλακῆς τῶν ἄλλων πολιτῶν, κατά τε πόλιν
μενούσας εἰς πόλεμόν τε ἰούσας καὶ ξυμφυλάττειν δεῖν
D καὶ ξυνθηρεύειν ὥσπερ κύνας καὶ πάντα πάντῃ κατὰ
τὸ δυνατὸν κοινωνεῖν, καὶ ταῦτα πραττούσας τά τε βέλ-
τιστα πράξειν καὶ οὐ παρὰ φύσιν τὴν τοῦ θήλεος πρὸς
τὸ ἄρρεν, ᾗ πεφύκατον πρὸς ἀλλήλω κοινωνεῖν; Συγ-
χωρῶ, ἔφη.

XIV. Οὐκοῦν, ἦν δ᾽ ἐγώ, ἐκεῖνο λοιπὸν διελέσθαι, εἰ
ἄρα καὶ ἐν ἀνθρώποις δυνατὸν ὥσπερ ἐν ἄλλοις ζώοις
ταύτην τὴν κοινωνίαν ἐγγενέσθαι, καὶ ὅπῃ δυνατόν;
Ἔφθης, ἔφη, εἰπὼν ᾗ ἔμελλον ὑπολήψεσθαι. Περὶ μὲν
E γὰρ τῶν ἐν τῷ πολέμῳ οἶμαι, ἔφην, δῆλον ὃν τρόπον πο-
λεμήσουσιν. Πῶς; ἦ δ᾽ ὅς. Ὅτι κοινῇ στρατεύσονται, καὶ
πρός γε ἄξουσι τῶν παίδων εἰς τὸν πόλεμον ὅσοι ἁδροί,
ἵν᾽ ὥσπερ οἱ τῶν ἄλλων δημιουργῶν θεῶνται ταῦτα, ἃ
τελεωθέντας δεήσει δημιουργεῖν· πρὸς δὲ τῇ θέᾳ διακο-
467 νεῖν καὶ ὑπηρετεῖν πάντα τὰ περὶ τὸν πόλεμον, καὶ θερα-
πεύειν πατέρας τε καὶ μητέρας. ἢ οὐκ ᾔσθησαι τὰ περὶ
τὰς τέχνας, οἷον τοὺς τῶν κεραμέων παῖδας, ὡς πολὺν
χρόνον διακονοῦντες θεωροῦσι πρὶν ἅπτεσθαι τοῦ κερα-
μεύειν; Καὶ μάλα. Ἦ οὖν ἐκείνοις ἐπιμελέστερον παιδευ-
τέον ἢ τοῖς φύλαξι τοὺς αὑτῶν ἐμπειρίᾳ τε καὶ θέᾳ τῶν
προσηκόντων; Καταγέλαστον μέντ᾽ ἄν, ἔφη, εἴη. Ἀλλὰ
B μὴν καὶ μαχεῖταί γε πᾶν ζῷον διαφερόντως παρόντων ὧν
ἂν τέκῃ. Ἔστιν οὕτω· κίνδυνος δέ, ὦ Σώκρατες, οὐ σμι-
κρὸς σφαλεῖσιν, οἷα δὴ ἐν πολέμῳ φιλεῖ, πρὸς ἑαυτοῖς

παῖδας ἀπολέσαντας ποιῆσαι καὶ τὴν ἄλλην πόλιν ἀδύνατον ἀναλαβεῖν. Ἀληθῆ, ἦν δ' ἐγώ, λέγεις· ἀλλὰ σὺ πρῶτον μὲν ἡγεῖ παρασκευαστέον τὸ μή ποτε κινδυνεῦσαι; Οὐδαμῶς. Τί δ' εἴ που κινδυνευτέον, οὐκ ἐν ᾧ βελτίους ἔσονται κατορθοῦντες; Δῆλον δή. Ἀλλὰ σμικρὸν οἴει C διαφέρειν καὶ οὐκ ἄξιον κινδύνου, θεωρεῖν ἢ μὴ τὰ περὶ τὸν πόλεμον παῖδας τοὺς ἄνδρας πολεμικοὺς ἐσομένους; Οὔκ, ἀλλὰ διαφέρει πρὸς ὃ λέγεις. Τοῦτο μὲν ἄρα ὑπαρκτέον, θεωροὺς πολέμου τοὺς παῖδας ποιεῖν, προσμηχανᾶσθαι δ' αὐτοῖς ἀσφάλειαν, καὶ καλῶς ἕξει· ἦ γάρ; Ναί. Οὐκοῦν, ἦν δ' ἐγώ, πρῶτον μὲν αὐτῶν οἱ πατέρες ὅσα ἄνθρωποι οὐκ ἀμαθεῖς ἔσονται ἀλλὰ γνωμονικοὶ τῶν στρατειῶν, ὅσαι τε καὶ μὴ ἐπικίνδυνοι; Εἰκός, ἔφη. Εἰς μὲν D ἄρα τὰς ἄξουσιν, εἰς δὲ τὰς εὐλαβήσονται. Ὀρθῶς. Καὶ ἄρχοντάς γέ που, ἦν δ' ἐγώ, οὐ τοὺς φαυλοτάτους αὐτοῖς ἐπιστήσουσιν, ἀλλὰ τοὺς ἐμπειρίᾳ τε καὶ ἡλικίᾳ ἱκανοὺς ἡγεμόνας τε καὶ παιδαγωγοὺς εἶναι. Πρέπει γάρ. Ἀλλὰ γάρ, φήσομεν, καὶ παρὰ δόξαν πολλὰ πολλοῖς δὴ ἐγένετο. Καὶ μάλα. Πρὸς τοίνυν τὰ τοιαῦτα, ὦ φίλε, πτεροῦν χρὴ παιδία ὄντα εὐθύς, ἵν' ἄν τι δέῃ πετόμενοι ἀποφεύγωσιν. Πῶς λέγεις; ἔφη. Ἐπὶ τοὺς ἵππους, ἦν δ' ἐγώ, ἀνα- E βιβαστέον ὡς νεωτάτους, καὶ διδαξαμένους ἱππεύειν ἐφ' ἵππων ἀκτέον ἐπὶ τὴν θέαν, μὴ θυμοειδῶν μηδὲ μαχητικῶν, ἀλλ' ὅ τι ποδωκεστάτων καὶ εὐηνιωτάτων. οὕτω γὰρ κάλλιστά τε θεάσονται τὸ αὑτῶν ἔργον, καὶ ἀσφαλέστατα, ἄν τι δέῃ, σωθήσονται μετὰ πρεσβυτέρων ἡγεμόνων ἑπόμενοι. Ὀρθῶς, ἔφη, μοι δοκεῖς λέγειν. Τί δαὶ δή, εἶπον, τὰ 468 περὶ τὸν πόλεμον; πῶς ἑκτέον σοι τοὺς στρατιώτας πρὸς αὑτούς τε καὶ τοὺς πολεμίους; ἆρ' ὀρθῶς μοι καταφαίνεται ἢ οὔ; Λέγ', ἔφη, ποῖ' ἄν. Αὐτῶν μέν, εἶπον, τὸν λιπόντα τάξιν ἢ ὅπλα ἀποβαλόντα ἤ τι τῶν τοιούτων ποιήσαντα διὰ κάκην ἆρα οὐ δημιουργόν τινα δεῖ καθιστάναι

ἢ γεωργόν; *Πάνυ μὲν οὖν.* Τὸν δὲ ζῶντα εἰς τοὺς πολε-
μίους ἁλόντα ἆρ' οὐ δωρεὰν διδόναι τοῖς θέλουσι χρῆ-
B σθαι τῇ ἄγρᾳ ὅ τι ἂν βούλωνται; *Κομιδῇ γε.* Τὸν δὲ ἀρι-
στεύσαντά τε καὶ εὐδοκιμήσαντα οὐ πρῶτον μὲν ἐπὶ στρα-
τείας ὑπὸ τῶν συστρατευομένων μειρακίων τε καὶ παί-
δων ἐν μέρει ὑπὸ ἑκάστου δοκεῖ σοι χρῆναι στεφανωθῆ-
ναι; ἢ οὔ; *Ἔμοιγε.* Τί δαί; δεξιωθῆναι; *Καὶ τοῦτο.* Ἀλλὰ
τόδ', οἶμαι, ἦν δ' ἐγώ, οὐκέτι σοι δοκεῖ. *Τὸ ποῖον;* Τὸ
φιλῆσαί τε καὶ φιληθῆναι ὑπὸ ἑκάστου. *Πάντων, ἔφη, μά-
λιστα· καὶ προστίθημί γε τῷ νόμῳ, ἕως ἂν ἐπὶ ταύτης
C ὦσι τῆς στρατείας, μηδενὶ ἐξεῖναι ἀπαρνηθῆναι, ὃν ἂν
βούληται φιλεῖν, ἵνα καί, ἐάν τίς του τύχῃ ἐρῶν ἢ ἄρρενος
ἢ θηλείας, προθυμότερος ᾖ πρὸς τὸ τἀριστεῖα φέρειν.*
Καλῶς, ἦν δ' ἐγώ. ὅτι μὲν γὰρ ἀγαθῷ ὄντι γάμοι τε ἕτοι-
μοι πλείους ἢ τοῖς ἄλλοις καὶ αἱρέσεις τῶν τοιούτων
πολλάκις παρὰ τοὺς ἄλλους ἔσονται, ἵν' ὅ τι πλεῖστοι
ἐκ τοῦ τοιούτου γίγνωνται, εἴρηται ἤδη. *Εἴπομεν γάρ,
ἔφη.*

XV. Ἀλλὰ μὴν καὶ καθ' Ὅμηρον τοῖς τοιοῖσδε δί-
D καιον τιμᾶν τῶν νέων ὅσοι ἀγαθοί. καὶ γὰρ Ὅμηρος τὸν
εὐδοκιμήσαντα ἐν τῷ πολέμῳ νώτοισιν Αἴαντα ἔφη διη-
νεκέεσσι γεραίρεσθαι, ὡς ταύτην οἰκείαν οὖσαν τιμὴν τῷ
ἡβῶντί τε καὶ ἀνδρείῳ, ἐξ ἧς ἅμα τῷ τιμᾶσθαι καὶ τὴν
ἰσχὺν αὐξήσει. *Ὀρθότατα, ἔφη.* Πεισόμεθα ἄρα, ἦν δ'
ἐγώ, ταῦτά γε Ὁμήρῳ. καὶ γὰρ ἡμεῖς ἔν τε θυσίαις καὶ
τοῖς τοιούτοις πᾶσι τοὺς ἀγαθούς, καθ' ὅσον ἂν ἀγαθοὶ
φαίνωνται, καὶ ὕμνοις καὶ οἷς νῦν δὴ ἐλέγομεν τιμήσο-
E μεν, πρὸς δὲ τούτοις ἕδραις τε καὶ κρέασιν ἰδὲ πλείοις
δεπάεσσιν, ἵνα ἅμα τῷ τιμᾶν ἀσκῶμεν τοὺς ἀγαθοὺς ἄν-
δρας τε καὶ γυναῖκας. *Κάλλιστα, ἔφη, λέγεις.* Εἶεν· τῶν
δὲ δὴ ἀποθανόντων ἐπὶ στρατείας ὃς ἂν εὐδοκιμήσας τε-
λευτήσῃ, ἆρ' οὐ πρῶτον μὲν φήσομεν τοῦ χρυσοῦ γένους

εἶναι; Πάντων γε μάλιστα. Ἀλλ' οὐ πεισόμεθα Ἡσιόδῳ,
ἐπειδάν τινες τοῦ τοιούτου γένους τελευτήσωσιν, ὡς ἄρα

> οἱ μὲν δαίμονες ἁγνοὶ ἐπιχθόνιοι τελέθουσιν, 469
> ἐσθλοί, ἀλεξίκακοι, φύλακες μερόπων ἀνθρώπων;

Πεισόμεθα μὲν οὖν. Διαπυθόμενοι ἄρα τοῦ θεοῦ, πῶς
χρὴ τοὺς δαιμονίους τε καὶ θείους τιθέναι καὶ τίνι δια-
φόρῳ, οὕτω καὶ ταύτῃ θήσομεν ᾗ ἂν ἐξηγῆται; Τί δ' οὐ
μέλλομεν; Καὶ τὸν λοιπὸν δὴ χρόνον ὡς δαιμόνων οὕτω
θεραπεύσομέν τε καὶ προσκυνήσομεν αὐτῶν τὰς θήκας· B
ταὐτὰ δὲ ταῦτα νομιοῦμεν, ὅταν τις γήρᾳ ἤ τινι ἄλλῳ
τρόπῳ τελευτήσῃ τῶν ὅσοι ἂν διαφερόντως ἐν τῷ βίῳ
ἀγαθοὶ κριθῶσιν; Δίκαιον γοῦν, ἔφη. Τί δαί; πρὸς τοὺς
πολεμίους πῶς ποιήσουσιν ἡμῖν οἱ στρατιῶται; Τὸ ποῖον
δή; Πρῶτον μὲν ἀνδραποδισμοῦ πέρι δοκεῖ δίκαιον Ἕλ-
ληνας Ἑλληνίδας πόλεις ἀνδραποδίζεσθαι, ἢ μηδ' ἄλλῃ
ἐπιτρέπειν κατὰ τὸ δυνατὸν καὶ τοῦτο ἐθίζειν, τοῦ Ἑλλη-
νικοῦ γένους φείδεσθαι, εὐλαβουμένους τὴν ὑπὸ τῶν βαρ- C
βάρων δουλείαν; Ὅλῳ καὶ παντί, ἔφη, διαφέρει τὸ φείδε-
σθαι. Μηδὲ Ἕλληνα ἄρα δοῦλον ἐκτῆσθαι μήτε αὐτοὺς
τοῖς τε ἄλλοις Ἕλλησιν οὕτω ξυμβουλεύειν; Πάνυ μὲν
οὖν, ἔφη· μᾶλλόν γ' ἂν οὖν οὕτω πρὸς τοὺς βαρβάρους
τρέποιντο, ἑαυτῶν δ' ἀπέχοιντο. Τί δαί; σκυλεύειν, ἦν δ'
ἐγώ, τοὺς τελευτήσαντας πλὴν ὅπλων, ἐπειδὰν νικήσω-
σιν, ἦ καλῶς ἔχει; ἢ οὐ πρόφασιν μὲν τοῖς δειλοῖς ἔχει μὴ
πρὸς τὸν μαχόμενον ἰέναι, ὥς τι τῶν δεόντων δρῶντας, D
ὅταν περὶ τὸν τεθνεῶτα κυπτάζωσι, πολλὰ δὲ ἤδη στρα-
τόπεδα διὰ τὴν τοιαύτην ἁρπαγὴν ἀπώλετο; Καὶ μάλα.
Ἀνελεύθερον δὲ οὐ δοκεῖ καὶ φιλοχρήματον νεκρὸν συλᾶν,
καὶ γυναικείας τε καὶ σμικρᾶς διανοίας τὸ πολέμιον νομί-
ζειν τὸ σῶμα τοῦ τεθνεῶτος ἀποπταμένου τοῦ ἐχθροῦ,
λελοιπότος δὲ ᾧ ἐπολέμει; ἢ οἴει τι διάφορον δρᾶν τοὺς
τοῦτο ποιοῦντας τῶν κυνῶν, αἳ τοῖς λίθοις οἷς ἂν βλη- E

θῶσι χαλεπαίνουσι, τοῦ βαλόντος οὐχ ἁπτόμεναι; Οὐδὲ σμικρόν, ἔφη. Ἐατέον ἄρα τὰς νεκροσυλίας καὶ τὰς τῶν ἀναιρέσεων διακωλύσεις; Ἐατέον μέντοι, ἔφη, νὴ Δία.

XVI. Οὐδὲ μὴν που πρὸς τὰ ἱερὰ τὰ ὅπλα οἴσομεν ὡς ἀναθήσοντες, ἄλλως τε καὶ τὰ τῶν Ἑλλήνων, ἐάν τι
470 ἡμῖν μέλῃ τῆς πρὸς τοὺς ἄλλους Ἕλληνας εὐνοίας· μᾶλλον δὲ καὶ φοβησόμεθα, μή τι μίασμα ᾖ πρὸς ἱερὸν τὰ τοιαῦτα ἀπὸ τῶν οἰκείων φέρειν, ἐὰν μή τι δὴ ὁ θεὸς ἄλλο λέγῃ. Ὀρθότατα, ἔφη. Τί δαί; γῆς τε τμήσεως τῆς Ἑλληνικῆς καὶ οἰκιῶν ἐμπρήσεως ποῖόν τί σοι δράσουσιν οἱ στρατιῶται πρὸς τοὺς πολεμίους; Σοῦ, ἔφη, δόξαν ἀποφαινομένου ἡδέως ἂν ἀκούσαιμι. Ἐμοὶ μὲν τοίνυν, ἦν δ'
B ἐγώ, δοκεῖ τούτων μηδέτερα ποιεῖν, ἀλλὰ τὸν ἐπέτειον καρπὸν ἀφαιρεῖσθαι· καὶ ὧν ἕνεκα, βούλει σοι λέγω; Πάνυ γε. Φαίνεταί μοι, ὥσπερ καὶ ὀνομάζεται δύο ταῦτα ὀνόματα, πόλεμός τε καὶ στάσις, οὕτω καὶ εἶναι δύο, ὄντα ἐπὶ δυοῖν τινοῖν διαφοραῖν. λέγω δὲ τὰ δύο τὸ μὲν οἰκεῖον καὶ ξυγγενές, τὸ δὲ ἀλλότριον καὶ ὀθνεῖον. ἐπὶ μὲν οὖν τῇ τοῦ οἰκείου ἔχθρᾳ στάσις κέκληται, ἐπὶ δὲ τῇ τοῦ ἀλλοτρίου πόλεμος. Καὶ οὐδέν γε, ἔφη, ἄπο τρόπου λέγεις.
C Ὅρα δὴ καὶ εἰ τόδε πρὸς τρόπου λέγω. φημὶ γὰρ τὸ μὲν Ἑλληνικὸν γένος αὐτὸ αὑτῷ οἰκεῖον εἶναι καὶ ξυγγενές, τῷ δὲ βαρβαρικῷ ὀθνεῖόν τε καὶ ἀλλότριον. Καλῶς γε, ἔφη. Ἕλληνας μὲν ἄρα βαρβάροις καὶ βαρβάρους Ἕλλησι πολεμεῖν μαχομένους τε φήσομεν καὶ πολεμίους φύσει εἶναι, καὶ πόλεμον τὴν ἔχθραν ταύτην κλητέον· Ἕλληνας δὲ Ἕλλησιν, ὅταν τι τοιοῦτο δρῶσι, φύσει μὲν φίλους εἶναι,
D νοσεῖν δ' ἐν τῷ τοιούτῳ τὴν Ἑλλάδα καὶ στασιάζειν, καὶ στάσιν τὴν τοιαύτην ἔχθραν κλητέον. Ἐγὼ μέν, ἔφη, ξυγχωρῶ οὕτω νομίζειν. Σκόπει δή, εἶπον, ὅτι ἐν τῇ νῦν ὁμολογουμένῃ στάσει, ὅπου ἄν τι τοιοῦτον γένηται καὶ διαστῇ πόλις, ἐὰν ἑκάτεροι ἑκατέρων τέμνωσιν ἀγροὺς καὶ

οἰκίας ἐμπιπρῶσιν, ὡς ἀλιτηριώδης τε δοκεῖ ἡ στάσις εἶναι
καὶ οὐδέτεροι αὐτῶν φιλοπόλιδες· οὐ γὰρ ἄν ποτε ἐτόλ-
μων τὴν τροφόν τε καὶ μητέρα κείρειν· ἀλλὰ μέτριον εἶναι
τοὺς καρποὺς ἀφαιρεῖσθαι τοῖς κρατοῦσι τῶν κρατουμέ- E
νων, καὶ διανοεῖσθαι ὡς διαλλαγησομένων καὶ οὐκ ἀεὶ
πολεμησόντων. Πολὺ γάρ, ἔφη, ἡμερωτέρων αὕτη ἡ διά-
νοια ἐκείνης. Τί δὲ δή; ἔφην· ἣν σὺ πόλιν οἰκίζεις, οὐχ
Ἑλληνὶς ἔσται; Δεῖ γ' αὐτήν, ἔφη. Οὐκοῦν καὶ ἀγαθοί τε
καὶ ἥμεροι ἔσονται; Σφόδρα γε. Ἀλλ' οὐ φιλέλληνες οὐδὲ
οἰκείαν τὴν Ἑλλάδα ἡγήσονται, οὐδὲ κοινωνήσουσιν ὧν-
περ οἱ ἄλλοι ἱερῶν; Καὶ σφόδρα γε. Οὐκοῦν τὴν πρὸς
τοὺς Ἕλληνας διαφορὰν ὡς οἰκείους στάσιν ἡγήσονται καὶ 471
οὐδὲ ὀνομάσουσι πόλεμον; Οὐ γάρ. Καὶ ὡς διαλλαγησό-
μενοι ἄρα διοίσονται; Πάνυ μὲν οὖν. Εὐμενῶς δὴ σωφρο-
νιοῦσιν, οὐκ ἐπὶ δουλείᾳ κολάζοντες οὐδ' ἐπ' ὀλέθρῳ,
σωφρονισταὶ ὄντες, οὐ πολέμιοι. Οὕτως, ἔφη. Οὐδ' ἄρα
τὴν Ἑλλάδα Ἕλληνες ὄντες κεροῦσιν, οὐδὲ οἰκήσεις ἐμ-
πρήσουσιν, οὐδὲ ὁμολογήσουσιν ἐν ἑκάστῃ πόλει πάντας
ἐχθροὺς αὐτοῖς εἶναι, καὶ ἄνδρας καὶ γυναῖκας καὶ παῖ-
δας, ἀλλ' ὀλίγους ἀεὶ ἐχθροὺς τοὺς αἰτίους τῆς διαφορᾶς· B
καὶ διὰ ταῦτα πάντα οὔτε τὴν γῆν ἐθελήσουσι κείρειν αὐ-
τῶν, ὡς φίλων τῶν πολλῶν, οὔτε οἰκίας ἀνατρέπειν, ἀλλὰ
μέχρι τούτου ποιήσονται τὴν διαφοράν, μέχρι οὗ ἂν οἱ
αἴτιοι ἀναγκασθῶσιν ὑπὸ τῶν ἀναιτίων ἀλγούντων δοῦ-
ναι δίκην. Ἐγὼ μέν, ἔφη, ὁμολογῶ οὕτω δεῖν πρὸς τοὺς
ἐναντίους τοὺς ἡμετέρους πολίτας προσφέρεσθαι· πρὸς
δὲ τοὺς βαρβάρους ὡς νῦν οἱ Ἕλληνες πρὸς ἀλλήλους.
Τιθῶμεν δὴ καὶ τοῦτον τὸν νόμον τοῖς φύλαξι, μήτε γῆν C
τέμνειν μήτε οἰκίας ἐμπιπράναι; Θῶμεν, ἔφη, καὶ ἔχειν
γε καλῶς ταῦτά τε καὶ τὰ πρόσθεν.

XVII. Ἀλλὰ γάρ μοι δοκεῖς, ὦ Σώκρατες, ἐάν τίς σοι
τὰ τοιαῦτα ἐπιτρέπῃ λέγειν, οὐδέποτε μνησθήσεσθαι ὃ ἐν

τῷ πρόσθεν παρωσάμενος πάντα ταῦτα εἴρηκας, τὸ ὡς
δυνατὴ αὕτη ἡ πολιτεία γενέσθαι καὶ τίνα τρόπον ποτὲ
δυνατή· ἐπεὶ ὅτι γε, εἰ γένοιτο, πάντ' ἂν εἴη ἀγαθὰ πόλει
ᾗ γένοιτο, καὶ ἃ σὺ παραλείπεις ἐγὼ λέγω, ὅτι καὶ τοῖς πο-
D λεμίοις ἄριστ' ἂν μάχοιντο τῷ ἥκιστα ἀπολείπειν ἀλλή-
λους, γιγνώσκοντές τε καὶ ἀνακαλοῦντες ταῦτα τὰ ὀνό-
ματα ἑαυτούς, ἀδελφούς, πατέρας, υἱεῖς, εἰ δὲ καὶ τὸ θῆλυ
συστρατεύοιτο, εἴτε καὶ ἐν τῇ αὐτῇ τάξει εἴτε καὶ ὄπισθεν
ἐπιτεταγμένον, φόβων τε ἕνεκα τοῖς ἐχθροῖς καὶ εἴ ποτέ
τις ἀνάγκη βοηθείας γένοιτο, οἶδ' ὅτι ταύτῃ πάντῃ ἄμαχοι
ἂν εἶεν· καὶ οἴκοι γε ἃ παραλείπεται ἀγαθά, ὅσα ἂν εἴη
E αὐτοῖς, ὁρῶ· ἀλλ' ὡς ἐμοῦ ὁμολογοῦντος πάντα ταῦτα
ὅτι εἴη ἂν καὶ ἄλλα γε μυρία, εἰ γένοιτο ἡ πολιτεία αὕτη,
μηκέτι πλείω περὶ αὐτῆς λέγε, ἀλλὰ τοῦτο αὐτὸ ἤδη πει-
ρώμεθα ἡμᾶς αὐτοὺς πείθειν, ὡς δυνατὸν καὶ ᾗ δυνατόν,
472 τὰ δ' ἄλλα χαίρειν ἐῶμεν. Ἐξαίφνης γε σύ, ἦν δ' ἐγώ,
ὥσπερ καταδρομὴν ἐποιήσω ἐπὶ τὸν λόγον μου, καὶ οὐ
συγγιγνώσκεις στραγγευομένῳ. ἴσως γὰρ οὐκ οἶσθα, ὅτι
μόγις μοι τὼ δύω κύματε ἐκφυγόντι νῦν τὸ μέγιστον καὶ
χαλεπώτατον τῆς τρικυμίας ἐπάγεις, ὃ ἐπειδὰν ἴδῃς τε καὶ
ἀκούσῃς, πάνυ συγγνώμην ἕξεις, ὅτι εἰκότως ἄρα ὤκνουν
τε καὶ ἐδεδοίκη οὕτω παράδοξον λέγειν λόγον τε καὶ ἐπι-
χειρεῖν διασκοπεῖν. Ὅσῳ ἄν, ἔφη, τοιαῦτα πλείω λέγῃς,
B ἧττον ἀφεθήσει ὑφ' ἡμῶν πρὸς τὸ μὴ εἰπεῖν, πῇ δυνατὴ
γίγνεσθαι αὕτη ἡ πολιτεία· ἀλλὰ λέγε καὶ μὴ διάτριβε.
Οὐκοῦν, ἦν δ' ἐγώ, πρῶτον μὲν τόδε χρὴ ἀναμνησθῆναι,
ὅτι ἡμεῖς ζητοῦντες δικαιοσύνην οἷόν ἐστι καὶ ἀδικίαν
δεῦρο ἥκομεν. Χρή· ἀλλὰ τί τοῦτό γ'; ἔφη. Οὐδέν· ἀλλ'
ἐὰν εὕρωμεν οἷόν ἐστι δικαιοσύνη, ἆρα καὶ ἄνδρα τὸν
δίκαιον ἀξιώσομεν μηδὲν δεῖν αὐτῆς ἐκείνης διαφέρειν,
C ἀλλὰ πανταχῇ τοιοῦτον εἶναι, οἷον δικαιοσύνη ἐστίν, ἢ
ἀγαπήσομεν, ἐὰν ὅ τι ἐγγύτατα αὐτῆς ᾖ καὶ πλεῖστα τῶν

ἄλλων ἐκείνης μετέχῃ; Οὕτως, ἔφη· ἀγαπήσομεν. Παρα-
δείγματος ἄρα ἕνεκα, ἦν δ' ἐγώ, ἐζητοῦμεν αὐτό τε δικαιο-
σύνην οἷόν ἐστι, καὶ ἄνδρα τὸν τελέως δίκαιον εἰ γένοιτο
καὶ οἷος ἂν εἴη γενόμενος, καὶ ἀδικίαν αὖ καὶ τὸν ἀδικώ-
τατον, ἵνα εἰς ἐκείνους ἀποβλέποντες, οἷοι ἂν ἡμῖν φαί-
νωνται εὐδαιμονίας τε πέρι καὶ τοῦ ἐναντίου, ἀναγκαζώ-
μεθα καὶ περὶ ἡμῶν αὐτῶν ὁμολογεῖν, ὃς ἂν ἐκείνοις ὅ τι D
ὁμοιότατος ᾖ, τὴν ἐκείνοις μοῖραν ὁμοιοτάτην ἕξειν, ἀλλ'
οὐ τούτου ἕνεκα, ἵν' ἀποδείξωμεν ὡς δυνατὰ ταῦτα γί-
γνεσθαι. Τοῦτο μέν, ἔφη, ἀληθὲς λέγεις. Οἴει ἂν οὖν
ἧττόν τι ἀγαθὸν ζωγράφον εἶναι, ὃς ἂν γράψας παρά-
δειγμα, οἷον ἂν εἴη ὁ κάλλιστος ἄνθρωπος, καὶ πάντα εἰς
τὸ γράμμα ἱκανῶς ἀποδοὺς μὴ ἔχῃ ἀποδεῖξαι, ὡς καὶ δυ-
νατὸν γενέσθαι τοιοῦτον ἄνδρα; Μὰ Δί' οὐκ ἔγωγ',
ἔφη. Τί οὖν; οὐ καὶ ἡμεῖς, φαμέν, παράδειγμα ἐποιοῦμεν E
λόγῳ ἀγαθῆς πόλεως; Πάνυ γε. Ἧττόν τι οὖν οἴει ἡμᾶς
εὖ λέγειν τούτου ἕνεκα, ἐὰν μὴ ἔχωμεν ἀποδεῖξαι, ὡς δυ-
νατὸν οὕτω πόλιν οἰκῆσαι ὡς ἐλέγετο; Οὐ δῆτα, ἔφη. Τὸ
μὲν τοίνυν ἀληθές, ἦν δ' ἐγώ, οὕτως· εἰ δὲ δὴ καὶ τοῦτο
προθυμηθῆναι δεῖ σὴν χάριν, ἀποδεῖξαι, πῇ μάλιστα καὶ
κατὰ τί δυνατώτατ' ἂν εἴη, πάλιν μοι πρὸς τὴν τοιαύτην
ἀπόδειξιν τὰ αὐτὰ διομολόγησαι. Τὰ ποῖα; Ἆρ' οἷόν τέ τι
πραχθῆναι ὡς λέγεται, ἢ φύσιν ἔχει πρᾶξιν λέξεως ἧττον 473
ἀληθείας ἐφάπτεσθαι, κἂν εἰ μή τῳ δοκεῖ, ἀλλὰ σὺ πότε-
ρον ὁμολογεῖς οὕτως ἢ οὔ; Ὁμολογῶ, ἔφη. Τοῦτο μὲν δὴ
μὴ ἀνάγκαζέ με, οἷα τῷ λόγῳ διήλθομεν, τοιαῦτα παντά-
πασι καὶ τῷ ἔργῳ δεῖν γιγνόμενα ἀποφαίνειν· ἀλλ', ἐὰν
οἷοί τε γενώμεθα εὑρεῖν, ὡς ἂν ἐγγύτατα τῶν εἰρημένων
πόλις οἰκήσειεν, φάναι ἡμᾶς ἐξευρηκέναι, ὡς δυνατὰ ταῦτα
γίγνεσθαι, ἃ σὺ ἐπιτάττεις. ἢ οὐκ ἀγαπήσεις τούτων τυγ- B
χάνων; ἐγὼ μὲν γὰρ ἂν ἀγαπῴην. Καὶ γὰρ ἐγώ, ἔφη.

XVIII. Τὸ δὲ δὴ μετὰ τοῦτο, ὡς ἔοικε, πειρώμεθα

ζητεῖν τε καὶ ἀποδεικνύναι, τί ποτε νῦν κακῶς ἐν ταῖς πόλεσι πράττεται, δι' ὃ οὐχ οὕτως οἰκοῦνται, καὶ τίνος ἂν σμικροτάτου μεταβαλόντος ἔλθοι εἰς τοῦτον τὸν τρόπον τῆς πολιτείας πόλις, μάλιστα μὲν ἑνός, εἰ δὲ μή, δυοῖν, εἰ δὲ μή, ὅ τι ὀλιγίστων τὸν ἀριθμὸν καὶ σμικροτάτων τὴν
C δύναμιν. Παντάπασι μὲν οὖν, ἔφη. Ἑνὸς μὲν τοίνυν, ἦν δ' ἐγώ, μεταβαλόντος δοκοῦμέν μοι ἔχειν δεῖξαι ὅτι μεταπέσοι ἄν, οὐ μέν τοι σμικροῦ γε οὐδὲ ῥᾳδίου, δυνατοῦ δέ. Τίνος; ἔφη. Ἐπ' αὐτὸ δή, ἦν δ' ἐγώ, εἶμι, ὃ τῷ μεγίστῳ προσεικάζομεν κύματι· εἰρήσεται δ' οὖν, εἰ καὶ μέλλει γέλωτί τε ἀτεχνῶς ὥσπερ κῦμα ἐκγελῶν καὶ ἀδοξίᾳ κατακλύσειν. σκόπει δὲ ὃ μέλλω λέγειν. Λέγε, ἔφη. Ἐὰν μή,
D ἦν δ' ἐγώ, ἢ οἱ φιλόσοφοι βασιλεύσωσιν ἐν ταῖς πόλεσιν ἢ οἱ βασιλεῖς τε νῦν λεγόμενοι καὶ δυνάσται φιλοσοφήσωσι γνησίως τε καὶ ἱκανῶς καὶ τοῦτο εἰς ταὐτὸν ξυμπέσῃ, δύναμίς τε πολιτικὴ καὶ φιλοσοφία, τῶν δὲ νῦν πορευομένων χωρὶς ἐφ' ἑκάτερον αἱ πολλαὶ φύσεις ἐξ ἀνάγκης ἀποκλεισθῶσιν, οὐκ ἔστι κακῶν παῦλα, ὦ φίλε Γλαύκων, ταῖς πόλεσι, δοκῶ δ' οὐδὲ τῷ ἀνθρωπίνῳ γένει, οὐδὲ αὕτη
E ἡ πολιτεία μή ποτε πρότερον φυῇ τε εἰς τὸ δυνατὸν καὶ φῶς ἡλίου ἴδῃ, ἣν νῦν λόγῳ διεληλύθαμεν. ἀλλὰ τοῦτό ἐστιν, ὃ ἐμοὶ πάλαι ὄκνον ἐντίθησι λέγειν, ὁρῶντι ὡς πολὺ παρὰ δόξαν ῥηθήσεται· χαλεπὸν γὰρ ἰδεῖν, ὅτι οὐκ ἂν ἄλλῃ τις εὐδαιμονήσειεν οὔτε ἰδίᾳ οὔτε δημοσίᾳ. καὶ ὅς, Ὦ Σώκρατες, ἔφη, τοιοῦτον ἐκβέβληκας ῥῆμά τε καὶ λόγον, ὃν εἰπὼν ἡγοῦ ἐπὶ σὲ πάνυ πολλούς τε καὶ οὐ
474 φαύλους νῦν οὕτως οἷον ῥίψαντας τὰ ἱμάτια γυμνούς, λαβόντας ὅ τι ἑκάστῳ παρέτυχεν ὅπλον, θεῖν διατεταμένους ὡς θαυμάσια ἐργασομένους· οὓς εἰ μὴ ἀμυνεῖ τῷ λόγῳ καὶ ἐκφεύξει, τῷ ὄντι τωθαζόμενος δώσεις δίκην. Οὐκοῦν σύ μοι, ἦν δ' ἐγώ, τούτων αἴτιος; Καλῶς γ', ἔφη, ἐγὼ ποιῶν· ἀλλά τοί σε οὐ προδώσω, ἀλλ' ἀμυνῶ οἷς δύνα-

μαι· δύναμαι δὲ εὐνοίᾳ τε καὶ τῷ παρακελεύεσθαι, καὶ
ἴσως ἂν ἄλλου του ἐμμελέστερόν σοι ἀποκρινοίμην. ἀλλ' B
ὡς ἔχων τοιοῦτον βοηθὸν πειρῶ τοῖς ἀπιστοῦσιν ἐνδείξα-
σθαι, ὅτι ἔχει ᾗ σὺ λέγεις. Πειρατέον, ἦν δ' ἐγώ, ἐπειδὴ
καὶ σὺ οὕτω μεγάλην ξυμμαχίαν παρέχει. ἀναγκαῖον οὖν
μοι δοκεῖ, εἰ μέλλομέν πῃ ἐκφεύξεσθαι οὓς λέγεις, διορί-
σασθαι πρὸς αὐτούς, τοὺς φιλοσόφους τίνας λέγοντες τολ-
μῶμεν φάναι δεῖν ἄρχειν, ἵνα διαδήλων γενομένων δύνη-
ταί τις ἀμύνεσθαι ἐνδεικνύμενος, ὅτι τοῖς μὲν προσήκει
φύσει ἅπτεσθαί τε φιλοσοφίας ἡγεμονεύειν τ' ἐν πόλει, C
τοῖς δ' ἄλλοις μήτε ἅπτεσθαι ἀκολουθεῖν τε τῷ ἡγουμένῳ.
Ὥρα ἂν εἴη, ἔφη, ὁρίζεσθαι. Ἴθι δή, ἀκολούθησόν μοι
τῇδε, ἐάν αὐτὸ ἁμῇ γέ πῃ ἱκανῶς ἐξηγησώμεθα. Ἄγε, ἔφη.
Ἀναμιμνήσκειν οὖν σε, ἦν δ' ἐγώ, δεήσει, ἢ μέμνησαι ὅτι
ὃν ἂν φῶμεν φιλεῖν τι, δεῖ φανῆναι αὐτόν, ἐὰν ὀρθῶς
λέγηται, οὐ τὸ μὲν φιλοῦντα ἐκείνου, τὸ δὲ μή, ἀλλὰ πᾶν
στέργοντα;

XIX. *Ἀναμιμνήσκειν, ἔφη, ὡς ἔοικε, δεῖ· οὐ γὰρ*
πάνυ γε ἐννοῶ. Ἄλλῳ, εἶπον, ἔπρεπεν, ὦ Γλαύκων, λέ- D
γειν ἃ λέγεις· ἀνδρὶ δ' ἐρωτικῷ οὐ πρέπει ἀμνημονεῖν,
ὅτι πάντες οἱ ἐν ὥρᾳ τὸν φιλόπαιδα καὶ ἐρωτικὸν ἁμῇ γέ
πῃ δάκνουσί τε καὶ κινοῦσι, δοκοῦντες ἄξιοι εἶναι ἐπιμε-
λείας τε καὶ τοῦ ἀσπάζεσθαι. ἢ οὐχ οὕτω ποιεῖτε πρὸς
τοὺς καλούς; ὁ μέν, ὅτι σιμός, ἐπίχαρις κληθεὶς ἐπαινε-
θήσεται ὑφ' ὑμῶν, τοῦ δὲ τὸ γρυπὸν βασιλικόν φατε εἶναι,
τὸν δὲ δὴ διὰ μέσου τούτων ἐμμετρότατα ἔχειν, μέλανας E
δὲ ἀνδρικοὺς ἰδεῖν, λευκοὺς δὲ θεῶν παῖδας εἶναι· μελι-
χλώρους δὲ καὶ τοὔνομα οἴει τινὸς ἄλλου ποίημα εἶναι ἢ
ἐραστοῦ ὑποκοριζομένου τε καὶ εὐχερῶς φέροντος τὴν
ὠχρότητα, ἐὰν ἐπὶ ὥρᾳ ᾖ; καὶ ἑνὶ λόγῳ πάσας προφάσεις
προφασίζεσθέ τε καὶ πάσας φωνὰς ἀφίετε, ὥστε μηδένα 475
ἀποβάλλειν τῶν ἀνθούντων ἐν ὥρᾳ. Εἰ βούλει, ἔφη, ἐπ'

11*

ἐμοῦ λέγειν περὶ τῶν ἐρωτικῶν ὅτι οὕτω ποιοῦσι, συγ-
χωρῶ τοῦ λόγου χάριν. Τί δαί; ἦν δ' ἐγώ· τοὺς φιλοί-
νους οὐ τὰ αὐτὰ ταῦτα ποιοῦντας ὁρᾷς, πάντα οἶνον ἐπὶ
πάσης προφάσεως ἀσπαζομένους; Καὶ μάλα. Καὶ μὴν φι-
λοτίμους γε, ὡς ἐγᾦμαι, καθορᾷς, ὅτι, ἂν μὴ στρατηγῆσαι
δύνωνται, τριττυαρχοῦσι, κἂν μὴ ὑπὸ μειζόνων καὶ σεμνο-
B τέρων τιμᾶσθαι, ὑπὸ σμικροτέρων καὶ φαυλοτέρων τιμώ-
μενοι ἀγαπῶσιν, ὡς ὅλως τιμῆς ἐπιθυμηταὶ ὄντες. Κομιδῇ
μὲν οὖν. Τοῦτο δὴ φάθι ἢ μή· ἆρ' ὃν ἄν τινος ἐπιθυμητικὸν
λέγωμεν, παντὸς τοῦ εἴδους τούτου φήσομεν ἐπιθυμεῖν,
ἢ τοῦ μέν, τοῦ δὲ οὔ; Παντός, ἔφη. Οὐκοῦν καὶ τὸν φι-
λόσοφον σοφίας φήσομεν ἐπιθυμητὴν εἶναι, οὐ τῆς μέν,
C τῆς δ' οὔ, ἀλλὰ πάσης; Ἀληθῆ. Τὸν ἄρα περὶ τὰ μαθή-
ματα δυσχεραίνοντα, ἄλλως τε καὶ νέον ὄντα καὶ μήπω
λόγον ἔχοντα τί τε χρηστὸν καὶ μή, οὐ φήσομεν φιλομαθῆ
οὐδὲ φιλόσοφον εἶναι, ὥσπερ τὸν περὶ τὰ σιτία δυσχερῆ
οὔτε πεινῆν φαμὲν οὔτ' ἐπιθυμεῖν σιτίων, οὐδὲ φιλόσιτον
ἀλλὰ κακόσιτον εἶναι. Καὶ ὀρθῶς γε φήσομεν. Τὸν δὲ δὴ
εὐχερῶς ἐθέλοντα παντὸς μαθήματος γεύεσθαι καὶ ἀσμέ-
νως ἐπὶ τὸ μανθάνειν ἰόντα καὶ ἀπλήστως ἔχοντα, τοῦτον
δ' ἐν δίκῃ φήσομεν φιλόσοφον· ἦ γάρ; καὶ ὁ Γλαύκων
D ἔφη, Πολλοὶ ἄρα καὶ ἄτοποι ἔσονταί σοι τοιοῦτοι· οἵ τε
γὰρ φιλοθεάμονες πάντες ἔμοιγε δοκοῦσι τῷ καταμανθά-
νειν χαίροντες τοιοῦτοι εἶναι, οἵ τε φιλήκοοι ἀτοπώτατοί
τινές εἰσιν ὥς γ' ἐν φιλοσόφοις τιθέναι, οἳ πρὸς μὲν λό-
γους καὶ τοιαύτην διατριβὴν ἑκόντες οὐκ ἂν ἐθέλοιεν ἐλ-
θεῖν, ὥσπερ δὲ ἀπομεμισθωκότες τὰ ὦτα ἐπακοῦσαι πάν-
των χορῶν περιθέουσι τοῖς Διονυσίοις, οὔτε τῶν κατὰ
πόλεις οὔτε τῶν κατὰ κώμας ἀπολειπόμενοι. τούτους οὖν
E πάντας καὶ ἄλλους τοιούτων τινῶν μαθητικοὺς καὶ τοὺς
τῶν τεχνυδρίων φιλοσόφους φήσομεν; Οὐδαμῶς, εἶπον,
ἀλλ' ὁμοίους μὲν φιλοσόφοις.

XX. Τοὺς δὲ ἀληθινούς, ἔφη, τίνας λέγεις; Τοὺς τῆς
ἀληθείας, ἦν δ' ἐγώ, φιλοθεάμονας. Καὶ τοῦτο μέν γ',
ἔφη, ὀρθῶς· ἀλλὰ πῶς αὐτὸ λέγεις; Οὐδαμῶς, ἦν δ' ἐγώ,
ῥᾳδίως πρός γε ἄλλον· σὲ δὲ οἶμαι ὁμολογήσειν μοι τὸ τοι-
όνδε. Τὸ ποῖον; Ἐπειδή ἐστιν ἐναντίον καλὸν αἰσχρῷ,
δύο αὐτὼ εἶναι. Πῶς δ' οὔ; Οὐκοῦν ἐπειδὴ δύο, καὶ ἓν 476
ἑκάτερον; Καὶ τοῦτο. Καὶ περὶ δικαίου καὶ ἀδίκου καὶ
ἀγαθοῦ καὶ κακοῦ καὶ πάντων τῶν εἰδῶν πέρι ὁ αὐτὸς
λόγος, αὐτὸ μὲν ἓν ἕκαστον εἶναι, τῇ δὲ τῶν πράξεων καὶ
σωμάτων καὶ ἀλλήλων κοινωνίᾳ πανταχοῦ φανταζόμενα
πολλὰ φαίνεσθαι ἕκαστον. Ὀρθῶς, ἔφη, λέγεις. Ταύτῃ
τοίνυν, ἦν δ' ἐγώ, διαιρῶ, χωρὶς μὲν οὓς νῦν δὴ ἔλεγες
φιλοθεάμονάς τε καὶ φιλοτέχνους καὶ πρακτικούς, καὶ
χωρὶς αὖ περὶ ὧν ὁ λόγος, οὓς μόνους ἄν τις ὀρθῶς προσ- B
είποι φιλοσόφους. Πῶς, ἔφη, λέγεις; Οἱ μέν που, ἦν δ'
ἐγώ, φιλήκοοι καὶ φιλοθεάμονες τάς τε καλὰς φωνὰς
ἀσπάζονται καὶ χρόας καὶ σχήματα καὶ πάντα τὰ ἐκ τῶν
τοιούτων δημιουργούμενα, αὐτοῦ δὲ τοῦ καλοῦ ἀδύνατος
αὐτῶν ἡ διάνοια τὴν φύσιν ἰδεῖν τε καὶ ἀσπάσασθαι.
Ἔχει γὰρ οὖν δή, ἔφη, οὕτως. Οἱ δὲ δὴ ἐπ' αὐτὸ τὸ καλὸν
δυνατοὶ ἰέναι τε καὶ ὁρᾶν καθ' αὐτὸ ἆρα οὐ σπάνιοι ἂν
εἶεν; Καὶ μάλα. Ὁ οὖν καλὰ μὲν πράγματα νομίζων, αὐτὸ C
δὲ κάλλος μήτε νομίζων μήτε, ἄν τις ἡγῆται ἐπὶ τὴν γνῶ-
σιν αὐτοῦ, δυνάμενος ἕπεσθαι, ὄναρ ἢ ὕπαρ δοκεῖ σοι
ζῆν; σκόπει δέ. τὸ ὀνειρώττειν ἆρα οὐ τόδε ἐστίν, ἐάν τε
ἐν ὕπνῳ τις ἐάν τε ἐγρηγορὼς τὸ ὅμοιόν τῳ μὴ ὅμοιον
ἀλλ' αὐτὸ ἡγῆται εἶναι ᾧ ἔοικεν; Ἐγὼ γοῦν ἄν, ἦ δ' ὅς,
φαίην ὀνειρώττειν τὸν τοιοῦτον. Τί δέ; ὁ τἀναντία τού-
των ἡγούμενός τέ τι αὐτὸ καλὸν καὶ δυνάμενος καθορᾶν D
καὶ αὐτὸ καὶ τὰ ἐκείνου μετέχοντα, καὶ οὔτε τὰ μετέχοντα
αὐτὸ οὔτε αὐτὸ τὰ μετέχοντα ἡγούμενος, ὕπαρ ἢ ὄναρ αὖ
καὶ οὗτος δοκεῖ σοι ζῆν; Καὶ μάλα, ἔφη, ὕπαρ. Οὐκοῦν

τούτου μὲν τὴν διάνοιαν ὡς γιγνώσκοντος γνώμην ἂν ὀρ-
θῶς φαῖμεν εἶναι, τοῦ δὲ δόξαν ὡς δοξάζοντος; Πάνυ μὲν
οὖν. Τί οὖν, ἐὰν ἡμῖν χαλεπαίνῃ οὗτος, ὅν φαμεν δοξά-
ζειν ἀλλ' οὐ γιγνώσκειν, καὶ ἀμφισβητῇ ὡς οὐκ ἀληθῆ
E λέγομεν, ἕξομέν τι παραμυθεῖσθαι αὐτὸν καὶ πείθειν
ἠρέμα ἐπικρυπτόμενοι, ὅτι οὐχ ὑγιαίνει; Δεῖ γέ τοι δή,
ἔφη. Ἴθι δή, σκόπει τί ἐροῦμεν πρὸς αὐτόν. ἢ βούλει ὧδε
πυνθανώμεθα παρ' αὐτοῦ, λέγοντες, ὡς εἴ τι οἶδεν οὐδεὶς
αὐτῷ φθόνος, ἀλλ' ἄσμενοι ἂν ἴδοιμεν εἰδότα τι, ἀλλ'
ἡμῖν εἰπὲ τόδε· ὁ γιγνώσκων γιγνώσκει τὶ ἢ οὐδέν; σὺ
οὖν μοι ὑπὲρ ἐκείνου ἀποκρίνου. Ἀποκρινοῦμαι, ἔφη,
477 ὅτι γιγνώσκει τί. Πότερον ὂν ἢ οὐκ ὄν; Ὄν· πῶς γὰρ ἂν
μὴ ὄν γέ τι γνωσθείη; Ἱκανῶς οὖν τοῦτο ἔχομεν, κἂν εἰ
πλεοναχῇ σκοποῖμεν, ὅτι τὸ μὲν παντελῶς ὂν παντελῶς
γνωστόν, μὴ ὂν δὲ μηδαμῇ πάντῃ ἄγνωστον; Ἱκανώτατα.
Εἶεν· εἰ δὲ δή τι οὕτως ἔχει ὡς εἶναί τε καὶ μὴ εἶναι, οὐ
μεταξὺ ἂν κέοιτο τοῦ εἰλικρινῶς ὄντος καὶ τοῦ αὖ μηδαμῇ
ὄντος; Μεταξύ. Οὐκοῦν* ἐπεὶ* ἐπὶ μὲν τῷ ὄντι γνῶσις
ἦν, ἀγνωσία δ' ἐξ ἀνάγκης ἐπὶ μὴ ὄντι, ἐπὶ τῷ μεταξὺ
B τούτῳ μεταξύ τι καὶ ζητητέον ἀγνοίας τε καὶ ἐπιστήμης,
εἴ τι τυγχάνει ὂν τοιοῦτον; Πάνυ μὲν οὖν. Ἆρ' οὖν λέ-
γομέν τι δόξαν εἶναι; Πῶς γὰρ οὔ; Πότερον ἄλλην δύ-
ναμιν ἐπιστήμης ἢ τὴν αὐτήν; Ἄλλην. Ἐπ' ἄλλῳ ἄρα
τέτακται δόξα καὶ ἐπ' ἄλλῳ ἐπιστήμη, κατὰ τὴν ἄλλην
δύναμιν ἑκατέρα τὴν αὑτῆς. Οὕτω. Οὐκοῦν ἐπιστήμη
μὲν ἐπὶ τῷ ὄντι πέφυκε γνῶναι ὡς ἔστι τὸ ὄν; μᾶλλον
δὲ ὧδέ μοι δοκεῖ πρότερον ἀναγκαῖον εἶναι διελέσθαι.
Πῶς;

C XXI. Φήσομεν δυνάμεις εἶναι γένος τι τῶν ὄντων,
αἷς δὴ καὶ ἡμεῖς δυνάμεθα ἃ δυνάμεθα καὶ ἄλλο πᾶν ὅ
τί περ ἂν δύνηται, οἷον λέγω ὄψιν καὶ ἀκοὴν τῶν δυνά-
μεων εἶναι, εἰ ἄρα μανθάνεις ὃ βούλομαι λέγειν τὸ εἶδος.

Ἀλλὰ μανθάνω, ἔφη. Ἄκουσον δή, ὅ μοι φαίνεται περὶ
αὐτῶν. δυνάμεως γὰρ ἐγὼ οὔτε τινὰ χρόαν ὁρῶ οὔτε
σχῆμα οὔτε τι τῶν τοιούτων, οἷον καὶ ἄλλων πολλῶν,
πρὸς ἃ ἀποβλέπων ἔνια διορίζομαι παρ' ἐμαυτῷ τὰ μὲν
ἄλλα εἶναι, τὰ δὲ ἄλλα· δυνάμεως δ' εἰς ἐκεῖνο μόνον D
βλέπω, ἐφ' ᾧ τε ἔστι καὶ ὃ ἀπεργάζεται, καὶ ταύτῃ ἑκά-
στην αὐτῶν δύναμιν ἐκάλεσα, καὶ τὴν μὲν ἐπὶ τῷ αὐτῷ
τεταγμένην καὶ τὸ αὐτὸ ἀπεργαζομένην τὴν αὐτὴν καλῶ,
τὴν δὲ ἐπὶ ἑτέρῳ καὶ ἕτερον ἀπεργαζομένην ἄλλην. τί δὲ σύ;
πῶς ποιεῖς; Οὕτως, ἔφη. Δεῦρο δὴ πάλιν, ἦν δ' ἐγώ, ὦ ἄρι-
στε. ἐπιστήμην πότερον δύναμίν τινα φῂς εἶναι αὐτὴν ἢ εἰς
τί γένος τίθης; Εἰς τοῦτο, ἔφη, πασῶν γε δυνάμεων ἐρρω- E
μενεστάτην. Τί δαί; δόξαν εἰς δύναμιν ἢ εἰς ἄλλο εἶδος
οἴσομεν; Οὐδαμῶς, ἔφη· ᾧ γὰρ δοξάζειν δυνάμεθα, οὐκ
ἄλλο τι ἢ δόξα ἐστίν. Ἀλλὰ μὲν δὴ ὀλίγον γε πρότερον
ὡμολόγεις μὴ τὸ αὐτὸ εἶναι ἐπιστήμην τε καὶ δόξαν. Πῶς
γὰρ ἄν, ἔφη, τό γε ἀναμάρτητον τῷ μὴ ἀναμαρτήτῳ ταὐ-
τόν ποτέ τις νοῦν ἔχων τιθείη; Καλῶς, ἦν δ' ἐγώ, καὶ
δῆλοι, ὅτι ἕτερον ἐπιστήμης δόξα ὁμολογεῖται ἡμῖν. Ἕτε- 478
ρον. Ἐφ' ἑτέρῳ ἄρα ἕτερόν τι δυναμένη ἑκατέρα αὐτῶν
πέφυκεν. Ἀνάγκη. Ἐπιστήμη μέν γέ που ἐπὶ τῷ ὄντι, τὸ
ὂν γνῶναι ὡς ἔχει; Ναί. Δόξα δέ, φαμέν, δοξάζειν; Ναί.
Ἦ ταὐτὸν ὅπερ ἐπιστήμη γιγνώσκει, καὶ ἔσται γνωστόν
τε καὶ δοξαστὸν τὸ αὐτό; ἢ ἀδύνατον; Ἀδύνατον, ἔφη,
ἐκ τῶν ὡμολογημένων, εἴπερ ἐπ' ἄλλῳ ἄλλη δύναμις πέ-
φυκε, δυνάμεις δὲ ἀμφότεραί ἐστον, δόξα τε καὶ ἐπιστήμη, B
ἄλλη δὲ ἑκατέρα, ὥς φαμέν· ἐκ τούτων δὴ οὐκ ἐγχωρεῖ
γνωστὸν καὶ δοξαστὸν ταὐτὸν εἶναι. Οὐκοῦν εἰ τὸ ὂν
γνωστόν, ἄλλο τι ἂν δοξαστὸν ἢ τὸ ὂν εἴη; Ἄλλο. Ἆρ'
οὖν τὸ μὴ ὂν δοξάζει; ἢ ἀδύνατον καὶ δοξάσαι τὸ μὴ ὄν;
ἐννόει δέ. οὐχ ὁ δοξάζων ἐπὶ τὶ φέρει τὴν δόξαν; ἢ οἷόν
τε αὖ δοξάζειν μέν, δοξάζειν δὲ μηδέν; Ἀδύνατον. Ἀλλ'

ἕν γέ τι δοξάζει ὁ δοξάζων; Ναί. Ἀλλὰ μὴν μὴ ὄν γε οὐχ
C ἕν τι, ἀλλὰ μηδὲν ὀρθότατ' ἂν προσαγορεύοιτο. Πάνυ γε. Μὴ ὄντι μὴν ἄγνοιαν ἐξ ἀνάγκης ἀπέδομεν, ὄντι δὲ γνῶσιν. Ὀρθῶς, ἔφη. Οὐκ ἄρα ὂν οὐδὲ μὴ ὂν δοξάζει. Οὐ γάρ. Οὔτε ἄρα ἄγνοια οὔτε γνῶσις δόξα ἂν εἴη. Οὐκ ἔοικεν. Ἆρ' οὖν ἐκτὸς τούτων ἐστὶν ὑπερβαίνουσα ἢ γνῶσιν σαφηνείᾳ ἢ ἄγνοιαν ἀσαφείᾳ; Οὐδέτερα. Ἀλλ' ἆρα, ἦν δ' ἐγώ, γνώσεως μέν σοι φαίνεται δόξα σκοτωδέστερον, ἀγνοίας δὲ φανότερον; Καὶ πολύ γε, ἔφη. Ἐν-
D τὸς δ' ἀμφοῖν κεῖται; Ναί. Μεταξὺ ἄρα ἂν εἴη τούτοιν δόξα. Κομιδῇ μὲν οὖν. Οὐκοῦν ἔφαμεν ἐν τοῖς πρόσθεν, εἴ τι φανείη οἷον ἅμα ὄν τε καὶ μὴ ὄν, τὸ τοιοῦτον μεταξὺ κεῖσθαι τοῦ εἰλικρινῶς ὄντος τε καὶ τοῦ πάντως μὴ ὄντος, καὶ οὔτε ἐπιστήμην οὔτε ἄγνοιαν ἐπ' αὐτῷ ἔσεσθαι, ἀλλὰ τὸ μεταξὺ αὖ φανὲν ἀγνοίας καὶ ἐπιστήμης; Ὀρθῶς. Νῦν δέ γε πέφανται μεταξὺ τούτοιν ὃ δὴ καλοῦμεν δόξαν. Πέφανται.

E XXII. Ἐκεῖνο δὴ λείποιτ' ἂν ἡμῖν εὑρεῖν, ὡς ἔοικε, τὸ ἀμφοτέρων μετέχον, τοῦ εἶναί τε καὶ μὴ εἶναι, καὶ οὐδέτερον εἰλικρινὲς ὀρθῶς ἂν προσαγορευόμενον, ἵνα ἐὰν φανῇ, δοξαστὸν αὐτὸ εἶναι ἐν δίκῃ προσαγορεύωμεν, τοῖς μὲν ἄκροις τὰ ἄκρα, τοῖς δὲ μεταξὺ τὰ μεταξὺ ἀποδιδόντες· ἢ οὐχ οὕτως; Οὕτως. Τούτων δὴ ὑποκειμένων λε-
479 γέτω μοι, φήσω, καὶ ἀποκρινέσθω ὁ χρηστός, ὃς αὐτὸ μὲν καλὸν καὶ ἰδέαν τινὰ αὐτοῦ κάλλους μηδεμίαν ἡγεῖται ἀεὶ μὲν κατὰ ταὐτὰ ὡσαύτως ἔχουσαν, πολλὰ δὲ τὰ καλὰ νομίζει, ἐκεῖνος ὁ φιλοθεάμων καὶ οὐδαμῇ ἀνεχόμενος, ἄν τις ἓν τὸ καλὸν φῇ εἶναι καὶ δίκαιον, καὶ τἆλλα οὕτω. τούτων γὰρ δή, ὦ ἄριστε, φήσομεν, τῶν πολλῶν καλῶν μῶν τι ἔστιν, ὃ οὐκ αἰσχρὸν φανήσεται; καὶ τῶν δικαίων, ὃ οὐκ ἄδικον; καὶ τῶν ὁσίων, ὃ οὐκ ἀνόσιον; Οὔκ, ἀλλ'
B ἀνάγκη, ἔφη, καὶ καλά πως αὐτὰ καὶ αἰσχρὰ φανῆναι,

καὶ ὅσα ἄλλα ἐρωτᾷς. Τί δαί; τὰ πολλὰ διπλάσια ἧττόν
τι ἡμίσεα ἢ διπλάσια φαίνεται; Οὐδέν. Καὶ μεγάλα δὴ καὶ
σμικρὰ καὶ κοῦφα καὶ βαρέα μή τι μᾶλλον, ἃ ἂν φήσω-
μεν, ταῦτα προσρηθήσεται ἢ τἀναντία; Οὔκ, ἀλλ' ἀεί,
ἔφη, ἕκαστον ἀμφοτέρων ἕξεται. Πότερον οὖν ἔστι μᾶλ-
λον ἢ οὐκ ἔστιν ἕκαστον τῶν πολλῶν τοῦτο, ὃ ἄν τις φῇ
αὐτὸ εἶναι; Τοῖς ἐν ταῖς ἑστιάσεσιν, ἔφη, ἐπαμφοτερίζου-
σιν ἔοικε, καὶ τῷ τῶν παίδων αἰνίγματι τῷ περὶ τοῦ εὐ- C
νούχου τῆς βολῆς πέρι τῆς νυκτερίδος, ᾧ καὶ ἐφ' οὗ αὐτὸν
αὐτὴν αἰνίττονται βαλεῖν· καὶ γὰρ ταῦτα ἐπαμφοτερίζειν,
καὶ οὔτ' εἶναι οὔτε μὴ εἶναι οὐδὲν αὐτῶν δυνατὸν παγίως
νοῆσαι, οὔτε ἀμφότερα οὔτε οὐδέτερον. Ἔχεις οὖν αὐτοῖς,
ἦν δ' ἐγώ, ὅ τι χρήσει, ἢ ὅποι θήσεις καλλίω θέσιν τῆς
μεταξὺ οὐσίας τε καὶ τοῦ μὴ εἶναι; οὔτε γάρ που σκοτω-
δέστερα μὴ ὄντος πρὸς τὸ μᾶλλον μὴ εἶναι φανήσεται,
οὔτε φανότερα ὄντος πρὸς τὸ μᾶλλον εἶναι. Ἀληθέστατα, D
ἔφη. Εὑρήκαμεν ἄρα, ὡς ἔοικεν, ὅτι τὰ τῶν πολλῶν πολλὰ
νόμιμα καλοῦ τε πέρι καὶ τῶν ἄλλων μεταξύ που κυλιν-
δεῖται τοῦ τε μὴ ὄντος καὶ τοῦ ὄντος εἰλικρινῶς. Εὑρή-
καμεν. Προωμολογήσαμεν δέ γε, εἴ τι τοιοῦτον φανείη,
δοξαστὸν αὐτὸ ἀλλ' οὐ γνωστὸν δεῖν λέγεσθαι, τῇ μεταξὺ
δυνάμει τὸ μεταξὺ πλανητὸν ἁλισκόμενον. Ὡμολογήκα-
μεν. Τοὺς ἄρα πολλὰ καλὰ θεωμένους, αὐτὸ δὲ τὸ καλὸν E
μὴ ὁρῶντας μηδ' ἄλλῳ ἐπ' αὐτὸ ἄγοντι δυναμένους ἕπε-
σθαι, καὶ πολλὰ δίκαια, αὐτὸ δὲ τὸ δίκαιον μή, καὶ πάντα
οὕτω, δοξάζειν φήσομεν ἅπαντα, γιγνώσκειν δὲ ὧν δοξά-
ζουσιν οὐδέν. Ἀνάγκη, ἔφη. Τί δὲ αὖ τοὺς αὐτὰ ἕκαστα
θεωμένους καὶ ἀεὶ κατὰ ταὐτὰ ὡσαύτως ὄντα; ἆρ' οὐ γι-
γνώσκειν ἀλλ' οὐ δοξάζειν; Ἀνάγκη καὶ ταῦτα. Οὐκοῦν
καὶ ἀσπάζεσθαί τε καὶ φιλεῖν τούτους μὲν ταῦτα φήσομεν,
ἐφ' οἷς γνῶσίς ἐστιν, ἐκείνους δὲ ἐφ' οἷς δόξα; ἢ οὐ μνη- 480
μονεύομεν, ὅτι φωνάς τε καὶ χρόας καλὰς καὶ τὰ τοιαῦτα

ἔφαμεν τούτους φιλεῖν τε καὶ θεᾶσθαι, αὐτὸ δὲ τὸ καλὸν οὐδ' ἀνέχεσθαι ὥς τι ὄν; Μεμνήμεθα. Μὴ οὖν τι πλημμελήσομεν φιλοδόξους καλοῦντες αὐτοὺς μᾶλλον ἢ φιλοσόφους, καὶ ἆρα ἡμῖν σφόδρα χαλεπανοῦσιν, ἂν οὕτω λέγωμεν; Οὔκ, ἄν γ' ἐμοὶ πείθωνται, ἔφη· τῷ γὰρ ἀληθεῖ χαλεπαίνειν οὐ θέμις. Τοὺς αὐτὸ ἄρα ἕκαστον τὸ ὂν ἀσπαζομένους φιλοσόφους ἀλλ' οὐ φιλοδόξους κλητέον; Παντάπασι μὲν οὖν.

Ϛ.

484 I. Οἱ μὲν δὴ φιλόσοφοι, ἦν δ' ἐγώ, ὦ Γλαύκων, καὶ οἱ μὴ διὰ μακροῦ τινὸς διεξελθόντες λόγου μόγις πως ἀνεφάνησαν οἵ εἰσιν ἑκάτεροι. Ἴσως γάρ, ἔφη, διὰ βραχέος οὐ ῥᾴδιον. Οὐ φαίνεται, εἶπον· ἐμοὶ γοῦν ἔτι δοκεῖ ἂν βελτιόνως φανῆναι, εἰ περὶ τούτου μόνου ἔδει ῥηθῆναι, καὶ μὴ πολλὰ τὰ λοιπὰ διελθεῖν μέλλοντι κατόψεσθαι, τί
B διαφέρει βίος δίκαιος ἀδίκου. Τί οὖν, ἔφη, τὸ μετὰ τοῦτο ἡμῖν; Τί δ' ἄλλο, ἦν δ' ἐγώ, ἢ τὸ ἑξῆς; ἐπειδὴ φιλόσοφοι μὲν οἱ τοῦ ἀεὶ κατὰ ταὐτὰ ὡσαύτως ἔχοντος δυνάμενοι ἐφάπτεσθαι, οἱ δὲ μὴ ἀλλ' ἐν πολλοῖς καὶ πάντως ἴσχουσι πλανώμενοι οὐ φιλόσοφοι, ποτέρους δὴ δεῖ πόλεως ἡγεμόνας εἶναι; Πῶς οὖν λέγοντες ἂν αὐτό, ἔφη, μετρίως λέγοιμεν; Ὁπότεροι ἄν, ἦν δ' ἐγώ, δυνατοὶ φαίνωνται φυλάξαι νόμους τε καὶ ἐπιτηδεύματα πόλεων, τούτους
C καθιστάναι φύλακας. Ὀρθῶς, ἔφη. Τόδε δέ, ἦν δ' ἐγώ, ἆρα δῆλον, εἴτε τυφλὸν εἴτε ὀξὺ ὁρῶντα χρὴ φύλακα τηρεῖν ὁτιοῦν; Καὶ πῶς, ἔφη, οὐ δῆλον; Ἦ οὖν δοκοῦσί τι τυφλῶν διαφέρειν οἱ τῷ ὄντι τοῦ ὄντος ἑκάστου ἐστερημένοι τῆς γνώσεως, καὶ μηδὲν ἐναργὲς ἐν τῇ ψυχῇ ἔχοντες παράδειγμα, μηδὲ δυνάμενοι ὥσπερ γραφεῖς εἰς τὸ ἀλη-

θέστατον ἀποβλέποντες κἀκεῖσε ἀεὶ ἀναφέροντές τε καὶ
θεώμενοι ὡς οἷόν τε ἀκριβέστατα, οὕτω δὴ καὶ τὰ ἐνθάδε D
νόμιμα καλῶν τε πέρι καὶ δικαίων καὶ ἀγαθῶν τίθεσθαί
τε, ἐὰν δέῃ τίθεσθαι, καὶ τὰ κείμενα φυλάττοντες σώζειν;
Οὐ μὰ τὸν Δία, ἦ δ᾽ ὅς, οὐ πολύ τι διαφέρει. Τούτους
οὖν μᾶλλον φύλακας στησόμεθα, ἢ τοὺς ἐγνωκότας μὲν
ἕκαστον τὸ ὄν, ἐμπειρίᾳ δὲ μηδὲν ἐκείνων ἐλλείποντας
μηδ᾽ ἐν ἄλλῳ μηδενὶ μέρει ἀρετῆς ὑστεροῦντας; Ἄτοπον
μέντ᾽ ἄν, ἔφη, εἴη ἄλλους αἱρεῖσθαι, εἴ γε τἆλλα μὴ ἐλλεί-
ποιντο· τούτῳ γὰρ αὐτῷ σχεδόν τι τῷ μεγίστῳ ἂν προέ-
χοιεν. Οὐκοῦν τοῦτο δὴ λέγωμεν, τίνα τρόπον οἷοί τ᾽ 485
ἔσονται οἱ αὐτοὶ κἀκεῖνα καὶ ταῦτα ἔχειν; Πάνυ μὲν οὖν·
Ὃ τοίνυν ἀρχόμενοι τούτου τοῦ λόγου ἐλέγομεν, τὴν
φύσιν αὐτῶν πρῶτον δεῖν καταμαθεῖν· καὶ οἶμαι, ἐὰν
ἐκείνην ἱκανῶς ὁμολογήσωμεν, ὁμολογήσειν καὶ ὅτι οἷοί
τε ταῦτα ἔχειν οἱ αὐτοί, ὅτι τε οὐκ ἄλλους πόλεων ἡγεμό-
νας δεῖ εἶναι ἢ τούτους. Πῶς;

II. Τοῦτο μὲν δὴ τῶν φιλοσόφων φύσεων πέρι ὡμο-
λογήσθω ἡμῖν, ὅτι μαθήματός γε ἀεὶ ἐρῶσιν, ὃ ἂν αὐτοῖς B
δηλοῖ ἐκείνης τῆς οὐσίας τῆς ἀεὶ οὔσης καὶ μὴ πλανωμέ-
νης ὑπὸ γενέσεως καὶ φθορᾶς. Ὡμολογήσθω. Καὶ μήν,
ἦν δ᾽ ἐγώ, καὶ ὅτι πάσης αὐτῆς, καὶ οὔτε σμικροῦ οὔτε
μείζονος οὔτε τιμιωτέρου οὔτε ἀτιμοτέρου μέρους ἑκόν-
τες ἀφίενται, ὥσπερ ἐν τοῖς πρόσθεν περί τε τῶν φιλοτί-
μων καὶ ἐρωτικῶν διήλθομεν. Ὀρθῶς, ἔφη, λέγεις. Τόδε
τοίνυν μετὰ τοῦτο σκόπει εἰ ἀνάγκη ἔχειν πρὸς τούτῳ ἐν
τῇ φύσει, οἳ ἂν μέλλωσιν ἔσεσθαι οἵους ἐλέγομεν. Τὸ C
ποῖον; Τὴν ἀψεύδειαν καὶ τὸ ἑκόντας εἶναι μηδαμῇ προς-
δέχεσθαι τὸ ψεῦδος, ἀλλὰ μισεῖν, τὴν δ᾽ ἀλήθειαν στέρ-
γειν. Εἰκός γ᾽, ἔφη. Οὐ μόνον γε, ὦ φίλε, εἰκός, ἀλλὰ
καὶ πᾶσα ἀνάγκη τὸν ἐρωτικῶς του φύσει ἔχοντα πᾶν τὸ
ξυγγενές τε καὶ οἰκεῖον τῶν παιδικῶν ἀγαπᾶν. Ὀρθῶς,

ἔφη. Ἦ ουν οἰκειότερον σοφίᾳ τι ἀληθείας ἂν εὕροις
Καὶ πῶς; ἦ δ' ὅς. Ἦ οὖν δυνατὸν εἶναι τὴν αὐτὴν φύσιν
D φιλόσοφόν τε καὶ φιλοψευδῆ; Οὐδαμῶς γε. Τὸν ἄρα τῷ
ὄντι φιλομαθῆ πάσης ἀληθείας δεῖ εὐθὺς ἐκ νέου ὅ τι μά-
λιστα ὀρέγεσθαι. Παντελῶς γε. Ἀλλὰ μὴν ὅτῳ γε εἰς ἕν
τι αἱ ἐπιθυμίαι σφόδρα ῥέπουσιν, ἴσμεν που ὅτι εἰς τἆλλα
τούτῳ ἀσθενέστεραι, ὥσπερ ῥεῦμα ἐκεῖσε ἀπωχετευμέ-
νον. Τί μήν; Ὧι δὴ πρὸς τὰ μαθήματα καὶ πᾶν τὸ τοι-
οῦτον ἐρρυήκασι, περὶ τὴν τῆς ψυχῆς, οἶμαι, ἡδονὴν αὐ-
τῆς καθ' αὑτὴν εἶεν ἄν, τὰς δὲ διὰ τοῦ σώματος ἐκλεί-
E ποιεν, εἰ μὴ πεπλασμένως ἀλλ' ἀληθῶς φιλόσοφός τις
εἴη. Μεγάλη ἀνάγκη. Σώφρων μὴν ὅ γε τοιοῦτος καὶ
οὐδαμῇ φιλοχρήματος· ὧν γὰρ ἕνεκα χρήματα μετὰ πολ-
λῆς δαπάνης σπουδάζεται, ἄλλῳ τινὶ μᾶλλον ἢ τούτῳ προσ-
ήκει σπουδάζειν. Οὕτως. Καὶ μήν που καὶ τόδε δεῖ σκο-
486 πεῖν, ὅταν κρίνειν μέλλῃς φύσιν φιλόσοφόν τε καὶ μή.
Τὸ ποῖον; Μή σε λάθῃ μετέχουσα ἀνελευθερίας· ἐναν-
τιώτατον γάρ που σμικρολογία ψυχῇ μελλούσῃ τοῦ ὅλου
καὶ παντὸς ἀεὶ ἐπορέξεσθαι θείου τε καὶ ἀνθρωπίνου.
Ἀληθέστατα, ἔφη. Ἧι οὖν ὑπάρχει διανοίᾳ μεγαλοπρέ-
πεια καὶ θεωρία παντὸς μὲν χρόνου, πάσης δὲ οὐσίας,
οἷόν τε οἴει τούτῳ μέγα τι δοκεῖν εἶναι τὸν ἀνθρώπινον
B βίον; Ἀδύνατον, ἦ δ' ὅς. Οὐκοῦν καὶ θάνατον οὐ δεινόν
τι ἡγήσεται ὁ τοιοῦτος; Ἥκιστά γε. Δειλῇ δὴ καὶ ἀνελευ-
θέρῳ φύσει φιλοσοφίας ἀληθινῆς, ὡς ἔοικεν, οὐκ ἂν
μετείη. Οὔ μοι δοκεῖ. Τί οὖν; ὁ κόσμιος καὶ μὴ φιλο-
χρήματος μηδ' ἀνελεύθερος μηδ' ἀλαζὼν μηδὲ δειλὸς ἔσθ'
ὅπῃ ἂν δυσξύμβολος ἢ ἄδικος γένοιτο; Οὐκ ἔστιν. Καὶ
τοῦτο δὴ ψυχὴν σκοπῶν φιλόσοφον καὶ μὴ εὐθὺς νέου
ὄντος ἐπισκέψει, εἰ ἄρα δικαία τε καὶ ἥμερος ἢ δυσκοινώ-
νητος καὶ ἀγρία. Πάνυ μὲν οὖν. Οὐ μὴν οὐδὲ τόδε παρα-
C λείψεις, ὡς ἐγᾦμαι. Τὸ ποῖον; Εὐμαθὴς ἢ δυσμαθής· ἢ

προσδοκᾷς ποτέ τινά τι ἱκανῶς ἂν στέρξαι, ὃ πράττων ἂν ἀλγῶν τε πράττοι καὶ μόγις σμικρὸν ἀνύτων; Οὐκ ἂν γένοιτο. Τί δ'; εἰ μηδὲν ὧν μάθοι σώζειν δύναιτο, λήθης ὢν πλέως, ἆρ' ἂν οἷός τ' εἴη ἐπιστήμης μὴ κενὸς εἶναι; Καὶ πῶς; Ἀνόνητα δὴ πονῶν οὐκ, οἴει, ἀναγκασθήσεται τελευτῶν αὑτόν τε μισεῖν καὶ τὴν τοιαύτην πρᾶξιν; Πῶς δ' οὔ; Ἐπιλήσμονα ἄρα ψυχὴν ἐν ταῖς ἱκανῶς φιλοσόφοις D μή ποτε ἐγκρίνωμεν, ἀλλὰ μνημονικὴν αὐτὴν ζητῶμεν δεῖν εἶναι. Παντάπασι μὲν οὖν. Ἀλλ' οὐ μὴν τό γε τῆς ἀμούσου τε καὶ ἀσχήμονος φύσεως ἄλλοσέ ποι ἂν φαῖμεν ἕλκειν ἢ εἰς ἀμετρίαν. Τί μήν; Ἀλήθειαν δὲ ἀμετρίᾳ ἡγεῖ ξυγγενῆ εἶναι ἢ ἐμμετρίᾳ; Ἐμμετρίᾳ. Ἔμμετρον ἄρα καὶ εὔχαριν ζητῶμεν πρὸς τοῖς ἄλλοις διάνοιαν φύσει, ἣν ἐπὶ τὴν τοῦ ὄντος ἰδέαν ἑκάστου τὸ αὐτοφυὲς εὐάγωγον παρ- E έξει. Πῶς δ' οὔ; Τί οὖν; μή πῃ δοκοῦμέν σοι οὐκ ἀναγκαῖα ἕκαστα διεληλυθέναι καὶ ἑπόμενα ἀλλήλοις τῇ μελλούσῃ τοῦ ὄντος ἱκανῶς τε καὶ τελέως ψυχῇ μεταλήψεσθαι; Ἀναγκαιότατα μὲν οὖν, ἔφη. Ἔστιν οὖν ὅπῃ μέμψει τοι- 487 οῦτον ἐπιτήδευμα, ὃ μή ποτ' ἄν τις οἷός τε γένοιτο ἱκανῶς ἐπιτηδεῦσαι, εἰ μὴ φύσει εἴη μνήμων, εὐμαθής, μεγαλοπρεπής, εὔχαρις, φίλος τε καὶ ξυγγενὴς ἀληθείας, δικαιοσύνης, ἀνδρείας, σωφροσύνης; Οὐδ' ἂν ὁ Μῶμος, ἔφη, τό γε τοιοῦτον μέμψαιτο. Ἀλλ', ἦν δ' ἐγώ, τελειωθεῖσι τοῖς τοιούτοις παιδείᾳ τε καὶ ἡλικίᾳ ἆρα οὐ μόνοις ἂν τὴν πόλιν ἐπιτρέποις;

III. Καὶ ὁ Ἀδείμαντος, Ὦ Σώκρατες, ἔφη, πρὸς μὲν ταῦτά σοι οὐδεὶς ἂν οἷός τ' εἴη ἀντειπεῖν· ἀλλὰ γὰρ τοι- B όνδε τι πάσχουσιν οἱ ἀκούοντες ἑκάστοτε ἃ νῦν λέγεις· ἡγοῦνται δι' ἀπειρίαν τοῦ ἐρωτᾶν καὶ ἀποκρίνεσθαι ὑπὸ τοῦ λόγου παρ' ἕκαστον τὸ ἐρώτημα σμικρὸν παραγόμενοι, ἀθροισθέντων τῶν σμικρῶν ἐπὶ τελευτῆς τῶν λόγων μέγα τὸ σφάλμα καὶ ἐναντίον τοῖς πρώτοις ἀναφαίνεσθαι,

καὶ ὥσπερ ὑπὸ τῶν πεττεύειν δεινῶν οἱ μὴ τελευτῶντες
C ἀποκλείονται καὶ οὐκ ἔχουσιν ὅ τι φέρωσιν, οὕτω καὶ
σφεῖς τελευτῶντες ἀποκλείεσθαι, καὶ οὐκ ἔχειν ὅ τι λέγω-
σιν ὑπὸ πεττείας αὖ ταύτης τινὸς ἑτέρας, οὐκ ἐν ψήφοις
ἀλλ' ἐν λόγοις· ἐπεὶ τό γε ἀληθὲς οὐδέν τι μᾶλλον ταύτῃ
ἔχειν. λέγω δ' εἰς τὸ παρὸν ἀποβλέψας. νῦν γὰρ φαίη ἂν
τίς σοι λόγῳ μὲν οὐκ ἔχειν καθ' ἕκαστον τὸ ἐρωτώμενον
ἐναντιοῦσθαι, ἔργῳ δὲ ὁρᾷν, ὅσοι ἂν ἐπὶ φιλοσοφίαν ὁρ-
D μήσαντες μὴ τοῦ πεπαιδεῦσθαι ἕνεκα ἁψάμενοι νέοι ὄντες
ἀπαλλάττωνται, ἀλλὰ μακρότερον ἐνδιατρίψωσι, τοὺς μὲν
πλείστους καὶ πάνυ ἀλλοκότους γιγνομένους, ἵνα μὴ παμ-
πονήρους εἴπωμεν, τοὺς δ' ἐπιεικεστάτους δοκοῦντας
ὅμως τοῦτό γε ὑπὸ τοῦ ἐπιτηδεύματος οὗ σὺ ἐπαινεῖς
πάσχοντας, ἀχρήστους ταῖς πόλεσι γιγνομένους. καὶ ἐγὼ
ἀκούσας, Οἴει οὖν, εἶπον, τοὺς ταῦτα λέγοντας ψεύδε-
σθαι; Οὐκ οἶδα, ἦ δ' ὅς, ἀλλὰ τὸ σοὶ δοκοῦν ἡδέως ἂν
E ἀκούοιμι. Ἀκούοις ἄν, ὅτι ἔμοιγε φαίνονται τἀληθῆ λέ-
γειν. Πῶς οὖν, ἔφη, εὖ ἔχει λέγειν, ὅτι οὐ πρότερον
κακῶν παύσονται αἱ πόλεις, πρὶν ἂν ἐν αὐταῖς οἱ φιλόσο-
φοι ἄρξωσιν, οὓς ἀχρήστους ὁμολογοῦμεν αὐταῖς εἶναι;
Ἐρωτᾷς, ἦν δ' ἐγώ, ἐρώτημα δεόμενον ἀποκρίσεως δι εἰ-
κόνος λεγομένης. Σὺ δέ γε, ἔφη, οἶμαι, οὐκ εἴωθας δι' εἰ-
κόνων λέγειν.

IV. Εἶεν, εἶπον· σκώπτεις ἐμβεβληκώς με εἰς λόγον
488 οὕτω δυσαπόδεικτον; ἄκουε δ' οὖν τῆς εἰκόνος, ἵν' ἔτι
μᾶλλον ἴδῃς, ὡς γλίσχρως εἰκάζω. οὕτω γὰρ χαλεπὸν πά-
θος τῶν ἐπιεικεστάτων, ὃ πρὸς τὰς πόλεις πεπόνθασιν,
ὥστε οὐδ' ἔστιν ἓν οὐδὲν ἄλλο τοιοῦτον πεπονθός, ἀλλὰ
δεῖ ἐκ πολλῶν αὐτὸ ξυναγαγεῖν εἰκάζοντα καὶ ἀπολογού-
μενον ὑπὲρ αὐτῶν, οἷον οἱ γραφεῖς τραγελάφους καὶ τὰ
τοιαῦτα μιγνύντες γράφουσι. νόησον γὰρ τοιουτονὶ γε-
νόμενον εἴτε πολλῶν νεῶν πέρι εἴτε μιᾶς· ναύκληρον

μεγέθει μὲν καὶ ῥώμῃ ὑπὲρ τοὺς ἐν τῇ νηῒ πάντας, ὑπό-
κωφον δὲ καὶ ὁρῶντα ὡσαύτως βραχύ τι καὶ γιγνώσκοντα
περὶ ναυτικῶν ἕτερα τοιαῦτα, τοὺς δὲ ναύτας στασιάζον-
τας πρὸς ἀλλήλους περὶ τῆς κυβερνήσεως, ἕκαστον οἰόμε-
νον δεῖν κυβερνᾶν, μήτε μαθόντα πώποτε τὴν τέχνην
μήτε ἔχοντα ἀποδεῖξαι διδάσκαλον ἑαυτοῦ μηδὲ χρόνον
ἐν ᾧ ἐμάνθανε, πρὸς δὲ τούτοις φάσκοντας μηδὲ διδα-
κτὸν εἶναι, ἀλλὰ καὶ τὸν λέγοντα ὡς διδακτὸν ἑτοίμους κα- C
τατέμνειν, αὐτοὺς δὲ αὐτῷ ἀεὶ τῷ ναυκλήρῳ περικεχύ-
σθαι δεομένους καὶ πάντα ποιοῦντας, ὅπως ἂν σφίσι τὸ
πηδάλιον ἐπιτρέψῃ, ἐνίοτε δ' ἂν μὴ πείθωσιν ἀλλὰ ἄλλοι
μᾶλλον, τοὺς μὲν ἄλλους ἢ ἀποκτιννύντας ἢ ἐκβάλλοντας
ἐκ τῆς νεώς, τὸν δὲ γενναῖον ναύκληρον μανδραγόρᾳ ἢ
μέθῃ ἤ τινι ἄλλῳ ξυμποδίσαντας τῆς νεὼς ἄρχειν χρωμέ-
νους τοῖς ἐνοῦσι, καὶ πίνοντάς τε καὶ εὐωχουμένους πλεῖν
ὡς τὸ εἰκὸς τοὺς τοιούτους, πρὸς δὲ τούτοις ἐπαινοῦντας
ναυτικὸν μὲν καλοῦντας καὶ κυβερνητικὸν καὶ ἐπιστάμε- D
νον τὰ κατὰ ναῦν, ὃς ἂν ξυλλαμβάνειν δεινὸς ᾖ, ὅπως
ἄρξουσιν ἢ πείθοντες ἢ βιαζόμενοι τὸν ναύκληρον, τὸν
δὲ μὴ τοιοῦτον ψέγοντας ὡς ἄχρηστον, τοῦ δὲ ἀληθινοῦ
κυβερνήτου πέρι μηδ' ἐπαΐοντες, ὅτι ἀνάγκη αὐτῷ τὴν
ἐπιμέλειαν ποιεῖσθαι ἐνιαυτοῦ καὶ ὡρῶν καὶ οὐρανοῦ καὶ
ἄστρων καὶ πνευμάτων καὶ πάντων τῶν τῇ τέχνῃ προση-
κόντων, εἰ μέλλει τῷ ὄντι νεὼς ἀρχικὸς ἔσεσθαι, ὅπως δὲ
κυβερνήσει ἐάν τέ τινες βούλωνται ἐάν τε μή, μήτε τέχνην E
τούτου μήτε μελέτην οἰόμενοι δυνατὸν εἶναι λαβεῖν ἅμα
καὶ τὴν κυβερνητικήν. τοιούτων δὴ περὶ τὰς ναῦς γιγνο-
μένων τὸν ὡς ἀληθῶς κυβερνητικὸν οὐχ ἡγεῖ ἂν τῷ ὄντι
μετεωροσκόπον τε καὶ ἀδολέσχην καὶ ἄχρηστόν σφισι κα- 489
λεῖσθαι ὑπὸ τῶν ἐν ταῖς οὕτω κατεσκευασμέναις ναυσὶ
πλωτήρων; Καὶ μάλα, ἔφη ὁ Ἀδείμαντος. Οὐ δή, ἦν δ'
ἐγώ, οἶμαι δεῖσθαί σε ἐξεταζομένην τὴν εἰκόνα ἰδεῖν, ὅτι

ταῖς πόλεσι πρὸς τοὺς ἀληθινοὺς φιλοσόφους τὴν διάθεσιν ἔοικεν, ἀλλὰ μανθάνειν ὃ λέγω. Καὶ μάλα, ἔφη. Πρῶτον μὲν τοίνυν ἐκεῖνον τὸν θαυμάζοντα, ὅτι οἱ φιλόσοφοι οὐ τιμῶνται ἐν ταῖς πόλεσι, δίδασκέ τε τὴν εἰκόνα καὶ
B πειρῶ πείθειν, ὅτι πολὺ ἂν θαυμαστότερον ἦν, εἰ ἐτιμῶντο. Ἀλλὰ διδάξω, ἔφη. Καὶ ὅτι τοίνυν τἀληθῆ λέγει, ὡς ἄχρηστοι τοῖς πολλοῖς οἱ ἐπιεικέστατοι τῶν ἐν φιλοσοφίᾳ· τῆς μέντοι ἀχρηστίας τοὺς μὴ χρωμένους κέλευε αἰτιᾶσθαι, ἀλλὰ μὴ τοὺς ἐπιεικεῖς. οὐ γὰρ ἔχει φύσιν κυβερνήτην ναυτῶν δεῖσθαι ἄρχεσθαι ὑφ' αὑτοῦ, οὐδὲ τοὺς σοφοὺς ἐπὶ τὰς τῶν πλουσίων θύρας ἰέναι, ἀλλ' ὁ τοῦτο κομψευσάμενος ἐψεύσατο, τὸ δὲ ἀληθὲς πέφυκεν, ἐάν τε πλούσιος ἐάν τε πένης κάμνῃ, ἀναγκαῖον εἶναι ἐπὶ ἰατρῶν
C θύρας ἰέναι καὶ πάντα τὸν ἄρχεσθαι δεόμενον ἐπὶ τὰς τοῦ ἄρχειν δυναμένου, οὐ τὸν ἄρχοντα δεῖσθαι τῶν ἀρχομένων ἄρχεσθαι, οὗ ἂν τῇ ἀληθείᾳ τι ὄφελος ᾖ. ἀλλὰ τοὺς νῦν πολιτικοὺς ἄρχοντας ἀπεικάζων οἷς ἄρτι ἐλέγομεν ναύταις οὐχ ἁμαρτήσει, καὶ τοὺς ὑπὸ τούτων ἀχρήστους λεγομένους καὶ μετεωρολέσχας τοῖς ὡς ἀληθῶς κυβερνήταις. Ὀρθότατα, ἔφη. Ἔκ τε τοίνυν τούτων καὶ ἐν τούτοις οὐ ῥᾴδιον εὐδοκιμεῖν τὸ βέλτιστον ἐπιτήδευμα ὑπὸ
D τῶν τἀναντία ἐπιτηδευόντων, πολὺ δὲ μεγίστη καὶ ἰσχυροτάτη διαβολὴ γίγνεται φιλοσοφίᾳ διὰ τοὺς τὰ τοιαῦτα φάσκοντας ἐπιτηδεύειν, οὓς δὴ σὺ φῂς τὸν ἐγκαλοῦντα τῇ φιλοσοφίᾳ λέγειν ὡς παμπόνηροι οἱ πλεῖστοι τῶν ἰόντων ἐπ' αὐτήν, οἱ δὲ ἐπιεικέστατοι ἄχρηστοι, καὶ ἐγὼ συνεχώρησα ἀληθῆ σε λέγειν. ἦ γάρ; Ναί.

V. Οὐκοῦν τῆς μὲν τῶν ἐπιεικῶν ἀχρηστίας τὴν αἰτίαν διεληλύθαμεν; Καὶ μάλα. Τῆς δὲ τῶν πολλῶν πονηρίας τὴν ἀνάγκην βούλει τὸ μετὰ τοῦτο διέλθωμεν, καὶ
E ὅτι οὐδὲ τούτου φιλοσοφία αἰτία, ἂν δυνώμεθα, πειραθῶμεν δεῖξαι; Πάνυ μὲν οὖν. Ἀκούωμεν δὴ καὶ λέγωμεν

ἐκεῖθεν ἀναμνησθέντες, ὅθεν διῇμεν τὴν φύσιν, οἷον ἀνάγ-
κη φῦναι τὸν καλόν τε κἀγαθὸν ἐσόμενον. ἡγεῖτο δ᾽ αὐ- 490
τῷ, εἰ νῷ ἔχεις, πρῶτον μὲν ἀλήθεια, ἣν διώκειν αὐτὸν
πάντως καὶ πάντῃ ἔδει ἢ ἀλαζόνι ὄντι μηδαμῇ μετεῖναι
φιλοσοφίας ἀληθινῆς. Ἦν γὰρ οὕτω λεγόμενον. Οὐκ-
οῦν ἓν μὲν τοῦτο σφόδρα οὕτω παρὰ δόξαν τοῖς νῦν δο-
κουμένοις περὶ αὐτοῦ; Καὶ μάλα, ἔφη. Ἆρ᾽ οὖν δὴ οὐ
μετρίως ἀπολογησόμεθα, ὅτι πρὸς τὸ ὂν πεφυκὼς εἴη
ἁμιλλᾶσθαι ὅ γε ὄντως φιλομαθής, καὶ οὐκ ἐπιμένοι ἐπὶ
τοῖς δοξαζομένοις εἶναι πολλοῖς ἑκάστοις, ἀλλ᾽ ἴοι καὶ οὐκ B
ἀμβλύνοιτο οὐδ᾽ ἀπολήγοι τοῦ ἔρωτος, πρὶν αὐτοῦ ὃ
ἔστιν ἑκάστου τῆς φύσεως ἅψασθαι ᾧ προσήκει ψυχῆς
ἐφάπτεσθαι τοῦ τοιούτου· προσήκει δὲ ξυγγενεῖ· ᾧ πλη-
σιάσας καὶ μιγεὶς τῷ ὄντι ὄντως, γεννήσας νοῦν καὶ ἀλή-
θειαν, γνοίη τε καὶ ἀληθῶς ζῴη καὶ τρέφοιτο καὶ οὕτω
λήγοι ὠδῖνος, πρὶν δ᾽ οὔ. Ὡς οἷόν τ᾽, ἔφη, μετριώτατα.
Τί οὖν; τούτῳ τι μετέσται ψεῦδος ἀγαπᾶν ἢ πᾶν τοὐναν-
τίον μισεῖν; Μισεῖν, ἔφη. Ἡγουμένης δὴ ἀληθείας οὐκ ἄν C
ποτε, οἶμαι, φαῖμεν αὐτῇ χορὸν κακῶν ἀκολουθῆσαι. Πῶς
γάρ; Ἀλλ᾽ ὑγιές τε καὶ δίκαιον ἦθος, ᾧ καὶ σωφροσύνην
ἕπεσθαι. Ὀρθῶς, ἔφη. Καὶ δὴ τὸν ἄλλον τῆς φιλοσόφου
φύσεως χορὸν τί δεῖ πάλιν ἐξ ἀρχῆς ἀναγκάζοντα τάττειν;
μέμνησαι γάρ που, ὅτι ξυνέβη προσῆκον ταύτοις ἀνδρεία,
μεγαλοπρέπεια, εὐμάθεια, μνήμη· καὶ σοῦ ἐπιλαβομένου,
ὅτι πᾶς μὲν ἀναγκασθήσεται ὁμολογεῖν οἷς λέγομεν, ἐάσας D
δὲ τοὺς λόγους, εἰς αὐτοὺς ἀποβλέψας περὶ ὧν ὁ λόγος,
φαίη ὁρᾶν αὐτῶν τοὺς μὲν ἀχρήστους, τοὺς δὲ πολλοὺς
κακοὺς πᾶσαν κακίαν, τῆς διαβολῆς την αἰτίαν ἐπισκο-
ποῦντες ἐπὶ τούτῳ νῦν γεγόναμεν, τί ποθ᾽ οἱ πολλοὶ κα-
κοί, καὶ τούτου δὴ ἕνεκα πάλιν ἀνειλήφαμεν τὴν τῶν ἀλη-
θῶς φιλοσόφων φύσιν καὶ ἐξ ἀνάγκης ὡρισάμεθα. Ἔστιν,
ἔφη, ταῦτα. E

VI. Ταύτης δή, ἦν δ' ἐγώ, τῆς φύσεως δεῖ θεάσασθαι
τὰς φθοράς, ὡς διόλλυται ἐν πολλοῖς, σμικρὸν δέ τι ἐκ-
φεύγει, οὓς δὴ καὶ οὐ πονηρούς, ἀχρήστους δὲ καλοῦσι·
491 καὶ μετὰ τοῦτο αὖ τὰς μιμουμένας ταύτην καὶ εἰς τὸ ἐπι-
τήδευμα καθισταμένας αὐτῆς, οἷαι οὖσαι φύσεις ψυχῶν
εἰς ἀνάξιον καὶ μεῖζον ἑαυτῶν ἀφικνούμεναι ἐπιτήδευμα,
πολλαχῇ πλημμελοῦσαι, πανταχῇ καὶ ἐπὶ πάντας δόξαν
οἵαν λέγεις φιλοσοφίᾳ προσῆψαν. Τίνας δέ, ἔφη, τὰς δια-
φθορὰς λέγεις; Ἐγώ σοι, εἶπον, ἂν οἷός τε γένωμαι, πει-
ράσομαι διελθεῖν. τόδε μὲν οὖν, οἶμαι, πᾶς ἡμῖν ὁμολο-
γήσει, τοιαύτην φύσιν καὶ πάντα ἔχουσαν, ὅσα προσετά-
B ξαμεν νῦν δή, εἰ τελέως μέλλοι φιλόσοφος γενέσθαι, ὀλι-
γάκις ἐν ἀνθρώποις φύεσθαι καὶ ὀλίγας· ἢ οὐκ οἴει;
Σφόδρα γε. Τούτων δὴ τῶν ὀλίγων σκόπει ὡς πολλοὶ
ὄλεθροι καὶ μεγάλοι. Τίνες δή; Ὃ μὲν πάντων θαυμα-
στότατον ἀκοῦσαι, ὅτι ἓν ἕκαστον ὧν ἐπῃνέσαμεν τῆς φύ-
σεως ἀπόλλυσι τὴν ἔχουσαν ψυχὴν καὶ ἀποσπᾷ φιλοσο-
φίας· λέγω δὲ ἀνδρείαν, σωφροσύνην, καὶ πάντα ἃ διήλ-
C θομεν. Ἄτοπον, ἔφη, ἀκοῦσαι. Ἔτι τοίνυν, ἦν δ' ἐγώ,
πρὸς τούτοις τὰ λεγόμενα ἀγαθὰ πάντα φθείρει καὶ ἀπο-
σπᾷ, κάλλος καὶ πλοῦτος καὶ ἰσχὺς σώματος καὶ ξυγγένεια
ἐρρωμένη ἐν πόλει καὶ πάντα τὰ τούτων οἰκεῖα· ἔχεις γὰρ
τὸν τύπον ὧν λέγω. Ἔχω, ἔφη· καὶ ἡδέως γ' ἂν ἀκριβέ-
στερον ἃ λέγεις πυθοίμην. Λαβοῦ τοίνυν, ἦν δ' ἐγώ,
ὅλου αὐτοῦ ὀρθῶς, καί σοι εὔδηλόν τε φανεῖται καὶ οὐκ
ἄτοπα δόξει τὰ προειρημένα περὶ αὐτῶν. Πῶς οὖν, ἔφη,
D κελεύεις; Παντός, ἦν δ' ἐγώ, σπέρματος πέρι ἢ φυτοῦ,
εἴτε ἐγγείων εἴτε τῶν ζώων, ἴσμεν, ὅτι τὸ μὴ τυχὸν τρο-
φῆς ἧς προσήκει ἑκάστῳ μηδ' ὥρας μηδὲ τόπου, ὅσῳ ἂν
ἐρρωμενέστερον ᾖ, τοσούτῳ πλειόνων ἐνδεῖ τῶν πρε-
πόντων· ἀγαθῷ γάρ που κακὸν ἐναντιώτερον ἢ τῷ μὴ
ἀγαθῷ. Πῶς δ' οὔ; Ἔχει δή, οἶμαι, λόγον, τὴν ἀρίστην

φύσιν ἐν ἀλλοτριωτέρᾳ οὖσαν τροφῇ κάκιον ἀπαλλάττειν
τῆς φαύλης. Ἔχει. Οὐκοῦν, ἦν δ' ἐγώ, ὦ Ἀδείμαντε, καὶ E
τὰς ψυχὰς οὕτω φῶμεν τὰς εὐφυεστάτας κακῆς παιδαγω-
γίας τυχούσας διαφερόντως κακὰς γίγνεσθαι; ἢ οἴει τα
μεγάλα ἀδικήματα καὶ τὴν ἄκρατον πονηρίαν ἐκ φαύλης,
ἀλλ' οὐκ ἐκ νεανικῆς φύσεως τροφῇ διολομένης γίγνε-
σθαι, ἀσθενῆ δὲ φύσιν μεγάλων οὔτε ἀγαθῶν οὔτε κα-
κῶν αἰτίαν ποτὲ ἔσεσθαι; Οὔκ, ἀλλά, ἦ δ' ὅς, οὕτως. Ἣν
τοίνυν ἔθεμεν τοῦ φιλοσόφου φύσιν, ἂν μέν, οἶμαι, μα- 492
θήσεως προσηκούσης τύχῃ, εἰς πᾶσαν ἀρετὴν ἀνάγκη αὐ-
ξανομένην ἀφικνεῖσθαι, ἐὰν δὲ μὴ ἐν προσηκούσῃ σπα-
ρεῖσά τε καὶ φυτευθεῖσα τρέφηται, εἰς πάντα τἀναντία
αὖ, ἐὰν μή τις αὐτῇ βοηθήσας θεῶν τύχῃ. ἢ καὶ σὺ ἡγεῖ,
ὥσπερ οἱ πολλοί, διαφθειρομένους τινὰς εἶναι ὑπὸ σοφι-
στῶν νέους, διαφθείροντας δέ τινας σοφιστὰς ἰδιωτικούς,
ὅ τι καὶ ἄξιον λόγου, ἀλλ' οὐκ αὐτοὺς τοὺς ταῦτα λέγον-
τας μεγίστους μὲν εἶναι σοφιστάς, παιδεύειν δὲ τελεώ- B
τατα καὶ ἀπεργάζεσθαι οἵους βούλονται εἶναι καὶ νέους
καὶ πρεσβυτέρους καὶ ἄνδρας καὶ γυναῖκας; Πότε δή; ἦ
δ' ὅς. Ὅταν, εἶπον, ξυγκαθεζόμενοι ἀθρόοι* οἱ* πολλοὶ
εἰς ἐκκλησίας ἢ εἰς δικαστήρια ἢ θέατρα ἢ στρατόπεδα ἤ
τινα ἄλλον κοινὸν πλήθους ξύλλογον ξὺν πολλῷ θορύβῳ
τὰ μὲν ψέγωσι τῶν λεγομένων ἢ πραττομένων, τὰ δὲ
ἐπαινῶσιν, ὑπερβαλλόντως ἑκάτερα, καὶ ἐκβοῶντες καὶ
κροτοῦντες, πρὸς δ' αὐτοῖς αἵ τε πέτραι καὶ ὁ τόπος ἐν ᾧ C
ἂν ὦσιν ἐπηχοῦντες διπλάσιον θόρυβον παρέχωσι τοῦ
ψόγου καὶ ἐπαίνου· ἐν δὴ τῷ τοιούτῳ τὸν νέον, τὸ λεγό-
μενον, τίνα οἴει καρδίαν ἴσχειν; ἢ ποίαν ἂν αὐτῷ παι-
δείαν ἰδιωτικὴν ἀνθέξειν, ἣν οὐ κατακλυσθεῖσαν ὑπὸ
τοῦ τοιούτου ψόγου ἢ ἐπαίνου οἰχήσεσθαι φερομένην
κατὰ ῥοῦν, ᾗ ἂν οὗτος φέρῃ, καὶ φήσειν τε τὰ αὐτὰ τού-
τοις καλὰ καὶ αἰσχρὰ εἶναι, καὶ ἐπιτηδεύσειν ἅπερ ἂν οὗ- D

τοι, καὶ ἔσεσθαι τοιοῦτον; Πολλή, ἦ δ' ὅς, ὦ Σώκρατες, ἀνάγκη.

VII. *Καὶ μήν, ἦν δ' ἐγώ, οὔπω τὴν μεγίστην ἀνάγκην εἰρήκαμεν. Ποίαν; ἔφη. Ἣν ἔργῳ προστιθέασι, λόγῳ μὴ πείθοντες, οὗτοι οἱ παιδευταί τε καὶ σοφισταί. ἢ οὐκ οἶσθα, ὅτι τὸ μὴ πειθόμενον ἀτιμίαις τε καὶ χρήμασι καὶ θανάτοις κολάζουσιν; Καὶ μάλα, ἔφη, σφόδρα. Τίνα οὖν ἄλλον σοφιστὴν οἴει ἢ ποίους ἰδιωτικοὺς λόγους ἐναντία*
E *τούτοις τείνοντας κρατήσειν; Οἶμαι μὲν οὐδένα, ἦ δ' ὅς. Οὐ γάρ, ἦν δ' ἐγώ, ἀλλὰ καὶ τὸ ἐπιχειρεῖν πολλὴ ἄνοια. οὔτε γὰρ γίγνεται οὔτε γέγονεν οὐδὲ οὖν μὴ γένηται *ἄλλο ἢ* ἀλλοῖον ἦθος πρὸς ἀρετὴν παρὰ τὴν τούτων παιδείαν πεπαιδευμένον, ἀνθρώπειον, ὦ ἑταῖρε· θεῖον μέντοι κατὰ τὴν παροιμίαν ἐξαιρῶμεν λόγου. εὖ γὰρ χρὴ εἰδέναι, ὅ τί περ ἂν σωθῇ τε καὶ γένηται οἷον δεῖ ἐν τοι-*
493 *αύτῃ καταστάσει πολιτειῶν, θεοῦ μοῖραν αὐτὸ σῶσαι λέγων οὐ κακῶς ἐρεῖς. Οὐδ' ἐμοὶ ἄλλως, ἔφη, δοκεῖ. Ἔτι τοίνυν σοι, ἦν δ' ἐγώ, πρὸς τούτοις καὶ τόδε δοξάτω. Τὸ ποῖον; Ἕκαστος τῶν μισθαρνούντων ἰδιωτῶν, οὓς δὴ οὗτοι σοφιστὰς καλοῦσι καὶ ἀντιτέχνους ἡγοῦνται, μὴ ἄλλα παιδεύειν ἢ ταῦτα τὰ τῶν πολλῶν δόγματα, ἃ δοξάζουσιν ὅταν ἀθροισθῶσι, καὶ σοφίαν ταύτην καλεῖν, οἷόνπερ ἂν εἰ θρέμματος μεγάλου καὶ ἰσχυροῦ τρεφομένου*
B *τὰς ὀργάς τις καὶ ἐπιθυμίας κατεμάνθανεν, ὅπῃ τε προσελθεῖν χρὴ καὶ ὅπῃ ἅψασθαι αὐτοῦ, καὶ ὁπότε χαλεπώτατον ἢ πρᾳότατον καὶ ἐκ τίνων γίγνεται, καὶ φωνὰς δὴ ἐφ' οἷς ἑκάστας εἴωθε φθέγγεσθαι, καὶ οἵας αὖ ἄλλου φθεγγομένου ἡμεροῦταί τε καὶ ἀγριαίνει, καταμαθὼν δὲ ταῦτα πάντα ξυνουσίᾳ τε καὶ χρόνου τριβῇ σοφίαν τε καλέσειεν καὶ ὡς τέχνην συστησάμενος ἐπὶ διδασκαλίαν τρέποιτο, μηδὲν εἰδὼς τῇ ἀληθείᾳ τούτων τῶν δογμάτων τε καὶ ἐπιθυμιῶν, ὅ τι καλὸν ἢ αἰσχρὸν ἢ ἀγαθὸν ἢ κακὸν ἢ*

δίκαιον ἢ ἄδικον, ὀνομάζοι δὲ πάντα ταῦτα ἐπὶ ταῖς τοῦ C
μεγάλου ζῴου δόξαις, οἷς μὲν χαίροι ἐκεῖνο ἀγαθὰ καλῶν,
οἷς δὲ ἄχθοιτο κακά, ἄλλον δὲ μηδένα ἔχοι λόγον περὶ αὐτῶν, ἀλλὰ τἀναγκαῖα δίκαια καλοῖ καὶ καλά, τὴν δὲ τοῦ ἀναγκαίου καὶ ἀγαθοῦ φύσιν, ὅσον διαφέρει τῷ ὄντι, μήτε ἑωρακὼς εἴη μήτε ἄλλῳ δυνατὸς δεῖξαι. τοιοῦτος δὴ ὢν πρὸς Διὸς οὐκ ἄτοπος ἄν σοι δοκεῖ εἶναι παιδευτής; Ἔμοιγ', ἔφη. Ἦ οὖν τι τούτου δοκεῖ διαφέρειν ὁ τὴν τῶν πολλῶν καὶ παντοδαπῶν ξυνιόντων ὀργὴν καὶ ἡδονὰς κα- D
τανενοηκέναι σοφίαν ἡγούμενος, εἴτ' ἐν γραφικῇ εἴτ' ἐν μουσικῇ εἴτε δὴ ἐν πολιτικῇ; ὅτι μὲν γάρ, ἐάν τις τούτοις ὁμιλῇ ἐπιδεικνύμενος ἢ ποίησιν ἤ τινα ἄλλην δημιουργίαν ἢ πόλει διακονίαν, κυρίους αὑτοῦ ποιῶν τοὺς πολλοὺς πέρα τῶν ἀναγκαίων, ἡ Διομήδεια λεγομένη ἀνάγκη ποιεῖν αὐτῷ ταῦτα ἃ ἂν οὗτοι ἐπαινῶσιν· ὡς δὲ καὶ ἀγαθὰ καὶ καλὰ ταῦτα τῇ ἀληθείᾳ, ἤδη πώποτέ του ἤκουσας αὐτῶν λόγον διδόντος οὐ καταγέλαστον; Οἶμαι δέ γε, ἦ δ' ὅς, οὐδ' ἀκούσομαι. E

VIII. Ταῦτα τοίνυν πάντα ἐννοήσας ἐκεῖνο ἀναμνήσθητι· αὐτὸ τὸ καλόν, ἀλλὰ μὴ τὰ πολλὰ καλά, ἢ αὐτό τι
ἕκαστον καὶ μὴ τὰ πολλὰ ἕκαστα, ἔσθ' ὅπως πλῆθος ἀνέ- 494
ξεται ἢ ἡγήσεται εἶναι; Ἥκιστά γ', ἔφη. Φιλόσοφον μὲν ἄρα, ἦν δ' ἐγώ, πλῆθος ἀδύνατον εἶναι. Ἀδύνατον. Καὶ τοὺς φιλοσοφοῦντας ἄρα ἀνάγκη ψέγεσθαι ὑπ' αὐτῶν. Ἀνάγκη. Καὶ ὑπὸ τούτων δὴ τῶν ἰδιωτῶν, ὅσοι προσομιλοῦντες ὄχλῳ ἀρέσκειν αὐτῷ ἐπιθυμοῦσιν. Δῆλον. Ἐκ δὴ τούτων τίνα ὁρᾷς σωτηρίαν φιλοσόφῳ φύσει, ὥστ' ἐν τῷ ἐπιτηδεύματι μείνασαν πρὸς τέλος ἐλθεῖν; ἐννόει δ'
ἐκ τῶν ἔμπροσθεν. ὡμολόγηται γὰρ δὴ ἡμῖν εὐμάθεια καὶ B
μνήμη καὶ ἀνδρεία καὶ μεγαλοπρέπεια ταύτης εἶναι τῆς φύσεως. Ναί. Οὐκοῦν εὐθὺς ἐν παισὶν ὁ τοιοῦτος πρῶτος ἔσται ἐν ἅπασιν, ἄλλως τε καὶ ἐὰν τὸ σῶμα φυῇ προσφε-

ϱὴς τῇ ψυχῇ; Τί δ' οὐ μέλλει; ἔφη. Βουλήσονται δή,
οἶμαι, αὐτῷ χρῆσθαι, ἐπειδὰν πρεσβύτερος γίγνηται, ἐπὶ
τὰ αὑτῶν πράγματα οἵ τε οἰκεῖοι καὶ οἱ πολῖται. Πῶς δ'
C οὔ; Ὑποκείσονται ἄρα δεόμενοι καὶ τιμῶντες, προκατα-
λαμβάνοντες καὶ προκολακεύοντες τὴν μέλλουσαν αὐτοῦ
δύναμιν. Φιλεῖ γοῦν, ἔφη, οὕτω γίγνεσθαι. Τί οὖν οἴει,
ἦν δ' ἐγώ, τὸν τοιοῦτον ἐν τοῖς τοιούτοις ποιήσειν, ἄλλως
τε καὶ ἐὰν τύχῃ μεγάλης πόλεως ὢν καὶ ἐν ταύτῃ πλού-
σιός τε καὶ γενναῖος, καὶ ἔτι εὐειδὴς καὶ μέγας; ἆρ' οὐ
πληρωθήσεσθαι ἀμηχάνου ἐλπίδος, ἡγούμενον καὶ τὰ τῶν
Ἑλλήνων καὶ τὰ τῶν βαρβάρων ἱκανὸν ἔσεσθαι πράττειν,
D καὶ ἐπὶ τούτοις ὑψηλὸν ἐξαρεῖν αὑτόν, σχηματισμοῦ καὶ
φρονήματος κενοῦ ἄνευ νοῦ ἐμπιπλάμενον; Καὶ μάλ',
ἔφη. Τῷ δὴ οὕτω διατιθεμένῳ ἐάν τις ἠρέμα προσελθὼν
τἀληθῆ λέγῃ, ὅτι νοῦς οὐκ ἔνεστιν αὐτῷ, δεῖται δέ, τὸ δὲ
οὐ κτητὸν μὴ δουλεύσαντι τῇ κτήσει αὐτοῦ, ἆρ' εὐπετὲς
οἴει εἶναι εἰσακοῦσαι διὰ τοσούτων κακῶν; Πολλοῦ γε
δεῖ, ἦ δ' ὅς. Ἐὰν δ' οὖν, ἦν δ' ἐγώ, διὰ τὸ εὖ πεφυκέναι
E καὶ τὸ ξυγγενὲς τῶν λόγων εἷς αἰσθάνηταί τέ πῃ καὶ κάμ-
πτηται καὶ ἕλκηται πρὸς φιλοσοφίαν, τί οἰόμεθα δράσειν
ἐκείνους τοὺς ἡγουμένους ἀπολλύναι αὐτοῦ τὴν χρείαν τε
καὶ ἑταιρείαν; οὐ πᾶν μὲν ἔργον, πᾶν δ' ἔπος λέγοντάς τε
καὶ πράττοντας καὶ περὶ αὐτόν, ὅπως ἂν μὴ πεισθῇ, καὶ
περὶ τὸν πείθοντα, ὅπως ἂν μὴ οἷός τ' ᾖ, καὶ ἰδίᾳ ἐπι-
495 βουλεύοντας καὶ δημοσίᾳ εἰς ἀγῶνας καθιστάντας; Πολλή,
ἦ δ' ὅς, ἀνάγκη. Ἔστιν οὖν ὅπως ὁ τοιοῦτος φιλοσοφήσει;
Οὐ πάνυ.

IX. Ὁρᾷς οὖν, ἦν δ' ἐγώ, ὅτι οὐ κακῶς ἐλέγομεν, ὡς
ἄρα καὶ αὐτὰ τὰ τῆς φιλοσόφου φύσεως μέρη, ὅταν ἐν
κακῇ τροφῇ γένηται, αἴτια τρόπον τινὰ τοῦ ἐκπεσεῖν ἐκ
τοῦ ἐπιτηδεύματος, καὶ τὰ λεγόμενα ἀγαθά, πλοῦτοί τε
καὶ πᾶσα ἡ τοιαύτη παρασκευή; Οὐ γάρ, ἀλλ' ὀρθῶς,

ἔφη, ἐλέχθη. Οὗτος δή, εἶπον, ὦ θαυμάσιε, ὄλεθρός τε
καὶ διαφθορὰ τοσαύτη τε καὶ τοιαύτη τῆς βελτίστης φύ- B
σεως εἰς τὸ ἄριστον ἐπιτήδευμα, ὀλίγης καὶ ἄλλως γιγνο-
μένης, ὡς ἡμεῖς φαμέν. καὶ ἐκ τούτων δὴ τῶν ἀνδρῶν καὶ
οἱ τὰ μέγιστα κακὰ ἐργαζόμενοι τὰς πόλεις γίγνονται καὶ
τοὺς ἰδιώτας, καὶ οἱ τἀγαθά, οἳ ἂν ταύτῃ τύχωσι ῥυέντες·
σμικρὰ δὲ φύσις οὐδὲν μέγα οὐδέποτε οὐδένα οὔτε ἰδιώ-
την οὔτε πόλιν δρᾷ. Ἀληθέστατα, ἦ δ' ὅς. Οὗτοι μὲν δὴ
οὕτως ἐκπίπτοντες, οἷς μάλιστα προσήκει, ἔρημον καὶ C
ἀτελῆ φιλοσοφίαν λείποντες αὐτοί τε βίον οὐ προσήκοντα
οὐδ' ἀληθῆ ζῶσι, τὴν δὲ ὥσπερ ὀρφανὴν ξυγγενῶν ἄλλοι
ἐπεισελθόντες ἀνάξιοι ᾔσχυνάν τε καὶ ὀνείδη περιῆψαν,
οἷα καὶ σὺ φῂς ὀνειδίζειν τοὺς ὀνειδίζοντας, ὡς οἱ ξυνόν-
τες αὐτῇ οἱ μὲν οὐδενός, οἱ δὲ πολλοὶ πολλῶν κακῶν ἄξιοί
εἰσιν. Καὶ γὰρ οὖν ἔφη, τά γε λεγόμενα ταῦτα. Εἰκότως
γε, ἦν δ' ἐγώ, λεγόμενα. καθορῶντες γὰρ ἄλλοι ἀνθρω-
πίσκοι κενὴν τὴν χώραν ταύτην γιγνομένην, καλῶν δὲ
ὀνομάτων καὶ προσχημάτων μεστήν, ὥσπερ οἱ ἐκ τῶν εἱργ- D
μῶν εἰς τὰ ἱερὰ ἀποδιδράσκοντες ἄσμενοι καὶ οὗτοι ἐκ
τῶν τεχνῶν ἐκπηδῶσιν εἰς τὴν φιλοσοφίαν, οἳ ἂν κομψό-
τατοι ὄντες τυγχάνωσι περὶ τὸ αὑτῶν τεχνίον. ὅμως γὰρ
δὴ πρός γε τὰς ἄλλας τέχνας καίπερ οὕτω πραττούσης φι-
λοσοφίας τὸ ἀξίωμα μεγαλοπρεπέστερον λείπεται· οὗ δὴ
ἐφιέμενοι πολλοὶ ἀτελεῖς μὲν τὰς φύσεις, ὑπὸ δὲ τῶν τε-
χνῶν τε καὶ δημιουργιῶν, ὥσπερ τὰ σώματα λελώβηνται,
οὕτω καὶ τὰς ψυχὰς ξυγκεκλασμένοι τε καὶ ἀποτεθρυμ- E
μένοι διὰ τὰς βαναυσίας τυγχάνουσιν. ἢ οὐκ ἀνάγκη; Καὶ
μάλα, ἔφη. Δοκεῖς οὖν τι, ἦν δ' ἐγώ, διαφέρειν αὐτοὺς
ἰδεῖν ἀργύριον κτησαμένου χαλκέως φαλακροῦ καὶ σμι-
κροῦ, νεωστὶ μὲν ἐκ δεσμῶν λελυμένου, ἐν βαλανείῳ δὲ
λελουμένου, νεουργὸν ἱμάτιον ἔχοντος, ὡς νυμφίου παρε-
σκευασμένου, διὰ πενίαν καὶ ἐρημίαν τοῦ δεσπότου τὴν

496 θυγατέρα μέλλοντος γαμεῖν; Οὐ πάνυ, ἔφη, διαφέρει. Ποῖ' ἄττα οὖν εἰκὸς γεννᾶν τοὺς τοιούτους; οὐ νόθα καὶ φαῦλα; Πολλὴ ἀνάγκη. Τί δαί; τοὺς ἀναξίους παιδεύσεως, ὅταν αὐτῇ πλησιάζοντες ὁμιλῶσι μὴ κατ' ἀξίαν, ποῖ' ἄττα φῶμεν γεννᾶν διανοήματά τε καὶ δόξας; ἆρ' οὐχ ὡς ἀληθῶς προσήκοντα ἀκοῦσαι σοφίσματα, καὶ οὐδὲν γνήσιον οὐδὲ φρονήσεως [ἄξιον] ἀληθινῆς ἐχόμενον; Παντελῶς μὲν οὖν, ἔφη.

X. Πάνσμικρον δή τι, ἦν δ' ἐγώ, ὦ Ἀδείμαντε, λεί-
B πεται τῶν κατ' ἀξίαν ὁμιλούντων φιλοσοφίᾳ, ἤ που ὑπὸ φυγῆς καταληφθὲν γενναῖον καὶ εὖ τεθραμμένον ἦθος, ἀπορίᾳ τῶν διαφθερούντων κατὰ φύσιν μεῖναν ἐπ' αὐτῇ, ἢ ἐν σμικρᾷ πόλει ὅταν μεγάλη ψυχὴ φυῇ καὶ ἀτιμάσασα τὰ τῆς πόλεως ὑπερίδῃ· βραχὺ δέ πού τι καὶ ἀπ' ἄλλης τέχνης δικαίως ἀτιμάσαν εὐφυὲς ἐπ' αὐτὴν ἂν ἔλθοι. εἴη δ' ἂν καὶ ὁ τοῦ ἡμετέρου ἑταίρου Θεάγους χαλινὸς οἷος κατασχεῖν· καὶ γὰρ Θεάγει τὰ μὲν ἄλλα πάντα παρεσκεύ-
C ασται πρὸς τὸ ἐκπεσεῖν φιλοσοφίας, ἡ δὲ τοῦ σώματος νοσοτροφία ἀπείργουσα αὐτὸν τῶν πολιτικῶν κατέχει. τὸ δ' ἡμέτερον οὐκ ἄξιον λέγειν, τὸ δαιμόνιον σημεῖον· ἢ γάρ πού τινι ἄλλῳ ἢ οὐδενὶ τῶν ἔμπροσθεν γέγονε. καὶ τούτων δὴ τῶν ὀλίγων οἱ γενόμενοι καὶ γευσάμενοι ὡς ἡδὺ καὶ μακάριον τὸ κτῆμα, καὶ τῶν πολλῶν αὖ ἱκανῶς ἰδόντες τὴν μανίαν, καὶ ὅτι οὐδεὶς οὐδὲν ὑγιὲς ὡς ἔπος εἰπεῖν περὶ τὰ τῶν πόλεων πράττει, οὐδ' ἔστι ξύμμαχος,
D μεθ' ὅτου τις ἰὼν ἐπὶ τὴν τῶν δικαίων βοήθειαν σώζοιτ' ἄν, ἀλλ' ὥσπερ εἰς θηρία ἄνθρωπος ἐμπεσών, οὔτε ξυναδικεῖν ἐθέλων οὔτε ἱκανὸς ὢν εἷς πᾶσιν ἀγρίοις ἀντέχειν, πρίν τι τὴν πόλιν ἢ φίλους ὀνῆσαι προαπολόμενος ἀνωφελὴς αὑτῷ τε καὶ τοῖς ἄλλοις ἂν γένοιτο, ταῦτα πάντα λογισμῷ λαβὼν ἡσυχίαν ἔχων καὶ τὰ αὑτοῦ πράττων, οἷον ἐν χειμῶνι κονιορτοῦ καὶ ζάλης ὑπὸ πνεύματος φερομένου

ὑπὸ τειχίον ἀποστάς, ὁρῶν τοὺς ἄλλους καταπιμπλαμένους ἀνομίας ἀγαπᾷ, εἴ πῃ αὐτὸς καθαρὸς ἀδικίας τε καὶ E
ἀνοσίων ἔργων τόν τε ἐνθάδε βίον βιώσεται καὶ τὴν ἀπαλλαγὴν αὐτοῦ μετὰ καλῆς ἐλπίδος ἵλεώς τε καὶ εὐμενὴς ἀπαλλάξεται. Ἀλλά τοι, ἦ δ' ὅς, οὐ τὰ ἐλάχιστα ἂν διαπραξάμενος ἀπαλλάττοιτο. Οὐδέ γε, εἶπον, τὰ μέ- 497
γιστα, μὴ τυχὼν πολιτείας προσηκούσης· ἐν γὰρ προσηκούσῃ αὐτός τε μᾶλλον αὐξήσεται καὶ μετὰ τῶν ἰδίων τὰ κοινὰ σώσει.

XI. Τὸ μὲν οὖν τῆς φιλοσοφίας, ὧν ἕνεκα διαβολὴν εἴληφε καὶ ὅτι οὐ δικαίως, ἐμοὶ μὲν δοκεῖ μετρίως εἰρῆσθαι, εἰ μὴ ἔτ' ἄλλο λέγεις τι σύ. Ἀλλ' οὐδέν, ἦ δ' ὅς, ἔτι λέγω περὶ τούτου· ἀλλὰ τὴν προσήκουσαν αὐτῇ τίνα τῶν νῦν λέγεις πολιτειῶν; Οὐδ' ἡντιναοῦν, εἶπον, ἀλλὰ τοῦτο B
καὶ ἐπαιτιῶμαι, μηδεμίαν ἀξίαν εἶναι τῶν νῦν κατάστασιν πόλεως φιλοσόφου φύσεως· διὸ καὶ στρέφεσθαί τε καὶ ἀλλοιοῦσθαι αὐτήν, ὥσπερ ξενικὸν σπέρμα ἐν γῇ ἄλλῃ σπειρόμενον ἐξίτηλον εἰς τὸ ἐπιχώριον φιλεῖ κρατούμενον ἰέναι, οὕτω καὶ τοῦτο τὸ γένος νῦν μὲν οὐκ ἴσχειν τὴν αὑτοῦ δύναμιν, ἀλλ' εἰς ἀλλότριον ἦθος ἐκπίπτειν· εἰ δὲ λήψεται τὴν ἀρίστην πολιτείαν, ὥσπερ καὶ αὐτὸ ἄριστόν C
ἐστι, τότε δηλώσει, ὅτι τοῦτο μὲν τῷ ὄντι θεῖον ἦν, τὰ δὲ ἄλλα ἀνθρώπινα, τά τε τῶν φύσεων καὶ τῶν ἐπιτηδευμάτων. δῆλος δὴ οὖν εἶ ὅτι μετὰ τοῦτο ἐρήσει τίς αὕτη ἡ πολιτεία. Οὐκ ἔγνως, ἔφη· οὐ γὰρ τοῦτο ἔμελλον, ἀλλ' εἰ αὕτη, ἣν ἡμεῖς διεληλύθαμεν οἰκίζοντες τὴν πόλιν, ἢ ἄλλη. Τὰ μὲν ἄλλα, ἦν δ' ἐγώ, αὕτη· τοῦτο δὲ αὐτὸ ἐρρήθη μὲν καὶ τότε, ὅτι δεήσοι τι ἀεὶ ἐνεῖναι ἐν τῇ πόλει λόγον ἔχον τῆς πολιτείας τὸν αὐτόν, ὅνπερ καὶ σὺ ὁ νομο- D
θέτης ἔχων τοὺς νόμους ἐτίθεις. Ἐρρήθη γάρ, ἔφη. Ἀλλ' οὐχ ἱκανῶς, εἶπον, ἐδηλώθη, φόβῳ ὧν ὑμεῖς ἀντιλαμβανόμενοι δεδηλώκατε μακρὰν καὶ χαλεπὴν αὐτοῦ τὴν ἀπό-

δειξιν· ἐπεὶ καὶ τὸ λοιπὸν οὐ πάντως ῥᾷστον διελθεῖν.
Τὸ ποῖον; Τίνα τρόπον μεταχειριζομένη πόλις φιλοσο-
φίαν οὐ διολεῖται. τὰ γὰρ δὴ μεγάλα πάντα ἐπισφαλῆ, καὶ
E τὸ λεγόμενον τὰ καλὰ τῷ ὄντι χαλεπά. Ἀλλ' ὅμως, ἔφη,
λαβέτω τέλος ἡ ἀπόδειξις, τούτου φανεροῦ γενομένου.
Οὐ τὸ μὴ βούλεσθαι, ἦν δ' ἐγώ, ἀλλ' εἴπερ, τὸ μὴ δύνα-
σθαι διακωλύσει· παρὼν δὲ τήν γ' ἐμὴν προθυμίαν εἴσει.
σκόπει δὲ καὶ νῦν, ὡς προθύμως καὶ παρακινδυνευτικῶς
μέλλω λέγειν, ὅτι τοὐναντίον ἢ νῦν δεῖ τοῦ ἐπιτηδεύμα-
τος τούτου πόλιν ἅπτεσθαι. Πῶς; Νῦν μέν, ἦν δ' ἐγώ,
498 οἱ καὶ ἁπτόμενοι μειράκια ὄντα ἄρτι ἐκ παίδων τὸ μεταξὺ
οἰκονομίας καὶ χρηματισμοῦ πλησιάσαντες αὐτοῦ τῷ χα-
λεπωτάτῳ ἀπαλλάττονται, οἱ φιλοσοφώτατοι ποιούμενοι·
λέγω δὲ χαλεπώτατον τὸ περὶ τοὺς λόγους·. ἐν δὲ τῷ
ἔπειτα, ἐὰν καὶ ἄλλων τοῦτο πραττόντων παρακαλούμε-
νοι ἐθέλωσιν ἀκροαταὶ γίγνεσθαι, μεγάλα ἡγοῦνται πάρ-
εργον οἰόμενοι αὐτὸ δεῖν πράττειν· πρὸς δὲ τὸ γῆρας
ἐκτὸς δή τινων ὀλίγων ἀποσβέννυνται πολὺ μᾶλλον τοῦ
B Ἡρακλειτείου ἡλίου, ὅσον αὖθις οὐκ ἐξάπτονται. Δεῖ δὲ
πῶς; ἔφη. Πᾶν τοὐναντίον μειράκια μὲν ὄντα καὶ παῖδας
μειρακιώδη παιδείαν καὶ φιλοσοφίαν μεταχειρίζεσθαι,
τῶν τε σωμάτων, ἐν ᾧ βλαστάνει τε καὶ ἀνδροῦται, εὖ
μάλα ἐπιμελεῖσθαι, ὑπηρεσίαν φιλοσοφίᾳ κτωμένους·
προϊούσης δὲ τῆς ἡλικίας, ἐν ᾗ ἡ ψυχὴ τελειοῦσθαι ἄρχε-
ται, ἐπιτείνειν τὰ ἐκείνης γυμνάσια· ὅταν δὲ λήγῃ μὲν ἡ
C ῥώμη, πολιτικῶν δὲ καὶ στρατειῶν ἐκτὸς γίγνηται, τότε
ἤδη ἀφέτους νέμεσθαι καὶ μηδὲν ἄλλο πράττειν, ὅ τι μὴ
πάρεργον, τοὺς μέλλοντας εὐδαιμόνως βιώσεσθαι καὶ τε-
λευτήσαντας τῷ βίῳ τῷ βεβιωμένῳ τὴν ἐκεῖ μοῖραν ἐπι-
στήσειν πρέπουσαν.

XII. Ὡς ἀληθῶς μοι δοκεῖς, ἔφη, λέγειν γε προθύ-
μως, ὦ Σώκρατες· οἶμαι μέντοι τοὺς πολλοὺς τῶν ἀκου-

ὄντων προθυμότερον ἔτι ἀντιτείνειν οὐδ' ὁπωστιοῦν πει-
σομένους, ἀπὸ Θρασυμάχου ἀρξαμένους. Μὴ διάβαλλε,
ἦν δ' ἐγώ, ἐμὲ καὶ Θρασύμαχον ἄρτι φίλους γεγονότας, D
οὐδὲ πρὸ τοῦ ἐχθροὺς ὄντας. πείρας γὰρ οὐδὲν ἀνήσομεν,
ἕως ἂν ἢ πείσωμεν καὶ τοῦτον καὶ τοὺς ἄλλους, ἢ προὔρ-
γου τι ποιήσωμεν εἰς ἐκεῖνον τὸν βίον, ὅταν αὖθις γενό-
μενοι τοῖς τοιούτοις ἐντύχωσι λόγοις. Εἰς σμικρόν γ',
ἔφη, χρόνον εἴρηκας. Εἰς οὐδὲν μὲν οὖν, ἔφην, ὥς γε πρὸς
τὸν ἅπαντα. τὸ μέντοι μὴ πείθεσθαι τοῖς λεγομένοις τοὺς
πολλοὺς θαῦμα οὐδέν· οὐ γὰρ πώποτε εἶδον γενόμενον
τὸ νῦν λεγόμενον, ἀλλὰ πολὺ μᾶλλον τοιαῦτ' ἄττα ῥήματα E
ἐξεπίτηδες ἀλλήλοις ὡμοιωμένα, ἀλλ' οὐκ ἀπὸ τοῦ αὐτο-
μάτου ὥσπερ νῦν ξυμπεσόντα· ἄνδρα δὲ ἀρετῇ παρισω-
μένον καὶ ὡμοιωμένον μέχρι τοῦ δυνατοῦ τελέως ἔργῳ τε
καὶ λόγῳ, δυναστεύοντα ἐν πόλει ἑτέρᾳ τοιαύτῃ, οὐ πώ-
ποτε ἑωράκασιν οὔτε ἕνα οὔτε πλείους· ἢ οἴει; Οὐδαμῶς 499
γε. Οὐδέ γε αὖ λόγων, ὦ μακάριε, καλῶν τε καὶ ἐλευθέ-
ρων ἱκανῶς ἐπήκοοι γεγόνασιν, οἵων ζητεῖν μὲν τὸ ἀληθὲς
ξυντεταμένως ἐκ παντὸς τρόπου τοῦ γνῶναι χάριν, τὰ δὲ
κομψά τε καὶ ἐριστικὰ καὶ μηδαμόσε ἄλλοσε τείνοντα ἢ
πρὸς δόξαν καὶ ἔριν καὶ ἐν δίκαις καὶ ἐν ἰδίαις συνουσίαις
πόρρωθεν ἀσπαζομένων. Οὐδὲ τούτων, ἔφη. Τούτων τοι B
χάριν, ἦν δ' ἐγώ, καὶ ταῦτα προορώμενοι ἡμεῖς τότε καὶ
δεδιότες ὅμως ἐλέγομεν, ὑπὸ τἀληθοῦς ἠναγκασμένοι, ὅτι
οὔτε πόλις οὔτε πολιτεία οὐδέ γ' ἀνὴρ ὁμοίως μή ποτε
γένηται τέλεος, πρὶν ἂν τοῖς φιλοσόφοις τούτοις τοῖς ὀλί-
γοις καὶ οὐ πονηροῖς, ἀχρήστοις δὲ νῦν κεκλημένοις,
ἀνάγκη τις ἐκ τύχης περιβάλῃ, εἴτε βούλονται εἴτε μὴ πό-
λεως ἐπιμεληθῆναι καὶ τῇ πόλει κατήκοοι γενέσθαι, ἢ τῶν
νῦν ἐν δυναστείαις ἢ βασιλείαις ὄντων υἱέσιν ἢ αὐτοῖς ἔκ
τινος θείας ἐπιπνοίας ἀληθινῆς φιλοσοφίας ἀληθινὸς C
ἔρως ἐμπέσῃ. τούτων δὲ πότερα γενέσθαι ἢ ἀμφοτερα ὡς

ἄρα ἐστὶν ἀδύνατον, ἐγὼ μὲν οὐδένα φημὶ ἔχειν λόγον.
οὕτω γὰρ ἂν ἡμεῖς δικαίως καταγελῴμεθα, ὡς ἄλλως
εὐχαῖς ὅμοια λέγοντες. ἢ οὐχ οὕτως; Οὕτως. Εἰ τοίνυν
ἄκροις εἰς φιλοσοφίαν πόλεώς τις ἀνάγκη ἐπιμεληθῆναι
ἢ γέγονεν ἐν τῷ ἀπείρῳ τῷ παρεληλυθότι χρόνῳ ἢ καὶ
νῦν ἔστιν ἔν τινι βαρβαρικῷ τόπῳ, πόρρω που ἐκτὸς ὄντι
D τῆς ἡμετέρας ἐπόψεως, ἢ καὶ ἔπειτα γενήσεται, περὶ τού-
του ἕτοιμοι τῷ λόγῳ διαμάχεσθαι, ὡς γέγονεν ἡ εἰρημένη
πολιτεία καὶ ἔστι καὶ γενήσεταί γε, ὅταν αὕτη ἡ μοῦσα πό-
λεως ἐγκρατὴς γένηται. οὐ γὰρ ἀδύνατος γενέσθαι, οὐδ'
ἡμεῖς ἀδύνατα λέγομεν· χαλεπὰ δὲ καὶ παρ' ἡμῶν ὁμολο-
γεῖται. Καὶ ἐμοί, ἔφη, οὕτω δοκεῖ. Τοῖς δὲ πολλοῖς, ἦν δ'
ἐγώ, ὅτι οὐκ αὖ δοκεῖ, ἐρεῖς; Ἴσως, ἔφη. Ὦ μακάριε, ἦν
E δ' ἐγώ, μὴ πάνυ οὕτω τῶν πολλῶν κατηγόρει, ἀλλ' οἵαν
τοι δόξαν ἕξουσιν, ἐὰν αὐτοῖς μὴ φιλονεικῶν ἀλλὰ παρα-
μυθούμενος καὶ ἀπολυόμενος τὴν τῆς φιλομαθίας διαβο-
λὴν ἐνδεικνύῃ οὓς λέγεις τοὺς φιλοσόφους, καὶ διορίζῃ
500 ὥσπερ ἄρτι τήν τε φύσιν αὐτῶν καὶ τὴν ἐπιτήδευσιν, ἵνα
μὴ ἡγῶνταί σε λέγειν οὓς αὐτοὶ οἴονται. ἢ καὶ ἐὰν οὕτω
θεῶνται, ἀλλοίαν τε φήσεις αὐτοὺς δόξαν λήψεσθαι καὶ
ἄλλα ἀποκρινεῖσθαι; ἢ οἴει τινὰ χαλεπαίνειν τῷ μὴ χα-
λεπῷ ἢ φθονεῖν τῷ μὴ φθονερῷ, ἄφθονόν τε καὶ πρᾶον
ὄντα; ἐγὼ μὲν γάρ σε προφθάσας λέγω, ὅτι ἐν ὀλίγοις
τισὶν ἡγοῦμαι ἀλλ' οὐκ ἐν τῷ πλήθει χαλεπὴν οὕτω φύσιν
B γίγνεσθαι. Καὶ ἐγὼ ἀμέλει, ἔφη, ξυνοίομαι. Οὐκοῦν καὶ
αὐτὸ τοῦτο ξυνοίει, τοῦ χαλεπῶς πρὸς φιλοσοφίαν τοὺς
πολλοὺς διακεῖσθαι ἐκείνους αἰτίους εἶναι τοὺς ἔξωθεν οὐ
προσῆκον ἐπεισκεκωμακότας, λοιδορουμένους τε αὐτοῖς
καὶ φιλαπεχθημόνως ἔχοντας καὶ ἀεὶ περὶ ἀνθρώπων
τοὺς λόγους ποιουμένους, ἥκιστα φιλοσοφίᾳ πρέπον ποι-
οῦντας; Πολύ γ', ἔφη.

XIII. Οὐδὲ γάρ που, ὦ Ἀδείμαντε, σχολὴ τῷ γε ὡς

ἀληθῶς πρὸς τοῖς οὖσι τὴν διάνοιαν ἔχοντι κάτω βλέπειν εἰς ἀνθρώπων πραγματείας, καὶ μαχόμενον αὐτοῖς φθό- C
νου τε καὶ δυσμενείας ἐμπίπλασθαι, ἀλλ' εἰς τεταγμένα ἄττα καὶ κατὰ ταὐτὰ ἀεὶ ἔχοντα ὁρῶντας καὶ θεωμένους οὔτ' ἀδικοῦντα οὔτ' ἀδικούμενα ὑπ' ἀλλήλων, κόσμῳ δὲ πάντα καὶ κατὰ λόγον ἔχοντα, ταῦτα μιμεῖσθαί τε καὶ ὅ τι μάλιστα ἀφομοιοῦσθαι. ἢ οἴει τινὰ μηχανὴν εἶναι, ὅτῳ τις ὁμιλεῖ ἀγάμενος, μὴ μιμεῖσθαι ἐκεῖνο; Ἀδύνατον, ἔφη. Θείῳ δὴ καὶ κοσμίῳ ὅ γε φιλόσοφος ὁμιλῶν κόσμιός τε καὶ D
θεῖος εἰς τὸ δυνατὸν ἀνθρώπῳ γίγνεται· διαβολὴ δ' ἐν πᾶσι πολλή. Παντάπασι μὲν οὖν. Ἂν οὖν τις, εἶπον, αὐτῷ ἀνάγκη γένηται, ἃ ἐκεῖ ὁρᾷ, μελετῆσαι εἰς ἀνθρώπων ἤθη καὶ ἰδίᾳ καὶ δημοσίᾳ τιθέναι, καὶ μὴ μόνον ἑαυτὸν πλάττειν, ἆρα κακὸν δημιουργὸν αὐτὸν οἴει γενήσεσθαι σωφροσύνης τε καὶ δικαιοσύνης καὶ ξυμπάσης τῆς δημοτικῆς ἀρετῆς; Ἥκιστά γε, ἦ δ' ὅς. Ἀλλ' ἐὰν δὴ αἴσθωνται οἱ πολλοί, ὅτι ἀληθῆ περὶ αὐτοῦ λέγομεν, χαλε- E
πανοῦσι δὴ τοῖς φιλοσόφοις καὶ ἀπιστήσουσιν ἡμῖν λέγουσιν, ὡς οὐκ ἄν ποτε ἄλλως εὐδαιμονήσειε πόλις, εἰ μὴ αὐτὴν διαγράψειαν οἱ τῷ θείῳ παραδείγματι χρώμενοι ζωγράφοι; Οὐ χαλεπανοῦσιν, ἦ δ' ὅς, ἐάνπερ αἴσθωνται. ἀλλὰ δὴ τίνα λέγεις τρόπον τῆς διαγραφῆς; Λαβόντες, ἦν 501
δ' ἐγώ, ὥσπερ πίνακα πόλιν τε καὶ ἤθη ἀνθρώπων, πρῶτον μὲν καθαρὰν ποιήσειαν ἄν· ὃ οὐ πάνυ ῥᾴδιον· ἀλλ' οὖν οἶσθ' ὅτι τούτῳ ἂν εὐθὺς τῶν ἄλλων διενέγκοιεν, τῷ μήτε ἰδιώτου μήτε πόλεως ἐθελῆσαι ἂν ἅψασθαι μηδὲ γράφειν νόμους, πρὶν ἢ παραλαβεῖν καθαρὰν ἢ αὐτοὶ ποιῆσαι. Καὶ ὀρθῶς γ', ἔφη. Οὐκοῦν μετὰ ταῦτα οἴει ὑπογράψασθαι ἂν τὸ σχῆμα τῆς πολιτείας; Τί μήν; Ἔπειτα, οἶμαι, ἀπεργαζόμενοι πυκνὰ ἂν ἑκατέρωσ' ἀποβλέποιεν, B
πρός τε τὸ φύσει δίκαιον καὶ καλὸν καὶ σῶφρον καὶ πάντα τὰ τοιαῦτα καὶ πρὸς ἐκεῖνο αὖ τὸ ἐν τοῖς ἀνθρώποις,

ἐμποιοῖεν ξυμμιγνύντες τε καὶ κεραννύντες ἐκ τῶν ἐπιτη-
δευμάτων τὸ ἀνδρείκελον, ἀπ' ἐκείνου τεκμαιρόμενοι, ὃ
δὴ καὶ Ὅμηρος ἐκάλεσεν ἐν τοῖς ἀνθρώποις ἐγγιγνόμενον
θεοειδές τε καὶ θεοείκελον. Ὀρθῶς, ἔφη. Καὶ τὸ μὲν ἄν,
C οἶμαι, ἐξαλείφοιεν, τὸ δὲ πάλιν ἐγγράφοιεν, ἕως ὅ τι μά-
λιστα ἀνθρώπεια ἤθη εἰς ὅσον ἐνδέχεται θεοφιλῆ ποιή-
σειαν. Καλλίστη γοῦν ἄν, ἔφη, ἡ γραφὴ γένοιτο. Ἆρ' οὖν,
ἦν δ' ἐγώ, πείθομέν πῃ ἐκείνους, οὓς διατεταμένους ἐφ'
ἡμᾶς ἔφησθα ἰέναι, ὡς τοιοῦτός ἐστι πολιτειῶν ζωγράφος,
ὃν τότ' ἐπῃνοῦμεν πρὸς αὐτούς, δι' ὃν ἐκεῖνοι ἐχαλέπαι-
νον, ὅτι τὰς πόλεις αὐτῷ παρεδίδομεν, καί τι μᾶλλον αὐτὸ
νῦν ἀκούοντες πραΰνονται; Καὶ πολύ γε, ἦ δ' ὅς, εἰ σω-
D φρονοῦσιν. Πῇ γὰρ δὴ ἕξουσιν ἀμφισβητῆσαι; πότερον
μὴ τοῦ ὄντος τε καὶ ἀληθείας ἐραστὰς εἶναι τοὺς φιλοσό-
φους; Ἄτοπον μέντ' ἄν, ἔφη, εἴη. Ἀλλὰ μὴ τὴν φύσιν
αὐτῶν οἰκείαν εἶναι τοῦ ἀρίστου, ἣν ἡμεῖς διήλθομεν;
Οὐδὲ τοῦτο. Τί δέ; τὴν τοιαύτην τυχοῦσαν τῶν προση-
κόντων ἐπιτηδευμάτων οὐκ ἀγαθὴν τελέως ἔσεσθαι καὶ
φιλόσοφον εἴπερ τινὰ ἄλλην; ἢ ἐκείνους φήσειν μᾶλλον,
E οὓς ἡμεῖς ἀφωρίσαμεν; Οὐ δήπου. Ἔτι οὖν ἀγριανοῦσι
λεγόντων ἡμῶν, ὅτι, πρὶν ἂν πόλεως τὸ φιλόσοφον γένος
ἐγκρατὲς γένηται, οὔτε πόλει οὔτε πολίταις κακῶν παῦλα
ἔσται, οὐδὲ ἡ πολιτεία, ἣν μυθολογοῦμεν λόγῳ, ἔργῳ τέλος
λήψεται; Ἴσως, ἔφη, ἧττον. Βούλει οὖν, ἦν δ' ἐγώ, μὴ
ἧττον φῶμεν αὐτοὺς ἀλλὰ παντάπασι πράους γεγονέναι
502 καὶ πεπεῖσθαι, ἵνα εἰ μή τι ἀλλὰ αἰσχυνθέντες ὁμολογή-
σωσιν; Πάνυ μὲν οὖν, ἔφη.

XIV. Οὗτοι μὲν τοίνυν, ἦν δ' ἐγώ, τοῦτο πεπεισμέ-
νοι ἔστων· τοῦδε δὲ πέρι τις ἀμφισβητήσει, ὡς οὐκ ἂν
τύχοιεν γενόμενοι βασιλέων ἔκγονοι ἢ δυναστῶν τὰς φύ-
σεις φιλόσοφοι; Οὐδ' ἂν εἷς, ἔφη. Τοιούτους δὲ γενομέ-
νους ὡς πολλὴ ἀνάγκη διαφθαρῆναι, ἔχει τις λέγειν; ὡς

μὲν γὰρ χαλεπὸν σωθῆναι, καὶ ἡμεῖς ξυγχωροῦμεν· ὡς δὲ
ἐν παντὶ τῷ χρόνῳ τῶν πάντων οὐδέποτ' οὐδ' ἂν εἷς σω- B
θείη, ἔσθ' ὅστις ἀμφισβητήσει; Καὶ πῶς; Ἀλλὰ μήν, ἦν
δ' ἐγώ, εἷς ἱκανὸς γενόμενος, πόλιν ἔχων πειθομένην,
πάντ' ἐπιτελέσαι τὰ νῦν ἀπιστούμενα. Ἱκανὸς γάρ, ἔφη.
Ἄρχοντος γάρ που, ἦν δ' ἐγώ, τιθέντος τοὺς νόμους καὶ
τὰ ἐπιτηδεύματα, ἃ διεληλύθαμεν, οὐ δήπου ἀδύνατον
ἐθέλειν ποιεῖν τοὺς πολίτας. Οὐδ' ὁπωστιοῦν. Ἀλλὰ δή,
ἅπερ ἡμῖν δοκεῖ, δόξαι καὶ ἄλλοις θαυμαστόν τι καὶ ἀδύ-
νατον; Οὐκ οἶμαι ἔγωγε, ἦ δ' ὅς. Καὶ μὴν ὅτι γε βέλτι-
στα, εἴπερ δυνατά, ἱκανῶς ἐν τοῖς ἔμπροσθεν, ὡς ἐγᾦμαι, C
διήλθομεν. Ἱκανῶς γάρ. Νῦν δή, ὡς ἔοικε, ξυμβαίνει ἡμῖν
περὶ τῆς νομοθεσίας ἄριστα, μὲν εἶναι ἃ λέγομεν, εἰ γέ-
νοιτο, χαλεπὰ δὲ γενέσθαι, οὐ μέντοι ἀδύνατά γε. Ξυμ-
βαίνει γάρ, ἔφη.

XV. Οὐκοῦν ἐπειδὴ τοῦτο μόγις τέλος ἔσχε, τὰ ἐπί-
λοιπα δὴ μετὰ τοῦτο λεκτέον, τίνα τρόπον ἡμῖν καὶ ἐκ D
τίνων μαθημάτων τε καὶ ἐπιτηδευμάτων οἱ σωτῆρες ἐνέ-
σονται τῆς πολιτείας, καὶ κατὰ ποίας ἡλικίας ἕκαστοι ἑκά-
στων ἁπτόμενοι; Λεκτέον μέντοι, ἔφη. Οὐδέν, ἦν δ' ἐγώ,
τὸ σοφόν μοι ἐγένετο τήν τε τῶν γυναικῶν τῆς κτήσεως
δυσχέρειαν ἐν τῷ πρόσθεν παραλιπόντι καὶ παιδογονίαν
καὶ τὴν τῶν ἀρχόντων κατάστασιν, εἰδότι ὡς ἐπίφθονός
τε καὶ χαλεπὴ γίγνεσθαι ἡ παντελῶς ἀληθής· νῦν γὰρ
οὐδὲν ἧττον ἦλθε τὸ δεῖν αὐτὰ διελθεῖν. καὶ τὰ μὲν δὴ E
τῶν γυναικῶν τε καὶ παίδων πεπέρανται, τὸ δὲ τῶν ἀρ-
χόντων ὥσπερ ἐξ ἀρχῆς μετελθεῖν δεῖ. ἐλέγομεν δ', εἰ μνη-
μονεύεις, δεῖν αὐτοὺς φιλοπόλιδάς τε φαίνεσθαι, βασανι- 503
ζομένους ἐν ἡδοναῖς τε καὶ λύπαις, καὶ τὸ δόγμα τοῦτο
μήτ' ἐν πόνοις μήτ' ἐν φόβοις μήτ' ἐν ἄλλῃ μηδεμιᾷ μετα-
βολῇ φαίνεσθαι ἐκβάλλοντας, ἢ τὸν ἀδυνατοῦντα ἀποκρι-
τέον, τὸν δὲ πανταχοῦ ἀκήρατον ἐκβαίνοντα, ὥσπερ χρυ-

σὸν ἐν πυρὶ βασανιζόμενον, στατέον ἄρχοντα καὶ γέρα
δοτέον καὶ ζῶντι καὶ τελευτήσαντι καὶ ἆθλα. τοιαῦτ' ἄττα
ἦν τὰ λεγόμενα, παρεξιόντος καὶ παρακαλυπτομένου τοῦ
B λόγου, πεφοβημένου κινεῖν τὸ νῦν παρόν. Ἀληθέστατα,
ἔφη, λέγεις· μέμνημαι γάρ. Ὄκνος γάρ, ἔφην, ὦ φίλε,
ἐγώ, εἰπεῖν τὰ νῦν ἀποτετολμημένα· νῦν δὲ τοῦτο μὲν
τετολμήσθω εἰπεῖν, ὅτι τοὺς ἀκριβεστάτους φύλακας φι-
λοσόφους δεῖ καθιστάναι. Εἰρήσθω γάρ, ἔφη. Νόησον
δή, ὡς εἰκότως ὀλίγοι ἔσονταί σοι. ἣν γὰρ διήλθομεν φύ-
σιν δεῖν ὑπάρχειν αὐτοῖς, εἰς ταὐτὸ ξυμφύεσθαι αὐτῆς τὰ
μέρη ὀλιγάκις ἐθέλει, τὰ πολλὰ δὲ διεσπασμένη φύεται.
C Πῶς, ἔφη, λέγεις; Εὐμαθεῖς καὶ μνήμονες καὶ ἀγχίνοι καὶ
ὀξεῖς καὶ ὅσα ἄλλα τούτοις ἕπεται οἶσθ' ὅτι οὐκ ἐθέλου-
σιν ἅμα φύεσθαι καὶ νεανικοί τε καὶ μεγαλοπρεπεῖς τὰς
διανοίας, οἷοι κοσμίως μετὰ ἡσυχίας καὶ βεβαιότητος ἐθέ-
λειν ζῆν, ἀλλ' οἱ τοιοῦτοι ὑπὸ ὀξύτητος φέρονται ὅπῃ ἂν
τύχωσι, καὶ τὸ βέβαιον ἅπαν αὐτῶν ἐξοίχεται. Ἀληθῆ,
ἔφη, λέγεις. Οὐκοῦν τὰ βέβαια αὖ ταῦτα ἤθη καὶ οὐκ εὐ-
D μετάβολα, οἷς ἄν τις μᾶλλον ὡς πιστοῖς χρήσαιτο, καὶ ἐν
τῷ πολέμῳ πρὸς τοὺς φόβους δυσκίνητα ὄντα, πρὸς τὰς
μαθήσεις αὖ ποιεῖ ταὐτόν, δυσκινήτως ἔχει καὶ δυσμα-
θῶς ὥσπερ ἀπονεναρκωμένα, καὶ ὕπνου τε καὶ χάσμης
ἐμπίπλανται, ὅταν τι δέῃ τοιοῦτον διαπονεῖν. Ἔστι ταῦτα,
ἔφη. Ἡμεῖς δέ γ' ἔφαμεν ἀμφοτέρων δεῖν εὖ τε καὶ καλῶς
μετέχειν, ἢ μήτε παιδείας τῆς ἀκριβεστάτης δεῖν αὐτῷ
μεταδιδόναι μήτε τιμῆς μήτε ἀρχῆς. Ὀρθῶς, ἦ δ' ὅς.
E Οὐκοῦν σπάνιον αὐτὸ οἴει ἔσεσθαι; Πῶς δ' οὔ; Βασα-
νιστέον δὴ ἔν τε οἷς τότε ἐλέγομεν πόνοις τε καὶ φόβοις
καὶ ἡδοναῖς, καὶ ἔτι δὴ ὃ τότε παρεῖμεν νῦν λέγομεν, ὅτι
καὶ ἐν μαθήμασι πολλοῖς γυμνάζειν δεῖ σκοποῦντας, εἰ
καὶ τὰ μέγιστα μαθήματα δυνατὴ ἔσται ἐνεγκεῖν, εἴτε καὶ
504 ἀποδειλιάσει, ὥσπερ οἱ ἐν τοῖς ἄθλοις ἀποδειλιῶντες.

Πρέπει γέ τοι δή, ἔφη, οὕτω σκοπεῖν· ἀλλὰ ποῖα δὴ λέγεις μαθήματα μέγιστα;

XVI. Μνημονεύεις μέν που, ἦν δ' ἐγώ, ὅτι τριττὰ εἴδη ψυχῆς διαστησάμενοι ξυνεβιβάζομεν δικαιοσύνης τε πέρι καὶ σωφροσύνης καὶ ἀνδρείας καὶ σοφίας ὃ ἕκαστον εἴη. Μὴ γὰρ μνημονεύων, ἔφη, τὰ λοιπὰ ἂν εἴην δίκαιος μὴ ἀκούειν. Ἦ καὶ τὸ προρρηθὲν αὐτῶν; Τὸ ποῖον δή; B
Ἐλέγομέν που, ὅτι, ὡς μὲν δυνατὸν ἦν κάλλιστα αὐτὰ κατιδεῖν, ἄλλη μακροτέρα εἴη περίοδος, ἣν περιελθόντι καταφανῆ γίγνοιτο, τῶν μέντοι ἔμπροσθεν προειρημένων ἑπομένας ἀποδείξεις οἷόν τ' εἴη προσάψαι. καὶ ὑμεῖς ἐξαρκεῖν ἔφατε, καὶ οὕτω δὴ ἐρρήθη τὰ τότε τῆς μὲν ἀκριβείας, ὡς ἐμοὶ ἐφαίνετο, ἐλλιπῆ, εἰ δὲ ὑμῖν ἀρεσκόντως, ὑμεῖς ἂν τοῦτο εἴποιτε. Ἀλλ' ἔμοιγε, ἔφη, μετρίως· ἐφαίνετο μὴν καὶ τοῖς ἄλλοις. Ἀλλ', ὦ φίλε, ἦν δ' ἐγώ, μέτρον τῶν τοι- C
ούτων, ἀπολεῖπον καὶ ὁτιοῦν τοῦ ὄντος, οὐ πάνυ μετρίως γίγνεται· ἀτελὲς γὰρ οὐδὲν οὐδενὸς μέτρον· δοκεῖ δ' ἐνίοτέ τισιν ἱκανῶς ἤδη ἔχειν καὶ οὐδὲν δεῖν περαιτέρω ζητεῖν. Καὶ μάλ', ἔφη, συχνοὶ πάσχουσιν αὐτὸ διὰ ῥαθυμίαν. Τούτου δέ γε, ἦν δ' ἐγώ, τοῦ παθήματος ἥκιστα προσδεῖ φύλακι πόλεώς τε καὶ νόμων. Εἰκός, ἦ δ' ὅς. Τὴν μακροτέραν τοίνυν, ὦ ἑταῖρε, ἔφην, περιιτέον τῷ D
τοιούτῳ, καὶ οὐχ ἧττον μανθάνοντι πονητέον ἢ γυμναζομένῳ· ἤ, ὃ νῦν δὴ ἐλέγομεν, τοῦ μεγίστου τε καὶ μάλιστα προσήκοντος μαθήματος ἐπὶ τέλος οὔποτε ἥξει. Οὐ γὰρ ταῦτα, ἔφη, μέγιστα, ἀλλ' ἔτι τι μεῖζον δικαιοσύνης τε καὶ ὧν διήλθομεν; Καὶ μεῖζον, ἦν δ' ἐγώ· καὶ αὐτῶν τούτων οὐχ ὑπογραφὴν δεῖ ὥσπερ νῦν θεάσασθαι, ἀλλὰ τὴν τελεωτάτην ἀπεργασίαν μὴ παριέναι· ἢ οὐ γελοῖον, ἐπὶ μὲν ἄλλοις σμικροῦ ἀξίοις πᾶν ποιεῖν συντεινομένους, ὅπως E
ὅ τι ἀκριβέστατα καὶ καθαρώτατα ἕξει, τῶν δὲ μεγίστων μὴ μεγίστας ἀξιοῦν εἶναι καὶ τὰς ἀκριβείας; Καὶ μάλα,

ἔφη, ἄξιον τὸ διανόημα· ὃ μέντοι μέγιστον μάθημα καὶ
περὶ ὅ τι αὐτὸ λέγεις, οἴει τιν' ἄν σε, ἔφη, ἀφεῖναι μὴ
ἐρωτήσαντα τί ἐστιν; Οὐ πάνυ, ἦν δ' ἐγώ, ἀλλὰ καὶ σὺ
ἐρώτα. πάντως αὐτὸ οὐκ ὀλιγάκις ἀκήκοας· νῦν δὲ ἢ οὐκ
505 ἐννοεῖς ἢ αὖ διανοεῖ ἐμοὶ πράγματα παρέχειν ἀντιλαμβα-
νόμενος. οἶμαι δὲ τοῦτο μᾶλλον· ἐπεὶ ὅτι γε ἡ τοῦ ἀγα-
θοῦ ἰδέα μέγιστον μάθημα, πολλάκις ἀκήκοας, ᾗ δίκαια
καὶ τἆλλα προσχρησάμενα χρήσιμα καὶ ὠφέλιμα γίγνεται.
καὶ νῦν σχεδὸν οἶσθ' ὅτι μέλλω τοῦτο λέγειν, καὶ πρὸς
τούτῳ ὅτι αὐτὴν οὐχ ἱκανῶς ἴσμεν· εἰ δὲ μὴ ἴσμεν, ἄνευ
δὲ ταύτης, εἰ ὅ τι μάλιστα τἆλλα ἐπισταίμεθα, οἶσθ' ὅτι
B οὐδὲν ἡμῖν ὄφελος, ὥσπερ οὐδ' εἰ κεκτήμεθά τι ἄνευ τοῦ
ἀγαθοῦ. ἢ οἴει τι πλέον εἶναι πᾶσαν κτῆσιν ἐκτῆσθαι, μὴ
μέντοι ἀγαθήν; ἢ πάντα τἆλλα φρονεῖν [ἄνευ τοῦ ἀγα-
θοῦ], καλὸν δὲ καὶ ἀγαθὸν μηδὲν φρονεῖν; Μὰ Δί' οὐκ
ἔγωγ', ἔφη.

XVII. Ἀλλὰ μὴν καὶ τόδε γε οἶσθα, ὅτι τοῖς μὲν πολ-
λοῖς ἡδονὴ δοκεῖ εἶναι τὸ ἀγαθόν, τοῖς δὲ κομψοτέροις
φρόνησις. Πῶς δ' οὔ; Καὶ ὅτι γε, ὦ φίλε, οἱ τοῦτο ἡγού-
μενοι οὐκ ἔχουσι δεῖξαι ἥτις φρόνησις, ἀλλ' ἀναγκάζον-
ται τελευτῶντες τὴν τοῦ ἀγαθοῦ φάναι. Καὶ μάλα, ἔφη,
C γελοίως. Πῶς γὰρ οὐχί, ἦν δ' ἐγώ, εἰ ὀνειδίζοντές γε, ὅτι
οὐκ ἴσμεν τὸ ἀγαθόν, λέγουσι πάλιν ὡς εἰδόσι; φρόνησιν
γὰρ αὐτό φασιν εἶναι ἀγαθοῦ, ὡς αὖ ξυνιέντων ἡμῶν ὅ
τι λέγουσιν, ἐπειδὰν τὸ τοῦ ἀγαθοῦ φθέγξωνται ὄνομα.
Ἀληθέστατα, ἔφη. Τί δαί; οἱ τὴν ἡδονὴν ἀγαθὸν ὁριζό-
μενοι μῶν μή τι ἐλάττονος πλάνης ἔμπλεοι τῶν ἑτέρων; ἢ
οὐ καὶ οὗτοι ἀναγκάζονται ὁμολογεῖν ἡδονὰς εἶναι κακάς;
D Σφόδρα γε. Συμβαίνει δὴ αὐτοῖς, οἶμαι, ὁμολογεῖν ἀγαθὰ
εἶναι καὶ κακα ταὐτά. ἦ γάρ; Τί μήν; Οὐκοῦν ὅτι μὲν
μεγάλαι καὶ πολλαὶ ἀμφισβητήσεις περὶ αὐτοῦ, φανερόν;
Πῶς γὰρ οὔ; Τί δέ; τόδε οὐ φανερόν, ὡς δίκαια μὲν καὶ

καλὰ πολλοὶ ἂν ἕλοιντο τὰ δοκοῦντα, κἂν μὴ ᾖ, ὅμως
ταῦτα πράττειν καὶ κεκτῆσθαι καὶ δοκεῖν, ἀγαθὰ δὲ οὐ-
δενὶ ἔτι ἀρκεῖ τὰ δοκοῦντα κτᾶσθαι, ἀλλὰ τὰ ὄντα ζητοῦσι,
τὴν δὲ δόξαν ἐνταῦθα ἤδη πᾶς ἀτιμάζει; Καὶ μάλα, ἔφη.
Ὃ δὴ διώκει μὲν ἅπασα ψυχὴ καὶ τούτου ἕνεκα πάντα E
πράττει, ἀπομαντευομένη τὶ εἶναι, ἀποροῦσα δὲ καὶ οὐκ
ἔχουσα λαβεῖν ἱκανῶς τί ποτ᾽ ἐστὶν οὐδὲ πίστει χρήσασθαι
μονίμῳ, οἵᾳ καὶ περὶ τἆλλα, διὰ τοῦτο δὲ ἀποτυγχάνει καὶ
τῶν ἄλλων εἴ τι ὄφελος ἦν, περὶ δὴ τὸ τοιοῦτον καὶ το-
σοῦτον οὕτω φῶμεν δεῖν ἐσκοτῶσθαι καὶ ἐκείνους τοὺς 506
βελτίστους ἐν τῇ πόλει, οἷς πάντα ἐγχειριοῦμεν; Ἥκιστά
γ᾽, ἔφη. Οἶμαι γοῦν, εἶπον, δίκαιά τε καὶ καλὰ ἀγνοού-
μενα, ὅπῃ ποτὲ ἀγαθά ἐστιν, οὐ πολλοῦ τινὸς ἄξιον φύ-
λακα κεκτῆσθαι ἂν ἑαυτῶν τὸν τοῦτο ἀγνοοῦντα, μαν-
τεύομαι δὲ μηδένα αὐτὰ πρότερον γνώσεσθαι ἱκανῶς.
Καλῶς γάρ, ἔφη, μαντεύει. Οὐκοῦν ἡμῖν ἡ πολιτεία τε-
λέως κεκοσμήσεται, ἐὰν ὁ τοιοῦτος αὐτὴν ἐπισκοπῇ φύλαξ, B
ὁ τούτων ἐπιστήμων;

XVIII. Ἀνάγκη, ἔφη. ἀλλὰ σὺ δή, ὦ Σώκρατες, πότε-
ρον ἐπιστήμην τὸ ἀγαθὸν φῂς εἶναι ἢ ἡδονήν; ἢ ἄλλο τι
παρὰ ταῦτα; Οὗτος, ἦν δ᾽ ἐγώ, ἀνήρ, καλῶς ἦσθα καὶ
πάλαι καταφανὴς ὅτι σοι οὐκ ἀποχρήσοι τὸ τοῖς ἄλλοις
δοκοῦν περὶ αὐτῶν. Οὐδὲ γὰρ δίκαιόν μοι, ἔφη, ὦ Σώ-
κρατες, φαίνεται τὰ τῶν ἄλλων μὲν ἔχειν εἰπεῖν δόγματα,
τὸ δ᾽ αὑτοῦ μή, τοσοῦτον χρόνον περὶ ταῦτα πραγματευό-
μενον. Τί δαί; ἦν δ᾽ ἐγώ· δοκεῖ σοι δίκαιον εἶναι περὶ C
ὧν τις μὴ οἶδε λέγειν ὡς εἰδότα; Οὐδαμῶς γ᾽, ἔφη, ὡς εἰ-
δότα, ὡς μέντοι οἰόμενον ταῦθ᾽ ἃ οἴεται ἐθέλειν λέγειν.
Τί δέ; εἶπον· οὐκ ᾔσθησαι τὰς ἄνευ ἐπιστήμης δόξας, ὡς
πᾶσαι αἰσχραί; ὧν αἱ βέλτισται τυφλαί· ἢ δοκοῦσί τί σοι
τυφλῶν διαφέρειν ὁδὸν ὀρθῶς πορευομένων οἱ ἄνευ νοῦ
ἀληθές τι δοξάζοντες; Οὐδέν, ἔφη. Βούλει οὖν αἰσχρὰ

c θεάσασθαι, τυφλά τε καὶ σκολιά, ἐξὸν παρ' ἄλλων ἀκούειν
φανά τε καὶ καλά; Μὴ πρὸς Διός, ἦ δ' ὅς, ὦ Σώκρατες, ὁ
Γλαύκων, ὥσπερ ἐπὶ τέλει ὢν ἀποστῇς. ἀρκέσει γὰρ ἡμῖν,
κἂν ὥσπερ δικαιοσύνης πέρι καὶ σωφροσύνης καὶ τῶν
ἄλλων διῆλθες, οὕτω καὶ περὶ τοῦ ἀγαθοῦ διέλθῃς. Καὶ
γὰρ ἐμοί, ἦν δ' ἐγώ, ὦ ἑταῖρε, καὶ μάλα ἀρκέσει· ἀλλ'
ὅπως μὴ οὐχ οἷός τ' ἔσομαι, προθυμούμενος δὲ ἀσχημο-
νῶν γέλωτα ὀφλήσω. ἀλλ', ὦ μακάριοι, αὐτὸ μὲν τί ποτ'
e ἐστὶ τἀγαθὸν ἐάσωμεν τὸ νῦν εἶναι· πλέον γάρ μοι φαί-
νεται ἢ κατὰ τὴν παροῦσαν ὁρμὴν ἐφικέσθαι τοῦ γε δο-
κοῦντος ἐμοὶ τὰ νῦν· ὃς δὲ ἔκγονός τε τοῦ ἀγαθοῦ φαί-
νεται καὶ ὁμοιότατος ἐκείνῳ, λέγειν ἐθέλω, εἰ καὶ ὑμῖν
φίλον, εἰ δὲ μή, ἐᾶν. Ἀλλ', ἔφη, λέγε· εἰσαῦθις γὰρ τοῦ
πατρὸς ἀποτείσεις τὴν διήγησιν. Βουλοίμην ἄν, εἶπον, ἐμέ
507 τε δύνασθαι αὐτὴν ἀποδοῦναι καὶ ὑμᾶς κομίσασθαι, ἀλλὰ
μὴ ὥσπερ νῦν τοὺς τόκους μόνον. τοῦτον δὲ δὴ οὖν τὸν
τόκον τε καὶ ἔκγονον αὐτοῦ τοῦ ἀγαθοῦ κομίσασθε. εὐλα-
βεῖσθε μέντοι, μή πῃ ἐξαπατήσω ὑμᾶς ἄκων, κίβδηλον
ἀποδιδοὺς τὸν λόγον τοῦ τόκου. Εὐλαβησόμεθα, ἔφη,
κατὰ δύναμιν· ἀλλὰ μόνον λέγε. Διομολογησάμενός γ',
ἔφην ἐγώ, καὶ ἀναμνήσας ὑμᾶς τά τ' ἐν τοῖς ἔμπροσθεν
b ῥηθέντα καὶ ἄλλοτε ἤδη πολλάκις εἰρημένα. Τὰ ποῖα; ἦ
δ' ὅς. Πολλὰ καλά, ἦν δ' ἐγώ, καὶ πολλὰ ἀγαθὰ καὶ ἕκα-
στα οὕτως εἶναί φαμέν τε καὶ διορίζομεν τῷ λόγῳ. Φαμὲν
γάρ. Καὶ αὐτὸ δὴ καλὸν καὶ αὐτὸ ἀγαθὸν καὶ οὕτω περὶ
πάντων, ἃ τότε ὡς πολλὰ ἐτίθεμεν, πάλιν αὖ κατ' ἰδέαν
μίαν ἑκάστου ὡς μιᾶς οὔσης τιθέντες ὃ ἔστιν ἕκαστον
προσαγορεύομεν. Ἔστι ταῦτα. Καὶ τὰ μὲν δὴ ὁρᾶσθαί
c φαμεν, νοεῖσθαι δ' οὔ, τὰς δ' αὖ ἰδέας νοεῖσθαι μέν, ὁρᾶ-
σθαι δ' οὔ. Παντάπασι μὲν οὖν. Τῷ οὖν ὁρῶμεν ἡμῶν
αὐτῶν τὰ ὁρώμενα; Τῇ ὄψει, ἔφη. Οὐκοῦν, ἦν δ' ἐγώ,
καὶ ἀκοῇ τὰ ἀκουόμενα, καὶ ταῖς ἄλλαις αἰσθήσεσι πάντα

τὰ αἰσθητά; Τί μήν; Ἆρ' οὖν, ἦν δ' ἐγώ, ἐννενόηκας τὸν τῶν αἰσθήσεων δημιουργὸν ὅσῳ πολυτελεστάτην τὴν τοῦ ὁρᾶν τε καὶ ὁρᾶσθαι δύναμιν ἐδημιούργησεν; Οὐ πάνυ, ἔφη. Ἀλλ' ὧδε σκόπει. ἔστιν ὅ τι προσδεῖ ἀκοῇ καὶ φωνῇ γένους ἄλλου εἰς τὸ τὴν μὲν ἀκούειν, τὴν δὲ ἀκούεσθαι, ὃ ἐὰν μὴ παραγένηται τρίτον, ἡ μὲν οὐκ ἀκούσεται, D
ἡ δὲ οὐκ ἀκουσθήσεται; Οὐδενός, ἔφη. Οἶμαι δέ γε, ἦν δ' ἐγώ, οὐδ' ἄλλαις πολλαῖς, ἵνα μὴ εἴπω ὅτι οὐδεμιᾷ, τοιούτου προσδεῖ οὐδενός. ἢ σύ τινα ἔχεις εἰπεῖν; Οὐκ ἔγωγε, ἦ δ' ὅς. Τὴν δὲ τῆς ὄψεως καὶ τοῦ ὁρατοῦ οὐκ ἐννοεῖς ὅτι προσδεῖται; Πῶς; Ἐνούσης που ἐν ὄμμασιν ὄψεως καὶ ἐπιχειροῦντος τοῦ ἔχοντος χρῆσθαι αὐτῇ, παρούσης δὲ χρόας ἐν αὐτοῖς, ἐὰν μὴ παραγένηται γένος τρίτον ἰδίᾳ ἐπ' αὐτὸ τοῦτο πεφυκός, οἶσθα, ὅτι ἥ τε ὄψις E
οὐδὲν ὄψεται τά τε χρώματα ἔσται ἀόρατα. Τίνος δὴ λέγεις, ἔφη, τούτου; Ὃ δὴ σὺ καλεῖς, ἦν δ' ἐγώ, φῶς. Ἀληθῆ, ἔφη, λέγεις. Οὐ σμικρᾷ ἄρα ἰδέᾳ ἡ τοῦ ὁρᾶν αἴσθησις καὶ ἡ τοῦ ὁρᾶσθαι δύναμις τῶν ἄλλων ξυζεύξεων 508
τιμιωτέρῳ ζυγῷ ἐζύγησαν, εἴπερ μὴ ἄτιμον τὸ φῶς. Ἀλλὰ μήν, ἔφη, πολλοῦ γε δεῖ ἄτιμον εἶναι.

XIX. Τίνα οὖν ἔχεις αἰτιάσασθαι τῶν ἐν οὐρανῷ θεῶν τούτου κύριον, οὗ ἡμῖν τὸ φῶς ὄψιν τε ποιεῖ ὁρᾶν ὅ τι κάλλιστα καὶ τὰ ὁρώμενα ὁρᾶσθαι; Ὅνπερ καὶ σύ, ἔφη, καὶ οἱ ἄλλοι· τὸν ἥλιον γὰρ δῆλον ὅτι ἐρωτᾷς. Ἆρ' οὖν ὧδε πέφυκεν ὄψις πρὸς τοῦτον τὸν θεόν; Πῶς; Οὐκ ἔστιν ἥλιος ἡ ὄψις οὔτε αὐτὴ οὔτε ἐν ᾧ ἐγγίγνεται, ὃ δὴ καλοῦμεν ὄμμα. Οὐ γὰρ οὖν. Ἀλλ' ἡλιοειδέστατόν γε οἶ- B
μαι τῶν περὶ τὰς αἰσθήσεις ὀργάνων. Πολύ γε. Οὐκοῦν καὶ τὴν δύναμιν, ἣν ἔχει, ἐκ τούτου ταμιευομένην ὥσπερ ἐπίρρυτον κέκτηται; Πάνυ μὲν οὖν. Ἆρ' οὖν οὐ καὶ ὁ ἥλιος ὄψις μὲν οὐκ ἔστιν, αἴτιος δ' ὢν αὐτῆς ὁρᾶται ὑπ' αὐτῆς ταύτης; Οὕτως, ἦ δ' ὅς. Τοῦτον τοίνυν, ἦν δ' ἐγώ,

φάναι με λέγειν τὸν τοῦ ἀγαθοῦ ἔκγονον, ὃν τἀγαθὸν
C ἐγέννησεν ἀνάλογον ἑαυτῷ, ὅ τι περ αὐτὸ ἐν τῷ νοητῷ
τόπῳ πρός τε νοῦν καὶ τὰ νοούμενα, τοῦτο τοῦτον ἐν τῷ
ὁρατῷ πρός τε ὄψιν καὶ τὰ ὁρώμενα. Πῶς; ἔφη· ἔτι
δίελθέ μοι. Ὀφθαλμοί, ἦν δ' ἐγώ, οἶσθ' ὅτι, ὅταν μηκέτι
ἐπ' ἐκεῖνά τις αὐτοὺς τρέπῃ, ὧν ἂν τὰς χρόας τὸ ἡμερινὸν
φῶς ἐπέχῃ, ἀλλὰ ὧν νυκτερινὰ φέγγη, ἀμβλυώττουσί
τε καὶ ἐγγὺς φαίνονται τυφλῶν, ὥσπερ οὐκ ἐνούσης κα-
θαρᾶς ὄψεως; Καὶ μάλα, ἔφη. Ὅταν δέ γ', οἶμαι, ὧν ὁ
D ἥλιος καταλάμπῃ, σαφῶς ὁρῶσι, καὶ τοῖς αὐτοῖς τούτοις
ὄμμασιν ἐνοῦσα φαίνεται. Τί μήν; Οὕτω τοίνυν καὶ τὸ
τῆς ψυχῆς ὧδε νόει· ὅταν μέν, οὗ καταλάμπει ἀλήθειά τε
καὶ τὸ ὄν, εἰς τοῦτο ἀπερείσηται, ἐνόησέ τε καὶ ἔγνω αὐτὸ
καὶ νοῦν ἔχειν φαίνεται· ὅταν δὲ εἰς τὸ τῷ σκότῳ κεκρα-
μένον, τὸ γιγνόμενόν τε καὶ ἀπολλύμενον, δοξάζει τε καὶ
ἀμβλυώττει ἄνω καὶ κάτω τὰς δόξας μεταβάλλον καὶ ἔοι-
E κεν αὖ νοῦν οὐκ ἔχοντι. Ἔοικε γάρ. Τοῦτο τοίνυν τὸ τὴν
ἀλήθειαν παρέχον τοῖς γιγνωσκομένοις καὶ τῷ γιγνώ-
σκοντι τὴν δύναμιν ἀποδιδὸν τὴν τοῦ ἀγαθοῦ ἰδέαν φάθι
εἶναι, αἰτίαν δ' ἐπιστήμης οὖσαν καὶ ἀληθείας ὡς γιγνω-
σκομένης μὲν διανοοῦ, οὕτω δὲ καλῶν ἀμφοτέρων ὄντων,
γνώσεώς τε καὶ ἀληθείας, ἄλλο καὶ κάλλιον ἔτι τούτων
ἡγούμενος αὐτὸ ὀρθῶς ἡγήσει· ἐπιστήμην δὲ καὶ ἀλή-
509 θειαν, ὥσπερ ἐκεῖ φῶς τε καὶ ὄψιν ἡλιοειδῆ μὲν νομίζειν
ὀρθόν, ἥλιον δὲ ἡγεῖσθαι οὐκ ὀρθῶς ἔχει, οὕτω καὶ ἐν-
ταῦθα ἀγαθοειδῆ μὲν νομίζειν ταῦτ' ἀμφότερα ὀρθόν,
ἀγαθὸν δὲ ἡγεῖσθαι ὁπότερον αὐτῶν οὐκ ὀρθόν, ἀλλ' ἔτι
μειζόνως τιμητέον τὴν τοῦ ἀγαθοῦ ἕξιν. Ἀμήχανον κάλ-
λος, ἔφη, λέγεις, εἰ ἐπιστήμην μὲν καὶ ἀλήθειαν παρέχει,
αὐτὸ δ' ὑπὲρ ταῦτα κάλλει ἐστίν· οὐ γὰρ δήπου σύ γε
ἡδονὴν αὐτὸ λέγεις. Εὐφήμει, ἦν δ' ἐγώ· ἀλλ' ὧδε μᾶλ-
B λον τὴν εἰκόνα αὐτοῦ ἔτι ἐπισκόπει. Πῶς; Τὸν ἥλιον

τοῖς ὁρωμένοις οὐ μόνον, οἶμαι, την τοῦ ὁρᾶσθαι δυναμιν
παρέχειν φήσεις, ἀλλὰ καὶ τὴν γένεσιν καὶ αὔξην καὶ τρο-
φήν, οὐ γένεσιν αὐτὸν ὄντα. Πῶς γάρ; Καὶ τοῖς γιγνω-
σκομένοις τοίνυν μὴ μόνον τὸ γιγνώσκεσθαι φάναι ὑπὸ
τοῦ ἀγαθοῦ παρεῖναι, ἀλλὰ καὶ τὸ εἶναί τε καὶ τὴν οὐσίαν
ὑπ' ἐκείνου αὐτοῖς προσεῖναι, οὐκ οὐσίας ὄντος τοῦ ἀγα-
θοῦ, ἀλλ' ἔτι ἐπέκεινα τῆς οὐσίας πρεσβείᾳ καὶ δυνάμει
ὑπερέχοντος.

XX. Καὶ ὁ Γλαύκων μάλα γελοίως, Ἄπολλον, ἔφη, C
δαιμονίας ὑπερβολῆς! Σὺ γάρ, ἦν δ' ἐγώ, αἴτιος, ἀναγ-
κάζων τὰ ἐμοὶ δοκοῦντα περὶ αὐτοῦ λέγειν. Καὶ μηδα-
μῶς γ', ἔφη, παύσῃ, εἰ μή τι ἀλλὰ τὴν περὶ τὸν ἥλιον
ὁμοιότητα αὖ διεξιών, εἴ πῃ ἀπολείπεις. Ἀλλὰ μήν, εἶπον,
συχνά γε ἀπολείπω. Μηδὲ σμικρὸν τοίνυν, ἔφη, παρα-
λίπῃς. Οἶμαι μέν, ἦν δ' ἐγώ, καὶ πολύ· ὅμως δέ, ὅσα γ'
ἐν τῷ παρόντι δυνατόν, ἑκὼν οὐκ ἀπολείψω. Μὴ γάρ,
ἔφη. Νόησον τοίνυν, ἦν δ' ἐγώ, ὥσπερ λέγομεν, δύω D
αὐτὼ εἶναι, καὶ βασιλεύειν τὸ μὲν νοητοῦ γένους τε καὶ
τόπου, τὸ δ' αὖ ὁρατοῦ, ἵνα μὴ οὐρανὸν εἰπὼν δόξω σοι
σοφίζεσθαι περὶ τὸ ὄνομα· ἀλλ' οὖν ἔχεις ταῦτα διττὰ
εἴδη, ὁρατόν, νοητόν; Ἔχω. Ὥσπερ τοίνυν γραμμὴν δίχα
τετμημένην λαβὼν ἄνισα τμήματα, πάλιν τέμνε ἑκάτερον
τμῆμα ἀνὰ τὸν αὐτὸν λόγον, τό τε τοῦ ὁρωμένου γένους
καὶ τὸ τοῦ νοουμένου, καί σοι ἔσται σαφηνείᾳ καὶ ἀσαφείᾳ E
πρὸς ἄλληλα ἐν μὲν τῷ ὁρωμένῳ τὸ μὲν ἕτερον τμῆμα εἰ-
κόνες. λέγω δὲ τὰς εἰκόνας πρῶτον μὲν τὰς σκιάς, ἔπειτα 510
τὰ ἐν τοῖς ὕδασι φαντάσματα καὶ ἐν τοῖς ὅσα πυκνά τε
καὶ λεῖα καὶ φανὰ ξυνέστηκε, καὶ πᾶν τὸ τοιοῦτον, εἰ κα-
τανοεῖς. Ἀλλα κατανοῶ. Τὸ τοίνυν ἕτερον τίθει, ᾧ τοῦτο
ἔοικε, τά τε περὶ ἡμᾶς ζῷα καὶ πᾶν τὸ φυτευτὸν καὶ τὸ
σκευαστὸν ὅλον γένος. Τίθημι, ἔφη. Ἦ καὶ ἐθέλοις ἂν
αὐτὸ φάναι, ἦν δ' ἐγώ, διῃρῆσθαι ἀληθείᾳ τε καὶ μή, ὡς

τὸ δοξαστὸν πρὸς τὸ γνωστόν, οὕτω τὸ ὁμοιωθὲν πρὸς τὸ
B ᾧ ὡμοιώθη; Ἔγωγ', ἔφη, καὶ μάλα. Σκόπει δὴ αὖ καὶ
τὴν τοῦ νοητοῦ τομὴν ᾗ τμητέον. Πῇ; Ἧι τὸ μὲν αὐτοῦ
τοῖς τότε τμηθεῖσιν ὡς εἰκόσι χρωμένη ψυχὴ ζητεῖν ἀναγκάζεται ἐξ ὑποθέσεων, οὐκ ἐπ' ἀρχὴν πορευομένη, ἀλλ' ἐπὶ τελευτήν, τὸ δ' αὖ ἕτερον [τὸ] ἐπ' ἀρχὴν ἀνυπόθετον ἐξ ὑποθέσεως ἰοῦσα καὶ ἄνευ ὧνπερ ἐκεῖνο εἰκόνων αὐτοῖς εἴδεσι δι' αὐτῶν τὴν μέθοδον ποιουμένη. Ταῦτ', ἔφη, ἃ λέγεις, οὐχ ἱκανῶς ἔμαθον. Ἀλλ' αὖθις, ἦν δ' ἐγώ·
C ῥᾷον γὰρ τούτων προειρημένων μαθήσει. οἶμαι γάρ σε
εἰδέναι, ὅτι οἱ περὶ τὰς γεωμετρίας τε καὶ λογισμοὺς καὶ τὰ τοιαῦτα πραγματευόμενοι, ὑποθέμενοι τό τε περιττὸν καὶ τὸ ἄρτιον καὶ τὰ σχήματα καὶ γωνιῶν τριττὰ εἴδη καὶ ἄλλα τούτων ἀδελφὰ καθ' ἑκάστην μέθοδον, ταῦτα μὲν ὡς εἰδότες, ποιησάμενοι ὑποθέσεις αὐτά, οὐδένα λόγον οὔτε αὑτοῖς οὔτε ἄλλοις ἔτι ἀξιοῦσι περὶ αὐτῶν διδόναι
D ὡς παντὶ φανερῶν, ἐκ τούτων δ' ἀρχόμενοι τὰ λοιπὰ
ἤδη διεξιόντες τελευτῶσιν ὁμολογουμένως ἐπὶ τοῦτο, οὗ ἂν ἐπὶ σκέψιν ὁρμήσωσιν. Πάνυ μὲν οὖν, ἔφη, τοῦτό γε οἶδα. Οὐκοῦν καὶ ὅτι τοῖς ὁρωμένοις εἴδεσι προσχρῶνται καὶ τοὺς λόγους περὶ αὐτῶν ποιοῦνται, οὐ περὶ τούτων διανοούμενοι, ἀλλ' ἐκείνων πέρι, οἷς ταῦτα ἔοικε, τοῦ τετραγώνου αὐτοῦ ἕνεκα τοὺς λόγους ποιούμενοι καὶ
E διαμέτρου αὐτῆς, ἀλλ' οὐ ταύτης ἣν γράφουσι, καὶ τἆλλα
οὕτως, αὐτὰ μὲν ταῦτα, ἃ πλάττουσί τε καὶ γράφουσιν, ὧν καὶ σκιαὶ καὶ ἐν ὕδασιν εἰκόνες εἰσί, τούτοις μὲν ὡς εἰκόσιν αὖ χρώμενοι, ζητοῦντές τε αὐτὰ ἐκεῖνα ἰδεῖν, ἃ
511 οὐκ ἂν ἄλλως ἴδοι τις ἢ τῇ διανοίᾳ. Ἀληθῆ, ἔφη, λέγεις.

XXI. Τοῦτο τοίνυν νοητὸν μὲν τὸ εἶδος ἔλεγον, ὑποθέσεσι δ' ἀναγκαζομένην ψυχὴν χρῆσθαι περὶ τὴν ζήτησιν αὐτοῦ, οὐκ ἐπ' ἀρχὴν ἰοῦσαν, ὡς οὐ δυναμένην τῶν ὑποθέσεων ἀνωτέρω ἐκβαίνειν, εἰκόσι δὲ χρωμένην αὐ-

τοῖς τοῖς ὑπὸ τῶν κάτω ἀπεικασθεῖσι καὶ ἐκείνοις πρὸς
ἐκεῖνα ὡς ἐναργέσι δεδοξασμένοις τε καὶ τετιμημένοις.
Μανθάνω, ἔφη, ὅτι τὸ ὑπὸ ταῖς γεωμετρίαις τε καὶ ταῖς B
ταύτης ἀδελφαῖς τέχναις λέγεις. Τὸ τοίνυν ἕτερον μάν-
θανε τμῆμα τοῦ νοητοῦ λέγοντά με τοῦτο, οὗ αὐτὸς ὁ λό-
γος ἅπτεται τῇ τοῦ διαλέγεσθαι δυνάμει, τὰς ὑποθέσεις
ποιούμενος οὐκ ἀρχάς, ἀλλὰ τῷ ὄντι ὑποθέσεις, οἷον ἐπι-
βάσεις τε καὶ ὁρμάς, ἵνα μέχρι τοῦ ἀνυποθέτου ἐπὶ τὴν
τοῦ παντὸς ἀρχὴν ἰών, ἁψάμενος αὐτῆς, πάλιν αὖ ἐχόμε-
νος τῶν ἐκείνης ἐχομένων, οὕτως ἐπὶ τελευτὴν καταβαίνῃ,
αἰσθητῷ παντάπασιν οὐδενὶ προσχρώμενος, ἀλλ' εἴδεσιν C
αὐτοῖς δι' αὐτῶν εἰς αὐτά, καὶ τελευτᾷ εἰς εἴδη. Μαν-
θάνω, ἔφη, ἱκανῶς μὲν οὔ — δοκεῖς γάρ μοι συχνὸν ἔρ-
γον λέγειν — ὅτι μέντοι βούλει διορίζειν σαφέστερον εἶναι
τὸ ὑπὸ τῆς τοῦ διαλέγεσθαι ἐπιστήμης τοῦ ὄντος τε καὶ
νοητοῦ θεωρούμενον ἢ τὸ ὑπὸ τῶν τεχνῶν καλουμένων,
αἷς αἱ ὑποθέσεις ἀρχαὶ καὶ διανοίᾳ μὲν ἀναγκάζονται ἀλλὰ
μὴ αἰσθήσεσιν αὐτὰ θεᾶσθαι οἱ θεώμενοι, διὰ δὲ τὸ μὴ D
ἐπ' ἀρχὴν ἀνελθόντες σκοπεῖν, ἀλλ' ἐξ ὑποθέσεων, νοῦν
οὐκ ἴσχειν περὶ αὐτὰ δοκοῦσί σοι, καίτοι νοητῶν ὄντων
μετὰ ἀρχῆς. διάνοιαν δὲ καλεῖν μοι δοκεῖς τὴν τῶν γεωμε-
τρικῶν τε καὶ τὴν τῶν τοιούτων ἕξιν ἀλλ' οὐ νοῦν, ὡς
μεταξύ τι δόξης τε καὶ νοῦ τὴν διάνοιαν οὖσαν. Ἱκανώ-
τατα, ἦν δ' ἐγώ, ἀπεδέξω. καί μοι ἐπὶ τοῖς τέτταρσι τμή-
μασι τέτταρα ταῦτα παθήματα ἐν τῇ ψυχῇ γιγνόμενα
λαβέ, νόησιν μὲν ἐπὶ τῷ ἀνωτάτω, διάνοιαν δὲ ἐπὶ τῷ δευ- E
τέρῳ, τῷ τρίτῳ δὲ πίστιν ἀπόδος καὶ τῷ τελευταίῳ εἰκα-
σίαν, καὶ τάξον αὐτὰ ἀνὰ λόγον, ὥσπερ ἐφ' οἷς ἔστιν ἀλη-
θείας μετέχειν, οὕτω ταῦτα σαφηνείας ἡγησάμενος μετέ-
χειν. Μανθάνω, ἔφη, καὶ ξυγχωρῶ καὶ τάττω ὡς λέγεις.

Z.

514 I. Μετὰ ταῦτα δή, εἶπον, ἀπείκασον τοιούτῳ πάθει
τὴν ἡμετέραν φύσιν παιδείας τε πέρι καὶ ἀπαιδευσίας. ἰδὲ
γὰρ ἀνθρώπους οἷον ἐν καταγείῳ οἰκήσει σπηλαιώδει,
ἀναπεπταμένην πρὸς τὸ φῶς τὴν εἴσοδον ἐχούσῃ μακρὰν
παρ' ἅπαν τὸ σπήλαιον, ἐν ταύτῃ ἐκ παίδων ὄντας ἐν δε-
σμοῖς καὶ τὰ σκέλη καὶ τοὺς αὐχένας, ὥστε μένειν τε αὐ-
B τοῦ εἴς τε τὸ πρόσθεν μόνον ὁρᾶν, κύκλῳ δὲ τὰς κεφαλὰς
ὑπὸ τοῦ δεσμοῦ ἀδυνάτους περιάγειν, φῶς δὲ αὐτοῖς πυ-
ρὸς ἄνωθεν καὶ πόρρωθεν καόμενον ὄπισθεν αὐτῶν, με-
ταξὺ δὲ τοῦ πυρὸς καὶ τῶν δεσμωτῶν ἐπάνω ὁδόν, παρ'
ἣν ἰδὲ τειχίον παρῳκοδομημένον, ὥσπερ τοῖς θαυματο-
ποιοῖς πρὸ τῶν ἀνθρώπων πρόκειται τὰ παραφράγματα,
ὑπὲρ ὧν τὰ θαύματα δεικνύασιν. Ὁρῶ, ἔφη. Ὅρα τοίνυν
παρὰ τοῦτο τὸ τειχίον φέροντας ἀνθρώπους σκεύη τε
515 παντοδαπὰ ὑπερέχοντα τοῦ τειχίου καὶ ἀνδριάντας καὶ
ἄλλα ζῷα λίθινά τε καὶ ξύλινα καὶ παντοῖα εἰργασμένα,
οἷον εἰκός, τοὺς μὲν φθεγγομένους, τοὺς δὲ σιγῶντας τῶν
παραφερόντων. Ἄτοπον, ἔφη, λέγεις εἰκόνα καὶ δεσμώ-
τας ἀτόπους. Ὁμοίους ἡμῖν, ἦν δ' ἐγώ· τοὺς γὰρ τοιού-
τους πρῶτον μὲν ἑαυτῶν τε καὶ ἀλλήλων οἴει ἄν τι ἑωρα-
κέναι ἄλλο πλὴν τὰς σκιὰς τὰς ὑπὸ τοῦ πυρὸς εἰς τὸ κατ-
αντικρὺ αὐτῶν τοῦ σπηλαίου προσπιπτούσας; Πῶς γάρ,
B ἔφη, εἰ ἀκινήτους γε τὰς κεφαλὰς ἔχειν ἠναγκασμένοι εἶεν
διὰ βίου; Τί δὲ τῶν παραφερομένων; οὐ ταὐτὸν τοῦτο;
Τί μήν; Εἰ οὖν διαλέγεσθαι οἷοί τ' εἶεν πρὸς ἀλλήλους,
οὐ ταὐτὰ ἡγεῖ ἂν τὰ παριόντα αὐτοὺς νομίζειν ὀνομάζειν,
ἅπερ ὁρῷεν; Ἀνάγκη. Τί δ'; εἰ καὶ ἠχὼ τὸ δεσμωτήριον
ἐκ τοῦ καταντικρὺ ἔχοι, ὁπότε τις τῶν παριόντων φθέγ-

ξαιτο, οἴει ἂν ἄλλο τι αὐτοὺς ἡγεῖσθαι τὸ φθεγγόμενον
ἢ τὴν παριοῦσαν σκιάν; Μὰ Δί' οὐκ ἔγωγ', ἔφη. Παν-
τάπασι δή, ἦν δ' ἐγώ, οἱ τοιοῦτοι οὐκ ἂν ἄλλο τι νομίζοιεν C
τὸ ἀληθὲς ἢ τὰς τῶν σκευαστῶν σκιάς. Πολλὴ ἀνάγκη,
ἔφη. Σκόπει δή, ἦν δ' ἐγώ, αὐτῶν λύσιν τε καὶ ἴασιν τῶν
δεσμῶν καὶ τῆς ἀφροσύνης, οἵα τις ἂν εἴη, εἰ φύσει τοιάδε
ξυμβαίνοι αὐτοῖς· ὁπότε τις λυθείη καὶ ἀναγκάζοιτο ἐξαί-
φνης ἀνίστασθαί τε καὶ περιάγειν τὸν αὐχένα καὶ βαδί-
ζειν καὶ πρὸς τὸ φῶς ἀναβλέπειν, πάντα δὲ ταῦτα ποιῶν
ἀλγοῖ τε καὶ διὰ τὰς μαρμαρυγὰς ἀδυνατοῖ καθορᾶν
ἐκεῖνα, ὧν τότε τὰς σκιὰς ἑώρα, τί ἂν οἴει αὐτὸν εἰπεῖν, D
εἴ τις αὐτῷ λέγοι, ὅτι τότε μὲν ἑώρα φλυαρίας, νῦν δὲ
μᾶλλόν τι ἐγγυτέρω τοῦ ὄντος καὶ πρὸς μᾶλλον ὄντα τε-
τραμμένος ὀρθότερα βλέποι, καὶ δὴ καὶ ἕκαστον τῶν παρ-
ιόντων δεικνὺς αὐτῷ ἀναγκάζοι ἐρωτῶν ἀποκρίνεσθαι
ὅ τι ἔστιν; οὐκ οἴει αὐτὸν ἀπορεῖν τε ἂν καὶ ἡγεῖσθαι τὰ
τότε ὁρώμενα ἀληθέστερα ἢ τὰ νῦν δεικνύμενα; Πολύ
γ', ἔφη.

II. Οὐκοῦν κἂν εἰ πρὸς αὐτὸ τὸ φῶς ἀναγκάζοι αὐ- E
τὸν βλέπειν, ἀλγεῖν τε ἂν τὰ ὄμματα καὶ φεύγειν ἀπο-
στρεφόμενον πρὸς ἐκεῖνα, ἃ δύναται καθορᾶν, καὶ νομί-
ζειν ταῦτα τῷ ὄντι σαφέστερα τῶν δεικνυμένων; Οὕτως,
ἔφη. Εἰ δέ, ἦν δ' ἐγώ, ἐντεῦθεν ἕλκοι τις αὐτὸν βίᾳ διὰ
τραχείας τῆς ἀναβάσεως καὶ ἀνάντους καὶ μὴ ἀνείη πρὶν
ἐξελκύσειεν εἰς τὸ τοῦ ἡλίου φῶς, ἆρα οὐχὶ ὀδυνᾶσθαί τε
ἂν καὶ ἀγανακτεῖν ἑλκόμενον, καὶ ἐπειδὴ πρὸς τὸ φῶς ἔλ- 516
θοι, αὐγῆς ἂν ἔχοντα τὰ ὄμματα μεστὰ ὁρᾶν οὐδ' ἂν ἓν
δύνασθαι τῶν νῦν λεγομένων ἀληθῶν; Οὐ γὰρ ἄν, ἔφη,
ἐξαίφνης γε. Συνηθείας δή, οἶμαι, δέοιτ' ἄν, εἰ μέλλοι τὰ
ἄνω ὄψεσθαι· καὶ πρῶτον μὲν τὰς σκιὰς ἂν ῥᾷστα καθ-
ορῷ, καὶ μετὰ τοῦτο ἐν τοῖς ὕδασι τά τε τῶν ἀνθρώπων
καὶ τὰ τῶν ἄλλων εἴδωλα, ὕστερον δὲ αὐτά· ἐκ δὲ τούτων

τὰ ἐν τῷ οὐρανῷ καὶ αὐτὸν τὸν οὐρανὸν νύκτωρ ἂν ῥᾷον
θεάσαιτο, προσβλέπων τὸ τῶν ἄστρων τε καὶ σελήνης
B φῶς, ἢ μεθ' ἡμέραν τὸν ἥλιόν τε καὶ τὸ τοῦ ἡλίου. Πῶς
δ' οὔ; Τελευταῖον δή, οἶμαι, τὸν ἥλιον, οὐκ ἐν ὕδασιν
οὐδ' ἐν ἀλλοτρίᾳ ἕδρᾳ φαντάσματα αὐτοῦ, ἀλλ' αὐτὸν
καθ' αὑτὸν ἐν τῇ αὑτοῦ χώρᾳ δύναιτ' ἂν κατιδεῖν καὶ
θεάσασθαι οἷός ἐστιν. Ἀναγκαῖον, ἔφη. Καὶ μετὰ ταῦτ'
ἂν ἤδη συλλογίζοιτο περὶ αὐτοῦ, ὅτι αὐτὸς ὁ τάς τε ὥρας
παρέχων καὶ ἐνιαυτοὺς καὶ πάντα ἐπιτροπεύων τὰ ἐν τῷ
C ὁρωμένῳ τόπῳ, καὶ ἐκείνων, ὧν σφεῖς ἑώρων, τρόπον
τινὰ πάντων αἴτιος. Δῆλον, ἔφη, ὅτι ἐπὶ ταῦτα ἂν μετ'
ἐκεῖνα ἔλθοι. Τί οὖν; ἀναμιμνησκόμενον αὐτὸν τῆς πρώ-
της οἰκήσεως καὶ τῆς ἐκεῖ σοφίας καὶ τῶν τότε ξυνδεσμω-
τῶν οὐκ ἂν οἴει αὑτὸν μὲν εὐδαιμονίζειν τῆς μεταβολῆς,
τοὺς δὲ ἐλεεῖν; Καὶ μάλα. Τιμαὶ δὲ καὶ ἔπαινοι εἴ τινες
αὐτοῖς ἦσαν τότε παρ' ἀλλήλων καὶ γέρα τῷ ὀξύτατα καθ-
ορῶντι τὰ παριόντα καὶ μνημονεύοντι μάλιστα, ὅσα τε
D πρότερα αὐτῶν καὶ ὕστερα εἰώθει καὶ ἅμα πορεύεσθαι,
καὶ ἐκ τούτων δὴ δυνατώτατα ἀπομαντευομένῳ τὸ μέλ-
λον ἥξειν, δοκεῖς ἂν αὐτὸν ἐπιθυμητικῶς αὐτῶν ἔχειν καὶ
ζηλοῦν τοὺς παρ' ἐκείνοις τιμωμένους τε καὶ ἐνδυνα-
στεύοντας, ἢ τὸ τοῦ Ὁμήρου ἂν πεπονθέναι καὶ σφόδρα
βούλεσθαι ἐπάρουρον ἐόντα θητευέμεν ἄλλῳ ἀνδρὶ παρ'
ἀκλήρῳ καὶ ὁτιοῦν ἂν πεπονθέναι μᾶλλον ἢ 'κεῖνά τε
E δοξάζειν καὶ ἐκείνως ζῆν; Οὕτως, ἔφη, ἔγωγε οἶμαι, πᾶν
μᾶλλον πεπονθέναι ἂν δέξασθαι ἢ ζῆν ἐκείνως. Καὶ τόδε
δὴ ἐννόησον, ἦν δ' ἐγώ. εἰ πάλιν ὁ τοιοῦτος καταβὰς εἰς
τὸν αὐτὸν θᾶκον καθίζοιτο, ἆρ' οὐ σκότους ἂν πλέως
σχοίη τοὺς ὀφθαλμούς, ἐξαίφνης ἥκων ἐκ τοῦ ἡλίου; Καὶ
μάλα γ', ἔφη. Τὰς δὲ δὴ σκιὰς ἐκείνας πάλιν εἰ δέοι αὐ-
τὸν γνωματεύοντα διαμιλλᾶσθαι τοῖς ἀεὶ δεσμώταις ἐκεί-
517 νοις, ἐν ᾧ ἀμβλυώττει, πρὶν καταστῆναι τὰ ὄμματα, οὐ-

τος δ' ὁ χρόνος μὴ πάνυ ὀλίγος εἴη τῆς συνηθείας, ἆρ' οὐ γέλωτ' ἂν παράσχοι, καὶ λέγοιτο ἂν περὶ αὐτοῦ, ὡς ἀναβὰς ἄνω διεφθαρμένος ἥκει τὰ ὄμματα, καὶ ὅτι οὐκ ἄξιον οὐδὲ πειρᾶσθαι ἄνω ἰέναι; καὶ τὸν ἐπιχειροῦντα λύειν τε καὶ ἀνάγειν, εἴ πως ἐν ταῖς χερσὶ δύναιντο λαβεῖν, κἂν ἀποκτείνειαν; Σφόδρα γ', ἔφη.

III. Ταύτην τοίνυν, ἦν δ' ἐγώ, τὴν εἰκόνα, ὦ φίλε Γλαύκων, προσαπτέον ἅπασαν τοῖς ἔμπροσθεν λεγομένοις, τὴν μὲν δι' ὄψεως φαινομένην ἕδραν τῇ τοῦ δεσμωτηρίου οἰκήσει ἀφομοιοῦντα, τὸ δὲ τοῦ πυρὸς ἐν αὐτῇ φῶς τῇ τοῦ ἡλίου δυνάμει· τὴν δὲ ἄνω ἀνάβασιν καὶ θέαν τῶν ἄνω τὴν εἰς τὸν νοητὸν τόπον τῆς ψυχῆς ἄνοδον τιθεὶς οὐχ ἁμαρτήσει τῆς γ' ἐμῆς ἐλπίδος, ἐπειδὴ ταύτης ἐπιθυμεῖς ἀκούειν· θεὸς δέ που οἶδεν, εἰ ἀληθὴς οὖσα τυγχάνει. τὰ δ' οὖν ἐμοὶ φαινόμενα οὕτω φαίνεται, ἐν τῷ γνωστῷ τελευταία ἡ τοῦ ἀγαθοῦ ἰδέα καὶ μόγις ὁρᾶσθαι, ὀφθεῖσα δὲ συλλογιστέα εἶναι ὡς ἄρα πᾶσι πάντων αὕτη ὀρθῶν τε καὶ καλῶν αἰτία, ἔν τε ὁρατῷ φῶς καὶ τὸν τούτου κύριον τεκοῦσα, ἔν τε νοητῷ αὐτὴ κυρία ἀλήθειαν καὶ νοῦν παρασχομένη, καὶ ὅτι δεῖ ταύτην ἰδεῖν τὸν μέλλοντα ἐμφρόνως πράξειν ἢ ἰδίᾳ ἢ δημοσίᾳ. Ξυνοίομαι, ἔφη, καὶ ἐγώ, ὅν γε δὴ τρόπον δύναμαι. Ἴθι τοίνυν, ἦν δ' ἐγώ, καὶ τόδε ξυνοιήθητι καὶ μὴ θαυμάσῃς, ὅτι οἱ ἐνταῦθα ἐλθόντες οὐκ ἐθέλουσι τὰ τῶν ἀνθρώπων πράττειν, ἀλλ' ἄνω ἀεὶ ἐπείγονται αὐτῶν αἱ ψυχαὶ διατρίβειν· εἰκὸς γάρ που οὕτως, εἴπερ αὖ κατὰ τὴν προειρημένην εἰκόνα τοῦτ' ἔχει. Εἰκὸς μέντοι, ἔφη. Τί δέ; τόδε οἴει τι θαυμαστόν, εἰ ἀπὸ θείων, ἦν δ' ἐγώ, θεωριῶν ἐπὶ τὰ ἀνθρώπειά τις ἐλθὼν κακὰ ἀσχημονεῖ τε καὶ φαίνεται σφόδρα γελοῖος ἔτι ἀμβλυώττων καὶ πρὶν ἱκανῶς συνήθης γενέσθαι τῷ παρόντι σκότῳ ἀναγκαζόμενος ἐν δικαστηρίοις ἢ ἄλλοθί που ἀγωνίζεσθαι περὶ τῶν τοῦ δικαίου

σκιῶν ἢ ἀγαλμάτων ὧν αἱ σκιαί, καὶ διαμιλλᾶσθαι περὶ
E τούτου, ὅπῃ ποτὲ ὑπολαμβάνεται ταῦτα ὑπὸ τῶν αὐτὴν
δικαιοσύνην μὴ πώποτε ἰδόντων; Οὐδ' ὁπωστιοῦν θαυ-
518 μαστόν, ἔφη. Ἀλλ' εἰ νοῦν γε ἔχοι τις, ἦν δ' ἐγώ, μεμνῇτ'
ἄν, ὅτι διτταὶ καὶ ἀπὸ διττῶν γίγνονται ἐπιταράξεις ὄμ-
μασιν, ἔκ τε φωτὸς εἰς σκότος μεθισταμένων καὶ ἐκ σκό-
τους εἰς φῶς· ταὐτὰ δὲ ταῦτα νομίσας γίγνεσθαι καὶ περὶ
ψυχήν, ὁπότε ἴδοι θορυβουμένην τινὰ καὶ ἀδυνατοῦσάν
τι καθορᾶν, οὐκ ἂν ἀλογίστως γελῷ, ἀλλ' ἐπισκοποῖ ἄν,
πότερον ἐκ φανοτέρου βίου ἥκουσα ὑπὸ ἀηθείας ἐσκότω-
B ται ἢ ἐξ ἀμαθίας πλείονος εἰς φανότερον ἰοῦσα ὑπὸ λαμ-
προτέρου μαρμαρυγῆς ἐμπέπλησται, καὶ οὕτω δὴ τὴν μὲν
εὐδαιμονίσειεν ἂν τοῦ πάθους τε καὶ βίου, τὴν δὲ ἐλεή-
σειεν, καὶ εἰ γελᾶν ἐπ' αὐτῇ βούλοιτο, ἧττον ἂν καταγέ-
λαστος ὁ γέλως αὐτῷ εἴη ἢ ὁ ἐπὶ τῇ ἄνωθεν ἐκ φωτὸς
ἡκούσῃ. Καὶ μάλα, ἔφη, μετρίως λέγεις.

IV. Δεῖ δή, εἶπον, ἡμᾶς τοιόνδε νομίσαι περὶ αὐτῶν,
εἰ ταῦτ' ἀληθῆ, τὴν παιδείαν οὐχ οἵαν τινὲς ἐπαγγελλό-
μενοί φασιν εἶναι τοιαύτην καὶ εἶναι. φασὶ δέ που οὐκ
C ἐνούσης ἐν τῇ ψυχῇ ἐπιστήμης σφεῖς ἐντιθέναι, οἷον τυ-
φλοῖς ὀφθαλμοῖς ὄψιν ἐντιθέντες. Φασὶ γὰρ οὖν, ἔφη.
Ὁ δέ γε νῦν λόγος, ἦν δ' ἐγώ, σημαίνει, ταύτην τὴν ἐνοῦ-
σαν ἑκάστου δύναμιν ἐν τῇ ψυχῇ καὶ τὸ ὄργανον, ᾧ κα-
ταμανθάνει ἕκαστος, οἷον εἰ ὄμμα μὴ δυνατὸν ἦν ἄλλως
ἢ ξὺν ὅλῳ τῷ σώματι στρέφειν πρὸς τὸ φανὸν ἐκ τοῦ σκο-
τώδους, οὕτω ξὺν ὅλῃ τῇ ψυχῇ ἐκ τοῦ γιγνομένου περια-
κτέον εἶναι, ἕως ἂν εἰς τὸ ὂν καὶ τοῦ ὄντος τὸ φανότατον
δυνατὴ γένηται ἀνασχέσθαι θεωμένη· τοῦτο δ' εἶναί
D φαμεν τἀγαθόν· ἦ γάρ; Ναί. Τούτου τοίνυν, ἦν δ' ἐγώ,
αὐτοῦ τέχνη ἂν εἴη τῆς περιαγωγῆς, τίνα τρόπον ὡς
ῥᾷστά τε καὶ ἀνυσιμώτατα μεταστραφήσεται, οὐ τοῦ ἐμ-
ποιῆσαι αὐτῷ τὸ ὁρᾶν, ἀλλ' ὡς ἔχοντι μὲν αὐτό, οὐκ ὀρ-

δὲ τετραμμένῳ οὐδὲ βλέποντι οἷ ἔδει, τοῦτο διαμηχα-
σθαι. Ἔοικε γάρ, ἔφη. Αἱ μὲν τοίνυν ἄλλαι ἀρεταὶ
ὑμεναι ψυχῆς κινδυνεύουσιν ἐγγύς τι εἶναι τῶν τοῦ
ιτος· τῷ ὄντι γὰρ οὐκ ἐνοῦσαι πρότερον ὕστερον
ιεῖσθαι ἔθεσί τε καὶ ἀσκήσεσιν· ἡ δὲ τοῦ φρονῆσαι E
ὸς μᾶλλον θειοτέρου τινὸς τυγχάνει, ὡς ἔοικεν, οὖσα,
ι μὲν δύναμιν οὐδέποτε ἀπόλλυσιν, ὑπὸ δὲ τῆς περι-
ῆς χρήσιμον καὶ ὠφέλιμον καὶ ἄχρηστον αὖ καὶ βλα- 519
ν γίγνεται. ἢ οὔπω ἐννενόηκας, τῶν λεγομένων πο-
ὶν μέν, σοφῶν δέ, ὡς δριμὺ μὲν βλέπει τὸ ψυχάριον
ξέως διορᾷ ταῦτα ἐφ' ἃ τέτραπται, ὡς οὐ φαύλην
τὴν ὄψιν, κακίᾳ δ' ἠναγκασμένον ὑπηρετεῖν, ὥστε
ἂν ὀξύτερον βλέπῃ, τοσούτῳ πλείω κακὰ ἐργαζόμε-
Πάνυ μὲν οὖν, ἔφη. Τοῦτο μέντοι, ἦν δ' ἐγώ, τὸ τῆς
ύτης φύσεως εἰ ἐκ παιδὸς εὐθὺς κοπτόμενον περιε-
τὰς τῆς γενέσεως ξυγγενεῖς ὥσπερ μολυβδίδας, αἳ B
ωδαῖς τε καὶ τοιούτων ἡδοναῖς τε καὶ λιχνείαις προς-
; γιγνόμεναι [περὶ] κάτω στρέφουσι τὴν τῆς ψυχῆς
· ὧν εἰ ἀπαλλαγὲν περιεστρέφετο εἰς τἀληθῆ, καὶ
α ἂν τὸ αὐτὸ τοῦτο τῶν αὐτῶν ἀνθρώπων ὀξύτατα
, ὥσπερ καὶ ἐφ' ἃ νῦν τέτραπται. Εἰκός γε, ἔφη. Τί
τόδε οὐκ εἰκός, ἦν δ' ἐγώ, καὶ ἀνάγκη ἐκ τῶν προει-
νων, μήτε τοὺς ἀπαιδεύτους καὶ ἀληθείας ἀπείρους
ῦς ἄν ποτε πόλιν ἐπιτροπεῦσαι, μήτε τοὺς ἐν παιδείᾳ C
νους διατρίβειν διὰ τέλους, τοὺς μὲν ὅτι σκοπὸν ἐν
ίῳ οὐκ ἔχουσιν ἕνα, οὗ στοχαζομένους δεῖ ἅπαντα
τειν, ἃ ἂν πράττωσιν ἰδίᾳ τε καὶ δημοσίᾳ, τοὺς δὲ ὅτι
τες εἶναι οὐ πράξουσιν, ἡγούμενοι ἐν μακάρων νή-
ζῶντες ἔτι ἀπῳκίσθαι; Ἀληθῆ, ἔφη. Ἡμέτερον δὴ
, ἦν δ' ἐγώ, τῶν οἰκιστῶν τάς τε βελτίστας φύσεις
κάσαι ἀφικέσθαι πρὸς τὸ μάθημα, ὃ ἐν τῷ πρόσθεν
εν εἶναι μέγιστον, ἰδεῖν τε τὸ ἀγαθὸν καὶ ἀναβῆναι D

ἐκείνην τὴν ἀνάβασιν, καὶ ἐπειδὰν ἀναβάντες ἱκ
ἴδωσι, μὴ ἐπιτρέπειν αὐτοῖς ὃ νῦν ἐπιτρέπεται. Τὸ
δή; Τὸ αὐτοῦ, ἦν δ' ἐγώ, καταμένειν καὶ μὴ ἐθέλει
λιν καταβαίνειν παρ' ἐκείνους τοὺς δεσμώτας μηδὲ
ἔχειν τῶν παρ' ἐκείνοις πόνων τε καὶ τιμῶν, εἴτε
λότεραι εἴτε σπουδαιότεραι. Ἔπειτ', ἔφη, ἀδικήσομε
τούς, καὶ ποιήσομεν χεῖρον ζῆν, δυνατὸν αὐτο
ἄμεινον;

E V. Ἐπελάθου, ἦν δ' ἐγώ, πάλιν, ὦ φίλε, ὅτι νόμ
τοῦτο μέλει, ὅπως ἕν τι γένος ἐν πόλει διαφερόντ
πράξει, ἀλλ' ἐν ὅλῃ τῇ πόλει τοῦτο μηχανᾶται ἐγγενέ
ξυναρμόττων τοὺς πολίτας πειθοῖ τε καὶ ἀνάγκῃ,
μεταδιδόναι ἀλλήλοις τῆς ὠφελείας, ἣν ἂν ἕκαστ
520 κοινὸν δυνατοὶ ὦσιν ὠφελεῖν, καὶ αὐτὸς ἐμποιῶν τ
τους ἄνδρας ἐν τῇ πόλει, οὐχ ἵνα ἀφίῃ τρέπεσθαι ὅπῃ
στος βούλεται, ἀλλ' ἵνα καταχρῆται αὐτὸς αὐτοῖς ἐπ
ξύνδεσμον τῆς πόλεως. Ἀληθῆ, ἔφη· ἐπελαθόμην
Σκέψαι τοίνυν, εἶπον, ὦ Γλαύκων, ὅτι οὐδ' ἀδική
τοὺς παρ' ἡμῖν φιλοσόφους γιγνομένους, ἀλλὰ δ
πρὸς αὐτοὺς ἐροῦμεν, προσαναγκάζοντες τῶν ἄλλω
B μελεῖσθαί τε καὶ φυλάττειν. ἐροῦμεν γάρ, ὅτι οἱ μ
ταῖς ἄλλαις πόλεσι τοιοῦτοι γιγνόμενοι εἰκότως οὐ
χουσι τῶν ἐν αὐταῖς πόνων· αὐτόματοι γὰρ ἐμφύ
ἀκούσης τῆς ἐν ἑκάστῃ πολιτείας, δίκην δ' ἔχει τό γ
τοφυές, μηδενὶ τροφὴν ὀφεῖλον, μηδ' ἐκτίνειν τῳ πρ
μεῖσθαι τὰ τροφεῖα· ὑμᾶς δ' ἡμεῖς ὑμῖν τε αὐτοῖς
ἄλλῃ πόλει ὥσπερ ἐν σμήνεσιν ἡγεμόνας τε καὶ βασ
ἐγεννήσαμεν, ἄμεινόν τε καὶ τελεώτερον ἐκείνων π
C δευμένους καὶ μᾶλλον δυνατοὺς ἀμφοτέρων μετ
καταβατέον οὖν ἐν μέρει ἑκάστῳ εἰς τὴν τῶν ἄλλων
οἴκησιν καὶ ξυνεθιστέον τὰ σκοτεινὰ θεάσασθαι· ξυ
ζόμενοι γὰρ μυρίῳ βέλτιον ὄψεσθε τῶν ἐκεῖ, καὶ γι

σθε ἕκαστα τὰ εἴδωλα ἅττα ἐστὶ καὶ ὧν, διὰ τὸ τἀληθῆ
ἑωρακέναι καλῶν τε καὶ δικαίων καὶ ἀγαθῶν πέρι· καὶ
οὕτω ὕπαρ ἡμῖν καὶ ὑμῖν ἡ πόλις οἰκήσεται, ἀλλ' οὐκ
ὄναρ, ὡς νῦν αἱ πολλαὶ ὑπὸ σκιαμαχούντων τε πρὸς ἀλλή-
λους καὶ στασιαζόντων περὶ τοῦ ἄρχειν οἰκοῦνται, ὡς με- D
γάλου τινὸς ἀγαθοῦ ὄντος, τὸ δέ που ἀληθὲς ὧδ' ἔχει· ἐν
πόλει ᾗ ἥκιστα πρόθυμοι ἄρχειν οἱ μέλλοντες ἄρξειν,
ταύτην ἄριστα καὶ ἀστασιαστότατα ἀνάγκη οἰκεῖσθαι, τὴν
δ' ἐναντίους ἄρχοντας σχοῦσαν ἐναντίως. Πάνυ μὲν οὖν,
ἔφη. Ἀπειθήσουσιν οὖν ἡμῖν, οἴει, οἱ τρόφιμοι ταῦτ'
ἀκούοντες, καὶ οὐκ ἐθελήσουσι ξυμπονεῖν ἐν τῇ πόλει
ἕκαστοι ἐν μέρει, τὸν δὲ πολὺν χρόνον μετ' ἀλλήλων οἰκεῖν
ἐν τῷ καθαρῷ; Ἀδύνατον, ἔφη· δίκαια γὰρ δὴ δικαίοις E
ἐπιτάξομεν. παντὸς μὴν μᾶλλον ὡς ἐπ' ἀναγκαῖον αὐτῶν
ἕκαστος εἶσι τὸ ἄρχειν, τοὐναντίον τῶν νῦν ἐν ἑκάστῃ πό-
λει ἀρχόντων. Οὕτω γὰρ ἔχει, ἦν δ' ἐγώ, ὦ ἑταῖρε· εἰ μὲν
βίον ἐξευρήσεις ἀμείνω τοῦ ἄρχειν τοῖς μέλλουσιν ἄρξειν, 521
ἔστι σοι δυνατὴ γενέσθαι πόλις εὖ οἰκουμένη· ἐν μόνῃ
γὰρ αὐτῇ ἄρξουσιν οἱ τῷ ὄντι πλούσιοι, οὐ χρυσίου, ἀλλ'
οὗ δεῖ τὸν εὐδαίμονα πλουτεῖν, ζωῆς ἀγαθῆς τε καὶ ἔμ-
φρονος· εἰ δὲ πτωχοὶ καὶ πεινῶντες ἀγαθῶν ἰδίων ἐπὶ τὰ
δημόσια ἴασιν, ἐντεῦθεν οἰόμενοι τἀγαθὸν δεῖν ἁρπάζειν,
οὐκ ἔστι· περιμάχητον γὰρ τὸ ἄρχειν γιγνόμενον, οἰκεῖος
ὢν καὶ ἔνδον ὁ τοιοῦτος πόλεμος αὐτούς τε ἀπόλλυσι καὶ
τὴν ἄλλην πόλιν. Ἀληθέστατα, ἔφη. Ἔχεις οὖν, ἦν δ' ἐγώ, B
βίον ἄλλον τινὰ πολιτικῶν ἀρχῶν καταφρονοῦντα ἢ τὸν
τῆς ἀληθινῆς φιλοσοφίας; Οὐ μὰ τὸν Δία, ἦ δ' ὅς. Ἀλλὰ
μέντοι δεῖ γε μὴ ἐραστὰς τοῦ ἄρχειν ἰέναι ἐπ' αὐτό· εἰ δὲ
μή, οἵ γε ἀντερασταὶ μαχοῦνται. Πῶς δ' οὔ; Τίνας οὖν
ἄλλους ἀναγκάσεις ἰέναι ἐπὶ φυλακὴν τῆς πόλεως, ἢ οἳ
περὶ τούτων τε φρονιμώτατοι, δι' ὧν ἄριστα πόλις οἰκεῖ-

ται, ἔχουσί τε τιμὰς ἄλλας καὶ βίον ἀμείνω τοῦ πολιτικοῦ;
Οὐδένας ἄλλους, ἔφη.
C VI. Βούλει οὖν τοῦτ' ἤδη σκοπῶμεν, τίνα τρόπον οἱ
τοιοῦτοι ἐγγενήσονται καὶ πῶς τις ἀνάξει αὐτοὺς εἰς φῶς,
ὥσπερ ἐξ Ἅιδου λέγονται δή τινες εἰς θεοὺς ἀνελθεῖν;
Πῶς γὰρ οὐ βούλομαι; ἔφη. Τοῦτο δή, ὡς ἔοικεν, οὐκ
ὀστράκου ἂν εἴη περιστροφὴ ἀλλὰ ψυχῆς περιαγωγή, ἐκ
νυκτερινῆς τινὸς ἡμέρας εἰς ἀληθινὴν τοῦ ὄντος οὖσα
ἐπάνοδος, ἣν δὴ φιλοσοφίαν ἀληθῆ φήσομεν εἶναι. Πάνυ
μὲν οὖν. Οὐκοῦν δεῖ σκοπεῖσθαι, τί τῶν μαθημάτων ἔχει
D τοιαύτην δύναμιν; Πῶς γὰρ οὔ; Τί ἂν οὖν εἴη, ὦ Γλαύ-
κων, μάθημα ψυχῆς ὁλκὸν ἀπὸ τοῦ γιγνομένου ἐπὶ τὸ ὄν:
τόδε δ' ἐννοῶ λέγων ἅμα· οὐκ ἀθλητὰς μέντοι πολέμου
ἔφαμεν τούτους ἀναγκαῖον εἶναι νέους ὄντας; Ἔφαμεν
γάρ. Δεῖ ἄρα καὶ τοῦτο προσέχειν τὸ μάθημα, ὃ ζητοῦ-
μεν, πρὸς ἐκείνῳ. Τὸ ποῖον; Μὴ ἄχρηστον πολεμικοῖς
ἀνδράσιν εἶναι. Δεῖ μέντοι, ἔφη, εἴπερ οἷόν τε. Γυμνα-
E στικῇ μὴν καὶ μουσικῇ ἔν γε τῷ πρόσθεν ἐπαιδεύοντο
ἡμῖν. Ἦν ταῦτα, ἔφη. Γυμναστικὴ μέν που περὶ γιγνό-
μενον καὶ ἀπολλύμενον τετεύτακε· σώματος γὰρ αὔξης
καὶ φθίσεως ἐπιστατεῖ. Φαίνεται. Τοῦτο μὲν δὴ οὐκ ἂν
522 εἴη ὃ ζητοῦμεν μάθημα. Οὐ γάρ. Ἀλλ' ἆρα μουσική,
ὅσην τὸ πρότερον διήλθομεν; Ἀλλ' ἦν ἐκείνη γ', ἔφη,
ἀντίστροφος τῆς γυμναστικῆς, εἰ μέμνησαι, ἔθεσι παι-
δεύουσα τοὺς φύλακας, κατά τε ἁρμονίαν εὐαρμοστίαν
τινά, οὐκ ἐπιστήμην, παραδιδοῦσα, καὶ κατὰ ῥυθμὸν εὐ-
ρυθμίαν, ἔν τε τοῖς λόγοις ἕτερα τούτων ἀδελφά, ἔφη,
ἄττα ἔχουσα, καὶ ὅσοι μυθώδεις τῶν λόγων καὶ ὅσοι ἀλη-
θινώτεροι ἦσαν· μάθημα δὲ πρὸς τοιοῦτόν τι ἀγαθόν,
B οἷον σὺ νῦν ζητεῖς, οὐδὲν ἦν ἐν αὐτῇ. Ἀκριβέστατα, ἦν
δ' ἐγώ, ἀναμιμνήσκεις με· τῷ γὰρ ὄντι τοιοῦτον οὐδὲν
εἶχεν. ἀλλ', ὦ δαιμόνιε Γλαύκων, τί ἂν εἴη τοιοῦτον; αἵ

τε γὰρ τέχναι βάναυσοί που ἅπασαι ἔδοξαν εἶναι. Πῶς δ' οὔ; καὶ μὴν τί ἔτ' ἄλλο λείπεται μάθημα, μουσικῆς καὶ γυμναστικῆς καὶ τῶν τεχνῶν κεχωρισμένον; Φέρε, ἦν δ' ἐγώ, εἰ μηδὲν ἔτι ἐκτὸς τούτων ἔχομεν λαβεῖν, τῶν ἐπὶ πάντα τεινόντων τι λάβωμεν. Τὸ ποῖον; Οἷον τοῦτο τὸ C
κοινόν, ᾧ πᾶσαι προσχρῶνται τέχναι τε καὶ διάνοιαι καὶ ἐπιστῆμαι, ὃ καὶ παντὶ ἐν πρώτοις ἀνάγκη μανθάνειν. Ποῖον; ἔφη. Τὸ φαῦλον τοῦτο, ἦν δ' ἐγώ, τὸ ἕν τε καὶ τὰ δύο καὶ τὰ τρία διαγιγνώσκειν· λέγω δὲ αὐτὸ ἐν κεφαλαίῳ ἀριθμόν τε καὶ λογισμόν. ἢ οὐχ οὕτω περὶ τούτων ἔχει, ὡς πᾶσα τέχνη τε καὶ ἐπιστήμη ἀναγκάζεται αὐτῶν μέτοχος γίγνεσθαι; Καὶ μάλα, ἔφη. Οὐκοῦν, ἦν δ' ἐγώ, καὶ ἡ πολεμική; Πολλή, ἔφη, ἀνάγκη. Παγγέλοιον γοῦν, ἔφην, στρατηγὸν Ἀγαμέμνονα ἐν ταῖς τραγῳδίαις Παλα- D
μήδης ἑκάστοτε ἀποφαίνει. ἢ οὐκ ἐννενόηκας, ὅτι φησὶν ἀριθμὸν εὑρὼν τάς τε τάξεις τῷ στρατοπέδῳ καταστῆσαι ἐν Ἰλίῳ καὶ ἐξαριθμῆσαι ναῦς τε καὶ τἆλλα πάντα, ὡς πρὸ τοῦ ἀναριθμήτων ὄντων καὶ τοῦ Ἀγαμέμνονος, ὡς ἔοικεν, οὐδ' ὅσους πόδας εἶχεν εἰδότος, εἴπερ ἀριθμεῖν μὴ ἠπίστατο; καίτοι ποῖόν τιν' αὐτὸν οἴει στρατηγὸν εἶναι; Ἄτοπόν τιν', ἔφη, ἔγωγε, εἰ ἦν τοῦτ' ἀληθές.

VII. Ἄλλο τι οὖν, ἦν δ' ἐγώ, μάθημα ἀναγκαῖον πο- E
λεμικῷ ἀνδρὶ θήσομεν καὶ λογίζεσθαί τε καὶ ἀριθμεῖν δύνασθαι; Πάντων γ', ἔφη, μάλιστα, εἰ καὶ ὁτιοῦν μέλλει τάξεων ἐπαΐειν, μᾶλλον δ' εἰ καὶ ἄνθρωπος ἔσεσθαι. Ἐννοεῖς οὖν, εἶπον, περὶ τοῦτο τὸ μάθημα ὅπερ ἐγώ; Τὸ ποῖον; Κινδυνεύει τῶν πρὸς τὴν νόησιν ἀγόντων φύσει 523
εἶναι ὧν ζητοῦμεν, χρῆσθαι δ' οὐδεὶς αὐτῷ ὀρθῶς, ἑλκτικῷ ὄντι παντάπασι πρὸς οὐσίαν. Πῶς, ἔφη, λέγεις; Ἐγὼ πειράσομαι, ἦν δ' ἐγώ, τό γ' ἐμοὶ δοκοῦν δηλῶσαι. ἃ γὰρ διαιροῦμαι παρ' ἐμαυτῷ ἀγωγά τε εἶναι οἷ λέγομεν καὶ μή, ξυνθεατὴς γενόμενος ξύμφαθι ἢ ἄπειπε, ἵνα καὶ τοῦτο

σαφέστερον ἴδωμεν εἰ ἔστιν οἷον μαντεύομαι. Δεῖκνυ,
ἔφη. Δείκνυμι δή, εἶπον, εἰ καθορᾷς, τὰ μὲν ἐν ταῖς αἰ-
B σθήσεσιν οὐ παρακαλοῦντα τὴν νόησιν εἰς ἐπίσκεψιν, ὡς
ἱκανῶς ὑπὸ τῆς αἰσθήσεως κρινόμενα, τὰ δὲ παντάπασι
διακελευόμενα ἐκείνην ἐπισκέψασθαι, ὡς τῆς αἰσθήσεως
οὐδὲν ὑγιὲς ποιούσης. Τὰ πόρρωθεν, ἔφη, φαινόμενα
δῆλον ὅτι λέγεις καὶ τὰ ἐσκιαγραφημένα. Οὐ πάνυ, ἦν δ'
ἐγώ, ἔτυχες οὗ λέγω. Ποῖα μήν, ἔφη, λέγεις; Τὰ μὲν οὐ
παρακαλοῦντα, ἦν δ' ἐγώ, ὅσα μὴ ἐκβαίνει εἰς ἐναντίαν
C αἴσθησιν ἅμα· τὰ δ' ἐκβαίνοντα ὡς παρακαλοῦντα τί-
θημι, ἐπειδὰν ἡ αἴσθησις μηδὲν μᾶλλον τοῦτο ἢ τὸ ἐναν-
τίον δηλοῖ, εἴτ' ἐγγύθεν προσπίπτουσα εἴτε πόρρωθεν.
ὧδε δὲ ἃ λέγω σαφέστερον εἴσει. οὗτοι, φαμέν, τρεῖς ἂν
εἶεν δάκτυλοι, ὅ τε σμικρότατος καὶ ὁ δεύτερος καὶ ὁ μέ-
σος. Πάνυ γ', ἔφη. Ὡς ἐγγύθεν τοίνυν ὁρωμένους λέγον-
τός μου διανοοῦ. ἀλλά μοι περὶ αὐτῶν τόδε σκόπει. Τὸ
ποῖον; Δάκτυλος μὲν αὐτῶν φαίνεται ὁμοίως ἕκαστος,
D καὶ ταύτῃ γε οὐδὲν διαφέρει, ἐάν τε ἐν μέσῳ ὁρᾶται ἐάν τ'
ἐν ἐσχάτῳ, ἐάν τε λευκὸς ἐάν τε μέλας, ἐάν τε παχὺς ἐάν
τε λεπτός, καὶ πᾶν ὅ τι τοιοῦτον. ἐν πᾶσι γὰρ τούτοις οὐκ
ἀναγκάζεται τῶν πολλῶν ἡ ψυχὴ τὴν νόησιν ἐπερέσθαι τί
ποτ' ἐστὶ δάκτυλος· οὐδαμοῦ γὰρ ἡ ὄψις αὐτῇ ἅμα ἐσή-
μηνε τὸν δάκτυλον τοὐναντίον ἢ δάκτυλον εἶναι. Οὐ γὰρ
οὖν, ἔφη. Οὐκοῦν, ἦν δ' ἐγώ, εἰκότως τό γε τοιοῦτον νοή-
E σεως οὐκ ἂν παρακλητικὸν οὐδ' ἐγερτικὸν εἴη. Εἰκότως.
Τί δὰ δή; τὸ μέγεθος αὐτῶν καὶ τὴν σμικρότητα ἡ ὄψις
ἆρα ἱκανῶς ὁρᾷ, καὶ οὐδὲν αὐτῇ διαφέρει ἐν μέσῳ τινὰ
αὐτῶν κεῖσθαι ἢ ἐπ' ἐσχάτῳ; καὶ ὡσαύτως πάχος καὶ λε-
πτότητα ἢ μαλακότητα καὶ σκληρότητα ἡ ἁφή; καὶ αἱ
ἄλλαι αἰσθήσεις ἆρ' οὐκ ἐνδεῶς τὰ τοιαῦτα δηλοῦσιν; ἢ
524 ὧδε ποιεῖ ἑκάστη αὐτῶν· πρῶτον μὲν ἡ ἐπὶ τῷ σκληρῷ τε-
ταγμένη αἴσθησις ἠνάγκασται καὶ ἐπὶ τῷ μαλακῷ τετά-

χθαι, καὶ παραγγέλλει τῇ ψυχῇ ὡς ταὐτὸν σκληρόν τε καὶ μαλακὸν αἰσθανομένη; Οὕτως, ἔφη. Οὐκοῦν, ἦν δ' ἐγώ, ἀναγκαῖον ἐν τοῖς τοιούτοις αὖ τὴν ψυχὴν ἀπορεῖν, τί ποτε σημαίνει αὕτη ἡ αἴσθησις τὸ σκληρόν, εἴπερ τὸ αὐτὸ καὶ μαλακὸν λέγει, καὶ ἡ τοῦ κούφου καὶ ἡ τοῦ βαρέος, τί τὸ κοῦφον καὶ βαρύ, εἰ τό τε βαρὺ κοῦφον καὶ τὸ κοῦφον βαρὺ σημαίνει; Καὶ γάρ, ἔφη, αὗταί γε ἄτοποι τῇ ψυχῇ αἱ B
ἑρμηνεῖαι καὶ ἐπισκέψεως δεόμεναι. Εἰκότως ἄρα, ἦν δ' ἐγώ, ἐν τοῖς τοιούτοις πρῶτον μὲν πειρᾶται λογισμόν τε καὶ νόησιν ψυχὴ παρακαλοῦσα ἐπισκοπεῖν, εἴτε ἓν εἴτε δύο ἐστὶν ἕκαστα τῶν εἰσαγγελλομένων. Πῶς δ' οὔ; Οὐκοῦν ἐὰν δύο φαίνηται, ἕτερόν τε καὶ ἓν ἑκάτερον φαίνεται; Ναί. Εἰ ἄρα ἓν ἑκάτερον, ἀμφότερα δὲ δύο, τά γε δύο κεχωρισμένα νοήσει· οὐ γὰρ ἂν ἀχώριστά γε δύο ἐνόει, ἀλλ' ἕν. Ὀρθῶς. Μέγα μὴν καὶ ὄψις καὶ σμικρὸν ἑώρα, C
φαμέν, ἀλλ' οὐ κεχωρισμένον ἀλλὰ συγκεχυμένον τι. ἦ γάρ; Ναί. Διὰ δὲ τὴν τούτου σαφήνειαν μέγα αὖ καὶ σμικρὸν ἡ νόησις ἠναγκάσθη ἰδεῖν, οὐ συγκεχυμένα ἀλλὰ διωρισμένα, τοὐναντίον ἢ 'κείνη. Ἀληθῆ. Οὐκοῦν ἐντεῦθέν ποθεν πρῶτον ἐπέρχεται ἐρέσθαι ἡμῖν, τί οὖν ποτ' ἐστὶ τὸ μέγα αὖ καὶ τὸ σμικρόν; Παντάπασι μὲν οὖν. Καὶ οὕτω δὴ τὸ μὲν νοητόν, τὸ δ' ὁρατὸν ἐκαλέσαμεν. Ὀρθότατ', ἔφη. D

VIII. Ταῦτα τοίνυν καὶ ἄρτι ἐπεχείρουν λέγειν, ὡς τὰ μὲν παρακλητικὰ τῆς διανοίας ἐστί, τὰ δ' οὔ, ἃ μὲν εἰς τὴν αἴσθησιν ἅμα τοῖς ἐναντίοις ἑαυτοῖς ἐμπίπτει, παρακλητικὰ ὁριζόμενος, ὅσα δὲ μή, οὐκ ἐγερτικὰ τῆς νοήσεως. Μανθάνω τοίνυν ἤδη, ἔφη, καὶ δοκεῖ μοι οὕτως. Τί οὖν; ἀριθμός τε καὶ τὸ ἓν πότερον δοκεῖ εἶναι; Οὐ ξυννοῶ, ἔφη. Ἀλλ' ἐκ τῶν προειρημένων, ἔφην, ἀναλογίζου. εἰ μὲν γὰρ ἱκανῶς αὐτὸ καθ' αὐτὸ ὁρᾶται ἢ ἄλλῃ τινὶ αἰσθήσει λαμβάνεται τὸ ἕν, οὐκ ἂν ὁλκὸν εἴη ἐπὶ τὴν οὐ- E

σίαν, ὥσπερ ἐπὶ τοῦ δακτύλου ἐλέγομεν· εἰ δ' ἀεί τι αὐτῷ ἅμα ὁρᾶται ἐναντίωμα, ὥστε μηδὲν μᾶλλον ἓν ἢ καὶ τοὐναντίον φαίνεσθαι, τοῦ ἐπικρινοῦντος δὴ δέοι ἂν ἤδη καὶ ἀναγκάζοιτ' ἂν ἐν αὐτῷ ψυχὴ ἀπορεῖν καὶ ζητεῖν, κινοῦσα ἐν ἑαυτῇ τὴν ἔννοιαν, καὶ ἀνερωτᾶν, τί ποτ' ἐστὶν
525 αὐτὸ τὸ ἕν, καὶ οὕτω τῶν ἀγωγῶν ἂν εἴη καὶ μεταστρεπτικῶν ἐπὶ τὴν τοῦ ὄντος θέαν ἡ περὶ τὸ ἓν μάθησις. Ἀλλὰ μέντοι, ἔφη, τοῦτό γ' ἔχει οὐχ ἥκιστα ἡ περὶ τὸ αὐτὸ ὄψις· ἅμα γὰρ ταὐτὸν ὡς ἕν τε ὁρῶμεν καὶ ὡς ἄπειρα τὸ πλῆθος. Οὐκοῦν εἴπερ τὸ ἕν, ἦν δ' ἐγώ, καὶ ξύμπας ἀριθμὸς ταὐτὸν πέπονθε τούτῳ; Πῶς δ' οὔ; Ἀλλὰ μὴν λογιστική τε καὶ ἀριθμητικὴ περὶ ἀριθμὸν πᾶσα. Καὶ μάλα. Ταῦτα
B δέ γε φαίνεται ἀγωγὰ πρὸς ἀλήθειαν. Ὑπερφυῶς μὲν οὖν. Ὧν ζητοῦμεν ἄρα, ὡς ἔοικε, μαθημάτων ἂν εἴη· πολεμικῷ μὲν γὰρ διὰ τὰς τάξεις ἀναγκαῖον μαθεῖν ταῦτα, φιλοσόφῳ δὲ διὰ τὸ τῆς οὐσίας ἁπτέον εἶναι γενέσεως ἐξαναδύντι, ἢ μηδέποτε λογιστικῷ γενέσθαι. Ἔστι ταῦτ', ἔφη. Ὁ δέ γε ἡμέτερος φύλαξ πολεμικός τε καὶ φιλόσοφος τυγχάνει ὤν. Τί μήν; Προσῆκον δὴ τὸ μάθημα ἂν εἴη, ὦ Γλαύκων, νομοθετῆσαι καὶ πείθειν τοὺς μέλλοντας ἐν τῇ
C πόλει τῶν μεγίστων μεθέξειν, ἐπὶ λογιστικὴν ἰέναι καὶ ἀνθάπτεσθαι αὐτῆς μὴ ἰδιωτικῶς, ἀλλ' ἕως ἂν ἐπὶ θέαν τῆς τῶν ἀριθμῶν φύσεως ἀφίκωνται τῇ νοήσει αὐτῇ, οὐκ ὠνῆς οὐδὲ πράσεως χάριν ὡς ἐμπόρους ἢ καπήλους μελετῶντας, ἀλλ' ἕνεκα πολέμου τε καὶ αὐτῆς τῆς ψυχῆς ῥᾳστώνης τε μεταστροφῆς ἀπὸ γενέσεως ἐπ' ἀλήθειάν τε καὶ οὐσίαν. Κάλλιστ', ἔφη, λέγεις. Καὶ μήν, ἦν δ' ἐγώ, νῦν
D καὶ ἐννοῶ ῥηθέντος τοῦ περὶ τοὺς λογισμοὺς μαθήματος, ὡς κομψόν ἐστι καὶ πολλαχῇ χρήσιμον ἡμῖν πρὸς ὃ βουλόμεθα, ἐὰν τοῦ γνωρίζειν ἕνεκά τις αὐτὸ ἐπιτηδεύῃ, ἀλλὰ μὴ τοῦ καπηλεύειν. Πῇ δή; ἔφη. Τοῦτό γε, ὃ νῦν δὴ ἐλέγομεν, ὡς σφόδρα ἄνω ποι ἄγει τὴν ψυχὴν καὶ περὶ αὐ-

τῶν τῶν ἀριθμῶν ἀναγκάζει διαλέγεσθαι, οὐδαμῇ ἀπο-
δεχόμενον, ἐάν τις αὐτῇ ὁρατὰ ἢ ἁπτὰ σώματα ἔχοντας
ἀριθμοὺς προτεινόμενος διαλέγηται. οἶσθα γάρ που τοὺς
περὶ ταῦτα δεινοὺς [δύο] ὡς, ἐάν τις αὐτὸ τὸ ἓν ἐπιχειρῇ E
τῷ λόγῳ τέμνειν, καταγελῶσί τε καὶ οὐκ ἀποδέχονται,
ἀλλ' ἐὰν σὺ κερματίζῃς αὐτό, ἐκεῖνοι πολλαπλασιοῦσιν,
εὐλαβούμενοι μή ποτε φανῇ τὸ ἓν μὴ ἓν ἀλλὰ πολλὰ μό-
ρια. Ἀληθέστατα, ἔφη, λέγεις. Τί οὖν οἴει, ὦ Γλαύκων,
εἴ τις ἔροιτο αὐτούς, ὦ θαυμάσιοι, περὶ ποίων ἀριθμῶν 526
διαλέγεσθε, ἐν οἷς τὸ ἓν οἷον ὑμεῖς ἀξιοῦτέ ἐστιν, ἴσον τε
ἕκαστον πᾶν παντὶ καὶ οὐδὲ σμικρὸν διαφέρον, μόριόν τε
ἔχον ἐν ἑαυτῷ οὐδέν; τί ἂν οἴει αὐτοὺς ἀποκρίνασθαι;
Τοῦτο ἔγωγε, ὅτι περὶ τούτων λέγουσιν, ὧν διανοηθῆναι
μόνον ἐγχωρεῖ, ἄλλως δ' οὐδαμῶς μεταχειρίζεσθαι δυνα-
τόν. Ὁρᾷς οὖν, ἦν δ' ἐγώ, ὦ φίλε, ὅτι τῷ ὄντι ἀναγκαῖον
ἡμῖν κινδυνεύει εἶναι τὸ μάθημα, ἐπειδὴ φαίνεταί γε προς- B
αναγκάζον αὐτῇ τῇ νοήσει χρῆσθαι τὴν ψυχὴν ἐπ' αὐ-
τὴν τὴν ἀλήθειαν; Καὶ μὲν δή, ἔφη, σφόδρα γε ποιεῖ
αὐτό. Τί δαί; τόδε ἤδη ἐπεσκέψω, ὡς οἵ τε φύσει λογιστι-
κοὶ εἰς πάντα τὰ μαθήματα ὡς ἔπος εἰπεῖν ὀξεῖς φύονται,
οἵ τε βραδεῖς, ἂν ἐν τούτῳ παιδευθῶσι καὶ γυμνάσωνται,
κἂν μηδὲν ἄλλο ὠφεληθῶσιν, ὅμως εἴς γε τὸ ὀξύτεροι αὐ-
τοὶ αὑτῶν γίγνεσθαι πάντες ἐπιδιδόασιν; Ἔστιν, ἔφη,
οὕτως. Καὶ μήν, ὡς ἐγῷμαι, ἅ γε μείζω πόνον παρέχει C
μανθάνοντι καὶ μελετῶντι, οὐκ ἂν ῥᾳδίως οὐδὲ πολλὰ ἂν
εὕροις ὡς τοῦτο. Οὐ γὰρ οὖν. Πάντων δὴ ἕνεκα τούτων
οὐκ ἀφετέον τὸ μάθημα, ἀλλ' οἱ ἄριστοι τὰς φύσεις παι-
δευτέοι ἐν αὐτῷ. Ξύμφημι, ἦ δ' ὅς.

IX. Τοῦτο μὲν τοίνυν, εἶπον, ἓν ἡμῖν κείσθω· δεύ-
τερον δὲ τὸ ἐχόμενον τούτου σκεψώμεθα ἆρά τι προσήκει
ἡμῖν. Τὸ ποῖον; ἢ γεωμετρίαν, ἔφη, λέγεις; Αὐτὸ τοῦτο,
ἦν δ' ἐγώ. Ὅσον μέν, ἔφη, πρὸς τὰ πολεμικὰ αὐτοῦ τεί- D

νει, δῆλον ὅτι προσήκει· πρὸς γὰρ τὰς στρατοπεδεύσεις
καὶ καταλήψεις χωρίων καὶ συναγωγὰς καὶ ἐκτάσεις στρα-
τιᾶς, καὶ ὅσα δὴ ἄλλα σχηματίζουσι τὰ στρατόπεδα ἐν αὐ-
ταῖς τε ταῖς μάχαις καὶ πορείαις, διαφέροι ἂν αὐτὸς αὑτοῦ
γεωμετρικὸς καὶ μὴ ὤν. Ἀλλ' οὖν δή, εἶπον, πρὸς μὲν τὰ
τοιαῦτα βραχύ τι ἂν ἐξαρκοῖ γεωμετρίας τε καὶ λογισμῶν
μόριον· τὸ δὲ πολὺ αὐτῆς καὶ πορρωτέρω προϊὸν σκοπεῖ-
E σθαι δεῖ, εἴ τι πρὸς ἐκεῖνο τείνει, πρὸς τὸ ποιεῖν κατιδεῖν
ῥᾷον τὴν τοῦ ἀγαθοῦ ἰδέαν. τείνει δέ, φαμέν, πάντα αὐ-
τόσε, ὅσα ἀναγκάζει ψυχὴν εἰς ἐκεῖνον τὸν τόπον μετα-
στρέφεσθαι, ἐν ᾧ ἐστὶ τὸ εὐδαιμονέστατον τοῦ ὄντος, ὃ
δεῖ αὐτὴν παντὶ τρόπῳ ἰδεῖν. Ὀρθῶς, ἔφη, λέγεις. Οὐκ-
οῦν εἰ μὲν οὐσίαν ἀναγκάζει θεάσασθαι, προσήκει, εἰ δὲ
γένεσιν, οὐ προσήκει. Φαμέν γε δή. Οὐ τοίνυν τοῦτό γε,
527 ἦν δ' ἐγώ, ἀμφισβητήσουσιν ἡμῖν, ὅσοι καὶ σμικρὰ γεω-
μετρίας ἔμπειροι, ὅτι αὕτη ἡ ἐπιστήμη πᾶν τοὐναντίον
ἔχει τοῖς ἐν αὐτῇ λόγοις λεγομένοις ὑπὸ τῶν μεταχειριζο-
μένων. Πῶς; ἔφη. Λέγουσι μέν που μάλα γελοίως τε καὶ
ἀναγκαίως· ὡς γὰρ πράττοντές τε καὶ πράξεως ἕνεκα
πάντας τοὺς λόγους ποιούμενοι λέγουσι τετραγωνίζειν τε
καὶ παρατείνειν καὶ προστιθέναι καὶ πάντα οὕτω φθεγγό-
B μενοι· τὸ δ' ἔστι που πᾶν τὸ μάθημα γνώσεως ἕνεκα ἐπι-
τηδευόμενον. Παντάπασι μὲν οὖν, ἔφη. Οὐκοῦν τοῦτο
ἔτι διομολογητέον; Τὸ ποῖον; Ὡς τοῦ ἀεὶ ὄντος γνώσεως,
ἀλλ' οὐ τοῦ ποτέ τι γιγνομένου καὶ ἀπολλυμένου. Εὐο-
μολόγητον, ἔφη· τοῦ γὰρ ἀεὶ ὄντος ἡ γεωμετρικὴ γνῶσίς
ἐστιν. Ὁλκὸν ἄρα, ὦ γενναῖε, ψυχῆς πρὸς ἀλήθειαν εἴη
ἂν καὶ ἀπεργαστικὸν φιλοσόφου διανοίας πρὸς τὸ ἄνω
σχεῖν ἃ νυν κάτω οὐ δέον ἔχομεν. Ὡς οἷόν τε μάλιστα,
C ἔφη. Ὡς οἷόν τ' ἄρα, ἦν δ' ἐγώ, μάλιστα προστακτέον,
ὅπως οἱ ἐν τῇ καλλιπόλει σοι μηδενὶ τρόπῳ γεωμετρίας
ἀφέξονται. καὶ γὰρ τὰ πάρεργα αὐτοῦ οὐ σμικρά. Ποῖα;

ἦ δ' ὅς. Ἅ τε δὴ σὺ εἶπες, ἦν δ' ἐγώ, τὰ περὶ τὸν πόλεμον,
καὶ δὴ καὶ πρὸς πάσας μαθήσεις, ὥστε κάλλιον ἀποδέχε-
σθαι, ἴσμεν που ὅτι τῷ ὅλῳ καὶ παντὶ διοίσει ἡμμένος τε
γεωμετρίας καὶ μή. Τῷ παντὶ μέντοι νὴ Δί', ἔφη. Δεύτε-
ρον δὴ τοῦτο τιθῶμεν μάθημα τοῖς νέοις; Τιθῶμεν, ἔφη.

X. Τί δαί; τρίτον θῶμεν ἀστρονομίαν; ἢ οὐ δοκεῖ; D
Ἔμοιγ' οὖν ἔφη· τὸ γὰρ περὶ ὥρας εὐαισθητοτέρως ἔχειν
καὶ μηνῶν καὶ ἐνιαυτῶν οὐ μόνον γεωργίᾳ οὐδὲ ναυτιλίᾳ
προσήκει, ἀλλὰ καὶ στρατηγίᾳ οὐχ ἧττον. Ἡδὺς εἶ, ἦν δ'
ἐγώ, ὅτι ἔοικας δεδιότι τοὺς πολλούς, μὴ δοκῇς ἄχρηστα
μαθήματα προστάττειν. τὸ δ' ἔστιν οὐ πάνυ φαῦλον ἀλλὰ
χαλεπὸν πιστεῦσαι, ὅτι ἐν τούτοις τοῖς μαθήμασιν ἑκά-
στου ὄργανόν τι ψυχῆς ἐκκαθαίρεταί τε καὶ ἀναζωπυ-
ρεῖται ἀπολλύμενον καὶ τυφλούμενον ὑπὸ τῶν ἄλλων E
ἐπιτηδευμάτων, κρεῖττον ὂν σωθῆναι μυρίων ὀμμάτων·
μόνῳ γὰρ αὐτῷ ἀλήθεια ὁρᾶται. οἷς μὲν οὖν ταῦτα ξυν-
δοκεῖ, ἀμηχάνως ὡς εὖ δόξεις λέγειν· ὅσοι δὲ τούτου μη-
δαμῇ ᾐσθημένοι εἰσίν, εἰκότως ἡγήσονταί σε λέγειν οὐδέν·
ἄλλην γὰρ ἀπ' αὐτῶν οὐχ ὁρῶσιν ἀξίαν λόγου ὠφέλειαν.
σκόπει οὖν αὐτόθεν, πρὸς ποτέρους διαλέγει, ἢ οὐ πρὸς 528
οὐδετέρους, ἀλλὰ σαυτοῦ ἕνεκα τὸ μέγιστον ποιεῖ τοὺς λό-
γους, φθονοῖς μὴν οὐδ' ἂν ἄλλῳ, εἴ τίς τι δύναιτο ἀπ'
αὐτῶν ὄνασθαι. Οὕτως, ἔφη, αἱροῦμαι, ἐμαυτοῦ ἕνεκα τὸ
πλεῖστον λέγειν τε καὶ ἐρωτᾶν καὶ ἀποκρίνεσθαι. Ἄναγε
τοίνυν, ἦν δ' ἐγώ, εἰς τοὐπίσω· νῦν δὴ γὰρ οὐκ ὀρθῶς τὸ
ἑξῆς ἐλάβομεν τῇ γεωμετρίᾳ. Πῶς λαβόντες; ἔφη. Μετὰ
ἐπίπεδον, ἦν δ' ἐγώ, ἐν περιφορᾷ ὂν ἤδη στερεὸν λαβόν-
τες, πρὶν αὐτὸ καθ' αὐτὸ λαβεῖν· ὀρθῶς δὲ ἔχει ἑξῆς μετὰ B
δευτέραν αὔξην τρίτην λαμβάνειν. ἔστι δέ που τοῦτο περὶ
τὴν τῶν κύβων αὔξην καὶ τὸ βάθους μετέχον. Ἔστι γάρ,
ἔφη· ἀλλὰ ταῦτά γε, ὦ Σώκρατες, δοκεῖ οὔπω εὑρῆσθαι.
Διττὰ γάρ, ἦν δ' ἐγώ, τὰ αἴτια· ὅτι τε οὐδεμία πόλις ἐν-

τίμως αὐτὰ ἔχει, ἀσθενῶς ζητεῖται χαλεπὰ ὄντα, ἐπιστά-
του τε δέονται οἱ ζητοῦντες, ἄνευ οὗ οὐκ ἂν εὕροιεν· ὃν
πρῶτον μὲν γενέσθαι χαλεπόν, ἔπειτα καὶ γενομένου, ὡς
νῦν ἔχει, οὐκ ἂν πείθοιντο οἱ περὶ ταῦτα ζητητικοὶ μεγα-
C λοφρονούμενοι. εἰ δὲ πόλις ὅλη ξυνεπιστατοῖ ἐντίμως
ἄγουσα αὐτά, οὗτοί τε ἂν πείθοιντο καὶ ξυνεχῶς τε ἂν καὶ
ἐντόνως ζητούμενα ἐκφανῆ γένοιτο ὅπῃ ἔχει· ἐπεὶ καὶ νῦν
ὑπὸ τῶν πολλῶν ἀτιμαζόμενα καὶ κολουόμενα, ὑπὸ δὲ
τῶν ζητούντων, λόγον οὐκ ἐχόντων καθ' ὅ τι χρήσιμα,
ὅμως πρὸς ἅπαντα ταῦτα βίᾳ ὑπὸ χάριτος αὐξάνεται, καὶ
D οὐδὲν θαυμαστὸν αὐτὰ φανῆναι. Καὶ μὲν δή, ἔφη, τό γε
ἐπίχαρι καὶ διαφερόντως ἔχει. ἀλλά μοι σαφέστερον εἰπὲ
ἃ νῦν δὴ ἔλεγες. τὴν μὲν γάρ που τοῦ ἐπιπέδου πραγμα-
τείαν γεωμετρίαν ἐτίθης. Ναί, ἦν δ' ἐγώ. Εἶτά γ', ἔφη,
τὸ μὲν πρῶτον ἀστρονομίαν μετὰ ταύτην, ὕστερον δ' ἀνε-
χώρησας. Σπεύδων γάρ, ἔφην, ταχὺ πάντα διεξελθεῖν
μᾶλλον βραδύνω· ἑξῆς γὰρ οὖσαν τὴν βάθους αὔξης
μέθοδον, ὅτι τῇ ζητήσει γελοίως ἔχει, ὑπερβὰς αὐτὴν μετὰ
E γεωμετρίαν ἀστρονομίαν ἔλεγον, φορὰν οὖσαν βάθους.
Ὀρθῶς, ἔφη, λέγεις. Τέταρτον τοίνυν, ἦν δ' ἐγώ, τιθῶ-
μεν μάθημα ἀστρονομίαν, ὡς ὑπαρχούσης τῆς νῦν παρα-
λειπομένης, ἐὰν αὐτὴν πόλις μετίῃ. Εἰκός, ἦ δ' ὅς· καὶ
ὅ γε νῦν δή μοι, ὦ Σώκρατες, ἐπέπληξας περὶ ἀστρονο-
μίας ὡς φορτικῶς ἐπαινοῦντι, νῦν ᾗ σὺ μετέρχει ἐπαινῶ.
529 παντὶ γάρ μοι δοκεῖ δῆλον, ὅτι αὕτη γε ἀναγκάζει ψυχὴν
εἰς τὸ ἄνω ὁρᾶν καὶ ἀπὸ τῶν ἐνθένδε ἐκεῖσε ἄγει. Ἴσως,
ἦν δ' ἐγώ, παντὶ δῆλον πλὴν ἐμοί· ἐμοὶ γὰρ οὐ δοκεῖ οὕ-
τως. Ἀλλὰ πῶς; ἔφη. Ὡς μὲν νῦν αὐτὴν μεταχειρίζονται
οἱ εἰς φιλοσοφίαν ἀνάγοντες, πάνυ ποιεῖν κάτω βλέπειν.
Πῶς, ἔφη, λέγεις; Οὐκ ἀγεννῶς μοι δοκεῖς, ἦν δ' ἐγώ, τὴν
περὶ τὰ ἄνω μάθησιν λαμβάνειν παρὰ σαυτῷ ἥ ἐστι· κιν-
B δυνεύεις γάρ, καὶ εἴ τις ἐν ὀροφῇ ποικίλματα θεώμενος

ἀνακύπτων καταμανθάνοι τι, ἡγεῖσθαι ἂν αὐτὸν νοήσει ἀλλ' οὐκ ὄμμασι θεωρεῖν. ἴσως οὖν καλῶς ἡγεῖ, ἐγὼ δ' εὐηθικῶς. ἐγὼ γὰρ αὖ οὐ δύναμαι ἄλλο τι νομίσαι ἄνω ποιοῦν ψυχὴν βλέπειν μάθημα ἢ ἐκεῖνο, ὃ ἂν περὶ τὸ ὄν τε ᾖ καὶ τὸ ἀόρατον· ἐὰν δέ τις ἄνω κεχηνὼς ἢ κάτω συμμεμυκὼς τῶν αἰσθητῶν ἐπιχειρῇ τι μανθάνειν, οὔτε μαθεῖν ἄν ποτέ φημι αὐτόν — ἐπιστήμην γὰρ οὐδὲν ἔχειν τῶν τοιούτων — οὔτε ἄνω ἀλλὰ κάτω αὐτοῦ βλέπειν C
τὴν ψυχήν, κἂν ἐξ ὑπτίας νέων ἐν γῇ ἢ ἐν θαλάττῃ μανθάνῃ.

XI. Δίκην, ἔφη, ἔχω· ὀρθῶς γάρ μοι ἐπέπληξας. ἀλλὰ πῶς δὴ ἔλεγες δεῖν ἀστρονομίαν μανθάνειν παρὰ ἃ νῦν μανθάνουσιν, εἰ μέλλοιεν ὠφελίμως πρὸς ἃ λέγομεν μαθήσεσθαι; Ὧδε, ἦν δ' ἐγώ. ταῦτα μὲν τὰ ἐν τῷ οὐρανῷ ποικίλματα, ἐπείπερ ἐν ὁρατῷ πεποίκιλται, κάλλιστα μὲν ἡγεῖσθαι καὶ ἀκριβέστατα τῶν τοιούτων ἔχειν, τῶν δὲ D
ἀληθινῶν πολὺ ἐνδεῖν, ἃς τὸ ὂν τάχος καὶ ἡ οὖσα βραδυτὴς ἐν τῷ ἀληθινῷ ἀριθμῷ καὶ πᾶσι τοῖς ἀληθέσι σχήμασι φοράς τε πρὸς ἄλληλα φέρεται καὶ τὰ ἐνόντα φέρει· ἃ δὴ λόγῳ μὲν καὶ διανοίᾳ ληπτά, ὄψει δ' οὔ· ἢ σὺ οἴει; Οὐδαμῶς, ἔφη. Οὐκοῦν, εἶπον, τῇ περὶ τὸν οὐρανὸν ποικιλίᾳ παραδείγμασι χρηστέον τῆς πρὸς ἐκεῖνα μαθήσεως ἕνεκα, ὁμοίως ὥσπερ ἂν εἴ τις ἐντύχοι ὑπὸ Δαιδάλου ἤ τινος ἄλλου δημιουργοῦ ἢ γραφέως διαφερόντως γεγραμ- E
μένοις καὶ ἐκπεπονημένοις διαγράμμασιν. ἡγήσαιτο γὰρ ἄν πού τις ἔμπειρος γεωμετρίας, ἰδὼν τὰ τοιαῦτα, κάλλιστα μὲν ἔχειν ἀπεργασίᾳ, γελοῖον μὴν ἐπισκοπεῖν ταῦτα σπουδῇ, ὡς τὴν ἀλήθειαν ἐν αὐτοῖς ληψόμενον ἴσων ἢ διπλασίων ἢ ἄλλης τινὸς συμμετρίας. Τί δ' οὐ μέλλει γε- 530
λοῖον εἶναι; ἔφη. Τῷ ὄντι δὴ ἀστρονομικόν, ἦν δ' ἐγώ, ὄντα οὐκ οἴει ταὐτὸν πείσεσθαι εἰς τὰς τῶν ἄστρων φορὰς ἀποβλέποντα; νομιεῖν μέν, ὡς οἷόν τε κάλλιστα τὰ τοι-

αὐτὰ ἔργα συστήσασθαι, οὕτω ξυνεστάναι τῷ τοῦ οὐρανοῦ δημιουργῷ αὐτόν τε καὶ τὰ ἐν αὐτῷ· τὴν δὲ νυκτὸς πρὸς ἡμέραν ξυμμετρίαν καὶ τούτων πρὸς μῆνα καὶ μηνὸς πρὸς ἐνιαυτὸν καὶ τῶν ἄλλων ἄστρων πρός τε ταῦτα
B καὶ πρὸς ἄλληλα, οὐκ ἄτοπον, οἴει, ἡγήσεται τὸν νομίζοντα γίγνεσθαί τε ταῦτα ἀεὶ ὡσαύτως καὶ οὐδαμῇ οὐδὲν παραλλάττειν, σῶμά τε ἔχοντα καὶ ὁρώμενα, καὶ ζητεῖν παντὶ τρόπῳ τὴν ἀλήθειαν αὐτῶν λαβεῖν; Ἐμοὶ γοῦν δοκεῖ, ἔφη, σοῦ νῦν ἀκούοντι. Προβλήμασιν ἄρα, ἦν δ' ἐγώ, χρώμενοι ὥσπερ γεωμετρίαν οὕτω καὶ ἀστρονομίαν
C μέτιμεν· τὰ δ' ἐν τῷ οὐρανῷ ἐάσομεν, εἰ μέλλομεν ὄντως ἀστρονομίας μεταλαμβάνοντες χρήσιμον τὸ φύσει φρόνιμον ἐν τῇ ψυχῇ ἐξ ἀχρήστου ποιήσειν. Ἦ πολλαπλάσιον, ἔφη, τὸ ἔργον ἢ ὡς νῦν ἀστρονομεῖται προστάττεις. Οἶμαι δέ γε, εἶπον, καὶ τἆλλα κατὰ τὸν αὐτὸν τρόπον προστάξειν ἡμᾶς, ἐάν τι ἡμῶν ὡς νομοθετῶν ὄφελος ᾖ.

XII. Ἀλλὰ γάρ τι ἔχεις ὑπομνῆσαι τῶν προσηκόντων μαθημάτων; Οὐκ ἔχω, ἔφη, νῦν γ' οὑτωσί. Οὐ μὴν ἕν, ἀλλὰ πλείω, ἦν δ' ἐγώ, εἴδη παρέχεται ἡ φορά, ὡς ἐγᾦμαι.
D τὰ μὲν οὖν πάντα ἴσως ὅστις σοφὸς ἕξει εἰπεῖν· ἃ δὲ καὶ ἡμῖν προφανῆ, δύο. Ποῖα δή; Πρὸς τούτῳ, ἦν δ' ἐγώ, ἀντίστροφον αὐτοῦ. Τὸ ποῖον; Κινδυνεύει, ἔφην, ὡς πρὸς ἀστρονομίαν ὄμματα πέπηγεν, ὣς πρὸς ἐναρμόνιον φορὰν ὦτα παγῆναι, καὶ αὗται ἀλλήλων ἀδελφαί τινες αἱ ἐπιστῆμαι εἶναι, ὡς οἵ τε Πυθαγόρειοί φασι καὶ ἡμεῖς, ὦ Γλαύκων, ξυγχωροῦμεν. ἢ πῶς ποιοῦμεν; Οὕτως, ἔφη.
E Οὐκοῦν, ἦν δ' ἐγώ, ἐπειδὴ πολὺ τὸ ἔργον, ἐκείνων πευσόμεθα, πῶς λέγουσι περὶ αὐτῶν καὶ εἴ τι ἄλλο πρὸς τούτοις· ἡμεῖς δὲ παρὰ πάντα ταῦτα φυλάξομεν τὸ ἡμέτερον Ποῖον; Μή ποτ' αὐτῶν τι ἀτελὲς ἐπιχειρῶσιν ἡμῖν μανθάνειν, οὓς θρέψομεν, καὶ οὐκ ἐξῆκον ἐκεῖσε ἀεί, οἷ πάντα δεῖ ἀφήκειν, οἷον ἄρτι περὶ τῆς ἀστρονομίας ἐλέγομεν. ἢ

οὐκ οἶσθ' ὅτι καὶ περὶ ἁρμονίας ἕτερον τοιοῦτον ποιοῦσι; 531
τὰς γὰρ ἀκουομένας αὖ συμφωνίας καὶ φθόγγους ἀλλήλοις ἀναμετροῦντες ἀνήνυτα ὥσπερ οἱ ἀστρονόμοι πονοῦσιν. Νὴ τοὺς θεούς, ἔφη, καὶ γελοίως γε, πυκνώματ' ἄττα ὀνομάζοντες καὶ παραβάλλοντες τὰ ὦτα, οἷον ἐκ γειτόνων φωνὴν θηρευόμενοι, οἱ μέν φασιν ἔτι κατακούειν ἐν μέσῳ τινὰ ἠχὴν καὶ σμικρότατον εἶναι τοῦτο διάστημα, ᾧ μετρητέον, οἱ δὲ ἀμφισβητοῦντες ὡς ὅμοιον ἤδη φθεγγομένων, ἀμφότεροι ὦτα τοῦ νοῦ προστησάμενοι. B
Σὺ μέν, ἦν δ' ἐγώ, τοὺς χρηστοὺς λέγεις τοὺς ταῖς χορδαῖς πράγματα παρέχοντας καὶ βασανίζοντας, ἐπὶ τῶν κολλόπων στρεβλοῦντας. ἵνα δὲ μὴ μακροτέρα ἡ εἰκὼν γίγνηται, πλήκτρῳ τε πληγῶν γιγνομένων καὶ κατηγορίας πέρι καὶ ἐξαρνήσεως καὶ ἀλαζονείας χορδῶν, παύομαι τῆς εἰκόνος καὶ οὔ φημι τούτους λέγειν, ἀλλ' ἐκείνους οὓς ἔφαμεν νῦν δὴ περὶ ἁρμονίας ἐρήσεσθαι. ταὐτὸν γὰρ ποιοῦσι τοῖς ἐν τῇ ἀστρονομίᾳ· τοὺς γὰρ ἐν ταύταις ταῖς C
συμφωνίαις ταῖς ἀκουομέναις ἀριθμοὺς ζητοῦσιν, ἀλλ' οὐκ εἰς προβλήματα ἀνίασιν ἐπισκοπεῖν, τίνες ξύμφωνοι ἀριθμοὶ καὶ τίνες οὔ, καὶ διὰ τί ἑκάτεροι. Δαιμόνιον γάρ, ἔφη, πρᾶγμα λέγεις. Χρήσιμον μὲν οὖν, ἦν δ' ἐγώ, πρὸς τὴν τοῦ καλοῦ τε καὶ ἀγαθοῦ ζήτησιν, ἄλλως δὲ μεταδιωκόμενον ἄχρηστον. Εἰκός γ', ἔφη.

XIII. Οἶμαι δέ γε, ἦν δ' ἐγώ, καὶ ἡ τούτων πάντων ὧν διεληλύθαμεν μέθοδος ἐὰν μὲν ἐπὶ τὴν ἀλλήλων κοινω- D
νίαν ἀφίκηται καὶ ξυγγένειαν, καὶ ξυλλογισθῇ ταῦτα ᾗ ἔστιν ἀλλήλοις οἰκεῖα, φέρειν τι αὐτῶν εἰς ἃ βουλόμεθα τὴν πραγματείαν καὶ οὐκ ἀνόνητα πονεῖσθαι, εἰ δὲ μή, ἀνόνητα. Καὶ ἐγώ, ἔφη, οὕτω μαντεύομαι. ἀλλὰ πάμπολυ ἔργον λέγεις, ὦ Σώκρατες. Τοῦ προοιμίου, ἦν δ' ἐγώ, ἢ τίνος λέγεις; ἢ οὐκ ἴσμεν, ὅτι πάντα ταῦτα προοίμιά ἐστιν αὐτοῦ τοῦ νόμου, ὃν δεῖ μαθεῖν; οὐ γάρ που

E δοκοῦσί γέ σοι οἱ ταῦτα δεινοὶ διαλεκτικοὶ εἶναι. Οὐ μὰ τὸν Δί', ἔφη, εἰ μὴ μάλα γέ τινες ὀλίγοι ὧν ἐγὼ ἐντετύχηκα. Ἀλλ' ἤδη, εἶπον, μὴ δυνατοί τινες ὄντες δοῦναί τε καὶ ἀποδέξασθαι λόγον εἴσεσθαι ποτέ τι ὧν φαμὲν δεῖν
532 εἰδέναι; Οὐδ' αὖ, ἔφη, τοῦτό γε. Οὐκοῦν, εἶπον, ὦ Γλαύκων, οὗτος ἤδη αὐτός ἐστιν ὁ νόμος, ὃν τὸ διαλέγεσθαι περαίνει; ὃν καὶ ὄντα νοητὸν μιμοῖτ' ἂν ἡ τῆς ὄψεως δύναμις, ἣν ἐλέγομεν πρὸς αὐτὰ ἤδη τὰ ζῷα ἐπιχειρεῖν ἀποβλέπειν καὶ πρὸς αὐτὰ ἄστρα τε καὶ τελευταῖον δὴ πρὸς αὐτὸν τὸν ἥλιον. οὕτω καὶ ὅταν τις τῷ διαλέγεσθαι ἐπιχειρῇ, ἄνευ πασῶν τῶν αἰσθήσεων διὰ τοῦ λόγου ἐπ' αὐτὸ ὃ ἔστιν ἕκαστον ὁρμᾷ, κἂν μὴ ἀποστῇ, πρὶν ἂν αὐτὸ
B ὃ ἔστιν ἀγαθὸν αὐτῇ νοήσει λάβῃ, ἐπ' αὐτῷ γίγνεται τῷ τοῦ νοητοῦ τέλει, ὥσπερ ἐκεῖνος τότε ἐπὶ τῷ τοῦ ὁρατοῦ. Παντάπασι μὲν οὖν, ἔφη. Τί οὖν; οὐ διαλεκτικὴν ταύτην τὴν πορείαν καλεῖς; Τί μήν; Ἡ δέ γε, ἦν δ' ἐγώ, λύσις τε ἀπὸ τῶν δεσμῶν καὶ μεταστροφὴ ἀπὸ τῶν σκιῶν ἐπὶ τὰ εἴδωλα καὶ τὸ φῶς καὶ ἐκ τοῦ καταγείου εἰς τὸν ἥλιον ἐπάνοδος, καὶ ἐκεῖ πρὸς μὲν τὰ ζῷά τε καὶ φυτὰ καὶ
C τὸ τοῦ ἡλίου φῶς ἔτ' ἀδυναμία βλέπειν, πρὸς δὲ τὰ ἐν ὕδασι φαντάσματα θεῖα καὶ σκιὰς τῶν ὄντων, ἀλλ' οὐκ εἰδώλων σκιὰς δι' ἑτέρου τοιούτου φωτὸς ὡς πρὸς ἥλιον κρίνειν ἀποσκιαζομένας, πᾶσα αὕτη ἡ πραγματεία τῶν τεχνῶν, ἃς διήλθομεν, ταύτην ἔχει τὴν δύναμιν καὶ ἐπαναγωγὴν τοῦ βελτίστου ἐν ψυχῇ πρὸς τὴν τοῦ ἀρίστου ἐν τοῖς οὖσι θέαν, ὥσπερ τότε τοῦ σαφεστάτου ἐν σώματι
D πρὸς τὴν τοῦ φανοτάτου ἐν τῷ σωματοειδεῖ τε καὶ ὁρατῷ τόπῳ. Ἐγὼ μέν, ἔφη, ἀποδέχομαι οὕτω. καί τοι παντάπασί γέ μοι δοκεῖ χαλεπὰ μὲν ἀποδέχεσθαι εἶναι, ἄλλον δ' αὖ τρόπον χαλεπὰ μὴ ἀποδέχεσθαι. ὅμως δέ — οὐ γὰρ ἐν τῷ νῦν παρόντι μόνον ἀκουστέα, ἀλλὰ καὶ αὖθις πολλάκις ἐπανιτέον — ταῦτα θέντες ἔχειν ὡς νῦν λέγεται, ἐπ'

αὐτὸν δὴ τὸν νόμον ἴωμεν, καὶ διέλθωμεν οὕτως, ὥσπερ τὸ προοίμιον διήλθομεν. λέγε οὖν, τίς ὁ τρόπος τῆς τοῦ διαλέγεσθαι δυνάμεως, καὶ κατὰ ποῖα δὴ εἴδη διέστηκε, E
καὶ τίνες αὖ ὁδοί. αὗται γὰρ ἂν ἤδη, ὡς ἔοικεν, αἱ πρὸς αὐτὸ ἄγουσαι εἶεν, οἷ ἀφικομένῳ ὥσπερ ὁδοῦ ἀνάπαυλα ἂν εἴη καὶ τέλος τῆς πορείας. Οὐκέτ', ἦν δ' ἐγώ, ὦ φίλε Γλαύκων, οἷός τ' ἔσει ἀκολουθεῖν· ἐπεὶ τό γ' ἐμὸν οὐδὲν 533
ἂν προθυμίας ἀπολίποι· οὐδ' εἰκόνα ἂν ἔτι οὗ λέγομεν ἴδοις, ἀλλ' αὐτὸ τὸ ἀληθές, ὅ γε δή μοι φαίνεται. εἰ δ' ὄντως ἢ μή, οὐκέτ' ἄξιον τοῦτο διισχυρίζεσθαι· ἀλλ' ὅτι μὲν δὴ τοιοῦτόν τι ἰδεῖν, ἰσχυριστέον. ἦ γάρ; Τί μήν; Οὐκοῦν καὶ ὅτι ἡ τοῦ διαλέγεσθαι δύναμις μόνη ἂν φήνειεν ἐμπείρῳ ὄντι ὧν νῦν δὴ διήλθομεν, ἄλλῃ δὲ οὐδαμῇ δυνατόν; Καὶ τοῦτ', ἔφη, ἄξιον διισχυρίζεσθαι. Τόδε γοῦν, ἦν δ' ἐγώ, οὐδεὶς ἡμῖν ἀμφισβητήσει λέγουσιν, ὡς B
αὐτοῦ γε ἑκάστου πέρι, ὃ ἔστιν ἕκαστον, ἄλλη τις ἐπιχειρεῖ μέθοδος ὁδῷ περὶ παντὸς λαμβάνειν, ἀλλ' αἱ μὲν ἄλλαι πᾶσαι τέχναι ἢ πρὸς δόξας ἀνθρώπων καὶ ἐπιθυμίας εἰσὶν ἢ πρὸς γενέσεις τε καὶ συνθέσεις ἢ πρὸς θεραπείαν τῶν φυομένων τε καὶ συντιθεμένων ἅπασαι τετράφαται· αἱ δὲ λοιπαί, ἃς τοῦ ὄντος τι ἔφαμεν ἐπιλαμβάνεσθαι, γεωμετρίας τε καὶ τὰς ταύτῃ ἑπομένας, ὁρῶμεν ὡς ὀνειρώττουσι C
μὲν περὶ τὸ ὄν, ὕπαρ δὲ ἀδύνατον αὐταῖς ἰδεῖν, ἕως ἂν ὑποθέσεσι χρώμεναι ταύτας ἀκινήτους ἐῶσι, μὴ δυνάμεναι λόγον διδόναι αὐτῶν. ᾧ γὰρ ἀρχὴ μὲν ὃ μὴ οἶδε, τελευτὴ δὲ καὶ τὰ μεταξὺ ἐξ οὗ μὴ οἶδε συμπέπλεκται, τίς μηχανὴ τὴν τοιαύτην ὁμολογίαν ποτὲ ἐπιστήμην γενέσθαι; Οὐδεμία, ἦ δ' ὅς.

XIV. Οὐκοῦν, ἦν δ' ἐγώ, ἡ διαλεκτικὴ μέθοδος μόνη ταύτῃ πορεύεται, τὰς ὑποθέσεις ἀναιροῦσα, ἐπ' αὐτὴν τὴν ἀρχήν, ἵνα βεβαιώσηται, καὶ τῷ ὄντι ἐν βορβόρῳ βαρ- D
βαρικῷ τινὶ τὸ τῆς ψυχῆς ὄμμα κατορωρυγμένον ἠρέμα

ἕλκει καὶ ἀνάγει ἄνω, συνερίθοις καὶ συμπεριαγωγοῖς
χρωμένη αἷς διήλθομεν τέχναις· ἃς ἐπιστήμας μὲν πολλά-
κις προσείπομεν διὰ τὸ ἔθος, δέονται δὲ ὀνόματος ἄλλου,
ἐναργεστέρου μὲν ἢ δόξης, ἀμυδροτέρου δὲ ἢ ἐπιστήμης.
διάνοιαν δὲ αὐτὴν ἔν γε τῷ πρόσθεν που ὡρισάμεθα· ἔστι
δ', ὡς ἐμοὶ δοκεῖ, οὐ περὶ ὀνόματος ἀμφισβήτησις, οἷς το-
E σούτων πέρι σκέψις ὅσων ἡμῖν πρόκειται. Οὐ γὰρ οὖν,
ἔφη· ἀλλ' ὃ ἂν μόνον δηλοῖ πρὸς τὴν ἕξω σαφήνειαν, *ἃ*
λέγει ἐν ψυχῇ,* ἀρκέσει*. Ἀρέσκει γοῦν, ἦν δ' ἐγώ, ὥσπερ
τὸ πρότερον, τὴν μὲν πρώτην μοῖραν ἐπιστήμην καλεῖν,
534 δευτέραν δὲ διάνοιαν, τρίτην δὲ πίστιν καὶ εἰκασίαν τετάρ-
την· καὶ ξυναμφότερα μὲν ταῦτα δόξαν, ξυναμφότερα δ'
ἐκεῖνα νόησιν· καὶ δόξαν μὲν περὶ γένεσιν, νόησιν δὲ περὶ
οὐσίαν· καὶ ὅ τι οὐσία πρὸς γένεσιν, νόησιν πρὸς δόξαν,
καὶ ὅ τι νόησις πρὸς δόξαν, ἐπιστήμην πρὸς πίστιν καὶ
διάνοιαν πρὸς εἰκασίαν· τὴν δ' ἐφ' οἷς ταῦτα ἀναλογίαν
καὶ διαίρεσιν διχῇ ἑκατέρου, δοξαστοῦ τε καὶ νοητοῦ,
ἐῶμεν, ὦ Γλαύκων, ἵνα μὴ ἡμᾶς πολλαπλασίων λόγων
B ἐμπλήσῃ ἢ ὅσων οἱ παρεληλυθότες. Ἀλλὰ μὴν ἔμοιγ',
ἔφη, τά γε ἄλλα, καθ' ὅσον δύναμαι ἕπεσθαι, ξυνδοκεῖ.
Ἦ καὶ διαλεκτικὸν καλεῖς τὸν λόγον ἑκάστου λαμβάνοντα
τῆς οὐσίας; καὶ τὸν μὴ ἔχοντα, καθ' ὅσον ἂν μὴ ἔχῃ λόγον
αὑτῷ τε καὶ ἄλλῳ διδόναι, κατὰ τοσοῦτον νοῦν περὶ τού-
του οὐ φήσεις ἔχειν; Πῶς γὰρ ἄν, ἦ δ' ὅς, φαίην; Οὐκ-
οῦν καὶ περὶ τοῦ ἀγαθοῦ ὡσαύτως· ὃς ἂν μὴ ἔχῃ διορί-
σασθαι τῷ λόγῳ ἀπὸ τῶν ἄλλων πάντων ἀφελὼν τὴν τοῦ
C ἀγαθοῦ ἰδέαν, καὶ ὥσπερ ἐν μάχῃ διὰ πάντων ἐλέγχων
διεξιών, μὴ κατὰ δόξαν ἀλλὰ κατ' οὐσίαν προθυμούμενος
ἐλέγχειν, ἐν πᾶσι τούτοις ἀπτῶτι τῷ λόγῳ διαπορεύηται,
οὔτε αὐτὸ τὸ ἀγαθὸν φήσεις εἰδέναι τὸν οὕτως ἔχοντα
οὔτε ἄλλο ἀγαθὸν οὐδέν, ἀλλ' εἴ πῃ εἰδώλου τινὸς ἐφά-
πτεται, δόξῃ, οὐκ ἐπιστήμῃ ἐφάπτεσθαι, καὶ τὸν νῦν βίον

ὀνειροπολοῦντα καὶ ὑπνώττοντα, πρὶν ἐνθάδ' ἐξεγρέσθαι,
εἰς Ἅιδου πρότερον ἀφικόμενον τελέως ἐπικαταδαρθά- D
νειν; Νὴ τὸν Δία, ἦ δ' ὅς, σφόδρα γε πάντα ταῦτα φήσω.
Ἀλλὰ μὴν τούς γε σαυτοῦ παῖδας, οὓς τῷ λόγῳ τρέφεις τε
καὶ παιδεύεις, εἴ ποτε ἔργῳ τρέφοις, οὐκ ἂν ἐάσαις, ὡς
ἐγᾦμαι, ἀλόγους ὄντας ὥσπερ γραμμὰς ἄρχοντας ἐν τῇ
πόλει κυρίους τῶν μεγίστων εἶναι. Οὐ γὰρ οὖν, ἔφη.
Νομοθετήσεις δὴ αὐτοῖς ταύτης μάλιστα τῆς παιδείας
ἀντιλαμβάνεσθαι, ἐξ ἧς ἐρωτᾶν τε καὶ ἀποκρίνεσθαι ἐπι- E
στημονέστατα οἷοί τ' ἔσονται; Νομοθετήσω, ἔφη, μετά γε
σοῦ. Ἆρ' οὖν δοκεῖ σοι, ἔφην ἐγώ, ὥσπερ θριγκὸς τοῖς
μαθήμασιν ἡ διαλεκτικὴ ἡμῖν ἐπάνω κεῖσθαι, καὶ οὐκέτ'
ἄλλο τούτου μάθημα ἀνωτέρω ὀρθῶς ἂν ἐπιτίθεσθαι,
ἀλλ' ἔχειν ἤδη τέλος τὰ τῶν μαθημάτων; Ἔμοιγ', ἔφη. 535

XV. Διανομὴ τοίνυν, ἦν δ' ἐγώ, τὸ λοιπόν σοι, τίσι
ταῦτα τὰ μαθήματα δώσομεν καὶ τίνα τρόπον. Δῆλον,
ἔφη. Μέμνησαι οὖν τὴν προτέραν ἐκλογὴν τῶν ἀρχόν-
των, οἵους ἐξελέξαμεν; Πῶς γάρ, ἦ δ' ὅς, οὔ; Τὰ μὲν ἄλλα
τοίνυν, ἦν δ' ἐγώ, ἐκείνας τὰς φύσεις οἴου δεῖν ἐκλεκτέας
εἶναι· τούς τε γὰρ βεβαιοτάτους καὶ τοὺς ἀνδρειοτάτους
προαιρετέον, καὶ κατὰ δύναμιν τοὺς εὐειδεστάτους· πρὸς
δὲ τούτοις ζητητέον μὴ μόνον γενναίους τε καὶ βλοσυροὺς B
τὰ ἤθη, ἀλλὰ καὶ ἃ τῇδε τῇ παιδείᾳ τῆς φύσεως πρόσφορα
ἑκτέον αὐτοῖς. Ποῖα δὴ διαστέλλει; Δριμύτητα, ὦ μα-
κάριε, ἔφην, δεῖ αὐτοῖς πρὸς τὰ μαθήματα ὑπάρχειν, καὶ
μὴ χαλεπῶς μανθάνειν· πολὺ γάρ τοι μᾶλλον ἀποδει-
λιῶσι ψυχαὶ ἐν ἰσχυροῖς μαθήμασιν ἢ ἐν γυμνασίοις· οἰ-
κειότερος γὰρ αὐταῖς ὁ πόνος, ἴδιος ἀλλ' οὐ κοινὸς ὢν
μετὰ τοῦ σώματος. Ἀληθῆ, ἔφη. Καὶ μνήμονα δὴ καὶ
ἄρρατον καὶ πάντῃ φιλόπονον ζητητέον. ἤ τινι τρόπῳ οἴει C
τά τε τοῦ σώματος ἐθελήσειν τινὰ διαπονεῖν καὶ τοσαύτην
μάθησίν τε καὶ μελέτην ἐπιτελεῖν; Οὐδένα, ἦ δ' ὅς, ἐὰν

αὕτη τῶν βασάνων οὐκ ἐλαχίστη, τίς ἕκαστος ἐν τοῖς γυμνασίοις φανεῖται. Πῶς γὰρ οὔκ; ἔφη. Μετὰ δὴ τοῦτον τὸν χρόνον, ἦν δ' ἐγώ, ἐκ τῶν εἰκοσιετῶν οἱ προκριθέν-
C τες τιμάς τε μείζους τῶν ἄλλων οἴσονται, τά τε χύδην μαθήματα παισὶν ἐν τῇ παιδείᾳ γενόμενα τούτοις συνακτέον εἰς σύνοψιν οἰκειότητος ἀλλήλων τῶν μαθημάτων καὶ τῆς τοῦ ὄντος φύσεως. Μόνη γοῦν, εἶπεν, ἡ τοιαύτη μάθησις βέβαιος ἐν οἷς ἂν ἐγγένηται. Καὶ μεγίστη γε, ἦν δ' ἐγώ, πεῖρα διαλεκτικῆς φύσεως καὶ μή· ὁ μὲν γὰρ συνοπτικὸς διαλεκτικός, ὁ δὲ μὴ οὔ. Ξυνοίομαι, ἦ δ' ὅς. Ταῦτα τοί-
D νυν, ἦν δ' ἐγώ, δεήσει σε ἐπισκοποῦντα, οἳ ἂν μάλιστα τοιοῦτοι ἐν αὐτοῖς ὦσι καὶ μόνιμοι μὲν ἐν μαθήμασι, μόνιμοι δ' ἐν πολέμῳ καὶ τοῖς ἄλλοις νομίμοις, τούτους αὖ, ἐπειδὰν τὰ τριάκοντα ἔτη ἐκβαίνωσιν, ἐκ τῶν προκρίτων προκρινάμενον εἰς μείζους τε τιμὰς καθιστάναι καὶ σκοπεῖν τῇ τοῦ διαλέγεσθαι δυνάμει βασανίζοντα, τίς ὀμμάτων καὶ τῆς ἄλλης αἰσθήσεως δυνατὸς μεθιέμενος ἐπ' αὐτὸ τὸ ὂν μετ' ἀληθείας ἰέναι. καὶ ἐνταῦθα δὴ πολλῆς φυλακῆς ἔργον, ὦ ἑταῖρε. Τί μάλιστα; ἦ δ' ὅς. Οὐκ ἐν-
E νοεῖς, ἦν δ' ἐγώ, τὸ νῦν περὶ τὸ διαλέγεσθαι κακὸν γιγνόμενον ὅσον γίγνεται; Τὸ ποῖον; ἔφη. Παρανομίας που, ἔφην ἐγώ, ἐμπίπλανται. Καὶ μάλα, ἔφη. Θαυμαστὸν οὖν τι οἴει, εἶπον, πάσχειν αὐτούς, καὶ οὐ ξυγγιγνώσκεις; Πῇ μάλιστα; ἔφη. Οἷον, ἦν δ' ἐγώ, εἴ τις ὑποβολιμαῖος τραφείη ἐν πολλοῖς μὲν χρήμασι, πολλῷ δὲ καὶ μεγάλῳ γένει
538 καὶ κόλαξι πολλοῖς, ἀνὴρ δὲ γενόμενος αἴσθοιτο, ὅτι οὐ τούτων ἐστὶ τῶν φασκόντων γονέων, τοὺς δὲ τῷ ὄντι γεννήσαντας μὴ εὕροι, τοῦτον ἔχεις μαντεύσασθαι, πῶς ἂν διατεθείη πρός τε τοὺς κόλακας καὶ πρὸς τοὺς ὑποβαλομένους ἐν ἐκείνῳ τε τῷ χρόνῳ, ᾧ οὐκ ᾔδει τὰ περὶ τῆς ὑποβολῆς, καὶ ἐν ᾧ αὖ ᾔδει; ἢ βούλει ἐμοῦ μαντευομένου ἀκοῦσαι; Βούλομαι, ἔφη.

XVII. *Μαντεύομαι τοίνυν, εἶπον, μᾶλλον αὐτὸν τι-*
μᾶν ἂν τὸν πατέρα καὶ τὴν μητέρα καὶ τοὺς ἄλλους οἰκεί- B
ους δοκοῦντας ἢ τοὺς κολακεύοντας, καὶ ἧττον μὲν ἂν πε-
ριιδεῖν ἐνδεεῖς τινός, ἧττον δὲ παράνομόν τι δρᾶσαι ἢ εἰ-
πεῖν εἰς αὐτούς, ἧττον δὲ ἀπειθεῖν τὰ μεγάλα ἐκείνοις ἢ
τοῖς κόλαξιν, ἐν ᾧ χρόνῳ τὸ ἀληθὲς μὴ εἰδείη. Εἰκός, ἔφη.
Αἰσθόμενον τοίνυν τὸ ὂν μαντεύομαι αὖ περὶ μὲν τού-
τους ἀνεῖναι ἂν τὸ τιμᾶν τε καὶ σπουδάζειν, περὶ δὲ τοὺς
κόλακας ἐπιτεῖναι, καὶ πείθεσθαί τε αὐτοῖς διαφερόντως
ἢ πρότερον καὶ ζῆν ἂν ἤδη κατ' ἐκείνους, ξυνόντα αὐτοῖς C
ἀπαρακαλύπτως, πατρὸς δὲ ἐκείνου καὶ τῶν ἄλλων ποιου-
μένων οἰκείων, εἰ μὴ πάνυ εἴη φύσει ἐπιεικής, μέλειν τὸ
μηδέν. Πάντ', ἔφη, λέγεις οἷά περ ἂν γένοιτο. ἀλλὰ πῇ
πρὸς τοὺς ἁπτομένους τῶν λόγων αὕτη φέρει ἡ εἰκών;
Τῇδε. ἔστι που ἡμῖν δόγματα ἐκ παίδων περὶ δικαίων καὶ
καλῶν, ἐν οἷς ἐκτεθράμμεθα ὥσπερ ὑπὸ γονεῦσι, πειθαρ-
χοῦντές τε καὶ τιμῶντες αὐτά. Ἔστι γάρ. Οὐκοῦν καὶ
ἄλλα ἐναντία τούτων ἐπιτηδεύματα ἡδονὰς ἔχοντα, ἃ κο- D
λακεύει μὲν ἡμῶν τὴν ψυχὴν καὶ ἕλκει ἐφ' αὐτά, πείθει δ'
οὔ, τοὺς καὶ ὁπῃοῦν μετρίους· ἀλλ' ἐκεῖνα τιμῶσι τὰ πά-
τρια καὶ ἐκείνοις πειθαρχοῦσιν. Ἔστι ταῦτα. Τί οὖν; ἦν
δ' ἐγώ· ὅταν τὸν οὕτως ἔχοντα ἐλθὸν ἐρώτημα ἔρηται, τί
ἐστι τὸ καλόν, καὶ ἀποκριναμένου, ὃ τοῦ νομοθέτου
ἤκουεν, ἐξελέγχῃ ὁ λόγος, καὶ πολλάκις καὶ πολλαχῇ ἐλέγ-
χων εἰς δόξαν καταβάλῃ, ὡς τοῦτο οὐδὲν μᾶλλον καλὸν ἢ E
αἰσχρόν, καὶ περὶ δικαίου ὡσαύτως καὶ ἀγαθοῦ καὶ ἃ μά-
λιστα ἦγεν ἐν τιμῇ, μετὰ τοῦτο τί οἴει ποιήσειν αὐτὸν
πρὸς αὐτὰ τιμῆς τε πέρι καὶ πειθαρχίας; Ἀνάγκη, ἔφη,
μήτε τιμᾶν ἔτι ὁμοίως μήτε πείθεσθαι. Ὅταν οὖν, ἦν δ'
ἐγώ, μήτε ταῦτα ἡγῆται τίμια καὶ οἰκεῖα, ὥσπερ πρὸ τοῦ,
τά τε ἀληθῆ μὴ εὑρίσκῃ, ἔστι πρὸς ὁποῖον βίον ἄλλον ἢ 539
τὸν κολακεύοντα εἰκότως προσχωρήσεται; Οὐκ ἔστιν,

ἔφη. Παράνομος δή, οἶμαι, δόξει γεγονέναι ἐκ νομίμου.
Ἀνάγκη. Οὐκοῦν, ἔφην, εἰκὸς τὸ πάθος τῶν οὕτω λόγων
ἁπτομένων καί, ὃ ἄρτι ἔλεγον, πολλῆς συγγνώμης ἄξιον;
Καὶ ἐλέου γ', ἔφη. Οὐκοῦν ἵνα μὴ γίγνηται ὁ ἔλεος οὗτος
περὶ τοὺς τριακοντούτας σοι, εὐλαβουμένῳ παντὶ τρόπῳ
τῶν λόγων ἁπτέον; Καὶ μάλ', ἦ δ' ὅς. Ἆρ' οὖν οὐ μία
B μὲν εὐλάβεια αὕτη συχνή, τὸ μὴ νέους ὄντας αὐτῶν γεύε-
σθαι; οἶμαι γάρ σε οὐ λεληθέναι, ὅτι οἱ μειρακίσκοι, ὅταν
τὸ πρῶτον λόγων γεύωνται, ὡς παιδιᾷ αὐτοῖς καταχρῶν-
ται, ἀεὶ εἰς ἀντιλογίαν χρώμενοι, καὶ μιμούμενοι τοὺς
ἐξελέγχοντας αὐτοὶ ἄλλους ἐλέγχουσι, χαίροντες ὥσπερ
σκυλάκια τῷ ἕλκειν τε καὶ σπαράττειν τῷ λόγῳ τοὺς πλη-
σίον ἀεί. Ὑπερφυῶς μὲν οὖν, ἔφη. Οὐκοῦν ὅταν δὴ πολ-
λοὺς μὲν αὐτοὶ ἐλέγξωσιν, ὑπὸ πολλῶν δὲ ἐλεγχθῶσι,
C σφόδρα καὶ ταχὺ ἐμπίπτουσιν εἰς τὸ μηδὲν ἡγεῖσθαι ὧν-
περ πρότερον· καὶ ἐκ τούτων δὴ αὐτοί τε καὶ τὸ ὅλον φι-
λοσοφίας πέρι εἰς τοὺς ἄλλους διαβέβληνται. Ἀληθέ-
στατα, ἔφη. Ὁ δὲ δὴ πρεσβύτερος, ἦν δ' ἐγώ, τῆς μὲν τοι-
αύτης μανίας οὐκ ἂν ἐθέλοι μετέχειν, τὸν δὲ διαλέγεσθαι
ἐθέλοντα καὶ σκοπεῖν τἀληθὲς μᾶλλον μιμήσεται ἢ τὸν
παιδιᾶς χάριν παίζοντα καὶ ἀντιλέγοντα, καὶ αὐτός τε με-
D τριώτερος ἔσται καὶ τὸ ἐπιτήδευμα τιμιώτερον ἀντὶ ἀτι-
μοτέρου ποιήσει. Ὀρθῶς, ἔφη. Οὐκοῦν καὶ τὰ προειρη-
μένα τούτου ἐπ' εὐλαβείᾳ πάντα προείρηται, τὸ τὰς φύσεις
κοσμίους εἶναι καὶ στασίμους, οἷς τις μεταδώσει τῶν λό-
γων, καὶ μὴ ὡς νῦν ὁ τυχὼν καὶ οὐδὲν προσήκων ἔρχεται
ἐπ' αὐτό; Πάνυ μὲν οὖν, ἔφη.

XVIII. Ἀρκεῖ δὴ ἐπὶ λόγων μεταλήψει μεῖναι ἐνδε-
λεχῶς καὶ ξυντόνως, μηδὲν ἄλλο πράττοντι, ἀλλ' ἀντιστρό-
φως γυμναζομένῳ τοῖς περὶ τὸ σῶμα γυμνασίοις, ἔτη δι-
E πλάσια ἢ τότε; Ἕξ, ἔφη, ἢ τέτταρα λέγεις; Ἀμέλει, εἶπον,
πέντε θές. μετὰ γὰρ τοῦτο καταβιβαστέοι ἔσονταί σοι εἰς

τὸ σπήλαιον πάλιν ἐκεῖνο, καὶ ἀναγκαστέοι ἄρχειν τά τε
περὶ τὸν πόλεμον καὶ ὅσαι νέων ἀρχαί, ἵνα μηδ' ἐμπειρίᾳ
ὑστερῶσι τῶν ἄλλων· καὶ ἔτι καὶ ἐν τούτοις βασανιστέοι,
εἰ ἐμμενοῦσιν ἑλκόμενοι πανταχόσε ἤ τι καὶ παρακινήσου- 540
σιν. Χρόνον δέ, ἦ δ' ὅς, πόσον τοῦτον τίθης; Πεντεκαί-
δεκα ἔτη, ἦν δ' ἐγώ. γενομένων δὲ πεντηκοντουτῶν τοὺς
διασωθέντας καὶ ἀριστεύσαντας πάντα πάντῃ ἐν ἔργοις τε
καὶ ἐπιστήμαις πρὸς τέλος ἤδη ἀκτέον, καὶ ἀναγκαστέον
ἀνακλίναντας τὴν τῆς ψυχῆς αὐγὴν εἰς αὐτὸ ἀποβλέψαι
τὸ πᾶσι φῶς παρέχον, καὶ ἰδόντας τὸ ἀγαθὸν αὐτό, παρα-
δείγματι χρωμένους ἐκείνῳ, καὶ πόλιν καὶ ἰδιώτας καὶ
ἑαυτοὺς κοσμεῖν τὸν ἐπίλοιπον βίον ἐν μέρει ἑκάστους, B
τὸ μὲν πολὺ πρὸς φιλοσοφίᾳ διατρίβοντας, ὅταν δὲ τὸ μέ-
ρος ἥκῃ, πρὸς πολιτικοῖς ἐπιταλαιπωροῦντας καὶ ἄρχον-
τας ἑκάστους τῆς πόλεως ἕνεκα, οὐχ ὡς καλόν τι ἀλλ' ὡς
ἀναγκαῖον πράττοντας, καὶ οὕτως ἄλλους ἀεὶ παιδεύσαν-
τας τοιούτους, ἀντικαταλιπόντας τῆς πόλεως φύλακας,
εἰς μακάρων νήσους ἀπιόντας οἰκεῖν· μνημεῖα δ' αὐτοῖς
καὶ θυσίας τὴν πόλιν δημοσίᾳ ποιεῖν, ἐὰν καὶ ἡ Πυθία C
ξυναναιρῇ, ὡς δαίμοσιν, εἰ δὲ μή, ὡς εὐδαίμοσί τε καὶ
θείοις. Παγκάλους, ἔφη, τοὺς ἄρχοντας, ὦ Σώκρατες,
ὥσπερ ἀνδριαντοποιὸς ἀπείργασαι. Καὶ τὰς ἀρχούσας γε,
ἦν δ' ἐγώ, ὦ Γλαύκων. μηδὲν γάρ τι οἴου με περὶ ἀνδρῶν
εἰρηκέναι μᾶλλον ἃ εἴρηκα ἢ περὶ γυναικῶν, ὅσαι ἂν αὐ-
τῶν ἱκαναὶ τὰς φύσεις ἐγγίγνωνται. Ὀρθῶς, ἔφη, εἴπερ
ἴσα γε πάντα τοῖς ἀνδράσι κοινωνήσουσιν, ὡς διήλθομεν.
Τί οὖν; ἔφην· ξυγχωρεῖτε περὶ τῆς πόλεώς τε καὶ πολι- D
τείας μὴ παντάπασιν ἡμᾶς εὐχὰς εἰρηκέναι, ἀλλὰ χαλεπὰ
μέν, δυνατὰ δέ πῃ, καὶ οὐκ ἄλλῃ ἢ εἴρηται, ὅταν οἱ ὡς
ἀληθῶς φιλόσοφοι δυνάσται, ἢ πλείους ἢ εἷς, ἐν πόλει γε-
νόμενοι τῶν μὲν νῦν τιμῶν καταφρονήσωσιν, ἡγησάμε-
νοι ἀνελευθέρους εἶναι καὶ οὐδενὸς ἀξίας, τὸ δὲ ὀρθὸν

E περὶ πλείστου ποιησάμενοι καὶ τὰς ἀπὸ τούτου τιμάς, μέγιστον δὲ καὶ ἀναγκαιότατον τὸ δίκαιον, καὶ τούτῳ δὴ ὑπηρετοῦντές τε καὶ αὔξοντες αὐτὸ διασκευωρήσωνται τὴν ἑαυτῶν πόλιν; Πῶς; ἔφη. Ὅσοι μὲν ἄν, ἦν δ' ἐγώ, πρεσβύτεροι τυγχάνωσι δεκετῶν ἐν τῇ πόλει, πάντας ἐκ-
541 πέμψωσιν εἰς τοὺς ἀγρούς, τοὺς δὲ παῖδας αὐτῶν παραλαβόντες ἐκτὸς τῶν νῦν ἠθῶν, ἃ καὶ οἱ γονῆς ἔχουσι, θρέψωνται ἐν τοῖς σφετέροις τρόποις καὶ νόμοις, οὖσιν οἵοις διεληλύθαμεν τότε· καὶ οὕτω τάχιστά τε καὶ ῥᾷστα πόλιν τε καὶ πολιτείαν, ἣν ἐλέγομεν, καταστᾶσαν αὐτήν τε εὐδαιμονήσειν καὶ τὸ ἔθνος, ἐν ᾧ ἂν ἐγγένηται, πλεῖστα
B ὀνήσειν; Πολύ γ', ἔφη· καὶ ὡς ἂν γένοιτο, εἴπερ ποτὲ γίγνοιτο, δοκεῖς μοι, ὦ Σώκρατες, εὖ εἰρηκέναι. Οὐκοῦν ἅδην ἤδη, εἶπον ἐγώ, ἔχουσιν ἡμῖν οἱ λόγοι περί τε τῆς πόλεως ταύτης καὶ τοῦ ὁμοίου ταύτῃ ἀνδρός; δῆλος γάρ που καὶ οὗτος, οἷον φήσομεν δεῖν αὐτὸν εἶναι. Δῆλος, ἔφη· καὶ ὅπερ ἐρωτᾷς, δοκεῖ μοι τέλος ἔχειν.

Η.

543 I. *Εἶεν*· ταῦτα μὲν δὴ ὡμολόγηται, ὦ Γλαύκων, τῇ μελλούσῃ ἄκρως οἰκεῖν πόλει κοινὰς μὲν γυναῖκας, κοινοὺς δὲ παῖδας εἶναι καὶ πᾶσαν παιδείαν, ὡσαύτως δὲ τὰ ἐπιτηδεύματα κοινὰ ἐν πολέμῳ τε καὶ εἰρήνῃ, βασιλέας δὲ αὐτῶν εἶναι τοὺς ἐν φιλοσοφίᾳ τε καὶ πρὸς τὸν πόλεμον γεγονοτας ἀρίστους. Ὡμολόγηται, ἔφη. Καὶ μὴν καὶ τάδε
B ξυνεχωρήσαμεν, ὡς, ὅταν δὴ καταστῶσιν οἱ ἄρχοντες, ἄγοντες τοὺς στρατιώτας κατοικιοῦσιν εἰς οἰκήσεις οἵας προείπομεν, ἴδιον μὲν οὐδὲν οὐδενὶ ἐχούσας, κοινὰς δὲ

πᾶσι· πρὸς δὲ ταῖς τοιαύταις οἰκήσεσι καὶ τὰς κτήσεις, εἰ
μνημονεύεις, διωμολογησάμεθά που οἷαι ἔσονται αὐτοῖς.
Ἀλλὰ μνημονεύω, ἔφη, ὅτι γε οὐδὲν οὐδένα ᾠόμεθα δεῖν
κεκτῆσθαι ὧν νῦν οἱ ἄλλοι, ὥσπερ δὲ ἀθλητάς τε πολέ-
μου καὶ φύλακας, μισθὸν τῆς φυλακῆς δεχομένους εἰς C
ἐνιαυτὸν τὴν εἰς ταῦτα τροφὴν παρὰ τῶν ἄλλων, αὑτῶν
τε δεῖν καὶ τῆς ἄλλης πόλεως ἐπιμελεῖσθαι. Ὀρθῶς, ἔφην,
λέγεις. ἀλλ᾽ ἄγε, ἐπειδὴ τοῦτ᾽ ἀπετελέσαμεν, ἀναμνη-
σθῶμεν, πόθεν δεῦρο ἐξετραπόμεθα, ἵνα πάλιν τὴν αὐ-
τὴν ἴωμεν. Οὐ χαλεπόν, ἔφη. σχεδὸν γάρ, καθάπερ νῦν,
ὡς διεληλυθὼς περὶ τῆς πόλεως τοὺς λόγους ἐποιοῦ λέ- D
γων, ὡς ἀγαθὴν μὲν τὴν τοιαύτην, οἵαν τότε διῆλθες, τι-
θείης πόλιν, καὶ ἄνδρα τὸν ἐκείνῃ ὅμοιον, καὶ ταῦτα, ὡς
ἔοικας, καλλίω ἔτι ἔχων εἰπεῖν πόλιν τε καὶ ἄνδρα· ἀλλ᾽
οὖν δὴ τὰς ἄλλας ἡμαρτημένας ἔλεγες, εἰ αὕτη ὀρθή. τῶν 544
δὲ λοιπῶν πολιτειῶν ἔφησθα, ὡς μνημονεύω, τέτταρα
εἴδη εἶναι, ὧν καὶ πέρι λόγον ἄξιον εἴη ἔχειν καὶ ἰδεῖν αὐ-
τῶν τὰ ἁμαρτήματα καὶ τοὺς ἐκείναις αὖ ὁμοίους, ἵνα
πάντας αὐτοὺς ἰδόντες καὶ ὁμολογησάμενοι τὸν ἄριστον
καὶ τὸν κάκιστον ἄνδρα ἐπισκεψαίμεθα, εἰ ὁ ἄριστος εὐ-
δαιμονέστατος καὶ ὁ κάκιστος ἀθλιώτατος ἢ ἄλλως ἔχοι·
καὶ ἐμοῦ ἐρομένου, τίνας λέγοις τὰς τέτταρας πολιτείας,
ἐν τούτῳ ὑπέλαβε Πολέμαρχός τε καὶ Ἀδείμαντος, καὶ B
οὕτω δὴ σὺ ἀναλαβὼν τὸν λόγον δεῦρ᾽ ἀφῖξαι. Ὀρθό-
τατα, εἶπον, ἐμνημόνευσας. Πάλιν τοίνυν, ὥσπερ παλαι-
στής, τὴν αὐτὴν λαβὴν πάρεχε, καὶ τὸ αὐτὸ ἐμοῦ ἐρομέ-
νου πειρῶ εἰπεῖν, ἅπερ τότε ἔμελλες λέγειν. Ἐάνπερ, ἦν
δ᾽ ἐγώ, δύνωμαι. Καὶ μήν, ἦ δ᾽ ὅς, ἐπιθυμῶ καὶ αὐτὸς
ἀκοῦσαι, τίνας ἔλεγες τὰς τέτταρας πολιτείας. Οὐ χαλε- C
πῶς, ἦν δ᾽ ἐγώ, ἀκούσει. εἰσὶ γὰρ ἃς λέγω, αἵπερ καὶ ὀνό-
ματα ἔχουσιν, ἥ τε ὑπὸ τῶν πολλῶν ἐπαινουμένη, ἡ Κρη-
τική τε καὶ Λακωνικὴ αὕτη· καὶ δευτέρα ἡ δευτέρως ἐπαι-

νουμένη, καλουμένη δ' ὀλιγαρχία, συχνῶν γέμουσα κα-
κῶν πολιτεία· ἥ τε ταύτῃ διάφορος καὶ ἐφεξῆς γιγνο-
μένη δημοκρατία, καὶ ἡ γενναία δὴ τυραννὶς καὶ [ἡ] πα-
σῶν τούτων διαφέρουσα, τέταρτόν τε καὶ ἔσχατον πόλεως
D νόσημα. ἤ τινα ἄλλην ἔχεις ἰδέαν πολιτείας, ἥτις καὶ ἐν
εἴδει διαφανεῖ τινὶ κεῖται; δυναστεῖαι γὰρ καὶ ὠνηταὶ βα-
σιλεῖαι καὶ τοιαῦταί τινες πολιτεῖαι μεταξύ τι τούτων πού
εἰσιν, εὕροι δ' ἄν τις αὐτὰς οὐκ ἐλάττους περὶ τοὺς βαρ-
βάρους ἢ τοὺς Ἕλληνας. Πολλαὶ γοῦν καὶ ἄτοποι, ἔφη,
λέγονται.

II. Οἶσθ' οὖν, ἦν δ' ἐγώ, ὅτι καὶ ἀνθρώπων εἴδη το-
σαῦτα ἀνάγκη τρόπων εἶναι, ὅσαπερ καὶ πολιτειῶν; ἢ
οἴει ἐκ δρυός ποθεν ἢ ἐκ πέτρας τὰς πολιτείας γίγνεσθαι,
E ἀλλ' οὐχὶ ἐκ τῶν ἠθῶν τῶν ἐν ταῖς πόλεσιν, ἃ ἂν ὥσπερ
ῥέψαντα τἆλλα ἐφελκύσηται; Οὐδαμῶς ἔγωγ', ἔφη, ἄλλο-
θεν ἢ ἐντεῦθεν. Οὐκοῦν εἰ τὰ τῶν πόλεων πέντε, καὶ αἱ
τῶν ἰδιωτῶν κατασκευαὶ τῆς ψυχῆς πέντε ἂν εἶεν. Τί
μήν; Τὸν μὲν δὴ τῇ ἀριστοκρατίᾳ ὅμοιον διεληλύθαμεν
545 ἤδη, ὃν ἀγαθόν τε καὶ δίκαιον ὀρθῶς φαμὲν εἶναι. Διελη-
λύθαμεν. Ἆρ' οὖν τὸ μετὰ τοῦτο διιτέον τοὺς χείρους,
τὸν φιλόνεικόν τε καὶ φιλότιμον, κατὰ τὴν Λακωνικὴν
ἑστῶτα πολιτείαν, καὶ ὀλιγαρχικὸν αὖ καὶ δημοκρατικὸν
καὶ τὸν τυραννικόν, ἵνα τὸν ἀδικώτατον ἰδόντες ἀντιθῶ-
μεν τῷ δικαιοτάτῳ καὶ ἡμῖν τελέα ἡ σκέψις ᾖ, πῶς ποτε ἡ
B ἄκρατος δικαιοσύνη πρὸς ἀδικίαν τὴν ἄκρατον ἔχει εὐ-
δαιμονίας τε πέρι τοῦ ἔχοντος καὶ ἀθλιότητος, ἵνα ἢ Θρα-
συμάχῳ πειθόμενοι διώκωμεν ἀδικίαν ἢ τῷ νῦν προφαι-
νομένῳ λόγῳ δικαιοσύνην; Παντάπασι μὲν οὖν, ἔφη,
οὕτω ποιητέον. Ἆρ' οὖν, ὥσπερ ἠρξάμεθα ἐν ταῖς πολι-
τείαις πρότερον σκοπεῖν τὰ ἤθη ἢ ἐν τοῖς ἰδιώταις, ὡς
ἐναργέστερον ὄν, καὶ νῦν οὕτω πρῶτον μὲν τὴν φιλότι-
μον σκεπτέον πολιτείαν· ὄνομα γὰρ οὐκ ἔχω λεγόμενον

ἄλλο· ἢ τιμοκρατίαν ἢ τιμαρχίαν αὐτὴν κλητέον· πρὸς δὲ
ταύτην τὸν τοιοῦτον ἄνδρα σκεψόμεθα, ἔπειτα ὀλιγαρχίαν
καὶ ἄνδρα ὀλιγαρχικόν, αὖθις δὲ εἰς δημοκρατίαν ἀποβλέ- C
ψαντες θεασόμεθα ἄνδρα δημοκρατικόν, τὸ δὲ τέταρτον
εἰς τυραννουμένην πόλιν ἐλθόντες καὶ ἰδόντες, πάλιν εἰς
τυραννικὴν ψυχὴν βλέποντες, πειρασόμεθα περὶ ὧν προὐ-
θέμεθα ἱκανοὶ κριταὶ γενέσθαι; Κατὰ λόγον γέ τοι ἄν,
ἔφη, οὕτω γίγνοιτο ἥ τε θέα καὶ ἡ κρίσις.

III. Φέρε τοίνυν, ἦν δ' ἐγώ, πειρώμεθα λέγειν, τίνα
τρόπον τιμοκρατία γένοιτ' ἂν ἐξ ἀριστοκρατίας. ἢ τόδε
μὲν ἁπλοῦν, ὅτι πᾶσα πολιτεία μεταβάλλει ἐξ αὐτοῦ τοῦ D
ἔχοντος τὰς ἀρχάς, ὅταν ἐν αὐτῷ τούτῳ στάσις ἐγγένηται·
ὁμονοοῦντος δέ, κἂν πάνυ ὀλίγον ᾖ, ἀδύνατον κινηθῆ-
ναι; Ἔστι γὰρ οὕτως. Πῶς οὖν δή, εἶπον, ὦ Γλαύκων, ἡ
πόλις ἡμῖν κινηθήσεται, καὶ πῇ στασιάσουσιν οἱ ἐπίκου-
ροι καὶ οἱ ἄρχοντες πρὸς ἀλλήλους τε καὶ πρὸς ἑαυτούς;
ἢ βούλει, ὥσπερ Ὅμηρος, εὐχώμεθα ταῖς Μούσαις εἰπεῖν
ἡμῖν, ὅπως δὴ πρῶτον στάσις ἔμπεσε, καὶ φῶμεν αὐτὰς E
τραγικῶς ὡς πρὸς παῖδας ἡμᾶς παιζούσας καὶ ἐρεσχηλού-
σας, ὡς δὴ σπουδῇ λεγούσας, ὑψηλολογουμένας λέγειν;
Πῶς; Ὧδέ πως· χαλεπὸν μὲν κινηθῆναι πόλιν οὕτω ξυ- 546
στᾶσαν· ἀλλ' ἐπεὶ γενομένῳ παντὶ φθορά ἐστιν, οὐδ' ἡ
τοιαύτη ξύστασις τὸν ἅπαντα μενεῖ χρόνον, ἀλλὰ λυθή-
σεται· λύσις δὲ ἥδε. οὐ μόνον φυτοῖς ἐγγείοις, ἀλλὰ καὶ
ἐν ἐπιγείοις ζῴοις φορὰ καὶ ἀφορία ψυχῆς τε καὶ σωμάτων
γίγνονται, ὅταν περιτροπαὶ ἑκάστοις κύκλων περιφορὰς
ξυνάπτωσι, βραχυβίοις μὲν βραχυπόρους, ἐναντίοις δὲ
ἐναντίας· γένους δὲ ὑμετέρου εὐγονίας τε καὶ ἀφορίας
καίπερ ὄντες σοφοί, οὓς ἡγεμόνας πόλεως ἐπαιδεύσασθε, B
οὐδὲν μᾶλλον λογισμῷ μετ' αἰσθήσεως τεύξονται, ἀλλὰ
πάρεισιν αὐτοὺς καὶ γεννήσουσι παῖδάς ποτε οὐ δέον.
ἔστι δὲ θείῳ μὲν γεννητῷ περίοδος, ἣν ἀριθμὸς περιλαμ-

βάνει τέλειος, ἀνθρωπείῳ δὲ ἐν ᾧ πρώτῳ αὐξήσεις δυνά-
μεναί τε καὶ δυναστευόμεναι, τρεῖς ἀποστάσεις, τέτταρας
δὲ ὅρους λαβοῦσαι ὁμοιούντων τε καὶ ἀνομοιούντων καὶ
C αὐξόντων καὶ φθινόντων, πάντα προσήγορα καὶ ῥητὰ
πρὸς ἄλληλα ἀπέφηναν· ὧν ἐπίτριτος πυθμὴν πεμπάδι
συζυγεὶς δύο ἁρμονίας παρέχεται τρὶς αὐξηθείς, τὴν μὲν
ἴσην ἰσάκις, ἑκατὸν τοσαυτάκις, τὴν δὲ ἰσομήκη μὲν τῇ,
προμήκη δέ, ἑκατὸν μὲν ἀριθμῶν ἀπὸ διαμέτρων ῥητῶν
πεμπάδος, δεομένων ἑνὸς ἑκάστων, ἀρρήτων δὲ δυεῖν,
ἑκατὸν δὲ κύβων τριάδος. ξύμπας δὲ οὗτος ἀριθμὸς γεω-
μετρικὸς τοιούτου κύριος, ἀμεινόνων τε καὶ χειρόνων γε-
D νέσεων, ἃς ὅταν ἀγνοήσαντες ὑμῖν οἱ φύλακες συνοικί-
ζωσι νύμφας νυμφίοις παρὰ καιρόν, οὐκ εὐφυεῖς οὐδ'
εὐτυχεῖς παῖδες ἔσονται· ὧν καταστήσουσι μὲν τοὺς ἀρί-
στους οἱ πρότεροι, ὅμως δὲ ὄντες ἀνάξιοι, εἰς τὰς τῶν πα-
τέρων αὖ δυνάμεις ἐλθόντες, ἡμῶν πρῶτον ἄρξονται ἀμε-
λεῖν φύλακες ὄντες, παρ' ἔλαττον τοῦ δέοντος ἡγησάμε-
νοι τὰ μουσικῆς, [δεύτερον δὲ τὰ γυμναστικῆς]· ὅθεν
E ἀμουσότεροι γενήσονται ὑμῖν οἱ νέοι. ἐκ δὲ τούτων ἄρ-
χοντες οὐ πάνυ φυλακικοὶ καταστήσονται πρὸς τὸ δοκι-
547 μάζειν τὰ Ἡσιόδου τε καὶ τὰ παρ' ὑμῖν γένη, χρυσοῦν τε
καὶ ἀργυροῦν καὶ χαλκοῦν καὶ σιδηροῦν· ὁμοῦ δὲ μιγέντος
σιδηροῦ ἀργυρῷ καὶ χαλκοῦ χρυσῷ ἀνομοιότης ἐγγενήσε-
ται καὶ ἀνωμαλία ἀνάρμοστος, ἃ γενόμενα, οὗ ἂν ἐγγέ-
νηται, ἀεὶ τίκτει πόλεμον καὶ ἔχθραν. ταύτης τοι γενεᾶς
χρὴ φάναι εἶναι στάσιν, ὅπου ἂν γίγνηται ἀεί. Καὶ ὀρθῶς
γ', ἔφη, αὐτὰς ἀποκρίνεσθαι φήσομεν. Καὶ γάρ, ἦν δ'
ἐγώ, ἀνάγκη Μούσας γε οὔσας. Τί οὖν, ἦ δ' ὅς, τὸ μετὰ
B τοῦτο λέγουσιν αἱ Μοῦσαι; Στάσεως, ἦν δ' ἐγώ, γενομέ-
νης εἱλκέτην ἄρα ἑκατέρω τὼ γένει, τὸ μὲν σιδηροῦν καὶ
χαλκοῦν ἐπὶ χρηματισμὸν καὶ γῆς κτῆσιν καὶ οἰκίας χρυ-
σίου τε καὶ ἀργύρου, τὼ δ' αὖ, τὸ χρυσοῦν τε καὶ ἀργυ-

', ἅτε οὐ πενομένω, ἀλλὰ φύσει ὄντε πλουσίω, τὰς ὰς ἐπὶ τὴν ἀρετὴν καὶ τὴν ἀρχαίαν κατάστασιν ἠγέ· βιαζομένων δὲ καὶ ἀντιτεινόντων ἀλλήλοις, εἰς μέ ὡμολόγησαν γῆν μὲν καὶ οἰκίας κατανειμαμένους σασθαι, τοὺς δὲ πρὶν φυλαττομένους ὑπ' αὐτῶν ὡς C 'θέρους φίλους τε καὶ τροφέας δουλωσάμενοι τότε πε-κους τε καὶ οἰκέτας ἔχοντες αὐτοὶ πολέμου τε καὶ φυ-ῆς αὐτῶν ἐπιμελεῖσθαι. Δοκεῖ μοι, ἔφη, αὕτη ἡ μετά-ς ἐντεῦθεν γίγνεσθαι. Οὐκοῦν, ἦν δ' ἐγώ, ἐν μέσῳ ἰν εἴη ἀριστοκρατίας τε καὶ ὀλιγαρχίας αὕτη ἡ πολι-; Πάνυ μὲν οὖν.

IV. Μεταβήσεται μὲν δὴ οὕτω· μεταβᾶσα δὲ πῶς οἰ-ει; ἢ φανερὸν ὅτι τὰ μὲν μιμήσεται τὴν προτέραν πο- D ίαν, τὰ δὲ τὴν ὀλιγαρχίαν, ἅτ' ἐν μέσῳ οὖσα, τὸ δέ τι κὐτῆς ἕξει ἴδιον; Οὕτως, ἔφη. Οὐκοῦν τῷ μὲν τιμᾶν ; ἄρχοντας καὶ γεωργιῶν ἀπέχεσθαι τὸ προπολεμοῦν ῆς καὶ χειροτεχνιῶν καὶ τοῦ ἄλλου χρηματισμοῦ, ξυσσί-δὲ κατεσκευάσθαι καὶ γυμναστικῆς τε καὶ τῆς τοῦ πο-υ ἀγωνίας ἐπιμελεῖσθαι, πᾶσι τοῖς τοιούτοις τὴν προ-ιν μιμήσεται; Ναί. Τῷ δέ γε φοβεῖσθαι τοὺς σοφοὺς E τὰς ἀρχὰς ἄγειν, ἅτε οὐκέτι κεκτημένην ἁπλοῦς τε καὶ ·εῖς τοὺς τοιούτους ἄνδρας ἀλλὰ μικτούς, ἐπὶ δὲ θυ-δεῖς τε καὶ ἁπλουστέρους ἀποκλίνειν, τοὺς πρὸς πό-ν μᾶλλον πεφυκότας ἢ πρὸς εἰρήνην, καὶ τοὺς περὶ 548 :α δόλους τε καὶ μηχανὰς ἐντίμως ἔχειν, καὶ πολε-σα τὸν ἀεὶ χρόνον διάγειν, αὐτὴ ἑαυτῆς αὖ τὰ πολλὰ τοιούτων ἴδια ἕξει; Ναί. Ἐπιθυμηταὶ δέ γε, ἦν δ' χρημάτων οἱ τοιοῦτοι ἔσονται, ὥσπερ οἱ ἐν ταῖς ὀλι-γίαις, καὶ τιμῶντες ἀγρίως ὑπὸ σκότου χρυσόν τε καὶ ·ρον, ἅτε κεκτημένοι ταμιεῖα καὶ οἰκείους θησαυρούς, έμενοι ἂν αὐτὰ κρύψειαν, καὶ αὖ περιβόλους οἰκή-ἀτεχνῶς νεοττιὰς ἰδίας, ἐν αἷς ἀναλίσκοντες γυναιξί B [illegible] ἂν δαπανῷντο. Ἀληθέ-[illegible] [illegible] χρημάτων. ἅτε τιμῶν-[illegible] [illegible] ἀναλίσκειν δὲ ἀλλοτρίων [illegible] [illegible] τὰς ἡδονὰς καρπούμενοι, ὥσπερ [illegible] [illegible] ἀποδιδράσκοντες, οὐχ ὑπὸ πει-[illegible] [illegible] πεπαιδευμένοι διὰ τὸ τῆς ἀληθινῆς [illegible] [illegible] τε καὶ φιλοσοφίας ἠμεληκέναι [illegible] [illegible] μουσικῆς τετιμηκέναι. [illegible] [illegible] πολιτείαν ἐκ κακοῦ [illegible] [illegible] ἦν δ' ἐγώ· διαφανέστατον [illegible] [illegible] τοῦ θυμοειδοῦς κρα-[illegible] [illegible]. Σφόδρα γε, ἦ δ' ὅς. [illegible] [illegible] πολιτεία οὕτω γεγονυῖα [illegible] [illegible] σχῆμα πολιτείας ὑπογρά-[illegible] [illegible] διὰ τὸ ἐξαρκεῖν μὲν [illegible] [illegible] τόν τε δικαιότατον καὶ τὸν [illegible] [illegible] ἔργον εἶναι πάσας μὲν [illegible] [illegible] μηδὲν παραλιπόντα διελθεῖν. Καὶ [illegible] ἔφη.

V [illegible] ὁ κατὰ ταύτην τὴν πολιτείαν ἀνήρ; πῶς τε [illegible] τέ τις ὤν; Οἶμαι μέν, ἔφη ὁ Ἀδείμαν-τος, ἐγγύς τι αὐτὸν Γλαύκωνος τουτουὶ τείνειν ἕνεκά γε

E φιλονεικίας. Ἴσως, ἦν δ' ἐγώ, τοῦτό γε· ἀλλά μοι δοκεῖ τάδε οὐ κατὰ τοῦτον πεφυκέναι. Τὰ ποῖα; Αὐθαδέστε-ρόν τε δεῖ αὐτόν, ἦν δ' ἐγώ, εἶναι καὶ ὑποαμουσότερον, φιλόμουσον δὲ καὶ φιλήκοον μέν, ῥητορικὸν δ' οὐδαμῶς.

549 καὶ δούλοις μέν τις ἂν ἄγριος εἴη ὁ τοιοῦτος, οὐ κατα-φρονῶν δούλων, ὥσπερ ὁ ἱκανῶς πεπαιδευμένος, ἐλευ-θέροις δὲ ἥμερος, ἀρχόντων δὲ σφόδρα ὑπήκοος, φίλαρχος δὲ καὶ φιλότιμος, οὐκ ἀπὸ τοῦ λέγειν ἀξιῶν ἄρχειν οὐδ' ἀπὸ τοιούτου οὐδενός, ἀλλ' ἀπὸ ἔργων τῶν τε πολεμικῶν καὶ τῶν περὶ τὰ πολεμικά, φιλογυμναστής τέ τις ὢν καὶ

φιλόθηρος. Ἔστι γάρ, ἔφη, τοῦτο τὸ ἦθος ἐκείνης τῆς
πολιτείας. Οὐκοῦν καὶ χρημάτων, ἦν δ' ἐγώ, ὁ τοιοῦτος
νέος μὲν ὢν καταφρονοῖ ἄν, ὅσῳ δὲ πρεσβύτερος γίγνοιτο, B
μᾶλλον ἀεὶ ἀσπάζοιτο ἂν τῷ τε μετέχειν τῆς τοῦ φιλοχρη-
μάτου φύσεως καὶ μὴ εἶναι εἰλικρινὴς πρὸς ἀρετὴν διὰ
τὸ ἀπολειφθῆναι τοῦ ἀρίστου φύλακος; Τίνος; ἦ δ' ὃς
ὁ Ἀδείμαντος. Λόγου, ἦν δ' ἐγώ, μουσικῇ κεκραμένου·
ὃς μόνος ἐγγενόμενος σωτὴρ ἀρετῆς διὰ βίου ἐνοικεῖ τῷ
ἔχοντι. Καλῶς, ἔφη, λέγεις. Καὶ ἔστι μέν γ', ἦν δ' ἐγώ,
τοιοῦτος ὁ τιμοκρατικὸς νεανίας, τῇ τοιαύτῃ πόλει ἐοικώς.
Πάνυ μὲν οὖν. Γίγνεται δέ γ', εἶπον, οὗτος ὧδέ πως, C
ἐνίοτε πατρὸς ἀγαθοῦ ὢν νέος υἱὸς ἐν πόλει οἰκοῦντος
οὐκ εὖ πολιτευομένῃ, φεύγοντος τάς τε τιμὰς καὶ ἀρχὰς
καὶ δίκας καὶ τὴν τοιαύτην πᾶσαν φιλοπραγμοσύνην καὶ
ἐθέλοντος ἐλαττοῦσθαι, ὥστε πράγματα μὴ ἔχειν. Πῇ δή,
ἔφη, γίγνεται; Ὅταν, ἦν δ' ἐγώ, πρῶτον μὲν τῆς μητρὸς
ἀκούῃ ἀχθομένης, ὅτι οὐ τῶν ἀρχόντων αὐτῇ ὁ ἀνήρ D
ἐστι, καὶ ἐλαττουμένης διὰ ταῦτα ἐν ταῖς ἄλλαις γυναιξίν,
ἔπειτα ὁρώσης μὴ σφόδρα περὶ χρήματα σπουδάζοντα
μηδὲ μαχόμενον καὶ λοιδορούμενον ἰδίᾳ τε ἐν δικαστη-
ρίοις καὶ δημοσίᾳ, ἀλλὰ ῥᾳθύμως πάντα τὰ τοιαῦτα φέ-
ροντα, καὶ ἑαυτῷ μὲν τὸν νοῦν προσέχοντα ἀεὶ αἰσθάνη-
ται, ἑαυτὴν δὲ μήτε πάνυ τιμῶντα μήτε ἀτιμάζοντα· ἐξ
ἁπάντων τούτων ἀχθομένης τε καὶ λεγούσης, ὡς ἄναν-
δρός τε αὐτῷ ὁ πατὴρ καὶ λίαν ἀνειμένος, καὶ ἄλλα δὴ ὅσα
καὶ οἷα φιλοῦσιν αἱ γυναῖκες περὶ τῶν τοιούτων ὑμνεῖν. E
Καὶ μάλ', ἔφη ὁ Ἀδείμαντος, πολλά τε καὶ ὅμοια ἑαυταῖς.
Οἶσθα οὖν, ἦν δ' ἐγώ, ὅτι καὶ οἱ οἰκέται τῶν τοιούτων
ἐνίοτε λάθρᾳ πρὸς τοὺς υἱεῖς τοιαῦτα λέγουσιν, οἱ δοκοῦν-
τες εὖνοι εἶναι, καὶ ἐάν τινα ἴδωσιν ἢ ὀφείλοντα χρήματα,
ᾧ μὴ ἐπεξέρχεται ὁ πατήρ, ἤ τι ἄλλο ἀδικοῦντα, διακε-
λεύονται ὅπως, ἐπειδὰν ἀνὴρ γένηται, τιμωρήσεται πάν-

550 τας τοὺς τοιούτους καὶ ἀνὴρ μᾶλλον ἔσται τοῦ πατρός. καὶ ἐξιὼν ἕτερα τοιαῦτα ἀκούει καὶ ὁρᾷ, τοὺς μὲν τὰ αὑτῶν πράττοντας ἐν τῇ πόλει ἠλιθίους τε καλουμένους καὶ ἐν σμικρῷ λόγῳ ὄντας, τοὺς δὲ μὴ τὰ αὑτῶν τιμωμένους τε καὶ ἐπαινουμένους. τότε δὴ ὁ νέος πάντα τὰ τοιαῦτα ἀκούων τε καὶ ὁρῶν, καὶ αὖ τοὺς τοῦ πατρὸς λόγους ἀκούων τε καὶ ὁρῶν τὰ ἐπιτηδεύματα αὐτοῦ ἐγγύθεν παρὰ τὰ τῶν ἄλλων, ἑλκόμενος ὑπ' ἀμφοτέρων τούτων,
B τοῦ μὲν πατρὸς αὐτοῦ τὸ λογιστικὸν ἐν τῇ ψυχῇ ἄρδοντός τε καὶ αὔξοντος, τῶν δὲ ἄλλων τό τε ἐπιθυμητικὸν καὶ τὸ θυμοειδές, διὰ τὸ μὴ κακοῦ ἀνδρὸς εἶναι τὴν φύσιν, ὁμιλίαις δὲ ταῖς τῶν ἄλλων κακαῖς κεχρῆσθαι, εἰς τὸ μέσον ἑλκόμενος ὑπ' ἀμφοτέρων τούτων ἦλθε, καὶ τὴν ἐν ἑαυτῷ ἀρχὴν παρέδωκε τῷ μέσῳ τε καὶ φιλονείκῳ καὶ θυμοειδεῖ, καὶ ἐγένετο ὑψηλόφρων τε καὶ φιλότιμος ἀνήρ. Κομιδῇ μοι, ἔφη, δοκεῖς τὴν τούτου γένεσιν διεληλυθέναι.
C Ἔχομεν ἄρα, ἦν δ' ἐγώ, τήν τε δευτέραν πολιτείαν καὶ τὸν δεύτερον ἄνδρα. Ἔχομεν, ἔφη.

VI. Οὐκοῦν μετὰ τοῦτο, τὸ τοῦ Αἰσχύλου, λέγωμεν ἄλλον ἄλλῃ πρὸς πόλει τεταγμένον, μᾶλλον δὲ κατὰ τὴν ὑπόθεσιν προτέραν τὴν πόλιν; Πάνυ μὲν οὖν, ἔφη. Εἴη δέ γ' ἄν, ὡς ἐγᾦμαι, ὀλιγαρχία ἡ μετὰ τὴν τοιαύτην πολιτείαν. Λέγεις δέ, ἦ δ' ὅς, τὴν ποίαν κατάστασιν ὀλιγαρχίαν; Τὴν ἀπὸ τιμημάτων, ἦν δ' ἐγώ, πολιτείαν, ἐν ᾗ οἱ
D μὲν πλούσιοι ἄρχουσι, πένητι δὲ οὐ μέτεστιν ἀρχῆς. Μανθάνω, ἦ δ' ὅς. Οὐκοῦν ὡς μεταβαίνει πρῶτον ἐκ τῆς τιμαρχίας εἰς τὴν ὀλιγαρχίαν, ῥητέον; Ναί. Καὶ μήν, ἦν δ' ἐγώ, καὶ τυφλῷ γε δῆλον, ὡς μεταβαίνει. Πῶς; Τὸ ταμιεῖον, ἦν δ' ἐγώ, ἐκεῖνο ἑκάστῳ χρυσίου πληρούμενον ἀπόλλυσι τὴν τοιαύτην πολιτείαν. πρῶτον μὲν γὰρ δαπάνας αὑτοῖς ἐξευρίσκουσι, καὶ τοὺς νόμους ἐπὶ τοῦτο παρ-
E άγουσιν, ἀπειθοῦντες αὐτοί τε καὶ γυναῖκες αὐτῶν. Εἰ-

κός, ἔφη. Ἔπειτά γε, οἶμαι, ἄλλος ἄλλον ὁρῶν καὶ εἰς
ζῆλον ἰὼν τὸ πλῆθος τοιοῦτον αὐτῶν ἀπειργάσαντο. Εἰ-
κός. Τοὐντεῦθεν τοίνυν, εἶπον, προϊόντες εἰς τὸ πρόσθεν
τοῦ χρηματίζεσθαι, ὅσῳ ἂν τοῦτο τιμιώτερον ἡγῶνται,
τοσούτῳ ἀρετὴν ἀτιμοτέραν. ἢ οὐχ οὕτω πλούτου ἀρετὴ
διέστηκεν, ὥσπερ ἐν πλάστιγγι ζυγοῦ κειμένου ἑκατέρου
ἀεὶ τοὐναντίον ῥέποντε; Καὶ μάλ', ἔφη. Τιμωμένου δὴ
πλούτου ἐν πόλει καὶ τῶν πλουσίων ἀτιμοτέρα ἀρετή τε 551
καὶ οἱ ἀγαθοί. Δῆλον. Ἀσκεῖται δὴ τὸ ἀεὶ τιμώμενον,
ἀμελεῖται δὲ τὸ ἀτιμαζόμενον. Οὕτως. Ἀντὶ δὴ φιλονεί-
κων καὶ φιλοτίμων ἀνδρῶν φιλοχρηματισταὶ καὶ φιλο-
χρήματοι τελευτῶντες ἐγένοντο, καὶ τὸν μὲν πλούσιον
ἐπαινοῦσί τε καὶ θαυμάζουσι καὶ εἰς τὰς ἀρχὰς ἄγουσι,
τὸν δὲ πένητα ἀτιμάζουσιν. Πάνυ γε. Οὐκοῦν τότε δὴ
νόμον τίθενται ὅρον πολιτείας ὀλιγαρχικῆς ταξάμενοι B
πλῆθος χρημάτων, οὗ μὲν μᾶλλον ὀλιγαρχία, πλέον, οὗ
δ' ἧττον, ἔλαττον, προειπόντες ἀρχῶν μὴ μετέχειν, ᾧ ἂν
μὴ ᾖ οὐσία εἰς τὸ ταχθὲν τίμημα, ταῦτα δὲ ἢ βίᾳ μεθ'
ὅπλων διαπράττονται, ἢ καὶ πρὸ τούτου φοβήσαντες κατε-
στήσαντο τὴν τοιαύτην πολιτείαν. ἢ οὐχ οὕτως; Οὕτω μὲν
οὖν. Ἡ μὲν δὴ κατάστασις ὡς ἔπος εἰπεῖν αὕτη. Ναί, ἔφη·
ἀλλὰ τίς δὴ ὁ τρόπος τῆς πολιτείας, καὶ ποῖά ἐστιν ἃ ἔφα-
μεν αὐτὴν ἁμαρτήματα ἔχειν; C

VII. Πρῶτον μέν, ἔφην, τοῦτο αὐτό, ὅρος αὐτῆς οἷός ἐστιν. ἄθρει γάρ, εἰ νεῶν οὕτω τις ποιοῖτο κυβερνήτας ἀπὸ τιμημάτων, τῷ δὲ πένητι, εἰ καὶ κυβερνητικώτερος εἴη, μὴ ἐπιτρέποι. Πονηράν, ἦ δ' ὅς, τὴν ναυτιλίαν αὐτοὺς ναυτίλλεσθαι. Οὐκοῦν καὶ περὶ ἄλλου οὕτως ὁτουοῦν [ἤ τινος] ἀρχῆς; Οἶμαι ἔγωγε. Πλὴν πόλεως, ἦν δ' ἐγώ, ἢ καὶ πόλεως πέρι; Πολύ γ', ἔφη, μάλιστα, ὅσῳ
χαλεπωτάτη καὶ μεγίστη ἡ ἀρχή. Ἓν μὲν δὴ τοῦτο τοσοῦ- D
τον ὀλιγαρχία ἂν ἔχοι ἁμάρτημα. Φαίνεται. Τί δαί; τόδε

ἆρά τι τούτου ἔλαττον; Τὸ ποῖον; Το μὴ μίαν ἀλλὰ δύο ἀνάγκῃ εἶναι τὴν τοιαύτην πόλιν, τὴν μὲν πενήτων, τὴν δὲ πλουσίων, οἰκοῦντας ἐν τῷ αὐτῷ, ἀεὶ ἐπιβουλεύοντας ἀλλήλοις. Οὐδὲν μὰ Δί', ἔφη, ἔλαττον. Ἀλλὰ μὴν οὐδὲ τόδε καλόν, τὸ ἀδυνάτους εἶναι ἴσως πόλεμόν τινα πολεμεῖν διὰ τὸ ἀναγκάζεσθαι ἢ χρωμένους τῷ πλήθει ὡπλι-
E σμένῳ δεδιέναι μᾶλλον ἢ τοὺς πολεμίους, ἢ μὴ χρωμένους ὡς ἀληθῶς ὀλιγαρχικοὺς φανῆναι ἐν αὐτῷ τῷ μάχεσθαι, καὶ ἅμα χρήματα μὴ ἐθέλειν εἰσφέρειν, ἅτε φιλοχρημάτους. Οὐ καλόν. Τί δέ; ὃ πάλαι ἐλοιδοροῦμεν, τὸ πολυ-
552 πραγμονεῖν γεωργοῦντας καὶ χρηματιζομένους καὶ πολεμοῦντας ἅμα τοὺς αὐτοὺς ἐν τῇ τοιαύτῃ πολιτείᾳ, ἢ δοκεῖ ὀρθῶς ἔχειν; Οὐδ' ὁπωστιοῦν. Ὅρα δή, τούτων πάντων τῶν κακῶν εἰ τόδε μέγιστον αὕτη πρώτη παραδέχεται. Τὸ ποῖον; Τὸ ἐξεῖναι πάντα τὰ αὑτοῦ ἀποδόσθαι καὶ ἄλλῳ κτήσασθαι τὰ τούτου, καὶ ἀποδόμενον οἰκεῖν ἐν τῇ πόλει μηδὲν ὄντα τῶν τῆς πόλεως μερῶν, μήτε χρηματιστὴν μήτε δημιουργὸν μήτε ἱππέα μήτε ὁπλίτην,
B ἀλλὰ πένητα καὶ ἄπορον κεκλημένον. Πρώτη, ἔφη. Οὔκουν διακωλύεταί γε ἐν ταῖς ὀλιγαρχουμέναις τὸ τοιοῦτον· οὐ γὰρ ἂν οἱ μὲν ὑπέρπλουτοι ἦσαν, οἱ δὲ παντάπασι πένητες. Ὀρθῶς. Τόδε δὲ ἄθρει· ἆρα ὅτε πλούσιος ὢν ἀνήλισκεν ὁ τοιοῦτος, μᾶλλόν τι τότ' ἦν ὄφελος τῇ πόλει εἰς ἃ νῦν δὴ ἐλέγομεν; ἢ ἐδόκει μὲν τῶν ἀρχόντων εἶναι, τῇ δὲ ἀληθείᾳ οὔτε ἄρχων οὔτε ὑπηρέτης ἦν αὐτῆς, ἀλλὰ τῶν ἑτοίμων ἀναλωτής; Οὕτως, ἔφη· ἐδόκει,
C ἦν δὲ οὐδὲν ἄλλο ἢ ἀναλωτής. Βούλει οὖν, ἦν δ' ἐγώ, φῶμεν αὐτόν, ὡς ἐν κηρίῳ κηφὴν ἐγγίγνεται, σμήνους νόσημα, οὕτω καὶ τὸν τοιοῦτον ἐν οἰκίᾳ κηφῆνα ἐγγίγνεσθαι, νόσημα πόλεως; Πάνυ μὲν οὖν, ἔφη, ὦ Σώκρατες. Οὐκοῦν, ὦ Ἀδείμαντε, τοὺς μὲν πτηνοὺς κηφῆνας πάντας ἀκέντρους ὁ θεὸς πεποίηκε, τοὺς δὲ πεζοὺς τού-

τους ἐνίους μὲν αὐτῶν ἀκέντρους, ἐνίους δὲ δεινὰ κέντρα
ἔχοντας; καὶ ἐκ μὲν τῶν ἀκέντρων πτωχοὶ πρὸς τὸ γῆρας
τελευτῶσιν, ἐκ δὲ τῶν κεκεντρωμένων πάντες ὅσοι κέ- D
κληνται κακοῦργοι; Ἀληθέστατα, ἔφη. Δῆλον ἄρα, ἦν δ'
ἐγώ, ἐν πόλει, οὗ ἂν ἴδῃς πτωχούς, ὅτι εἰσί που ἐν τούτῳ
τῷ τόπῳ ἀποκεκρυμμένοι κλέπται τε καὶ βαλαντιατόμοι
καὶ ἱερόσυλοι καὶ πάντων τῶν τοιούτων κακῶν δημιουρ-
γοί. Δῆλον, ἔφη. Τί οὖν; ἐν ταῖς ὀλιγαρχουμέναις πό-
λεσι πτωχοὺς οὐχ ὁρᾷς ἐνόντας; Ὀλίγου γ', ἔφη, πάντας
τοὺς ἐκτὸς τῶν ἀρχόντων. Μὴ οὖν οἰόμεθα, ἔφην ἐγώ, E
καὶ κακούργους πολλοὺς ἐν αὐταῖς εἶναι κέντρα ἔχοντας,
οὓς ἐπιμελείᾳ βίᾳ κατέχουσιν αἱ ἀρχαί; Οἰόμεθα μὲν οὖν,
ἔφη. Ἆρ' οὖν οὐ δι' ἀπαιδευσίαν καὶ κακὴν τροφὴν καὶ
κατάστασιν τῆς πολιτείας φήσομεν τοὺς τοιούτους αὐ-
τόθι ἐγγίγνεσθαι; Φήσομεν. Ἀλλ' οὖν δὴ τοιαύτη γέ τις
ἂν εἴη ἡ ὀλιγαρχουμένη πόλις καὶ τοσαῦτα κακὰ ἔχουσα,
ἴσως δὲ καὶ πλείω. Σχεδόν τι, ἔφη. Ἀπειργάσθω δὴ ἡμῖν 553
καὶ αὕτη, ἦν δ' ἐγώ, ἡ πολιτεία, ἣν ὀλιγαρχίαν καλοῦσιν,
ἐκ τιμημάτων ἔχουσα τοὺς ἄρχοντας. τὸν δὲ ταύτῃ ὅμοιον
μετὰ ταῦτα σκοπῶμεν, ὥς τε γίγνεται οἷός τε γενόμενος
ἔστιν. Πάνυ μὲν οὖν, ἔφη.

VIII. *Ἆρ' οὖν ὧδε μάλιστα εἰς ὀλιγαρχικὸν ἐκ τοῦ*
τιμοκρατικοῦ ἐκείνου μεταβάλλει; Πῶς; Ὅταν αὐτοῦ παῖς
γενόμενος τὸ μὲν πρῶτον ζηλοῖ τε τὸν πατέρα καὶ τὰ ἐκεί-
νου ἴχνη διώκῃ, ἔπειτα αὐτὸν ἴδῃ ἐξαίφνης πταίσαντα
ὥσπερ πρὸς ἕρματι πρὸς τῇ πόλει, καὶ ἐκχέαντα τά τε αὐ- B
τοῦ καὶ ἑαυτόν, ἢ στρατηγήσαντα ἤ τιν' ἄλλην μεγάλην
ἀρχὴν ἄρξαντα, εἶτα εἰς δικαστήριον ἐμπεσόντα, βλαπτό-
μενον ὑπὸ συκοφαντῶν, ἢ ἀποθανόντα ἢ ἐκπεσόντα ἢ
ἀτιμωθέντα καὶ τὴν οὐσίαν ἅπασαν ἀποβαλόντα. Εἰκός
γ', ἔφη. Ἰδὼν δέ γε, ὦ φίλε, ταῦτα καὶ παθὼν καὶ ἀπολέ-
σας τὰ ὄντα δείσας, οἶμαι, εὐθὺς ἐπὶ κεφαλὴν ὠθεῖ ἐκ τοῦ

C θρόνου τοῦ ἐν τῇ ἑαυτοῦ ψυχῇ φιλοτιμίαν τε καὶ τὸ θυ-
μοειδὲς ἐκεῖνο, καὶ ταπεινωθεὶς ὑπὸ πενίας πρὸς χρημα-
τισμὸν τραπόμενος γλίσχρως καὶ κατὰ σμικρὸν φειδόμε-
νος καὶ ἐργαζόμενος χρήματα ξυλλέγεται. ἆρ' οὐκ οἴει
τὸν τοιοῦτον τότε εἰς μὲν τὸν θρόνον ἐκεῖνον τὸ ἐπιθυ-
μητικόν τε καὶ φιλοχρήματον ἐγκαθίζειν καὶ μέγαν βασι-
λέα ποιεῖν ἐν ἑαυτῷ, τιάρας τε καὶ στρεπτοὺς καὶ ἀκινά-
κας παραζωννύντα; Ἔγωγ', ἔφη. Τὸ δέ γε, οἶμαι, λογι-
D στικόν τε καὶ θυμοειδὲς χαμαὶ ἔνθεν καὶ ἔνθεν παρα-
καθίσας ὑπ' ἐκείνῳ καὶ καταδουλωσάμενος, τὸ μὲν οὐδὲν
ἄλλο ἐᾷ λογίζεσθαι οὐδὲ σκοπεῖν ἀλλ' ἢ ὁπόθεν ἐξ ἐλατ-
τόνων χρημάτων πλείω ἔσται, τὸ δὲ αὖ θαυμάζειν καὶ τι-
μᾶν μηδὲν ἄλλο ἢ πλοῦτόν τε καὶ πλουσίους, καὶ φιλοτι-
μεῖσθαι μηδ' ἐφ' ἑνὶ ἄλλῳ ἢ ἐπὶ χρημάτων κτήσει καὶ ἐάν
τι ἄλλο εἰς τοῦτο φέρῃ. Οὐκ ἔστ' ἄλλη, ἔφη, μεταβολὴ
οὕτω ταχεῖά τε καὶ ἰσχυρὰ ἐκ φιλοτίμου νέου εἰς φιλοχρή-
E ματον. Ἆρ' οὖν οὗτος, ἦν δ' ἐγώ, ὀλιγαρχικός ἐστιν; Ἡ
γοῦν μεταβολὴ αὐτοῦ ἐξ ὁμοίου ἀνδρός ἐστι τῇ πολιτείᾳ,
ἐξ ἧς ἡ ὀλιγαρχία μετέστη. Σκοπῶμεν δὴ εἰ ὅμοιος ἂν εἴη.
Σκοπῶμεν.

IX. Οὐκοῦν πρῶτον μὲν τῷ χρήματα περὶ πλείστου
554 ποιεῖσθαι ὅμοιος ἂν εἴη; Πῶς δ' οὔ; Καὶ μὴν τῷ γε φει-
δωλὸς εἶναι καὶ ἐργάτης, τὰς ἀναγκαίους ἐπιθυμίας μόνον
τῶν παρ' αὑτῷ ἀποπιμπλάς, τὰ δὲ ἄλλα ἀναλώματα μὴ
παρεχόμενος, ἀλλὰ δουλούμενος τὰς ἄλλας ἐπιθυμίας ὡς
ματαίους. Πάνυ μὲν οὖν. Αὐχμηρός γέ τις, ἦν δ' ἐγώ,
ὢν καὶ ἀπὸ παντὸς περιουσίαν ποιούμενος, θησαυροποιὸς
B ἀνήρ· οὓς δὴ καὶ ἐπαινεῖ τὸ πλῆθος· ἢ οὐχ οὗτος ἂν εἴη
ὁ τῇ τοιαύτῃ πολιτείᾳ ὅμοιος; Ἐμοὶ γοῦν, ἔφη, δοκεῖ·
χρήματα γοῦν μάλιστα ἔντιμα τῇ τε πόλει καὶ παρὰ τῷ
τοιούτῳ. Οὐ γάρ, οἶμαι, ἦν δ' ἐγώ, παιδείᾳ ὁ τοιοῦτος
προσέσχηκεν. Οὐ δοκῶ, ἔφη· οὐ γὰρ ἂν τυφλὸν ἡγεμόνα

τοῦ χοροῦ ἐστήσατο καὶ ἐτίμα μάλιστα. Εὖ, ἦν δ' ἐγώ.
τόδε δὲ σκόπει. κηφηνώδεις ἐπιθυμίας ἐν αὐτῷ διὰ τὴν
ἀπαιδευσίαν μὴ φῶμεν ἐγγίγνεσθαι, τὰς μὲν πτωχικάς,
τὰς δὲ κακούργους, κατεχομένας βίᾳ ὑπὸ τῆς ἄλλης ἐπι- C
μελείας; Καὶ μάλ', ἔφη. Οἶσθ' οὖν, εἶπον, οἷ ἀποβλέψας
κατόψει αὐτῶν τὰς κακουργίας; Ποῖ; ἔφη. Εἰς τὰς τῶν
ὀρφανῶν ἐπιτροπεύσεις καὶ εἴ πού τι αὐτοῖς τοιοῦτον
ξυμβαίνει, ὥστε πολλῆς ἐξουσίας λαβέσθαι τοῦ ἀδικεῖν.
Ἀληθῆ. Ἆρ' οὖν οὐ τούτῳ δῆλον, ὅτι ἐν τοῖς ἄλλοις ξυμ-
βολαίοις ὁ τοιοῦτος, ἐν οἷς εὐδοκιμεῖ δοκῶν δίκαιος εἶναι,
ἐπιεικεῖ τινὶ ἑαυτοῦ βίᾳ κατέχει ἄλλας κακὰς ἐπιθυμίας D
ἐνούσας, οὐ πείθων, ὅτι οὐκ ἄμεινον, οὐδ' ἡμερῶν λόγῳ,
ἀλλ' ἀνάγκῃ καὶ φόβῳ, περὶ τῆς ἄλλης οὐσίας τρέμων;
Καὶ πάνυ γ', ἔφη. Καὶ νὴ Δία, ἦν δ' ἐγώ, ὦ φίλε, τοῖς
πολλοῖς γε αὐτῶν εὑρήσεις, ὅταν δέῃ τἀλλότρια ἀναλί-
σκειν, τὰς τοῦ κηφῆνος ξυγγενεῖς ἐνούσας ἐπιθυμίας.
Καὶ μάλα, ἦ δ' ὅς, σφόδρα. Οὐκ ἄρ' ἂν εἴη ἀστασίαστος
ὁ τοιοῦτος ἐν ἑαυτῷ, οὐδὲ εἷς ἀλλὰ διπλοῦς τις, ἐπιθυμίας
δὲ ἐπιθυμιῶν ὡς τὸ πολὺ κρατούσας ἂν ἔχοι βελτίους χει- E
ρόνων. Ἔστιν οὕτως. Διὰ ταῦτα δή, οἶμαι, εὐσχημονέ-
στερος ἂν πολλῶν ὁ τοιοῦτος εἴη· ὁμονοητικῆς δὲ καὶ
ἡρμοσμένης τῆς ψυχῆς ἀληθὴς ἀρετὴ πόρρω ποι ἐκφεύγοι
ἂν αὐτόν. Δοκεῖ μοι. Καὶ μὴν ἀνταγωνιστής γε ἰδίᾳ ἐν
πόλει ὁ φειδωλὸς φαῦλος ἤ τινος νίκης ἢ ἄλλης φιλοτιμίας 555
τῶν καλῶν, χρήματά τε οὐκ ἐθέλων εὐδοξίας ἕνεκα καὶ
τῶν τοιούτων ἀγώνων ἀναλίσκειν, δεδιὼς τὰς ἐπιθυμίας
τὰς ἀναλωτικὰς ἐγείρειν καὶ ξυμπαρακαλεῖν ἐπὶ ξυμμα-
χίαν τε καὶ φιλονεικίαν, ὀλίγοις τισὶν ἑαυτοῦ πολεμῶν ὀλι-
γαρχικῶς τὰ πολλὰ ἡττᾶται καὶ πλουτεῖ. Καὶ μάλα, ἔφη.
Ἔτι οὖν, ἦν δ' ἐγώ, ἀπιστοῦμεν, μὴ κατὰ τὴν ὀλιγαρχου-
μένην πόλιν ὁμοιότητι τὸν φειδωλόν τε καὶ χρηματιστὴν
τετάχθαι; Οὐδαμῶς, ἔφη.

B Χ. *Δημοκρατίαν δή, ὡς ἔοικε, μετὰ τοῦτο σκεπτέον,
τίνα τε γίγνεται τρόπον γενομένη τε ποῖόν τινα ἔχει, ἵν'
αὖ τὸν τοῦ τοιούτου ἀνδρὸς τρόπον γνόντες παραστη-
σώμεθ' αὐτὸν εἰς κρίσιν. Ὁμοίως γοῦν ἄν, ἔφη, ἡμῖν αὐ-
τοῖς πορευοίμεθα. Οὐκοῦν, ἦν δ' ἐγώ, μεταβάλλει μὲν
τρόπον τινὰ τοιόνδε ἐξ ὀλιγαρχίας εἰς δημοκρατίαν, δι'
ἀπληστίαν τοῦ προκειμένου ἀγαθοῦ, τοῦ ὡς πλουσιώτα-
C τον δεῖν γίγνεσθαι; Πῶς δή; Ἅτε, οἶμαι, ἄρχοντες ἐν
αὐτῇ οἱ ἄρχοντες διὰ τὸ πολλὰ κεκτῆσθαι οὐκ ἐθέλουσιν
εἴργειν νόμῳ τῶν νέων ὅσοι ἂν ἀκόλαστοι γίγνωνται, μὴ
ἐξεῖναι αὐτοῖς ἀναλίσκειν τε καὶ ἀπολλύναι τὰ αὑτῶν, ἵνα
ὠνούμενοι τὰ τῶν τοιούτων καὶ εἰσδανείζοντες ἔτι πλου-
σιώτεροι καὶ ἐντιμότεροι γίγνωνται. Παντός γε μᾶλλον.
Οὐκοῦν δῆλον ἤδη τοῦτο ἐν πόλει, ὅτι πλοῦτον τιμᾶν καὶ
σωφροσύνην ἅμα ἱκανῶς κτᾶσθαι ἐν τοῖς πολίταις ἀδύ-
D νατον, ἀλλ' ἀνάγκη ἢ τοῦ ἑτέρου ἀμελεῖν ἢ τοῦ ἑτέρου;
Ἐπιεικῶς, ἔφη, δῆλον. Παραμελοῦντες δὴ ἐν ταῖς ὀλιγαρ-
χίαις καὶ ἐφιέντες ἀκολασταίνειν οὐκ ἀγεννεῖς ἐνίοτε ἀν-
θρώπους πένητας ἠνάγκασαν γενέσθαι. Μάλα γε. Κά-
θηνται δή, οἶμαι, οὗτοι ἐν τῇ πόλει κεκεντρωμένοι τε καὶ
ἐξωπλισμένοι, οἱ μὲν ὀφείλοντες χρέα, οἱ δὲ ἄτιμοι γεγο-
νότες, οἱ δὲ ἀμφότερα, μισοῦντές τε καὶ ἐπιβουλεύοντες
τοῖς κτησαμένοις τὰ αὑτῶν καὶ τοῖς ἄλλοις, νεωτερισμοῦ
E ἐρῶντες. Ἔστι ταῦτα. Οἱ δὲ δὴ χρηματισταὶ ἐγκύψαντες,
οὐδὲ δοκοῦντες τούτους ὁρᾶν, τῶν λοιπῶν τὸν ἀεὶ ὑπεί-
κοντα ἐνιέντες ἀργύριον τιτρώσκοντες, καὶ τοῦ πατρὸς
556 ἐκγόνους τόκους πολλαπλασίους κομιζόμενοι, πολὺν τὸν
κηφῆνα καὶ πτωχὸν ἐμποιοῦσι τῇ πόλει. Πῶς γάρ, ἔφη,
οὐ πολύν; Οὔτε γ' ἐκείνῃ, ἦν δ' ἐγώ, τὸ τοιοῦτον κακὸν
ἐκκαόμενον ἐθέλουσιν ἀποσβεννύναι, εἴργοντες τὰ αὑτοῦ
ὅποι τις βούλεται τρέπειν, οὔτε τῇδε, ᾗ αὖ κατὰ ἕτερον
νόμον τὰ τοιαῦτα λύεται. Κατὰ δὴ τίνα; Ὃς μετ' ἐκεῖνόν*

δεύτερος καὶ ἀναγκάζων ἀρετῆς ἐπιμελεῖσθαι τοὺς :ας. ἐὰν γὰρ ἐπὶ τῷ αὑτοῦ κινδύνῳ τὰ πολλά τις τῶν ɔίων ξυμβολαίων προστάττῃ ξυμβάλλειν, χρηματί- B ο μὲν ἂν ἧττον ἀναιδῶς ἐν τῇ πόλει, ἐλάττω δ' ἐν φύοιτο τῶν τοιούτων κακῶν, οἵων νῦν δὴ εἴπομεν. τολύ γε, ἦ δ' ὅς. Νῦν δέ γ', ἔφην ἐγώ, διὰ πάντα τὰ ɔτα τοὺς μὲν δὴ ἀρχομένους οὕτω διατιθέασιν ἐν τῇ ι οἱ ἄρχοντες· σφᾶς δὲ αὐτοὺς καὶ τοὺς αὑτῶν ἆρ' ιυφῶντας μὲν τοὺς νέους καὶ ἀπόνους καὶ πρὸς τὰ ɩώματος καὶ πρὸς τὰ τῆς ψυχῆς, μαλακοὺς δὲ καρτε- πρὸς ἡδονάς τε καὶ λύπας καὶ ἀργούς; Τί μήν; Αὐ- C δὲ πλὴν χρηματισμοῦ τῶν ἄλλων ἠμεληκότας, καὶ ν πλείω ἐπιμέλειαν πεποιημένους ἀρετῆς ἢ τοὺς πέ- ς; Οὐ γὰρ οὖν. Οὕτω δὴ παρεσκευασμένοι ὅταν πα- λλωσιν ἀλλήλοις οἵ τε ἄρχοντες καὶ οἱ ἀρχόμενοι ἢ ɔῶν πορείαις ἢ ἐν ἄλλαις τισὶ κοινωνίαις, ἢ κατὰ ιίας ἢ κατὰ στρατείας, ἢ ξύμπλοι γιγνόμενοι ἢ συ- τιῶται, ἢ καὶ ἐν αὐτοῖς τοῖς κινδύνοις ἀλλήλους θεώ- D ι, μηδαμῇ ταύτῃ καταφρονῶνται οἱ πένητες ὑπὸ τῶν ισίων, ἀλλὰ πολλάκις ἰσχνὸς ἀνὴρ πένης, ἡλιωμένος, :ταχθεὶς ἐν μάχῃ πλουσίῳ ἐσκιατροφηκότι, πολλὰς :ι σάρκας ἀλλοτρίας, ἴδῃ ἄσθματός τε καὶ ἀπορίας ὸν, ἆρ' οἴει αὐτὸν οὐχ ἡγεῖσθαι κακίᾳ τῇ σφετέρᾳ τεῖν τοὺς τοιούτους, καὶ ἄλλον ἄλλῳ παραγγέλλειν, ἰδίᾳ ξυγγίγνωνται, ὅτι ἄνδρες ἡμέτεροι εἰσὶ παρ' E ν; Εὖ οἶδα μὲν οὖν, ἔφη, ἔγωγε, ὅτι οὕτω ποιοῦσιν. ιῦν ὥσπερ σῶμα νοσῶδες μικρᾶς ῥοπῆς ἔξωθεν :ι προσλαβέσθαι πρὸς τὸ κάμνειν, ἐνίοτε δὲ καὶ ἄνευ ἔξω στασιάζει αὐτὸ αὑτῷ, οὕτω δὴ καὶ ἡ κατὰ ταὐτὰ ῳ διακειμένη πόλις ἀπὸ σμικρᾶς προφάσεως, ἔξω- ἐπαγομένων ἢ τῶν ἑτέρων ἐξ ὀλιγαρχουμένης πόλεως ᵔγίαν ἢ τῶν ἑτέρων ἐκ δημοκρατουμένης, νοσεῖ τε

καὶ αὐτὴ αὑτῇ μάχεται, ἐνίοτε δὲ καὶ ἄνευ τῶν ἔξω στα-
557 σιάζει; Καὶ σφόδρα γε. Δημοκρατία δή, οἶμαι, γίγνεται,
ὅταν οἱ πένητες νικήσαντες τοὺς μὲν ἀποκτείνωσι τῶν
ἑτέρων, τοὺς δὲ ἐκβάλωσι, τοῖς δὲ λοιποῖς ἐξ ἴσου μετα-
δῶσι πολιτείας τε καὶ ἀρχῶν [καὶ ὡς τὸ πολὺ ἀπὸ κλήρων
αἱ ἀρχαὶ ἐν αὐτῇ γίγνονται]. Ἔστι γάρ, ἔφη, αὕτη ἡ κα-
τάστασις δημοκρατίας, ἐάν τε καὶ δι᾽ ὅπλων γένηται ἐάν
τε καὶ διὰ φόβον ὑπεξελθόντων τῶν ἑτέρων.
XI. Τίνα δὴ οὖν, ἦν δ᾽ ἐγώ, οὗτοι τρόπον οἰκοῦσι;
B καὶ ποία τις ἡ τοιαύτη αὖ πολιτεία; δῆλον γὰρ ὅτι ὁ τοι-
οῦτος ἀνὴρ δημοκρατικός τις ἀναφανήσεται. Δῆλον, ἔφη.
Οὐκοῦν πρῶτον μὲν δὴ ἐλεύθεροι, καὶ ἐλευθερίας ἡ πόλις
μεστὴ καὶ παρρησίας γίγνεται, καὶ ἐξουσία ἐν αὐτῇ ποιεῖν
ὅ τί τις βούλεται; Λέγεταί γε δή, ἔφη. Ὅπου δέ γε ἐξου-
σία, δῆλον ὅτι ἰδίαν ἕκαστος ἂν κατασκευὴν τοῦ αὑτοῦ
βίου κατασκευάζοιτο ἐν αὐτῇ, ἥτις ἕκαστον ἀρέσκοι. Δῆ-
C λον. Παντοδαποὶ δὴ ἄν, οἶμαι, ἐν ταύτῃ τῇ πολιτείᾳ μά-
λιστ᾽ ἐγγίγνοιντο ἄνθρωποι. Πῶς γὰρ οὔ; Κινδυνεύει,
ἦν δ᾽ ἐγώ, καλλίστη αὕτη τῶν πολιτειῶν εἶναι, ὥσπερ
ἱμάτιον ποικίλον πᾶσιν ἄνθεσι πεποικιλμένον, οὕτω καὶ
αὕτη πᾶσιν ἤθεσι πεποικιλμένη καλλίστη ἂν φαίνοιτο·
καὶ ἴσως μέν, ἦν δ᾽ ἐγώ, καὶ ταύτην, ὥσπερ οἱ παῖδές τε
καὶ αἱ γυναῖκες τὰ ποικίλα θεώμενοι, καλλίστην ἂν πολ-
λοὶ κρίνειαν. Καὶ μάλ᾽, ἔφη. Καὶ ἔστι γε, ὦ μακάριε, ἦν
D δ᾽ ἐγώ, ἐπιτήδειον ζητεῖν ἐν αὐτῇ πολιτείαν. Τί δή; Ὅτι
πάντα γένη πολιτειῶν ἔχει διὰ τὴν ἐξουσίαν, καὶ κινδυ-
νεύει τῷ βουλομένῳ πόλιν κατασκευάζειν, ὃ νῦν δὴ ἡμεῖς
ἐποιοῦμεν, ἀναγκαῖον εἶναι εἰς δημοκρατουμένην ἐλθόντι
πόλιν, ὃς ἂν αὐτὸν ἀρέσκῃ τρόπος, τοῦτον ἐκλέξασθαι,
ὥσπερ εἰς παντοπώλιον ἀφικομένῳ πολιτειῶν, καὶ ἐκλε-
ξαμένῳ οὕτω κατοικίζειν. Ἴσως γοῦν, ἔφη, οὐκ ἂν ἀποροῖ
E παραδειγμάτων. Τὸ δὲ μηδεμίαν ἀνάγκην, εἶπον, εἶναι

χειν ἐν ταύτῃ τῇ πόλει, μηδ᾽ ἂν ᾖς ἱκανὸς ἄρχειν, μηδὲ
ἄρχεσθαι, ἐὰν μὴ βούλῃ, μηδὲ πολεμεῖν πολεμούντων,
ηδὲ εἰρήνην ἄγειν τῶν ἄλλων ἀγόντων, ἐὰν μὴ ἐπιθυμῇς
ρήνης, μηδ᾽ αὖ, ἐάν τις ἄρχειν νόμος σε διακωλύῃ ἢ δι-
ίζειν, μηδὲν ἧττον καὶ ἄρχειν καὶ δικάζειν, ἐὰν αὐτῷ σοι
ίῃ, ἆρ᾽ οὐ θεσπεσία ὡς ἡδεῖα ἡ τοιαύτη διαγωγὴ ἐν τῷ 558
ραυτίκα; Ἴσως, ἔφη, ἔν γε τούτῳ. Τί δαί; ἡ πραότης
ίων τῶν δικασθέντων οὐ κομψή; ἢ οὔπω εἶδες ἐν τοι-
ύτῃ πολιτείᾳ, ἀνθρώπων καταψηφισθέντων θανάτου ἢ
υγῆς, οὐδὲν ἧττον αὐτῶν μενόντων τε καὶ ἀναστρεφομέ-
ων ἐν μέσῳ, καὶ ὡς οὔτε φροντίζοντος οὔτε ὁρῶντος οὐ-
νὸς περινοστεῖ ὥσπερ ἥρως; Καὶ πολλούς γ᾽, ἔφη. Ἡ
συγγνώμη καὶ οὐδ᾽ ὁπωστιοῦν σμικρολογία αὐτῆς, ἀλλὰ B
ταφρόνησις ὧν ἡμεῖς ἐλέγομεν σεμνύνοντες, ὅτε τὴν
όλιν ᾠκίζομεν, ὡς εἰ μή τις ὑπερβεβλημένην φύσιν ἔχοι,
ύποτ᾽ ἂν γένοιτο ἀνὴρ ἀγαθός, εἰ μὴ παῖς ὢν εὐθὺς παί-
ι ἐν καλοῖς καὶ ἐπιτηδεύοι τὰ τοιαῦτα πάντα, ὡς μεγα-
οπρεπῶς καταπατήσασ᾽ ἅπαντα ταῦτα οὐδὲν φροντίζει,
ὁποίων ἄν τις ἐπιτηδευμάτων ἐπὶ τὰ πολιτικὰ ἰὼν
ράττῃ, ἀλλὰ τιμᾷ, ἐὰν φῇ μόνον εὔνους εἶναι τῷ πλήθει. C
άνυ γ᾽, ἔφη, γενναία. Ταῦτά τε δή, ἔφην, ἔχοι ἂν καὶ
ούτων ἄλλα ἀδελφὰ δημοκρατία, καὶ εἴη, ὡς ἔοικεν,
δεῖα πολιτεία καὶ ἄναρχος καὶ ποικίλη, ἰσότητά τινα
οίως ἴσοις τε καὶ ἀνίσοις διανέμουσα. Καὶ μάλ᾽, ἔφη,
ώριμα λέγεις.

XII. Ἄθρει δή, ἦν δ᾽ ἐγώ, τίς ὁ τοιοῦτος ἰδίᾳ. ἢ
ῶτον σκεπτέον, ὥσπερ τὴν πολιτείαν ἐσκεψάμεθα, τίνα
όπον γίγνεται; Ναί, ἔφη. Ἆρ᾽ οὖν οὐχ ὧδε; τοῦ φει-
ωλοῦ ἐκείνου καὶ ὀλιγαρχικοῦ γένοιτ᾽ ἄν, οἶμαι, υἱὸς ὑπὸ D
ῷ πατρὶ τεθραμμένος ἐν τοῖς ἐκείνου ἤθεσιν; Τί γὰρ οὔ
δὴ καὶ οὗτος ἄρχων τῶν ἐν αὑτῷ ἡδονῶν, ὅσαι ἀνα-
καὶ μέν, χρηματιστικαὶ δὲ μή· αἳ δὴ οὐκ ἀναγκαῖαι

κέκληνται. Δῆλον, ἔφη. Βούλει οὖν, ἦν δ' ἐγώ, ἵνα μὴ σκοτεινῶς διαλεγώμεθα, πρῶτον ὁρισώμεθα τάς τε ἀναγκαίους ἐπιθυμίας καὶ τὰς μή; Βούλομαι, ἦ δ' ὅς. Οὐκοῦν ἅς τε οὐκ ἂν οἷοί τ' εἶμεν ἀποτρέψαι, δικαίως ἂν ἀναγ-
E καῖαι καλοῖντο, καὶ ὅσαι ἀποτελούμεναι ὠφελοῦσιν ἡμᾶς; τούτων γὰρ ἀμφοτέρων ἐφίεσθαι ἡμῶν τῇ φύσει ἀνάγκη·
559 ἢ οὔ; Καὶ μάλα. Δικαίως δὴ τοῦτο ἐπ' αὐταῖς ἐροῦμεν, τὸ ἀναγκαῖον. Δικαίως. Τί δαί; ἅς γέ τις ἀπαλλάξειεν ἄν, εἰ μελετῷ ἐκ νέου, καὶ πρὸς οὐδὲν ἀγαθὸν ἐνοῦσαι δρῶσιν, αἱ δὲ καὶ τοὐναντίον, πάσας ταύτας εἰ μὴ ἀναγκαίους φαῖμεν εἶναι, ἆρ' οὐ καλῶς ἂν λέγοιμεν; Καλῶς μὲν οὖν. Προελώμεθα δή τι παράδειγμα ἑκατέρων, αἵ εἰσιν, ἵνα τύπῳ λάβωμεν αὐτάς; Οὐκοῦν χρή. Ἆρ' οὖν οὐχ ἡ τοῦ φαγεῖν μέχρι ὑγιείας τε καὶ εὐεξίας καὶ αὐτοῦ σίτου τε καὶ
B ὄψου ἀναγκαῖος ἂν εἴη; Οἶμαι. Ἡ μέν γέ που τοῦ σίτου κατ' ἀμφότερα ἀναγκαία, ᾗ τε ὠφέλιμος ᾗ τε παῦσαι ζῶντα *οὐ* δυνατή. Ναί. Ἡ δὲ ὄψου, εἴ πῄ τινα ὠφέλειαν πρὸς εὐεξίαν παρέχεται. Πάνυ μὲν οὖν. Τί δέ; ἡ πέρα τούτων και ἀλλοίων ἐδεσμάτων ἢ τοιούτων ἐπιθυμία, δυνατὴ δὲ κολαζομένη ἐκ νέων καὶ παιδευομένη ἐκ τῶν πολλῶν ἀπαλλάττεσθαι, καὶ βλαβερὰ μὲν σώματι,
C βλαβερὰ δὲ ψυχῇ πρός τε φρόνησιν καὶ τὸ σωφρονεῖν, ἆρά γε ὀρθῶς οὐκ ἀναγκαία ἂν καλοῖτο; Ὀρθότατα μὲν οὖν. Οὐκοῦν καὶ ἀναλωτικὰς φῶμεν εἶναι ταύτας, ἐκείνας δὲ χρηματιστικὰς διὰ τὸ χρησίμους πρὸς τὰ ἔργα εἶναι; Τί μήν; Οὕτω δὴ καὶ περὶ ἀφροδισίων καὶ τῶν ἄλλων φήσομεν; Οὕτως. Ἆρ' οὖν καὶ ὃν νῦν δὴ κηφῆνα ὠνομάζομεν, τοῦτον ἐλέγομεν τὸν τῶν τοιούτων ἡδονῶν καὶ ἐπιθυμιῶν γέμοντα καὶ ἀρχόμενον ὑπὸ τῶν μὴ ἀναγκαίων,
D τὸν δὲ ὑπὸ τῶν ἀναγκαίων φειδωλόν τε καὶ ὀλιγαρχικόν; Ἀλλὰ τί μήν;

XIII. Πάλιν τοίνυν, ἦν δ' ἐγώ, λέγωμεν, ὡς ἐξ ὀ-

;οῦ δημοκρατικὸς γίγνεται. φαίνεταί δέ μοι τά γε ῶδε γίγνεσθαι. Πῶς; Ὅταν νέος τεθραμμένος ὡς ἐλέγομεν, ἀπαιδεύτως τε καὶ φειδωλῶς, γεύσηται ων μέλιτος καὶ ξυγγένηται αἴθωσι θηρσὶ καὶ δεινοῖς, δαπὰς ἡδονὰς καὶ ποικίλας καὶ παντοίως ἐχούσας ένοις σκευάζειν, ἐνταῦθά που οἴου εἶναι ἀρχὴν αὐ- αβολῆς ὀλιγαρχικῆς τῆς ἐν ἑαυτῷ εἰς δημοκρατικήν. E ἀνάγκη, ἔφη. Ἆρ' οὖν, ὥσπερ ἡ πόλις μετέβαλλε σάσης τῷ ἑτέρῳ μέρει ξυμμαχίας ἔξωθεν ὁμοίας οὕτω καὶ ὁ νεανίας μεταβάλλει βοηθοῦντος αὖ εἰ- πιθυμιῶν ἔξωθεν τῷ ἑτέρῳ τῶν παρ' ἐκείνῳ ξυγγε- :ε καὶ ὁμοίου; Παντάπασι μὲν οὖν. Καὶ ἐὰν μέν, ἀντιβοηθήσῃ τις τῷ ἐν ἑαυτῷ ὀλιγαρχικῷ ξυμμαχία, εν παρὰ τοῦ πατρὸς ἢ καὶ τῶν ἄλλων οἰκείων νου- 560 ντων τε καὶ κακιζόντων, στάσις δὴ καὶ ἀντίστασις :χη ἐν αὐτῷ πρὸς αὑτὸν τότε γίγνεται. Τί μήν; Καὶ έν, οἶμαι, τὸ δημοκρατικὸν ὑπεχώρησε τῷ ὀλιγαρ- καί τινες τῶν ἐπιθυμιῶν αἱ μὲν διεφθάρησαν, αἱ δὲ έπεσον, αἰδοῦς τινὸς ἐγγενομένης ἐν τῇ τοῦ νέου καὶ κατεκοσμήθη πάλιν. Γίγνεται γὰρ ἐνίοτε, ἔφη. δέ, οἶμαι, τῶν ἐκπεσουσῶν ἐπιθυμιῶν ἄλλαι ὑπο- μεναι ξυγγενεῖς δι' ἀνεπιστημοσύνην τροφῆς πα- B πολλαί τε καὶ ἰσχυραὶ ἐγένοντο. Φιλεῖ γοῦν, ἔφη, γίγνεσθαι. Οὐκοῦν εἵλκυσάν τε πρὸς τὰς αὐτὰς ς, καὶ λάθρᾳ ξυγγιγνόμεναι πλῆθος ἐνέτεκον. Τί Τελευτῶσαι δή, οἶμαι, κατέλαβον τὴν τοῦ νέου τῆς ἀκρόπολιν, αἰσθόμεναι κενὴν μαθημάτων τε καὶ ευμάτων καλῶν καὶ λόγων ἀληθῶν, οἳ δὴ ἄριστοι οί τε καὶ φύλακες ἐν ἀνδρῶν θεοφιλῶν εἰσὶ διανοί- C αὶ πολύ γ', ἔφη. Ψευδεῖς δὴ καὶ ἀλαζόνες, οἶμαι, τε καὶ δόξαι ἀντ' ἐκείνων ἀναδραμόντες κατέσχον ιτὸν τόπον τοῦ τοιούτου. Σφόδρα γ', ἔφη. Ἆρ'

οὖν οὐ πάλιν τε εἰς ἐκείνους τοὺς λωτοφάγους ἐλθὼν φανερῶς κατοικεῖ. καὶ ἐὰν παρ' οἰκείων τις βοήθεια τῷ φειδωλῷ αὐτοῦ τῆς ψυχῆς ἀφικνῆται. κλῄσαντες οἱ ἀλαζόνες λόγοι ἐκεῖνοι τὰς τοῦ βασιλικοῦ τείχους ἐν αὐτῷ πύλας οὔτε αὐτὴν τὴν ξυμμαχίαν παριᾶσιν οὔτε πρέσβεις πρεσβυτέρων λόγους ἰδιωτῶν εἰσδέχονται, αὐτοί τε κρατοῦσι
D μαχόμενοι, καὶ τὴν μὲν αἰδῶ ἠλιθιότητα ὀνομάζοντες ὠθοῦσιν ἔξω ἀτίμως φυγάδα, σωφροσύνην δὲ ἀνανδρίαν καλοῦντές τε καὶ προπηλακίζοντες ἐκβάλλουσι, μετριότητα δὲ καὶ κοσμίαν δαπάνην ὡς ἀγροικίαν καὶ ἀνελευθερίαν οὖσαν πείθοντες ὑπερορίζουσι μετὰ πολλῶν καὶ ἀνωφελῶν ἐπιθυμιῶν. Σφόδρα γε. Τούτων δέ γέ που κενώ-
E σαντες καὶ καθήραντες τὴν τοῦ κατεχομένου τε ὑπ' αὐτῶν καὶ τελουμένου ψυχὴν μεγάλοισι τέλεσι, τὸ μετὰ τοῦτο ἤδη ὕβριν καὶ ἀναρχίαν καὶ ἀσωτίαν καὶ ἀναίδειαν λαμπρὰς μετὰ πολλοῦ χοροῦ κατάγουσιν ἐστεφανωμένας, ἐγκωμιάζοντες καὶ ὑποκοριζόμενοι, ὕβριν μὲν εὐπαιδευσίαν καλοῦντες, ἀναρχίαν δὲ ἐλευθερίαν, ἀσωτίαν δὲ με-
561 γαλοπρέπειαν, ἀναίδειαν δὲ ἀνδρείαν. ἆρ' οὐχ οὕτω πως, ἦν δ' ἐγώ, νέος ὢν μεταβάλλει ἐκ τοῦ ἐν ἀναγκαίοις ἐπιθυμίαις τρεφομένου τὴν τῶν μὴ ἀναγκαίων καὶ ἀνωφελῶν ἡδονῶν ἐλευθέρωσίν τε καὶ ἄνεσιν; Καὶ μάλα γ', ἦ δ' ὅς, ἐναργῶς. Ζῇ δή, οἶμαι, μετὰ ταῦτα ὁ τοιοῦτος οὐδὲν μᾶλλον εἰς ἀναγκαίους ἢ μὴ ἀναγκαίους ἡδονὰς ἀναλίσκων καὶ χρήματα καὶ πόνους καὶ διατριβάς· ἀλλ' ἐὰν εὐτυχὴς ᾖ καὶ μὴ πέρα ἐκβακχευθῇ, ἀλλά τι καὶ πρεσβύ-
B τερος γενόμενος, τοῦ πολλοῦ θορύβου παρελθόντος, μέρη τε καταδέξηται τῶν ἐκπεσόντων καὶ τοῖς ἐπεισελθοῦσι μὴ ὅλον ἑαυτὸν ἐνδῷ, εἰς ἴσον δή τι καταστήσας τὰς ἡδονὰς διάγει, τῇ παραπιπτούσῃ ἀεὶ ὥσπερ λαχούσῃ τὴν ἑαυτοῦ ἀρχὴν παραδιδούς, ἕως ἂν πληρωθῇ, καὶ αὖθις ἄλλῃ, οὐδεμίαν ἀτιμάζων, ἀλλ' ἐξ ἴσου τρέφων. Πάνυ μὲν οὖν.

Καὶ λόγον γ', ἦν δ' ἐγώ, ἀληθῆ οὐ προσδεχόμενος οὐδὲ παριεὶς εἰς τὸ φρούριον, ἐάν τις λέγῃ, ὡς αἱ μέν εἰσι τῶν καλῶν τε καὶ ἀγαθῶν ἐπιθυμιῶν ἡδοναί, αἱ δὲ τῶν πονη- C ρῶν, καὶ τὰς μὲν χρὴ ἐπιτηδεύειν καὶ τιμᾶν, τὰς δὲ κολάζειν τε καὶ δουλοῦσθαι· ἀλλ' ἐν πᾶσι τούτοις ἀνανεύει τε καὶ ὁμοίας φησὶν ἁπάσας εἶναι καὶ τιμητέας ἐξ ἴσου. Σφόδρα γάρ, ἔφη, οὕτω διακείμενος τοῦτο δρᾷ. Οὐκοῦν, ἦν δ' ἐγώ, καὶ διαζῇ τὸ καθ' ἡμέραν οὕτω χαριζόμενος τῇ προσπιπτούσῃ ἐπιθυμίᾳ, τοτὲ μὲν μεθύων καὶ καταυλούμενος, αὖθις δὲ ὑδροποτῶν καὶ κατισχναινόμενος, τοτὲ δ' D αὖ γυμναζόμενος, ἔστι δ' ὅτε ἀργῶν καὶ πάντων ἀμελῶν, τοτὲ δ' ὡς ἐν φιλοσοφίᾳ διατρίβων· πολλάκις δὲ πολιτεύεται, καὶ ἀναπηδῶν ὅ τι ἂν τύχῃ λέγει τε καὶ πράττει· κἄν ποτέ τινας πολεμικοὺς ζηλώσῃ, ταύτῃ φέρεται, ἢ χρηματιστικούς, ἐπὶ τοῦτ' αὖ, καὶ οὔτε τις τάξις οὔτε ἀνάγκη ἔπεστιν αὐτοῦ τῷ βίῳ, ἀλλ' ἡδύν τε δὴ καὶ ἐλευθέριον καὶ μακάριον καλῶν τὸν βίον τοῦτον χρῆται αὐτῷ διὰ παντός. Παντάπασιν, ἦ δ' ὅς, διελήλυθας βίον ἰσο- E νομικοῦ τινὸς ἀνδρός. Οἶμαι δέ γε, ἦν δ' ἐγώ, καὶ παντοδαπόν τε καὶ πλείστων ἠθῶν μεστόν, καὶ τὸν καλόν τε καὶ ποικίλον, ὥσπερ ἐκείνην τὴν πόλιν, τοῦτον τὸν ἄνδρα εἶναι· ὃν πολλοὶ ἂν καὶ πολλαὶ ζηλώσειαν τοῦ βίου, παραδείγματα πολιτειῶν τε καὶ τρόπων πλεῖστα ἐν αὑτῷ ἔχοντα. Οὕτω γάρ, ἔφη, ἔστιν. Τί οὖν; τετάχθω ἡμῖν κατὰ δημοκρατίαν ὁ τοιοῦτος ἀνήρ, ὡς δημοκρατικὸς ὀρθῶς ἂν προσαγορευόμενος; Τετάχθω, ἔφη.

XIV. Ἡ καλλίστη δή, ἦν δ' ἐγώ, πολιτεία τε καὶ ὁ κάλλιστος ἀνὴρ λοιπὰ ἂν ἡμῖν εἴη διελθεῖν, τυραννίς τε καὶ τύραννος. Κομιδῇ γ', ἔφη. Φέρε δή, τίς τρόπος τυραννίδος, ὦ φίλε ἑταῖρε, γίγνεται; ὅτι μὲν γὰρ ἐκ δημοκρατίας μεταβάλλει, σχεδὸν δῆλον. Δῆλον. Ἆρ' οὖν τρόπον τινὰ τὸν αὐτὸν ἔκ τε ὀλιγαρχίας δημοκρατία γίγνεται

B καὶ ἐκ δημοκρατίας τυραννίς; Πῶς; Ὃ προὔθεντο, ἦν δ'
ἐγώ, ἀγαθόν, καὶ δι' οὗ ἡ ὀλιγαρχία καθίστατο — τοῦτο
δ' ἦν [ὑπέρ]πλουτος· ἦ γάρ; Ναί. Ἡ πλούτου τοίνυν
ἀπληστία καὶ ἡ τῶν ἄλλων ἀμέλεια διὰ χρηματισμὸν αὐ-
τὴν ἀπώλλυ. Ἀληθῆ, ἔφη. Ἆρ' οὖν καὶ ὃ δημοκρατία ὁρί-
ζεται ἀγαθόν, ἡ τούτου ἀπληστία καὶ ταύτην καταλύει;
Λέγεις δ' αὐτὴν τί ὁρίζεσθαι; Τὴν ἐλευθερίαν, εἶπον.
C τοῦτο γάρ που ἐν δημοκρατουμένῃ πόλει ἀκούσαις ἂν ὡς
ἔχει τε κάλλιστον καὶ διὰ ταῦτα ἐν μόνῃ ταύτῃ ἄξιον οἰ-
κεῖν ὅστις φύσει ἐλεύθερος. Λέγεται γὰρ δή, ἔφη, καὶ
πολὺ τοῦτο τὸ ῥῆμα. Ἆρ' οὖν, ἦν δ' ἐγώ, ὅπερ ᾖα νῦν
δὴ ἐρῶν, ἡ τοῦ τοιούτου ἀπληστία καὶ ἡ τῶν ἄλλων ἀμέ-
λεια καὶ ταύτην τὴν πολιτείαν μεθίστησί τε καὶ παρα-
σκευάζει τυραννίδος δεηθῆναι; Πῶς; ἔφη. Ὅταν, οἶμαι,
δημοκρατουμένη πόλις ἐλευθερίας διψήσασα κακῶν οἰ-
D νοχόων προστατούντων τύχῃ, καὶ πορρωτέρω τοῦ δέον-
τος ἀκράτου αὐτῆς μεθυσθῇ, τοὺς ἄρχοντας δή, ἂν μὴ
πάνυ πρᾶοι ὦσι καὶ πολλὴν παρέχωσι τὴν ἐλευθερίαν,
κολάζει αἰτιωμένη ὡς μιαρούς τε καὶ ὀλιγαρχικούς. Δρῶσι
γάρ, ἔφη, τοῦτο. Τοὺς δέ γε, εἶπον, τῶν ἀρχόντων κατη-
κόους προπηλακίζει ὡς ἐθελοδούλους τε καὶ οὐδὲν ὄντας,
τοὺς δὲ ἄρχοντας μὲν ἀρχομένοις, ἀρχομένους δὲ ἄρχου-
σιν ὁμοίους ἰδίᾳ τε καὶ δημοσίᾳ ἐπαινεῖ τε καὶ τιμᾷ. ἆρ'
E οὐκ ἀνάγκη ἐν τοιαύτῃ πόλει ἐπὶ πᾶν τὸ τῆς ἐλευθερίας
ἰέναι; Πῶς γὰρ οὔ; Καὶ καταδύεσθαί γε, ἦν δ' ἐγώ, ὦ
φίλε, εἴς τε τὰς ἰδίας οἰκίας καὶ τελευτᾶν μέχρι τῶν θη-
ρίων τὴν ἀναρχίαν ἐμφυομένην. Πῶς, ἦ δ' ὅς, τὸ τοιοῦ-
τον λέγομεν; Οἷον, ἔφην, πατέρα μὲν ἐθίζεσθαι παιδὶ
ὅμοιον γίγνεσθαι καὶ φοβεῖσθαι τοὺς υἱεῖς, υἱὸν δὲ πατρί,
καὶ μήτε αἰσχύνεσθαι μήτε δεδιέναι τοὺς γονέας, ἵνα δὴ
563 ἐλεύθερος ᾖ· μέτοικον δὲ ἀστῷ καὶ ἀστὸν μετοίκῳ ἐξι-
σοῦσθαι, καὶ ξένον ὡσαύτως. Γίγνεται γὰρ οὕτως, ἔφη.

Ταῦτά τε, ἦν δ' ἐγώ, καὶ σμικρὰ τοιάδε ἄλλα γίγνεται·
διδάσκαλός τε ἐν τῷ τοιούτῳ φοιτητὰς φοβεῖται καὶ θω-
πεύει, φοιτηταί τε διδασκάλων ὀλιγωροῦσιν, οὕτω δὲ καὶ
παιδαγωγῶν· καὶ ὅλως οἱ μὲν νέοι πρεσβυτέροις ἀπεικά-
ζονται καὶ διαμιλλῶνται καὶ ἐν λόγοις καὶ ἐν ἔργοις, οἱ δὲ
γέροντες ξυγκαθιέντες τοῖς νέοις εὐτραπελίας τε καὶ χα-
ριεντισμοῦ ἐμπίπλανται, μιμούμενοι τοὺς νέους, ἵνα δὴ B
μὴ δοκῶσιν ἀηδεῖς εἶναι μηδὲ δεσποτικοί. Πάνυ μὲν οὖν,
ἔφη. Τὸ δέ γε, ἦν δ' ἐγώ, ἔσχατον, ὦ φίλε, τῆς ἐλευθερίας
τοῦ πλήθους, ὅσον γίγνεται ἐν τῇ τοιαύτῃ πόλει, ὅταν δὴ
οἱ ἐωνημένοι καὶ αἱ ἐωνημέναι μηδὲν ἧττον ἐλεύθεροι ὦσι
τῶν πριαμένων. ἐν γυναιξὶ δὲ πρὸς ἄνδρας καὶ ἀνδράσι
πρὸς γυναῖκας ὅση ἡ ἰσονομία καὶ ἐλευθερία γίγνεται,
ὀλίγου ἐπελαθόμεθ' εἰπεῖν. Οὐκοῦν κατ' Αἰσχύλον, ἔφη,
ἐροῦμεν ὅ τι νῦν ἦλθ' ἐπὶ στόμα; Πάνυ γε, εἶπον. καὶ C
ἔγωγε οὕτω λέγω· τὸ μὲν γὰρ τῶν θηρίων τῶν ὑπὸ τοῖς
ἀνθρώποις ὅσῳ ἐλευθερώτερά ἐστιν ἐνταῦθα ἢ ἐν ἄλλῃ,
οὐκ ἄν τις πείθοιτο ἄπειρος. ἀτεχνῶς γὰρ αἵ τε κύνες
κατὰ τὴν παροιμίαν οἷαίπερ αἱ δέσποιναι γίγνονταί τε δὴ
καὶ ἵπποι καὶ ὄνοι, πάνυ ἐλευθέρως καὶ σεμνῶς εἰθισμέ-
νοι πορεύεσθαι, κατὰ τὰς ὁδοὺς ἐμβάλλοντες τῷ ἀεὶ ἀπαν-
τῶντι, ἐὰν μὴ ἐξίστηται· καὶ τἆλλα πάντα οὕτω μεστὰ D
ἐλευθερίας γίγνεται. Τὸ ἐμόν γ', ἔφη, ἐμοὶ λέγεις ὄναρ·
αὐτὸς γὰρ εἰς ἀγρὸν πορευόμενος θαμὰ αὐτὸ πάσχω. Τὸ
δὲ δὴ κεφάλαιον, ἦν δ' ἐγώ, πάντων τούτων ξυνηθροι-
σμένων ἐννοεῖς, ὡς ἁπαλὴν τὴν ψυχὴν τῶν πολιτῶν ποιεῖ,
ὥστε κἂν ὁτιοῦν δουλείας τις προσφέρηται, ἀγανακτεῖν
καὶ μὴ ἀνέχεσθαι; τελευτῶντες γάρ που οἶσθ' ὅτι οὐδὲ
τῶν νόμων φροντίζουσι γεγραμμένων ἢ ἀγράφων, ἵνα
δὴ μηδαμῇ μηδεὶς αὐτοῖς ᾖ δεσπότης. Καὶ μάλ', ἔφη,
οἶδα.

XV. Αὕτη μὲν τοίνυν, ἦν δ' ἐγώ, ὦ φίλε, ἡ ἀρχὴ E

οὑτωσὶ καλὴ καὶ νεανική, ὅθεν τυραννὶς φύεται, ὡς ἐμοὶ
δοκεῖ. Νεανικὴ δῆτα, ἔφη· ἀλλὰ τί τὸ μετὰ τοῦτο; Ταὐ-
τόν, ἦν δ' ἐγώ, ὅπερ ἐν τῇ ὀλιγαρχίᾳ νόσημα ἐγγενόμενον
ἀπώλεσεν αὐτήν, τοῦτο καὶ ἐν ταύτῃ πλέον τε καὶ ἰσχυ-
ρότερον ἐκ τῆς ἐξουσίας ἐγγενόμενον καταδουλοῦται δη-
μοκρατίαν· καὶ τῷ ὄντι τὸ ἄγαν τι ποιεῖν μεγάλην φιλεῖ
εἰς τοὐναντίον μεταβολὴν ἀνταποδιδόναι, ἐν ὥραις τε καὶ
564 ἐν φυτοῖς καὶ ἐν σώμασι, καὶ δὴ καὶ ἐν πολιτείαις οὐχ ἥκι-
στα. Εἰκός, ἔφη. Ἡ γὰρ ἄγαν ἐλευθερία ἔοικεν οὐκ εἰς
ἄλλο τι ἢ εἰς ἄγαν δουλείαν μεταβάλλειν καὶ ἰδιώτῃ καὶ
πόλει. Εἰκὸς γάρ. Εἰκότως τοίνυν, εἶπον, οὐκ ἐξ ἄλλης
πολιτείας τυραννὶς καθίσταται ἢ ἐκ δημοκρατίας, ἐξ οἶμαι
τῆς ἀκροτάτης ἐλευθερίας δουλεία πλείστη τε καὶ ἀγριω-
τάτη. Ἔχει γάρ, ἔφη, λόγον. Ἀλλ' οὐ τοῦτ', οἶμαι, ἦν δ'
B ἐγώ, ἠρώτας, ἀλλὰ ποῖον νόσημα ἐν ὀλιγαρχίᾳ τε φυόμε-
νον ταὐτὸν καὶ ἐν δημοκρατίᾳ δουλοῦται αὐτήν. Ἀληθῆ,
ἔφη, λέγεις. Ἐκεῖνο τοίνυν, ἔφην, ἔλεγον, τὸ τῶν ἀργῶν
τε καὶ δαπανηρῶν ἀνδρῶν γένος, τὸ μὲν ἀνδρειότατον
ἡγούμενον αὐτῶν, τὸ δ' ἀνανδρότερον ἑπόμενον· οὓς δὴ
ἀφωμοιοῦμεν κηφῆσι, τοὺς μὲν κέντρα ἔχουσι, τοὺς δὲ
ἀκέντροις. Καὶ ὀρθῶς γ', ἔφη. Τούτω τοίνυν, ἦν δ' ἐγώ,
ταράττετον ἐν πάσῃ πολιτείᾳ ἐγγιγνομένω, οἷον περὶ
C σῶμα φλέγμα τε καὶ χολή· ὢ δὴ καὶ δεῖ τὸν ἀγαθὸν ἰα-
τρόν τε καὶ νομοθέτην πόλεως μὴ ἧττον ἢ σοφὸν μελιτ-
τουργὸν πόρρωθεν εὐλαβεῖσθαι, μάλιστα μὲν ὅπως μὴ
ἐγγενήσεσθον, ἂν δὲ ἐγγένησθον, ὅπως ὅ τι τάχιστα ξὺν
αὐτοῖσι τοῖς κηρίοις ἐκτετμήσεσθον. Ναὶ μὰ Δία, ἦ δ' ὅς,
παντάπασί γε. Ὧδε τοίνυν, ἦν δ' ἐγώ, λάβωμεν, ἵν' εὐ-
κρινέστερον ἴδωμεν ὃ βουλόμεθα. Πῶς; Τριχῇ διαστη-
σώμεθα τῷ λόγῳ δημοκρατουμένην πόλιν, ὥσπερ οὖν καὶ
D ἔχει. ἓν μὲν γάρ που τὸ τοιοῦτον γένος ἐν αὐτῇ ἐμφύεται
δι' ἐξουσίαν οὐκ ἔλαττον ἢ ἐν τῇ ὀλιγαρχουμένῃ. Ἔστιν

νῦτως. Πολὺ δέ γε δριμύτερον ἐν ταύτῃ ἢ ἐν ἐκείνῃ. Πῶς; Ἐκεῖ μὲν διὰ τὸ μὴ ἔντιμον εἶναι, ἀλλ' ἀπελαύνεσθαι τῶν ἀρχῶν, ἀγύμναστον καὶ οὐκ ἐρρωμένον γίγνεται· ἐν δημοκρατίᾳ δὲ τοῦτό που τὸ προεστὸς αὐτῆς, ἐκτὸς ὀλίγων, καὶ τὸ μὲν δριμύτατον αὐτοῦ λέγει τε καὶ πράττει, τὸ δ' ἄλλο περὶ τὰ βήματα προσίζον βομβεῖ τε καὶ οὐκ ἀνέχεται τοῦ ἄλλα λέγοντος, ὥστε πάντα ὑπὸ τοῦ τοιούτου διοικεῖται ἐν τῇ τοιαύτῃ πολιτείᾳ χωρίς τινων ὀλίγων. E Μάλα γε, ἦ δ' ὅς. Ἄλλο τοίνυν τοιόνδε ἀεὶ ἀποκρίνεται ἐκ τοῦ πλήθους. Τὸ ποῖον; Χρηματιζομένων που πάντων οἱ κοσμιώτατοι φύσει ὡς τὸ πολὺ πλουσιώτατοι γίγνονται. Εἰκός. Πλεῖστον δή, οἶμαι, τοῖς κηφῆσι μέλι καὶ εὐπορώτατον ἐντεῦθεν βλίττεται. Πῶς γὰρ ἄν, ἔφη, παρά γε τῶν σμικρὰ ἐχόντων τις βλίσειεν; Πλούσιοι δή, οἶμαι, οἱ τοιοῦτοι καλοῦνται κηφήνων βοτάνη. Σχεδόν τι, ἔφη.

XVI. Δῆμος δ' ἂν εἴη τρίτον γένος, ὅσοι αὐτουργοί 565 τε καὶ ἀπράγμονες, οὐ πάνυ πολλὰ κεκτημένοι· ὃ δὴ πλεῖστόν τε καὶ κυριώτατον ἐν δημοκρατίᾳ, ὅταν περ ἀθροισθῇ. Ἔστι γάρ, ἔφη· ἀλλ' οὐ θαμὰ ἐθέλει ποιεῖν τοῦτο, ἐὰν μὴ μέλιτός τι μεταλαμβάνῃ. Οὐκοῦν μεταλαμβάνει, ἦν δ' ἐγώ, ἀεί, καθ' ὅσον δύνανται οἱ προεστῶτες, τοὺς ἔχοντας τὴν οὐσίαν ἀφαιρούμενοι, διανέμοντες τῷ δήμῳ τὸ πλεῖστον αὐτοὶ ἔχειν. Μεταλαμβάνει γὰρ οὖν, B ἦ δ' ὅς, οὕτως. Ἀναγκάζονται δή, οἶμαι, ἀμύνεσθαι, λέγοντές τε ἐν τῷ δήμῳ καὶ πράττοντες ὅπῃ δύνανται, οὗτοι ὧν ἀφαιροῦνται. Πῶς γὰρ οὔ; Αἰτίαν δὴ ἔσχον ὑπὸ τῶν ἑτέρων, κἂν μὴ ἐπιθυμῶσι νεωτερίζειν, ὡς ἐπιβουλεύουσι τῷ δήμῳ καί εἰσιν ὀλιγαρχικοί. Τί μήν; Οὐκοῦν καὶ τελευτῶντες, ἐπειδὰν ὁρῶσι τὸν δῆμον οὐχ ἑκόντα, ἀλλ' ἀγνοήσαντά τε καὶ ἐξαπατηθέντα ὑπὸ τῶν διαβαλλόντων, ἐπιχειροῦντα σφᾶς ἀδικεῖν, τότ' ἤδη, εἴτε βούλονται εἴτε C

μή, ὡς ἀληθῶς ὀλιγαρχικοὶ γίγνονται, οὐχ ἑκόντες, ἀλλὰ καὶ τοῦτο τὸ κακὸν ἐκεῖνος ὁ κηφὴν ἐντίκτει κεντῶν αὐτούς. Κομιδῇ μὲν οὖν. Εἰσαγγελίαι δὴ καὶ κρίσεις καὶ ἀγῶνες περὶ ἀλλήλων γίγνονται. Καὶ μάλα. Οὐκοῦν ἕνα τινὰ ἀεὶ δῆμος εἴωθε διαφερόντως προΐστασθαι ἑαυτοῦ, καὶ τοῦτον τρέφειν τε καὶ αὔξειν μέγαν; Εἴωθε γάρ.
D Τοῦτο μὲν ἄρα, ἦν δ' ἐγώ, δῆλον, ὅτι, ὅταν περ φύηται τύραννος, ἐκ προστατικῆς ῥίζης καὶ οὐκ ἄλλοθεν ἐκβλαστάνει. Καὶ μάλα δῆλον. Τίς ἀρχὴ οὖν μεταβολῆς ἐκ προστάτου ἐπὶ τύραννον; ἢ δῆλον ὅτι ἐπειδὰν ταὐτὸν ἄρξηται δρᾶν ὁ προστάτης τῷ ἐν τῷ μύθῳ, ὃς περὶ τὸ ἐν Ἀρκαδίᾳ τὸ τοῦ Διὸς τοῦ Λυκαίου ἱερὸν λέγεται; Τίς, ἔφη. Ὡς ἄρα ὁ γευσάμενος τοῦ ἀνθρωπίνου σπλάγχνου, ἐν ἄλλοις ἄλλων ἱερείων ἑνὸς ἐγκατατετμημένου, ἀνάγκη
E δὴ τούτῳ λύκῳ γενέσθαι. ἢ οὐκ ἀκήκοας τὸν λόγον; Ἔγωγε. Ἆρ' οὖν οὕτω καὶ ὃς ἂν δήμου προεστώς, λαβὼν σφόδρα πειθόμενον ὄχλον, μὴ ἀπόσχηται ἐμφυλίου αἵματος, ἀλλ' ἀδίκως ἐπαιτιώμενος, οἷα δὴ φιλοῦσιν, εἰς δικαστήρια ἄγων μιαιφονῇ, βίον ἀνδρὸς ἀφανίζων, γλώττῃ τε καὶ στόματι ἀνοσίῳ γευόμενος φόνου ξυγγενοῦς, καὶ ἀν-
566 δρηλατῇ καὶ ἀποκτιννύῃ καὶ ὑποσημαίνῃ χρεῶν τε ἀποκοπὰς καὶ γῆς ἀναδασμόν, ἆρα τῷ τοιούτῳ ἀνάγκη δὴ τὸ μετὰ τοῦτο καὶ εἵμαρται ἢ ἀπολωλέναι ὑπὸ τῶν ἐχθρῶν ἢ τυραννεῖν καὶ λύκῳ ἐξ ἀνθρώπου γενέσθαι; Πολλὴ ἀνάγκη, ἔφη. Οὗτος δή, ἔφην, ὁ στασιάζων γίγνεται πρὸς τοὺς ἔχοντας τὰς οὐσίας. Οὗτος. Ἆρ' οὖν ἐκπεσὼν μὲν καὶ κατελθὼν βίᾳ τῶν ἐχθρῶν τύραννος ἀπειργασμένος κατέρχεται; Δῆλον. Ἐὰν δὲ ἀδύνατοι ἐκβάλλειν αὐτὸν
B ὦσιν ἢ ἀποκτεῖναι διαβάλλοντες τῇ πόλει, βιαίῳ δὴ θανάτῳ ἐπιβουλεύουσιν ἀποκτιννύναι λάθρᾳ. Φιλεῖ γοῦν, ἦ δ' ὅς, οὕτω γίγνεσθαι. Τὸ δὴ τυραννικὸν αἴτημα τὸ πολυθρύλητον ἐπὶ τούτῳ πάντες οἱ εἰς τοῦτο προβεβη-

κότες ἐξευρίσκουσιν, αἰτεῖν τὸν δῆμον φύλακάς τινας τοῦ σώματος, ἵνα σῶς αὐτοῖς ᾖ ὁ τοῦ δήμου βοηθός. Καὶ μάλ', C ἔφη. Διδόασι δή, οἶμαι, δείσαντες μὲν ὑπὲρ ἐκείνου, θαρρήσαντες δὲ ὑπὲρ ἑαυτῶν. Καὶ μάλα. Οὐκοῦν τοῦτο ὅταν ἴδῃ ἀνὴρ χρήματα ἔχων καὶ μετὰ τῶν χρημάτων αἰτίαν μισόδημος εἶναι, τότε δὴ οὗτος, ὦ ἑταῖρε, κατὰ τὸν Κροίσῳ γενόμενον χρησμὸν

πολυψήφιδα παρ' Ἕρμον
φεύγει, οὐδὲ μένει, οὐδ' αἰδεῖται κακὸς εἶναι.

Οὐ γὰρ ἄν, ἔφη, δεύτερον αὖθις αἰδεσθείη. Ὁ δέ γε, οἶμαι, ἦν δ' ἐγώ, καταληφθεὶς θανάτῳ δίδοται. Ἀνάγκη. Ὁ δὲ δὴ προστάτης ἐκεῖνος αὐτὸς δῆλον δὴ ὅτι μέγας μεγαλωστί, οὐ κεῖται, ἀλλὰ καταβαλὼν ἄλλους πολλοὺς ἕστηκεν D ἐν τῷ δίφρῳ τῆς πόλεως, τύραννος ἀντὶ προστάτου ἀποτετελεσμένος. Τί δ' οὐ μέλλει; ἔφη.

XVII. Διέλθωμεν δὴ τὴν εὐδαιμονίαν, ἦν δ' ἐγώ, τοῦ τε ἀνδρὸς καὶ τῆς πόλεως, ἐν ᾗ ἂν ὁ τοιοῦτος βροτὸς ἐγγένηται; Πάνυ μὲν οὖν, ἔφη, διέλθωμεν. Ἆρ' οὖν, εἶπον, οὐ ταῖς μὲν πρώταις ἡμέραις τε καὶ χρόνῳ προσγελᾷ τε καὶ ἀσπάζεται πάντας, ᾧ ἂν περιτυγχάνῃ, καὶ οὔτε τύραννός φησιν εἶναι, ὑπισχνεῖταί τε πολλὰ καὶ ἰδίᾳ καὶ δημοσίᾳ, E χρεῶν τε ἠλευθέρωσε, καὶ γῆν διένειμε δήμῳ τε καὶ τοῖς περὶ ἑαυτόν, καὶ πᾶσιν ἵλεώς τε καὶ πρᾶος εἶναι προσποιεῖται; Ἀνάγκη, ἔφη. Ὅταν δέ γε, οἶμαι, πρὸς τοὺς ἔξω ἐχθροὺς τοῖς μὲν καταλλαγῇ, τοὺς δὲ καὶ διαφθείρῃ, καὶ ἡσυχία ἐκείνων γένηται, πρῶτον μὲν πολέμους τινὰς ἀεὶ κινεῖ, ἵν' ἐν χρείᾳ ἡγεμόνος ὁ δῆμος ᾖ. Εἰκός γε. Οὐκοῦν 567 καὶ ἵνα χρήματα εἰσφέροντες πένητες γιγνόμενοι πρὸς τῷ καθ' ἡμέραν ἀναγκάζωνται εἶναι καὶ ἧττον αὐτῷ ἐπιβουλεύωσιν; Δῆλον. Καὶ ἄν γέ τινας, οἶμαι, ὑποπτεύῃ ἐλεύθερα φρονήματα ἔχοντας μὴ ἐπιτρέψειν αὐτῷ ἄρχειν, ὅπως ἂν τούτους μετὰ προφάσεως ἀπολλύῃ, ἐν-

*δοὺς τοῖς πολεμίοις; τούτων πάντων ἕνεκα τυράννῳ ἀεὶ
ἀνάγκη πόλεμον ταράττειν; Ἀνάγκη. Ταῦτα δὴ ποιοῦντα
B ἕτοιμον μᾶλλον ἀπεχθάνεσθαι τοῖς πολίταις; Πῶς γὰρ
οὔ; Οὐκοῦν καί τινας τῶν ξυγκαταστησάντων καὶ ἐν δυ-
νάμει ὄντων παρρησιάζεσθαι καὶ πρὸς αὐτὸν καὶ πρὸς
ἀλλήλους, ἐπιπλήττοντας τοῖς γιγνομένοις, οἳ ἂν τυγχά-
νωσιν ἀνδρικώτατοι ὄντες; Εἰκός γε. Ὑπεξαιρεῖν δὴ τού-
τους πάντας δεῖ τὸν τύραννον, εἰ μέλλει ἄρξειν, ἕως ἂν
μήτε φίλων μήτ' ἐχθρῶν λίπῃ μηδένα, ὅτου τι ὄφελος.
Δῆλον. Ὀξέως ἄρα δεῖ ὁρᾶν αὐτόν, τίς ἀνδρεῖος, τίς με-
C γαλόφρων, τίς φρόνιμος, τίς πλούσιος· καὶ οὕτως εὐδαί-
μων ἐστίν, ὥστε τούτοις ἅπασιν ἀνάγκη αὐτῷ, εἴτε βού-
λεται εἴτε μή, πολεμίῳ εἶναι καὶ ἐπιβουλεύειν, ἕως ἂν
καθήρῃ τὴν πόλιν. Καλόν γε, ἔφη, καθαρμόν. Ναί, ἦν δ'
ἐγώ, τὸν ἐναντίον ἢ οἱ ἰατροὶ τὰ σώματα· οἱ μὲν γὰρ
τὸ χείριστον ἀφαιροῦντες λείπουσι τὸ βέλτιστον, ὁ δὲ
τοὐναντίον. Ὡς ἔοικε γάρ, αὐτῷ, ἔφη, ἀνάγκη, εἴπερ
ἄρξει.*

D XVIII. *Ἐν μακαρίᾳ ἄρα, εἶπον ἐγώ, ἀνάγκῃ δέδεται,
ἣ προστάττει αὐτῷ ἢ μετὰ φαύλων τῶν πολλῶν οἰκεῖν
καὶ ὑπὸ τούτων μισούμενον ἢ μὴ ζῆν. Ἐν τοιαύτῃ, ἦ δ'
ὅς. Ἆρ' οὖν οὐχί, ὅσῳ ἂν μᾶλλον τοῖς πολίταις ἀπεχθά-
νηται ταῦτα δρῶν, τοσούτῳ πλειόνων καὶ πιστοτέρων
δορυφόρων δεήσεται; Πῶς γὰρ οὔ; Τίνες οὖν οἱ πιστοί,
καὶ πόθεν αὐτοὺς μεταπέμψεται; Αὐτόματοι, ἔφη, πολ-
λοὶ ἥξουσι πετόμενοι, ἐὰν τὸν μισθὸν διδῷ. Κηφῆνας,
E ἦν δ' ἐγώ, νὴ τὸν κύνα, δοκεῖς αὖ τινάς μοι λέγειν ξενι-
κούς τε καὶ παντοδαπούς. Ἀληθῆ γάρ, ἔφη, δοκῶ σοι.
Τί δέ; αὐτόθεν ἆρ' οὐκ ἂν ἐθελήσειεν; Πῶς; Τοὺς δού-
λους ἀφελόμενος τοὺς πολίτας, ἐλευθερώσας, τῶν περὶ
ἑαυτὸν δορυφόρων ποιήσασθαι. Σφόδρα γ', ἔφη· ἐπεί
τοι καὶ πιστότατοι αὐτῷ οὗτοί εἰσιν. Ἦ μακάριον, ἦν δ'*

ἐγώ, λέγεις τυράννου χρῆμα, εἰ τοιούτοις φίλοις τε καὶ πι- 568
στοῖς ἀνδράσι χρῆται, τοὺς προτέρους ἐκείνους ἀπολέσας.
Ἀλλὰ μήν, ἔφη, τοιούτοις γε χρῆται. Καὶ θαυμάζουσι δή,
εἶπον, οὗτοι οἱ ἑταῖροι αὐτὸν καὶ ξύνεισιν οἱ νέοι πολῖ-
ται, οἱ δ' ἐπιεικεῖς μισοῦσί τε καὶ φεύγουσιν; Τί δ' οὐ
μέλλουσιν; Οὐκ ἐτός, ἦν δ' ἐγώ, ἥ τε τραγῳδία ὅλως σο-
φὸν δοκεῖ εἶναι καὶ ὁ Εὐριπίδης διαφέρων ἐν αὐτῇ. Τί
δή; Ὅτι καὶ τοῦτο πυκνῆς διανοίας ἐχόμενον ἐφθέγξατο,
ὡς ἄρα σοφοὶ τύραννοί εἰσι τῶν σοφῶν συνουσίᾳ. καὶ B
ἔλεγε δῆλον ὅτι τούτους εἶναι τοὺς σοφοὺς οἷς ξύνεστιν.
Καὶ ὡς ἰσόθεόν γ', ἔφη, τὴν τυραννίδα ἐγκωμιάζει, καὶ
ἕτερα πολλά, καὶ οὗτος καὶ οἱ ἄλλοι ποιηταί. Τοιγάρτοι,
ἔφην, ἅτε σοφοὶ ὄντες οἱ τῆς τραγῳδίας ποιηταὶ ξυγγιγνώ-
σκουσιν ἡμῖν τε καὶ ἐκείνοις, ὅσοι ἡμῶν ἐγγὺς πολιτεύον
ται, ὅτι αὐτοὺς εἰς τὴν πολιτείαν οὐ παραδεξόμεθα ἅτε
τυραννίδος ὑμνητάς. Οἶμαι ἔγωγ', ἔφη, ξυγγιγνώσκου-
σιν ὅσοιπέρ γε αὐτῶν κομψοί. Εἰς δέ γε, οἶμαι, τὰς ἄλλας C
περιιόντες πόλεις, ξυλλέγοντες τοὺς ὄχλους, καλὰς φωνὰς
καὶ μεγάλας καὶ πιθανὰς μισθωσάμενοι εἰς τυραννίδας τε
καὶ δημοκρατίας ἕλκουσι τὰς πολιτείας. Μάλα γε. Οὐκ-
οῦν καὶ προσέτι τούτων μισθοὺς λαμβάνουσι καὶ τιμῶν-
ται, μάλιστα μέν, ὥσπερ τὸ εἰκός, ὑπὸ τυράννων, δεύτε-
ρον δὲ ὑπὸ δημοκρατίας· ὅσῳ δ' ἂν ἀνωτέρω ἴωσι πρὸς
τὸ ἄναντες τῶν πολιτειῶν, μᾶλλον ἀπαγορεύει αὐτῶν ἡ D
τιμή, [ἡ] ὥσπερ ὑπὸ ἄσθματος ἀδυνατοῦσα πορεύεσθαι.
Πάνυ μὲν οὖν.

XIX. Ἀλλὰ δή, εἶπον, ἐνταῦθα μὲν ἐξέβημεν· λέγω-
μεν δὲ πάλιν ἐκεῖνο τὸ τοῦ τυράννου στρατόπεδον τὸ κα-
λόν τε καὶ πολὺ καὶ ποικίλον καὶ οὐδέποτε ταὐτόν, πόθεν
θρέψεται. Δῆλον, ἔφη, ὅτι, ἐάν τε ἱερὰ χρήματα ᾖ ἐν τῇ
πόλει, ταῦτα ἀναλώσει ὅποι ποτὲ ἂν ἀεὶ ἐξαρκῇ, τὸ τῶν
ἀποδομένων, ἐλάττους εἰσφορὰς ἀναγκάζων τὸν δῆμον

E εἰσφέρειν. Τί δ' ὅταν δὴ ταῦτα ἐπιλείπῃ; Δῆλον, ἔφη, ὅτι
ἐκ τῶν πατρῴων θρέψεται αὐτός τε καὶ οἱ συμπόται τε καὶ
ἑταῖροι καὶ ἑταῖραι. Μανθάνω, ἦν δ' ἐγώ· ὅτι ὁ δῆμος ὁ
γεννήσας τὸν τύραννον θρέψει αὐτόν τε καὶ ἑταίρους.
Πολλὴ αὐτῷ, ἔφη, ἀνάγκη. Πῶς δὲ λέγεις; εἶπον· ἐὰν δὲ
ἀγανακτῇ τε καὶ λέγῃ ὁ δῆμος, ὅτι οὔτε δίκαιον τρέφεσθαι
ὑπὸ πατρὸς υἱὸν ἡβῶντα, ἀλλὰ τοὐναντίον ὑπὸ υἱέος πα-
569 τέρα, οὔτε τούτου αὐτὸν ἕνεκα ἐγέννησέ τε καὶ κατέστη-
σεν, ἵνα, ἐπειδὴ μέγας γένοιτο, τότε αὐτὸς δουλεύων τοῖς
αὑτοῦ δούλοις τρέφοι ἐκεῖνόν τε καὶ τοὺς δούλους μετὰ
ξυγκλύδων ἄλλων, ἀλλ' ἵνα ἀπὸ τῶν πλουσίων τε καὶ κα-
λῶν κἀγαθῶν λεγομένων ἐν τῇ πόλει ἐλευθερωθείη ἐκεί-
νου προστάντος, καὶ νῦν κελεύει ἀπιέναι ἐκ τῆς πόλεως
αὐτόν τε καὶ τοὺς ἑταίρους, ὥσπερ πατὴρ υἱὸν ἐξ οἰκίας
μετὰ ὀχληρῶν ξυμποτῶν ἐξελαύνων; Γνώσεταί γε, νὴ
B Δία, ἦ δ' ὅς, τότ' ἤδη ὁ δῆμος, οἷος οἷον θρέμμα γεννῶν
ἠσπάζετό τε καὶ ηὖξε, καὶ ὅτι ἀσθενέστερος ὢν ἰσχυροτέ-
ρους ἐξελαύνει. Πῶς, ἦν δ' ἐγώ, λέγεις; τολμήσει τὸν πα-
τέρα βιάζεσθαι, κἂν μὴ πείθηται, τύπτειν ὁ τύραννος;
Ναί, ἔφη, ἀφελόμενός γε τὰ ὅπλα. Πατραλοίαν, ἦν δ' ἐγώ,
λέγεις τύραννον καὶ χαλεπὸν γηροτρόφον, καὶ ὡς ἔοικε
τοῦτο δὴ ὁμολογουμένη ἂν ἤδη τυραννὶς εἴη, καὶ τὸ λεγό-
μενον ὁ δῆμος φεύγων ἂν καπνὸν δουλείας ἐλευθέρων εἰς
C πῦρ δούλων δεσποτείας ἂν ἐμπεπτωκὼς εἴη, ἀντὶ τῆς πολ-
λῆς ἐκείνης καὶ ἀκαίρου ἐλευθερίας τὴν χαλεπωτάτην τε
καὶ πικροτάτην δούλων δουλείαν μεταμπισχόμενος. Καὶ
μάλα, ἔφη, ταῦτα οὕτω γίγνεται. Τί οὖν; εἶπον· οὐκ ἐμ-
μελῶς ἡμῖν εἰρήσεται, ἐὰν φῶμεν ἱκανῶς διεληλυθέναι,
ὡς μεταβαίνει τυραννὶς ἐκ δημοκρατίας, γενομένη τε οἵα
ἐστίν; Πάνυ μὲν οὖν ἱκανῶς, ἔφη.

Θ.

I. Αὐτὸς δὴ λοιπός, ἦν δ' ἐγώ, ὁ τυραννικὸς ἀνὴρ 571 σκέψασθαι, πῶς τε μεθίσταται ἐκ δημοκρατικοῦ, γενόμενός τε ποῖός τίς ἐστι καὶ τίνα τρόπον ζῇ, ἄθλιον ἢ μακάριον. Λοιπὸς γὰρ οὖν ἔτι οὗτος, ἔφη. Οἶσθ' οὖν, ἦν δ' ἐγώ, ὃ ποθῶ ἔτι; Τὸ ποῖον; Τὸ τῶν ἐπιθυμιῶν, οἷαί τε καὶ ὅσαι εἰσίν, οὔ μοι δοκοῦμεν ἱκανῶς διῃρῆσθαι. τούτου δὴ ἐνδεῶς ἔχοντος, ἀσαφεστέρα ἔσται ἡ ζήτησις οὗ B ζητοῦμεν. Οὐκοῦν, ἦ δ' ὅς, ἔτ' ἐν καλῷ; Πάνυ μὲν οὖν· καὶ σκόπει γ' ὃ ἐν αὐταῖς βούλομαι ἰδεῖν. ἔστι δὲ τόδε. τῶν μὴ ἀναγκαίων ἡδονῶν τε καὶ ἐπιθυμιῶν δοκοῦσί τινές μοι εἶναι παράνομοι, αἳ κινδυνεύουσι μὲν ἐγγίγνεσθαι παντί, κολαζόμεναι δὲ ὑπό τε τῶν νόμων καὶ τῶν βελτιόνων ἐπιθυμιῶν μετὰ λόγου ἐνίων μὲν ἀνθρώπων ἢ παντάπασιν ἀπαλλάττεσθαι ἢ ὀλίγαι λείπεσθαι καὶ ἀσθενεῖς, τῶν δὲ ἰσχυρότεραι καὶ πλείους. Λέγεις δὲ καὶ τίνας, C ἔφη, ταύτας; Τὰς περὶ τὸν ὕπνον, ἦν δ' ἐγώ, ἐγειρομένας, ὅταν τὸ μὲν ἄλλο τῆς ψυχῆς εὕδῃ, ὅσον λογιστικὸν καὶ ἥμερον καὶ ἄρχον ἐκείνου, τὸ δὲ θηριῶδές τε καὶ ἄγριον, ἢ σίτων ἢ μέθης πλησθέν, σκιρτᾷ τε καὶ ἀπωσάμενον τὸν ὕπνον ζητῇ ἰέναι καὶ ἀποπιμπλάναι τὰ αὑτοῦ ἤθη· οἶσθ' ὅτι πάντα ἐν τῷ τοιούτῳ τολμᾷ ποιεῖν, ὡς ἀπὸ πάσης λελυμένον τε καὶ ἀπηλλαγμένον αἰσχύνης καὶ φρονήσεως. μητρί τε γὰρ ἐπιχειρεῖν μίγνυσθαι, ὡς οἴεται, D οὐδὲν ὀκνεῖ, ἄλλῳ τε ὁτῳοῦν ἀνθρώπων καὶ θεῶν καὶ θηρίων, μιαιφονεῖν τε ὁτιοῦν, βρώματός τε ἀπέχεσθαι μηδενός· καὶ ἑνὶ λόγῳ οὔτε ἀνοίας οὐδὲν ἐλλείπει οὔτ' ἀναισχυντίας. Ἀληθέστατα, ἔφη, λέγεις. Ὅταν δέ γε, οἶμαι, ὑγιεινῶς τις ἔχῃ αὐτὸς αὑτοῦ καὶ σωφρόνως, καὶ εἰς

τὸν ὕπνον ἴῃ, τὸ λογιστικὸν μὲν ἐγείρας ἑαυτοῦ καὶ ἑστιά-
σας λόγων καλῶν καὶ σκέψεων, εἰς σύννοιαν αὐτὸς αὑ-
E τῷ ἀφικόμενος, τὸ ἐπιθυμητικὸν δὲ μήτε ἐνδείᾳ δοὺς
μήτε πλησμονῇ, ὅπως ἂν κοιμηθῇ καὶ μὴ παρέχῃ θό-
572 ρυβον τῷ βελτίστῳ χαῖρον ἢ λυπούμενον, ἀλλ' ἐᾷ
αὐτὸ καθ' αὑτὸ μόνον καθαρὸν σκοπεῖν καὶ ὀρέγεσθαί
του καὶ αἰσθάνεσθαι ὃ μὴ οἶδεν, ἤ τι τῶν γεγονότων ἢ
ὄντων ἢ καὶ μελλόντων, ὡσαύτως δὲ καὶ τὸ θυμοειδὲς
πραΰνας καὶ μή τισιν εἰς ὀργὰς ἐλθὼν κεκινημένῳ τῷ
θυμῷ καθεύδῃ, ἀλλ' ἡσυχάσας μὲν τὼ δύο εἴδη, το τρίτον
δὲ κινήσας, ἐν ᾧ τὸ φρονεῖν ἐγγίγνεται, οὕτως ἀναπαύη-
ται, οἶσθ' ὅτι τῆς τ' ἀληθείας ἐν τῷ τοιούτῳ μάλιστα ἅπτε-
B ται καὶ ἥκιστα παράνομοι τότε αἱ ὄψεις φαντάζονται τῶν
ἐνυπνίων. Παντελῶς μὲν οὖν, ἔφη, οἶμαι οὕτως. Ταῦτα
μὲν τοίνυν ἐπὶ πλέον ἐξήχθημεν εἰπεῖν· ὃ δὲ βουλόμεθα
γνῶναι, τόδ' ἐστίν, ὡς ἄρα δεινόν τι καὶ ἄγριον καὶ ἄνο-
μον ἐπιθυμιῶν εἶδος ἑκάστῳ ἔνεστι, καὶ πάνυ δοκοῦσιν
ἡμῶν ἐνίοις μετρίοις εἶναι· τοῦτο δὲ ἄρα ἐν τοῖς ὕπνοις
γίγνεται ἔνδηλον. εἰ οὖν τὶ δοκῶ λέγειν καὶ ξυγχωρεῖς,
ἄθρει. Ἀλλὰ ξυγχωρῶ.

C II. Τὸν τοίνυν δημοτικὸν ἀναμνήσθητι οἷον ἔφαμεν
εἶναι. ἦν δέ που γεγονὼς ἐκ νέου ὑπὸ φειδωλῷ πατρὶ τε-
θραμμένος, τὰς χρηματιστικὰς ἐπιθυμίας τιμῶντι μόνας,
τὰς δὲ μὴ ἀναγκαίους, ἀλλὰ παιδιᾶς τε καὶ καλλωπισμοῦ
ἕνεκα γιγνομένας, ἀτιμάζοντι. ἦ γάρ; Ναί. Συγγενόμε-
νος δὲ κομψοτέροις ἀνδράσι καὶ μεστοῖς ὧν ἄρτι διήλθο-
μεν ἐπιθυμιῶν, ὁρμήσας εἰς ὕβριν τε πᾶσαν καὶ τὸ ἐκεί-
νων εἶδος μίσει τῆς τοῦ πατρὸς φειδωλίας, φύσιν δὲ τῶν
D διαφθειρόντων βελτίω ἔχων, ἀγόμενος ἀμφοτέρωσε κατ-
έστη εἰς μέσον ἀμφοῖν τοῖν τρόποιν, καὶ μετρίως δή, ὡς
ᾤετο, ἑκάστων ἀπολαύων οὔτε ἀνελεύθερον οὔτε παρά-
νομον βίον ζῇ, δημοτικὸς ἐξ ὀλιγαρχικοῦ γεγονώς. Ἦν

γάρ, ἔφη, καὶ ἔστιν αὕτη ἡ δόξα περὶ τὸν τοιοῦτον. Θὲς
τοίνυν, ἦν δ' ἐγώ, πάλιν τοῦ τοιούτου ἤδη πρεσβυτέρου
γεγονότος νέον υἱὸν ἐν τοῖς τούτου αὖ ἤθεσι τεθραμμέ-
νον. Τίθημι. Τίθει τοίνυν καὶ τὰ αὐτὰ ἐκεῖνα περὶ αὐτὸν
γιγνόμενα, ἅπερ καὶ περὶ τὸν πατέρα αὐτοῦ, ἀγόμενόν τε E
εἰς πᾶσαν παρανομίαν, ὀνομαζομένην δ' ὑπὸ τῶν ἀγόν-
των ἐλευθερίαν ἅπασαν, βοηθοῦντά τε ταῖς ἐν μέσῳ ταυ-
ταις ἐπιθυμίαις πατέρα τε καὶ τοὺς ἄλλους οἰκείους, τοὺς
δ' αὖ παραβοηθοῦντας· ὅταν δ' ἐλπίσωσιν οἱ δεινοὶ μά-
γοι τε καὶ τυραννοποιοὶ οὗτοι μὴ ἄλλως τὸν νέον καθέξειν,
ἔρωτά τινα αὐτῷ μηχανωμένους ἐμποιῆσαι προστάτην
τῶν ἀργῶν καὶ τὰ ἕτοιμα διανεμομένων ἐπιθυμιῶν, ὑπό- 573
πτερον καὶ μέγαν κηφῆνά τινα· ἢ τί ἄλλο οἴει εἶναι τὸν
τῶν τοιούτων ἔρωτα; Οὐδὲν ἔγωγε, ἦ δ' ὅς, ἀλλ' ἢ τοῦτο.
Οὐκοῦν ὅταν περὶ αὐτὸν βομβοῦσαι αἱ ἄλλαι ἐπιθυμίαι,
θυμιαμάτων τε γέμουσαι καὶ μύρων καὶ στεφάνων καὶ
οἴνων καὶ τῶν ἐν ταῖς τοιαύταις συνουσίαις ἡδονῶν ἀνει-
μένων, ἐπὶ τὸ ἔσχατον αὔξουσαί τε καὶ τρέφουσαι πόθου
κέντρον ἐμποιήσωσι τῷ κηφῆνι, τότε δὴ δορυφορεῖταί τε
ὑπὸ μανίας καὶ οἰστρᾷ οὗτος ὁ προστάτης τῆς ψυχῆς, καὶ B
ἐάν τινας ἐν αὐτῷ δόξας ἢ ἐπιθυμίας λάβῃ ποιουμένας
χρηστὰς καὶ ἔτι ἐπαισχυνομένας, ἀποκτείνει τε καὶ ἔξω
ὠθεῖ παρ' αὑτοῦ, ἕως ἂν καθήρῃ σωφροσύνης, [καὶ] μα-
νίας δὲ πληρώσῃ ἐπακτοῦ. Παντελῶς, ἔφη, τυραννικοῦ
ἀνδρὸς λέγεις γένεσιν. Ἆρ' οὖν, ἦν δ' ἐγώ, καὶ τὸ πάλαι
διὰ τὸ τοιοῦτον τύραννος ὁ Ἔρως λέγεται; Κινδυνεύει,
ἔφη. Οὐκοῦν, ὦ φίλε, εἶπον, καὶ μεθυσθεὶς ἀνὴρ τυραν-
νικόν τι φρόνημα ἴσχει; Ἴσχει γάρ. Καὶ μὴν ὅ γε μαινό- C
μενος καὶ ὑποκεκινηκὼς οὐ μόνον ἀνθρώπων ἀλλὰ καὶ
θεῶν ἐπιχειρεῖ τε καὶ ἐλπίζει δυνατὸς εἶναι ἄρχειν. Καὶ
μάλ', ἔφη. Τυραννικὸς δέ, ἦν δ' ἐγώ, ὦ δαιμόνιε, ἀνὴρ
ἀκριβῶς γίγνεται, ὅταν ἢ φύσει ἢ ἐπιτηδεύμασιν ἢ ἀμ-

[illegible] μεθυστικός τε καὶ ἐρωτικὸς καὶ μελαγχολικὸς γένηται. Παντελῶς μὲν οὖν.

C III. Γίγνεται μέν, ὡς ἔοικεν, οὕτω καὶ τοιοῦτος ἀνήρ· ζῇ δὲ δὴ πῶς; Τὸ τῶν παιζόντων, ἔφη, τοῦτο σὺ καὶ ἐμοὶ ἐρεῖς. Λέγω δή, ἔφην. οἶμαι γάρ, τὸ μετὰ τοῦτο ἑορταὶ γίγνονται παρ' αὐτοῖς καὶ κῶμοι καὶ θάλειαι καὶ ἑταῖραι καὶ τὰ τοιαῦτα πάντα, ὧν ἂν Ἔρως τύραννος ἔνδον οἰκῶν διακυβερνᾷ τὰ τῆς ψυχῆς ἅπαντα. Ἀνάγκη, ἔφη. Ἆρ' οὖν οὐ πολλαὶ καὶ δειναὶ παραβλαστάνουσιν ἐπιθυμίαι ἡμέρας τε καὶ νυκτὸς ἑκάστης, πολλῶν δεόμεναι; Πολλαὶ μέντοι. Ταχὺ ἄρα ἀναλίσκονται, ἐάν τινες ὦσι πρόσοδοι.
E Πῶς δ' οὔ; Καὶ μετὰ τοῦτο δὴ δανεισμοὶ καὶ τῆς οὐσίας παραιρέσεις. Τί μήν; Ὅταν δὲ δὴ πάντ' ἐπιλείπῃ, ἆρα οὐκ ἀνάγκη μὲν τὰς ἐπιθυμίας βοᾶν πυκνάς τε καὶ σφοδρὰς ἐννενεοττευμένας, τοὺς δ' ὥσπερ ὑπὸ κέντρων ἐλαυνομένους τῶν τε ἄλλων ἐπιθυμιῶν καὶ διαφερόντως ὑπ' αὐτοῦ τοῦ ἔρωτος, πάσαις ταῖς ἄλλαις ὥσπερ δορυφόροις ἡγουμένου, οἰστρᾶν καὶ σκοπεῖν, τίς τι ἔχει, ὃν δυνατὸν ἀφελέσθαι ἀπατήσαντα ἢ βιασάμενον; Σφόδρα γ', ἔφη.
574 Ἀναγκαῖον δὴ πανταχόθεν φέρειν, ἢ μεγάλαις ὠδῖσί τε καὶ ὀδύναις ξυνέχεσθαι. Ἀναγκαῖον. Ἆρ' οὖν, ὥσπερ αἱ ἐν αὐτῷ ἡδοναὶ ἐπιγιγνόμεναι τῶν ἀρχαίων πλέον εἶχον καὶ τὰ ἐκείνων ἀφῃροῦντο, οὕτω καὶ αὐτὸς ἀξιώσει νεώτερος ὢν πατρός τε καὶ μητρὸς πλέον ἔχειν καὶ ἀφαιρεῖσθαι, ἐὰν τὸ αὐτοῦ μέρος ἀναλώσῃ, ἀπονειμάμενος τῶν πατρῴων; Ἀλλὰ τί μήν; ἔφη. Ἂν δὲ δὴ αὐτῷ μὴ ἐπιτρέ-
B πωσιν, ἆρ' οὐ τὸ μὲν πρῶτον ἐπιχειροῖ ἂν κλέπτειν καὶ ἀπατᾶν τοὺς γονέας; Πάντως. Ὁπότε δὲ μὴ δύναιτο, ἁρπάζοι ἂν καὶ βιάζοιτο μετὰ τοῦτο; Οἶμαι, ἔφη. Ἀντεχομένων δὴ καὶ μαχομένων, ὦ θαυμάσιε, γέροντός τε καὶ γραός, ἆρ' εὐλαβηθείη ἂν καὶ φείσαιτο μή τι δρᾶσαι τῶν τυραννικῶν; Οὐ πάνυ, ἦ δ' ὅς, ἔγωγε θαρρῶ περὶ τῶν

γονέων τοῦ τοιούτου. Ἀλλ', ὦ Ἀδείμαντε, πρὸς Διός, ἕνεκα νεωστὶ φίλης καὶ οὐκ ἀναγκαίας ἑταίρας γεγονυίας τὴν πάλαι φίλην καὶ ἀναγκαίαν μητέρα, ἢ ἕνεκα ὡραίου C
νεωστὶ φίλου γεγονότος οὐκ ἀναγκαίου τὸν ἄωρόν τε καὶ ἀναγκαῖον πρεσβύτην πατέρα καὶ τῶν φίλων ἀρχαιότατον δοκεῖ ἄν σοι ὁ τοιοῦτος πληγαῖς τε δοῦναι καὶ καταδουλώσασθαι ἂν αὐτοὺς ὑπ' ἐκείνοις, εἰ εἰς τὴν αὐτὴν οἰκίαν ἀγάγοιτο; Ναὶ μὰ Δί', ἦ δ' ὅς. Σφόδρα γε μακάριον, ἦν δ' ἐγώ, ἔοικεν εἶναι τὸ τυραννικὸν υἱὸν τεκεῖν. Πάνυ γ', ἔφη. Τί δ', ὅταν δὴ τὰ πατρὸς καὶ μητρὸς ἐπιλείπῃ τὸν D
τοιοῦτον, πολὺ δὲ ἤδη ξυνειλεγμένον ἐν αὐτῷ ᾖ τὸ τῶν ἡδονῶν σμῆνος, οὐ πρῶτον μὲν οἰκίας τινὸς ἐφάψεται τοίχου ἤ τινος ὀψὲ νύκτωρ ἰόντος τοῦ ἱματίου, μετὰ δὲ ταῦτα ἱερόν τι νεωκορήσει; καὶ ἐν τούτοις δὴ πᾶσιν, ἃς πάλαι εἶχε δόξας ἐκ παιδὸς περὶ καλῶν τε καὶ αἰσχρῶν, τὰς δικαίας ποιουμένας, αἱ νεωστὶ ἐκ δουλείας λελυμέναι, δορυφοροῦσαι τὸν ἔρωτα, κρατήσουσι μετ' ἐκείνου, αἳ πρότερον μὲν ὄναρ ἐλύοντο ἐν ὕπνῳ, ὅτε ἦν αὐτὸς ἔτι ὑπὸ E
νόμοις τε καὶ πατρὶ δημοκρατούμενος ἐν ἑαυτῷ· τυραννευθεὶς δὲ ὑπὸ ἔρωτος, οἷος ὀλιγάκις ἐγίγνετο ὄναρ, ὕπαρ τοιοῦτος ἀεὶ γενόμενος, οὔτε τινὸς φόνου δεινοῦ ἀφέξεται οὔτε βρώματος οὔτ' ἔργου, ἀλλὰ τυραννικῶς ἐν αὐτῷ 575
ὁ ἔρως ἐν πάσῃ ἀναρχίᾳ καὶ ἀνομίᾳ ζῶν, ἅτε αὐτὸς ὢν μόναρχος, τὸν ἔχοντά τε αὐτὸν ὥσπερ πόλιν ἄξει ἐπὶ πᾶσαν τόλμαν, ὅθεν αὑτόν τε καὶ τὸν περὶ αὑτὸν θόρυβον θρέψει, τὸν μὲν ἔξωθεν εἰσεληλυθότα ἀπὸ κακῆς ὁμιλίας, τὸν δ' ἔνδοθεν ὑπὸ τῶν αὐτῶν τρόπων καὶ ἑαυτοῦ ἀνεθέντα καὶ ἐλευθερωθέντα. ἢ οὐχ οὗτος ὁ βίος τοῦ τοιούτου; Οὗτος μὲν οὖν, ἔφη. Καὶ ἂν μέν γε, ἦν δ' ἐγώ, ὀλίγοι οἱ τοιοῦτοι ἐν πόλει ὦσι καὶ τὸ ἄλλο πλῆθος σωφρονῇ, B
ἐξελθόντες ἄλλον τινὰ δορυφοροῦσι τύραννον ἢ μισθοῦ ἐπικουροῦσιν, ἐάν που πόλεμος ᾖ· ἐὰν δ' ἐν εἰρήνῃ τε καὶ

ἡσυχίᾳ γένωνται, αὐτοῦ δὴ ἐν τῇ πόλει κακὰ δρῶσι σμι-
κρὰ πολλά. Τὰ ποῖα δη λέγεις; Οἷα κλέπτουσι, τοιχωρυ-
χοῦσι, βαλαντιοτομοῦσι, λωποδυτοῦσιν, ἱεροσυλοῦσιν,
ἀνδραποδίζονται· ἔστι δ' ὅτε συκοφαντοῦσιν, ἐὰν δυνα-
τοὶ ὦσι λέγειν, καὶ ψευδομαρτυροῦσι καὶ δωροδοκοῦσιν.
C Σμικρά γ', ἔφη, κακὰ λέγεις, ἐὰν ὀλίγοι ὦσιν οἱ τοιοῦτοι.
Τὰ γὰρ σμικρά, ἦν δ' ἐγώ, πρὸς τὰ μεγάλα σμικρά ἐστι,
καὶ ταῦτα δὴ πάντα πρὸς τύραννον πονηρίᾳ τε καὶ ἀθλιό-
τητι πόλεως, τὸ λεγόμενον, οὐδ' ἴκταρ βάλλει. ὅταν γὰρ
δὴ πολλοὶ ἐν πόλει γένωνται οἱ τοιοῦτοι καὶ ἄλλοι οἱ ξυνε-
πόμενοι αὐτοῖς, καὶ αἴσθωνται ἑαυτῶν τὸ πλῆθος, τότε
οὗτοί εἰσιν οἱ τὸν τύραννον γεννῶντες μετὰ δήμου ἀνοίας
ἐκεῖνον, ὃς ἂν αὐτῶν μάλιστα αὐτὸς ἐν αὑτῷ μέγιστον καὶ
D πλεῖστον ἐν τῇ ψυχῇ τύραννον ἔχῃ. Εἰκότως γ', ἔφη· τυ-
ραννικώτατος γὰρ ἂν εἴη. Οὐκοῦν ἐὰν μὲν ἑκόντες ὑπεί-
κωσιν· ἐὰν δὲ μὴ ἐπιτρέπῃ ἡ πόλις, ὥσπερ τότε μητέρα
καὶ πατέρα ἐκόλαζεν, οὕτω πάλιν τὴν πατρίδα, ἐὰν οἷός τ'
ᾖ, κολάσεται ἐπεισαγόμενος νέους ἑταίρους, καὶ ὑπὸ τού-
τοις δὴ δουλεύουσαν τὴν πάλαι φίλην μητρίδα τε, Κρῆτές
φασι, καὶ πατρίδα ἕξει τε καὶ θρέψει· καὶ τοῦτο δὴ τὸ τέ-
E λος ἂν εἴη τῆς ἐπιθυμίας τοῦ τοιούτου ἀνδρός. Τοῦτο, ἦ
δ' ὅς, παντάπασί γε. Οὐκοῦν, ἦν δ' ἐγώ, οὗτοί γε τοιοίδε
γίγνονται ἰδίᾳ καὶ πρὶν ἄρχειν· πρῶτον μὲν οἷς ἂν ξυνῶ-
σιν, ἢ κόλαξιν ἑαυτῶν ξυνόντες καὶ πᾶν ἑτοίμοις ὑπηρε-
576 τεῖν, ἢ ἐάν τού τι δέωνται, αὐτοὶ ὑποπεσόντες, πάντα σχή-
ματα τολμῶντες ποιεῖν ὡς οἰκεῖοι, διαπραξάμενοι δὲ ἀλλό-
τριοι; Καὶ σφόδρα γε. Ἐν παντὶ ἄρα τῷ βίῳ ζῶσι φίλοι
μὲν οὐδέποτε οὐδενί, ἀεὶ δέ του δεσπόζοντες ἢ δουλεύ-
οντες ἄλλῳ, ἐλευθερίας δὲ καὶ φιλίας ἀληθοῦς τυραννικὴ
φύσις ἀεὶ ἄγευστος. Πάνυ μὲν οὖν. Ἆρ' οὖν οὐκ ὀρθῶς
ἂν τοὺς τοιούτους ἀπίστους καλοῖμεν; Πῶς δ' οὔ; Καὶ
μὴν ἀδίκους γε ὡς οἷόν τε μάλιστα, εἴπερ ὀρθῶς ἐν τοῖς

πρόσθεν ὡμολογήσαμεν περὶ δικαιοσύνης, οἷόν ἐστιν. B Ἀλλὰ μήν, ἦ δ' ὅς, ὀρθῶς γε. Κεφαλαιωσώμεθα τοίνυν, ἦν δ' ἐγώ, τὸν κάκιστον. ἔστι δέ που, οἷον ὄναρ διήλθομεν, ὃς ἂν ὕπαρ τοιοῦτος ᾖ. Πάνυ μὲν οὖν. Οὐκοῦν οὗτος γίγνεται, ὃς ἂν τυραννικώτατος φύσει ὢν μοναρχήσῃ, καὶ ὅσῳ ἂν πλείω χρόνον ἐν τυραννίδι βιῷ, τοσούτῳ μᾶλλον τοιοῦτος. Ἀνάγκη, ἔφη διαδεξάμενος τὸν λόγον ὁ Γλαύκων.

IV. Ἆρ' οὖν, ἦν δ' ἐγώ, ὃς ἂν φαίνηται πονηρότατος, C καὶ ἀθλιώτατος φανήσεται; καὶ ὃς ἂν πλεῖστον χρόνον καὶ μάλιστα τυραννεύσῃ, μάλιστά τε καὶ πλεῖστον χρόνον τοιοῦτος γεγονὼς τῇ ἀληθείᾳ; τοῖς δὲ πολλοῖς πολλὰ καὶ δοκεῖ. Ἀνάγκη, ἔφη, ταῦτα γοῦν οὕτως ἔχειν. Ἄλλο τι οὖν, ἦν δ' ἐγώ, ὅ γε τυραννικὸς κατὰ τὴν τυραννουμένην πόλιν ἂν εἴη ὁμοιότητι, δημοτικὸς δὲ κατὰ δημοκρατουμένην, καὶ οἱ ἄλλοι οὕτως; Τί μήν; Οὐκοῦν, ὅ τι πόλις πρὸς πόλιν ἀρετῇ καὶ εὐδαιμονίᾳ, τοῦτο καὶ ἀνὴρ πρὸς ἄνδρα; Πῶς γὰρ οὔ; Τί οὖν ἀρετῇ τυραννουμένη πόλις D πρὸς βασιλευομένην, οἵαν τὸ πρῶτον διήλθομεν; Πᾶν τοὐναντίον, ἔφη· ἡ μὲν γὰρ ἀρίστη, ἡ δὲ κακίστη. Οὐκ ἐρήσομαι, εἶπον, ὁποτέραν λέγεις· δῆλον γάρ· ἀλλ' εὐδαιμονίας τε αὖ καὶ ἀθλιότητος ὡσαύτως ἢ ἄλλως κρίνεις; καὶ μὴ ἐκπληττώμεθα πρὸς τὸν τύραννον ἕνα ὄντα βλέποντες, μηδ' εἴ τινες ὀλίγοι περὶ ἐκεῖνον, ἀλλ' ὡς χρὴ ὅλην τὴν πόλιν εἰσελθόντας θεάσασθαι, καταδύντες εἰς ἅπασαν E καὶ ἰδόντες οὕτω δόξαν ἀποφαινώμεθα. Ἀλλ' ὀρθῶς, ἔφη, προκαλεῖ· καὶ δῆλον παντί, ὅτι τυραννουμένης μὲν οὐκ ἔστιν ἀθλιωτέρα, βασιλευομένης δὲ οὐκ εὐδαιμονεστέρα. Ἆρ' οὖν, ἦν δ' ἐγώ, καὶ περὶ τῶν ἀνδρῶν τὰ αὐτὰ ταῦτα προκαλούμενος ὀρθῶς ἂν προκαλοίμην, ἀξιῶν 577 κρίνειν περὶ αὐτῶν ἐκεῖνον, ὃς δύναται τῇ διανοίᾳ εἰς ἀνδρὸς ἦθος ἐνδὺς διιδεῖν, καὶ μὴ καθάπερ παῖς ἔξωθεν

ἡσυχίᾳ γένωνται, αὐτοῦ δὴ
κρὰ πολλά. Τὰ ποῖα δὴ λέγ
χοῦσι, βαλαντιοτομοῦσι, λ
ἀνδραποδίζονται· ἔστι δ' ὅ
τοὶ ὦσι λέγειν, καὶ ψευδομ
C Σμικρά γ', ἔφη, κακὰ λέγει
Τὰ γὰρ σμικρά, ἦν δ' ἐγώ,
καὶ ταῦτα δὴ πάντα πρὸς τύ
τητι πόλεως, τὸ λεγόμενον,
δὴ πολλοὶ ἐν πόλει γένωνται
πόμενοι αὐτοῖς, καὶ αἰσθόμ
οὗτοί εἰσιν οἱ τὸν τύραννον
ἐκεῖνον, ὃς ἂν αὐτῶν μάλιστ
D πλεῖστον ἐν τῇ ψυχῇ τύραννο
ραννικώτατος γὰρ ἂν εἴη.
κωσιν· ἐὰν δὲ μὴ ἐπιτρέπῃ
καὶ πατέρα ἐκόλαζεν, οὕτω
ᾖ, κολάσεται ἐπεισαγόμενος
τοις δὴ δουλεύουσαν τήν
φασι, καὶ πατρίδα ἕξει
E λος ἂν εἴη τῆς ἐπιθυμία
δ' ὅς, παντάπασί γε.
γίγνονται ἰδίᾳ καὶ πρὶ
σιν, ἢ κόλαξιν ἑαυτ
576 τεῖν, ἢ ἐάν τού τι δ
ματα τολμῶντες
τριοι; Καὶ σφόδρα
μὲν οὐδέποτε
οντες ἄλλῳ,
φύσις ἀεὶ ἄγευ
ἂν τοὺς τοιούτ
μὴν ἀδίκους

[illegible]

[illegible]

[illegible] ...νομένην. Καὶ [illegible]
...ηστον ἀνάγκη [illegible]
... γέμειν ἆρ' οὐκ [illegible]
...οῦτον ἄνδρα; Πολλή [illegible]
... καὶ θρήνους καὶ [illegible]
...ήσειν; Οὐδαμῶς. [illegible]
... πλείω εἶναι ἢ ἐν τῷ [illegible]
...των τούτῳ τῷ [illegible]
...τα δή, οἶμαι, [illegible]
... γε πόλιν τῶν [illegible]
...ῶς; ἔφη. Καὶ [illegible]
... τοῦ τυραννικοῦ [illegible]
...κρῷ, ἔφη, [illegible]
...ῦτο, ἦν δ' ἐγώ. [illegible]
...ω, ἔφην, οἶμαι [illegible] Ἀλλὰ
...μήν; Ὅδε ἴσως [illegible]
...ος; Ὃς ἄν, ἦν δ' ἐγώ, τυραννικὸς ὢν ἐν ἰδιωτικῷ βίῳ C
...αβιῷ, ἀλλὰ δυστυχὴς [illegible] συμφορᾶς
...ορισθῇ ὥστε τυραννῆσαι [illegible]. Τεκμαίρομαί σε, ἔφη,
τῶν προειρημένων ἀληθῆ λέγειν. Ναί, ἦν δ' ἐγώ· ἀλλ'
ε οἴεσθαι χρὴ τὰ τοιαῦτα, ἀλλ' εὖ μάλα τῷ τοιούτῳ
φ σκοπεῖν. περὶ γάρ τοι τοῦ μεγίστου ἡ σκέψις, ἀγα-
ῦ τε βίου καὶ κακοῦ. Ὀρθότατα, ἦ δ' ὅς. Σκόπει δή, εἰ
τι λέγω. δοκεῖ γάρ μοι δεῖν ἐννοῆσαι ἐκ τῶνδε περὶ D
... σκοποῦντας. Ἐκ τίνων; Ἐξ ἑνὸς ἑκάστου τῶν ἰδιω-
... ὅσοι πλούσιοι ἐν πόλεσιν ἀνδράποδα πολλὰ κέκτην-
οὗτοι γὰρ τοῦτό γε προσόμοιον ἔχουσι τοῖς τυράννοις,
πολλῶν ἄρχειν· διαφέρει δὲ τὸ ἐκείνου πλῆθος. Δια-
... γάρ. Οἶσθ' οὖν ὅτι οὗτοι ἀδεῶς ἔχουσι καὶ οὐ φο-
... τοὺς οἰκέτας; Τί γὰρ ἂν φοβοῖντο; Οὐδέν, εἶπον

ἀλλὰ τὸ αἴτιον ἐννοεῖς; Ναί, ὅτι γε πᾶσα ἡ πόλις ἑνὶ ἑκά-
E στῳ βοηθεῖ τῶν ἰδιωτῶν. Καλῶς, ἦν δ' ἐγώ, λέγεις. τί δέ;
εἴ τις θεῶν ἄνδρα ἕνα, ὅτῳ ἔστιν ἀνδράποδα πεντήκοντα
ἢ πλείω, ἄρας ἐκ τῆς πόλεως αὐτόν τε καὶ γυναῖκα καὶ
παῖδας θείη εἰς ἐρημίαν μετὰ τῆς ἄλλης οὐσίας τε καὶ τῶν
οἰκετῶν, ὅπου αὐτῷ μηδεὶς τῶν ἐλευθέρων μέλλοι βοη-
θήσειν, ἐν ποίῳ ἄν τινι καὶ πόσῳ φόβῳ οἴει γενέσθαι αὐ-
τὸν περί τε αὑτοῦ καὶ παίδων καὶ γυναικός, μὴ ἀπόλοιντο
579 ὑπὸ τῶν οἰκετῶν; Ἐν παντί, ἦ δ' ὅς, ἔγωγε. Οὐκοῦν ἀναγ-
κάζοιτο ἄν τινας ἤδη θωπεύειν αὐτῶν τῶν δούλων, καὶ
ὑπισχνεῖσθαι πολλὰ καὶ ἐλευθεροῦν οὐδὲν δεόμενος, καὶ
κόλαξ αὐτὸς ἂν θεραπόντων ἀναφανείη; Πολλὴ ἀνάγκη,
ἔφη, αὐτῷ, ἢ ἀπολωλέναι. Τί δ', εἰ καὶ ἄλλους, ἦν δ'
ἐγώ, ὁ θεὸς κύκλῳ κατοικίσειε γείτονας πολλοὺς αὐτῷ,
οἳ μὴ ἀνέχοιντο, εἴ τις ἄλλος ἄλλου δεσπόζειν ἀξιοῖ, ἀλλ'
εἴ πού τινα τοιοῦτον λαμβάνοιεν, ταῖς ἐσχάταις τιμω-
B ροῖντο τιμωρίαις; Ἔτι ἄν, ἔφη, οἶμαι, μᾶλλον ἐν παντὶ
κακοῦ εἴη, κύκλῳ φρουρούμενος ὑπὸ πάντων πολεμίων.
Ἆρ' οὖν οὐκ ἐν τοιούτῳ μὲν δεσμωτηρίῳ δέδεται ὁ τύ-
ραννος, φύσει ὢν οἷον διεληλύθαμεν, πολλῶν καὶ παν-
τοδαπῶν φόβων καὶ ἐρώτων μεστός· λίχνῳ δὲ ὄντι αὐ-
τῷ τὴν ψυχὴν μόνῳ τῶν ἐν τῇ πόλει οὔτε ἀποδημῆσαι
ἔξεστιν οὐδαμόσε οὔτε θεωρῆσαι ὅσων δὴ καὶ οἱ ἄλλοι
ἐλεύθεροι ἐπιθυμηταί εἰσι, καταδεδυκὼς δὲ ἐν τῇ οἰκίᾳ
C τὰ πολλὰ ὡς γυνὴ ζῇ, φθονῶν καὶ τοῖς ἄλλοις πολίταις,
ἐάν τις ἔξω ἀποδημῇ καί τι ἀγαθὸν ὁρᾷ; Παντάπασι μὲν
οὖν, ἔφη.

VI. Οὐκοῦν τοῖς τοιούτοις κακοῖς πλείω καρποῦται
ἀνήρ, ὃς ἂν κακῶς ἐν ἑαυτῷ πολιτευόμενος, ὃν νῦν δὴ σὺ
ἀθλιώτατον ἔκρινας, τὸν τυραννικόν, μὴ ὡς ἰδιώτης κα-
ταβιῷ, ἀλλ' ἀναγκασθῇ ὑπό τινος τύχης τυραννεῦσαι,
καὶ ἑαυτοῦ ὢν ἀκράτωρ ἄλλων ἐπιχειρήσῃ ἄρχειν, ὥσπερ

τις κάμνοντι σώματι καὶ ἀκράτορι ἑαυτοῦ μὴ ἰδιω-
ων ἀλλ' ἀγωνιζόμενος πρὸς ἄλλα σώματα καὶ μαχόμε- D
ἀναγκάζοιτο διάγειν τὸν βίον. Παντάπασιν, ἔφη,
ιότατά τε καὶ ἀληθέστατα λέγεις, ὦ Σώκρατες. Οὐκ-
', ἦν δ' ἐγώ, ὦ φίλε Γλαύκων, παντελῶς τὸ πάθος
ιον, καὶ τοῦ ὑπὸ σοῦ κριθέντος χαλεπώτατα ζῆν χαλε-
τερον ἔτι ζῇ ὁ τυραννῶν; Κομιδῇ γ', ἔφη. Ἔστιν ἄρα
ἀληθείᾳ, κἂν εἰ μή τῳ δοκεῖ, ὁ τῷ ὄντι τύραννος τῷ
ι δοῦλος τὰς μεγίστας θωπείας καὶ δουλείας καὶ κόλαξ
, πονηροτάτων· καὶ τὰς ἐπιθυμίας οὐδ' ὁπωστιοῦν E
πιμπλάς, ἀλλὰ πλείστων ἐπιδεέστατος καὶ πένης τῇ
θείᾳ φαίνεται, ἐάν τις ὅλην ψυχὴν ἐπίστηται θεάσα-
ι, καὶ φόβου γέμων διὰ παντὸς τοῦ βίου, σφαδασμῶν
ιαὶ ὀδυνῶν πλήρης, εἴπερ τῇ τῆς πόλεως διαθέσει ἧς
ει ἔοικεν. ἔοικε δέ· ἢ γάρ; Καὶ μάλα, ἔφη. Οὐκοῦν 580
πρὸς τούτοις ἔτι ἀποδώσομεν τῷ ἀνδρὶ καὶ ἃ τὸ πρό-
ον εἴπομεν, ὅτι ἀνάγκη καὶ εἶναι καὶ ἔτι μᾶλλον γίγνε-
ι αὐτῷ ἢ πρότερον διὰ τὴν ἀρχὴν φθονερῷ, ἀπίστῳ,
κῳ, ἀφίλῳ, ἀνοσίῳ, καὶ πάσης κακίας πανδοκεῖ τε καὶ
φεῖ, καὶ ἐξ ἁπάντων τούτων μάλιστα μὲν αὐτῷ δυσ-
εῖ εἶναι, ἔπειτα δὲ καὶ τοὺς πλησίον αὐτῷ τοιούτους
ἐργάζεσθαι. Οὐδείς σοι, ἔφη, τῶν νοῦν ἐχόντων ἀντε-
. Ἴθι δή μοι, ἔφην ἐγώ, νῦν ἤδη, ὥσπερ ὁ διὰ πάντων B
τὴς ἀποφαίνεται, καὶ σὺ οὕτω, τίς πρῶτος κατὰ τὴν σὴν
αν εὐδαιμονίᾳ καὶ τίς δεύτερος, καὶ τοὺς ἄλλους ἑξῆς
τε ὄντας κρῖνε, βασιλικόν, τιμοκρατικόν, ὀλιγαρχικόν,
ιοκρατικόν, τυραννικόν. Ἀλλὰ ῥᾳδία, ἔφη, ἡ κρίσις.
θάπερ γὰρ εἰσῆλθον, ἔγωγε ὥσπερ χοροὺς κρίνω ἀρετῇ
κακίᾳ καὶ εὐδαιμονίᾳ καὶ τῷ ἐναντίῳ. Μισθωσώ-
θα οὖν κήρυκα, ἦν δ' ἐγώ, ἢ αὐτὸς ἀνείπω, ὅτι ὁ Ἀρί-
ονος υἱὸς τὸν ἄριστόν τε καὶ δικαιότατον εὐδαιμονέ- C
τον ἔκρινε, τοῦτον δ' εἶναι τὸν βασιλικώτατον καὶ βα-

σιλεύοντα αὑτοῦ, τὸν δὲ κάκιστόν τε καὶ ἀδικώτατον ἀθλιώτατον, τοῦτον δὲ αὖ τυγχάνειν ὄντα, ὃς ἂν τυραννικώτατος ὢν ἑαυτοῦ τε ὅ τι μάλιστα τυραννῇ καὶ τῆς πόλεως; Ἀνειρήσθω σοι, ἔφη. Ἦ οὖν προσαναγορεύω, εἶπον, ἐάν τε λανθάνωσι τοιοῦτοι ὄντες ἐάν τε μὴ πάντας ἀνθρώπους τε καὶ θεούς; Προσαναγόρευε, ἔφη.

D VII. Εἶεν δή, εἶπον· αὕτη μὲν ἡμῖν ἡ ἀπόδειξις μία ἂν εἴη· δευτέραν δὲ δεῖ τήνδε, ἐάν τι δόξῃ, εἶναι. Τίς αὕτη; Ἐπειδή, ὥσπερ πόλις, ἦν δ' ἐγώ, διῄρηται κατὰ τρία εἴδη, οὕτω καὶ ψυχὴ ἑνὸς ἑκάστου τριχῇ, [τὸ λογιστικὸν] δέξεται, ὡς ἐμοὶ δοκεῖ, καὶ ἑτέραν ἀπόδειξιν. Τίνα ταύτην; Τήνδε. τριῶν ὄντων τριτταὶ καὶ ἡδοναί μοι φαίνονται, ἑνὸς ἑκάστου μία ἰδία· ἐπιθυμίαι τε ὡσαύτως καὶ ἀρχαί. Πῶς λέγεις; ἔφη. Τὸ μέν, φαμέν, ἦν ᾧ μανθάνει ἄνθρωπος, τὸ δὲ ᾧ θυμοῦται, τὸ δὲ τρίτον διὰ πολυειδίαν
E ἑνὶ οὐκ ἔσχομεν ὀνόματι προσειπεῖν ἰδίῳ αὐτοῦ, ἀλλὰ ὃ μέγιστον καὶ ἰσχυρότατον εἶχεν ἐν αὐτῷ, τούτῳ ἐπωνομάσαμεν. ἐπιθυμητικὸν γὰρ αὐτὸ κεκλήκαμεν διὰ σφοδρότητα τῶν περὶ τὴν ἐδωδὴν ἐπιθυμιῶν καὶ πόσιν καὶ ἀφροδίσια καὶ ὅσα ἄλλα τούτοις ἀκόλουθα, καὶ φιλοχρήματον
581 δή, ὅτι διὰ χρημάτων μάλιστα ἀποτελοῦνται αἱ τοιαῦται ἐπιθυμίαι. Καὶ ὀρθῶς γ', ἔφη. Ἆρ' οὖν καὶ τὴν ἡδονὴν αὐτοῦ καὶ φιλίαν εἰ φαῖμεν εἶναι τοῦ κέρδους, μάλιστ' ἂν εἰς ἓν κεφάλαιον ἀπερειδοίμεθα τῷ λόγῳ, ὥστε τι ἡμῖν αὐτοῖς δηλοῦν, ὁπότε τοῦτο τῆς ψυχῆς τὸ μέρος λέγοιμεν, καὶ καλοῦντες αὐτὸ φιλοχρήματον καὶ φιλοκερδὲς ὀρθῶς ἂν καλοῖμεν; Ἐμοὶ γοῦν δοκεῖ. ἔφη. Τί δέ; τὸ θυμοειδὲς οὐ πρὸς τὸ κρατεῖν μέντοι φαμὲν καὶ νικᾶν καὶ εὐδοκι-
B μεῖν ἀεὶ ὅλον ὡρμῆσθαι; Καὶ μάλα. Εἰ οὖν φιλόνικον αὐτὸ καὶ φιλότιμον προσαγορεύοιμεν, ἦ ἐμμελῶς ἂν ἔχοι; Ἐμμελέστατα μὲν οὖν. Ἀλλὰ μὴν ᾧ γε μανθάνομεν, παντὶ δῆλον ὅτι πρὸς τὸ εἰδέναι τὴν ἀλήθειαν ὅπῃ ἔχει

πᾶν ἀεὶ τέταται, καὶ χρημάτων τε καὶ δόξης ἥκιστα τού-
των τούτῳ μέλει. Πολύ γε. Φιλομαθὲς δὴ καὶ φιλόσοφον
καλοῦντες αὐτὸ κατὰ τρόπον ἂν καλοῖμεν; Πῶς γὰρ οὔ;
Οὐκοῦν, ἦν δ' ἐγώ, καὶ ἄρχει ἐν ταῖς ψυχαῖς τῶν μὲν C
τοῦτο, τῶν δὲ τὸ ἕτερον ἐκείνων, ὁπότερον ἂν τύχῃ; Οὕ-
τως, ἔφη. Διὰ ταῦτα δὴ καὶ ἀνθρώπων λέγωμεν τὰ πρῶτα
τριττὰ γένη εἶναι, φιλόσοφον, φιλόνικον, φιλοκερδές;
Κομιδῇ γε. Καὶ ἡδονῶν δὴ τρία εἴδη, ὑποκείμενον ἓν
ἑκάστῳ τούτων; Πάνυ γε. Οἶσθ' οὖν, ἦν δ' ἐγώ, ὅτι εἰ
θέλοις τρεῖς τοιούτους ἀνθρώπους ἐν μέρει ἕκαστον ἀνε-
ρωτᾶν, τίς τούτων τῶν βίων ἥδιστος, τὸν ἑαυτοῦ ἕκαστος
μάλιστα ἐγκωμιάσεται; ὅ γε χρηματιστικὸς πρὸς τὸ κερ- D
δαίνειν τὴν τοῦ τιμᾶσθαι ἡδονὴν ἢ τὴν τοῦ μανθάνειν
οὐδενὸς ἀξίαν φήσει εἶναι, εἰ μὴ εἴ τι αὐτῶν ἀργύριον
ποιεῖ; Ἀληθῆ, ἔφη. Τί δὲ ὁ φιλότιμος; ἦν δ' ἐγώ· οὐ τὴν
μὲν ἀπὸ τῶν χρημάτων ἡδονὴν φορτικήν τινα ἡγεῖται, καὶ
αὖ τὴν ἀπὸ τοῦ μανθάνειν, ὅ τι μὴ μάθημα τιμὴν φέρει,
καπνὸν καὶ φλυαρίαν; Οὕτως, ἔφη, ἔχει. Τὸν δὲ φιλόσο-
φον, ἦν δ' ἐγώ, τί οἰώμεθα τὰς ἄλλας ἡδονὰς νομίζειν
πρὸς τὴν τοῦ εἰδέναι τἀληθὲς ὅπῃ ἔχει καὶ ἐν τῷ τοιούτῳ E
τινὶ ἀεὶ εἶναι μανθάνοντα; τῆς ἡδονῆς οὐ πάνυ πόρρω,
καὶ καλεῖν τῷ ὄντι ἀναγκαίας, ὡς οὐδὲν τῶν ἄλλων δεό-
μενον, εἰ μὴ ἀνάγκη ἦν; Εὖ, ἔφη, δεῖ εἰδέναι.

VIII. Ὅτε δὴ οὖν, εἶπον, ἀμφισβητοῦνται ἑκάστου
τοῦ εἴδους αἱ ἡδοναὶ καὶ αὐτὸς ὁ βίος, μὴ ὅτι πρὸς τὸ κάλ-
λιον καὶ αἴσχιον ζῆν μηδὲ τὸ χεῖρον καὶ ἄμεινον, ἀλλὰ
πρὸς αὐτὸ τὸ ἥδιον καὶ ἀλυπότερον, πῶς ἂν εἰδεῖμεν, τίς 582
αὐτῶν ἀληθέστατα λέγει; Οὐ πάνυ, ἔφη, ἔγωγε ἔχω εἰ-
πεῖν. Ἀλλ' ὧδε σκόπει. τίνι χρὴ κρίνεσθαι τὰ μέλλοντα
καλῶς κριθήσεσθαι; ἆρ' οὐκ ἐμπειρίᾳ τε καὶ φρονήσει
καὶ λόγῳ; ἢ τούτων ἔχοι ἄν τις βέλτιον κριτήριον; Καὶ
πῶς ἄν; ἔφη. Σκόπει δή· τριῶν ὄντων τῶν ἀνδρῶν τίς

ἐμπειρότατος πασῶν ὧν εἴπομεν ἡδονῶν; πότερον ὁ φι-
λοκερδής, μανθάνων αὐτὴν τὴν ἀλήθειαν οἷόν ἐστιν, ἐμ-
B πειρότερος δοκεῖ σοι εἶναι τῆς ἀπὸ τοῦ εἰδέναι ἡδονῆς, ἢ
ὁ φιλόσοφος τῆς ἀπὸ τοῦ κερδαίνειν; Πολύ, ἔφη, διαφέ-
ρει. τῷ μὲν γὰρ ἀνάγκη γεύεσθαι τῶν ἑτέρων ἐκ παιδὸς
ἀρξαμένῳ· τῷ δὲ φιλοκερδεῖ, ὅπῃ πέφυκε τὰ ὄντα μαν-
θάνοντι, τῆς ἡδονῆς ταύτης, ὡς γλυκεῖά ἐστιν, οὐκ ἀνάγ-
κη γεύεσθαι οὐδ' ἐμπείρῳ γίγνεσθαι, μᾶλλον δὲ καὶ
προθυμουμένῳ οὐ ῥᾴδιον. Πολὺ ἄρα, ἦν δ' ἐγώ, διαφέ-
ρει τοῦ γε φιλοκερδοῦς ὁ φιλόσοφος ἐμπειρίᾳ ἀμφοτέρων
C τῶν ἡδονῶν. Πολὺ μέντοι. Τί δὲ τοῦ φιλοτίμου; ἆρα
μᾶλλον ἄπειρός ἐστι τῆς ἀπὸ τοῦ τιμᾶσθαι ἡδονῆς ἢ ἐκεῖ-
νος τῆς ἀπὸ τοῦ φρονεῖν; Ἀλλὰ τιμὴ μέν, ἔφη, ἐάνπερ
ἐξεργάζωνται ἐπὶ ὃ ἕκαστος ὥρμηκε, πᾶσιν αὐτοῖς ἕπεται·
καὶ γὰρ ὁ πλούσιος ὑπὸ πολλῶν τιμᾶται καὶ ὁ ἀνδρεῖος
καὶ ὁ σοφός, ὥστε ἀπό γε τοῦ τιμᾶσθαι, οἷόν ἐστι, πάντες
τῆς ἡδονῆς ἔμπειροι· τῆς δὲ τοῦ ὄντος θέας, οἵαν ἡδο-
νὴν ἔχει, ἀδύνατον ἄλλῳ γεγεῦσθαι πλὴν τῷ φιλοσόφῳ.
D Ἐμπειρίας μὲν ἄρα, εἶπον, ἕνεκα κάλλιστα τῶν ἀνδρῶν
κρίνει οὗτος· Πολύ γε. Καὶ μὴν μετά γε φρονήσεως μό-
νος ἔμπειρος γεγονὼς ἔσται. Τί μήν; Ἀλλὰ μὴν καὶ δι'
οὗ γε δεῖ ὀργάνου κρίνεσθαι, οὐ τοῦ φιλοκερδοῦς τοῦτο
ὄργανον οὐδὲ τοῦ φιλοτίμου, ἀλλὰ τοῦ φιλοσόφου. Τὸ
ποῖον; Διὰ λόγων που ἔφαμεν δεῖν κρίνεσθαι. ἦ γάρ;
Ναί. Λόγοι δὲ τούτου μάλιστα ὄργανον. Πῶς δ' οὔ;
Οὐκοῦν εἰ μὲν πλούτῳ καὶ κέρδει ἄριστα ἐκρίνετο τὰ
E κρινόμενα, ἃ ἐπήνει ὁ φιλοκερδὴς καὶ ἔψεγεν, ἀνάγκη ἂν
ἦν ταῦτα ἀληθέστατα εἶναι. Πολλή γε. Εἰ δὲ τιμῇ τε καὶ
νίκῃ καὶ ἀνδρείᾳ, ἆρ' οὐχ ἃ ὁ φιλότιμός τε καὶ ὁ φιλόνι-
κος; Δῆλον. Ἐπειδὴ δ' ἐμπειρίᾳ καὶ φρονήσει καὶ λόγῳ;
Ἀνάγκη, ἔφη, ἃ ὁ φιλόσοφός τε καὶ ὁ φιλόλογος ἐπαινεῖ,
583 ἀληθέστατα εἶναι. Τριῶν ἄρ' οὐσῶν τῶν ἡδονῶν ἡ τού-

του του μερους τῆς ψυχῆς, ᾧ μανθάνομεν, ἡδίστη ἂν εἴη, καὶ ἐν ᾧ ἡμῶν τοῦτο ἄρχει, ὁ τούτου βίος ἥδιστος; Πῶς δ' οὐ μέλλει; ἔφη· κύριος γοῦν ἐπαινέτης ὢν ἐπαινεῖ τὸν ἑαυτοῦ βίον ὁ φρόνιμος. Τίνα δὲ δεύτερον, εἶπον, βίον καὶ τίνα δευτέραν ἡδονήν φησιν ὁ κριτὴς εἶναι; Δῆλον ὅτι τὴν τοῦ πολεμικοῦ τε καὶ φιλοτίμου· ἐγγυτέρω γὰρ αὐτοῦ ἐστὶν ἢ ἡ τοῦ χρηματιστοῦ. Ὑστάτην δὴ τὴν τοῦ φιλοκερδοῦς, ὡς ἔοικεν. Τί μήν; ἦ δ' ὅς.

IX. Ταῦτα μὲν τοίνυν οὕτω δύ' ἐφεξῆς ἂν εἴη καὶ δὶς B
νενικηκὼς ὁ δίκαιος τὸν ἄδικον· τὸ δὲ τρίτον Ὀλυμπικῶς τῷ σωτῆρί τε καὶ τῷ Ὀλυμπίῳ Διί, ἄθρει ὅτι οὐδὲ παναληθής ἐστιν ἡ τῶν ἄλλων ἡδονὴ πλὴν τῆς τοῦ φρονίμου οὐδὲ καθαρά, ἀλλ' ἐσκιαγραφημένη τις, ὡς ἐγὼ δοκῶ μοι τῶν σοφῶν τινὸς ἀκηκοέναι. καίτοι τοῦτ' ἂν εἴη μέγιστόν τε καὶ κυριώτατον τῶν πτωμάτων. Πολύ γε· ἀλλὰ πῶς λέγεις; Ὧδ', εἶπον, ἐξευρήσω, σοῦ ἀποκρινομένου
ζητῶν ἅμα. Ἐρώτα δή, ἔφη. Λέγε δή, ἦν δ' ἐγώ· οὐκ C
ἐναντίον φαμὲν λύπην ἡδονῇ; Καὶ μάλα. Οὐκοῦν καὶ τὸ μήτε χαίρειν μήτε λυπεῖσθαι εἶναί τι; Εἶναι μέντοι. Μεταξὺ τούτοιν ἀμφοῖν ἐν μέσῳ ὂν ἡσυχίαν τινὰ περὶ ταῦτα τῆς ψυχῆς; ἢ οὐχ οὕτως αὐτὸ λέγεις; Οὕτως, ἦ δ' ὅς. Ἆρ' οὐ μνημονεύεις, ἦν δ' ἐγώ, τοὺς τῶν καμνόντων λόγους, οὓς λέγουσιν ὅταν κάμνωσιν; Ποίους; Ὡς οὐδὲν
ἄρα ἐστὶν ἥδιον τοῦ ὑγιαίνειν, ἀλλὰ σφᾶς ἐλελήθει, πρὶν D
κάμνειν, ἥδιστον ὄν. Μέμνημαι, ἔφη. Οὐκοῦν καὶ τῶν περιωδυνίᾳ τινὶ ἐχομένων ἀκούεις λεγόντων, ὡς οὐδὲν ἥδιον τοῦ παύσασθαι ὀδυνώμενον; Ἀκούω. Καὶ ἐν ἄλλοις γε, οἶμαι, πολλοῖς τοιούτοις αἰσθάνει γιγνομένους τοὺς ἀνθρώπους, ἐν οἷς, ὅταν λυπῶνται, τὸ μὴ λυπεῖσθαι καὶ τὴν ἡσυχίαν τοῦ τοιούτου ἐγκωμιάζουσιν ὡς ἥδιστον, οὐ τὸ χαίρειν. Τοῦτο γάρ, ἔφη, τότε ἡδὺ ἴσως καὶ ἀγαπη-
τον γίγνεται, ἡσυχία. Καὶ ὅταν παύσηται ἄρα, εἶπον, E

χαίρων τις, ἡ τῆς ἡδονῆς ἡσυχία λυπηρὸν ἔσται. Ἴσως,
ἔφη. Ὁ μεταξὺ ἄρα νῦν δὴ ἀμφοτέρων ἔφαμεν εἶναι, τὴν
ἡσυχίαν, τοῦτό ποτε ἀμφότερα ἔσται, λύπη τε καὶ ἡδονή.
Ἔοικεν. Ἦ καὶ δυνατὸν τὸ μηδέτερα ὂν ἀμφότερα γίγνε-
σθαι; Οὔ μοι δοκεῖ. Καὶ μὴν τό γε ἡδὺ ἐν ψυχῇ γιγνόμε-
νον καὶ τὸ λυπηρὸν κίνησίς τις ἀμφοτέρω ἐστόν· ἢ οὔ;
584 Ναί. Τὸ δὲ μήτε λυπηρὸν μήτε ἡδὺ οὐχὶ ἡσυχία μέντοι
καὶ ἐν μέσῳ τούτοιν ἐφάνη ἄρτι; Ἐφάνη γάρ. Πῶς οὖν
ὀρθῶς ἔστι τὸ μὴ ἀλγεῖν ἡδὺ ἡγεῖσθαι ἢ τὸ μὴ χαίρειν
ἀνιαρόν; Οὐδαμῶς. Οὐκ ἔστιν ἄρα τοῦτο, ἀλλὰ φαίνε-
ται, ἦν δ' ἐγώ, παρὰ τὸ ἀλγεινὸν ἡδὺ καὶ παρὰ τὸ ἡδὺ
ἀλγεινὸν τότε ἡ ἡσυχία, καὶ οὐδὲν ὑγιὲς τούτων τῶν φαν-
τασμάτων πρὸς ἡδονῆς ἀλήθειαν, ἀλλὰ γοητεία τις. Ὥς
B γοῦν ὁ λόγος, ἔφη, σημαίνει. Ἰδὲ τοίνυν, ἔφην ἐγώ, ἡδο-
νάς, αἳ οὐκ ἐκ λυπῶν εἰσίν, ἵνα μὴ πολλάκις οἰηθῇς ἐν τῷ
παρόντι οὕτω τοῦτο πεφυκέναι, ἡδονὴν μὲν παῦλαν λύ-
πης εἶναι, λύπην δὲ ἡδονῆς. Ποῦ δή, ἔφη, καὶ ποίας λέ-
γεις; Πολλαὶ μέν, εἶπον, καὶ ἄλλαι, μάλιστα δ' εἰ θέλεις
ἐννοῆσαι τὰς περὶ τὰς ὀσμὰς ἡδονάς. αὗται γὰρ οὐ προ-
λυπηθέντι ἐξαίφνης ἀμήχανοι τὸ μέγεθος γίγνονται, παυ-
σάμεναί τε λύπην οὐδεμίαν καταλείπουσιν. Ἀληθέστατα,
C ἔφη. Μὴ ἄρα πειθώμεθα καθαρὰν ἡδονὴν εἶναι τὴν λύ-
πης ἀπαλλαγήν, μηδὲ λύπην τὴν ἡδονῆς. Μὴ γάρ. Ἀλλὰ
μέντοι, εἶπον, αἵ γε διὰ τοῦ σώματος ἐπὶ τὴν ψυχὴν τεί-
νουσαι καὶ λεγόμεναι ἡδοναὶ σχεδὸν αἱ πλεῖσταί τε καὶ
μέγισται τούτου τοῦ εἴδους εἰσί, λυπῶν τινὲς ἀπαλλαγαί.
Εἰσὶ γάρ. Οὐκοῦν καὶ αἱ πρὸ μελλόντων τούτων ἐκ προσ-
δοκίας γιγνόμεναι προησθήσεις τε καὶ προλυπήσεις κατὰ
ταὐτὰ ἔχουσιν; Κατὰ ταὐτά.

D X. Οἶσθ' οὖν, ἦν δ' ἐγώ, οἷαί εἰσι καὶ ᾧ μάλιστα
ἐοίκασιν; Τῷ; ἔφη. Νομίζεις τι, εἶπον, ἐν τῇ φύσει εἶναι
τὸ μὲν ἄνω, τὸ δὲ κάτω, τὸ δὲ μέσον; Ἔγωγε. Οἴει οὖν

ἄν τινα ἐκ τοῦ κάτω φερόμενον πρὸς μέσον ἄλλο τι οἴε-
σθαι ἢ ἄνω φέρεσθαι; καὶ ἐν μέσῳ στάντα, ἀφορῶντα
ὅθεν ἐνήνεκται, ἄλλοθί που ἂν ἡγεῖσθαι εἶναι ἢ ἐν τῷ
ἄνω, μὴ ἑωρακότα τὸ ἀληθῶς ἄνω; Μὰ Δί', οὐκ ἔγωγε,
ἔφη, ἄλλως οἶμαι οἰηθῆναι ἂν τὸν τοιοῦτον. Ἀλλ' εἰ πά-
λιν γ', ἔφην, φέροιτο, κάτω τ' ἂν οἴοιτο φέρεσθαι καὶ E
ἀληθῆ οἴοιτο; Πῶς γὰρ οὔ; Οὐκοῦν ταῦτα πάσχοι ἂν
πάντα διὰ τὸ μὴ ἔμπειρος εἶναι τοῦ ἀληθινῶς ἄνω τε ὄν-
τος καὶ ἐν μέσῳ καὶ κάτω; Δῆλον δή. Θαυμάζοις ἂν οὖν,
εἰ οἱ ἄπειροι ἀληθείας περὶ πολλῶν τε ἄλλων μὴ ὑγιεῖς
δόξας ἔχουσι, πρός τε ἡδονὴν καὶ λύπην καὶ τὸ μεταξὺ
τούτων οὕτω διάκεινται, ὥστε, ὅταν μὲν ἐπὶ τὸ λυπηρὸν
φέρωνται, ἀληθῆ τε οἴονται καὶ τῷ ὄντι λυποῦνται, ὅταν 585
δὲ ἀπὸ λύπης ἐπὶ τὸ μεταξύ, σφόδρα μὲν οἴονται πρὸς
πληρώσει τε καὶ ἡδονῇ γίγνεσθαι, ὥσπερ πρὸς μέλαν
φαιὸν ἀποσκοποῦντες ἀπειρίᾳ λευκοῦ, καὶ πρὸς τὸ ἄλυ-
πον οὕτω λύπην ἀφορῶντες ἀπειρίᾳ ἡδονῆς ἀπατῶνται;
Μὰ Δία, ἦ δ' ὅς, οὐκ ἂν θαυμάσαιμι, ἀλλὰ πολὺ μᾶλλον,
εἰ μὴ οὕτως ἔχει. Ὧδέ γ' οὖν, εἶπον, ἐννόει· οὐχὶ πεῖνα
καὶ δίψα καὶ τὰ τοιαῦτα κενώσεις τινές εἰσι τῆς περὶ τὸ B
σῶμα ἕξεως; Τί μήν; Ἄγνοια δὲ καὶ ἀφροσύνη ἆρ' οὐ
κενότης ἐστὶ τῆς περὶ ψυχὴν αὖ ἕξεως; Μάλα γε. Οὐκ-
οῦν πληροῖτ' ἂν ὅ τε τροφῆς μεταλαμβάνων καὶ ὁ νοῦν
ἴσχων; Πῶς δ' οὔ; Πλήρωσις δὲ ἀληθεστέρα τοῦ ἧττον
ἢ τοῦ μᾶλλον ὄντος; Δῆλον, ὅτι τοῦ μᾶλλον. Πότερα οὖν
ἡγεῖ τὰ γένη μᾶλλον καθαρᾶς οὐσίας μετέχειν, τὰ οἷον
σίτου τε καὶ ποτοῦ καὶ ὄψου καὶ ξυμπάσης τροφῆς, ἢ τὸ
δόξης τε ἀληθοῦς εἶδος καὶ ἐπιστήμης καὶ νοῦ καὶ ξυλλή- C
βδην αὖ πάσης ἀρετῆς; ὧδε δὲ κρῖνε· τὸ τοῦ ἀεὶ ὁμοίου
ἐχόμενον καὶ ἀθανάτου καὶ ἀληθείας, καὶ αὐτὸ τοιοῦτον
ὂν καὶ ἐν τοιούτῳ γιγνόμενον, μᾶλλον εἶναί σοι δοκεῖ, ἢ
τὸ μηδέποτε ὁμοίου καὶ θνητοῦ, καὶ αὐτὸ τοιοῦτο καὶ ἐν

τοιούτῳ γιγνόμενον; Πολύ, ἔφη, διαφέρει τὸ τοῦ ἀεὶ ὁμοίου. Ἡ οὖν ἀνομοίου οὐσία οὐσίας τι μᾶλλον ἢ ἐπιστήμης μετέχει; Οὐδαμῶς. Τί δ', ἀληθείας; Οὐδὲ τοῦτο. Εἰ δὲ ἀληθείας ἧττον, οὐ καὶ οὐσίας; Ἀνάγκη. Οὐκοῦν
D ὅλως τὰ περὶ τὴν τοῦ σώματος θεραπείαν γένη τῶν γενῶν αὖ τῶν περὶ τὴν τῆς ψυχῆς θεραπείαν ἧττον ἀληθείας τε καὶ οὐσίας μετέχει; Πολύ γε. Σῶμα δὲ αὐτὸ ψυχῆς οὐκ οἴει οὕτως; Ἔγωγε. Οὐκοῦν τὸ τῶν μᾶλλον ὄντων πληρούμενον καὶ αὐτὸ μᾶλλον ὂν ὄντως μᾶλλον πληροῦται ἢ τὸ τῶν ἧττον ὄντων καὶ αὐτὸ ἧττον ὄν; Πῶς γὰρ οὔ; Εἰ ἄρα τὸ πληροῦσθαι τῶν φύσει προσηκόντων ἡδύ ἐστι,
E τὸ τῷ ὄντι καὶ τῶν ὄντων πληρούμενον μᾶλλον μᾶλλον ὄντως τε καὶ ἀληθεστέρως χαίρειν ἂν ποιοῖ ἡδονῇ ἀληθεῖ, τὸ δὲ τῶν ἧττον ὄντων μεταλαμβάνον ἧττόν τε ἂν ἀληθῶς καὶ βεβαίως πληροῖτο καὶ ἀπιστοτέρας ἂν ἡδονῆς καὶ ἧττον ἀληθοῦς μεταλαμβάνοι. Ἀναγκαιότατα, ἔφη. Οἱ
586 ἄρα φρονήσεως καὶ ἀρετῆς ἄπειροι, εὐωχίαις δὲ καὶ τοῖς τοιούτοις ἀεὶ ξυνόντες, κάτω, ὡς ἔοικε, καὶ μέχρι πάλιν πρὸς τὸ μεταξὺ φέρονταί τε καὶ ταύτῃ πλανῶνται διὰ βίου, ὑπερβάντες δὲ τοῦτο πρὸς τὸ ἀληθῶς ἄνω οὔτε ἀνέβλεψαν πώποτε οὔτε ἠνέχθησαν, οὐδὲ τοῦ ὄντος τῷ ὄντι ἐπληρώθησαν, οὐδὲ βεβαίου τε καὶ καθαρᾶς ἡδονῆς ἐγεύσαντο, ἀλλὰ βοσκημάτων δίκην κάτω ἀεὶ βλέποντες καὶ κεκυφότες εἰς γῆν καὶ εἰς τραπέζας βόσκονται χορτα-
B ζόμενοι καὶ ὀχεύοντες, καὶ ἕνεκα τῆς τούτων πλεονεξίας λακτίζοντες καὶ κυρίττοντες ἀλλήλους σιδηροῖς κέρασί τε καὶ ὁπλαῖς ἀποκτιννύασι δι' ἀπληστίαν, ἅτε οὐχὶ τοῖς οὖσιν οὐδὲ τὸ ὂν οὐδὲ τὸ στέγον ἑαυτῶν πιμπλάντες. Παντελῶς, ἔφη ὁ Γλαύκων, τὸν τῶν πολλῶν, ὦ Σώκρατες, χρησμῳδεῖς βίον. Ἆρ' οὖν οὐκ ἀνάγκη καὶ ἡδοναῖς ξυνεῖναι μεμιγμέναις λύπαις, εἰδώλοις τῆς ἀληθοῦς ἡδονῆς καὶ ἐσκιαγραφημέναις, ὑπὸ τῆς παρ' ἀλλήλας θέσεως

ἀποχραινομέναις, ὥστε σφοδροὺς ἑκατέρας φαίνεσθαι καὶ C ἔρωτας ἑαυτῶν λυττῶντας τοῖς ἄφροσιν ἐντίκτειν καὶ περιμαχήτους εἶναι, ὥσπερ τὸ τῆς Ἑλένης εἴδωλον ὑπὸ τῶν ἐν Τροίᾳ Στησίχορός φησι γενέσθαι περιμάχητον ἀγνοίᾳ τοῦ ἀληθοῦς; Πολλὴ ἀνάγκη, ἔφη, τοιοῦτόν τι αὐτὸ εἶναι.

XI. Τί δέ; περὶ τὸ θυμοειδὲς οὐχ ἕτερα τοιαῦτα ἀνάγκη γίγνεσθαι, ὃς ἂν αὐτὸ τοῦτο διαπράττηται ἢ φθόνῳ διὰ φιλοτιμίαν ἢ βίᾳ διὰ φιλονικίαν ἢ θυμῷ διὰ δυσκολίαν, πλησμονὴν τιμῆς τε καὶ νίκης καὶ θυμοῦ διώκων D ἄνευ λογισμοῦ τε καὶ νοῦ; Τοιαῦτα, ἦ δ' ὅς, ἀνάγκη καὶ περὶ τοῦτο εἶναι. Τί οὖν; ἦν δ' ἐγώ· θαρροῦντες λέγωμεν, ὅτι καὶ περὶ τὸ φιλοκερδὲς καὶ τὸ φιλόνικον ὅσαι ἐπιθυμίαι εἰσίν, αἳ μὲν ἂν τῇ ἐπιστήμῃ καὶ λόγῳ ἑπόμεναι καὶ μετὰ τούτων τὰς ἡδονὰς διώκουσαι, ἃς ἂν τὸ φρόνιμον ἐξηγῆται, λαμβάνωσι, τὰς ἀληθεστάτας τε λήψονται, ὡς οἷόν τε αὐταῖς ἀληθεῖς λαβεῖν, ἅτε ἀληθείᾳ ἑπομένων, καὶ τὰς ἑαυτῶν οἰκείας, εἴπερ τὸ βέλτιστον E ἑκάστῳ τοῦτο καὶ οἰκειότατον; Ἀλλὰ μήν, ἔφη, οἰκειότατόν γε. Τῷ φιλοσόφῳ ἄρα ἑπομένης ἁπάσης τῆς ψυχῆς καὶ μὴ στασιαζούσης ἑκάστῳ τῷ μέρει ὑπάρχει εἴς τε τἆλλα τὰ ἑαυτοῦ πράττειν καὶ δικαίῳ εἶναι, καὶ δὴ καὶ τὰς ἡδονὰς τὰς ἑαυτοῦ ἕκαστον καὶ τὰς βελτίστας καὶ εἰς τὸ δυνατὸν τὰς ἀληθεστάτας καρποῦσθαι. Κομιδῇ μὲν οὖν. 587
Ὅταν δὲ ἄρα τῶν ἑτέρων τι κρατήσῃ, ὑπάρχει αὐτῷ μήτε τὴν ἑαυτοῦ ἡδονὴν ἐξευρίσκειν, τά τε ἄλλ' ἀναγκάζειν ἀλλοτρίαν καὶ μὴ ἀληθῆ ἡδονὴν διώκειν. Οὕτως, ἔφη. Οὐκοῦν ἃ πλεῖστον φιλοσοφίας τε καὶ λόγου ἀφέστηκε, μάλιστ' ἂν τοιαῦτα ἐξεργάζοιτο; Πολύ γε. Πλεῖστον δὲ λόγου ἀφίσταται οὐχ ὅπερ νόμου τε καὶ τάξεως; Δῆλον δή. Ἐφάνησαν δὲ πλεῖστον ἀφεστῶσαι οὐχ αἱ ἐρωτικαί τε καὶ τυραννικαὶ ἐπιθυμίαι; Πολύ γε. Ἐλάχιστον δὲ αἱ βα- B

σιλικαί τε καὶ κόσμιαι; Ναί. Πλεῖστον δή, οἶμαι, ἀλη-
θοῦς ἡδονῆς καὶ οἰκείας ὁ τύραννος ἀφεστήξει, ὁ δὲ ὀλί-
γιστον. Ἀνάγκη. Καὶ ἀηδέστατα ἄρα, εἶπον, ὁ τύραννος
βιώσεται, ὁ δὲ βασιλεὺς ἥδιστα. Πολλὴ ἀνάγκη. Οἶσθ'
οὖν, ἦν δ' ἐγώ, ὅσῳ ἀηδέστερον ζῇ τύραννος βασιλέως;
Ἂν εἴπῃς, ἔφη. Τριῶν ἡδονῶν, ὡς ἔοικεν, οὐσῶν, μιᾶς
μὲν γνησίας, δυοῖν δὲ νόθαιν, τῶν νόθων εἰς τὸ ἐπέκεινα
C ὑπερβὰς ὁ τύραννος, φυγὼν νόμον τε καὶ λόγον, δούλαις
τισὶ δορυφόροις ἡδοναῖς ξυνοικεῖ, καὶ ὁπόσῳ ἐλαττοῦται
οὐδὲ πάνυ ῥᾴδιον εἰπεῖν, πλὴν ἴσως ὧδε. Πῶς; ἔφη Ἀπὸ
τοῦ ὀλιγαρχικοῦ τρίτος που ὁ τύραννος ἀφειστήκει· ἐν
μέσῳ γὰρ αὐτῶν ὁ δημοτικὸς ἦν. Ναί. Οὐκοῦν καὶ ἡδο-
νῆς τρίτῳ εἰδώλῳ πρὸς ἀλήθειαν ἀπ' ἐκείνου ξυνοικοῖ
ἄν, εἰ τὰ πρόσθεν ἀληθῆ; Οὕτως. Ὁ δέ γε ὀλιγαρχικὸς
D ἀπὸ τοῦ βασιλικοῦ αὖ τρίτος, ἐὰν εἰς ταὐτὸν ἀριστοκρα-
τικὸν καὶ βασιλικὸν τιθῶμεν. Τρίτος γάρ. Τριπλασίου
ἄρα, ἦν δ' ἐγώ, τριπλάσιον ἀριθμῷ ἀληθοῦς ἡδονῆς ἀφέ-
στηκε τύραννος. Φαίνεται. Ἐπίπεδον ἄρ', ἔφην, ὡς ἔοικε,
τὸ εἴδωλον κατὰ τὸν τοῦ μήκους ἀριθμὸν ἡδονῆς τυ-
ραννικῆς ἂν εἴη. Κομιδῇ γε. Κατὰ δὲ δύναμιν καὶ τρί-
την αὔξην δῆλον δὴ ἀπόστασιν ὅσην ἀφεστηκὼς γίγνε-
ται. Δῆλον, ἔφη, τῷ γε λογιστικῷ. Οὐκοῦν ἐάν τις με-
E ταστρέψας ἀληθείᾳ ἡδονῆς τὸν βασιλέα τοῦ τυράννου
ἀφεστηκότα λέγῃ, ὅσον ἀφέστηκεν, ἐννεακαιεικοσικαι-
επτακοσιοπλασιάκις ἥδιον αὐτὸν ζῶντα εὑρήσει τελειω-
θείσῃ τῇ πολλαπλασιώσει, τὸν δὲ τύραννον ἀνιαρότερον
τῇ αὐτῇ ταύτῃ ἀποστάσει. Ἀμήχανον, ἔφη, λογισμὸν κα-
ταπεφόρηκας τῆς διαφορότητος τοῖν ἀνδροῖν, τοῦ τε δι-
588 καίου καὶ τοῦ ἀδίκου, πρὸς ἡδονήν τε καὶ λύπην. Καὶ μέν-
τοι καὶ ἀληθῆ καὶ προσήκοντά γε, ἦν δ' ἐγώ, βίοις ἀριθ-
μόν, εἴπερ αὐτοῖς προσήκουσιν ἡμέραι καὶ νύκτες καὶ
μῆνες καὶ ἐνιαυτοί. Ἀλλὰ μήν, ἔφη, προσήκουσιν. Οὐκ-

οῦν εἰ τοσοῦτον ἡδονῇ νικᾷ ὁ ἀγαθός τε καὶ δίκαιος τὸν
κακόν τε καὶ ἄδικον, ἀμηχάνῳ δὴ ὅσῳ πλεῖον νικήσει εὐ-
σχημοσύνῃ τε βίου καὶ κάλλει καὶ ἀρετῇ; Ἀμηχάνῳ μέν-
τοι νὴ Δία, ἔφη.

XII. Εἶεν δή, εἶπον· ἐπειδὴ ἐνταῦθα λόγου γεγόνα- B
μεν, ἀναλάβωμεν τὰ πρῶτα λεχθέντα, δι᾿ ἃ δεῦρ᾿ ἥκο-
μεν· ἦν δέ που λεγόμενον, λυσιτελεῖν ἀδικεῖν τῷ τελέως
μὲν ἀδίκῳ, δοξαζομένῳ δὲ δικαίῳ. ἢ οὐχ οὕτως ἐλέχθη;
Οὕτω μὲν οὖν. Νῦν δή, ἔφην, αὐτῷ διαλεγώμεθα, ἐπειδὴ
διωμολογησάμεθα τό τε ἀδικεῖν καὶ τὸ δίκαια πράττειν
ἣν ἑκάτερον ἔχει δύναμιν. Πῶς; ἔφη. Εἰκόνα πλάσαντες
τῆς ψυχῆς λόγῳ, ἵνα εἰδῇ ὁ ἐκεῖνα λέγων οἷα ἔλεγεν.
Ποίαν τινά; ἦ δ᾿ ὅς. Τῶν τοιούτων τινά, ἦν δ᾿ ἐγώ, οἷαι C
μυθολογοῦνται παλαιαὶ γενέσθαι φύσεις, ἥ τε Χιμαίρας
καὶ ἡ Σκύλλης καὶ Κερβέρου, καὶ ἄλλαι τινὲς συχναὶ λέ-
γονται ξυμπεφυκυῖαι ἰδέαι πολλαὶ εἰς ἓν γενέσθαι. Λέγον-
ται γάρ, ἔφη. Πλάττε τοίνυν μίαν μὲν ἰδέαν θηρίου ποι-
κίλου καὶ πολυκεφάλου, ἡμέρων δὲ θηρίων ἔχοντος κεφα-
λὰς κύκλῳ καὶ ἀγρίων, καὶ δυνατοῦ μεταβάλλειν καὶ
φύειν ἐξ αὑτοῦ πάντα ταῦτα. Δεινοῦ πλάστου, ἔφη, τὸ
ἔργον· ὅμως δέ, ἐπειδὴ εὐπλαστότερον κηροῦ καὶ τῶν D
τοιούτων λόγος, πεπλάσθω. Μίαν δὴ τοίνυν ἄλλην ἰδέαν
λέοντος, μίαν δὲ ἀνθρώπου· πολὺ δὲ μέγιστον ἔστω τὸ
πρῶτον καὶ δεύτερον τὸ δεύτερον. Ταῦτα, ἔφη, ῥᾴω·
καὶ πέπλασται. Σύναπτε τοίνυν αὐτὰ εἰς ἓν τρία ὄντα,
ὥστε πῃ ξυμπεφυκέναι ἀλλήλοις. Συνῆπται, ἔφη. Περί-
πλασον δὴ αὐτοῖς ἔξωθεν ἑνὸς εἰκόνα, τὴν τοῦ ἀνθρώ-
που, ὥστε τῷ μὴ δυναμένῳ τὰ ἐντὸς ὁρᾶν, ἀλλὰ τὸ ἔξω E
μόνον ἔλυτρον ὁρῶντι, ἓν ζῷον φαίνεσθαι, ἄνθρωπον.
Περιπέπλασται, ἔφη. Λέγωμεν δὴ τῷ λέγοντι, ὡς λυσιτε-
λεῖ τούτῳ ἀδικεῖν τῷ ἀνθρώπῳ, δίκαια δὲ πράττειν οὐ
ξυμφέρει, ὅτι οὐδὲν ἄλλο φησὶν ἢ λυσιτελεῖν αὐτῷ τὸ

σιλικαί τε καὶ κόσμιαι; Ναί. Πλεῖστον [illegible] τον
θοῦς ἡδονῆς καὶ οἰκείας ὁ τύραννος ἀφε[illegible]ον ἀμο-
γιστον. Ἀνάγκη. Καὶ ἀηδέστατα ἄρα, [illegible] χειρων
βιώσεται, ὁ δὲ βασιλεὺς ἥδιστα. Πο[illegible]ίζειν μηδὲ
οὖν, ἦν δ' ἐγώ, ὅσῳ ἀηδέστερον ζῇ [illegible]σθαί τε καὶ
Ἂν εἴπῃς, ἔφη. Τριῶν ἡδονῶν, ὡ[illegible] ἔφη, ταῦτ'
μὲν γνησίας, δυοῖν δὲ νόθαιν, τῶ[illegible] τὰ δίκαια
C ὑπερβὰς ὁ τύραννος, φυγὼν νόμ[illegible]ειν καὶ ταῦτα
τισὶ δορυφόροις ἡδοναῖς ξυνοι[illegible]πος ἔσται ἐγ-
οὐδὲ πάνυ ῥᾴδιον εἰπεῖν, πλὴ[illegible]ματος ἐπιμελή-
τοῦ ὀλιγαρχικοῦ τρίτος πο[illegible]φων καὶ τιθα-
μέσῳ γὰρ αὐτῶν ὁ δημοτι[illegible] ξύμμαχον ποιη-
νῆς τρίτῳ εἰδώλῳ πρὸς [illegible] πάντων κηδό-
ἄν, εἰ τὰ πρόσθεν ἀληθ[illegible] καὶ αὐτῷ, οὕτω
D ἀπὸ τοῦ βασιλικοῦ αὖ τ[illegible] τὸ δίκαιον ἐπαι-
τικὸν καὶ βασιλικὸν τ[illegible]καια ἐγκωμιάζων
ἄρα, ἦν δ' ἐγώ, τριπλ[illegible]ο. πρός τε γὰρ
στηκε τύραννος. Φα[illegible]αν σκοπουμένῳ ὁ
τὸ εἴδωλον κατὰ τ[illegible] ὁ δὲ ψέκτης οὐδὲν
ραννικῆς ἂν εἴη. [illegible]οι δοκεῖ, ἦ δ' ὅς,
την αὔξην δῆλον [illegible]ράως, οὐ γὰρ ἑκὼν
ται. Δῆλον, ἔφ[illegible] οὐ καὶ τὰ καλὰ καὶ
E ταστρέψας ἀλη[illegible]αῖμεν γεγονέναι· τὰ
ἀφεστηκότα [illegible]ον δὲ ἴσως τὰ ὑπὸ τῷ
επτακοσιο[illegible]σεως, αἰσχρὰ δὲ τὰ
θείσῃ τῇ π[illegible]α; ξυμφήσει ἢ πῶς;
τῇ αὐτῇ [illegible]. εἶπον, ὅτῳ λυσιτε-
ταπεφόμ[illegible]βάνειν ἀδίκως, εἴπερ
588 καίου κ[illegible]ρυσίον ἅμα καταδου-
τοι κα[illegible]ηροτάτῳ; ἢ εἰ μὲν
μόν, [illegible]λοῦτο, καὶ ταῦτ' εἰς
μῆνε[illegible] ἂν αὐτῷ ἐλυσιτέλει

[illegible] υ ἐπὶ τοῦ [illegible] ειν, εἰ δὲ τὸ ἑαυτοῦ [illegible] ὑπὸ τῷ ἀθ[illegible] τε [illegible] άτῳ δουλοῦ[illegible] μηδὲν ἐλεεῖ, [illegible] ἄθλιος [illegible] ι καὶ πολὺ ἐπὶ [illegible] ὀλέθρῳ χ[illegible] σὸν [illegible] ροδο[illegible] Ἐριφύλη ἐπὶ [illegible] ἀνδρὸς ψυχῇ τὸν ὅρμον δ[illegible] η; Πολὺ μέντοι, [illegible] ὁ Γλαύκων· ἐγὼ γάρ σοι [illegible] ρ ἐκείνου ἀποκρι[illegible]ῦμαι.

XIII. Οὐκοῦν καὶ τὸ ἀκολασταίνειν οἴει διὰ τοιαῦτα πάλαι ψέγεσθαι, ὅτι ἀνίεται ἐν τῷ τοιούτῳ τὸ δεινὸν τὸ μέγα ἐκεῖνο καὶ πολυειδὲς θρέμμα πέρα τοῦ δέοντος; Δῆλον, ἔφη. Ἡ δ' αὐθάδεια καὶ δυσκολία ψέγεται οὐχ ὅταν τὸ λεοντῶδές τε καὶ ὀφεῶδες αὔξηται καὶ συντείνηται B
ἀναρμόστως; Πάνυ μὲν οὖν. Τρυφὴ δὲ καὶ μαλθακία οὐκ ἐπὶ τῇ αὐτοῦ τούτου χαλάσει τε καὶ ἀνέσει ψέγεται, ὅταν ἐν αὐτῷ δειλίαν ἐμποιῇ; Τί μήν; Κολακεία δὲ καὶ ἀνελευθερία οὐχ ὅταν τις τὸ αὐτὸ τοῦτο, τὸ θυμοειδές, ὑπὸ τῷ ὀχλώδει θηρίῳ ποιῇ, καὶ ἕνεκα χρημάτων καὶ τῆς ἐκείνου ἀπληστίας προπηλακιζόμενον ἐθίζῃ ἐκ νέου ἀντὶ λέοντος πίθηκον γίγνεσθαι; Καὶ μάλα, ἔφη. Βαναυσία C
δὲ καὶ χειροτεχνία διὰ τί, οἴει, ὄνειδος φέρει; ἢ δι' ἄλλο τι φήσομεν ἢ ὅταν τις ἀσθενὲς φύσει ἔχῃ τὸ τοῦ βελτίστου εἶδος, ὥστε μὴ ἂν δύνασθαι ἄρχειν τῶν ἐν αὑτῷ θρεμμάτων, ἀλλὰ θεραπεύειν ἐκεῖνα, καὶ τὰ θωπεύματα αὐτῶν μόνον δύνηται μανθάνειν; Ἔοικεν, ἔφη. Οὐκοῦν ἵνα καὶ ὁ τοιοῦτος ὑπὸ ὁμοίου ἄρχηται οἵουπερ ὁ βέλτιστος, δοῦλον αὐτόν φαμεν δεῖν εἶναι ἐκείνου τοῦ βελτί- D
στου, ἔχοντος ἐν αὑτῷ τὸ θεῖον ἄρχον, οὐκ ἐπὶ βλάβῃ τῇ τοῦ δούλου οἰόμενοι δεῖν ἄρχεσθαι αὐτόν, ὥσπερ Θρασύμαχος ᾤετο τοὺς ἀρχομένους, ἀλλ' ὡς ἄμεινον ὂν παντὶ ὑπὸ θείου καὶ φρονίμου ἄρχεσθαι, μάλιστα μὲν οἰκεῖον ἔχοντος ἐν αὑτῷ, εἰ δὲ μή, ἔξωθεν ἐφεστῶτος, ἵνα εἰς δύναμιν πάντες ὅμοιοι ὦμεν καὶ φίλοι τῷ αὐτῷ κυβερνώ-

μενοι; Καὶ ὀρθῶς γ', ἔφη. Δηλοῖ δέ γε, ἦν δ' ἐγώ, καὶ
E ὁ νόμος, ὅτι τοιοῦτον βουλεύεται, πᾶσι τοῖς ἐν τῇ πόλει
ξύμμαχος ὤν· καὶ ἡ τῶν παίδων ἀρχή, τὸ μὴ ἐᾶν ἐλευ-
θέρους εἶναι, ἕως ἂν ἐν αὐτοῖς ὥσπερ ἐν πόλει πολιτείαν
591 καταστήσωμεν, καὶ τὸ βέλτιστον θεραπεύσαντες τῷ παρ'
ἡμῖν τοιούτῳ ἀντικαταστήσωμεν φύλακα ὅμοιον καὶ ἄρ-
χοντα ἐν αὐτῷ, καὶ τότε δὴ ἐλεύθερον ἀφίεμεν. Δηλοῖ
γάρ, ἦ δ' ὅς. Πῇ δὴ οὖν φήσομεν, ὦ Γλαύκων, καὶ κατὰ
τίνα λόγον λυσιτελεῖν ἀδικεῖν ἢ ἀκολασταίνειν ἤ τι αἰ-
σχρὸν ποιεῖν, ἐξ ὧν πονηρότερος μὲν ἔσται, πλείω δὲ χρή-
ματα ἢ ἄλλην τινὰ δύναμιν κεκτήσεται; Οὐδαμῇ, ἦ δ'
ὅς. Πῇ δ' ἀδικοῦντα λανθάνειν καὶ μὴ διδόναι δίκην
B λυσιτελεῖν; ἢ οὐχὶ ὁ μὲν λανθάνων ἔτι πονηρότερος γί-
γνεται, τοῦ δὲ μὴ λανθάνοντος καὶ κολαζομένου τὸ μὲν
θηριῶδες κοιμίζεται καὶ ἡμεροῦται, τὸ δὲ ἥμερον ἐλευθε-
ροῦται, καὶ ὅλη ἡ ψυχὴ εἰς τὴν βελτίστην φύσιν καθιστα-
μένη τιμιωτέραν ἕξιν λαμβάνει, σωφροσύνην τε καὶ δι-
καιοσύνην μετὰ φρονήσεως κτωμένη, ἢ σῶμα ἰσχύν τε καὶ
κάλλος μετὰ ὑγιείας λαμβάνον, τοσούτῳ ὅσῳπερ ψυχὴ
σώματος τιμιωτέρα; Παντάπασι μὲν οὖν, ἔφη. Οὐκοῦν
C ὅ γε νοῦν ἔχων πάντα τὰ αὑτοῦ εἰς τοῦτο ξυντείνας βιώ-
σεται, πρῶτον μὲν τὰ μαθήματα τιμῶν, ἃ τοιαύτην αὐτοῦ
τὴν ψυχὴν ἀπεργάσεται, τὰ δὲ ἄλλ' ἀτιμάζων; Δῆλον,
ἔφη. Ἔπειτά γ', εἶπον, τὴν τοῦ σώματος ἕξιν καὶ τροφὴν
οὐχ ὅπως τῇ θηριώδει καὶ ἀλόγῳ ἡδονῇ ἐπιτρέψας ἐν-
ταῦθα τετραμμένος ζήσει, ἀλλ' οὐδὲ πρὸς ὑγίειαν βλέ-
πων, οὐδὲ τοῦτο πρεσβεύων, ὅπως ἰσχυρὸς ἢ ὑγιὴς ἢ
καλὸς ἔσται, ἐὰν μὴ καὶ σωφρονήσειν μέλλῃ ἀπ' αὐτῶν,
D ἀλλ' ἀεὶ τὴν ἐν τῷ σώματι ἁρμονίαν τῆς ἐν τῇ ψυχῇ
ἕνεκα ξυμφωνίας ἁρμοττόμενος [φαίνηται]. Παντάπασι
μὲν οὖν, ἔφη, ἐάνπερ μέλλῃ τῇ ἀληθείᾳ μουσικὸς εἶναι.
Οὐκοῦν, εἶπον, καὶ τὴν ἐν τῇ τῶν χρημάτων κτήσει ξύν-

ταξίν τε καὶ ξυμφωνίαν; καὶ τὸν ὄγκον τοῦ πλήθους οὐκ
ἐκπληττόμενος ὑπὸ τοῦ τῶν πολλῶν μακαρισμοῦ ἄπει-
ρον αὐξήσει, ἀπέραντα κακὰ ἔχων; Οὐκ οἴομαι, ἔφη.
Ἀλλ' ἀποβλέπων γε, εἶπον, πρὸς τὴν ἐν αὐτῷ πολιτείαν E
καὶ φυλάττων, μή τι παρακινῇ αὐτοῦ τῶν ἐκεῖ διὰ πλῆ-
θος οὐσίας ἢ δι' ὀλιγότητα, οὕτως κυβερνῶν προσθήσει
καὶ ἀναλώσει τῆς οὐσίας καθ' ὅσον ἂν οἷός τ' ᾖ. Κομιδῇ
μὲν οὖν, ἔφη. Ἀλλὰ μὴν καὶ τιμάς γε, εἰς ταὐτὸν ἀπο-
βλέπων, τῶν μὲν μεθέξει καὶ γεύσεται ἑκών, ἃς ἂν ἡγῆ- 592
ται ἀμείνω αὐτὸν ποιήσειν, ἃς δ' ἂν λύσειν τὴν ὑπάρ-
χουσαν ἕξιν, φεύξεται ἰδίᾳ καὶ δημοσίᾳ. Οὐκ ἄρα, ἔφη,
τά γε πολιτικὰ ἐθελήσει πράττειν, ἐάνπερ τούτου κήδη-
ται. Νὴ τὸν κύνα, ἦν δ' ἐγώ, ἔν γε τῇ ἑαυτοῦ πόλει καὶ
μάλα, οὐ μέντοι ἴσως ἔν γε τῇ πατρίδι, ἐὰν μὴ θεία τις
ξυμβῇ τύχη. Μανθάνω, ἔφη· ἐν ᾗ νῦν διήλθομεν οἰ-
κίζοντες πόλει λέγεις, τῇ ἐν λόγοις κειμένῃ, ἐπεὶ γῆς γε
οὐδαμοῦ οἶμαι αὐτὴν εἶναι. Ἀλλ', ἦν δ' ἐγώ, ἐν οὐρανῷ B
ἴσως παράδειγμα ἀνάκειται τῷ βουλομένῳ ὁρᾶν καὶ
ὁρῶντι ἑαυτὸν κατοικίζειν· διαφέρει δὲ οὐδέν, εἴτε που
ἔστιν εἴτε ἔσται· τὰ γὰρ ταύτης μόνης ἂν πράξειεν, ἄλλης
δὲ οὐδεμιᾶς. Εἰκός γ', ἔφη.

I.

I. Καὶ μήν, ἦν δ' ἐγώ, πολλὰ μὲν καὶ ἄλλα περὶ αὐ- 595
τῆς ἐννοῶ, ὡς παντὸς ἄρα μᾶλλον ὀρθῶς ᾠκίζομεν τὴν
πόλιν, οὐχ ἥκιστα δὲ ἐνθυμηθεὶς περὶ ποιήσεως λέγω. Τὸ
ποῖον; ἔφη. Τὸ μηδαμῇ παραδέχεσθαι αὐτῆς ὅση μιμη-
τική· παντὸς γὰρ μᾶλλον οὐ παραδεκτέα νῦν καὶ ἐναργέ-
στερον, ὡς ἐμοὶ δοκεῖ, φαίνεται, ἐπειδὴ χωρὶς ἕκαστα B

διῄρηται τὰ τῆς ψυχῆς εἴδη. Πῶς λέγεις; Ὡς μὲν πρὸς
ὑμᾶς εἰρῆσθαι — οὐ γάρ μου κατερεῖτε πρὸς τοὺς τῆς
τραγῳδίας ποιητὰς καὶ τοὺς ἄλλους ἅπαντας τοὺς μιμη-
τικούς — λώβη ἔοικεν εἶναι πάντα τὰ τοιαῦτα τῆς τῶν
ἀκουόντων διανοίας, ὅσοι μὴ ἔχουσι φάρμακον τὸ εἰδέναι
αὐτὰ οἷα τυγχάνει ὄντα. Πῇ δή, ἔφη, διανοούμενος λέ-
γεις; Ῥητέον, ἦν δ' ἐγώ, καίτοι φιλία γέ τίς με καὶ αἰδὼς
ἐκ παιδὸς ἔχουσα περὶ Ὁμήρου ἀποκωλύει λέγειν. ἔοικε
C μὲν γὰρ τῶν καλῶν ἁπάντων τούτων τῶν τραγικῶν πρῶ-
τος διδάσκαλός τε καὶ ἡγεμὼν γενέσθαι. ἀλλ' οὐ γὰρ πρό
γε τῆς ἀληθείας τιμητέος ἀνήρ, ἀλλ', ὃ λέγω, ῥητέον.
Πάνυ μὲν οὖν, ἔφη. Ἄκουε δή, μᾶλλον δὲ ἀποκρίνου.
Ἐρώτα. Μίμησιν ὅλως ἔχοις ἄν μοι εἰπεῖν ὅ τί ποτ' ἐστίν;
οὐδὲ γάρ τοι αὐτὸς πάνυ τι ξυννοῶ, τί βούλεται εἶναι.
Ἦ που ἄρ', ἔφη, ἐγὼ συννοήσω. Οὐδέν γε, ἦν δ' ἐγώ,
596 ἄτοπον, ἐπεὶ πολλά τοι ὀξύτερον βλεπόντων ἀμβλύτερον
ὁρῶντες πρότεροι εἶδον. Ἔστιν, ἔφη, οὕτως· ἀλλὰ σοῦ
παρόντος οὐδ' ἂν προθυμηθῆναι οἷός τε εἴην εἰπεῖν, εἴ
τί μοι καταφαίνεται· ἀλλ' αὐτὸς ὅρα. Βούλει οὖν ἐνθένδε
ἀρξώμεθα ἐπισκοποῦντες, ἐκ τῆς εἰωθυίας μεθόδου; εἶδος
γάρ πού τι ἓν ἕκαστον εἰώθαμεν τίθεσθαι περὶ ἕκαστα τὰ
πολλά, οἷς ταὐτὸν ὄνομα ἐπιφέρομεν. ἢ οὐ μανθάνεις;
Μανθάνω. Θῶμεν δὴ καὶ νῦν ὅ τι βούλει τῶν πολλῶν.
B οἷον, εἰ θέλεις, πολλαί πού εἰσι κλῖναι καὶ τράπεζαι. Πῶς
δ' οὔ; Ἀλλὰ ἰδέαι γέ που περὶ ταῦτα τὰ σκεύη δύο, μία
μὲν κλίνης, μία δὲ τραπέζης. Ναί. Οὐκοῦν καὶ εἰώθαμεν
λέγειν, ὅτι ὁ δημιουργὸς ἑκατέρου τοῦ σκεύους πρὸς τὴν
ἰδέαν βλέπων οὕτω ποιεῖ ὁ μὲν τὰς κλίνας, ὁ δὲ τὰς τρα-
πέζας, αἷς ἡμεῖς χρώμεθα, καὶ τἆλλα κατὰ ταὐτά; οὐ γάρ
που τήν γε ἰδέαν αὐτὴν δημιουργεῖ οὐδεὶς τῶν δημιουρ-
γῶν· πῶς γάρ; Οὐδαμῶς. Ἀλλ' ὅρα δὴ καὶ τόνδε τίνα
C καλεῖς τὸν δημιουργόν. Τὸν ποῖον; Ὃς πάντα ποιεῖ,

ὅσαπερ εἷς ἕκαστος τῶν χειροτεχνῶν. Δεινόν τινα λέγεις
καὶ θαυμαστὸν ἄνδρα. Οὔπω γε, ἀλλὰ τάχα μᾶλλον φή-
σεις. ὁ αὐτὸς γὰρ οὗτος χειροτέχνης οὐ μόνον πάντα οἷός
τε σκεύη ποιῆσαι, ἀλλὰ καὶ τὰ ἐκ τῆς γῆς φυόμενα ἅπαντα
ποιεῖ καὶ ζῷα πάντα ἐργάζεται, τά τε ἄλλα καὶ ἑαυτόν,
καὶ πρὸς τούτοις γῆν καὶ οὐρανὸν καὶ θεοὺς καὶ πάντα τὰ
ἐν οὐρανῷ καὶ τὰ ἐν Ἅιδου ὑπὸ γῆς ἅπαντα ἐργάζεται.
Πάνυ θαυμαστόν, ἔφη, λέγεις σοφιστήν. Ἀπιστεῖς; ἦν δ' D
ἐγώ· καί μοι εἰπέ· τὸ παράπαν οὐκ ἄν σοι δοκεῖ εἶναι
τοιοῦτος δημιουργός, ἢ τινὶ μὲν τρόπῳ γενέσθαι ἂν τού-
των ἁπάντων ποιητής, τινὶ δὲ οὐκ ἄν; ἢ οὐκ αἰσθάνει,
ὅτι κἂν αὐτὸς οἷός τ' εἴης πάντα ταῦτα ποιῆσαι τρόπῳ γέ
τινι; Καὶ τίς, ἔφη, ὁ τρόπος οὗτος; Οὐ χαλεπός, ἦν δ'
ἐγώ, ἀλλὰ πολλαχῇ καὶ ταχὺ δημιουργούμενος· τάχιστα
δέ που, εἰ θέλεις λαβὼν κάτοπτρον περιφέρειν πανταχῇ·
ταχὺ μὲν ἥλιον ποιήσεις καὶ τὰ ἐν τῷ οὐρανῷ, ταχὺ δὲ E
γῆν, ταχὺ δὲ σαυτόν τε καὶ τἆλλα ζῷα καὶ σκεύη καὶ φυτὰ
καὶ πάντα ὅσα νῦν δὴ ἐλέγετο. Ναί, ἔφη, φαινόμενα, οὐ
μέντοι ὄντα γέ που τῇ ἀληθείᾳ. Καλῶς, ἦν δ' ἐγώ, καὶ εἰς
δέον ἔρχει τῷ λόγῳ. τῶν τοιούτων γάρ, οἶμαι, δημιουρ-
γῶν καὶ ὁ ζωγράφος ἐστίν. ἦ γάρ; Πῶς γὰρ οὔ; Ἀλλὰ
φήσεις οὐκ ἀληθῆ, οἶμαι, αὐτὸν ποιεῖν ἃ ποιεῖ. καίτοι
τρόπῳ γέ τινι καὶ ὁ ζωγράφος κλίνην ποιεῖ. ἢ οὔ; Ναί,
ἔφη, φαινομένην γε καὶ οὗτος.

II. Τί δὲ ὁ κλινοποιός; οὐκ ἄρτι μέντοι ἔλεγες, ὅτι 597
οὐ τὸ εἶδος ποιεῖ, ὃ δή φαμεν εἶναι ὃ ἔστι κλίνη, ἀλλὰ κλί-
νην τινά; Ἔλεγον γάρ. Οὐκοῦν εἰ μὴ ὃ ἔστι ποιεῖ, οὐκ ἂν
τὸ ὂν ποιοῖ, ἀλλά τι τοιοῦτον οἷον τὸ ὄν, ὂν δὲ οὔ· τελέως
δὲ εἶναι ὂν τὸ τοῦ κλινουργοῦ ἔργον ἢ ἄλλου τινὸς χειρο-
τέχνου εἴ τις φαίη, κινδυνεύει οὐκ ἂν ἀληθῆ λέγειν; Οὔκ-
ουν, ἔφη, ὥς γ' ἂν δόξειε τοῖς περὶ τοὺς τοιούσδε λόγους
διατρίβουσιν. Μηδὲν ἄρα θαυμάζωμεν, εἰ καὶ τοῦτο ἀμυ-

B δρόν τι τυγχάνει ὂν πρὸς ἀλήθειαν. Μὴ γάρ. Βούλει οὖν,
ἔφην, ἐπ' αὐτῶν τούτων ζητήσωμεν τὸν μιμητὴν τοῦτον,
τίς ποτ' ἐστίν; Εἰ βούλει, ἔφη. Οὐκοῦν τριτταί τινες
κλῖναι αὗται γίγνονται· μία μὲν ἡ ἐν τῇ φύσει οὖσα, ἣν
φαῖμεν ἄν, ὡς ἐγᾦμαι, θεὸν ἐργάσασθαι. ἢ τίν' ἄλλον;
Οὐδένα, οἶμαι. Μία δέ γε ἣν ὁ τέκτων. Ναί, ἔφη. Μία δὲ
ἣν ὁ ζωγράφος. ἦ γάρ; Ἔστω. Ζωγράφος δή, κλινοποιός,
θεός, τρεῖς οὗτοι ἐπιστάται τρισὶν εἴδεσι κλινῶν. Ναὶ
C τρεῖς. Ὁ μὲν δὴ θεός, εἴτε οὐκ ἐβούλετο, εἴτε τις ἀνάγκη
ἐπῆν μὴ πλέον ἢ μίαν ἐν τῇ φύσει ἀπεργάσασθαι αὐτὸν
κλίνην, οὕτως ἐποίησε μίαν μόνον αὐτὴν ἐκείνην ὃ ἔστι
κλίνη· δύο δὲ τοιαῦται ἢ πλείους οὔτε ἐφυτεύθησαν ὑπὸ
τοῦ θεοῦ οὔτε μὴ φυῶσιν. Πῶς δή; ἔφη. Ὅτι, ἦν δ' ἐγώ,
εἰ δύο μόνας ποιήσειε, πάλιν ἂν μία ἀναφανείη, ἧς ἐκεῖ-
ναι ἂν αὖ ἀμφότεραι τὸ εἶδος ἔχοιεν, καὶ εἴη ἂν ὃ ἔστι
κλίνη ἐκείνη, ἀλλ' οὐχ αἱ δύο. Ὀρθῶς, ἔφη. Ταῦτα δή,
D οἶμαι, εἰδὼς ὁ θεός, βουλόμενος εἶναι ὄντως κλίνης ποιη-
τὴς ὄντως οὔσης, ἀλλὰ μὴ κλίνης τινὸς μηδὲ κλινοποιός
τις, μίαν φύσει αὐτὴν ἔφυσεν. Ἔοικεν. Βούλει οὖν τοῦ-
τον μὲν φυτουργὸν τούτου προσαγορεύωμεν ἤ τι τοιοῦ-
τον; Δίκαιον γοῦν, ἔφη, ἐπειδήπερ φύσει γε καὶ τοῦτο
καὶ τἆλλα πάντα πεποίηκεν. Τί δὲ τὸν τέκτονα; ἆρ' οὐ
δημιουργὸν κλίνης; Ναί. Ἦ καὶ τὸν ζωγράφον δημιουρ-
γὸν καὶ ποιητὴν τοῦ τοιούτου; Οὐδαμῶς. Ἀλλὰ τί αὐ-
E τὸν κλίνης φήσεις εἶναι; Τοῦτο, ἦ δ' ὅς, ἔμοιγε δοκεῖ με-
τριώτατ' ἂν προσαγορεύεσθαι, μιμητὴς οὗ ἐκεῖνοι δημι-
ουργοί. Εἶεν, ἦν δ' ἐγώ, τὸν τοῦ τρίτου ἄρα γεννήματος
ἀπὸ τῆς φύσεως μιμητὴν καλεῖς; Πάνυ μὲν οὖν, ἔφη.
Τοῦτ' ἄρα ἔσται καὶ ὁ τραγῳδιοποιός, εἴπερ μιμητής ἐστι,
τρίτος τις ἀπὸ βασιλέως καὶ τῆς ἀληθείας πεφυκώς, καὶ
πάντες οἱ ἄλλοι μιμηταί. Κινδυνεύει. Τὸν μὲν δὴ μιμη-
598 τὴν ὡμολογήκαμεν· εἰπὲ δέ μοι περὶ τοῦ ζωγράφου τόδε·

πότερα ἐκεῖνο αὐτὸ τὸ ἐν τῇ φύσει ἕκαστον δοκεῖ σοι ἐπιχειρεῖν μιμεῖσθαι ἢ τὰ τῶν δημιουργῶν ἔργα; Τὰ τῶν δημιουργῶν, ἔφη. Ἆρα οἷα ἔστιν ἢ οἷα φαίνεται; τοῦτο γὰρ ἔτι διόρισον. Πῶς λέγεις; ἔφη. Ὧδε· κλίνη, ἐάν τε ἐκ πλαγίου αὐτὴν θεᾷ ἐάν τε καταντικρὺ ἢ ὁπῃοῦν, μή τι διαφέρει αὐτὴ ἑαυτῆς, ἢ διαφέρει μὲν οὐδέν, φαίνεται δὲ ἀλλοία; καὶ τἆλλα ὡσαύτως; Οὕτως, ἔφη· φαίνεται, διαφέρει δ' οὐδέν. Τοῦτο δὴ αὐτὸ σκόπει· πρὸς πότερον ἡ B
γραφικὴ πεποίηται περὶ ἕκαστον; πότερα πρὸς τὸ ὄν, ὡς ἔχει, μιμήσασθαι, ἢ πρὸς τὸ φαινόμενον, ὡς φαίνεται, φαντάσματος ἢ ἀληθείας οὖσα μίμησις; Φαντάσματος, ἔφη. Πόρρω ἄρα που τοῦ ἀληθοῦς ἡ μιμητική ἐστι καί, ὡς ἔοικε, διὰ τοῦτο πάντα ἀπεργάζεται, ὅτι σμικρόν τι ἑκάστου ἐφάπτεται, καὶ τοῦτο εἴδωλον. οἷον ὁ ζωγράφος, φαμέν, ζωγραφήσει ἡμῖν σκυτοτόμον, τέκτονα, τοὺς ἄλλους δημιουργούς, περὶ οὐδενὸς τούτων ἐπαΐων τῶν τε- C
χνῶν· ἀλλ' ὅμως παῖδάς τε καὶ ἄφρονας ἀνθρώπους, εἰ ἀγαθὸς εἴη ζωγράφος, γράψας ἂν τέκτονα καὶ πόρρωθεν ἐπιδεικνὺς ἐξαπατῷ ἂν τῷ δοκεῖν ὡς ἀληθῶς τέκτονα εἶναι. Τί δ' οὔ; Ἀλλὰ γάρ, οἶμαι, ὦ φίλε, τόδε δεῖ περὶ πάντων τῶν τοιούτων διανοεῖσθαι· ἐπειδάν τις ἡμῖν ἀπαγγέλλῃ περί του, ὡς ἐνέτυχεν ἀνθρώπῳ πάσας ἐπισταμένῳ τὰς δημιουργίας καὶ τἆλλα πάντα, ὅσα εἷς ἕκαστος οἶδεν, οὐδὲν ὅ τι οὐχὶ ἀκριβέστερον ὁτουοῦν ἐπιστα- D
μένῳ, ὑπολαμβάνειν δεῖ τῷ τοιούτῳ, ὅτι εὐήθης τις ἄνθρωπος, καί, ὡς ἔοικεν, ἐντυχὼν γόητί τινι καὶ μιμητῇ ἐξηπατήθη, ὥστε ἔδοξεν αὐτῷ πάσσοφος εἶναι, διὰ τὸ αὐτὸς μὴ οἷός τ' εἶναι ἐπιστήμην καὶ ἀνεπιστημοσύνην καὶ μίμησιν ἐξετάσαι. Ἀληθέστατα, ἔφη.

III. Οὐκοῦν, ἦν δ' ἐγώ, μετὰ τοῦτο ἐπισκεπτέον τήν τε τραγῳδίαν καὶ τὸν ἡγεμόνα αὐτῆς Ὅμηρον, ἐπειδή τινων ἀκούομεν, ὅτι οὗτοι πάσας μὲν τέχνας ἐπίστανται, πάντα δὲ τὰ ἀνθρώπεια τὰ πρὸς ἀρετὴν καὶ κακίαν, καὶ τά γε θεῖα· ἀνάγκη γὰρ τὸν ἀγαθὸν ποιητήν, εἰ μέλλει περὶ ὧν ἂν ποιῇ καλῶς ποιήσειν, εἰδότα ἄρα ποιεῖν, ἢ μὴ οἷόν τε εἶναι ποιεῖν. δεῖ δὴ ἐπισκέψασθαι, πότερον μιμηταῖς τούτοις οὗτοι ἐντυχόντες ἐξηπάτηνται καὶ τὰ ἔργα αὐτῶν ὁρῶντες οὐκ αἰσθάνονται τριττὰ ἀπέχοντα τοῦ ὄντος καὶ ῥᾴδια ποιεῖν μὴ εἰδότι τὴν ἀλήθειαν· φαντάσματα γάρ, ἀλλ' οὐκ ὄντα ποιοῦσιν· ἢ τι καὶ λέγουσι καὶ τῷ ὄντι οἱ ἀγαθοὶ ποιηταὶ ἴσασι περὶ ὧν δοκοῦσι τοῖς πολλοῖς εὖ λέγειν. Πάνυ μὲν οὖν, ἔφη, ἐξεταστέον. Οἴει οὖν, εἴ τις ἀμφότερα δύναιτο ποιεῖν, τό τε μιμηθησόμενον καὶ τὸ εἴδωλον, ἐπὶ τῇ τῶν εἰδώλων δημιουργίᾳ ἑαυτὸν ἀφεῖναι ἂν σπουδάζειν καὶ τοῦτο προστήσασθαι τοῦ ἑαυτοῦ βίου ὡς βέλτιστον ἔχοντα; Οὐκ ἔγωγε. Ἀλλ' εἴπερ γε, οἶμαι, ἐπιστήμων εἴη τῇ ἀληθείᾳ τούτων πέρι ἅπερ καὶ μιμεῖται, πολὺ πρότερον ἐν τοῖς ἔργοις ἂν σπουδάσειεν ἢ ἐπὶ τοῖς μιμήμασι, καὶ πειρῷτο ἂν πολλὰ καὶ καλὰ ἔργα ἑαυτοῦ καταλιπεῖν μνημεῖα, καὶ εἶναι προθυμοῖτ' ἂν μᾶλλον ὁ ἐγκωμιαζόμενος ἢ ὁ ἐγκωμιάζων. Οἶμαι, ἔφη· οὐ γὰρ ἐξ ἴσου ἥ τε τιμὴ καὶ ἡ ὠφέλεια. Τῶν μὲν τοίνυν ἄλλων πέρι μὴ ἀπαιτῶμεν λόγον Ὅμηρον ἢ ἄλλον ὁντινοῦν τῶν ποιητῶν ἐρωτῶντες, εἰ ἰατρικὸς ἦν τις αὐτῶν ἀλλὰ μὴ μιμητὴς μόνον ἰατρικῶν λόγων, τίνας ὑγιεῖς ποιητής τις τῶν παλαιῶν ἢ τῶν νέων λέγεται πεποιηκέναι, ὥσπερ Ἀσκληπιός, ἢ τίνας μαθητὰς ἰατρικῆς κατελίπετο, ὥσπερ ἐκεῖνος τοὺς ἐκγόνους, μηδ' αὖ περὶ τὰς ἄλλας τέχνας αὐτοὺς ἐρωτῶμεν, ἀλλ' ἐῶμεν· περὶ δὲ ὧν μεγίστων τε καὶ καλλίστων ἐπιχειρεῖ λέγειν Ὅμηρος, πολέμων τε πέρι καὶ στρατηγιῶν καὶ διοικήσεων πόλεων καὶ παιδείας πέρι ἀνθρώπου, δίκαιόν που ἐρωτᾶν αὐτὸν πυνθανομένους· ὦ φίλε Ὅμηρε, εἴπερ μὴ τρίτος ἀπὸ τῆς ἀληθείας εἶ ἀρετῆς πέρι, εἰδώλου δημιουρ-

γός, ὃν δὴ μιμητὴν ὡρισάμεθα, ἀλλὰ καὶ δεύτερος, καὶ
οἷός τε ἦσθα γιγνώσκειν, ποῖα ἐπιτηδεύματα βελτίους ἢ
χείρους ἀνθρώπους ποιεῖ ἰδίᾳ καὶ δημοσίᾳ, λέγε ἡμῖν, τίς
τῶν πόλεων διὰ σὲ βέλτιον ᾤκησεν, ὥσπερ διὰ Λυκοῦρ-
γον Λακεδαίμων καὶ δι' ἄλλους πολλοὺς πολλαὶ μεγάλαι
τε καὶ σμικραί· σὲ δὲ τίς αἰτιᾶται πόλις νομοθέτην ἀγα- E
θὸν γεγονέναι καὶ σφᾶς ὠφεληκέναι; Χαρώνδαν μὲν γὰρ
Ἰταλία καὶ Σικελία, καὶ ἡμεῖς Σόλωνα· σὲ δὲ τίς; ἕξει
τινὰ εἰπεῖν; Οὐκ οἶμαι, ἔφη ὁ Γλαύκων· οὔκουν λέγεταί
γε οὐδ' ὑπ' αὐτῶν Ὁμηριδῶν. Ἀλλὰ δή τις πόλεμος ἐπὶ
Ὁμήρου ὑπ' ἐκείνου ἄρχοντος ἢ ξυμβουλεύοντος εὖ πο- 600
λεμηθεὶς μνημονεύεται; Οὐδείς. Ἀλλ' οἷα δὴ εἰς τὰ ἔργα
σοφοῦ ἀνδρὸς πολλαὶ ἐπίνοιαι καὶ εὐμήχανοι εἰς τέχνας
ἤ τινας ἄλλας πράξεις λέγονται, ὥσπερ αὖ Θάλεώ τε πέρι
τοῦ Μιλησίου καὶ Ἀναχάρσιος τοῦ Σκύθου; Οὐδαμῶς
τοιοῦτον οὐδέν. Ἀλλὰ δὴ εἰ μὴ δημοσίᾳ, ἰδίᾳ τισὶν ἡγε-
μὼν παιδείας αὐτὸς ζῶν λέγεται Ὅμηρος γενέσθαι, οἳ
ἐκεῖνον ἠγάπων ἐπὶ συνουσίᾳ καὶ τοῖς ὑστέροις ὁδόν τινα
παρέδοσαν βίου Ὁμηρικήν, ὥσπερ Πυθαγόρας αὐτός τε B
διαφερόντως ἐπὶ τούτῳ ἠγαπήθη, καὶ οἱ ὕστεροι ἔτι καὶ
νῦν Πυθαγόρειον τρόπον ἐπονομάζοντες τοῦ βίου διαφα-
νεῖς πῃ δοκοῦσιν εἶναι ἐν τοῖς ἄλλοις; Οὐδ' αὖ, ἔφη, τοι-
οῦτον οὐδὲν λέγεται. ὁ γὰρ Κρεώφυλος, ὦ Σώκρατες,
ἴσως, ὁ τοῦ Ὁμήρου ἑταῖρος, τοῦ ὀνόματος ἂν γελοιότερος
ἔτι πρὸς παιδείαν φανείη, εἰ τὰ λεγόμενα περὶ Ὁμήρου
ἀληθῆ. λέγεται γάρ, ὡς πολλή τις ἀμέλεια περὶ αὐτὸν ἦν
ἐπ' αὐτοῦ ἐκείνου, ὅτε ἔζη.

IV. Λέγεται γὰρ οὖν, ἦν δ' ἐγώ. ἀλλ' οἴει, ὦ Γλαύ- C
κων, εἰ τῷ ὄντι οἷός τ' ἦν παιδεύειν ἀνθρώπους καὶ βελ-
τίους ἀπεργάζεσθαι Ὅμηρος, ἅτε περὶ τούτων οὐ μιμεῖ-
σθαι ἀλλὰ γιγνώσκειν δυνάμενος, οὐκ ἄρ' ἂν πολλοὺς
ἑταίρους ἐποιήσατο καὶ ἐτιμᾶτο καὶ ἠγαπᾶτο ὑπ' αὐτῶν;

... Πρόδικος ὁ
... τοῖς ἐφ' ἑαυτῶν παρ-
... ἰκίαν οὔτε πόλιν
... μὴ σφεῖς αὐτῶν
... τῇ σοφίᾳ οὕτω
... ταῖς κεφαλαῖς
... δ' ἄρα οἱ ἐπ'
... εται ἀνθρώ-
... καὶ οὐχὶ
... ἠνάγκαζον
... ἂν ἐπαι-
... βοιεν;
... λέγειν.
... τοὺς
... ἄλλων,
... ἀλλ'
... ήσει
... μίας
... ματων
... καὶ τὸν
... τῶν τεχνῶν
... αὐτὸν οὐκ ἐπαΐ-
... τοις ἐκ τῶν
... τις λέγῃ
... δοκεῖν λέγε-
... ὁτουοῦν·
... ἔχειν. ἐπεὶ
... τῶν
... οἷα
... ἔφη. Οὐκοῦν, ἦν
... καλῶν δὲ μή,
... προλίπῃ; Παντά-

πασιν, ἦ δ' ὅς. Ἴθι δή, τόδε ἄθρει· ὁ τοῦ εἰδώλου ποιη-
τής, ὁ μιμητής, φαμέν, τοῦ μὲν ὄντος οὐδὲν ἐπαΐει, τοῦ δὲ
φαινομένου· οὐχ οὕτως; Ναί. Μὴ τοίνυν ἡμίσεως αὐτὸ C
καταλίπωμεν ῥηθέν, ἀλλ' ἱκανῶς ἴδωμεν. Λέγε, ἔφη.
Ζωγράφος, φαμέν, ἡνίας τε γράψει καὶ χαλινόν; Ναί.
Ποιήσει δέ γε σκυτοτόμος καὶ χαλκεύς; Πάνυ γε. Ἆρ'
οὖν ἐπαΐει, οἵας δεῖ τὰς ἡνίας εἶναι καὶ τὸν χαλινόν, ὁ
γραφεύς; ἢ οὐδ' ὁ ποιήσας, ὅ τε χαλκεὺς καὶ ὁ σκυτεύς,
ἀλλ' ἐκεῖνος, ὅσπερ τούτοις ἐπίσταται χρῆσθαι, μόνος, ὁ
ἱππικός; Ἀληθέστατα. Ἆρ' οὖν οὐ περὶ πάντα οὕτω φή-
σομεν ἔχειν; Πῶς; Περὶ ἕκαστον ταύτας τινὰς τρεῖς τέ- D
χνας εἶναι, χρησομένην, ποιήσουσαν, μιμησομένην; Ναί.
Οὐκοῦν ἀρετὴ καὶ κάλλος καὶ ὀρθότης ἑκάστου σκεύους
καὶ ζώου καὶ πράξεως οὐ πρὸς ἄλλο τι ἢ τὴν χρείαν ἐστί,
πρὸς ἣν ἂν ἕκαστον ᾖ πεποιημένον ἢ πεφυκός; Οὕτως.
Πολλὴ ἄρα ἀνάγκη τὸν χρώμενον ἑκάστῳ ἐμπειρότατόν
τε εἶναι, καὶ ἄγγελον γίγνεσθαι τῷ ποιητῇ, οἷα ἀγαθὰ ἢ
κακὰ ποιεῖ ἐν τῇ χρείᾳ ᾧ χρῆται· οἷον αὐλητής που αὐ-
λοποιῷ ἐξαγγέλλει περὶ τῶν αὐλῶν, οἳ ἂν ὑπηρετῶσιν ἐν E
τῷ αὐλεῖν, καὶ ἐπιτάξει οἵους δεῖ ποιεῖν, ὁ δ' ὑπηρετήσει.
Πῶς δ' οὔ; Οὐκοῦν ὁ μὲν εἰδὼς ἐξαγγέλλει περὶ χρηστῶν
καὶ πονηρῶν αὐλῶν, ὁ δὲ πιστεύων ποιήσει; Ναί. Τοῦ
αὐτοῦ ἄρα σκεύους ὁ μὲν ποιητὴς πίστιν ὀρθὴν ἕξει περὶ
κάλλους τε καὶ πονηρίας, ξυνὼν τῷ εἰδότι καὶ ἀναγκα-
ζόμενος ἀκούειν παρὰ τοῦ εἰδότος· ὁ δὲ χρώμενος ἐπι- 602
στήμην. Πάνυ γε. Ὁ δὲ μιμητὴς πότερον ἐκ τοῦ χρῆσθαι
ἐπιστήμην ἕξει ὧν ἂν γράφῃ, εἴτε καλὰ καὶ ὀρθὰ εἴτε μή,
ἢ δόξαν ὀρθὴν διὰ τὸ ἐξ ἀνάγκης συνεῖναι τῷ εἰδότι καὶ
ἐπιτάττεσθαι οἷα χρὴ γράφειν; Οὐδέτερα. Οὔτε ἄρα εἴ-
σεται οὔτε ὀρθὰ δοξάσει ὁ μιμητὴς περὶ ὧν ἂν μιμῆται
πρὸς κάλλος ἢ πονηρίαν. Οὐκ ἔοικεν. Χαρίεις ἂν εἴη ὁ
ἐν τῇ ποιήσει μιμητικὸς πρὸς σοφίαν περὶ ὧν ἂν ποιῇ.

B Οὐ πάνυ. Ἀλλ' οὖν δὴ ὅμως γε μιμήσεται, οὐκ εἰδὼς περὶ ἑκάστου, ὅπῃ πονηρὸν ἢ χρηστόν· ἀλλ', ὡς ἔοικεν, οἷον φαίνεται καλὸν εἶναι τοῖς πολλοῖς τε καὶ μηδὲν εἰδόσι, τοῦτο μιμήσεται. Τί γὰρ ἄλλο; Ταῦτα μὲν δή, ὥς γε φαίνεται, ἐπιεικῶς ἡμῖν διωμολόγηται, τόν τε μιμητικὸν μηδὲν εἰδέναι ἄξιον λόγου περὶ ὧν μιμεῖται, ἀλλ' εἶναι παιδιάν τινα καὶ οὐ σπουδὴν τὴν μίμησιν, τούς τε τῆς τραγικῆς ποιήσεως ἁπτομένους ἐν ἰαμβείοις καὶ ἐν ἔπεσι πάντας εἶναι μιμητικοὺς ὡς οἷόν τε μάλιστα. Πάνυ μὲν οὖν.

C V. Πρὸς Διός, ἦν δ' ἐγώ, τὸ δὲ δὴ μιμεῖσθαι τοῦτο οὐ περὶ τρίτον μέν τί ἐστιν ἀπὸ τῆς ἀληθείας; ἢ γάρ; Ναί. Πρὸς δὲ δὴ ποῖόν τί ἐστι τῶν τοῦ ἀνθρώπου ἔχον τὴν δύναμιν, ἣν ἔχει; Τοῦ ποίου τινὸς πέρι λέγεις; Τοῦ τοιοῦδε. ταὐτόν που ἡμῖν μέγεθος ἐγγύθεν τε καὶ πόρρωθεν διὰ τῆς ὄψεως οὐκ ἴσον φαίνεται. Οὐ γάρ. Καὶ ταὐτὰ καμπύλα τε καὶ εὐθέα ἐν ὕδατί τε θεωμένοις καὶ ἔξω, καὶ κοῖλά τε δὴ καὶ ἐξέχοντα διὰ τὴν περὶ τὰ χρώ-

D ματα αὖ πλάνην τῆς ὄψεως, καὶ πᾶσά τις ταραχὴ δήλη ἡμῖν ἐνοῦσα αὕτη ἐν τῇ ψυχῇ· ᾧ δὴ ἡμῶν τῷ παθήματι τῆς φύσεως ἡ σκιαγραφία ἐπιθεμένη γοητείας οὐδὲν ἀπολείπει καὶ ἡ θαυματοποιία καὶ αἱ ἄλλαι πολλαὶ τοιαῦται μηχαναί. Ἀληθῆ. Ἆρ' οὖν οὐ τὸ μετρεῖν καὶ ἀριθμεῖν καὶ ἱστάναι βοήθειαι χαριέσταται πρὸς αὐτὰ ἐφάνησαν, ὥστε μὴ ἄρχειν ἐν ἡμῖν τὸ φαινόμενον μεῖζον ἢ ἔλαττον ἢ πλέον ἢ βαρύτερον, ἀλλὰ τὸ λογισάμενον καὶ μετρῆσαν

E ἢ καὶ στῆσαν; Πῶς γὰρ οὔ; Ἀλλὰ μὴν τοῦτό γε τοῦ λογιστικοῦ ἂν εἴη τοῦ ἐν ψυχῇ ἔργον. Τούτου γὰρ οὖν. Τούτῳ δὲ πολλάκις, μετρήσαντι καὶ σημαίνοντι μείζω ἄττα εἶναι ἢ ἐλάττω ἕτερα ἑτέρων ἢ ἴσα, τἀναντία φαίνεται ἅμα περὶ ταὐτά. Ναί. Οὐκοῦν ἔφαμεν τῷ αὐτῷ ἅμα περὶ ταὐτὰ ἐναντία δοξάζειν ἀδύνατον εἶναι; Καὶ

ὀρθῶς γ' ἔφαμεν. Τὸ παρὰ τὰ μέτρα ἄρα δοξάζον τῆς 603
ψυχῆς τῷ κατὰ τὰ μέτρα οὐκ ἂν εἴη ταὐτόν. Οὐ γὰρ οὖν.
Ἀλλὰ μὴν τὸ μέτρῳ γε καὶ λογισμῷ πιστεῦον βέλτιστον
ἂν εἴη τῆς ψυχῆς. Τί μήν; Τὸ ἄρα τούτῳ ἐναντιούμενον
τῶν φαύλων ἄν τι εἴη ἐν ἡμῖν. Ἀνάγκη. Τοῦτο τοίνυν
διομολογήσασθαι βουλόμενος ἔλεγον, ὅτι ἡ γραφικὴ καὶ
ὅλως ἡ μιμητικὴ πόρρω μὲν τῆς ἀληθείας ὂν τὸ αὑτῆς
ἔργον ἀπεργάζεται, πόρρω δ' αὖ φρονήσεως ὄντι τῷ ἐν B
ἡμῖν προσομιλεῖ τε καὶ ἑταίρα καὶ φίλη ἐστὶν ἐπ' οὐδενὶ
ὑγιεῖ οὐδ' ἀληθεῖ. Παντάπασιν, ἦ δ' ὅς. Φαύλη ἄρα
φαύλῳ ξυγγιγνομένη φαῦλα γεννᾷ ἡ μιμητική. Ἔοικεν.
Πότερον, ἦν δ' ἐγώ, ἡ κατὰ τὴν ὄψιν μόνον, ἢ καὶ κατὰ
τὴν ἀκοήν, ἣν δὴ ποίησιν ὀνομάζομεν; Εἰκός γ', ἔφη, καὶ
ταύτην. Μὴ τοίνυν, ἦν δ' ἐγώ, τῷ εἰκότι μόνον πιστεύ-
σωμεν ἐκ τῆς γραφικῆς, ἀλλὰ καὶ ἐπ' αὐτὸ αὖ ἔλθωμεν
τῆς διανοίας τοῦτο, ᾧ προσομιλεῖ ἡ τῆς ποιήσεως μιμη- C
τική, καὶ ἴδωμεν, φαῦλον ἢ σπουδαῖόν ἐστιν. Ἀλλὰ χρή.
Ὧδε δὴ προθώμεθα· πράττοντας, φαμέν, ἀνθρώπους
μιμεῖται ἡ μιμητικὴ βιαίους ἢ ἑκουσίας πράξεις, καὶ ἐκ
τοῦ πράττειν ἢ εὖ οἰομένους ἢ κακῶς πεπραγέναι, καὶ ἐν
τούτοις δὴ πᾶσιν ἢ λυπουμένους ἢ χαίροντας. μή τι ἄλλο
ᾖ παρὰ ταῦτα; Οὐδέν. Ἆρ' οὖν ἐν ἅπασι τούτοις ὁμο-
νοητικῶς ἄνθρωπος διάκειται; ἢ ὥσπερ κατὰ τὴν ὄψιν D
ἐστασίαζε καὶ ἐναντίας εἶχεν ἐν ἑαυτῷ δόξας ἅμα περὶ τῶν
αὐτῶν, οὕτω καὶ ἐν ταῖς πράξεσι στασιάζει τε καὶ μάχεται
αὐτὸς αὑτῷ; ἀναμιμνήσκομαι δέ, ὅτι τοῦτό γε νῦν οὐδὲν
δεῖ ἡμᾶς διομολογεῖσθαι· ἐν γὰρ τοῖς ἄνω λόγοις ἱκανῶς
πάντα ταῦτα διωμολογησάμεθα, ὅτι μυρίων τοιούτων
ἐναντιωμάτων ἅμα γιγνομένων ἡ ψυχὴ γέμει ἡμῶν.
Ὀρθῶς, ἔφη. Ὀρθῶς γάρ, ἦν δ' ἐγώ· ἀλλ' ὃ τότε ἀπελί-
πομεν, νῦν μοι δοκεῖ ἀναγκαῖον εἶναι διεξελθεῖν. Τὸ E
ποῖον; ἔφη. Ἀνήρ, ἦν δ' ἐγώ, ἐπιεικὴς τοιᾶσδε τύχης με-

τασχών, υἱὸν ἀπολέσας ἤ τι ἄλλο ὧν περὶ πλείστου ποιεῖ-
ται, ἐλέγομέν που καὶ τότε ὅτι ῥᾷστα οἴσει τῶν ἄλλων.
Πάνυ γε. Νῦν δέ γε τόδε ἐπισκεψώμεθα· πότερον οὐδὲν
ἀχθέσεται, ἢ τοῦτο μὲν ἀδύνατον, μετριάσει δέ πως πρὸς
604 λύπην; Οὕτω μᾶλλον, ἔφη, τό γε ἀληθές. Τὸ δὲ νῦν μοι
περὶ αὐτοῦ εἰπέ· πότερον μᾶλλον αὐτὸν οἴει τῇ λύπῃ μα-
χεῖσθαί τε καὶ ἀντιτείνειν, ὅταν ὁρᾶται ὑπὸ τῶν ὁμοίων,
ἢ ὅταν ἐν ἐρημίᾳ μόνος αὐτὸς καθ' αὑτὸν γίγνηται; Πολύ
που, ἔφη, διοίσει, ὅταν ὁρᾶται. Μονωθεὶς δέ γε, οἶμαι,
πολλὰ μὲν τολμήσει φθέγξασθαι, ἃ εἴ τις αὐτοῦ ἀκούοι
αἰσχύνοιτ' ἄν, πολλὰ δὲ ποιήσει, ἃ οὐκ ἂν δέξαιτό τινα
ἰδεῖν δρῶντα. Οὕτως ἔχει, ἔφη.

VI. Οὐκοῦν τὸ μὲν ἀντιτείνειν διακελευόμενον λόγος
B καὶ νόμος ἐστί, τὸ δὲ ἕλκον ἐπὶ τὰς λύπας αὐτὸ τὸ πάθος;
Ἀληθῆ. Ἐναντίας δὲ ἀγωγῆς γιγνομένης ἐν τῷ ἀνθρώπῳ
περὶ τὸ αὐτὸ ἅμα δύο φαμὲν αὐτῷ ἀναγκαῖον εἶναι. Πῶς
δ' οὔ; Οὐκοῦν τὸ μὲν ἕτερον τῷ νόμῳ ἕτοιμον πείθεσθαι,
ᾗ ὁ νόμος ἐξηγεῖται; Πῶς; Λέγει που ὁ νόμος, ὅτι κάλ-
λιστον ὅ τι μάλιστα ἡσυχίαν ἄγειν ἐν ταῖς ξυμφοραῖς καὶ
μὴ ἀγανακτεῖν, ὡς οὔτε δήλου ὄντος τοῦ ἀγαθοῦ τε καὶ
κακοῦ τῶν τοιούτων, οὔτε εἰς τὸ πρόσθεν οὐδὲν προβαῖ-
C νον τῷ χαλεπῶς φέροντι, οὔτε τι τῶν ἀνθρωπίνων ἄξιον
ὂν μεγάλης σπουδῆς, ὅ τε δεῖ ἐν αὐτοῖς ὅ τι τάχιστα παρα-
γίγνεσθαι ἡμῖν, τούτῳ ἐμποδὼν γιγνόμενον τὸ λυπεῖσθαι.
Τίνι, ἦ δ' ὅς, λέγεις; Τῷ βουλεύεσθαι, ἦν δ' ἐγώ, περὶ τὸ
γεγονὸς καὶ ὥσπερ ἐν πτώσει κύβων πρὸς τὰ πεπτωκότα
τίθεσθαι τὰ αὑτοῦ πράγματα, ὅπῃ ὁ λόγος αἱρεῖ βέλτιστ'
ἂν ἔχειν, ἀλλὰ μὴ προσπταίσαντας καθάπερ παῖδας ἐχο-
μένους τοῦ πληγέντος ἐν τῷ βοᾶν διατρίβειν, ἀλλ' ἀεὶ
D ἐθίζειν τὴν ψυχὴν ὅ τι τάχιστα γίγνεσθαι πρὸς τὸ ἰᾶσθαί
τε καὶ ἐπανορθοῦν τὸ πεσόν τε καὶ νοσῆσαν, ἰατρικῇ
θρηνῳδίαν ἀφανίζοντα. Ὀρθότατα γοῦν ἄν τις, ἔφη, πρὸς

τὰς τύχας οὕτω προσφέροιτο. Οὐκοῦν, φαμέν, τὸ μὲν
βέλτιστον τούτῳ τῷ λογισμῷ ἐθέλει ἕπεσθαι. Δῆλον δή.
Τὸ δὲ πρὸς τὰς ἀναμνήσεις τε τοῦ πάθους καὶ πρὸς τοὺς
ὀδυρμοὺς ἄγον καὶ ἀπλήστως ἔχον αὐτῶν ἆρ' οὐκ ἀλό-
γιστόν τε φήσομεν εἶναι καὶ ἀργὸν καὶ δειλίας φίλον; Φή-
σομεν μὲν οὖν. Οὐκοῦν τὸ μὲν πολλὴν μίμησιν καὶ ποι-
κίλην ἔχει, τὸ ἀγανακτητικόν· τὸ δὲ φρόνιμόν τε καὶ E
ἡσύχιον ἦθος, παραπλήσιον ὂν ἀεὶ αὐτὸ αὑτῷ, οὔτε ῥᾴδιον
μιμήσασθαι οὔτε μιμούμενον εὐπετὲς καταμαθεῖν, ἄλλως
τε καὶ πανηγύρει καὶ παντοδαποῖς ἀνθρώποις εἰς θέατρα
ξυλλεγομένοις. ἀλλοτρίου γάρ που πάθους ἡ μίμησις αὐ-
τοῖς γίγνεται. Παντάπασι μὲν οὖν. Ὁ δὴ μιμητικὸς ποιη- 605
τὴς δῆλον ὅτι οὐ πρὸς τὸ τοιοῦτον τῆς ψυχῆς πέφυκέ γε
καὶ ἡ σοφία αὐτοῦ τούτῳ ἀρέσκειν πέπηγεν, εἰ μέλλει εὐ-
δοκιμήσειν ἐν τοῖς πολλοῖς, ἀλλὰ πρὸς τὸ ἀγανακτητικόν
τε καὶ ποικίλον ἦθος διὰ τὸ εὐμίμητον εἶναι. Δῆλον. Οὐκ-
οῦν δικαίως ἂν αὐτοῦ ἤδη ἐπιλαμβανοίμεθα, καὶ τιθεῖμεν
ἀντίστροφον αὐτὸν τῷ ζωγράφῳ; καὶ γὰρ τῷ φαῦλα ποι-
εῖν πρὸς ἀλήθειαν ἔοικεν αὐτῷ, καὶ τῷ πρὸς ἕτερον τοιοῦ-
τον ὁμιλεῖν τῆς ψυχῆς, ἀλλὰ μὴ πρὸς τὸ βέλτιστον, καὶ B
ταύτῃ ὡμοίωται· καὶ οὕτως ἤδη ἂν ἐν δίκῃ οὐ παραδεχοί-
μεθα εἰς μέλλουσαν εὐνομεῖσθαι πόλιν, ὅτι τοῦτο ἐγείρει
τῆς ψυχῆς καὶ τρέφει καὶ ἰσχυρὸν ποιῶν ἀπόλλυσι τὸ λο-
γιστικόν, ὥσπερ ἐν πόλει ὅταν τις μοχθηροὺς ἐγκρατεῖς
ποιῶν παραδιδῷ τὴν πόλιν, τοὺς δὲ χαριεστέρους φθείρῃ,
ταὐτὸν καὶ τὸν μιμητικὸν ποιητὴν φήσομεν κακὴν πολι-
τείαν ἰδίᾳ ἑκάστου τῇ ψυχῇ ἐμποιεῖν, τῷ ἀνοήτῳ αὐτῆς
χαριζόμενον καὶ οὔτε τὰ μείζω οὔτε τὰ ἐλάττω διαγιγνώ- C
σκοντι, ἀλλὰ τὰ αὐτὰ τοτὲ μὲν μεγάλα ἡγουμένῳ, τοτὲ δὲ
σμικρά, εἴδωλα εἰδωλοποιοῦντα, τοῦ δὲ ἀληθοῦς πόρρω
πάνυ ἀφεστῶτα. Πάνυ μὲν οὖν.

VII. Οὐ μέντοι πω τό γε μέγιστον κατηγορήκαμεν

αὐτῆς. τὸ γὰρ καὶ τοὺς ἐπιεικεῖς ἱκανὴν εἶναι λωβᾶσθαι,
ἐκτὸς πάνυ τινῶν ὀλίγων, πάνδεινόν που. Τί δ' οὐ μέλ-
λει, εἴπερ γε δρᾷ αὐτό; Ἀκούων σκόπει. οἱ γάρ που βέλ-
τιστοι ἡμῶν ἀκροώμενοι Ὁμήρου ἢ ἄλλου τινὸς τῶν τρα-
D γῳδιοποιῶν μιμουμένου τινὰ τῶν ἡρώων ἐν πένθει ὄντα
καὶ μακρὰν ῥῆσιν ἀποτείνοντα ἐν τοῖς ὀδυρμοῖς, ἢ καὶ
ᾄδοντάς τε καὶ κοπτομένους, οἶσθ' ὅτι χαίρομέν τε καὶ ἐν-
δόντες ἡμᾶς αὐτοὺς ἑπόμεθα ξυμπάσχοντες, καὶ σπουδά-
ζοντες ἐπαινοῦμεν ὡς ἀγαθὸν ποιητήν, ὃς ἂν ἡμᾶς ὅ τι
μάλιστα οὕτω διαθῇ. Οἶδα· πῶς δ' οὔ; Ὅταν δὲ οἰκεῖόν
τινι ἡμῶν κῆδος γένηται, ἐννοεῖς αὖ ὅτι ἐπὶ τῷ ἐναντίῳ
καλλωπιζόμεθα, ἂν δυνώμεθα ἡσυχίαν ἄγειν καὶ καρτε-
E ρεῖν, ὡς τοῦτο μὲν ἀνδρὸς ὄν, ἐκεῖνο δὲ γυναικός, ὃ τότε
ἐπῃνοῦμεν. Ἐννοῶ, ἔφη. Ἦ καλῶς οὖν, ἦν δ' ἐγώ, οὗτος
ὁ ἔπαινος ἔχει, τὸ ὁρῶντα τοιοῦτον ἄνδρα, οἷον ἑαυτόν
τις μὴ ἀξιοῖ εἶναι ἀλλ' αἰσχύνοιτο ἄν, μὴ βδελύττεσθαι
ἀλλὰ χαίρειν τε καὶ ἐπαινεῖν; Οὐ μὰ τὸν Δί', ἔφη, οὐκ
606 εὐλόγῳ ἔοικεν. Ναί, ἦν δ' ἐγώ, εἰ ἐκείνῃ γ' αὐτὸ σκο-
ποίης. Πῇ; Εἰ ἐνθυμοῖο, ὅτι τὸ βίᾳ κατεχόμενον τότε ἐν
ταῖς οἰκείαις ξυμφοραῖς καὶ πεπεινηκὸς τοῦ δακρῦσαί τε
καὶ ἀποδύρασθαι ἱκανῶς καὶ ἀποπλησθῆναι, φύσει ὂν
τοιοῦτον οἷον τούτων ἐπιθυμεῖν, τότ' ἐστὶ τοῦτο τὸ ὑπὸ
τῶν ποιητῶν πιμπλάμενον καὶ χαῖρον· τὸ δὲ φύσει βέλτι-
στον ἡμῶν, ἅτε οὐχ ἱκανῶς πεπαιδευμένον λόγῳ οὐδὲ
ἔθει, ἀνίησι τὴν φυλακὴν τοῦ θρηνώδους τούτου, ἅτε
B ἀλλότρια πάθη θεωροῦν καὶ ἑαυτῷ οὐδὲν αἰσχρὸν ὄν, εἰ
ἄλλος ἀνὴρ ἀγαθὸς φάσκων εἶναι ἀκαίρως πενθεῖ, τοῦτον
ἐπαινεῖν καὶ ἐλεεῖν· ἀλλ' ἐκεῖνο κερδαίνειν ἡγεῖται, τὴν
ἡδονήν, καὶ οὐκ ἂν δέξαιτο αὐτῆς στερηθῆναι καταφρο-
νήσας ὅλου τοῦ ποιήματος. λογίζεσθαι γάρ, οἶμαι, ὀλίγοις
τισὶ μέτεστιν, ὅτι ἀπολαύειν ἀνάγκη ἀπὸ τῶν ἀλλοτρίων
εἰς τὰ οἰκεῖα· θρέψαντα γὰρ ἐν ἐκείνοις ἰσχυρὸν τὸ ἐλε-

εινὸν οὐ ῥᾴδιον ἐν τοῖς αὑτοῦ πάθεσι κατέχειν. Ἀληθέ-
στατα, ἔφη. Ἆρ' οὐχ ὁ αὐτὸς λόγος καὶ περὶ τοῦ γελοίου, C
ὅτι, ἂν αὐτὸς αἰσχύνοιο γελωτοποιῶν, ἐν μιμήσει δὴ κω-
μῳδικῇ ἢ καὶ ἰδίᾳ ἀκούων *ἐὰν* σφόδρα χαρῇς καὶ μὴ
μισῇς ὡς πονηρά, ταὐτὸν ποιεῖς ὅπερ ἐν τοῖς ἐλέοις; ὃ γὰρ
τῷ λόγῳ αὖ κατεῖχες ἐν σαυτῷ βουλόμενον γελωτοποιεῖν,
φοβούμενος δόξαν βωμολοχίας, τότ' αὖ ἀνίῃς καὶ ἐκεῖ
νεανικὸν ποιήσας ἔλαθες πολλάκις ἐν τοῖς οἰκείοις ἐξενε-
χθεὶς ὥστε κωμῳδιοποιὸς γενέσθαι. Καὶ μάλα, ἔφη. Καὶ D
περὶ ἀφροδισίων δὴ καὶ θυμοῦ καὶ περὶ πάντων τῶν ἐπι-
θυμητικῶν τε καὶ λυπηρῶν καὶ ἡδέων ἐν τῇ ψυχῇ, ἃ δή
φαμεν πάσῃ πράξει ἡμῖν ἕπεσθαι, ὅτι τοιαῦτα ἡμᾶς ἡ
ποιητικὴ μίμησις ἐργάζεται; τρέφει γὰρ ταῦτα ἄρδουσα,
δέον αὐχμεῖν, καὶ ἄρχοντα ἡμῖν καθίστησι, δέον ἄρχεσθαι
αὐτά, ἵνα βελτίους τε καὶ εὐδαιμονέστεροι ἀντὶ χειρόνων
καὶ ἀθλιωτέρων γιγνώμεθα. Οὐκ ἔχω ἄλλως φάναι, ἦ δ'
ὅς. Οὐκοῦν, εἶπον, ὦ Γλαύκων, ὅταν Ὁμήρου ἐπαινέταις E
ἐντύχῃς λέγουσιν, ὡς τὴν Ἑλλάδα πεπαίδευκεν οὗτος ὁ
ποιητής, καὶ πρὸς διοίκησίν τε καὶ παιδείαν τῶν ἀνθρω-
πίνων πραγμάτων ἄξιον ἀναλαβόντι μανθάνειν τε καὶ
κατὰ τοῦτον τὸν ποιητὴν πάντα τὸν αὑτοῦ βίον κατα-
σκευασάμενον ζῆν, φιλεῖν μὲν χρὴ καὶ ἀσπάζεσθαι ὡς ὄν- 607
τας βελτίστους εἰς ὅσον δύνανται, καὶ συγχωρεῖν Ὅμη-
ρον ποιητικώτατον εἶναι καὶ πρῶτον τῶν τραγῳδιοποιῶν,
εἰδέναι δέ, ὅτι ὅσον μόνον ὕμνους θεοῖς καὶ ἐγκώμια τοῖς
ἀγαθοῖς ποιήσεως παραδεκτέον εἰς πόλιν· εἰ δὲ τὴν ἡδυ-
σμένην Μοῦσαν παραδέξει ἐν μέλεσιν ἢ ἔπεσιν, ἡδονή σοι
καὶ λύπη ἐν τῇ πόλει βασιλεύσετον ἀντὶ νόμου τε καὶ τοῦ
κοινῇ ἀεὶ δόξαντος εἶναι βελτίστου λόγου. Ἀληθέστατα,
ἔφη.

VIII. Ταῦτα δή, ἔφην, ἀπολελογίσθω ἡμῖν ἀναμνη- B
σθεῖσι περὶ ποιήσεως, ὅτι εἰκότως ἄρα τότε αὐτὴν ἐκ τῆς

*πόλεως ἀπεστέλλομεν τοιαύτην οὖσαν· ὁ γὰρ λόγος ἡμᾶς
ᾕρει. προσείπωμεν δὲ αὐτῇ, μὴ καί τινα σκληρότητα
ἡμῶν καὶ ἀγροικίαν καταγνῷ, ὅτι παλαιὰ μέν τις διαφορὰ
φιλοσοφίᾳ τε καὶ ποιητικῇ· καὶ γὰρ ἡ λακέρυζα πρὸς δε-
σπόταν κύων ἐκείνη κραυγάζουσα, καὶ μέγας ἐν ἀφρόνων
C κενεαγορίαισι, καὶ ὁ τῶν διασόφων ὄχλος κρατῶν, καὶ οἱ
λεπτῶς μεριμνῶντες ὅτι ἄρα πένονται, καὶ ἄλλα μυρία
σημεῖα παλαιᾶς ἐναντιώσεως τούτων. ὅμως δὲ εἰρήσθω,
ὅτι ἡμεῖς γε, εἴ τινα ἔχοι λόγον εἰπεῖν ἡ πρὸς ἡδονὴν ποιη-
τικὴ καὶ ἡ μίμησις, ὡς χρὴ αὐτὴν εἶναι ἐν πόλει εὐνομου-
μένῃ, ἄσμενοι ἂν καταδεχοίμεθα· ὡς ξύνισμέν γε ἡμῖν
αὐτοῖς κηλουμένοις ὑπ' αὐτῆς· ἀλλὰ γὰρ τὸ δοκοῦν ἀλη-
θὲς οὐχ ὅσιον προδιδόναι. ἦ γάρ, ὦ φίλε, οὐ κηλεῖ ὑπ'
D αὐτῆς καὶ σύ, καὶ μάλιστα ὅταν δι' Ὁμήρου θεωρῇς αὐ-
τήν; Πολύ γε. Οὐκοῦν δικαία ἐστὶν οὕτω κατιέναι, ἀπο-
λογησομένη ἐν μέλει ἤ τινι ἄλλῳ μέτρῳ; Πάνυ μὲν οὖν.
Δοῖμεν δέ γέ που ἂν καὶ τοῖς προστάταις αὐτῆς, ὅσοι μὴ
ποιητικοί, φιλοποιηταὶ δέ, ἄνευ μέτρου λόγον ὑπὲρ αὐτῆς
εἰπεῖν, ὡς οὐ μόνον ἡδεῖα ἀλλὰ καὶ ὠφελίμη πρὸς τὰς πο-
λιτείας καὶ τὸν βίον τὸν ἀνθρώπινόν ἐστι· καὶ εὐμενῶς
ἀκουσόμεθα. κερδανοῦμεν γάρ που, ἐὰν μὴ μόνον ἡδεῖα
E φανῇ ἀλλὰ καὶ ὠφελίμη. Πῶς δ' οὐ μέλλομεν, ἔφη, κερ-
δαίνειν; Εἰ δέ γε μή, ὦ φίλε ἑταῖρε, ὥσπερ οἵ ποτέ του
ἐρασθέντες, ἐὰν ἡγήσωνται μὴ ὠφέλιμον εἶναι τὸν ἔρωτα,
βίᾳ μέν, ὅμως δὲ ἀπέχονται, καὶ ἡμεῖς οὕτως, διὰ τὸν ἐγ-
γεγονότα μὲν ἔρωτα τῆς τοιαύτης ποιήσεως ὑπὸ τῆς τῶν
608 καλῶν πολιτειῶν τροφῆς, εὖνοι μὲν ἐσόμεθα φανῆναι
αὐτὴν ὡς βελτίστην καὶ ἀληθεστάτην, ἕως δ' ἂν μὴ οἵα
τ' ᾖ ἀπολογήσασθαι, ἀκροασόμεθ' αὐτῆς ἐπᾴδοντες ἡμῖν
αὐτοῖς τοῦτον τὸν λόγον, ὃν λέγομεν, καὶ ταύτην τὴν
ἐπῳδήν, εὐλαβούμενοι πάλιν ἐμπεσεῖν εἰς τὸν παιδικόν
τε καὶ τὸν τῶν πολλῶν ἔρωτα. ᾐσθόμεθα δ' οὖν, ὡς οὐ*

*σπουδαστέον ἐπὶ τῇ τοιαύτῃ ποιήσει ὡς ἀληθείας τε ἁπτο-
μένῃ καὶ σπουδαίᾳ, ἀλλ' εὐλαβητέον αὐτὴν ὂν τῷ ἀκροω-
μένῳ, περὶ τῆς ἐν αὐτῷ πολιτείας δεδιότι, καὶ νομιστέα* B
*ἅπερ εἰρήκαμεν περὶ ποιήσεως. Παντάπασιν, ἦ δ' ὅς, ξύμ-
φημι. Μέγας γάρ, ἔφην, ὁ ἀγών, ὦ φίλε Γλαύκων, μέγας,
οὐχ ὅσος δοκεῖ, τὸ χρηστὸν ἢ κακὸν γενέσθαι, ὥστε οὔτε
τιμῇ ἐπαρθέντα οὔτε χρήμασιν οὔτε ἀρχῇ οὐδεμιᾷ οὐδέ
γε ποιητικῇ ἄξιον ἀμελῆσαι δικαιοσύνης τε καὶ τῆς ἄλλης
ἀρετῆς. Ξύμφημί σοι, ἔφη, ἐξ ὧν διεληλύθαμεν· οἶμαι δὲ
καὶ ἄλλον ὀντινοῦν.*

IX. *Καὶ μήν, ἦν δ' ἐγώ, τά γε μέγιστα ἐπίχειρα ἀρε-* C
*τῆς καὶ προκείμενα ἆθλα οὐ διεληλύθαμεν. Ἀμήχανόν τι,
ἔφη, λέγεις μέγεθος, εἰ τῶν εἰρημένων μείζω ἐστὶν ἄλλα.
Τί δ' ἄν, ἦν δ' ἐγώ, ἔν γε ὀλίγῳ χρόνῳ μέγα γένοιτο; πᾶς
γὰρ οὗτός γε ὁ ἐκ παιδὸς μέχρι πρεσβύτου χρόνος πρὸς
πάντα ὀλίγος πού τις ἂν εἴη. Οὐδὲν μὲν οὖν, ἔφη. Τί
οὖν; οἴει ἀθανάτῳ πράγματι ὑπὲρ τοσούτου δεῖν χρόνου
ἐσπουδακέναι, ἀλλ' οὐχ ὑπὲρ τοῦ παντός; Οἶμαι ἔγωγ',* D
*ἔφη· ἀλλὰ τί τοῦτο λέγεις; Οὐκ ᾔσθησαι, ἦν δ' ἐγώ, ὅτι
ἀθάνατος ἡμῶν ἡ ψυχὴ καὶ οὐδέποτε ἀπόλλυται; καὶ ὃς
ἐμβλέψας μοι καὶ θαυμάσας εἶπε Μὰ Δί', οὐκ ἔγωγε· σὺ
δὲ τοῦτ' ἔχεις λέγειν; Εἰ μὴ ἀδικῶ γ', ἔφην· οἶμαι δὲ καὶ
σύ· οὐδὲν γὰρ χαλεπόν. Ἔμοιγ', ἔφη· σοῦ δ' ἂν ἡδέως
ἀκούσαιμι τὸ οὐ χαλεπὸν τοῦτο. Ἀκούοις ἄν, ἦν δ' ἐγώ.
Λέγε μόνον, ἔφη. Ἀγαθόν τι, εἶπον, καὶ κακὸν καλεῖς;
Ἔγωγε. Ἆρ' οὖν ὥσπερ ἐγὼ περὶ αὐτῶν διανοεῖ; Τὸ* E
*ποῖον; Τὸ μὲν ἀπολλύον καὶ διαφθεῖρον πᾶν τὸ κακὸν
εἶναι, τὸ δὲ σῶζον καὶ ὠφελοῦν τὸ ἀγαθόν. Ἔγωγ', ἔφη.
Τί δέ; κακὸν ἑκάστῳ τι καὶ ἀγαθὸν λέγεις; οἷον ὀφθαλ-
μοῖς ὀφθαλμίαν καὶ ξύμπαντι τῷ σώματι νόσον, σίτῳ τε* 603
*ἐρυσίβην, σηπεδόνα τε ξύλοις, χαλκῷ δὲ καὶ σιδήρῳ ἰόν,
καί, ὅπερ λέγω, σχεδὸν πᾶσι ξύμφυτον ἑκάστῳ κακόν τε*

καὶ νόσημα; Ἔγωγ', ἔφη. Οὐκοῦν ὅταν τῴ τι τούτων προσγένηται, πονηρόν τε ποιεῖ ᾧ προσεγένετο, καὶ τελευτῶν ὅλον διέλυσε καὶ ἀπώλεσεν; Πῶς γὰρ οὔ; Το ξύμφυτον ἄρα κακὸν ἑκάστου καὶ ἡ πονηρία ἕκαστον ἀπόλ-
B λυσιν, ἢ εἰ μὴ τοῦτο ἀπολεῖ, οὐκ ἂν ἄλλο γε αὐτὸ ἔτι διαφθείρειεν. οὐ γάρ τό γε ἀγαθὸν μή ποτέ τι ἀπολέσῃ, οὐδὲ αὖ τὸ μήτε κακὸν μήτε ἀγαθόν. Πῶς γὰρ ἄν; ἔφη. Ἐὰν ἄρα τι εὑρίσκωμεν τῶν ὄντων, ᾧ ἔστι μὲν κακόν, ὃ ποιεῖ αὐτὸ μοχθηρόν, τοῦτο μέντοι οὐχ οἷόν τε αὐτὸ λύειν ἀπολλύον, οὐκ ἤδη εἰσόμεθα, ὅτι τοῦ πεφυκότος οὕτως ὄλεθρος οὐκ ἦν; Οὕτως, ἔφη, εἰκός. Τί οὖν; ἦν δ' ἐγώ· ψυχῇ ἆρ' οὐκ ἔστιν ὃ ποιεῖ αὐτὴν κακήν; Καὶ μάλ', ἔφη,
C ἃ νῦν δὴ διῇμεν πάντα, ἀδικία τε καὶ ἀκολασία καὶ δειλία καὶ ἀμαθία. Ἦ οὖν τι τούτων αὐτὴν διαλύει τε καὶ ἀπόλλυσι; καὶ ἐννόει, μὴ ἐξαπατηθῶμεν οἰηθέντες τὸν ἄδικον ἄνθρωπον καὶ ἀνόητον, ὅταν ληφθῇ ἀδικῶν, τότε ἀπολωλέναι ὑπὸ τῆς ἀδικίας, πονηρίας οὔσης ψυχῆς· ἀλλ' ὧδε ποίει· ὥσπερ σῶμα ἡ σώματος πονηρία νόσος οὖσα τήκει καὶ διόλλυσι καὶ ἄγει εἰς τὸ μηδὲ σῶμα εἶναι, καὶ ἃ νῦν δὴ ἐλέγομεν ἅπαντα ὑπὸ τῆς οἰκείας κακίας, τῷ προς-
D καθῆσθαι καὶ ἐνεῖναι διαφθειρούσης, εἰς τὸ μὴ εἶναι ἀφικνεῖται — οὐχ οὕτως; Ναί. Ἴθι δή, καὶ ψυχὴν κατα τὸν αὐτὸν τρόπον σκόπει, ἆρα ἐνοῦσα ἐν αὐτῇ ἀδικία καὶ ἡ ἄλλη κακία τῷ ἐνεῖναι καὶ προσκαθῆσθαι φθείρει αὐτὴν καὶ μαραίνει, ἕως ἂν εἰς θάνατον ἀγαγοῦσα τοῦ σώματος χωρίσῃ. Οὐδαμῶς, ἔφη, τοῦτό γε. Ἀλλὰ μέντοι ἐκεῖνό γε ἄλογον, ἦν δ' ἐγώ, τὴν μὲν ἄλλου πονηρίαν ἀπολλύναι τι, τὴν δὲ αὑτοῦ μή. Ἄλογον. Ἐννόει γάρ, ἦν
E δ' ἐγώ, ὦ Γλαύκων, ὅτι οὐδ' ὑπὸ τῆς τῶν σιτίων πονηρίας, ἣ ἂν ᾖ αὐτῶν ἐκείνων, εἴτε παλαιότης εἴτε σαπρότης εἴτε ἡτισοῦν οὖσα, οὐκ οἰόμεθα δεῖν σῶμα ἀπόλλυσθαι· ἀλλ' ἐὰν μὲν ἐμποιῇ ἡ αὐτῶν πονηρία τῶν σιτίων τῷ σώ-

ματι σώματος μοχθηρίαν, φήσομεν αὐτὸ δι' ἐκεῖνα ὑπὸ
τῆς αὐτοῦ κακίας νόσου οὔσης ἀπολωλέναι· ὑπὸ δὲ σι-
τίων πονηρίας ἄλλων ὄντων ἄλλο ὂν τὸ σῶμα, ὑπ' ἀλλο- 610
τρίου κακοῦ μὴ ἐμποιήσαντος τὸ ἔμφυτον κακόν, οὐδέ-
ποτε ἀξιώσομεν διαφθείρεσθαι. Ὀρθότατ' ἄν, ἔφη,
λέγοις.

X. Κατὰ τὸν αὐτὸν τοίνυν λόγον, ἦν δ' ἐγώ, ἐὰν μὴ
σώματος πονηρία ψυχῇ ψυχῆς πονηρίαν ἐμποιῇ, μή ποτε
ἀξιῶμεν ὑπ' ἀλλοτρίου κακοῦ ἄνευ τῆς ἰδίας πονηρίας
ψυχὴν ἀπόλλυσθαι, τῷ ἑτέρου κακῷ ἕτερον. Ἔχει γάρ,
ἔφη, λόγον. Ἢ τοίνυν ταῦτα ἐξελέγξωμεν ὅτι οὐ καλῶς
λέγομεν, ἢ ἕως ἂν ᾖ ἀνέλεγκτα, μή ποτε φῶμεν ὑπὸ πυρε- B
τοῦ μηδ' αὖ ὑπ' ἄλλης νόσου μηδ' αὖ ὑπὸ σφαγῆς, μηδ'
εἴ τις ὅ τι σμικρότατα ὅλον τὸ σῶμα κατατέμοι, ἕνεκα τού-
των μηδὲν μᾶλλόν ποτε ψυχὴν ἀπόλλυσθαι, πρὶν ἄν τις
ἀποδείξῃ, ὡς διὰ ταῦτα τὰ παθήματα τοῦ σώματος αὐτὴ
ἐκείνη ἀδικωτέρα καὶ ἀνοσιωτέρα γίγνεται· ἀλλοτρίου δὲ
κακοῦ ἐν ἄλλῳ γιγνομένου, τοῦ δὲ ἰδίου ἑκάστῳ μὴ ἐγγι-
γνομένου, μήτε ψυχὴν μήτε ἄλλο μηδὲν ἐῶμεν φάναι τινὰ C
ἀπόλλυσθαι. Ἀλλὰ μέντοι, ἔφη, τοῦτό γε οὐδείς ποτε
δείξει, ὡς τῶν ἀποθνησκόντων ἀδικώτεραι αἱ ψυχαὶ διὰ
τὸν θάνατον γίγνονται. Ἐὰν δέ γέ τις, ἔφην ἐγώ, ὁμόσε
τῷ λόγῳ τολμᾷ ἰέναι καὶ λέγειν, ὡς πονηρότερος καὶ ἀδι-
κώτερος γίγνεται ὁ ἀποθνήσκων, ἵνα δὴ μὴ ἀναγκάζηται
ἀθανάτους τὰς ψυχὰς ὁμολογεῖν, ἀξιώσομέν που, εἰ ἀληθῆ
λέγει ὁ ταῦτα λέγων, τὴν ἀδικίαν εἶναι θανάσιμον τῷ
ἔχοντι ὥσπερ νόσον, καὶ ὑπ' αὐτοῦ τούτου ἀποκτιννύν- D
τος τῇ ἑαυτοῦ φύσει ἀποθνήσκειν τοὺς λαμβάνοντας
αὐτό, τοὺς μὲν μάλιστα θᾶττον, τοὺς δ' ἧττον σχολαίτε-
ρον, ἀλλὰ μὴ ὥσπερ νῦν διὰ τοῦτο ὑπ' ἄλλων δίκην ἐπι-
τιθέντων ἀποθνήσκουσιν οἱ ἄδικοι. Μὰ Δί', ἦ δ' ὅς, οὐκ
ἄρα πάνδεινον φανεῖται ἡ ἀδικία, εἰ θανάσιμον ἔσται τῷ

λαμβάνοντι· ἀπαλλαγὴ γὰρ ἂν εἴη κακῶν· ἀλλὰ μᾶλλον
οἶμαι αὐτὴν φανήσεσθαι πᾶν τοὐναντίον τοὺς ἄλλους
E ἀποκτιννῦσαν, εἴπερ οἷόν τε, τὸν δ' ἔχοντα καὶ μάλα ζω-
τικὸν παρέχουσαν, καὶ πρός γ' ἔτι τῷ ζωτικῷ ἄγρυπνον·
οὕτω πόρρω που, ὡς ἔοικεν, ἐσκήνηται τοῦ θανάσιμος
εἶναι. Καλῶς, ἦν δ' ἐγώ, λέγεις. ὁπότε γὰρ δὴ μὴ ἱκανὴ
ἥ γε οἰκεία πονηρία καὶ τὸ οἰκεῖον κακὸν ἀποκτεῖναι καὶ
ἀπολέσαι ψυχήν, σχολῇ τό γε ἐπ' ἄλλου ὀλέθρῳ τεταγμέ-
νον κακὸν ψυχὴν ἤ τι ἄλλο ἀπολεῖ, πλὴν ἐφ' ᾧ τέτακται.
Σχολῇ γ', ἔφη, ὥς γε τὸ εἰκός. Οὐκοῦν ὁπότε μηδ' ὑφ'
611 ἑνὸς ἀπόλλυται κακοῦ, μήτε οἰκείου μήτε ἀλλοτρίου, δῆλον
ὅτι ἀνάγκη αὐτὸ ἀεὶ ὂν εἶναι, εἰ δ' ἀεὶ ὄν, ἀθάνατον.
Ἀνάγκη, ἔφη.

XI. Τοῦτο μὲν τοίνυν, ἦν δ' ἐγώ, οὕτως ἐχέτω· εἰ δ'
ἔχει, ἐννοεῖς, ὅτι ἀεὶ ἂν εἶεν αἱ αὐταί. οὔτε γὰρ ἄν που
ἐλάττους γένοιντο μηδεμιᾶς ἀπολλυμένης, οὔτε αὖ πλεί-
ους· εἰ γὰρ ὁτιοῦν τῶν ἀθανάτων πλέον γίγνοιτο, οἶσθ'
ὅτι ἐκ τοῦ θνητοῦ ἂν γίγνοιτο καὶ πάντα ἂν εἴη τελευ-
τῶντα ἀθάνατα. Ἀληθῆ λέγεις. Ἀλλ', ἦν δ' ἐγώ, μήτε
B τοῦτο οἰώμεθα, ὁ γὰρ λόγος οὐκ ἐάσει, μήτε γε αὖ τῇ
ἀληθεστάτῃ φύσει τοιοῦτον εἶναι ψυχήν, ὥστε πολλῆς
ποικιλίας καὶ ἀνομοιότητός τε καὶ διαφορᾶς γέμειν αὐτὸ
πρὸς αὐτό. Πῶς λέγεις; ἔφη. Οὐ ῥᾴδιον, ἦν δ' ἐγώ,
ἀΐδιον εἶναι σύνθετόν τε ἐκ πολλῶν καὶ μὴ τῇ καλλίστῃ
κεχρημένον συνθέσει, ὡς νῦν ἡμῖν ἐφάνη ἡ ψυχή. Οὔκ-
ουν εἰκός γε. Ὅτι μὲν τοίνυν ἀθάνατον ψυχή, καὶ ὁ ἄρτι
λόγος καὶ οἱ ἄλλοι ἀναγκάσειαν ἄν· οἷον δ' ἐστὶ τῇ ἀλη-
C θείᾳ, οὐ λελωβημένον δεῖ αὐτὸ θεάσασθαι ὑπό τε τῆς τοῦ
σώματος κοινωνίας καὶ ἄλλων κακῶν, ὥσπερ νῦν ἡμεῖς
θεώμεθα, ἀλλ' οἷόν ἐστι καθαρὸν γιγνόμενον, τοιοῦτον
ἱκανῶς λογισμῷ διαθεατέον, καὶ πολὺ κάλλιον αὐτὸ εὑ-
ρήσει καὶ ἐναργέστερον δικαιοσύνας τε καὶ ἀδικίας διό-

ψεται καὶ πάντα ἃ νῦν διήλθομεν. νῦν δὲ εἴπομεν μὲν ἀληθῆ περὶ αὐτοῦ, οἷον ἐν τῷ παρόντι φαίνεται· τεθεάμεθα μέντοι διακείμενον αὐτό, ὥσπερ οἱ τὸν θαλάττιον Γλαῦκον ὁρῶντες οὐκ ἂν ἔτι ῥᾳδίως αὐτοῦ ἴδοιεν τὴν D
ἀρχαίαν φύσιν, ὑπὸ τοῦ τά τε παλαιὰ τοῦ σώματος μέρη τὰ μὲν ἐκκεκλάσθαι, τὰ δὲ συντετρίφθαι καὶ πάντως λελωβῆσθαι ὑπὸ τῶν κυμάτων, ἄλλα δὲ προσπεφυκέναι, ὄστρεά τε καὶ φυκία καὶ πέτρας, ὥστε παντὶ μᾶλλον θηρίῳ ἐοικέναι ἢ οἷος ἦν φύσει, οὕτω καὶ τὴν ψυχὴν ἡμεῖς θεώμεθα διακειμένην ὑπὸ μυρίων κακῶν· ἀλλὰ δεῖ, ὦ Γλαύκων, ἐκεῖσε βλέπειν. Ποῖ; ἦ δ' ὅς. Εἰς τὴν φιλοσοφίαν αὐτῆς, καὶ ἐννοεῖν ὧν ἅπτεται καὶ οἵων ἐφίεται ὁμιλιῶν, E
ὡς ξυγγενὴς οὖσα τῷ τε θείῳ καὶ ἀθανάτῳ καὶ τῷ ἀεὶ ὄντι, καὶ οἷα ἂν γένοιτο τῷ τοιούτῳ πᾶσα ἐπισπομένη καὶ ὑπὸ ταύτης τῆς ὁρμῆς ἐκκομισθεῖσα ἐκ τοῦ πόντου, ἐν ᾧ νῦν ἐστί, καὶ περικρουσθεῖσα πέτρας τε καὶ ὄστρεα, ἃ νῦν αὐτῇ ἅτε γῆν ἑστιωμένῃ γεηρὰ καὶ πετρώδη πολλὰ καὶ 612
ἄγρια περιπέφυκεν ὑπὸ τῶν εὐδαιμόνων λεγομένων ἑστιάσεων. καὶ τότ' ἄν τις ἴδοι αὐτῆς τὴν ἀληθῆ φύσιν, εἴτε πολυειδὴς εἴτε μονοειδὴς εἴτε ὅπῃ ἔχει καὶ ὅπως· νῦν δὲ τὰ ἐν τῷ ἀνθρωπίνῳ βίῳ πάθη τε καὶ εἴδη, ὡς ἐγᾦμαι, ἐπιεικῶς αὐτῆς διεληλύθαμεν. Παντάπασι μὲν οὖν, ἔφη.

XII. *Οὐκοῦν, ἦν δ' ἐγώ, τά τε ἄλλα ἀπελυσάμεθα ἐν τῷ λόγῳ, καὶ οὐ τοὺς μισθοὺς οὐδὲ τὰς δόξας δικαιοσύνης* B
ἐπηνέγκαμεν, ὥσπερ Ἡσίοδόν τε καὶ Ὅμηρον ὑμεῖς ἔφατε, ἀλλ' αὐτὸ δικαιοσύνην αὐτῇ ψυχῇ ἄριστον εὕρομεν, καὶ ποιητέον εἶναι αὐτῇ τὰ δίκαια, ἐάν τ' ἔχῃ τὸν Γύγου δακτύλιον, ἐάν τε μή, καὶ πρὸς τοιούτῳ δακτυλίῳ τὴν Ἄϊδος κυνῆν; Ἀληθέστατα, ἔφη, λέγεις. Ἆρ' οὖν, ἦν δ' ἐγώ, ὦ Γλαύκων, νῦν ἤδη ἀνεπίφθονόν ἐστι πρὸς ἐκείνοις καὶ τοὺς μισθοὺς τῇ δικαιοσύνῃ καὶ τῇ ἄλλῃ ἀρετῇ

[illegible]

σθαι; Σφόδρα γε. Τὰ μὲν δὴ παρὰ θεῶν τοιαῦτ' ἂν εἴη
νικητήρια τῷ δικαίῳ. Κατὰ γοῦν ἐμὴν δόξαν, ἔφη. Τί δέ,
ἦν δ' ἐγώ, παρ' ἀνθρώπων; ἆρ' οὐχ ὧδε ἔχει, εἰ δεῖ τὸ
ὂν τιθέναι; οὐχ οἱ μὲν δεινοί τε καὶ ἄδικοι δρῶσιν ὅπερ
οἱ δρομῆς, ὅσοι ἂν θέωσιν εὖ ἀπὸ τῶν κάτω, ἀπὸ δὲ τῶν
ἄνω μή; τὸ μὲν πρῶτον ὀξέως ἀποπηδῶσι, τελευτῶντες δὲ C
καταγέλαστοι γίγνονται, τὰ ὦτα ἐπὶ τῶν ὤμων ἔχοντες καὶ
ἀστεφάνωτοι ἀποτρέχοντες· οἱ δὲ τῇ ἀληθείᾳ δρομικοὶ εἰς
τέλος ἐλθόντες τά τε ἆθλα λαμβάνουσι καὶ στεφανοῦνται.
οὐχ οὕτω καὶ περὶ τῶν δικαίων τὸ πολὺ ξυμβαίνει· πρὸς
τέλος ἑκάστης πράξεως καὶ ὁμιλίας καὶ τοῦ βίου εὐδοκι-
μοῦσί τε καὶ τὰ ἆθλα παρὰ τῶν ἀνθρώπων φέρονται;
Καὶ μάλα. Ἀνέξει ἄρα λέγοντος ἐμοῦ περὶ τούτων, ἅπερ
αὐτὸς ἔλεγες περὶ τῶν ἀδίκων; ἐρῶ γὰρ δή, ὅτι οἱ μὲν δί- D
καιοι, ἐπειδὰν πρεσβύτεροι γένωνται, ἐν τῇ αὑτῶν πόλει
ἄρχουσί τε ἂν βούλωνται τὰς ἀρχάς, γαμοῦσί τε ὁπόθεν
ἂν βούλωνται, ἐκδιδόασί τε εἰς οὓς ἂν ἐθέλωσι, καὶ πάντα,
ἃ σὺ περὶ ἐκείνων, ἐγὼ νῦν λέγω περὶ τῶνδε· καὶ αὖ καὶ
περὶ τῶν ἀδίκων, ὅτι οἱ πολλοὶ αὐτῶν, καὶ ἐὰν νέοι ὄντες
λάθωσιν, ἐπὶ τέλους τοῦ δρόμου αἱρεθέντες καταγέλαστοί
εἰσι καὶ γέροντες γιγνόμενοι ἄθλιοι προπηλακίζονται ὑπὸ E
ξένων τε καὶ ἀστῶν, μαστιγούμενοι καὶ ἃ ἄγροικα ἔφησθα
σὺ εἶναι, ἀληθῆ λέγων, [εἶτα στρεβλώσονται καὶ ἐκκαυ-
θήσονται·] πάντα ἐκεῖνα οἴου καὶ ἐμοῦ ἀκηκοέναι ὡς πά-
σχουσιν. ἀλλ' ὃ λέγω, ὅρα εἰ ἀνέξει. Καὶ πάνυ, ἔφη· δί-
καια γὰρ λέγεις.

XIII. Ἃ μὲν τοίνυν, ἦν δ' ἐγώ, ζῶντι τῷ δικαίῳ παρὰ
θεῶν τε καὶ ἀνθρώπων ἆθλά τε καὶ μισθοὶ καὶ δῶρα γί- 614
γνεται πρὸς ἐκείνοις τοῖς ἀγαθοῖς οἷς αὐτὴ παρείχετο ἡ
δικαιοσύνη, τοιαῦτ' ἂν εἴη. Καὶ μάλ', ἔφη, καλά τε καὶ
βέβαια. Ταῦτα τοίνυν, ἦν δ' ἐγώ, οὐδέν ἐστι πλήθει
οὐδὲ μεγέθει πρὸς ἐκεῖνα, ἃ τελευτήσαντα ἑκάτερον περι-

μένει. χρὴ δ' αὐτὰ ἀκοῦσαι, ἵνα τελέως ἑκάτερος αὐτῶν ἀπειλήφῃ τὰ ὑπὸ τοῦ λόγου ὀφειλόμενα ἀκοῦσαι. Λέγοις
B ἄν, ἔφη, ὡς οὐ πολλὰ ἄλλ' ἥδιον ἀκούοντι. Ἀλλ' οὐ μέντοι σοι, ἦν δ' ἐγώ, Ἀλκίνου γε ἀπόλογον ἐρῶ, ἀλλ' ἀλκίμου μὲν ἀνδρός, Ἠρὸς τοῦ Ἀρμενίου, τὸ γένος Παμφύλου· ὅς ποτε ἐν πολέμῳ τελευτήσας, ἀναιρεθέντων δεκαταίων τῶν νεκρῶν ἤδη διεφθαρμένων, ὑγιὴς μὲν ἀνῃρέθη, κομισθεὶς δ' οἴκαδε μέλλων θάπτεσθαι δωδεκαταῖος ἐπὶ τῇ πυρᾷ κείμενος ἀνεβίω, ἀναβιοὺς δ' ἔλεγεν ἃ ἐκεῖ ἴδοι. ἔφη δέ, ἐπειδὴ οὗ ἐκβῆναι τὴν ψυχήν, πορεύεσθαι
C μετὰ πολλῶν, καὶ ἀφικνεῖσθαι σφᾶς εἰς τόπον τινὰ δαιμόνιον, ἐν ᾧ τῆς τε γῆς δύ' εἶναι χάσματα ἐχομένω ἀλλήλοιν καὶ τοῦ οὐρανοῦ αὖ ἐν τῷ ἄνω ἄλλα καταντικρύ· δικαστὰς δὲ μεταξὺ τούτων καθῆσθαι, οὕς, ἐπειδὴ διαδικάσειαν, τοὺς μὲν δικαίους κελεύειν πορεύεσθαι τὴν εἰς δεξιάν τε καὶ ἄνω διὰ τοῦ οὐρανοῦ, σημεῖα περιάψαντας τῶν δεδικασμένων ἐν τῷ πρόσθεν, τοὺς δὲ ἀδίκους τὴν εἰς ἀριστεράν τε καὶ κάτω, ἔχοντας καὶ τούτους ἐν τῷ ὄπι-
D σθεν σημεῖα πάντων ὧν ἔπραξαν. ἑαυτοῦ δὲ προσελθόντος εἰπεῖν, ὅτι δέοι αὐτὸν ἄγγελον ἀνθρώποις γενέσθαι τῶν ἐκεῖ καὶ διακελεύοιντό οἱ ἀκούειν τε καὶ θεᾶσθαι πάντα τὰ ἐν τῷ τόπῳ. ὁρᾶν δὴ ταύτῃ μὲν καθ' ἑκάτερον τὸ χάσμα τοῦ οὐρανοῦ τε καὶ τῆς γῆς ἀπιούσας τὰς ψυχάς, ἐπειδὴ αὐταῖς δικασθείη, κατὰ δὲ τὼ ἑτέρω ἐκ μὲν τοῦ ἀνιέναι ἐκ τῆς γῆς μεστὰς αὐχμοῦ τε καὶ κόνεως, ἐκ δὲ τοῦ ἑτέρου καταβαίνειν ἑτέρας ἐκ τοῦ οὐρανοῦ καθαράς·
E καὶ τὰς ἀεὶ ἀφικνουμένας ὥσπερ ἐκ πολλῆς πορείας φαίνεσθαι ἥκειν, καὶ ἀσμένας εἰς τὸν λειμῶνα ἀπιούσας οἷον ἐν πανηγύρει κατασκηνᾶσθαι, καὶ ἀσπάζεσθαί τε ἀλλήλας ὅσαι γνώριμαι, καὶ πυνθάνεσθαι τάς τε ἐκ τῆς γῆς ἡκούσας παρὰ τῶν ἑτέρων τὰ ἐκεῖ καὶ τὰς ἐκ τοῦ οὐρανοῦ τὰ παρ' ἐκείναις, διηγεῖσθαι δὲ ἀλλήλαις τὰς μὲν ὀδυ-

ρομένας τε καὶ κλαιούσας, ἀναμιμνησκομενας ὅσα τε καὶ 615
οἷα πάθοιεν καὶ ἴδοιεν ἐν τῇ ὑπὸ γῆς πορείᾳ — εἶναι δὲ
τὴν πορείαν χιλιέτη — τὰς δ' αὖ ἐκ τοῦ οὐρανοῦ εὐπα-
θείας διηγεῖσθαι καὶ θέας ἀμηχάνους τὸ κάλλος. τὰ μὲν
οὖν πολλά, ὦ Γλαύκων, πολλοῦ χρόνου διηγήσασθαι· τὸ
δ' οὖν κεφάλαιον ἔφη τόδε εἶναι, ὅσα πώποτέ τινα ἠδίκη-
σαν καὶ ὅσους ἕκαστοι, ὑπὲρ ἁπάντων δίκην δεδωκέναι ἐν
μέρει, ὑπὲρ ἑκάστου δεκάκις, τοῦτο δ' εἶναι κατὰ ἑκατον-
ταετηρίδα ἑκάστην, ὡς βίου ὄντος τοσούτου τοῦ ἀνθρω- B
πίνου, ἵνα δεκαπλάσιον τὸ ἔκτισμα τοῦ ἀδικήματος ἐκτί-
νοιεν· καὶ οἷον εἴ τινες πολλῶν θανάτων ἦσαν αἴτιοι, ἢ
πόλεις προδόντες ἢ στρατόπεδα καὶ εἰς δουλείας ἐμβεβλη-
κότες, ἤ τινος ἄλλης κακουχίας μεταίτιοι, πάντων τούτων
δεκαπλασίας ἀλγηδόνας ὑπὲρ ἑκάστου κομίσαιντο, καὶ αὖ
εἴ τινας εὐεργεσίας εὐεργετηκότες καὶ δίκαιοι καὶ ὅσιοι
γεγονότες εἶεν, κατὰ ταὐτὰ τὴν ἀξίαν κομίζοιντο. τῶν δὲ C
εὐθὺς γενομένων καὶ ὀλίγον χρόνον βιούντων πέρι ἄλλα
ἔλεγεν οὐκ ἄξια μνήμης· εἰς δὲ θεοὺς ἀσεβείας τε καὶ εὐ-
σεβείας καὶ γονέας καὶ αὐτόχειρος φόνου μείζους ἔτι τοὺς
μισθοὺς διηγεῖτο. ἔφη γὰρ δὴ παραγενέσθαι ἐρωτωμένῳ
ἑτέρῳ ὑπὸ ἑτέρου, ὅπου εἴη Ἀρδιαῖος ὁ μέγας. ὁ δὲ Ἀρ-
διαῖος οὗτος τῆς Παμφυλίας ἔν τινι πόλει τύραννος ἐγε-
γόνει, ἤδη χιλιοστὸν ἔτος εἰς ἐκεῖνον τὸν χρόνον, γέροντά
τε πατέρα ἀποκτείνας καὶ πρεσβύτερον ἀδελφόν, καὶ ἄλλα D
δὴ πολλά τε καὶ ἀνόσια εἰργασμένος, ὡς ἐλέγετο. ἔφη οὖν
τὸν ἐρωτώμενον εἰπεῖν, οὐχ ἥκει, φάναι, οὐδ' ἂν ἥξει
δεῦρο.

XIV. Ἐθεασάμεθα γὰρ οὖν δὴ καὶ τοῦτο τῶν δεινῶν θεαμάτων. ἐπειδὴ ἐγγὺς τοῦ στομίου ἦμεν μέλλοντες ἀνιέναι καὶ τἆλλα πάντα πεπονθότες, ἐκεῖνόν τε κατείδομεν ἐξαίφνης καὶ ἄλλους σχεδόν τι αὐτῶν τοὺς πλείστους τυράννους· ἦσαν δὲ καὶ ἰδιῶταί τινες τῶν μεγάλα ἡμαρ-

E τηκότων· οὓς οἰομένους ἤδη ἀναβήσεσθαι οὐκ ἐδέχετο
τὸ στόμιον, ἀλλ' ἐμυκᾶτο, ὁπότε τις τῶν οὕτως ἀνιάτως
ἐχόντων εἰς πονηρίαν ἢ μὴ ἱκανῶς δεδωκὼς δίκην ἐπιχει-
ροῖ ἀνιέναι. ἐνταῦθα δὴ ἄνδρες, ἔφη, ἄγριοι, διάπυροι
ἰδεῖν, παρεστῶτες καὶ καταμανθάνοντες τὸ φθέγμα τοὺς
μὲν διαλαβόντες ἦγον, τὸν δὲ Ἀρδιαῖον καὶ ἄλλους συμ-
616 ποδίσαντες χεῖράς τε καὶ πόδας καὶ κεφαλήν, καταβαλόν-
τες καὶ ἐκδείραντες, εἷλκον παρὰ τὴν ὁδὸν ἐκτὸς ἐπ' ἀσπα-
λάθων κνάπτοντες καὶ τοῖς ἀεὶ παριοῦσι σημαίνοντες,
ὧν ἕνεκά τε καὶ εἰς ὅ τι [τὸν τάρταρον] ἐμπεσούμενοι
ἄγοιντο, ἔνθα δὴ φόβων, ἔφη, πολλῶν καὶ παντοδαπῶν
σφίσι γεγονότων τοῦτον ὑπερβάλλειν, μὴ γένοιτο ἑκάστῳ
τὸ φθέγμα, ὅτε ἀναβαίνοι, καὶ ἀσμενέστατα ἕκαστον σιγή-
σαντος ἀναβῆναι. καὶ τὰς μὲν δὴ δίκας τε καὶ τιμωρίας
B τοιαύτας τινὰς εἶναι, καὶ αὖ τὰς εὐεργεσίας ταύταις ἀντι-
στρόφους· ἐπειδὴ δὲ τοῖς ἐν τῷ λειμῶνι ἑκάστοις ἑπτὰ
ἡμέραι γένοιντο, ἀναστάντας ἐντεῦθεν δεῖν τῇ ὀγδόῃ πο-
ρεύεσθαι, καὶ ἀφικνεῖσθαι τεταρταίους ὅθεν καθορᾶν
ἄνωθεν διὰ παντὸς τοῦ οὐρανοῦ καὶ γῆς τεταμένον φῶς
εὐθύ, οἷον κίονα, μάλιστα τῇ ἴριδι προσφερῆ, λαμπρότε-
ρον δὲ καὶ καθαρώτερον. εἰς ὃ ἀφικέσθαι προελθόντας
C ἡμερησίαν ὁδόν, καὶ ἰδεῖν αὐτόθι κατὰ μέσον τὸ φῶς ἐκ
τοῦ οὐρανοῦ τὰ ἄκρα αὐτοῦ τῶν δεσμῶν τεταμένα· εἶναι
γὰρ τοῦτο τὸ φῶς ξύνδεσμον τοῦ οὐρανοῦ, οἷον τὰ ὑπο-
ζώματα τῶν τριήρων, οὕτω πᾶσαν ξυνέχον τὴν περιφο-
ράν· ἐκ δὲ τῶν ἄκρων τεταμένον Ἀνάγκης ἄτρακτον, δι'
οὗ πάσας ἐπιστρέφεσθαι τὰς περιφοράς· οὗ τὴν μὲν ἠλα-
κάτην τε καὶ τὸ ἄγκιστρον εἶναι ἐξ ἀδάμαντος, τὸν δὲ
σφόνδυλον μικτὸν ἔκ τε τούτου καὶ ἄλλων γενῶν. τὴν δὲ
D τοῦ σφονδύλου φύσιν εἶναι τοιάνδε· τὸ μὲν σχῆμα οἵαπερ
ἡ τοῦ ἐνθάδε· νοῆσαι δὲ δεῖ ἐξ ὧν ἔλεγε τοιόνδε αὐτὸν
εἶναι, ὥσπερ ἂν εἰ ἐν ἑνὶ μεγάλῳ σφονδύλῳ κοίλῳ καὶ

ἐξεγλυμμένῳ διαμπερὲς ἄλλος τοιοῦτος ἐλάττων ἐγκέοιτο
ἁρμόττων, καθάπερ οἱ κάδοι οἱ εἰς ἀλλήλους ἁρμόττοντες·
καὶ οὕτω δὴ τρίτον ἄλλον καὶ τέταρτον καὶ ἄλλους τέττα-
ρας. ὀκτὼ γὰρ εἶναι τοὺς ξύμπαντας σφονδύλους, ἐν ἀλ-
λήλοις ἐγκειμένους, κύκλους ἄνωθεν τὰ χείλη φαίνοντας, E
νῶτον συνεχὲς ἑνὸς σφονδύλου ἀπεργαζομένους περὶ τὴν
ἠλακάτην· ἐκείνην δὲ διὰ μέσου τοῦ ὀγδόου διαμπερὲς
ἐληλάσθαι. τὸν μὲν οὖν πρῶτόν τε καὶ ἐξωτάτω σφόνδυ-
λον πλατύτατον τὸν τοῦ χείλους κύκλον ἔχειν, τὸν δὲ τοῦ
ἕκτου δεύτερον, τρίτον δὲ τὸν τοῦ τετάρτου, τέταρτον δὲ
τὸν τοῦ ὀγδόου, πέμπτον δὲ τὸν τοῦ ἑβδόμου, ἕκτον δὲ
τὸν τοῦ πέμπτου, ἕβδομον δὲ τὸν τοῦ τρίτου, ὄγδοον δὲ
τὸν τοῦ δευτέρου. καὶ τὸν μὲν τοῦ μεγίστου ποικίλον, τὸν
δὲ τοῦ ἑβδόμου λαμπρότατον, τὸν δὲ τοῦ ὀγδόου τὸ χρῶμα
ἀπὸ τοῦ ἑβδόμου ἔχειν προσλάμποντος, τὸν δὲ τοῦ δευ- 617
τέρου καὶ πέμπτου παραπλήσια ἀλλήλοις, ξανθότερα ἐκεί-
νων, τρίτον δὲ λευκότατον χρῶμα ἔχειν, τέταρτον δὲ ὑπέ-
ρυθρον, δεύτερον δὲ λευκότητι τὸν ἕκτον. κυκλεῖσθαι δὲ
δὴ στρεφόμενον τὸν ἄτρακτον ὅλον μὲν τὴν αὐτὴν φοράν,
ἐν δὲ τῷ ὅλῳ περιφερομένῳ τοὺς μὲν ἐντὸς ἑπτὰ κύκλους
τὴν ἐναντίαν τῷ ὅλῳ ἠρέμα περιφέρεσθαι, αὐτῶν δὲ τού-
των τάχιστα μὲν ἰέναι τὸν ὄγδοον, δευτέρους δὲ καὶ ἅμα B
ἀλλήλοις τόν τε ἕβδομον καὶ ἕκτον καὶ πέμπτον· τὸν τρί-
τον δὲ φορᾷ ἰέναι, ὡς σφίσι φαίνεσθαι, ἐπανακυκλούμε-
νον τὸν τέταρτον· τέταρτον δὲ τὸν τρίτον καὶ πέμπτον
τὸν δεύτερον. στρέφεσθαι δὲ αὐτὸν ἐν τοῖς τῆς Ἀνάγκης
γόνασιν. ἐπὶ δὲ τῶν κύκλων αὐτοῦ ἄνωθεν ἐφ᾽ ἑκάστου
βεβηκέναι Σειρῆνα συμπεριφερομένην, φωνὴν μίαν ἱεῖ-
σαν ἀνὰ τόνον· ἐκ πασῶν δὲ ὀκτὼ οὐσῶν μίαν ἁρμονίαν
ξυμφωνεῖν. ἄλλας δὲ καθημένας πέριξ δι᾽ ἴσου τρεῖς, ἐν
θρόνῳ ἑκάστην, θυγατέρας τῆς Ἀνάγκης Μοίρας λευχει- C
μονούσας, στέμματα ἐπὶ τῶν κεφαλῶν ἐχούσας, Λάχεσίν

τε καὶ Κλωθὼ καὶ Ἄτροπον, ὑμνεῖν πρὸς τὴν τῶν Σειρήνων ἁρμονίαν, Λάχεσιν μὲν τὰ γεγονότα, Κλωθὼ δὲ τὰ ὄντα, Ἄτροπον δὲ τὰ μέλλοντα. καὶ τὴν μὲν Κλωθὼ τῇ δεξιᾷ χειρὶ ἐφαπτομένην συνεπιστρέφειν τοῦ ἀτράκτου τὴν ἔξω περιφοράν, διαλείπουσαν χρόνον, τὴν δὲ Ἄτροπον τῇ ἀριστερᾷ τὰς ἐντὸς αὖ ὡσαύτως· τὴν δὲ Λάχεσιν ἐν μέρει ἑκατέρας ἑκατέρᾳ τῇ χειρὶ ἐφάπτεσθαι.

D XV. Σφᾶς οὖν, ἐπειδὴ ἀφικέσθαι, εὐθὺς δεῖν ἰέναι πρὸς τὴν Λάχεσιν. προφήτην οὖν τινὰ σφᾶς πρῶτον μὲν ἐν τάξει διαστῆσαι, ἔπειτα λαβόντα ἐκ τῶν τῆς Λαχέσεως γονάτων κλήρους τε καὶ βίων παραδείγματα, ἀναβάντα ἐπί τι βῆμα ὑψηλὸν εἰπεῖν· Ἀνάγκης θυγατρὸς κόρης Λαχέσεως λόγος. ψυχαὶ ἐφήμεροι, ἀρχὴ ἄλλης περιόδου
E θνητοῦ γένους θανατηφόρου. οὐχ ὑμᾶς δαίμων λήξεται, ἀλλ' ὑμεῖς δαίμονα αἱρήσεσθε. πρῶτος δ' ὁ λαχὼν πρῶτος αἱρείσθω βίον, ᾧ συνέσται ἐξ ἀνάγκης. ἀρετὴ δὲ ἀδέσποτον, ἣν τιμῶν καὶ ἀτιμάζων πλέον καὶ ἔλαττον αὐτῆς ἕκαστος ἕξει. αἰτία ἑλομένου· θεὸς ἀναίτιος. ταῦτα εἰπόντα ῥῖψαι ἐπὶ πάντας τοὺς κλήρους, τὸν δὲ παρ' αὑτὸν
618 πεσόντα ἕκαστον ἀναιρεῖσθαι, πλὴν οὗ· ὃ δὲ οὐκ ἐᾶν· τῷ δὲ ἀνελομένῳ δῆλον εἶναι, ὁπόστος εἰλήχειν. μετὰ δὲ τοῦτο αὖθις τὰ τῶν βίων παραδείγματα εἰς τὸ πρόσθεν σφῶν θεῖναι ἐπὶ τὴν γῆν, πολὺ πλείω τῶν παρόντων, εἶναι δὲ παντοδαπά· ζώων τε γὰρ πάντων βίους καὶ δὴ καὶ τοὺς ἀνθρωπίνους ἅπαντας· τυραννίδας τε γὰρ ἐν αὐτοῖς εἶναι, τὰς μὲν διατελεῖς, τὰς δὲ καὶ μεταξὺ διαφθειρομένας καὶ εἰς πενίας τε καὶ φυγὰς καὶ εἰς πτωχείας τελευτώσας· εἶναι δὲ καὶ δοκίμων ἀνδρῶν βίους, τοὺς μὲν
B ἐπὶ εἴδεσι καὶ κατὰ κάλλη καὶ τὴν ἄλλην ἰσχύν τε καὶ ἀγωνίαν, τοὺς δ' ἐπὶ γένεσι καὶ προγόνων ἀρεταῖς, καὶ ἀδοκίμων κατὰ ταὐτά, ὡσαύτως δὲ καὶ γυναικῶν· ψυχῆς δὲ τάξιν οὐκ ἐνεῖναι διὰ τὸ ἀναγκαίως ἔχειν ἄλλον ἑλομέ-

νην βίον ἀλλοίαν γίγνεσθαι· τὰ δ᾽ ἄλλα ἀλλήλοις τε καὶ
πλούτοις καὶ πενίαις, τὰ δὲ νόσοις, τὰ δὲ ὑγιείαις μεμῖ-
χθαι, τὰ δὲ καὶ μεσοῦν τούτων. ἔνθα δή, ὡς ἔοικεν, ὦ
φίλε Γλαύκων, ὁ πᾶς κίνδυνος ἀνθρώπῳ, καὶ διὰ ταῦτα
μάλιστα ἐπιμελητέον, ὅπως ἕκαστος ἡμῶν τῶν ἄλλων μα- C
θημάτων ἀμελήσας τούτου τοῦ μαθήματος καὶ ζητητὴς
καὶ μαθητὴς ἔσται, ἐάν ποθεν οἷός τ᾽ ᾖ μαθεῖν καὶ ἐξευ-
ρεῖν, τίς αὐτὸν ποιήσει δυνατὸν καὶ ἐπιστήμονα, βίον καὶ
χρηστὸν καὶ πονηρὸν διαγιγνώσκοντα, τὸν βελτίω ἐκ τῶν
δυνατῶν ἀεὶ πανταχοῦ αἱρεῖσθαι, καὶ ἀναλογιζόμενον
πάντα τὰ νῦν δὴ ῥηθέντα, ξυντιθέμενα ἀλλήλοις καὶ
διαιρούμενα πρὸς ἀρετὴν βίου πῶς ἔχει, εἰδέναι, τί κάλ-
λος πενίᾳ ἢ πλούτῳ κραθὲν καὶ μετὰ ποίας τινὸς ψυχῆς D
ἕξεως κακὸν ἢ ἀγαθὸν ἐργάζεται, καὶ τί εὐγένειαι καὶ
δυσγένειαι καὶ ἰδιωτεῖαι καὶ ἀρχαὶ καὶ ἰσχύες καὶ ἀσθέ-
νειαι καὶ εὐμάθειαι καὶ δυσμάθειαι καὶ πάντα τὰ τοιαῦτα
τῶν φύσει περὶ ψυχὴν ὄντων καὶ τῶν ἐπικτήτων τί ξυγ-
κεραννύμενα πρὸς ἄλληλα ἐργάζεται, ὥστε ἐξ ἁπάντων
αὐτῶν δυνατὸν εἶναι συλλογισάμενον αἱρεῖσθαι, πρὸς
τὴν τῆς ψυχῆς φύσιν ἀποβλέποντα, τόν τε χείρω καὶ τὸν
ἀμείνω βίον, χείρω μὲν καλοῦντα ὃς αὐτὴν ἐκεῖσε ἄξει, εἰς E
τὸ ἀδικωτέραν γίγνεσθαι, ἀμείνω δὲ ὅστις εἰς τὸ δικαιο-
τέραν, τὰ δὲ ἄλλα πάντα χαίρειν ἐάσει· ἑωράκαμεν γάρ,
ὅτι ζῶντί τε καὶ τελευτήσαντι αὕτη κρατίστη αἵρεσις.
ἀδαμαντίνως δὴ δεῖ ταύτην τὴν δόξαν ἔχοντα εἰς Ἅιδου 619
ἰέναι, ὅπως ἂν ᾖ καὶ ἐκεῖ ἀνέκπληκτος ὑπὸ πλούτων τε
καὶ τῶν τοιούτων κακῶν, καὶ μὴ ἐμπεσὼν εἰς τυραννίδας
καὶ ἄλλας τοιαύτας πράξεις πολλὰ μὲν ἐργάσηται καὶ ἀνή-
κεστα κακά, ἔτι δὲ αὐτὸς μείζω πάθῃ, ἀλλὰ γνῷ τὸν μέσον
ἀεὶ τῶν τοιούτων βίον αἱρεῖσθαι καὶ φεύγειν τὰ ὑπερβάλ-
λοντα ἑκατέρωσε καὶ ἐν τῷδε τῷ βίῳ κατὰ τὸ δυνατὸν καὶ

ἐν παντὶ τῷ ἔπειτα· οὕτω γὰρ εὐδαιμονέστατος γίγνεται ἄνθρωπος.

B XVI. Καὶ δὴ οὖν καὶ τότε ὁ ἐκεῖθεν ἄγγελος ἤγγελλε τὸν μὲν προφήτην οὕτως εἰπεῖν· καὶ τελευταίῳ ἐπιόντι, ξὺν νῷ ἑλομένῳ, συντόνως ζῶντι κεῖται βίος ἀγαπητός, οὐ κακός, μήτε ὁ ἄρχων αἱρέσεως ἀμελείτω μήτε ὁ τελευτῶν ἀθυμείτω· εἰπόντος δὲ ταῦτα τὸν πρῶτον λαχόντα ἔφη εὐθὺς ἐπιόντα τὴν μεγίστην τυραννίδα ἑλέσθαι, καὶ ὑπὸ ἀφροσύνης τε καὶ λαιμαργίας οὐ πάντα ἱκανῶς ἀνα-

C σκεψάμενον ἑλέσθαι, ἀλλ' αὐτὸν λαθεῖν ἐνοῦσαν εἱμαρμένην, παίδων αὑτοῦ βρώσεις καὶ ἄλλα κακά· ἐπειδὴ δὲ κατὰ σχολὴν σκέψασθαι, κόπτεσθαί τε καὶ ὀδύρεσθαι τὴν αἵρεσιν, οὐκ ἐμμένοντα τοῖς προρρηθεῖσιν ὑπὸ τοῦ προφήτου· οὐ γὰρ ἑαυτὸν αἰτιᾶσθαι τῶν κακῶν, ἀλλὰ τύχην τε καὶ δαίμονας καὶ παντα μᾶλλον ἀνθ' ἑαυτοῦ. εἶναι δὲ αὐτὸν τῶν ἐκ τοῦ οὐρανοῦ ἡκόντων, ἐν τεταγμένῃ πολιτείᾳ ἐν τῷ προτέρῳ βίῳ βεβιωκότα, ἔθει ἄνευ φιλοσοφίας

D ἀρετῆς μετειληφότα. ὡς δὲ καὶ εἰπεῖν οὐκ ἐλάττους εἶναι ἐν τοῖς τοιούτοις ἁλισκομένους τοὺς ἐκ τοῦ οὐρανοῦ ἥκοντας, ἅτε πόνων ἀγυμνάστους· τῶν δ' ἐκ τῆς γῆς τοὺς πολλούς, ἅτε αὐτούς τε πεπονηκότας ἄλλους τε ἑωρακότας, οὐκ ἐξ ἐπιδρομῆς τὰς αἱρέσεις ποιεῖσθαι. διὸ δὴ καὶ μεταβολην τῶν κακῶν καὶ τῶν ἀγαθῶν ταῖς πολλαῖς τῶν ψυχῶν γίγνεσθαι, καὶ διὰ τὴν τοῦ κλήρου τύχην. ἐπεὶ εἴ τις ἀεί, ὁπότε εἰς τὸν ἐνθάδε βίον ἀφικνοῖτο, ὑγιῶς

E φιλοσοφοῖ καὶ ὁ κλῆρος αὐτῷ τῆς αἱρέσεως μὴ ἐν τελευταίοις πίπτοι, κινδυνεύει ἐκ τῶν ἐκεῖθεν ἀπαγγελλομένων οὐ μόνον ἐνθάδε εὐδαιμονεῖν ἄν, ἀλλὰ καὶ τὴν ἐνθένδε ἐκεῖσε καὶ δεῦρο πάλιν πορείαν οὐκ ἂν χθονίαν καὶ τραχεῖαν πορεύεσθαι, ἀλλὰ λείαν τε καὶ οὐρανίαν. ταύτην γὰρ δὴ ἔφη τὴν θέαν ἀξίαν εἶναι ἰδεῖν, ὡς ἕκασται αἱ

620 ψυχαὶ ᾑροῦντο τοὺς βίους· ἐλεεινήν τε γὰρ ἰδεῖν εἶναι

καὶ γελοίαν καὶ θαυμασίαν· κατὰ συνήθειαν γὰρ τοῦ προτέρου βίου τὰ πολλὰ αἱρεῖσθαι. ἰδεῖν μὲν γὰρ ψυχὴν ἔφη τήν ποτε Ὀρφέως γενομένην κύκνου βίον αἱρουμένην, μίσει τοῦ γυναικείου γένους διὰ τὸν ὑπ' ἐκείνων θάνατον οὐκ ἐθέλουσαν ἐν γυναικὶ γεννηθεῖσαν γενέσθαι· ἰδεῖν δὲ τὴν Θαμύρου ἀηδόνος ἑλομένην· ἰδεῖν δὲ καὶ κύκνον μεταβάλλοντα εἰς ἀνθρωπίνου βίου αἵρεσιν, καὶ ἄλλα ζῶα μουσικὰ ὡσαύτως, εἰκοστὴν δὲ λαχοῦσαν ψυχὴν ἑλέσθαι B
λέοντος βίον· εἶναι δὲ τὴν Αἴαντος τοῦ Τελαμωνίου, φεύγουσαν ἄνθρωπον γενέσθαι, μεμνημένην τῆς τῶν ὅπλων κρίσεως· τὴν δ' ἐπὶ τούτῳ Ἀγαμέμνονος· ἔχθρᾳ δὲ καὶ ταύτην τοῦ ἀνθρωπίνου γένους διὰ τὰ πάθη ἀετοῦ διαλλάξαι βίον. ἐν μέσοις δὲ λαχοῦσαν τὴν Ἀταλάντης ψυχήν, κατιδοῦσαν μεγάλας τιμὰς ἀθλητοῦ ἀνδρός, οὐ δύνασθαι παρελθεῖν, ἀλλὰ λαβεῖν. μετὰ δὲ ταύτην ἰδεῖν τὴν Ἐπειοῦ C
τοῦ Πανοπέως εἰς τεχνικῆς γυναικὸς ἰοῦσαν φύσιν· πόρρω δ' ἐν ὑστάτοις ἰδεῖν τὴν τοῦ γελωτοποιοῦ Θερσίτου πίθηκον ἐνδυομένην· κατὰ τύχην δὲ τὴν Ὀδυσσέως, λαχοῦσαν πασῶν ὑστάτην, αἱρησομένην ἰέναι· μνήμῃ δὲ τῶν προτέρων πόνων φιλοτιμίας λελωφηκυῖαν ζητεῖν περιιοῦσαν χρόνον πολὺν βίον ἀνδρὸς ἰδιώτου ἀπράγμονος, καὶ μόγις εὑρεῖν κείμενόν που καὶ παρημελημένον ὑπὸ τῶν ἄλλων, καὶ εἰπεῖν ἰδοῦσαν, ὅτι τὰ αὐτὰ ἂν ἔπραξε καὶ πρώτη D
λαχοῦσα, καὶ ἀσμένην ἑλέσθαι. καὶ ἐκ τῶν ἄλλων δὴ θηρίων ὡσαύτως εἰς ἀνθρώπους ἰέναι καὶ εἰς ἄλληλα, τὰ μὲν ἄδικα εἰς τὰ ἄγρια, τὰ δὲ δίκαια εἰς τὰ ἥμερα μεταβάλλοντα, καὶ πάσας μίξεις μίγνυσθαι. ἐπειδὴ δ' οὖν πάσας τὰς ψυχὰς τοὺς βίους ᾑρῆσθαι, ὥσπερ ἔλαχον, ἐν τάξει προσιέναι πρὸς τὴν Λάχεσιν· ἐκείνην δ' ἑκάστῳ, ὃν εἵλετο δαίμονα, τοῦτον φύλακα ξυμπέμπειν τοῦ βίου καὶ ἀπο- E
πληρωτὴν τῶν αἱρεθέντων. ὃν πρῶτον μὲν ἄγειν αὐτὴν πρὸς τὴν Κλωθὼ ὑπὸ τὴν ἐκείνης χεῖρά τε καὶ ἐπιστροφὴν

τῆς τοῦ ἀτράκτου δίνης, κυροῦντα ἣν λαχὼν εἵλετο μοῖ-
ραν· ταύτης δ' ἐφαψάμενον αὖθις ἐπὶ τὴν τῆς Ἀτρόπου
ἄγειν νῆσιν, ἀμετάστροφα τὰ ἐπικλωσθέντα ποιοῦντα·
621 ἐντεῦθεν δὲ δὴ ἀμεταστρεπτὶ ὑπὸ τὸν τῆς Ἀνάγκης ἰέναι
θρόνον, καὶ δι' ἐκείνου διεξελθόντα, ἐπειδὴ καὶ οἱ ἄλλοι
διῆλθον, πορεύεσθαι ἅπαντας εἰς τὸ τῆς Λήθης πεδίον
διὰ καύματός τε καὶ πνίγους δεινοῦ· καὶ γὰρ εἶναι αὐτὸ
κενὸν δένδρων τε καὶ ὅσα γῆ φύει· σκηνᾶσθαι οὖν σφᾶς
ἤδη ἑσπέρας γιγνομένης παρὰ τὸν Ἀμέλητα ποταμόν, οὗ
τὸ ὕδωρ ἀγγεῖον οὐδὲν στέγειν. μέτρον μὲν οὖν τι τοῦ
ὕδατος πᾶσιν ἀναγκαῖον εἶναι πιεῖν, τοὺς δὲ φρονήσει μὴ
σωζομένους πλέον πίνειν τοῦ μέτρου· τὸν δὲ ἀεὶ πιόντα
B πάντων ἐπιλανθάνεσθαι. ἐπειδὴ δὲ κοιμηθῆναι καὶ μέσας
νύκτας γενέσθαι, βροντήν τε καὶ σεισμὸν γενέσθαι, καὶ
ἐντεῦθεν ἐξαπίνης ἄλλον ἄλλῃ φέρεσθαι ἄνω εἰς τὴν γέ-
νεσιν, ἄττοντας ὥσπερ ἀστέρας. αὐτὸς δὲ τοῦ μὲν ὕδατος
κωλυθῆναι πιεῖν· ὅπῃ μέντοι καὶ ὅπως εἰς τὸ σῶμα ἀφί-
κοιτο, οὐκ εἰδέναι, ἀλλ' ἐξαίφνης ἀναβλέψας ἰδεῖν ἕωθεν
αὐτὸν κείμενον ἐπὶ τῇ πυρᾷ. καὶ οὕτως, ὦ Γλαύκων,
C μῦθος ἐσώθη καὶ οὐκ ἀπώλετο, καὶ ἡμᾶς ἂν σώσειεν, ἂν
πειθώμεθα αὐτῷ, καὶ τὸν τῆς Λήθης ποταμὸν εὖ διαβη-
σόμεθα καὶ τὴν ψυχὴν οὐ μιανθησόμεθα· ἀλλ' ἂν ἐμοὶ
πειθώμεθα, νομίζοντες ἀθάνατον ψυχὴν καὶ δυνατὴν
πάντα μὲν κακὰ ἀνέχεσθαι, πάντα δὲ ἀγαθά, τῆς ἄνω
ὁδοῦ ἀεὶ ἑξόμεθα καὶ δικαιοσύνην μετὰ φρονήσεως παντὶ
τρόπῳ ἐπιτηδεύσομεν, ἵνα καὶ ἡμῖν αὐτοῖς φίλοι ὦμεν καὶ
τοῖς θεοῖς, αὐτοῦ τε μένοντες ἐνθάδε, καὶ ἐπειδὰν τὰ ἆθλα
D αὐτῆς κομιζώμεθα, ὥσπερ οἱ νικηφόροι περιαγειρόμενοι,
καὶ ἐνθάδε καὶ ἐν τῇ χιλιέτει πορείᾳ, ἣν διεληλύθαμεν, εὖ
πράττωμεν.

ΤΙΜΑΙΟΣ

[ἢ περὶ φύσεως· φυσικός.]

ΤΑ ΤΟΥ ΔΙΑΛΟΓΟΥ ΠΡΟΣΩΠΑ

ΣΩΚΡΑΤΗΣ, ΚΡΙΤΙΑΣ, ΤΙΜΑΙΟΣ, ΕΡΜΟΚΡΑΤΗΣ.

St. III.p

I. Εἷς, δύο, τρεῖς· ὁ δὲ δὴ τέταρτος ἡμῖν, ὦ φίλε Τί- 17
μαιε, ποῦ τῶν χθὲς μὲν δαιτυμόνων, τὰ νῦν δὲ ἑστιατόρων;

ΤΙ. Ἀσθένειά τις αὐτῷ συνέπεσεν, ὦ Σώκρατες· οὐ γὰρ ἂν ἑκὼν τῆσδε ἀπελείπετο τῆς συνουσίας.

ΣΩ. Οὐκοῦν σὸν τῶνδέ τε ἔργον καὶ τὸ ὑπὲρ τοῦ ἀπόντος ἀναπληροῦν μέρος;

ΤΙ. Πάνυ μὲν οὖν, καὶ κατὰ δύναμίν γε οὐδὲν ἐλλεί- B
ψομεν· οὐδὲ γὰρ εἴη ἂν δίκαιον, χθὲς ὑπὸ σοῦ ξενισθέντας οἷς ἦν πρέπον ξενίοις μὴ οὐ προθύμως σε τοὺς λοιποὺς ἡμῶν ἀνταφεστιᾶν.

ΣΩ. Ἆρ' οὖν μέμνησθε, ὅσα ὑμῖν καὶ περὶ ὧν ἐπέταξα εἰπεῖν;

ΤΙ. Τὰ μὲν μεμνήμεθα, ὅσα δὲ μή, σὺ παρὼν ὑπομνήσεις· μᾶλλον δέ, εἰ μή τί σοι χαλεπόν, ἐξ ἀρχῆς διὰ βραχέων πάλιν ἐπάνελθε αὐτά, ἵνα βεβαιωθῇ μᾶλλον παρ' ἡμῖν.

ΣΩ. Ταῦτ' ἔσται. χθές που τῶν ὑπ' ἐμοῦ ῥηθέντων
λόγων περὶ πολιτείας ἦν τὸ κεφάλαιον, οἵα τε καὶ ἐξ οἵων C
ἀνδρῶν ἀρίστη κατεφαίνετ' ἂν μοι γενέσθαι.

ΤΙ. Καὶ μάλα γε ἡμῖν, ὦ Σώκρατες, ῥηθεῖσα πᾶσι κατὰ νοῦν.

ΣΩ. Ἆρ' οὖν οὐ τὸ τῶν γεωργῶν ὅσαι τε ἄλλαι τέχναι πρῶτον ἐν αὐτῇ χωρὶς διειλόμεθα ἀπὸ τοῦ γένους τοῦ τῶν προπολεμησόντων;

ΤΙ. Ναί.

ΣΩ. Καὶ κατὰ φύσιν δὴ δόντες τὸ καθ' αὑτὸν ἑκάστῳ πρόσφορον ἓν μόνον ἐπιτήδευμα [καὶ ἀφ' ἑκάστου
D τὴν τέχνην] τούτους, οὓς πρὸ πάντων ἔδει πολεμεῖν, εἴπομεν ὡς ἄρα αὐτοὺς δέοι φύλακας εἶναι μόνον τῆς πόλεως, εἴ τέ τις ἔξωθεν ἢ καὶ τῶν ἔνδοθεν ἴοι κακουργήσων, δικάζοντας μὲν πράως τοῖς ἀρχομένοις ὑπ' αὐτῶν καὶ φύσει
18 φίλοις οὖσι, χαλεποὺς δὲ ἐν ταῖς μάχαις τοῖς ἐντυγχάνουσι τῶν ἐχθρῶν γιγνομένους.

ΤΙ. Παντάπασι μὲν οὖν.

ΣΩ. Φύσιν γὰρ οἶμαί τινα τῶν φυλάκων τῆς ψυχῆς ἐλέγομεν ἅμα μὲν θυμοειδῆ, ἅμα δὲ φιλόσοφον δεῖν εἶναι διαφερόντως, ἵνα πρὸς ἑκατέρους δύναιντο ὀρθῶς πρᾶοι καὶ χαλεποὶ γίγνεσθαι.

ΤΙ. Ναί.

ΣΩ. Τί δὲ τροφήν; ἆρ' οὐ γυμναστικῇ καὶ μουσικῇ μαθήμασί τε, ὅσα προσήκει τούτοις, ἐν ἅπασι τεθράφθαι;

ΤΙ. Πάνυ μὲν οὖν.

B ΣΩ. Τοὺς δέ γε οὕτω τραφέντας ἐλέχθη που μήτε χρυσὸν μήτε ἄργυρον μήτε ἄλλο ποτὲ μηδὲν κτῆμα ἑαυτῶν ἴδιον νομίζειν δεῖν, ἀλλ' ὡς ἐπικούρους μισθὸν λαμβάνοντας τῆς φυλακῆς παρὰ τῶν σωζομένων ὑπ' αὐτῶν, ὅσος σώφροσι μέτριος, ἀναλίσκειν τε δὴ κοινῇ καὶ ξυνδιαιτωμένους μετὰ ἀλλήλων ζῆν, ἐπιμέλειαν ἔχοντας ἀρετῆς διὰ παντός, τῶν ἄλλων ἐπιτηδευμάτων ἄγοντας σχολήν.

ΤΙ. Ἐλέχθη καὶ ταῦτα ταύτῃ.

C ΣΩ. Καὶ μὲν δὴ καὶ περὶ γυναικῶν ἐπεμνήσθημεν,

ὡς τὰς φύσεις τοῖς ἀνδράσι παραπλησίας εἴη ξυναρμο-
στέον, καὶ τὰ ἐπιτηδεύματα πάντα κοινὰ κατά τε πόλεμον
καὶ κατὰ τὴν ἄλλην δίαιταν δοτέον πάσαις.

ΤΙ. Ταύτῃ καὶ ταῦτα ἐλέγετο.

ΣΩ. Τί δαὶ δὴ τὸ περὶ τῆς παιδοποιίας; ἢ τοῦτο μὲν
διὰ τὴν ἀήθειαν τῶν λεχθέντων εὐμνημόνευτον, ὅτι κοινὰ
τὰ τῶν γάμων καὶ τὰ τῶν παίδων πᾶσιν ἁπάντων ἐτίθε-
μεν, μηχανωμένους, ὅπως μηδείς ποτε τὸ γεγενημένον
αὐτῷ ἰδίᾳ γνώσοιτο, νομιοῦσι δὲ πάντες πάντας αὑτοὺς D
ὁμογενεῖς, ἀδελφὰς μὲν καὶ ἀδελφοὺς ὅσοιπερ ἂν τῆς πρε-
πούσης ἐντὸς ἡλικίας γίγνωνται, τοὺς δ᾽ ἔμπροσθεν καὶ
ἄνωθεν γονέας τε καὶ γονέων προγόνους, τοὺς δ᾽ εἰς τὸ
κάτωθεν ἐκγόνους παῖδάς τε ἐκγόνων;

ΤΙ. Ναί, καὶ ταῦτα εὐμνημόνευτα, ᾗ λέγεις.

ΣΩ. Ὅπως δὲ δὴ κατὰ δύναμιν εὐθὺς γίγνοιντο ὡς
ἄριστοι τὰς φύσεις, ἆρ᾽ οὐ μεμνήμεθα, ὡς τοὺς ἄρχοντας
ἔφαμεν καὶ τὰς ἀρχούσας δεῖν εἰς τὴν τῶν γάμων σύνερ-
ξιν λάθρᾳ μηχανᾶσθαι κλήροις τισίν, ὅπως οἱ κακοὶ χωρὶς E
οἵ τ᾽ ἀγαθοὶ ταῖς ὁμοίαις ἑκάτεροι ξυλλήξονται, καὶ μή
τις αὐτοῖς ἔχθρα διὰ ταῦτα γίγνηται, τύχην ἡγουμένοις
αἰτίαν τῆς ξυλλήξεως;

ΤΙ. Μεμνήμεθα.

ΣΩ. Καὶ μὴν ὅτι γε τὰ μὲν τῶν ἀγαθῶν θρεπτέον 19
ἔφαμεν εἶναι, τὰ δὲ τῶν κακῶν εἰς τὴν ἄλλην λάθρᾳ δια-
δοτέον πόλιν· ἐπαυξανομένων δὲ σκοποῦντας ἀεὶ τοὺς
ἀξίους πάλιν ἀνάγειν δεῖν, τοὺς δὲ παρὰ σφίσιν ἀναξίους
εἰς τὴν τῶν ἐπανιόντων χώραν μεταλλάττειν;

ΤΙ. Οὕτως.

ΣΩ. Ἆρ᾽ οὖν δὴ διεληλύθαμεν ἤδη καθάπερ χθές,
ὡς ἐν κεφαλαίοις πάλιν ἐπανελθεῖν, ἢ ποθοῦμεν ἔτι τι
τῶν ῥηθέντων, ὦ φίλε Τίμαιε, ὡς ἀπολειπόμενον;

B ΤΙ. Οὐδαμῶς, ἀλλὰ ταὐτὰ ταῦτ' ἦν τὰ λεχθέντα, ὦ Σώκρατες.

II. ΣΩ. Ἀκούοιτ' ἂν ἤδη τὰ μετὰ ταῦτα περὶ τῆς πολιτείας, ἣν διήλθομεν, οἷόν τι πρὸς αὐτὴν πεπονθὼς τυγχάνω. προσέοικε δὲ δή τινί μοι τοιῷδε τὸ πάθος, οἷον εἴ τις ζῷα καλά που θεασάμενος, εἴτε ὑπὸ γραφῆς εἰργασμένα εἴτε καὶ ζῶντα ἀληθινῶς, ἡσυχίαν δὲ ἄγοντα, εἰς ἐπιθυμίαν ἀφίκοιτο θεάσασθαι κινούμενά τε αὐτὰ καί τι τῶν τοῖς σώμασι δοκούντων προσήκειν κατὰ τὴν ἀγω-
C νίαν ἀθλοῦντα· ταὐτὸν καὶ ἐγὼ πέπονθα πρὸς τὴν πόλιν ἣν διήλθομεν. ἡδέως γὰρ ἄν του λόγῳ διεξιόντος ἀκούσαιμ' ἂν ἄθλους, οὓς πόλις ἀθλεῖ, τούτους αὐτὴν ἀγωνιζομένην πρὸς πόλεις ἄλλας πρεπόντως, εἴς τε πόλεμον ἀφικομένην καὶ ἐν τῷ πολεμεῖν τὰ προσήκοντα ἀποδιδοῦσαν τῇ παιδείᾳ καὶ τροφῇ κατά τε τὰς ἐν τοῖς ἔργοις πράξεις καὶ κατὰ τὰς ἐν τοῖς λόγοις διερμηνεύσεις πρὸς ἑκάστας τῶν πόλεων. ταῦτ' οὖν, ὦ Κριτία καὶ Ἑρμόκρατες,
D ἐμαυτοῦ μὲν αὐτὸς κατέγνωκα μή ποτ' ἂν δυνατὸς γενέσθαι τοὺς ἄνδρας καὶ τὴν πόλιν ἱκανῶς ἐγκωμιάσαι. καὶ τὸ μὲν ἐμὸν οὐδὲν θαυμαστόν· ἀλλὰ τὴν αὐτὴν δόξαν εἴληφα καὶ περὶ τῶν πάλαι γεγονότων καὶ τῶν νῦν ὄντων ποιητῶν, οὔ τι τὸ ποιητικὸν ἀτιμάζων γένος, ἀλλὰ παντὶ δῆλον ὡς τὸ μιμητικὸν ἔθνος, οἷς ἂν ἐντραφῇ, ταῦτα μιμήσεται ῥᾷστα καὶ ἄριστα, τὸ δ' ἐκτὸς τῆς τροφῆς ἑκά-
E στοις γιγνόμενον χαλεπὸν μὲν ἔργοις, ἔτι δὲ χαλεπώτερον λόγοις εὖ μιμεῖσθαι. τὸ δὲ τῶν σοφιστῶν γένος αὖ πολλῶν μὲν λόγων καὶ καλῶν ἄλλων μάλ' ἔμπειρον ἥγημαι, φοβοῦμαι δέ, μή πως, ἅτε πλανητὸν ὂν κατὰ πόλεις οἰκήσεις τε ἰδίας οὐδαμῇ διῳκηκός, ἄστοχον ἅμα φιλοσόφων ἀνδρῶν ᾖ καὶ πολιτικῶν, ὅσ' ἂν οἷά τε ἐν πολέμῳ καὶ μάχαις πράττοντες ἔργῳ καὶ λόγῳ προσομιλοῦντες ἑκάστοις πράττοιεν καὶ λέγοιεν. καταλέλειπται δὴ τὸ τῆς

ὑμετέρας ἕξεως γένος, ἅμα ἀμφοτέρων φύσει καὶ τροφῇ 20
μετέχον. Τίμαιός τε γὰρ ὅδε, εὐνομωτάτης ὢν πόλεως τῆς
ἐν Ἰταλίᾳ Λοκρίδος, οὐσίᾳ καὶ γένει οὐδενὸς ὕστερος ὢν
τῶν ἐκεῖ, τὰς μεγίστας μὲν ἀρχάς τε καὶ τιμὰς τῶν ἐν τῇ
πόλει μετακεχείρισται, φιλοσοφίας δ' αὖ κατ' ἐμὴν δόξαν
ἐπ' ἄκρον ἁπάσης ἐλήλυθε· Κριτίαν δέ που πάντες οἱ
τῇδ' ἴσμεν οὐδενὸς ἰδιώτην ὄντα ὧν λέγομεν· τῆς δὲ Ἑρ-
μοκράτους αὖ περὶ φύσεως καὶ τροφῆς, πρὸς ἅπαντα
ταῦτ' εἶναι ἱκανὴν πολλῶν μαρτυρούντων πιστευτέον B
δή. ὃ καὶ χθὲς ἐγὼ διανοούμενος ὑμῶν δεομένων τὰ περὶ
τῆς πολιτείας διελθεῖν προθύμως ἐχαριζόμην, εἰδώς, ὅτι
τὸν ἑξῆς λόγον οὐδένες ἂν ὑμῶν ἐθελόντων ἱκανώτερον
ἀποδοῖεν· εἰς γὰρ πόλεμον πρέποντα καταστήσαντες τὴν
πόλιν ἅπαντ' αὐτῇ τὰ προσήκοντα ἀποδοῖτ' ἂν μόνοι τῶν
νῦν. εἰπὼν δὴ τἀπιταχθέντα ἀντεπέταξα ὑμῖν ἃ καὶ νῦν
λέγω. ξυνωμολογήσατ' οὖν κοινῇ σκεψάμενοι πρὸς ὑμᾶς
αὐτοὺς εἰς νῦν ἀνταποδώσειν μοι τὰ τῶν λόγων ξένια, C
πάρειμί τε οὖν δὴ κεκοσμημένος ἐπ' αὐτὰ καὶ πάντων
ἑτοιμότατος ὢν δέχεσθαι.

ΕΡ. Καὶ μὲν δή, καθάπερ εἶπε Τίμαιος ὅδε, ὦ Σώ-
κρατες, οὔτε ἐλλείψομεν προθυμίας οὐδὲν οὔτε ἔστιν οὐ-
δεμία πρόφασις ἡμῖν τοῦ μὴ δρᾶν ταῦτα· ὥστε καὶ χθὲς
εὐθὺς ἐνθένδε, ἐπειδὴ παρὰ Κριτίαν πρὸς τὸν ξενῶνα,
οὗ καὶ καταλύομεν, ἀφικόμεθα, καὶ ἔτι πρότερον καθ'
ὁδὸν αὐτὰ ταῦτ' ἐσκοποῦμεν. ὁ δ' οὖν ἡμῖν λόγον εἰση- D
γήσατο ἐκ παλαιᾶς ἀκοῆς· ὃν καὶ νῦν λέγε, ὦ Κριτία, τῷδε,
ἵνα ξυνδοκιμάσῃ πρὸς τὴν ἐπίταξιν εἴτ' ἐπιτήδειος εἴτ'
ἀνεπιτήδειός ἐστιν.

ΚΡ. Ταῦτα χρὴ δρᾶν, εἰ καὶ τῷ τρίτῳ κοινωνῷ Τι-
μαίῳ ξυνδοκεῖ.

ΤΙ. Δοκεῖ μήν.

ΚΡ. Ἄκουε δή, ὦ Σώκρατες, λογου μάλα μὲν ἀτό-

που, παντάπασί γε μὴν ἀληθοῦς, ὡς ὁ τῶν ἑπτὰ σοφώ-
E τατος Σόλων ποτ' ἔφη. ἦν μὲν οὖν οἰκεῖος καὶ σφόδρα
φίλος ἡμῖν Δρωπίδου τοῦ προπάππου, καθάπερ λέγει
πολλαχοῦ καὶ αὐτὸς ἐν τῇ ποιήσει· πρὸς δὲ Κριτίαν που
τὸν ἡμέτερον πάππον εἶπεν, ὡς ἀπεμνημόνευεν αὖ πρὸς
ἡμᾶς ὁ γέρων, ὅτι μεγάλα καὶ θαυμαστὰ τῆσδ' εἴη παλαιὰ
ἔργα τῆς πόλεως ὑπὸ χρόνου καὶ φθορᾶς ἀνθρώπων ἠφα-
νισμένα, πάντων δὲ ἓν μέγιστον, οὗ νῦν ἐπιμνησθεῖσι
21 πρέπον ἂν ἡμῖν εἴη σοί τε ἀποδοῦναι χάριν καὶ τὴν θεὸν
ἅμα ἐν τῇ πανηγύρει δικαίως τε καὶ ἀληθῶς οἷόνπερ
ὑμνοῦντας ἐγκωμιάζειν.

ΣΩ. Εὖ λέγεις. ἀλλὰ δὴ ποῖον ἔργον τοῦτο Κριτίας
οὐ λεγόμενον μέν, ὡς δὲ πραχθὲν ὄντως ὑπὸ τῆσδε τῆς
πόλεως ἀρχαῖον διηγεῖτο κατὰ τὴν Σόλωνος ἀκοήν;

III. ΚΡ. Ἐγὼ φράσω παλαιὸν ἀκηκοὼς λόγον οὐ
νέου ἀνδρός. ἦν μὲν γὰρ δὴ τότε Κριτίας, ὡς ἔφη, σχεδὸν
B ἐγγὺς ἤδη τῶν ἐνενήκοντα ἐτῶν, ἐγὼ δέ πῃ μάλιστα δεκέ-
της· ἡ δὲ Κουρεῶτις ἡμῖν οὖσα ἐτύγχανεν Ἀπατουρίων.
τὸ δὴ τῆς ἑορτῆς σύνηθες ἑκάστοτε καὶ τότε ξυνέβη τοῖς
παισίν· ἆθλα γὰρ ἡμῖν οἱ πατέρες ἔθεσαν ῥαψῳδίας.
πολλῶν μὲν οὖν δὴ καὶ πολλὰ ἐλέχθη ποιητῶν ποιήματα,
ἅτε δὲ νέα κατ' ἐκεῖνον τὸν χρόνον ὄντα τὰ Σόλωνος πολ-
λοὶ τῶν παίδων ᾔσαμεν. εἶπεν οὖν δή τις τῶν φρατέρων,
εἴτε δὴ δοκοῦν αὐτῷ τότε εἴτε καὶ χάριν τινὰ τῷ Κριτίᾳ
C φέρων, δοκεῖν οἱ τά τε ἄλλα σοφώτατον γεγονέναι Σό-
λωνα καὶ κατὰ τὴν ποίησιν αὖ τῶν ποιητῶν πάντων ἐλευ-
θεριώτατον. ὁ δὴ γέρων, σφόδρα γὰρ οὖν μέμνημαι, μάλα
τε ἥσθη καὶ διαμειδιάσας εἶπεν· Εἴ γε, ὦ Ἀμύνανδρε,
μὴ παρέργῳ τῇ ποιήσει κατεχρήσατο, ἀλλ' ἐσπουδάκει κα-
θάπερ ἄλλοι, τόν τε λόγον, ὃν ἀπ' Αἰγύπτου δεῦρο ἠνέγ-
κατο, ἀπετέλεσε καὶ μὴ διὰ τὰς στάσεις ὑπὸ κακῶν τε
ἄλλων, ὅσα εὗρεν ἐνθάδε ἥκων, ἠναγκάσθη καταμελῆσαι,

κατά γε ἐμὴν δόξαν οὔτε Ἡσίοδος οὔτε Ὅμηρος οὔτε D
ἄλλος οὐδεὶς ποιητὴς εὐδοκιμώτερος ἐγένετο ἄν ποτε αὐ-
τοῦ. Τίς δ' ἦν ὁ λόγος, ἦ δ' ὅς, ὦ Κριτία; Ἡ περὶ μεγί-
στης, ἔφη, καὶ ὀνομαστοτάτης πασῶν δικαιότατ' ἂν πρά-
ξεως οὔσης, ἣν ἥδε ἡ πόλις ἔπραξε μέν, διὰ δὲ χρόνον καὶ
φθορὰν τῶν ἐργασαμένων οὐ διήρκεσε δεῦρο ὁ λόγος.
Λέγε ἐξ ἀρχῆς, ἦ δ' ὅς, τί τε καὶ πῶς καὶ παρὰ τίνων ὡς
ἀληθῆ διακηκοὼς ἔλεγεν ὁ Σόλων. Ἔστι τις κατ' Αἴγυ- E
πτον, ἦ δ' ὅς, ἐν τῷ Δέλτα, περὶ ὃ κατὰ κορυφὴν σχίζεται
τὸ τοῦ Νείλου ῥεῦμα, Σαϊτικὸς ἐπικαλούμενος νομός,
τούτου δὲ τοῦ νομοῦ μεγίστη πόλις Σάϊς, ὅθεν δὴ καὶ
Ἄμασις ἦν ὁ βασιλεύς· οἷς τῆς πόλεως θεὸς ἀρχηγός τίς
ἐστιν, Αἰγυπτιστὶ μὲν τοὔνομα Νηΐθ, Ἑλληνιστὶ δέ, ὡς ὁ
ἐκείνων λόγος, Ἀθηνᾶ· μάλα δὲ φιλαθήναιοι καί τινα
τρόπον οἰκεῖοι τῶνδ' εἶναί φασιν. οἷ δὴ Σόλων ἔφη πο-
ρευθεὶς σφόδρα τε γενέσθαι παρ' αὐτοῖς ἔντιμος, καὶ δὴ
καὶ τὰ παλαιὰ ἀνερωτῶν τοὺς μάλιστα περὶ ταῦτα τῶν 22
ἱερέων ἐμπείρους σχεδὸν οὔτε αὐτὸν οὔτε ἄλλον Ἕλληνα
οὐδένα οὐδὲν ὡς ἔπος εἰπεῖν εἰδότα περὶ τῶν τοιούτων
ἀνευρεῖν. καί ποτε προαγαγεῖν βουληθεὶς αὐτοὺς περὶ
τῶν ἀρχαίων εἰς λόγους τῶν τῇδε τὰ ἀρχαιότατα λέγειν
ἐπιχειρεῖν, περὶ Φορωνέως τε τοῦ πρώτου λεχθέντος καὶ
Νιόβης, καὶ μετὰ τὸν κατακλυσμὸν αὖ περὶ Δευκαλίωνος
καὶ Πύρρας ὡς διεγένοντο μυθολογεῖν, καὶ τοὺς ἐξ αὐ- B
τῶν γενεαλογεῖν, καὶ τὰ τῶν ἐτῶν ὅσα ἦν οἷς ἔλεγε πει-
ρᾶσθαι διαμνημονεύων τοὺς χρόνους ἀριθμεῖν· καί τινα
εἰπεῖν τῶν ἱερέων εὖ μάλα παλαιόν· Ὦ Σόλων, Σόλων,
Ἕλληνες ἀεὶ παῖδές ἐστε, γέρων δὲ Ἕλλην οὐκ ἔστιν. ἀκού-
σας οὖν, Πῶς; τί τοῦτο λέγεις; φάναι. Νέοι ἐστέ, εἰπεῖν,
τὰς ψυχὰς πάντες· οὐδεμίαν γὰρ ἐν αὐταῖς ἔχετε δι' ἀρ-
χαιαν ἀκοὴν παλαιὰν δόξαν οὐδὲ μάθημα χρόνῳ πολιὸν
οὐδέν. τὸ δὲ τούτων αἴτιον τόδε. πολλαὶ καὶ κατὰ πολλὰ C

φθοραὶ γεγόνασιν ἀνθρώπων καὶ ἔσονται, πυρὶ μὲν καὶ
ὕδατι μέγισται, μυρίοις δὲ ἄλλοις ἕτεραι βραχύτεραι. τὸ
γὰρ οὖν καὶ παρ' ὑμῖν λεγόμενον, ὥς ποτε Φαέθων Ἡλίου
παῖς τὸ τοῦ πατρὸς ἅρμα ζεύξας διὰ τὸ μὴ δυνατὸς εἶναι
κατὰ τὴν τοῦ πατρὸς ὁδὸν ἐλαύνειν τά τ' ἐπὶ γῆς ξυνέ-
καυσε καὶ αὐτὸς κεραυνωθεὶς διεφθάρη, τοῦτο μύθου μὲν
σχῆμα ἔχον λέγεται, τὸ δὲ ἀληθές ἐστι τῶν περὶ γῆν καὶ
D κατ' οὐρανὸν ἰόντων παράλλαξις καὶ διὰ μακρῶν χρόνων
γιγνομένη τῶν ἐπὶ γῆς πυρὶ πολλῷ φθορά. τότε οὖν ὅσοι
κατ' ὄρη καὶ ἐν ὑψηλοῖς τόποις καὶ ἐν ξηροῖς οἰκοῦσι, μᾶλ-
λον διόλλυνται τῶν ποταμοῖς καὶ θαλάττῃ προσοικούν-
των· ἡμῖν δὲ ὁ Νεῖλος εἴς τε τὰ ἄλλα σωτὴρ καὶ τότε ἐκ
ταύτης τῆς ἀπορίας σώζει λυόμενος. ὅταν δ' αὖ θεοὶ τὴν
γῆν ὕδασι καθαίροντες κατακλύζωσιν, οἱ μὲν ἐν τοῖς ὄρεσι
E διασώζονται βουκόλοι νομεῖς τε, οἱ δ' ἐν ταῖς παρ' ὑμῖν
πόλεσιν εἰς τὴν θάλατταν ὑπὸ τῶν ποταμῶν φέρονται,
κατὰ δὲ τήνδε τὴν χώραν οὔτε τότε οὔτε ἄλλοτε ἄνωθεν
ἐπὶ τὰς ἀρούρας ὕδωρ ἐπιρρεῖ· τὸ δ' ἐναντίον κάτωθεν
πᾶν ἐπανιέναι πέφυκεν. ὅθεν καὶ δι' ἃς αἰτίας τἀνθάδε
σωζόμενα λέγεται παλαιότατα. τὸ δὲ ἀληθὲς ἐν πᾶσι τοῖς
τόποις, ὅπου μὴ χειμὼν ἐξαίσιος ἢ καῦμα ἀπείργει, πλέον,
23 τοτὲ δὲ ἔλαττον ἀεὶ γένος ἐστὶν ἀνθρώπων· ὅσα δὲ ἢ παρ'
ὑμῖν ἢ τῇδε ἢ καὶ κατ' ἄλλον τόπον ὧν ἀκοῇ ἴσμεν, εἴ πού
τι καλὸν ἢ μέγα γέγονεν ἢ καί τινα διαφορὰν ἄλλην ἔχον,
πάντα γεγραμμένα ἐκ παλαιοῦ τῇδ' ἐστὶν ἐν τοῖς ἱεροῖς
καὶ σεσωσμένα. τὰ δὲ παρ' ὑμῖν καὶ τοῖς ἄλλοις ἄρτι κατ-
εσκευασμένα ἑκάστοτε τυγχάνει γράμμασι καὶ ἅπασιν,
ὁπόσων πόλεις δέονται, καὶ πάλιν δι' εἰωθότων ἐτῶν
ὥσπερ νόσημα ἥκει φερόμενον αὐτοῖς ῥεῦμα οὐράνιον
B καὶ τοὺς ἀγραμμάτους τε καὶ ἀμούσους ἔλιπεν ὑμῶν, ὥστε
πάλιν ἐξ ἀρχῆς οἷον νέοι γίγνεσθε, οὐδὲν εἰδότες οὔτε
τῶν τῇδε οὔτε τῶν παρ' ὑμῖν, ὅσα ἦν ἐν τοῖς παλαιοῖς

χρόνοις. τὰ γοῦν νῦν δὴ γενεαλογηθέντα, ὦ Σόλων, περὶ
τῶν παρ' ὑμῖν ἃ διῆλθες, παίδων βραχύ τι διαφέρει μύ-
θων, οἳ πρῶτον μὲν ἕνα γῆς κατακλυσμὸν μέμνησθε πολ-
λῶν ἔμπροσθεν γεγονότων, ἔτι δὲ τὸ κάλλιστον καὶ ἄρι-
στον γένος ἐπ' ἀνθρώπους ἐν τῇ χώρᾳ τῇ παρ' ὑμῖν οὐκ
ἴστε γεγονός, ἐξ ὧν σύ τε καὶ πᾶσα ἡ πόλις ἔστι τὰ νῦν C
ὑμῶν, περιλειφθέντος ποτὲ σπέρματος βραχέος, ἀλλ' ὑμᾶς
λέληθε διὰ τὸ τοὺς περιγενομένους ἐπὶ πολλὰς γενεὰς
γράμμασι τελευτᾶν ἀφώνους. ἦν γὰρ δή ποτε, ὦ Σόλων,
ὑπὲρ τὴν μεγίστην φθορὰν ὕδασιν ἡ νῦν Ἀθηναίων οὖσα
πόλις ἀρίστη πρός τε τὸν πόλεμον καὶ κατὰ πάντα εὐνο-
μωτάτη διαφερόντως· ᾗ κάλλιστα ἔργα καὶ πολιτεῖαι γε-
νέσθαι λέγονται κάλλισται πασῶν, ὁπόσων νῦν ὑπὸ τὸν
οὐρανὸν ἡμεῖς ἀκοὴν παρεδεξάμεθα. Ἀκούσας οὖν ὁ D
Σόλων ἔφη θαυμάσαι καὶ πᾶσαν προθυμίαν ἔχειν δεόμε-
νος τῶν ἱερέων πάντα δι' ἀκριβείας οἱ τὰ περὶ τῶν πά-
λαι πολιτῶν ἑξῆς διελθεῖν. τὸν οὖν ἱερέα φάναι· Φθόνος
οὐδείς, ὦ Σόλων, ἀλλὰ σοῦ τε ἕνεκα ἐρῶ καὶ τῆς πόλεως
ὑμῶν, μάλιστα δὲ τῆς θεοῦ χάριν, ἣ τήν τε ὑμετέραν καὶ
τήνδε ἔλαχε καὶ ἔθρεψε καὶ ἐπαίδευσε, προτέραν μὲν τὴν
παρ' ὑμῖν ἔτεσι χιλίοις, ἐκ Γῆς τε καὶ Ἡφαίστου τὸ σπέρμα E
παραλαβοῦσα ὑμῶν, τήνδε δὲ ὑστέραν. τῆς δὲ ἐνθάδε
διακοσμήσεως παρ' ἡμῖν ἐν τοῖς ἱεροῖς γράμμασιν ὀκτα-
κισχιλίων ἐτῶν ἀριθμὸς γέγραπται. περὶ δὴ τῶν ἐνακις-
χίλια γεγονότων ἔτη πολιτῶν σοι δηλώσω διὰ βραχέων
νόμους, καὶ τῶν ἔργων αὐτοῖς ὃ κάλλιστον ἐπράχθη· τὸ
δ' ἀκριβὲς περὶ πάντων ἐφεξῆς εἰσαῦθις κατὰ σχολὴν 24
αὐτὰ τὰ γράμματα λαβόντες διέξιμεν. τοὺς μὲν οὖν νό-
μους σκόπει πρὸς τοὺς τῇδε. πολλὰ γὰρ παραδείγματα
τῶν τότε παρ' ὑμῖν ὄντων ἐνθάδε νῦν ἀνευρήσεις, πρῶ-
τον μὲν τὸ τῶν ἱερέων γένος ἀπὸ τῶν ἄλλων χωρὶς ἀφω-
ρισμένον, μετὰ δὲ τοῦτο τὸ τῶν δημιουργῶν, ὅτι καθ'

αὐτὸ ἕκαστον ἄλλῳ δὲ οὐκ ἐπιμιγνύμενον δημιουργεῖ, τό
τε τῶν νομέων καὶ τὸ τῶν θηρευτῶν τό τε τῶν γεωργῶν·
B καὶ δὴ καὶ τὸ μάχιμον γένος ᾔσθησαί που τῇδε ἀπὸ πάν-
των τῶν γενῶν κεχωρισμένον, οἷς οὐδὲν ἄλλο πλὴν τὰ
περὶ τὸν πόλεμον ὑπὸ τοῦ νόμου προσετάχθη μέλειν· ἔτι
δὲ ἡ τῆς ὁπλίσεως αὐτῶν σχέσις ἀσπίδων καὶ δοράτων,
οἷς ἡμεῖς πρῶτοι τῶν περὶ τὴν Ἀσίαν ὡπλίσμεθα, τῆς
θεοῦ καθάπερ ἐν ἐκείνοις τοῖς τόποις παρ' ὑμῖν πρώτοις
ἐνδειξαμένης. τὸ δ' αὖ περὶ τῆς φρονήσεως, ὁρᾷς που τὸν
C νόμον τῇδε ὅσην ἐπιμέλειαν ἐποιήσατο εὐθὺς κατ' ἀρχὰς
περί τε τὸν κόσμον ἅπαντα, μέχρι μαντικῆς καὶ ἰατρικῆς
πρὸς ὑγίειαν, ἐκ τούτων θείων ὄντων εἰς τὰ ἀνθρώπινα
ἀνευρών, ὅσα τε ἄλλα τούτοις ἕπεται μαθήματα πάντα
κτησάμενος. ταύτην οὖν δὴ τότε ξύμπασαν τὴν διακό-
σμησιν καὶ σύνταξιν ἡ θεὸς προτέρους ὑμᾶς διακοσμή-
σασα κατῴκισεν, ἐκλεξαμένη τὸν τόπον ἐν ᾧ γεγένησθε,
τὴν εὐκρασίαν τῶν ὡρῶν ἐν αὐτῷ κατιδοῦσα, ὅτι φρονι-
D μωτάτους ἄνδρας οἴσοι· ἅτε οὖν φιλοπόλεμός τε καὶ φι-
λόσοφος ἡ θεὸς οὖσα τὸν προσφερεστάτους αὐτῇ μέλ-
λοντα οἴσειν τόπον ἄνδρας, τοῦτον ἐκλεξαμένη πρῶτον
κατῴκισεν. ᾠκεῖτε δὴ οὖν νόμοις τε τοιούτοις χρώμενοι
καὶ ἔτι μᾶλλον εὐνομούμενοι πάσῃ τε πάντας ἀνθρώπους
ὑπερβεβληκότες ἀρετῇ, καθάπερ εἰκὸς γεννήματα καὶ παι-
δεύματα θεῶν ὄντας. πολλὰ μὲν οὖν ὑμῶν καὶ μεγάλα
ἔργα τῆς πόλεως τῇδε γεγραμμένα θαυμάζεται, πάντων
E γε μὴν ἓν ὑπερέχει μεγέθει καὶ ἀρετῇ· λέγει γὰρ τὰ γε-
γραμμένα, ὅσην ἡ πόλις ὑμῶν ἔπαυσέ ποτε δύναμιν ὕβρει
πορευομένην ἅμα ἐπὶ πᾶσαν Εὐρώπην καὶ Ἀσίαν, ἔξωθεν
ὁρμηθεῖσαν ἐκ τοῦ Ἀτλαντικοῦ πελάγους. τότε γὰρ πο-
ρεύσιμον ἦν τὸ ἐκεῖ πέλαγος· νῆσον γὰρ πρὸ τοῦ στόμα-
τος εἶχεν, ὃ καλεῖτε, ὥς φατε ὑμεῖς, Ἡρακλέους στήλας·
ἡ δὲ νῆσος ἅμα Λιβύης ἦν καὶ Ἀσίας μείζων, ἐξ ἧς ἐπιβα-

τὸν ἐπὶ τὰς ἄλλας νήσους τοῖς τότε ἐγίγνετο πορευομένοις,
ἐκ δε τῶν νήσων ἐπὶ τὴν καταντικρὺ πᾶσαν ἤπειρον τὴν
περὶ τον ἀληθινὸν ἐκεῖνον πόντον. τάδε μὲν γάρ, ὅσα
ἐντος τοῦ στόματος οὗ λέγομεν, φαίνεται λιμὴν στενόν
τινα ἔχων εἴσπλουν· ἐκεῖνο δὲ πέλαγος ὄντως ἥ τε περιέ-
χουσα αὐτὸ γῆ παντελῶς ἀληθῶς ὀρθότατ' ἂν λέγοιτο
ἤπειρος. ἐν δὲ δὴ τῇ Ἀτλαντίδι νήσῳ ταύτῃ μεγάλη συνέ-
στη και θαυμαστὴ δύναμις βασιλέων, κρατοῦσα μὲν ἁπά-
σης τῆς νήσου, πολλῶν δὲ ἄλλων νήσων καὶ μερῶν τῆς
ἠπείρου· πρὸς δὲ τούτοις ἔτι τῶν ἐντὸς τῇδε Λιβύης μὲν B
ἦρχον μέχρι πρὸς Αἴγυπτον, τῆς δὲ Εὐρώπης μέχρι Τυρ-
ρηνίας. αὕτη δὴ πᾶσα ξυναθροισθεῖσα εἰς ἓν ἡ δύναμις
τόν τε παρ' ὑμῖν καὶ τὸν παρ' ἡμῖν καὶ τὸν ἐντὸς τοῦ
στόματος πάντα τόπον μιᾷ ποτὲ ἐπεχείρησεν ὁρμῇ δου-
λοῦσθαι. τότε οὖν ὑμῶν, ὦ Σόλων, τῆς πόλεως ἡ δύνα-
μις εἰς ἅπαντας ἀνθρώπους διαφανὴς ἀρετῇ τε καὶ ῥώμῃ
ἐγένετο· πάντων γὰρ προστᾶσα εὐψυχίᾳ καὶ τέχναις ὅσαι
κατὰ πόλεμον, τὰ μὲν τῶν Ἑλλήνων ἡγουμένη, τὰ δ' C
αὐτὴ μονωθεῖσα ἐξ ἀνάγκης τῶν ἄλλων ἀποστάντων, ἐπὶ
τοὺς ἐσχάτους ἀφικομένη κινδύνους, κρατήσασα μὲν τῶν
ἐπιόντων τρόπαια ἔστησε, τοὺς δὲ μήπω δεδουλωμένους
διεκώλυσε δουλωθῆναι, τοὺς δ' ἄλλους, ὅσοι κατοικοῦμεν
ἐντὸς ὅρων Ἡρακλείων, ἀφθόνως ἅπαντας ἠλευθέρωσεν.
ὑστέρῳ δὲ χρόνῳ σεισμῶν ἐξαισίων καὶ κατακλυσμῶν γε-
νομένων, μιᾶς ἡμέρας καὶ νυκτὸς χαλεπῆς ἐπελθούσης,
τό τε παρ' ὑμῖν μάχιμον πᾶν ἀθρόον ἔδυ κατὰ γῆς, ἥ τε D
Ἀτλαντὶς νῆσος ὡσαύτως κατὰ τῆς θαλάττης δῦσα ἠφα-
νίσθη· διὸ καὶ νῦν ἄπορον καὶ ἀδιερεύνητον γέγονε τὸ
ἐκεῖ πέλαγος, πηλοῦ κάρτα βραχέος ἐμποδὼν ὄντος, ὃν ἡ
νῆσος ἱζομένη παρέσχετο.

IV. Τὰ μὲν δὴ ῥηθέντα, ὦ Σώκρατες, ὑπὸ του πα-
λαιοῦ Κριτίου κατ' ἀκοὴν τὴν Σόλωνος, ὡς συντόμως εἰ- E

πεῖν, ἀκήκοας· λέγοντος δὲ δὴ χθὲς σοῦ περὶ πολιτείας
καὶ τῶν ἀνδρῶν, οὓς ἔλεγες, ἐθαύμαζον ἀναμιμνησκόμε-
νος αὐτὰ ἃ νῦν λέγω, κατανοῶν, ὡς δαιμονίως ἔκ τινος
τύχης οὐκ ἄπο σκοποῦ ξυνηνέχθης τὰ πολλὰ οἷς Σόλων
26 εἶπεν. οὐ μὴν ἐβουλήθην παραχρῆμα εἰπεῖν· διὰ χρόνου
γὰρ οὐχ ἱκανῶς ἐμεμνήμην· ἐνενόησα οὖν, ὅτι χρεὼν εἴη
με πρὸς ἐμαυτὸν πρῶτον ἱκανῶς πάντα ἀναλαβόντα λέγειν
οὕτως. ὅθεν ταχὺ ξυνωμολόγησά σοι τἀπιταχθέντα χθές,
ἡγούμενος, ὅπερ ἐν ἅπασι τοῖς τοιοῖσδε μέγιστον ἔργον,
λόγον τινὰ πρέποντα τοῖς βουλήμασιν ὑποθέσθαι, τούτου
μετρίως ἡμᾶς εὐπορήσειν. οὕτω δή, καθάπερ ὅδ' εἶπε,
χθές τε εὐθὺς ἐνθένδε ἀπιὼν πρὸς τούσδε ἀνέφερον αὐτὰ
B ἀναμιμνησκόμενος, ἀπελθών τε σχεδόν τι πάντα ἐπισκο-
πῶν τῆς νυκτὸς ἀνέλαβον. ὡς δή τοι, τὸ λεγόμενον, τὰ
παίδων μαθήματα θαυμαστὸν ἔχει τι μνημεῖον. ἐγὼ γάρ,
ἃ μὲν χθὲς ἤκουσα, οὐκ ἂν οἶδ' εἰ δυναίμην ἅπαντα ἐν
μνήμῃ πάλιν λαβεῖν· ταῦτα δέ, ἃ πάμπολυν χρόνον δια-
κήκοα, παντάπασι θαυμάσαιμ' ἂν εἴ τί με αὐτῶν διαπέ-
φευγεν. ἦν μὲν οὖν μετὰ πολλῆς ἡδονῆς καὶ παιδικῆς
C τότε ἀκουόμενα, καὶ τοῦ πρεσβύτου προθύμως με διδά-
σκοντος, ἅτ' ἐμοῦ πολλάκις ἐπανερωτῶντος, ὥστε οἷον
ἐγκαύματα ἀνεκπλύτου γραφῆς ἔμμονά μοι γέγονε· καὶ
δὴ καὶ τοῖσδε εὐθὺς ἔλεγον ἕωθεν αὐτὰ ταῦτα, ἵνα εὐπο-
ροῖεν λόγων μετ' ἐμοῦ. νῦν οὖν, οὗπερ ἕνεκα πάντα ταῦτα
εἴρηται, λέγειν εἰμὶ ἕτοιμος, ὦ Σώκρατες, μὴ μόνον ἐν κε-
φαλαίοις ἀλλ' ὥσπερ ἤκουσα καθ' ἕκαστον· τοὺς δὲ πολί-
τας καὶ τὴν πόλιν, ἣν χθὲς ἡμῖν ὡς ἐν μύθῳ διῄεισθα σύ,
D νῦν μετενεγκόντες ἐπὶ τἀληθὲς δεῦρο θήσομεν ὡς ἐκείνην
τήνδε οὖσαν, καὶ τοὺς πολίτας, οὓς διενοοῦ, φήσομεν ἐκεί-
νους τοὺς ἀληθινοὺς εἶναι προγόνους ἡμῶν, οὓς ἔλεγεν
ὁ ἱερεύς. πάντως ἁρμόσουσι καὶ οὐκ ἀπᾳσόμεθα λέγοντες
αὐτοὺς εἶναι τοὺς ἐν τῷ τότε ὄντας χρόνῳ· κοινῇ δὲ δια-

λαμβάνοντες ἅπαντες πειρασόμεθα τὸ πρέπον εἰς δύναμιν
οἷς ἐπέταξας ἀποδοῦναι. σκοπεῖν οὖν δὴ χρή, ὦ Σώκρα-
τες, εἰ κατὰ νοῦν ὁ λόγος ἡμῖν οὗτος, ἤ τινα ἔτ' ἄλλον E
ἀντ' αὐτοῦ ζητητέον.

ΣΩ. Καὶ τίν' ἄν, ὦ Κριτία, μᾶλλον ἀντὶ τούτου με-
ταλάβοιμεν, ὃς τῇ τε παρούσῃ τῆς θεοῦ θυσίᾳ διὰ τὴν οἰ-
κειότητ' ἂν πρέποι μάλιστα, τό τε μὴ πλασθέντα μῦθον
ἀλλ' ἀληθινὸν λόγον εἶναι πάμμεγά που. πῶς γὰρ καὶ
πόθεν ἄλλους ἀνευρήσομεν ἀφέμενοι τούτων; οὐκ ἔστιν,
ἀλλ' ἀγαθῇ τύχῃ χρὴ λέγειν μὲν ὑμᾶς, ἐμὲ δὲ ἀντὶ τῶν
χθὲς λόγων νῦν ἡσυχίαν ἄγοντα ἀντακούειν. 27

ΚΡ. Σκόπει δὴ τὴν τῶν ξενίων σοι διάθεσιν, ὦ Σώ-
κρατες, ᾗ διέθεμεν. ἔδοξε γὰρ ἡμῖν Τίμαιον μέν, ἅτε ὄντα
ἀστρονομικώτατον ἡμῶν καὶ περὶ φύσεως τοῦ παντὸς εἰ-
δέναι μάλιστα ἔργον πεποιημένον, πρῶτον λέγειν ἀρχό-
μενον ἀπὸ τῆς τοῦ κόσμου γενέσεως, τελευτᾶν δὲ εἰς ἀν-
θρώπων φύσιν· ἐμὲ δὲ μετὰ τοῦτον, ὡς παρὰ μὲν τούτου
δεδεγμένον ἀνθρώπους τῷ λόγῳ γεγονότας, παρὰ σοῦ δὲ
πεπαιδευμένους διαφερόντως αὐτῶν τινάς, κατὰ δὲ τὸν B
Σόλωνος λόγον τε καὶ νόμον εἰσαγαγόντα αὐτοὺς ὡς εἰς
δικαστὰς ὑμᾶς ποιῆσαι πολίτας τῆς πόλεως τῆσδε ὡς ὄντας
τοὺς τότε Ἀθηναίους, οὓς ἐμήνυσεν ἀφανεῖς ὄντας ἡ τῶν
ἱερῶν γραμμάτων φήμη, τὰ λοιπὰ δὲ ὡς περὶ πολιτῶν καὶ
Ἀθηναίων ὄντων ἤδη ποιεῖσθαι τοὺς λόγους.

ΣΩ. Τελέως τε καὶ λαμπρῶς ἔοικα ἀνταπολήψεσθαι
τὴν τῶν λόγων ἑστίασιν. σὸν οὖν ἔργον λέγειν ἄν, ὦ Τί-
μαιε, εἴη τὸ μετὰ τοῦτο, ὡς ἔοικεν, ἐπικαλέσαντα κατὰ νό-
μον θεούς.

V. ΤΙ. Ἀλλ', ὦ Σώκρατες, τοῦτό γε δὴ πάντες, ὅσοι C
καὶ κατὰ βραχὺ σωφροσύνης μετέχουσιν, ἐπὶ παντὸς ὁρμῇ
καὶ σμικροῦ καὶ μεγάλου πράγματος θεὸν ἀεί που καλοῦ-
σιν· ἡμᾶς δὲ τοὺς περὶ τοῦ παντὸς λόγους ποιεῖσθαί πῃ

μέλλοντας, ἢ γέγονεν ἢ καὶ ἀγενές ἐστιν, εἰ μὴ παντάπασι
παραλλάττομεν, ἀνάγκη θεούς τε καὶ θεὰς ἐπικαλουμέ-
νους εὔχεσθαι πάντα κατὰ νοῦν ἐκείνοις μὲν μάλιστα,
D ἑπομένως δὲ ἡμῖν εἰπεῖν. καὶ τὰ μὲν περὶ θεῶν ταύτῃ πα-
ρακεκλήσθω· τὸ δ' ἡμέτερον παρακλητέον, ᾗ ῥᾷστ' ἂν
ὑμεῖς μὲν μάθοιτε, ἐγὼ δὲ ᾗ διανοοῦμαι μάλιστ' ἂν περὶ
τῶν προκειμένων ἐνδειξαίμην. ἔστιν οὖν δὴ κατ' ἐμὴν
δόξαν πρῶτον διαιρετέον τάδε· τί το ὂν ἀεί, γένεσιν δὲ
οὐκ ἔχον, καὶ τί τὸ γιγνόμενον μὲν ἀεί, ὂν δὲ οὐδέποτε· τὸ
28 μὲν δὴ νοήσει μετο λόγου περιληπτόν, ἀεὶ κατὰ ταὐτὰ ὄν,
τὸ δ' αὖ δόξῃ μετ' αἰσθήσεως ἀλόγου δοξαστόν, γιγνόμε-
νον καὶ ἀπολλύμενον, ὄντως δὲ οὐδέποτε ὄν. πᾶν δὲ αὖ
τὸ γιγνόμενον ὑπ' αἰτίου τινὸς ἐξ ἀνάγκης γίγνεσθαι·
παντὶ γὰρ ἀδύνατον χωρὶς αἰτίου γένεσιν σχεῖν. ὅτου μὲν
οὖν ἂν ὁ δημιουργὸς πρὸς τὸ κατὰ ταὐτὰ ἔχον βλέπων
ἀεί, τοιούτῳ τινὶ προσχρώμενος παραδείγματι, τὴν ἰδέαν
καὶ δύναμιν αὐτοῦ ἀπεργάζηται, καλὸν ἐξ ἀνάγκης οὕτως
B ἀποτελεῖσθαι πᾶν· οὗ δ' ἂν εἰς τὸ γεγονός, γεννητῷ πα-
ραδείγματι προσχρώμενος, οὐ καλόν. ὁ δὴ πᾶς οὐρανὸς
— ἢ κόσμος ἢ καὶ ἄλλο ὅ τί ποτε ὀνομαζόμενος μάλιστ' ἂν
δέχοιτο, τοῦθ' ἡμῖν ὠνομάσθω· σκεπτέον δ' οὖν περὶ
αὐτοῦ πρῶτον, ὅπερ ὑπόκειται περὶ παντὸς ἐν ἀρχῇ δεῖν
σκοπεῖν, πότερον ἦν ἀεί, γενέσεως ἀρχὴν ἔχων οὐδεμίαν,
ἢ γέγονεν, ἀπ' ἀρχῆς τινὸς ἀρξάμενος. γέγονεν· ὁρατὸς
γὰρ ἁπτός τέ ἐστι καὶ σῶμα ἔχων, πάντα δὲ τὰ τοιαῦτα αἰ-
C σθητά, τὰ δ' αἰσθητά, δόξῃ περιληπτὰ μετ' αἰσθήσεως,
γιγνόμενα καὶ γεννητὰ ἐφάνη· τῷ δ' αὖ γενομένῳ φαμὲν
ὑπ' αἰτίου τινὸς ἀνάγκην εἶναι γενέσθαι. τὸν μὲν οὖν
ποιητὴν καὶ πατέρα τοῦδε τοῦ παντὸς εὑρεῖν τε ἔργον καὶ
εὑρόντα εἰς πάντας ἀδύνατον λέγειν· τόδε δ' οὖν πάλιν
ἐπισκεπτέον περὶ αὐτοῦ, πρὸς πότερον τῶν παραδειγμά
29 των ὁ τεκταινόμενος αὐτὸν ἀπειργάζετο, πότερον προς το

κατὰ ταὐτὰ καὶ ὡσαύτως ἔχον ἢ πρὸς τὸ γεγονός. εἰ μὲν δὴ καλός ἐστιν ὅδε ὁ κόσμος ὅ τε δημιουργὸς ἀγαθός, δῆλον ὡς πρὸς τὸ ἀΐδιον ἔβλεπεν· εἰ δὲ ὃ μηδ᾽ εἰπεῖν τινὶ θέμις, πρὸς τὸ γεγονός. παντὶ δὴ σαφὲς ὅτι πρὸς τὸ ἀΐδιον· ὁ μὲν γὰρ κάλλιστος τῶν γεγονότων, ὁ δ᾽ ἄριστος τῶν αἰτίων. οὕτω δὴ γεγενημένος πρὸς τὸ λόγῳ καὶ φρονήσει περιληπτὸν καὶ κατὰ ταὐτὰ ἔχον δεδημιούργηται· τούτων δὲ ὑπαρχόντων αὖ πᾶσα ἀνάγκη τόνδε τὸν κόσμον εἰκόνα B
τινὸς εἶναι. μέγιστον δὴ παντὸς ἄρξασθαι κατὰ φύσιν ἀρχήν. ὧδε οὖν περί τε εἰκόνος καὶ περὶ τοῦ παραδείγματος αὐτῆς διοριστέον, ὡς ἄρα τοὺς λόγους, ὧνπέρ εἰσιν ἐξηγηταί, τούτων αὐτῶν καὶ ξυγγενεῖς ὄντας. τοῦ μὲν οὖν μονίμου καὶ βεβαίου καὶ μετὰ νοῦ καταφανοῦς μονίμους καὶ ἀμεταπτώτους, καθ᾽ ὅσον οἷόν τε καὶ ἀνελέγκτοις προσήκει λόγοις εἶναι καὶ ἀκινήτοις, τούτου δεῖ μηδὲν ἐλλείπειν· τοὺς δὲ τοῦ πρὸς μὲν ἐκεῖνο ἀπεικασθέντος, C
ὄντος δὲ εἰκόνος εἰκότας ἀνὰ λόγον τε ἐκείνων ὄντας· ὅ τί περ πρὸς γένεσιν οὐσία, τοῦτο πρὸς πίστιν ἀλήθεια. ἐὰν οὖν, ὦ Σώκρατες, πολλὰ πολλῶν εἰπόντων περὶ θεῶν καὶ τῆς τοῦ παντὸς γενέσεως, μὴ δυνατοὶ γιγνώμεθα πάντη πάντως αὐτοὺς ἑαυτοῖς ὁμολογουμένους λόγους καὶ ἀπηκριβωμένους ἀποδοῦναι, μὴ θαυμάσῃς· ἀλλ᾽ ἐὰν ἄρα μηδενὸς ἧττον παρεχώμεθα εἰκότας, ἀγαπᾷν χρή, μεμνημένους, ὡς ὁ λέγων ἐγὼ ὑμεῖς τε οἱ κριταὶ φύσιν ἀνθρωπί- D
νην ἔχομεν, ὥστε περὶ τούτων τὸν εἰκότα μῦθον ἀποδεχομένους πρέπει τούτου μηδὲν ἔτι πέρα ζητεῖν.

ΣΩ. Ἄριστα, ὦ Τίμαιε, παντάπασί τε ὡς κελεύεις ἀποδεκτέον· τὸ μὲν οὖν προοίμιον θαυμασίως ἀπεδεξάμεθά σου, τὸν δὲ δὴ νόμον ἡμῖν ἐφεξῆς πέραινε.

VI. ΤΙ. Λέγωμεν δὴ δι᾽ ἥν τινα αἰτίαν γένεσιν καὶ τὸ πᾶν τόδε ὁ ξυνιστὰς ξυνέστησεν. ἀγαθὸς ἦν, ἀγαθῷ δὲ E
οὐδεὶς περὶ οὐδενὸς οὐδέποτε ἐγγίγνεται φθόνος· τούτου

δ' ἐκτὸς ὢν πάντα ὅ τι μάλιστα γενέσθαι ἐβουλήθη παρα-
πλήσια ἑαυτῷ· ταύτην δὲ γενέσεως καὶ κόσμου μάλιστ'
ἄν τις ἀρχὴν κυριωτάτην παρ' ἀνδρῶν φρονίμων ἀποδε-
30 χόμενος ὀρθότατα ἀποδέχοιτ' ἄν. βουληθεὶς γὰρ ὁ θεὸς
ἀγαθὰ μὲν πάντα, φλαῦρον δὲ μηδὲν εἶναι κατὰ δύναμιν,
οὕτω δὴ πᾶν ὅσον ἦν ὁρατὸν παραλαβὼν οὐχ ἡσυχίαν
ἄγον ἀλλὰ κινούμενον πλημμελῶς καὶ ἀτάκτως, εἰς τάξιν
αὐτὸ ἤγαγεν ἐκ τῆς ἀταξίας, ἡγησάμενος ἐκεῖνο τούτου
πάντως ἄμεινον. θέμις δὲ οὔτ' ἦν οὔτ' ἔστι τῷ ἀρίστῳ
δρᾶν ἄλλο πλὴν τὸ κάλλιστον· λογισάμενος οὖν εὕρισκεν
B ἐκ τῶν κατὰ φύσιν ὁρατῶν οὐδὲν ἀνόητον τοῦ νοῦν ἔχον-
τος ὅλον ὅλου κάλλιον ἔσεσθαί ποτε ἔργον, νοῦν δ' αὖ
χωρὶς ψυχῆς ἀδύνατον παραγενέσθαι τῳ. διὰ δὴ τὸν λο-
γισμὸν τόνδε νοῦν μὲν ἐν ψυχῇ, ψυχὴν δὲ ἐν σώματι ξυν-
ιστὰς τὸ πᾶν ξυνετεκταίνετο, ὅπως ὅ τι κάλλιστον εἴη
κατὰ φύσιν ἄριστόν τε ἔργον ἀπειργασμένος. οὕτως οὖν
δὴ κατὰ λόγον τὸν εἰκότα δεῖ λέγειν, τόνδε τὸν κόσμον
ζῷον ἔμψυχον ἔννουν τε τῇ ἀληθείᾳ διὰ τὴν τοῦ θεοῦ γε-
C νέσθαι πρόνοιαν· τούτου δ' ὑπάρχοντος αὖ τὰ τούτοις
ἐφεξῆς ἡμῖν λεκτέον, τίνι τῶν ζῴων αὐτὸν εἰς ὁμοιότητα
ὁ ξυνιστὰς ξυνέστησε. τῶν μὲν οὖν ἐν μέρους εἴδει πεφυ-
κότων μηδενὶ καταξιώσωμεν· ἀτελεῖ γὰρ ἐοικὸς οὐδέν
ποτ' ἂν γένοιτο καλόν· οὗ δ' ἔστι τἆλλα ζῷα καθ' ἓν καὶ
κατὰ γένη μόρια, τούτῳ πάντων ὁμοιότατον αὐτὸν εἶναι
τιθῶμεν. τὰ γὰρ δὴ νοητὰ ζῷα πάντα ἐκεῖνο ἐν ἑαυτῷ
περιλαβὸν ἔχει, καθάπερ ὅδε ὁ κόσμος ἡμᾶς ὅσα τε ἄλλα
D θρέμματα ξυνέστηκεν ὁρατά. τῷ γὰρ τῶν νοουμένων καλ-
λίστῳ καὶ κατὰ πάντα τελέῳ μάλιστα αὐτὸν ὁ θεὸς ὁμοιῶ-
σαι βουληθεὶς ζῷον ἓν ὁρατόν, πάνθ' ὅσα αὐτοῦ κατὰ
31 φύσιν ξυγγενῆ ζῷα ἐντὸς ἔχον ἑαυτοῦ, ξυνέστησε. πότε-
ρον οὖν ὀρθῶς ἕνα οὐρανὸν προσειρήκαμεν, ἢ πολλοὺς
καὶ ἀπείρους λέγειν ἦν ὀρθότερον; ἕνα, εἴπερ κατὰ τὸ

παράδειγμα δεδημιουργημένος ἔσται. τὸ γὰρ περιέχον
πάντα, ὁπόσα νοητὰ ζῷα, μεθ' ἑτέρου δεύτερον οὐκ ἄν
ποτ' εἴη· πάλιν γὰρ ἂν ἕτερον εἶναι τὸ περὶ ἐκείνω δέοι
ζῷον, οὗ μέρος ἂν εἴτην ἐκείνω, καὶ οὐκ ἂν ἔτι ἐκείνοιν
ἀλλ' ἐκείνῳ τῷ περιέχοντι τόδ' ἂν ἀφωμοιωμένον λέγοιτο
ὀρθότερον. ἵνα οὖν τόδε κατὰ τὴν μόνωσιν ὅμοιον ᾖ τῷ B
παντελεῖ ζώῳ, διὰ ταῦτα οὔτε δύο οὔτ' ἀπείρους ἐποίησεν
ὁ ποιῶν κόσμους, ἀλλ' εἷς ὅδε μονογενὴς οὐρανὸς γεγο-
νὼς ἔστι τε καὶ ἔτ' ἔσται.

VII. Σωματοειδὲς δὲ δὴ καὶ ὁρατὸν ἁπτόν τε δεῖ τὸ
γενόμενον εἶναι· χωρισθὲν δὲ πυρὸς οὐδὲν ἄν ποτε ὁρα-
τὸν γένοιτο, οὐδὲ ἁπτὸν ἄνευ τινὸς στερεοῦ, στερεὸν δὲ
οὐκ ἄνευ γῆς· ὅθεν ἐκ πυρὸς καὶ γῆς τὸ τοῦ παντὸς ἀρ-
χόμενος ξυνιστάναι σῶμα ὁ θεὸς ἐποίει. δύο δὲ μόνω κα-
λῶς ξυνίστασθαι τρίτου χωρὶς οὐ δυνατόν· δεσμὸν γὰρ ἐν C
μέσῳ δεῖ τινὰ ἀμφοῖν ξυναγωγὸν γίγνεσθαι· δεσμῶν δὲ
κάλλιστος ὃς ἂν αὑτόν τε καὶ τὰ ξυνδούμενα ὅ τι μάλιστα
ἓν ποιῇ. τοῦτο δὲ πέφυκεν ἀναλογία κάλλιστα ἀποτελεῖν·
ὁπόταν γὰρ ἀριθμῶν τριῶν εἴτε ὄγκων εἴτε δυνάμεων
ὡντινωνοῦν ᾖ τὸ μέσον, ὅ τί περ τὸ πρῶτον πρὸς αὐτό, 32
τοῦτο αὐτὸ πρὸς τὸ ἔσχατον, καὶ πάλιν αὖθις, ὅ τι τὸ ἔσχα-
τον πρὸς τὸ μέσον, τὸ μέσον πρὸς τὸ πρῶτον, τότε τὸ μέ-
σον μὲν πρῶτον καὶ ἔσχατον γιγνόμενον, τὸ δ' ἔσχατον
καὶ τὸ πρῶτον αὖ μέσα ἀμφότερα, πάνθ' οὕτως ἐξ ἀνάγ-
κης τὰ αὐτὰ εἶναι ξυμβήσεται, τὰ αὐτὰ δὲ γενόμενα ἀλλή-
λοις ἓν πάντα ἔσται. εἰ μὲν οὖν ἐπίπεδον μέν, βάθος δὲ
μηδὲν ἔχον ἔδει γίγνεσθαι τὸ τοῦ παντὸς σῶμα, μία μεσό-
της ἂν ἐξήρκει τά τε μεθ' ἑαυτῆς ξυνδεῖν καὶ ἑαυτήν· νῦν B
δέ — στερεοειδῆ γὰρ αὐτὸν προσῆκεν εἶναι, τὰ δὲ στερεὰ
μία μὲν οὐδέποτε, δύο δὲ ἀεὶ μεσότητες ξυναρμόττουσιν·
οὕτω δὴ πυρός τε καὶ γῆς ὕδωρ ἀέρα τε ὁ θεὸς ἐν μέσῳ
θείς, καὶ πρὸς ἄλληλα καθ' ὅσον ἦν δυνατὸν ἀνὰ τὸν κύ

τὸν λόγον ἀπεργασάμενος, ὅ τί περ πῦρ πρὸς ἀέρα, τοῦτο
ἀέρα πρὸς ὕδωρ, καὶ ὅ τι ἀὴρ πρὸς ὕδωρ, ὕδωρ πρὸς γῆν,
ξυνέδησε καὶ ξυνεστήσατο οὐρανὸν ὁρατὸν καὶ ἁπτόν. καὶ
C διὰ ταῦτα ἔκ τε δὴ τούτων [καὶ] τοιούτων καὶ τὸν ἀριθμὸν
τεττάρων τὸ τοῦ κόσμου σῶμα ἐγεννήθη δι᾽ ἀναλογίας
ὁμολογῆσαν, φιλίαν τε ἔσχεν ἐκ τούτων, ὥστ᾽ εἰς ταὐτὸν
αὐτῷ ξυνελθὸν ἄλυτον ὑπό του ἄλλου πλὴν ὑπὸ τοῦ ξυν-
δήσαντος γενέσθαι. τῶν δὲ δὴ τεττάρων ἓν ὅλον ἕκαστον
εἴληφεν ἡ τοῦ κόσμου ξύστασις. ἐκ γὰρ πυρὸς παντὸς
ὕδατός τε καὶ ἀέρος καὶ γῆς ξυνέστησεν αὐτὸν ὁ ξυνιστάς,
D μέρος οὐδὲν οὐδενὸς οὐδὲ δύναμιν ἔξωθεν ὑπολιπών, τάδε
διανοηθείς, πρῶτον μὲν ἵνα ὅλον ὅ τι μάλιστα ζῶον τέλεον
33 ἐκ τελέων τῶν μερῶν εἴη, πρὸς δὲ τούτοις ἕν, ἅτε οὐχ
ὑπολελειμμένων ἐξ ὧν ἄλλο τοιοῦτον γένοιτ᾽ ἄν, ἔτι δὲ
ἵνα ἀγήρων καὶ ἄνοσον ᾖ, κατανοῶν, ὡς ξυστάτῳ σώματι
θερμὰ καὶ ψυχρὰ καὶ πάνθ᾽ ὅσα δυνάμεις ἰσχυρὰς ἔχει
περιιστάμενα ἔξωθεν καὶ προσπίπτοντα ἀκαίρως λύει καὶ
νόσους γῆράς τε ἐπάγοντα φθίνειν ποιεῖ. διὰ δὴ τὴν αἰ-
τίαν καὶ τὸν λογισμὸν τόνδε ἓν ὅλον ὅλων ἐξ ἁπάντων
B τέλεον καὶ ἀγήρων καὶ ἄνοσον αὐτὸν ἐτεκτήνατο· σχῆμα
δὲ ἔδωκεν αὐτῷ τὸ πρέπον καὶ τὸ ξυγγενές. τῷ δὲ τὰ πάντ᾽
ἐν αὐτῷ ζῶα περιέχειν μέλλοντι ζώῳ πρέπον ἂν εἴη σχῆμα
τὸ περιειληφὸς ἐν αὑτῷ πάντα ὁπόσα σχήματα· διὸ καὶ
σφαιροειδές, ἐκ μέσου πάντῃ πρὸς τὰς τελευτὰς ἴσον
ἀπέχον, κυκλοτερὲς αὐτὸ ἐτορνεύσατο, πάντων τελεώτα-
τον ὁμοιότατόν τε αὐτὸ ἑαυτῷ σχημάτων, νομίσας μυρίῳ
κάλλιον ὅμοιον ἀνομοίου. λεῖον δὲ δὴ κύκλῳ πᾶν ἔξωθεν
C αὐτὸ ἀπηκριβοῦτο πολλῶν χάριν. ὀμμάτων τε γὰρ ἐπε-
δεῖτο οὐδέν, ὁρατὸν γὰρ οὐδὲν ὑπελείπετο ἔξωθεν, οὐδ᾽
ἀκοῆς, οὐδὲ γὰρ ἀκουστόν· πνεῦμά τε οὐκ ἦν περιεστὸς
δεόμενον ἀναπνοῆς, οὐδ᾽ αὖ τινὸς ἐπιδεὲς ἦν ὀργάνου
σχεῖν, ᾧ τὴν μὲν εἰς ἑαυτὸ τροφὴν δέξοιτο, τὴν δὲ πρότε-

ρον ἐξικμασμένην ἀποπέμψοι πάλιν. ἀπῄει τε γὰρ οὐδὲν
οὐδὲ προσῄειν αὐτῷ ποθέν· οὐδὲ γὰρ ἦν· αὐτὸ γὰρ ἑαυ-
τῷ τροφὴν τὴν ἑαυτοῦ φθίσιν παρέχον καὶ πάντα ἐν ἑαυ-
τῷ καὶ ὑφ' ἑαυτοῦ πάσχον καὶ δρῶν ἐκ τέχνης γέγονεν· D
ἡγήσατο γὰρ αὐτὸ ὁ ξυνθεὶς αὔταρκες ὂν ἄμεινον ἔσεσθαι
μᾶλλον ἢ προσδεὲς ἄλλων. χειρῶν δέ, αἷς οὔτε λαβεῖν
οὔτε αὖ τινὰ ἀμύνασθαι χρεία τις ἦν, μάτην οὐκ ᾤετο δεῖν
αὐτῷ προσάπτειν, οὐδὲ ποδῶν οὐδὲ ὅλως τῆς περὶ τὴν 34
βάσιν ὑπηρεσίας. κίνησιν γὰρ ἀπένειμεν αὐτῷ τὴν τοῦ
σώματος οἰκείαν, τῶν ἑπτὰ τὴν περὶ νοῦν καὶ φρόνησιν
μάλιστα οὖσαν· διὸ δὴ κατὰ ταὐτὰ ἐν τῷ αὐτῷ καὶ ἐν
ἑαυτῷ περιαγαγὼν αὐτὸ ἐποίησε κύκλῳ κινεῖσθαι στρε-
φόμενον, τὰς δὲ ἓξ ἁπάσας κινήσεις ἀφεῖλε καὶ ἀπλανὲς
ἀπειργάσατο ἐκείνων· ἐπὶ δὲ τὴν περίοδον ταύτην ἅτ'
οὐδὲν ποδῶν δέον ἀσκελὲς καὶ ἄπουν αὐτὸ ἐγέννησεν.

VIII. Οὗτος δὴ πᾶς ὄντος ἀεὶ λογισμὸς θεοῦ περὶ τὸν
ποτὲ ἐσόμενον θεὸν λογισθεὶς λεῖον καὶ ὁμαλὸν πανταχῇ B
τε ἐκ μέσου ἴσον καὶ ὅλον καὶ τέλεον ἐκ τελέων σωμάτων
σῶμα ἐποίησε· ψυχὴν δὲ εἰς τὸ μέσον αὐτοῦ θεὶς διὰ παν-
τός τε ἔτεινε καὶ ἔτι ἔξωθεν τὸ σῶμα αὐτῇ περιεκάλυψε
ταύτῃ, καὶ κύκλῳ δὴ κύκλον στρεφόμενον οὐρανὸν ἕνα
μόνον ἔρημον κατέστησε, δι' ἀρετὴν δὲ αὐτὸν αὑτῷ δυνά-
μενον ξυγγίγνεσθαι καὶ οὐδενὸς ἑτέρου προσδεόμενον,
γνώριμον δὲ καὶ φίλον ἱκανῶς αὐτὸν αὑτῷ. διὰ πάντα
δὴ ταῦτα εὐδαίμονα θεὸν αὐτὸν ἐγεννήσατο· τὴν δὲ δὴ
ψυχὴν οὐχ ὡς νῦν ὑστέραν ἐπιχειροῦμεν λέγειν, οὕτως C
ἐμηχανήσατο καὶ ὁ θεὸς νεωτέραν· οὐ γὰρ ἂν ἄρχεσθαι
πρεσβύτερον ὑπὸ νεωτέρου ξυνέρξας εἴασεν· ἀλλά πως
ἡμεῖς πολὺ μετέχοντες τοῦ προστυχόντος τε καὶ εἰκῇ ταύ-
τῃ πῃ καὶ λέγομεν, ὁ δὲ καὶ γενέσει καὶ ἀρετῇ προτέραν
καὶ πρεσβυτέραν ψυχὴν σώματος ὡς δεσπότιν καὶ ἄρξου-
σαν ἀρξομένου ξυνεστήσατο ἐκ τῶνδέ τε καὶ τοιῷδε τρό-

B ἕτερον, πρὸς ὅ τί τε μάλιστα καὶ ὅπῃ καὶ ὅπως καὶ ὁπότε
ξυμβαίνει κατὰ τὰ γιγνόμενά τε πρὸς ἕκαστον ἕκαστα
εἶναι καὶ πάσχειν καὶ πρὸς τὰ κατὰ ταὐτὰ ἔχοντα ἀεί· λό-
γος δὲ ὁ κατὰ ταὐτὸν ἀληθὴς γιγνόμενος περί τε θάτερον
ὂν καὶ περὶ τὸ ταὐτόν, ἐν τῷ κινουμένῳ ὑφ' αὑτοῦ φε-
ρόμενος ἄνευ φθόγγου καὶ ἠχῆς, ὅταν μὲν περὶ τὸ αἰσθη-
τὸν γίγνηται καὶ ὁ τοῦ θατέρου κύκλος ὀρθὸς ὢν εἰς πᾶ-
σαν αὐτοῦ τὴν ψυχὴν διαγγείλῃ, δόξαι καὶ πίστεις γίγνον-
C ται βέβαιοι καὶ ἀληθεῖς, ὅταν δὲ αὖ περὶ τὸ λογιστικὸν ᾖ
καὶ ὁ τοῦ ταὐτοῦ κύκλος εὔτροχος ὢν αὐτὰ μηνύσῃ, νοῦς
ἐπιστήμη τε ἐξ ἀνάγκης ἀποτελεῖται· τούτω δὲ ἐν ᾧ τῶν
ὄντων ἐγγίγνεσθον, ἄν ποτέ τις αὐτὸ ἄλλο πλὴν ψυχὴν
εἴπῃ, πᾶν μᾶλλον ἢ τἀληθὲς ἐρεῖ.

X. Ὡς δὲ κινηθὲν αὐτὸ καὶ ζῶν ἐνόησε τῶν ἀϊδίων
θεῶν γεγονὸς ἄγαλμα ὁ γεννήσας πατήρ, ἠγάσθη τε καὶ
εὐφρανθεὶς ἔτι δὴ μᾶλλον ὅμοιον πρὸς τὸ παράδειγμα
D ἐπενόησεν ἀπεργάσασθαι. καθάπερ οὖν αὐτὸ τυγχάνει
ζῷον ἀΐδιον ὄν, καὶ τόδε τὸ πᾶν οὕτως εἰς δύναμιν ἐπε-
χείρησε τοιοῦτον ἀποτελεῖν. ἡ μὲν οὖν τοῦ ζῴου φύσις
ἐτύγχανεν οὖσα αἰώνιος, καὶ τοῦτο μὲν δὴ τῷ γεννητῷ
παντελῶς προσάπτειν οὐκ ἦν δυνατόν· εἰκὼ δ' ἐπινοεῖ
κινητόν τινα αἰῶνος ποιῆσαι, καὶ διακοσμῶν ἅμα οὐρανὸν
ποιεῖ μένοντος αἰῶνος ἐν ἑνὶ κατ' ἀριθμὸν ἰοῦσαν αἰώ-
νιον εἰκόνα, τοῦτον ὃν δὴ χρόνον ὠνομάκαμεν. ἡμέρας
E γὰρ καὶ νύκτας καὶ μῆνας καὶ ἐνιαυτούς, οὐκ ὄντας πρὶν
οὐρανὸν γενέσθαι, τότε ἅμα ἐκείνῳ ξυνισταμένῳ τὴν
γένεσιν αὐτῶν μηχανᾶται· ταῦτα δὲ πάντα μέρη χρόνου,
καὶ τό τ' ἦν τό τ' ἔσται χρόνου γεγονότα εἴδη, ἃ δὴ φέ-
ροντες λανθάνομεν ἐπὶ τὴν ἀΐδιον οὐσίαν οὐκ ὀρθῶς. λέ-
γομεν γὰρ δὴ ὡς ἦν ἔστι τε καὶ ἔσται, τῇ δὲ τὸ ἔστι μόνον
38 κατὰ τὸν ἀληθῆ λόγον προσήκει, τὸ δὲ ἦν τό τ' ἔσται περὶ
τὴν ἐν χρόνῳ γένεσιν ἰοῦσαν πρέπει λέγεσθαι· κινήσεις

γάρ ἐστον, τὸ δὲ ἀεὶ κατὰ ταὐτὰ ἔχον ἀκινήτως οὔτε πρεσβύτερον οὔτε νεώτερον προσήκει γίγνεσθαι διὰ χρόνου οὐδὲ γενέσθαι ποτὲ οὐδὲ γεγονέναι νῦν οὐδ' εἰσαῦθις ἔσεσθαι, τὸ παράπαν τε οὐδὲν ὅσα γένεσις τοῖς ἐν αἰσθήσει φερομένοις προσῆψεν, ἀλλὰ χρόνου ταῦτα αἰῶνα μιμουμένου καὶ κατ' ἀριθμὸν κυκλουμένου γέγονεν εἴδη· καὶ
πρὸς τούτοις ἔτι τὰ τοιάδε, τό τε γεγονὸς εἶναι γεγονὸς καὶ B
τὸ γιγνόμενον εἶναι γιγνόμενον, ἔτι δὲ τὸ γενησόμενον εἶναι γενησόμενον καὶ τὸ μὴ ὂν μὴ ὂν εἶναι, ὧν οὐδὲν ἀκριβὲς λέγομεν. περὶ μὲν οὖν τούτων τάχ' ἂν οὐκ εἴη καιρὸς πρέπων ἐν τῷ παρόντι διακριβολογεῖσθαι.

XI. Χρόνος δ' οὖν μετ' οὐρανοῦ γέγονεν, ἵνα ἅμα γεννηθέντες ἅμα καὶ λυθῶσιν, ἄν ποτε λύσις τις αὐτῶν γίγνηται, καὶ κατὰ τὸ παράδειγμα τῆς διαιωνίας φύσεως, ἵν' ὡς ὁμοιότατος αὐτῷ κατὰ δύναμιν ᾖ· τὸ μὲν γὰρ δὴ
παράδειγμα πάντα αἰῶνά ἐστιν ὄν, ὁ δ' αὖ διὰ τέλους τὸν C
ἅπαντα χρόνον γεγονώς τε καὶ ὢν καὶ ἐσόμενος. ἐξ οὖν λόγου καὶ διανοίας θεοῦ τοιαύτης πρὸς χρόνου γένεσιν, ἵνα γεννηθῇ χρόνος, ἥλιος καὶ σελήνη καὶ πέντε ἄλλα ἄστρα, ἐπίκλην ἔχοντα πλανητά, εἰς διορισμὸν καὶ φυλακὴν ἀριθμῶν χρόνου γέγονε· σώματα δὲ αὐτῶν ἑκάστων ποιήσας ὁ θεὸς ἔθηκεν εἰς τὰς περιφοράς, ἃς ἡ θατέρου
περίοδος ᾔειν, ἑπτὰ οὔσας ὄντα ἑπτά, σελήνην μὲν εἰς τὸν D
περὶ γῆν πρῶτον, ἥλιον δ' εἰς τὸν δεύτερον ὑπὲρ γῆς, ἑωσφόρον δὲ καὶ τὸν ἱερὸν Ἑρμοῦ λεγόμενον εἰς τὸν τάχει μὲν ἰσόδρομον ἡλίῳ κύκλον ἰόντας, τὴν δ' ἐναντίαν εἰληχότας αὐτῷ δύναμιν· ὅθεν καταλαμβάνουσί τε καὶ καταλαμβάνονται κατὰ ταὐτὰ ὑπ' ἀλλήλων ἥλιός τε καὶ ὁ τοῦ Ἑρμοῦ καὶ ἑωσφόρος· τὰ δ' ἄλλα οἷ δὴ καὶ δι' ἃς αἰτίας ἱδρύσατο, εἴ τις ἐπεξίοι πάσας, ὁ λόγος πάρεργος ὢν πλέον
ἂν ἔργον ὧν ἕνεκα λέγεται παράσχοι. ταῦτα μὲν οὖν ἴσως E
τάχ' ἂν κατὰ σχολὴν ὕστερον τῆς ἀξίας τύχοι διηγήσεως·

ἐπειδὴ δὲ οὖν εἰς τὴν ἑαυτῷ πρέπουσαν ἕκαστον ἀφίκετο
φορὰν τῶν ὅσα ἔδει ξυναπεργάζεσθαι χρόνον, δεσμοῖς τε
ἐμψύχοις σώματα δεθέντα ζῷα ἐγεννήθη τό τε προστα-
39 χθὲν ἔμαθε, κατὰ δὴ τὴν θατέρου φορὰν πλαγίαν οὖσαν,
διὰ τῆς ταὐτοῦ φορᾶς ἰούσης τε καὶ κρατουμένης, τὸ μὲν
μείζονα αὐτῶν, τὸ δ' ἐλάττω κύκλον ἰόν, θᾶττον μὲν τὰ
τὸν ἐλάττω, τὰ δὲ τὸν μείζω βραδύτερον περιῄειν. τῇ δὴ
ταὐτοῦ φορᾷ τὰ τάχιστα περιιόντα ὑπὸ τῶν βραδύτερον
ἰόντων ἐφαίνετο καταλαμβάνοντα καταλαμβάνεσθαι·
πάντας γὰρ τοὺς κύκλους αὐτῶν στρέφουσα ἕλικα διὰ τὸ
B διχῇ κατὰ τὰ ἐναντία ἅμα προϊέναι τὸ βραδύτατα ἀπιὸν
ἀφ' αὑτῆς οὔσης ταχίστης ἐγγύτατα ἀπέφαινεν. ἵνα δ'
εἴη μέτρον ἐναργές τι πρὸς ἄλληλα βραδυτῆτι καὶ τάχει
ὡς τὰ περὶ τὰς ὀκτὼ φορὰς πορεύοιτο, φῶς ὁ θεὸς ἀνῆψεν
ἐν τῇ πρὸς γῆν δευτέρᾳ τῶν περιόδων, ὃ δὴ νῦν κεκλήκα-
μεν ἥλιον, ἵνα ὅ τι μάλιστα εἰς ἅπαντα φαίνοι τὸν οὐρα-
νὸν μετάσχοι τε ἀριθμοῦ τὰ ζῷα, ὅσοις ἦν προσῆκον, μα-
θόντα παρὰ τῆς ταὐτοῦ καὶ ὁμοίου περιφορᾶς. νὺξ μὲν
C οὖν ἡμέρα τε γέγονεν οὕτως καὶ διὰ ταῦτα, ἡ τῆς μιᾶς καὶ
φρονιμωτάτης κυκλήσεως περίοδος· μεὶς δὲ ἐπειδὰν σε-
λήνη περιελθοῦσα τὸν ἑαυτῆς κύκλον ἥλιον ἐπικαταλάβῃ,
ἐνιαυτὸς δὲ ὁπόταν ἥλιος τὸν ἑαυτοῦ περιέλθῃ κύκλον·
τῶν δ' ἄλλων τὰς περιόδους οὐκ ἐννενοηκότες ἄνθρωποι,
πλὴν ὀλίγοι τῶν πολλῶν, οὔτε ὀνομάζουσιν οὔτε πρὸς
ἄλληλα ξυμμετροῦνται σκοποῦντες ἀριθμοῖς, ὥστε ὡς
ἔπος εἰπεῖν οὐκ ἴσασι χρόνον ὄντα τὰς τούτων πλάνας,
D πλήθει μὲν ἀμηχάνῳ χρωμένας, πεποικιλμένας δὲ θαυ-
μαστῶς· ἔστι δ' ὅμως οὐδὲν ἧττον κατανοῆσαι δυνατόν,
ὡς ὅ γε τέλεος ἀριθμὸς χρόνου τὸν τέλεον ἐνιαυτὸν πλη-
ροῖ τότε, ὅταν ἁπασῶν τῶν ὀκτὼ περιόδων τὰ πρὸς ἄλ-
ληλα ξυμπερανθέντα τάχη σχῇ κεφαλὴν τῷ τοῦ ταὐτοῦ
καὶ ὁμοίως ἰόντος ἀναμετρηθέντα κύκλῳ. κατὰ ταῦτα

δὴ καὶ τούτων ἕνεκα ἐγεννήθη τῶν ἄστρων ὅσα δι' οὐ-
ρανοῦ πορευόμενα ἔσχε τροπάς, ἵνα τόδ' ὡς ὁμοιότατον
ᾖ τῷ τελέῳ καὶ νοητῷ ζώῳ πρὸς τὴν τῆς διαιωνίας μίμη- E
σιν φύσεως.

XII. Καὶ τὰ μὲν ἄλλα ἤδη μέχρι χρόνου γενέσεως
ἀπείργαστο εἰς ὁμοιότητα ᾧπερ ἀπεικάζετο, τῷ δὲ μήπω
τὰ πάντα ζῶα ἐντὸς αὐτοῦ γεγενημένα περιειληφέναι,
ταύτῃ ἔτι εἶχεν ἀνομοίως. τοῦτο δὴ τὸ κατάλοιπον ἀπειρ-
γάζετο αὐτοῦ πρὸς τὴν τοῦ παραδείγματος ἀποτυπούμε-
νος φύσιν. ᾗπερ οὖν νοῦς ἐνούσας ἰδέας τῷ ὃ ἔστι ζῷον,
οἷαί τε ἔνεισι καὶ ὅσαι, καθορᾷ, τοιαύτας καὶ τοσαύτας διε-
νοήθη δεῖν καὶ τόδε σχεῖν. εἰσὶ δὴ τέτταρες, μία μὲν οὐ-
ράνιον θεῶν γένος, ἄλλη δὲ πτηνὸν καὶ ἀεροπόρον, τρίτη
δὲ ἔνυδρον εἶδος, πεζὸν δὲ καὶ χερσαῖον τέταρτον. τοῦ
μὲν οὖν θείου τὴν πλείστην ἰδέαν ἐκ πυρὸς ἀπειργάζετο,
ὅπως ὅ τι λαμπρότατον ἰδεῖν τε κάλλιστον εἴη, τῷ δὲ παντὶ
προσεικάζων εὔκυκλον ἐποίει, τίθησί τε εἰς τὴν τοῦ κρα-
τίστου φρόνησιν ἐκείνῳ ξυνεπόμενον, νείμας περὶ πάντα
κύκλῳ τὸν οὐρανόν, κόσμον ἀληθινὸν αὐτῷ πεποικιλμέ-
νον εἶναι καθ' ὅλον. κινήσεις δὲ δύο προσῆψεν ἑκάστῳ,
τὴν μὲν ἐν ταὐτῷ κατὰ ταὐτὰ περὶ τῶν αὐτῶν ἀεὶ τὰ αὐτὰ
ἑαυτῷ διανοουμένῳ, τὴν δὲ εἰς τὸ πρόσθεν ὑπὸ τῆς ταὐ- B
τοῦ καὶ ὁμοίου περιφορᾶς κρατουμένῳ· τὰς δὲ πέντε κι-
νήσεις ἀκίνητον καὶ ἑστός, ἵν' ὅ τι μάλιστα αὐτῶν ἕκα-
στον γένοιτο ὡς ἄριστον. ἐξ ἧς δὴ τῆς αἰτίας γέγονεν ὅσ'
ἀπλανῆ τῶν ἄστρων ζῶα θεῖα ὄντα καὶ ἀΐδια καὶ κατὰ
ταὐτὰ ἐν ταὐτῷ στρεφόμενα ἀεὶ μένει· τὰ δὲ τρεπόμενα
καὶ πλάνην τοιαύτην ἴσχοντα, καθάπερ ἐν τοῖς πρόσθεν
ἐρρήθη, κατ' ἐκεῖνα γέγονε. γῆν δὲ τροφὸν μὲν ἡμετέ-
ραν, εἱλλομένην δὲ περὶ τὸν διὰ παντὸς πόλον τεταμένον,
φύλακα καὶ δημιουργὸν νυκτός τε καὶ ἡμέρας ἐμηχανή- C
σατο, πρώτην καὶ πρεσβυτάτην θεῶν ὅσοι ἐντὸς οὐρανοῦ

*γεγόνασι· χορείας δὲ τούτων αὐτῶν καὶ παραβολὰς ἀλλή-
λων, καὶ περὶ τὰς τῶν κύκλων πρὸς ἑαυτοὺς ἐπανακυ-
κλήσεις καὶ προσχωρήσεις, ἔν τε ταῖς ξυνάψεσιν ὁποῖοι
τῶν θεῶν κατ' ἀλλήλους γιγνόμενοι καὶ ὅσοι καταν-
τικρύ, μεθ' οὕστινάς τε ἐπίπροσθεν ἀλλήλοις ἡμῖν τε
κατὰ χρόνους οὕστινας ἕκαστοι κατακαλύπτονται καὶ πά-
D λιν ἀναφαινόμενοι φόβους καὶ σημεῖα τῶν μετὰ ταῦτα
γενησομένων τοῖς οὐ δυναμένοις λογίζεσθαι πέμπουσι,
τὸ λέγειν ἄνευ διόψεως τούτων αὖ τῶν μιμημάτων μά-
ταιος ἂν εἴη πόνος· ἀλλὰ ταῦτά τε ἱκανῶς ἡμῖν ταύτῃ καὶ
τὰ περὶ θεῶν ὁρατῶν καὶ γεννητῶν εἰρημένα φύσεως
ἐχέτω τέλος.*

XIII. *Περὶ δὲ τῶν ἄλλων δαιμόνων εἰπεῖν καὶ γνῶναι
τὴν γένεσιν μεῖζον ἢ καθ' ἡμᾶς, πειστέον δὲ τοῖς εἰρηκό-
σιν ἔμπροσθεν, ἐκγόνοις μὲν θεῶν οὖσιν, ὡς ἔφασαν, σα-
φῶς δέ που τούς γε αὑτῶν προγόνους εἰδόσιν· ἀδύνατον
E οὖν θεῶν παισὶν ἀπιστεῖν, καίπερ ἄνευ τε εἰκότων καὶ
ἀναγκαίων ἀποδείξεων λέγουσιν, ἀλλ' ὡς οἰκεῖα φασκόν-
των ἀπαγγέλλειν ἑπομένους τῷ νόμῳ πιστευτέον. οὕ-
τως οὖν κατ' ἐκείνους ἡμῖν ἡ γένεσις περὶ τούτων τῶν
θεῶν ἐχέτω καὶ λεγέσθω. Γῆς τε καὶ Οὐρανοῦ παῖδες
Ὠκεανός τε καὶ Τηθὺς ἐγενέσθην, τούτων δὲ Φόρκυς
Κρόνος τε καὶ Ῥέα καὶ ὅσοι μετὰ τούτων, ἐκ δὲ Κρόνου
41 καὶ Ῥέας Ζεὺς Ἥρα τε καὶ πάντες ὅσους ἴσμεν ἀδελφοὺς
λεγομένους αὐτῶν, ἔτι τε τούτων ἄλλους ἐκγόνους· ἐπεὶ
δ' οὖν πάντες, ὅσοι τε περιπολοῦσι φανερῶς καὶ ὅσοι
φαίνονται καθ' ὅσον ἂν ἐθέλωσιν, οἱ θεοὶ γένεσιν ἔσχον,
λέγει πρὸς αὐτοὺς ὁ τόδε τὸ πᾶν γεννήσας τάδε· Θεοὶ
θεῶν, ὧν ἐγὼ δημιουργὸς πατήρ τε ἔργων, ἃ δι' ἐμοῦ
γενόμενα ἄλυτα ἐμοῦ γε μὴ ἐθέλοντος. τὸ μὲν οὖν δὴ δεθὲν
B πᾶν λυτόν, τό γε μὴν καλῶς ἁρμοσθὲν καὶ ἔχον εὖ λύειν
ἐθέλειν κακοῦ· δι' ἃ καὶ ἐπείπερ γεγένησθε, ἀθάνατοι μὲν*

οὐκ ἐστὲ οὐδ' ἄλυτοι τὸ πάμπαν, οὔ τι μὲν δὴ λυθήσεσθέ γε οὐδὲ τεύξεσθε θανάτου μοίρας, τῆς ἐμῆς βουλήσεως μείζονος ἔτι δεσμοῦ καὶ κυριωτέρου λαχόντες ἐκείνων, οἷς ὅτ' ἐγίγνεσθε ξυνεδεῖσθε. νῦν οὖν ὃ λέγω πρὸς ὑμᾶς ἐνδεικνύμενος, μάθετε. θνητὰ ἔτι γένη λοιπὰ τρί' ἀγέννητα· τούτων δὲ μὴ γενομένων οὐρανὸς ἀτελὴς ἔσται· τὰ γὰρ ἅπαντ' ἐν αὑτῷ γένη ζώων οὐχ ἕξει, δεῖ δέ, εἰ μέλλει τέλεος C
ἱκανῶς εἶναι. δι' ἐμοῦ δὲ ταῦτα γενόμενα καὶ βίου μετασχόντα θεοῖς ἰσάζοιτ' ἄν· ἵνα οὖν θνητά τε ᾖ τό τε πᾶν τόδε ὄντως ἅπαν ᾖ, τρέπεσθε κατὰ φύσιν ὑμεῖς ἐπὶ τὴν τῶν ζώων δημιουργίαν, μιμούμενοι τὴν ἐμὴν δύναμιν περὶ τὴν ὑμετέραν γένεσιν. καὶ καθ' ὅσον μὲν αὐτῶν ἀθανάτοις ὁμώνυμον εἶναι προσήκει, θεῖον λεγόμενον ἡγεμονοῦν τε ἐν αὐτοῖς τῶν ἀεὶ δίκῃ καὶ ὑμῖν ἐθελόντων ἕπεσθαι, σπείρας καὶ ὑπαρξάμενος ἐγὼ παραδώσω· τὸ δὲ λοιπὸν ὑμεῖς, ἀθανάτῳ θνητὸν προσυφαίνοντες, ἀπεργά- D
ζεσθε ζῷα καὶ γεννᾶτε τροφήν τε διδόντες αὐξάνετε καὶ φθίνοντα πάλιν δέχεσθε.

XIV. Ταῦτ' εἶπε, καὶ πάλιν ἐπὶ τὸν πρότερον κρατῆρα, ἐν ᾧ τὴν τοῦ παντὸς ψυχὴν κεραννὺς ἔμισγε, τὰ τῶν πρόσθεν ὑπόλοιπα κατεχεῖτο μίσγων τρόπον μέν τινα τὸν αὐτόν, ἀκήρατα δ' οὐκέτι κατὰ ταὐτὰ ὡσαύτως, ἀλλὰ δεύτερα καὶ τρίτα. ξυστήσας δὲ τὸ πᾶν διεῖλε ψυχὰς ἰσαρίθμους τοῖς ἄστροις, ἔνειμέ θ' ἑκάστην πρὸς ἕκαστον, καὶ ἐμβιβάσας ὡς ἐς ὄχημα τὴν τοῦ παντὸς φύσιν ἔδειξε, νό- E
μους τε τοὺς εἱμαρμένους εἶπεν αὐταῖς, ὅτι γένεσις πρώτη μὲν ἔσοιτο τεταγμένη μία πᾶσιν, ἵνα μήτις ἐλαττοῖτο ὑπ' αὐτοῦ, δέοι δὲ σπαρείσας αὐτὰς εἰς τὰ προσήκοντα ἑκάσταις ἕκαστα ὄργανα χρόνων φῦναι ζώων τὸ θεοσεβέστατον, διπλῆς δὲ οὔσης τῆς ἀνθρωπίνης φύσεως τὸ κρεῖττον 42
τοιοῦτον εἴη γένος, ὃ καὶ ἔπειτα κεκλήσοιτο ἀνήρ. ὁπότε δὴ σώμασιν ἐμφυτευθεῖεν ἐξ ἀνάγκης, καὶ τὸ μὲν προσίοι,

τι δ' ἀπίοι τοῦ σώματος αὐτῶν, πρῶτον μὲν αἴσθησιν
ἀναγκαῖον εἴη μίαν πᾶσιν ἐκ βιαίων παθημάτων ξύμφυ-
τον γίγνεσθαι, δεύτερον δὲ ἡδονῇ καὶ λύπῃ μεμιγμένον
ἔρωτα, πρὸς δὲ τούτοις φόβον καὶ θυμὸν ὅσα τε ἑπόμενα
B αὐτοῖς καὶ ὁπόσα ἐναντίως πέφυκε διεστηκότα· ὧν εἰ μὲν
κρατήσοιεν, δίκῃ βιώσοιντο, κρατηθέντες δὲ ἀδικίᾳ. καὶ
ὁ μὲν εὖ τὸν προσήκοντα χρόνον βιούς, πάλιν εἰς τὴν τοῦ
ξυννόμου πορευθεὶς οἴκησιν ἄστρου, βίον εὐδαίμονα καὶ
συνήθη ἕξοι· σφαλεὶς δὲ τούτων εἰς γυναικὸς φύσιν ἐν
τῇ δευτέρᾳ γενέσει μεταβαλοῖ· μὴ παυόμενός τε ἐν τού-
C τοις ἔτι κακίας, τρόπον ὃν κακύνοιτο, κατὰ τὴν ὁμοιό-
τητα τῆς τοῦ τρόπου γενέσεως εἴς τινα τοιαύτην ἀεὶ μετα-
βαλοῖ θήρειον φύσιν, ἀλλάττων τε οὐ πρότερον πόνων
λήξοι, πρὶν τῇ ταὐτοῦ καὶ ὁμοίου περιόδῳ τῇ ἐν αὐτῷ
ξυνεπισπώμενος τὸν πολὺν ὄχλον καὶ ὕστερον προσφύντα
D ἐκ πυρὸς καὶ ὕδατος καὶ ἀέρος καὶ γῆς, θορυβώδη καὶ
ἄλογον ὄντα, λόγῳ κρατήσας εἰς τὸ τῆς πρώτης καὶ ἀρί-
στης ἀφίκοιτο εἶδος ἕξεως. διαθεσμοθετήσας δὲ πάντα
αὐτοῖς ταῦτα, ἵνα τῆς ἔπειτα εἴη κακίας ἑκάστων ἀναίτιος,
ἔσπειρε τοὺς μὲν εἰς γῆν, τοὺς δ' εἰς σελήνην, τοὺς δ' εἰς
τἆλλα ὅσα ὄργανα χρόνου· τὸ δὲ μετὰ τὸν σπόρον τοῖς
νέοις παρέδωκε θεοῖς σώματα πλάττειν θνητά, τό τε ἐπί-
λοιπον, ὅσον ἔτι ἦν ψυχῆς ἀνθρωπίνης δέον προσγενέ-
E σθαι, τοῦτο καὶ πάνθ' ὅσα ἀκόλουθα ἐκείνοις ἀπεργασα-
μένους ἄρχειν, καὶ κατὰ δύναμιν ὅ τι κάλλιστα καὶ ἄριστα
τὸ θνητὸν διακυβερνᾶν ζῶον, ὅ τι μὴ κακῶν αὐτὸ ἑαυτῷ
γίγνοιτο αἴτιον.

XV. Καὶ ὁ μὲν δὴ ἅπαντα ταῦτα διατάξας ἔμενεν ἐν
τῷ ἑαυτοῦ κατὰ τρόπον ἤθει· μένοντος δὲ νοήσαντες οἱ
παῖδες τὴν τοῦ πατρὸς διάταξιν ἐπείθοντο αὐτῇ, καὶ λα-
βόντες ἀθάνατον ἀρχὴν θνητοῦ ζώου, μιμούμενοι τὸν
σφέτερον δημιουργόν, πυρὸς καὶ γῆς ὕδατός τε καὶ ἀέρος

ἀπὸ τοῦ κόσμου δανειζόμενοι μόρια, ὡς ἀποδοθησόμενα
πάλιν, εἰς ταὐτὸν τὰ λαμβανόμενα συνεκόλλων, οὐ τοῖς 43
ἀλύτοις οἷς αὐτοὶ ξυνείχοντο δεσμοῖς, ἀλλὰ διὰ σμικρό-
τητα ἀοράτοις, πυκνοῖς γόμφοις ξυντήκοντες, ἓν ἐξ ἁπάν-
των ἀπεργαζόμενοι σῶμα ἕκαστον, τὰς τῆς ἀθανάτου
ψυχῆς περιόδους ἐνέδουν εἰς ἐπίρρυτον σῶμα καὶ ἀπόρ-
ρυτον. αἱ δ' εἰς ποταμὸν ἐνδεθεῖσαι πολὺν οὔτ' ἐκράτουν
οὔτ' ἐκρατοῦντο, βίᾳ δ' ἐφέροντο καὶ ἔφερον, ὥστε τὸ μὲν B
ὅλον κινεῖσθαι ζῷον, ἀτάκτως μὴν ὅπῃ τύχοι προϊέναι καὶ
ἀλόγως, τὰς ἓξ ἁπάσας κινήσεις ἔχον· εἴς τε γὰρ τὸ πρό-
σθε καὶ ὄπισθεν καὶ πάλιν εἰς δεξιὰ καὶ ἀριστερὰ κάτω τε
καὶ ἄνω καὶ πάντῃ κατὰ τοὺς ἓξ τόπους πλανώμενα προῄ-
ειν. πολλοῦ γὰρ ὄντος τοῦ κατακλύζοντος καὶ ἀπορρέον-
τος κύματος, ὃ τὴν τροφὴν παρεῖχεν, ἔτι μείζω θόρυβον
ἀπειργάζετο τὰ τῶν προσπιπτόντων παθήματα ἑκάστοις, C
ὅτε πυρὶ προσκρούσειε τὸ σῶμά τινος ἔξωθεν ἀλλοτρίῳ
περιτυχὸν ἢ καὶ στερεῷ γῆς ὑγροῖς τε ὀλισθήμασιν ὑδά-
των, εἴτε ζάλῃ πνευμάτων ὑπὸ ἀέρος φερομένων καταλη-
φθείη, καὶ ὑπὸ πάντων τούτων διὰ τοῦ σώματος αἱ κινή-
σεις ἐπὶ τὴν ψυχὴν φερόμεναι προσπίπτοιεν· αἳ δὴ καὶ
ἔπειτα διὰ ταῦτα ἐκλήθησάν τε καὶ νῦν ἔτι αἰσθήσεις ξυν-
άπασαι κέκληνται. καὶ δὴ καὶ τότε ἐν τῷ παρόντι πλεί-
στην καὶ μεγίστην παρεχόμεναι κίνησιν, μετὰ τοῦ ῥέοντος
ἐνδελεχῶς ὀχετοῦ κινοῦσαι καὶ σφοδρῶς σείουσαι τὰς τῆς D
ψυχῆς περιόδους, τὴν μὲν ταὐτοῦ παντάπασιν ἐπέδησαν
ἐναντία αὐτῇ ῥέουσαι καὶ ἐπέσχον ἄρχουσαν καὶ ἰοῦσαν,
τὴν δ' αὖ θατέρου διέσεισαν, ὥστε τὰς τοῦ διπλασίου καὶ
τριπλασίου τρεῖς ἑκατέρας ἀποστάσεις καὶ τὰς τῶν ἡμιο-
λίων καὶ ἐπιτρίτων καὶ ἐπογδόων μεσότητας καὶ ξυνδέσεις,
ἐπειδὴ παντελῶς λυταὶ οὐκ ἦσαν πλὴν ὑπὸ τοῦ ξυνδή-
σαντος, πάσας μὲν στρέψαι στροφάς, πάσας δὲ κλάσεις καὶ
διαφορὰς τῶν κύκλων ἐμποιεῖν, ὁσαχῇπερ ἦν δυνατόν, E

ὥστε καὶ ἀλλήλων μόγις ξυνεχομένας φέρεσθαι μ
ἀλόγως δὲ φέρεσθαι, τοτὲ μὲν ἀντίας, ἄλλοτε δὲ πλαγ
τοτὲ δὲ ὑπτίας· οἷον ὅταν τις ὕπτιος ἐρείσας τὴν κεφα
μὲν ἐπὶ γῇ, τοὺς δὲ πόδας ἄνω προσβαλὼν ἔχῃ πρός τ
τότε ἐν τούτῳ τῷ πάθει τοῦ τε πάσχοντος καὶ τῶν ὁρ
των τά τε δεξιὰ ἀριστερὰ καὶ τὰ ἀριστερὰ δεξιὰ ἑκατέ
τὰ ἑκατέρων φαντάζεται. ταὐτὸν δὴ τοῦτο καὶ τοια
44 ἕτερα αἱ περιφοραὶ πάσχουσαι σφοδρῶς, ὅταν τέ τῳ
ἔξωθεν τοῦ ταὐτοῦ γένους ἢ τοῦ θατέρου περιτύχ
τότε ταὐτόν τῳ καὶ θάτερόν του τἀναντία τῶν ἀλη
προσαγορεύουσαι ψευδεῖς καὶ ἀνόητοι γεγόνασιν, οὐ
μία τε ἐν αὐταῖς τότε περίοδος ἄρχουσα οὐδ' ἡγεμ
ἐστιν· αἷς δ' ἂν ἔξωθεν αἰσθήσεις τινὲς φερόμεναι
προσπεσοῦσαι ξυνεπισπάσωνται καὶ τὸ τῆς ψυχῆς ἅ
κύτος, τόθ' αὗται κρατούμεναι κρατεῖν δοκοῦσι· καὶ
δὴ ταῦτα πάντα τὰ παθήματα νῦν κατ' ἀρχάς τε ἄν
B ψυχὴ γίγνεται τὸ πρῶτον, ὅταν εἰς σῶμα ἐνδεθῇ θνη
ὅταν δὲ τὸ τῆς αὔξης καὶ τροφῆς ἔλαττον ἐπίῃ ῥεῦμα,
λιν δὲ αἱ περίοδοι λαμβανόμεναι γαλήνης τὴν ἑαυ
ὁδὸν ἴωσι καὶ καθιστῶνται μᾶλλον ἐπιόντος τοῦ χρό
τότε ἤδη πρὸς τὸ κατὰ φύσιν ἰόντων σχῆμα ἑκάστων
κύκλων αἱ περιφοραὶ κατευθυνόμεναι, τό τε θάτερον
τὸ ταὐτὸν προσαγορεύουσαι κατ' ὀρθόν, ἔμφρονα
ἔχοντα αὐτὰς γιγνόμενον ἀποτελοῦσιν· ἂν μὲν οὖν
C καὶ ξυνεπιλαμβάνηταί τις ὀρθὴ τροφὴ παιδεύσεως, ὁ
κληρος ὑγιής τε παντελῶς, τὴν μεγίστην ἀποφυγὼν
σον, γίγνεται, καταμελήσας δέ, χωλὴν τοῦ βίου διαπο
θεὶς ζωήν, ἀτελὴς καὶ ἀνόητος εἰς Ἅιδου πάλιν ἔρχε
ταῦτα μὲν οὖν ὕστερά ποτε γίγνεται· περὶ δὲ τῶν
προτεθέντων δεῖ διελθεῖν ἀκριβέστερον, τὰ δὲ πρὸ τ
των περὶ σωμάτων κατὰ μέρη τῆς γενέσεως καὶ
ψυχῆς, δι' ἃς τε αἰτίας καὶ πρ[illegible]νοίας γέγονε θεῶν,

μάλιστα εἰκότος ἀντεχομένοις οὕτω καὶ κατὰ ταῦτα πο- D
ρευομένοις διεξιτέον.

XVI. Τὰς μὲν δὴ θείας περιόδους δύο οὔσας τὸ τοῦ
παντὸς σχῆμα ἀπομιμησάμενοι περιφερὲς ὂν εἰς σφαιρο-
ειδὲς σῶμα ἐνέδησαν, τοῦτο ὃ νῦν κεφαλὴν ἐπονομάζο-
μεν, ὃ θειότατόν τ' ἐστὶ καὶ τῶν ἐν ἡμῖν πάντων δεσπο-
τοῦν· ᾧ καὶ πᾶν τὸ σῶμα παρέδοσαν ὑπηρεσίαν αὐτῷ ξυν-
αθροίσαντες θεοί, κατανοήσαντες, ὅτι πασῶν ὅσαι κινή-
σεις ἔσοιντο μετέχοι. ἵν' οὖν μὴ κυλινδούμενον ἐπὶ γῆς
ὕψη τε καὶ βάθη παντοδαπὰ ἐχούσης ἀποροῖ τὰ μὲν ὑπερ- E
βαίνειν, ἔνθεν δὲ ἐκβαίνειν, ὄχημ' αὐτῷ τοῦτο καὶ εὐπο-
ρίαν ἔδοσαν· ὅθεν δὴ μῆκος τὸ σῶμα ἔσχεν, ἐκτατά τε
κῶλα καὶ καμπτὰ ἔφυσε τέτταρα θεοῦ μηχανησαμένου πο-
ρείαν, οἷς ἀντιλαμβανόμενον καὶ ἀπερειδόμενον διὰ πάν-
των τόπων πορεύεσθαι δυνατὸν γέγονε, τὴν τοῦ θειοτά- 45
του καὶ ἱερωτάτου φέρον οἴκησιν ἐπάνωθεν ἡμῶν. σκέλη
μὲν οὖν χεῖρές τε ταύτῃ καὶ διὰ ταῦτα προσέφυ πᾶσι· τοῦ
δ' ὄπισθεν τὸ πρόσθεν τιμιώτερον καὶ ἀρχικώτερον νομί-
ζοντες θεοὶ ταύτῃ τὸ πολὺ τῆς πορείας ἡμῖν ἔδοσαν· ἔδει
δὴ διωρισμένον ἔχειν καὶ ἀνόμοιον τοῦ σώματος τὸ πρό-
σθεν ἄνθρωπον. διὸ πρῶτον μὲν περὶ τὸ τῆς κεφαλῆς
κύτος, ὑποθέντες αὐτόσε τὸ πρόσωπον, ὄργανα ἐνέδησαν
τούτῳ πάσῃ τῇ τῆς ψυχῆς προνοίᾳ, καὶ διέταξαν τὸ μετ- B
έχον ἡγεμονίας τοῦτ' εἶναι, τὸ κατὰ φύσιν πρόσθεν· τῶν
δὲ ὀργάνων πρῶτον μὲν φωσφόρα ξυνετεκτήναντο ὄμ-
ματα, τοιᾷδε ἐνδήσαντες αἰτίᾳ. τοῦ πυρὸς ὅσον τὸ μὲν
καίειν οὐκ ἔσχε, τὸ δὲ παρέχειν φῶς ἥμερον, οἰκεῖον ἑκά-
στης ἡμέρας, σῶμα ἐμηχανήσαντο γίγνεσθαι. τὸ γὰρ ἐντὸς
ἡμῶν ἀδελφὸν ὂν τούτου πῦρ εἰλικρινὲς ἐποίησαν διὰ
τῶν ὀμμάτων ῥεῖν λεῖον καὶ πυκνὸν ὅλον μέν, μάλιστα δὲ
τὸ μέσον ξυμπιλήσαντες τῶν ὀμμάτων, ὥστε τὸ μὲν ἄλλο C
ὅσον παχύτερον στέγειν πᾶν, τὸ τοιοῦτον δὲ μόνον αὐτὸ

καθαρὸν διηθεῖν. ὅταν οὖν μεθημερινὸν ᾖ φῶς περὶ τὸ τῆς ὄψεως ῥεῦμα, τότ᾽ ἐκπῖπτον ὅμοιον πρὸς ὅμοιον, ξυμπαγὲς γενόμενον, ἓν σῶμα οἰκειωθὲν συνέστη κατὰ τὴν τῶν ὀμμάτων εὐθυωρίαν, ὅπῃπερ ἂν ἀντερείδῃ τὸ προσπῖπτον ἔνδοθεν πρὸς ὃ τῶν ἔξω συνέπεσεν. ὁμοιοπαθὲς δὴ δι᾽ ὁμοιότητα πᾶν γενόμενον, ὅτου τε ἂν αὐτό ποτε ἐφά-
D πτηται καὶ ὃ ἂν ἄλλο ἐκείνου, τούτων τὰς κινήσεις διαδιδὸν εἰς ἅπαν τὸ σῶμα μέχρι τῆς ψυχῆς αἴσθησιν παρέσχετο ταύτην, ᾗ δὴ ὁρᾶν φαμέν, ἀπελθόντος δὲ εἰς νύκτα τοῦ ξυγγενοῦς πυρὸς ἀποτέτμηται· πρὸς γὰρ ἀνόμοιον ἐξιὸν ἀλλοιοῦταί τε αὐτὸ καὶ κατασβέννυται, ξυμφυὲς οὐκέτι τῷ πλησίον ἀέρι γιγνόμενον, ἅτε πῦρ οὐκ ἔχοντι. παύεταί τε οὖν ὁρῶν, ἔτι τε ἐπαγωγὸν ὕπνου γίγνεται· σωτηρίαν γὰρ ἣν οἱ θεοὶ τῆς ὄψεως ἐμηχανήσαντο, τὴν τῶν
E βλεφάρων φύσιν, ὅταν ταῦτα ξυμμύσῃ, καθείργνυσι τὴν τοῦ πυρὸς ἐντὸς δύναμιν, ἡ δὲ διαχεῖ τε καὶ ὁμαλύνει τὰς ἐντὸς κινήσεις, ὁμαλυνθεισῶν δὲ ἡσυχία γίγνεται, γενομένης δὲ πολλῆς μὲν ἡσυχίας βραχυόνειρος ὕπνος ἐμπίπτει, καταλειφθεισῶν δέ τινων κινήσεων μειζόνων, οἷαι
46 καὶ ἐν οἵοις ἂν τόποις λείπωνται, τοιαῦτα καὶ τοσαῦτα παρέσχοντο ἀφομοιωθέντα ἐντὸς ἔξω τε ἐγερθεῖσιν ἀπομνημονευόμενα φαντάσματα. τὸ δὲ περὶ τὴν τῶν κατόπτρων εἰδωλοποιίαν, καὶ πάντα ὅσα ἐμφανῆ καὶ λεῖα, κατιδεῖν οὐδὲν ἔτι χαλεπόν. ἐκ γὰρ τῆς ἐντὸς ἐκτός τε τοῦ πυρὸς ἑκατέρου κοινωνίας ἀλλήλοις, ἑνός τε αὖ περὶ τὴν λειότητα ἑκάστοτε γενομένου καὶ πολλαχῇ μεταρρυθμισθέν-
B τος, πάντα τὰ τοιαῦτα ἐξ ἀνάγκης ἐμφαίνεται, τοῦ περὶ τὸ πρόσωπον πυρὸς τῷ περὶ τὴν ὄψιν πυρὶ περὶ τὸ λεῖον καὶ λαμπρὸν ξυμπαγοῦς γιγνομένου. δεξιὰ δὲ φαντάζεται τὰ ἀριστερά, ὅτι τοῖς ἐναντίοις μέρεσι τῆς ὄψεως περὶ τἀναντία μέρη γίγνεται ἐπαφὴ παρὰ τὸ καθεστὸς ἔθος τῆς προσβολῆς· δεξιὰ δὲ [illegible] ἀριστερὰ ἀριστερὰ τοὐ-

ιον. ὅταν μετακινῇ [illegible] νον ῷ [illegible] πήγνυται
τοῦτο δέ, ὅταν ἡ [illegible] της, [illegible] ν καὶ C
ν τῆς λαβοῦσα. τὸ δὲ [illegible] τὸ [illegible] ν μέρος
σῃ τῆς ὄψεως καὶ θάτερ [illegible] ον. [illegible] τὸ
ς στρεφὲν τοῦ προσώπ [illegible] τοῦτο [illegible] -
κάτω φαίνεσθαι. τὸ κάτω [illegible] τῆς αὐγῆς τ'
πρὸς τὸ κάτω πάλιν [illegible] τ οὖν [illegible]
ξυναιτίων. οἷς θεὸς ὑπη [illegible] χρῆ [illegible] τοῦ -
κατὰ τὸ δυνατὸν ἰδέαν [illegible] δὲ ὑπὸ D
πλείστων οὐ ξυναίτια ἀλλ' αἴτ [illegible] των.
ντα καὶ θερμαίνοντα πηγνύντα τε [illegible] ζοντα καὶ
τοιαῦτα ἀπεργαζόμενα. λόγον δὲ οὐ [illegible] οὐδὲ νοῦν
ὐδὲν δυνατὰ ἔχειν ἐστί. τῶν γὰρ ὄντ [illegible] νοῦν μόνῳ
θαι προσήκει. λεκτέον ψυχήν· τοῦτο δὲ ἀόρατον,
δὲ καὶ ὕδωρ καὶ γῆ καὶ ἀὴρ σώματα πάντα ὁρατὰ γέ-
· τὸν δὲ νοῦ καὶ ἐπιστήμης ἐραστὴν ἀνάγκη τὰς τῆς
ρονος φύσεως αἰτίας πρώτας μεταδιώκειν, ὅσαι δὲ ὑπ' E
ον μὲν κινουμένων, ἕτερα δὲ ἐξ ἀνάγκης κινούντων
ονται, δευτέρας. ποιητέον δὴ κατὰ ταῦτα καὶ ἡμῖν·
έα μὲν ἀμφότερα τὰ τῶν αἰτιῶν γένη, χωρὶς δὲ ὅσαι
ὶ νοῦ καλῶν καὶ ἀγαθῶν δημιουργοὶ καὶ ὅσαι μονω-
αι φρονήσεως τὸ τυχὸν ἄτακτον ἑκάστοτε ἐξεργάζον-
τὰ μὲν οὖν τῶν ὀμμάτων ξυμμεταίτια πρὸς τὸ ἔχειν
δύναμιν ἣν νῦν εἴληχεν εἰρήσθω· τὸ δὲ μέγιστον αὐ-
εἰς ὠφέλειαν ἔργον, δι' ὃ θεὸς αὔθ' ἡμῖν δεδώρηται, 47
ὶ τοῦτο ῥητέον. ὄψις δὴ κατὰ τὸν ἐμὸν λόγον αἰτία
μεγίστης ὠφελείας γέγονεν ἡμῖν, ὅτι τῶν νῦν λόγων
τοῦ παντὸς λεγομένων οὐδεὶς ἄν ποτε ἐρρήθη μήτε
ρα μήτε ἥλιον μήτε οὐρανὸν ἰδόντων· νῦν δ' ἡμέρα τε
νὺξ ὀφθεῖσαι μῆνές τε καὶ ἐνιαυτῶν περίοδοι μεμηχά-
ται μὲν ἀριθμόν, χρόνου δὲ ἔννοιαν περί τε τῆς τοῦ
τὸς φύσεως ζήτησιν ἔδοσαν· ἐξ ὧν ἐπορισάμεθα φι-

49 κατὰ ταὐτὰ ὄν, μίμημα δὲ παραδείγματος δεύτερον, γένε-
σιν ἔχον καὶ ὁρατόν· τρίτον δὲ τότε μὲν οὐ διειλόμεθα,
νομίσαντες τὰ δύο ἕξειν ἱκανῶς, νῦν δὲ ὁ λόγος ἔοικεν
εἰσαναγκάζειν χαλεπὸν καὶ ἀμυδρὸν εἶδος ἐπιχειρεῖν λό-
γοις ἐμφανίσαι. τίν᾽ οὖν ἔχον δύναμιν κατὰ φύσιν αὐτὸ
ὑποληπτέον; τοιάνδε μάλιστα, πάσης εἶναι γενέσεως ὑπο-
δοχὴν αὐτὴν οἷον τιθήνην. εἴρηται μὲν οὖν ἀληθές, δεῖ
B δὲ ἐναργέστερον εἰπεῖν περὶ αὐτοῦ· χαλεπὸν δὲ ἄλλως τε
καὶ διότι προαπορηθῆναι περὶ πυρὸς καὶ τῶν μετὰ πυρὸς
ἀναγκαῖον τούτου χάριν· τούτων γὰρ εἰπεῖν ἕκαστον,
ὁποῖον ὄντως ὕδωρ χρὴ λέγειν μᾶλλον ἢ πῦρ καὶ ὁποῖον
ὁτιοῦν μᾶλλον ἢ καὶ ἅπαντα καθ᾽ ἕκαστόν τε, οὕτως ὥστε
τινὶ πιστῷ καὶ βεβαίῳ χρήσασθαι λόγῳ, χαλεπόν. πῶς
οὖν δὴ τοῦτ᾽ αὐτὸ καὶ πῇ καὶ τί περὶ αὐτῶν εἰκότως δια-
πορηθέντες ἂν λέγοιμεν; πρῶτον μέν, ὃ δὴ νῦν ὕδωρ
C ὠνομάκαμεν, πηγνύμενον ὡς δοκοῦμεν λίθους καὶ γῆν
γιγνόμενον ὁρῶμεν, τηκόμενον δὲ καὶ διακρινόμενον αὖ
ταὐτὸν τοῦτο πνεῦμα καὶ ἀέρα, ξυγκαυθέντα δὲ ἀέρα πῦρ,
ἀνάπαλιν δὲ πῦρ συγκριθὲν καὶ κατασβεσθὲν εἰς ἰδέαν τε
ἀπιὸν αὖθις ἀέρος, καὶ πάλιν ἀέρα ξυνιόντα καὶ πυκνού-
μενον νέφος καὶ ὁμίχλην, ἐκ δὲ τούτων ἔτι μᾶλλον ξυμ-
πιλουμένων ῥέον ὕδωρ, ἐξ ὕδατος δὲ γῆν καὶ λίθους αὖ-
θις, κύκλον τε οὕτω διαδιδόντα εἰς ἄλληλα, ὡς φαίνεται,
D τὴν γένεσιν· οὕτω δὴ τούτων οὐδέποτε τῶν αὐτῶν ἑκά-
στων φανταζομένων, ποῖον αὐτῶν ὡς ὂν ὁτιοῦν τοῦτο καὶ
οὐκ ἄλλο παγίως διισχυριζόμενος οὐκ αἰσχυνεῖταί τις
ἑαυτόν; οὐκ ἔστιν, ἀλλ᾽ ἀσφαλέστατα μακρῷ περὶ τού-
των τιθεμένους ὧδε λέγειν· ἀεὶ ὃ καθορῶμεν ἄλλοτε ἄλλῃ
γιγνόμενον, ὡς πῦρ, μὴ τοῦτο ἀλλὰ τὸ τοιοῦτον ἑκάστοτε
προσαγορεύειν πῦρ, μηδὲ ὕδωρ τοῦτο ἀλλὰ τὸ τοιοῦτον
E ἀεί, μηδὲ ἄλλο ποτὲ μηδὲν ὥς τινα ἔχον βεβαιότητα, ὅσα
δεικνύντες τῷ ῥήματι τῷ τόδε καὶ τοῦτο προσχρώμενοι

δηλοῦν ἡγούμεθά τι· φεύγει γὰρ οὐχ ὑπομένον τὴν τοῦ
τόδε καὶ τοῦτο καὶ τὴν τῷδε καὶ πᾶσαν ὅση μόνιμα ὡς
ὄντα αὐτὰ ἐνδείκνυται φάσις. ἀλλὰ ταῦτα μὲν ἕκαστα μὴ
λέγειν, τὸ δὲ τοιοῦτον ἀεὶ περιφερόμενον ὅμοιον ἑκάστου
πέρι καὶ ξυμπάντων οὕτω καλεῖν· καὶ δὴ καὶ πῦρ τὸ διὰ
παντὸς τοιοῦτον καὶ ἅπαν ὅσονπερ ἂν ἔχῃ γένεσιν· ἐν ᾧ
δὲ ἐγγιγνόμενα ἀεὶ ἕκαστα αὐτῶν φαντάζεται καὶ πάλιν
ἐκεῖθεν ἀπόλλυται, μόνον ἐκεῖνο αὖ προσαγορεύειν τῷ τε 50
τοῦτο καὶ τῷ τόδε προσχρωμένους ὀνόματι, τὸ δὲ ὁποιον-
οῦν τι, θερμὸν ἢ λευκὸν ἢ καὶ ὁτιοῦν τῶν ἐναντίων, καὶ
πάνθ' ὅσα ἐκ τούτων, μηδὲν ἐκεῖνο αὖ τούτων καλεῖν.
ἔτι δὲ σαφέστερον αὐτοῦ πέρι προθυμητέον αὖθις εἰπεῖν.
εἰ γὰρ πάντα τις σχήματα πλάσας ἐκ χρυσοῦ μηδὲν μετα-
πλάττων παύοιτο ἕκαστα εἰς ἅπαντα, δεικνύντος δή τινος
αὐτῶν ἓν καὶ ἐρομένου τί ποτ' ἔστι, μακρῷ πρὸς ἀλήθειαν
ἀσφαλέστατον εἰπεῖν ὅτι χρυσός, τὸ δὲ τρίγωνον ὅσα τε B
ἄλλα σχήματα ἐνεγίγνετο, μηδέποτε λέγειν ταῦτα ὡς ὄντα,
ἅ γε μεταξὺ τιθεμένου μεταπίπτει, ἀλλ' ἐὰν ἄρα καὶ τὸ
τοιοῦτον μετ' ἀσφαλείας ἐθέλῃ δέχεσθαί τινος, ἀγαπᾶν.
ὁ αὐτὸς δὴ λόγος καὶ περὶ τῆς τὰ πάντα δεχομένης σώματα
φύσεως· ταὐτὸν αὐτὴν ἀεὶ προσρητέον· ἐκ γὰρ τῆς ἑαυ-
τῆς τὸ παράπαν οὐκ ἐξίσταται δυνάμεως. δέχεταί τε γὰρ
ἀεὶ τὰ πάντα, καὶ μορφὴν οὐδεμίαν ποτὲ οὐδενὶ τῶν εἰς- C
ιόντων ὁμοίαν εἴληφεν οὐδαμῇ οὐδαμῶς· ἐκμαγεῖον γὰρ
φύσει παντὶ κεῖται, κινούμενόν τε καὶ διασχηματιζόμενον
ὑπὸ τῶν εἰσιόντων, φαίνεται δὲ δι' ἐκεῖνα ἄλλοτε ἀλλοῖον·
τὰ δὲ εἰσιόντα καὶ ἐξιόντα τῶν ὄντων ἀεὶ μιμήματα, τυ-
πωθέντα ἀπ' αὐτῶν τρόπον τινὰ δύσφραστον καὶ θαυ-
μαστόν, ὃν εἰσαῦθις μέτιμεν. ἐν δ' οὖν τῷ παρόντι χρὴ
γένη διανοηθῆναι τριττά, τὸ μὲν γιγνόμενον, τὸ δ' ἐν ᾧ
γίγνεται, τὸ δ' ὅθεν ἀφομοιούμενον φύεται τὸ γιγνόμε- D
νον· καὶ δὴ καὶ προσεικάσαι πρέπει τὸ μὲν δεχόμενον

μητρί, τὸ δ' ὅθεν πατρί, τὴν δὲ μεταξὺ τούτων φύσιν ἐκ-
γόνῳ, νοῆσαί τε, ὡς οὐκ ἂν ἄλλως, ἐκτυπώματος ἔσεσθαι
μέλλοντος ἰδεῖν ποικίλου πάσας ποικιλίας, τοῦτ' αὐτό, ἐν
ᾧ ἐκτυπούμενον ἐνίσταται, γένοιτ' ἂν παρεσκευασμένον
εὖ, πλὴν ἄμορφον ὂν ἐκείνων ἁπασῶν τῶν ἰδεῶν, ὅσας
E μέλλοι δέχεσθαί ποθεν. ὅμοιον γὰρ ὂν τῶν ἐπεισιόντων
τινὶ τὰ τῆς ἐναντίας τά τε τῆς τὸ παράπαν ἄλλης φύσεως,
ὁπότ' ἔλθοι, δεχόμενον κακῶς ἂν ἀφομοιοῖ, τὴν αὑτοῦ
παρεμφαῖνον ὄψιν. διὸ καὶ πάντων ἐκτὸς εἰδῶν εἶναι
χρεὼν τὸ τὰ πάντα ἐκδεξόμενον ἐν αὑτῷ γένη, καθάπερ
περὶ τὰ ἀλείμματα, ὁπόσα εὐώδη, τέχνῃ μηχανῶνται πρῶ-
τον τοῦτ' αὐτὸ ὑπάρχον, ποιοῦσιν ὅ τι μάλιστα ἀώδη τὰ
δεξόμενα ὑγρὰ τὰς ὀσμάς· ὅσοι τε ἔν τισι τῶν μαλακῶν
σχήματα ἀπομάττειν ἐπιχειροῦσι, τὸ παράπαν σχῆμα οὐ-
δὲν ἔνδηλον ὑπάρχειν ἐῶσι, προομαλύναντες δὲ ὅ τι λειό-
51 τατον ἀπεργάζονται. ταὐτὸν οὖν καὶ τῷ τὰ τῶν πάντων
ἀεί τε ὄντων κατὰ πᾶν ἑαυτοῦ πολλάκις ἀφομοιώματα
καλῶς μέλλοντι δέχεσθαι πάντων ἐκτὸς αὐτῷ προσήκει
πεφυκέναι τῶν εἰδῶν. διὸ δὴ τὴν τοῦ γεγονότος ὁρατοῦ
καὶ πάντως αἰσθητοῦ μητέρα καὶ ὑποδοχὴν μήτε γῆν μήτε
ἀέρα μήτε πῦρ μήτε ὕδωρ λέγωμεν, μήτε ὅσα ἐκ τούτων
μήτε ἐξ ὧν ταῦτα γέγονεν· ἀλλ' ἀνόρατον εἶδός τι καὶ
ἄμορφον, πανδεχές, μεταλαμβάνον δὲ ἀπορώτατά πῃ τοῦ
B νοητοῦ καὶ δυσαλωτότατον αὐτὸ λέγοντες οὐ ψευσόμεθα,
καθ' ὅσον δ' ἐκ τῶν προειρημένων δυνατὸν ἐφικνεῖσθαι
τῆς φύσεως αὐτοῦ, τῇδ' ἂν τις ὀρθότατα λέγοι, πῦρ μὲν
ἑκάστοτε αὐτοῦ τὸ πεπυρωμένον μέρος φαίνεσθαι, τὸ δὲ
ὑγρανθὲν ὕδωρ, γῆν δὲ καὶ ἀέρα, καθ' ὅσον ἂν μιμήματα
τούτων δέχεται. λόγῳ δὲ δὴ μᾶλλον τὸ τοιόνδε διοριζομέ-
νους περὶ αὐτῶν διασκεπτέον· ἆρ' ἔστι τι πῦρ αὐτὸ ἐφ'
C ἑαυτοῦ καὶ πάντα, περὶ ὧν ἀεὶ λέγομεν οὕτως αὐτὰ καθ'
αὑτὰ ὄντα ἕκαστα, ἢ ταῦτα, ἅπερ καὶ βλέπομεν ὅσα τε

ἄλλα διὰ τοῦ σώματος αἰσθανόμεθα, μόνα ἐστὶ τοιαύτην
ἔχοντα ἀλήθειαν, ἄλλα δὲ οὐκ ἔστι παρὰ ταῦτα οὐδαμῇ
οὐδαμῶς, ἀλλὰ μάτην ἑκάστοτε εἶναί τί φαμεν εἶδος ἑκά-
στου νοητόν, τὸ δὲ οὐδὲν ἄρ᾽ ἦν πλὴν λόγος; οὔτε οὖν δὴ
τὸ παρὸν ἄκριτον καὶ ἀδίκαστον ἀφέντα ἄξιον φάναι δι-
ισχυριζόμενον ἔχειν οὕτως, οὔτ᾽ ἐπὶ λόγου μήκει πάρερ-
γον ἄλλο μῆκος ἐπεμβλητέον· εἰ δέ τις ὅρος ὁρισθεὶς μέ- D
γας διὰ βραχέων φανείη, τοῦτο μάλιστ᾽ ἐγκαιριώτατον
γένοιτ᾽ ἄν. ὧδε οὖν τήν γ᾽ ἐμὴν αὐτὸς τίθεμαι ψῆφον· εἰ
μὲν νοῦς καὶ δόξα ἀληθής ἐστον δύο γένη, παντάπασιν εἶ-
ναι καθ᾽ αὑτὰ ταῦτα, ἀναίσθητα ὑφ᾽ ἡμῶν εἴδη, νοούμενα
μόνον· εἰ δ᾽, ὥς τισι φαίνεται, δόξα ἀληθὴς νοῦ διαφέ-
ρει τὸ μηδέν, πάνθ᾽ ὁπόσ᾽ αὖ διὰ τοῦ σώματος αἰσθανό-
μεθα, θετέον βεβαιότατα. δύο δὴ λεκτέον ἐκείνω, διότι E
χωρὶς γεγόνατον ἀνομοίως τε ἔχετον. τὸ μὲν γὰρ αὐτῶν
διὰ διδαχῆς, τὸ δ᾽ ὑπὸ πειθοῦς ἡμῖν ἐγγίγνεται· καὶ τὸ
μὲν ἀεὶ μετ᾽ ἀληθοῦς λόγου, τὸ δὲ ἄλογον· καὶ τὸ μὲν
ἀκίνητον πειθοῖ, τὸ δὲ μεταπειστόν· καὶ τοῦ μὲν πάντα
ἄνδρα μετέχειν φατέον, νοῦ δὲ θεούς, ἀνθρώπων δὲ
γένος βραχύ τι. τούτων δὲ οὕτως ἐχόντων ὁμολογητέον
ἓν μὲν εἶναι τὸ κατὰ ταὐτὰ εἶδος ἔχον, ἀγέννητον καὶ ἀνώ- 52
λεθρον, οὔτε εἰς ἑαυτὸ εἰσδεχόμενον ἄλλο ἄλλοθεν οὔτε
αὐτὸ εἰς ἄλλο ποι ἰόν, ἀόρατον δὲ καὶ ἄλλως ἀναίσθητον,
τοῦτο ὃ δὴ νόησις εἴληχεν ἐπισκοπεῖν· τὸ δ᾽ ὁμώνυμον
ὅμοιόν τε ἐκείνῳ δεύτερον, αἰσθητόν, γεννητόν, πεφορη-
μένον ἀεί, γιγνόμενόν τε ἔν τινι τόπῳ καὶ πάλιν ἐκεῖθεν
ἀπολλύμενον, δόξῃ μετ᾽ αἰσθήσεως περιληπτόν· τρίτον
δὲ αὖ γένος ὂν τὸ τῆς χώρας ἀεί, φθορὰν οὐ προσδεχόμε-
νον, ἕδραν δὲ παρέχον ὅσα ἔχει γένεσιν πᾶσιν, αὐτὸ δὲ B
μετ᾽ ἀναισθησίας ἁπτὸν λογισμῷ τινὶ νόθῳ, μόγις πι-
στόν, πρὸς ὃ δὴ καὶ ὀνειροπολοῦμεν βλέποντες καί φαμεν
ἀναγκαῖον εἶναί που τὸ ὂν ἅπαν ἔν τινι τόπῳ καὶ κατέχον

χώραν τινά, τὸ δὲ μήτ' ἐν γῇ μήτε που κατ' οὐρανὸν οὐ-
δὲν εἶναι. ταῦτα δὴ πάντα καὶ τούτων ἄλλα ἀδελφὰ καὶ
περὶ τὴν ἄϋπνον καὶ ἀληθῶς φύσιν ὑπάρχουσαν ὑπὸ ταύ-
C της τῆς ὀνειρώξεως οὐ δυνατοὶ γιγνόμεθα ἐγερθέντες διο-
ριζόμενοι τἀληθὲς λέγειν, ὡς εἰκόνι μέν, ἐπείπερ οὐδ' αὐ-
τὸ τοῦτο, ἐφ' ᾧ γέγονεν, ἑαυτῆς ἐστίν, ἑτέρου δέ τινος ἀεὶ
φέρεται φάντασμα, διὰ ταῦτα ἐν ἑτέρῳ προσήκει τινὶ γί-
γνεσθαι, οὐσίας ἁμῶς γέ πως ἀντεχομένην, ἢ μηδὲν τὸ
παράπαν αὐτὴν εἶναι, τῷ δὲ ὄντως ὄντι βοηθὸς ὁ δι' ἀκρι-
βείας ἀληθὴς λόγος, ὡς ἕως ἄν τι τὸ μὲν ἄλλο ᾖ, τὸ δὲ
ἄλλο, οὐδέτερον ἐν οὐδετέρῳ ποτὲ γεγενημένον ἓν ἅμα
D ταὐτὸν καὶ δύο γενήσεσθον.

XIX. Οὗτος μὲν οὖν δὴ παρὰ τῆς ἐμῆς ψήφου λογι-
σθεὶς ἐν κεφαλαίῳ δεδόσθω λόγος, ὄν τε καὶ χώραν καὶ
γένεσιν εἶναι τρία τριχῇ καὶ πρὶν οὐρανὸν γενέσθαι· τὴν
δὲ δὴ γενέσεως τιθήνην ὑγραινομένην καὶ πυρουμένην
καὶ τὰς γῆς τε καὶ ἀέρος μορφὰς δεχομένην, καὶ ὅσα ἄλλα
E τούτοις πάθη ξυνέπεται πάσχουσαν, παντοδαπὴν μὲν
ἰδεῖν φαίνεσθαι, διὰ δὲ τὸ μήθ' ὁμοίων δυνάμεων μήτε
ἰσορρόπων ἐμπίπλασθαι κατ' οὐδὲν αὐτῆς ἰσορροπεῖν,
ἀλλ' ἀνωμάλως πάντη ταλαντουμένην σείεσθαι μὲν ὑπ'
ἐκείνων αὐτήν, κινουμένην δ' αὖ πάλιν ἐκεῖνα σείειν· τὰ
δὲ κινούμενα ἄλλα ἄλλοσε ἀεὶ φέρεσθαι διακρινόμενα,
ὥσπερ τὰ ὑπὸ τῶν πλοκάνων τε καὶ ὀργάνων τῶν περὶ
τὴν τοῦ σίτου κάθαρσιν σειόμενα καὶ ἀνικμώμενα τὰ
53 μὲν πυκνὰ καὶ βαρέα ἄλλη, τὰ δὲ μανὰ καὶ κοῦφα εἰς ἑτέ-
ραν ἵζει φερόμενα ἕδραν· τότε οὕτω τὰ τέτταρα γένη
σειόμενα ὑπὸ τῆς δεξαμένης, κινουμένης αὐτῆς οἷον ὀρ-
γάνου σεισμὸν παρέχοντος, τὰ μὲν ἀνομοιότατα πλεῖστον
αὐτὰ ἀφ' αὐτῶν ὁρίζειν, τὰ δ' ὁμοιότατα μάλιστα εἰς ταὐ-
τὸν ξυνωθεῖν· διὸ δὴ καὶ χώραν ταῦτα ἄλλα ἄλλην ἴσχειν,
πρὶν καὶ τὸ πᾶν ἐξ αὐτῶν διακοσμηθὲν γενέσθαι. καὶ τὸ

μὲν δὴ προ τούτου πάντα ταῦτ' ἔχειν ἀλόγως καὶ ἀμέτρως· ὅτε δ' ἐπεχειρεῖτο κοσμεῖσθαι τὸ πᾶν, πῦρ πρῶτον B καὶ ὕδωρ καὶ γῆν καὶ ἀέρα, ἴχνη μὲν ἔχοντα αὐτῶν ἄττα, παντάπασί γε μὴν διακείμενα ὥσπερ εἰκὸς ἔχειν ἅπαν, ὅταν ἀπῇ τινὸς θεός, οὕτω δὴ τότε πεφυκότα ταῦτα πρῶτον διεσχηματίσατο εἴδεσί τε καὶ ἀριθμοῖς. τὸ δὲ ᾗ δυνατὸν ὡς κάλλιστα ἄριστά τε ἐξ οὐχ οὕτως ἐχόντων τὸν θεὸν αὐτὰ ξυνιστάναι, παρὰ πάντα ἡμῖν ὡς ἀεὶ τοῦτο λεγόμενον ὑπαρχέτω· νῦν δ' οὖν τὴν διάταξιν αὐτῶν ἐπιχειρητέον ἑκάστων καὶ γένεσιν ἀήθει λόγῳ πρὸς ὑμᾶς δηλοῦν, C ἀλλὰ γὰρ ἐπεὶ μετέχετε τῶν κατὰ παίδευσιν ὁδῶν, δι' ὧν ἐνδείκνυσθαι τὰ λεγόμενα ἀνάγκη, ξυνέψεσθε.

XX. Πρῶτον μὲν δὴ πῦρ καὶ γῆ καὶ ὕδωρ καὶ ἀὴρ ὅτι σώματά ἐστι, δῆλόν που καὶ παντί· τὸ δὲ τοῦ σώματος εἶδος πᾶν καὶ βάθος ἔχει· τὸ δὲ βάθος αὖ πᾶσα ἀνάγκη τὴν ἐπίπεδον περιειληφέναι φύσιν· ἡ δὲ ὀρθὴ τῆς ἐπιπέδου βάσεως ἐκ τριγώνων συνέστηκε. τὰ δὲ τρίγωνα πάντα ἐκ δυοῖν ἄρχεται τριγώνοιν, μίαν μὲν ὀρθὴν ἔχοντος ἑκατέρου γωνίαν, τὰς δὲ ὀξείας· ὧν τὸ μὲν ἕτερον ἑκατέρωθεν ἔχει μέρος γωνίας ὀρθῆς πλευραῖς ἴσαις διῃρημένης, D τὸ δ' ἕτερον ἀνίσοις ἄνισα μέρη νενεμημένης. ταύτην δὴ πυρὸς ἀρχὴν καὶ τῶν ἄλλων σωμάτων ὑποτιθέμεθα κατὰ τὸν μετ' ἀνάγκης εἰκότα λόγον πορευόμενοι· τὰς δ' ἔτι τούτων ἀρχὰς ἄνωθεν θεὸς οἶδε καὶ ἀνδρῶν ὃς ἂν ἐκείνῳ φίλος ᾖ. δεῖ δὴ λέγειν, ποῖα κάλλιστα σώματα γένοιτ' ἂν E τέτταρα, ἀνόμοια μὲν ἑαυτοῖς, δυνατὰ δὲ ἐξ ἀλλήλων αὐτῶν ἄττα διαλυόμενα γίγνεσθαι. τούτου γὰρ τυχόντες ἔχομεν τὴν ἀλήθειαν γενέσεως πέρι γῆς τε καὶ πυρὸς τῶν τε ἀνὰ λόγον ἐν μέσῳ· τόδε γὰρ οὐδενὶ συγχωρησόμεθα, καλλίω τούτων ὁρώμενα σώματα εἶναί που καθ' ἓν γένος ἕκαστον ὄν. τοῦτ' οὖν προθυμητέον, τὰ διαφέροντα κάλλει σωμάτων τέτταρα γένη συναρμόσασθαι καὶ φάναι τὴν

54 τούτων ἡμᾶς φύσιν ἱκανῶς εἰληφέναι. τοῖν δὴ δυοῖν τριγώνοιν τὸ μὲν ἰσοσκελὲς μίαν εἴληχε φύσιν, τὸ δὲ πρόμηκες ἀπεράντους· προαιρετέον οὖν αὖ τῶν ἀπείρων τὸ κάλλιστον, εἰ μέλλομεν ἄρξεσθαι κατὰ τρόπον. ἂν οὖν τις ἔχῃ κάλλιον ἐκλεξάμενος εἰπεῖν εἰς τὴν τούτων ξύστασιν, ἐκεῖνος οὐκ ἐχθρὸς ὢν ἀλλὰ φίλος κρατεῖ· τιθέμεθα δ' οὖν τῶν πολλῶν τριγώνων κάλλιστον ἕν, ὑπερβάντες
B τἆλλα, ἐξ οὗ τὸ ἰσόπλευρον τρίγωνον ἐκ τρίτου συνέστηκε. διότι δέ, λόγος πλείων· ἀλλὰ τῷ τοῦτο ἐξελέγξαντι καὶ ἀνευρόντι μὴ οὕτως ἔχον κεῖται φιλία τὰ ἆθλα. προῃρήσθω δὴ δύο τρίγωνα, ἐξ ὧν τό τε τοῦ πυρὸς καὶ τὰ τῶν ἄλλων σώματα μεμηχάνηται, τὸ μὲν ἰσοσκελές, τὸ δὲ τριπλῆν κατὰ δύναμιν ἔχον τῆς ἐλάττονος τὴν μείζω πλευρὰν ἀεί. τὸ δὴ πρόσθεν ἀσαφῶς ῥηθὲν νῦν μᾶλλον διοριστέον. τὰ γὰρ τέτταρα γένη δι' ἀλλήλων εἰς ἄλληλα ἐφαί-
C νετο πάντα γένεσιν ἔχειν, οὐκ ὀρθῶς φανταζόμενα· γίγνεται μὲν γὰρ ἐκ τῶν τριγώνων ὧν προῃρήμεθα γένη τέτταρα, τρία μὲν ἐξ ἑνὸς τοῦ τὰς πλευρὰς ἀνίσους ἔχοντος, τὸ δὲ τέταρτον ἓν μόνον ἐκ τοῦ ἰσοσκελοῦς τριγώνου ξυναρμοσθέν. οὔκουν δυνατὰ πάντα εἰς ἄλληλα διαλυόμενα ἐκ πολλῶν σμικρῶν ὀλίγα μεγάλα καὶ τοὐναντίον γίγνεσθαι, τὰ δὲ τρία οἷόν τε· ἐκ γὰρ ἑνὸς ἅπαντα πεφυκότα λυθέντων τε τῶν μειζόνων πολλὰ σμικρὰ ἐκ τῶν
D αὐτῶν ξυστήσεται, δεχόμενα τὰ προσήκοντα ἑαυτοῖς σχήματα, καὶ σμικρὰ ὅταν αὖ πολλὰ κατὰ τὰ τρίγωνα διασπαρῇ, γενόμενος εἷς ἀριθμὸς ἑνὸς ὄγκου μέγα ἀποτελέσειεν ἂν ἄλλο εἶδος ἕν. ταῦτα μὲν οὖν λελέχθω περὶ τῆς εἰς ἄλληλα γενέσεως· οἷον δὲ ἕκαστον αὐτῶν γέγονεν εἶδος καὶ ἐξ ὅσων συμπεσόντων ἀριθμῶν, λέγειν ἂν ἑπόμενον εἴη. ἄρξει δὴ τό τε πρῶτον εἶδος καὶ σμικρότατον ξυνιστάμενον, στοιχεῖον δ' αὐτοῦ τὸ τὴν ὑποτείνουσαν τῆς ἐλάττονος πλευρᾶς διπλασίαν ἔχον μήκει· ξύνδυο δὲ τοι-

οὕτων κατὰ διάμετρον ξυντιθεμένων καὶ τρὶς τούτου γε- E
νομένου, τὰς διαμέτρους καὶ τὰς βραχείας πλευρὰς εἰς
ταὐτὸν ὡς κέντρον ἐρεισάντων, ἓν ἰσόπλευρον τρίγωνον
ἐξ ἓξ τὸν ἀριθμὸν ὄντων γέγονε· τρίγωνα δὲ ἰσόπλευρα
ξυνιστάμενα τέτταρα κατὰ σύντρεις ἐπιπέδους γωνίας
μίαν στερεὰν γωνίαν ποιεῖ, τῆς ἀμβλυτάτης τῶν ἐπιπέδων 55
γωνιῶν ἐφεξῆς γεγονυῖαν· τοιούτων δὲ ἀποτελεσθεισῶν
τεττάρων πρῶτον εἶδος στερεόν, ὅλου περιφεροῦς διανε-
μητικὸν εἰς ἴσα μέρη καὶ ὅμοια, ξυνίσταται. δεύτερον δὲ
ἐκ μὲν τῶν αὐτῶν τριγώνων, κατὰ δὲ ἰσόπλευρα τρίγωνα
ὀκτὼ ξυστάντων, μίαν ἀπεργασαμένων στερεὰν γωνίαν
ἐκ τεττάρων ἐπιπέδων· καὶ γενομένων ἓξ τοιούτων τὸ
δεύτερον αὖ σῶμα οὕτως ἔσχε τέλος. τὸ δὲ τρίτον ἐκ δὶς
ἑξήκοντα τῶν στοιχείων ξυμπαγέντων, στερεῶν δὲ γω- B
νιῶν δώδεκα, ὑπὸ πέντε ἐπιπέδων τριγώνων ἰσοπλεύρων
περιεχομένης ἑκάστης, εἴκοσι βάσεις ἔχον ἰσοπλεύρους
τριγώνους γέγονε. καὶ τὸ μὲν ἕτερον ἀπήλλακτο τῶν
στοιχείων ταῦτα γεννῆσαν, τὸ δὲ ἰσοσκελὲς τρίγωνον
ἐγέννα τὴν τοῦ τετάρτου φύσιν, κατὰ τέτταρα ξυνιστά-
μενον, εἰς τὸ κέντρον τὰς ὀρθὰς γωνίας ξυνάγον, ἓν ἰσό-
πλευρον τετράγωνον ἀπεργασάμενον· ἓξ δὲ τοιαῦτα ξυμ-
παγέντα γωνίας ὀκτὼ στερεὰς ἀπετέλεσε, κατὰ τρεῖς ἐπι- C
πέδους ὀρθὰς ξυναρμοσθείσης ἑκάστης· τὸ δὲ σχῆμα τοῦ
ξυστάντος σώματος γέγονε κυβικόν, ἓξ ἐπιπέδους τετρα-
γώνους ἰσοπλεύρους βάσεις ἔχον. ἔτι δὲ οὔσης ξυστάσεως
μιᾶς πέμπτης, ἐπὶ τὸ πᾶν ὁ θεὸς αὐτῇ κατεχρήσατο ἐκεῖνο
διαζωγραφῶν.

XXI. Ἃ δή τις εἰ πάντα λογιζόμενος ἐμμελῶς ἀποροῖ,
πότερον ἀπείρους χρὴ κόσμους εἶναι λέγειν ἢ πέρας ἔχον-
τας, τὸ μὲν ἀπείρους ἡγήσαιτ' ἂν ὄντως ἀπείρου τινὸς
εἶναι δόγμα ὧν ἔμπειρον χρεὼν εἶναι, πότερον δὲ ἕνα ἢ D
πέντε αὐτοὺς ἀληθείᾳ πεφυκότας λέγειν [ποτὲ] προσήκει,

μᾶλλον ἂν ταύτῃ στὰς εἰκότως διαπορήσαι. τὸ μὲν οὖν δὴ
παρ' ἡμῶν ἕνα αὐτὸν κατὰ τὸν εἰκότα λόγον πεφυκότα
μηνύει [θεός], ἄλλος δὲ εἰς ἄλλα πῃ βλέψας ἕτερα δοξάσει.
καὶ τοῦτον μὲν μεθετέον, τὰ δὲ γεγονότα νῦν τῷ λόγῳ
γένη διανείμωμεν εἰς πῦρ καὶ γῆν καὶ ὕδωρ καὶ ἀέρα. γῇ
μὲν δὴ τὸ κυβικὸν εἶδος δῶμεν· ἀκινητοτάτη γὰρ τῶν
E τεττάρων γενῶν γῆ καὶ τῶν σωμάτων πλαστικωτάτη, μά-
λιστα δὲ ἀνάγκη γεγονέναι τοιοῦτον τὸ τὰς βάσεις ἀσφα-
λεστάτας ἔχον· βάσις δὲ ἥ τε τῶν κατ' ἀρχὰς τριγώνων
ὑποτεθέντων ἀσφαλεστέρα κατὰ φύσιν, ἡ τῶν ἴσων πλευ-
ρῶν, τῆς τῶν ἀνίσων, τό τε ἐξ ἑκατέρου ξυντεθὲν ἐπίπε-
δον ἰσόπλευρον ἰσοπλεύρου, τετράγωνον τριγώνου, κατά
τε μέρη καὶ καθ' ὅλον στασιμωτέρως ἐξ ἀνάγκης βέβηκε.
56 διὸ γῇ μὲν τοῦτο ἀπονέμοντες τὸν εἰκότα λόγον διασώζο-
μεν, ὕδατι δ' αὖ τῶν λοιπῶν τὸ δυσκινητότατον εἶδος, τὸ
δ' εὐκινητότατον πυρί, τὸ δὲ μέσον ἀέρι· καὶ τὸ μὲν σμι-
κρότατον σῶμα πυρί, τὸ δ' αὖ μέγιστον ὕδατι, τὸ δὲ μέσον
ἀέρι· καὶ τὸ μὲν ὀξύτατον αὖ πυρί, τὸ δὲ δεύτερον ἀέρι,
τὸ δὲ τρίτον ὕδατι. ταῦτ' οὖν δὴ πάντα, τὸ μὲν ἔχον ὀλι-
B γίστας βάσεις εὐκινητότατον ἀνάγκη πεφυκέναι, τμητι-
κώτατόν τε καὶ ὀξύτατον ὂν πάντῃ πάντων, ἔτι τε ἐλα-
φρότατον, ἐξ ὀλιγίστων ξυνεστὸς τῶν αὐτῶν μερῶν· τὸ δὲ
δεύτερον δευτέρως τὰ αὐτὰ ταῦτ' ἔχειν, τρίτως δὲ τὸ τρί-
τον· ἔστω δὴ κατὰ τὸν ὀρθὸν λόγον καὶ κατὰ τὸν εἰκότα
τὸ μὲν τῆς πυραμίδος στερεὸν γεγονὸς εἶδος πυρὸς στοι-
χεῖον καὶ σπέρμα· τὸ δὲ δεύτερον κατὰ γένεσιν εἴπωμεν
ἀέρος, τὸ δὲ τρίτον ὕδατος. πάντα οὖν δὴ ταῦτα δεῖ δια-
C νοεῖσθαι σμικρὰ οὕτως, ὡς καθ' ἓν ἕκαστον μὲν τοῦ γέ-
νους ἑκάστου διὰ σμικρότητα οὐδὲν ὁρώμενον ὑφ' ἡμῶν,
ξυναθροισθέντων δὲ πολλῶν τοὺς ὄγκους αὐτῶν ὁρᾶσθαι·
καὶ δὴ καὶ το τῶν ἀναλογιῶν περί τε τὰ πλήθη καὶ τὰς κι-
νήσεις καὶ τὰς ἄλλας δυνάμεις πανταχῇ τὸν θεόν, ὅπῃπερ

ἡ τῆς ἀνάγκης ἑκοῦσα πεισθεῖσά τε φύσις ὑπεῖκε, ταύτῃ
πάντῃ δι' ἀκριβείας ἀποτελεσθεισῶν ὑπ' αὐτοῦ ξυνηρμό-
σθαι ταῦτα ἀνὰ λόγον.

XXII. Ἐκ δὴ πάντων ὧν περὶ τὰ γένη προειρήκαμεν
ὧδ' ἂν κατὰ τὸ εἰκὸς μάλιστ' ἂν ἔχοι. γῆ μὲν ξυντυγχά- D
νουσα πυρὶ διαλυθεῖσά τε ὑπὸ τῆς ὀξύτητος αὐτοῦ φέροιτ'
ἄν, εἴτ' ἐν αὐτῷ πυρὶ λυθεῖσα εἴτ' ἐν ἀέρος εἴτ' ἐν ὕδατος
ὄγκῳ τύχοι, μέχριπερ ἂν αὐτῆς πῃ ξυντυχόντα τὰ μέρη,
πάλιν ξυναρμοσθέντα αὐτὰ αὑτοῖς, γῆ γένοιτο· οὐ γὰρ
εἰς ἄλλο γε εἶδος ἔλθοι ποτ' ἄν· ὕδωρ δὲ ὑπὸ πυρὸς μερι-
σθέν, εἴτε καὶ ὑπ' ἀέρος, ἐγχωρεῖ γίγνεσθαι ξυστάντα ἓν
μὲν πυρὸς σῶμα, δύο δὲ ἀέρος· τὰ δὲ ἀέρος τμήματα ἐξ
ἑνὸς μέρους διαλυθέντος δύ' ἂν γενοίσθην σώματα πυ- E
ρός. καὶ πάλιν, ὅταν ἀέρι πῦρ ὕδασί τε ἤ τινι γῇ περιλαμ-
βανόμενον ἐν πολλοῖς ὀλίγον, κινούμενον ἐν φερομένοις,
μαχόμενον καὶ νικηθὲν καταθραυσθῇ, δύο πυρὸς σώματα
εἰς ἓν ξυνίστασθον εἶδος ἀέρος· καὶ κρατηθέντος ἀέρος
κερματισθέντος τε ἐκ δυοῖν ὅλοιν καὶ ἡμίσεος ὕδατος εἶ-
δος ἓν ὅλον ἔσται ξυμπαγές. ὧδε γὰρ δὴ λογισώμεθα αὐτὰ
πάλιν, ὡς ὅταν ἐν πυρὶ λαμβανόμενον τῶν ἄλλων ὑπ' 57
αὐτοῦ τι γένος τῇ τῶν γωνιῶν καὶ κατὰ τὰς πλευρὰς ὀξύ-
τητι τέμνηται, ξυστὰν μὲν εἰς τὴν ἐκείνου φύσιν πέπαυ-
ται τεμνόμενον· τὸ γὰρ ὅμοιον καὶ ταὐτὸν αὐτῷ γένος
ἕκαστον οὔτε τινὰ μεταβολὴν ἐμποιῆσαι δυνατὸν οὔτε τι
παθεῖν ὑπὸ τοῦ κατὰ ταὐτὰ ὁμοίως τε ἔχοντος· ἕως δ' ἂν
εἰς ἄλλο τι γιγνόμενον ἧττον ὂν κρείττονι μάχηται, λυό-
μενον οὐ παύεται. τά τε αὖ σμικρότερα ὅταν ἐν τοῖς μεί-
ζοσι, πολλοῖς περιλαμβανόμενα ὀλίγα, διαθραυόμενα κα- B
τασβεννύηται, ξυνίστασθαι μὲν ἐθέλοντα εἰς τὴν τοῦ κρα-
τοῦντος ἰδέαν πέπαυται κατασβεννύμενα γίγνεταί τε ἐκ
πυρὸς ἀήρ, ἐξ ἀέρος ὕδωρ· ἐὰν δ' εἰς αὐτὰ ἴῃ καὶ τῶν
ἄλλων τι ξυνιὸν γενῶν μάχηται, λυόμενα οὐ παύεται, πρὶν

ἢ παντάπασιν ὠθούμενα καὶ διαλυθέντα ἐκφύγῃ πρὸς τὸ
ξυγγενές, ἢ νικηθέντα, ἓν ἐκ πολλῶν ὅμοιον τῷ κρατή-
C σαντι γενόμενον, αὐτοῦ ξύνοικον μείνῃ. καὶ δὴ καὶ κατὰ
ταῦτα τὰ παθήματα διαμείβεται τὰς χώρας ἅπαντα· διέ-
στηκε μὲν γὰρ τοῦ γένους ἑκάστου τὰ πλήθη κατὰ τόπον
ἴδιον διὰ τὴν τῆς δεχομένης κίνησιν, τὰ δὲ ἀνομοιούμενα
ἑκάστοτε ἑαυτοῖς, ἄλλοις δὲ ὁμοιούμενα, φέρεται διὰ τὸν
σεισμὸν πρὸς τὸν ἐκείνων οἷς ἂν ὁμοιωθῇ τόπον. ὅσα μὲν
οὖν ἄκρατα καὶ πρῶτα σώματα, διὰ τοιούτων αἰτιῶν γέ-
γονε· τοῦ δ' ἐν τοῖς εἴδεσιν αὐτῶν ἕτερα ἐμπεφυκέναι
γένη τὴν ἑκατέρου τῶν στοιχείων αἰτιατέον σύστασιν, μὴ
μόνον ἓν ἑκατέραν μέγεθος ἔχον τὸ τρίγωνον φυτεῦσαι
D κατ' ἀρχάς, ἀλλ' ἐλάττω τε καὶ μείζω, τὸν ἀριθμὸν δὲ
ἔχοντα τοσοῦτον, ὅσαπερ ἂν ᾖ τἀν τοῖς εἴδεσι γένη. διὸ δὴ
συμμιγνύμενα αὐτά τε πρὸς αὑτὰ καὶ πρὸς ἄλληλα τὴν
ποικιλίαν ἐστὶν ἄπειρα· ἧς δὴ δεῖ θεωροὺς γίγνεσθαι τοὺς
μέλλοντας περὶ φύσεως εἰκότι λόγῳ χρήσεσθαι.

XXIII. Κινήσεως οὖν στάσεώς τε πέρι, τίνα τρόπον
καὶ μεθ' ὧντινων γίγνεσθον, εἰ μή τις διομολογήσεται,
E πόλλ' ἂν εἴη ἐμποδὼν τῷ κατόπισθεν λογισμῷ. τὰ μὲν
οὖν ἤδη περὶ αὐτῶν εἴρηται, πρὸς δ' ἐκείνοις ἔτι τάδε, ἐν
μὲν ὁμαλότητι μηδέποτε ἐθέλειν κίνησιν ἐνεῖναι. τὸ γὰρ
κινησόμενον ἄνευ τοῦ κινήσοντος ἢ τὸ κινῆσον ἄνευ τοῦ
κινησομένου χαλεπόν, μᾶλλον δὲ ἀδύνατον εἶναι· κίνη-
σις δὲ οὐκ ἔστι τούτων ἀπόντων· ταῦτα δὲ ὁμαλὰ εἶναί
ποτε ἀδύνατον. οὕτω δὴ στάσιν μὲν ἐν ὁμαλότητι, κίνη-
58 σιν δὲ εἰς ἀνωμαλότητα ἀεὶ τιθῶμεν· αἰτία δὲ ἀνισότης
αὖ τῆς ἀνωμάλου φύσεως. ἀνισότητος δὲ γένεσιν μὲν διε-
ληλύθαμεν· πῶς δέ ποτε οὐ κατὰ γένη διαχωρισθέντα
ἕκαστα πέπαυται τῆς δι' ἀλλήλων κινήσεως καὶ φορᾶς,
οὐκ εἴπομεν· ὧδε οὖν πάλιν ἐροῦμεν. ἡ τοῦ παντὸς περί-
οδος, ἐπειδὴ συμπεριέλαβε τὰ γένη, κυκλοτερὴς οὖσα καὶ

πρὸς αὐτὴν πεφυκυῖα βούλεσθαι ξυνιέναι, σφίγγει πάντα καὶ κενὴν χώραν οὐδεμίαν ἐᾷ λείπεσθαι. διὸ δὴ πῦρ μὲν εἰς ἅπαντα διελήλυθε μάλιστα, ἀὴρ δὲ δεύτερον, ὡς λε- B πτότητι δεύτερον ἔφυ, καὶ τἆλλα ταύτῃ· τὰ γὰρ ἐκ μεγίστων μερῶν γεγονότα μεγίστην κενότητα ἐν τῇ ξυστάσει παραλέλοιπε, τὰ δὲ σμικρότατα ἐλαχίστην. ἡ δὴ τῆς πιλήσεως ξύνοδος τὰ σμικρὰ εἰς τὰ τῶν μεγάλων διάκενα ξυνωθεῖ. σμικρῶν οὖν παρὰ μεγάλα τιθεμένων καὶ τῶν ἐλαττόνων τὰ μείζονα διακρινόντων, τῶν δὲ μειζόνων ἐκεῖνα συγκρινόντων, πάντ' ἄνω κάτω μεταφέρεται πρὸς τοὺς ἑαυτῶν τόπους· μεταβάλλον γὰρ τὸ μέγεθος ἕκα- C στον καὶ τὴν τόπων μεταβάλλει στάσιν. οὕτω δὴ διὰ ταῦτά τε ἡ τῆς ἀνωμαλότητος διασωζομένη γένεσις ἀεὶ τὴν ἀεὶ κίνησιν τούτων οὖσαν ἐσομένην τε ἐνδελεχῶς παρέχεται.

XXIV. Μετὰ δὴ ταῦτα δεῖ νοεῖν, ὅτι πυρός τε γένη πολλὰ γέγονεν, οἷον φλὸξ τό τε ἀπὸ τῆς φλογὸς ἀπιόν, ὃ καίει μὲν οὔ, φῶς δὲ τοῖς ὄμμασι παρέχει, τό τε φλογὸς ἀποσβεσθείσης ἐν τοῖς διαπύροις καταλειπόμενον αὐτοῦ. κατὰ ταὐτὰ δὲ ἀέρος τὸ μὲν εὐαγέστατον ἐπίκλην αἰθὴρ D καλούμενος, ὁ δὲ θολερώτατος ὁμίχλη τε καὶ σκότος, ἕτερά τε ἀνώνυμα εἴδη γεγονότα διὰ τὴν τῶν τριγώνων ἀνισότητα. τὰ δὲ ὕδατος διχῇ μὲν πρῶτον, τὸ μὲν ὑγρόν, τὸ δὲ χυτὸν γένος αὐτοῦ. τὸ μὲν οὖν ὑγρὸν διὰ τὸ μετέχον εἶναι τῶν γενῶν τῶν ὕδατος, ὅσα σμικρά, ἀνίσων ὄντων, κινητικὸν αὐτό τε καθ' αὑτὸ καὶ ὑπ' ἄλλου διὰ τὴν ἀνωμαλότητα καὶ τὴν τοῦ σχήματος ἰδέαν γέγονε· τὸ δὲ ἐκ μεγάλων καὶ ὁμαλῶν στασιμώτερον μὲν ἐκείνου καὶ βαρὺ E πεπηγὸς ὑπὸ ὁμαλότητός ἐστιν, ὑπὸ δὲ πυρὸς εἰσιόντος καὶ διαλύοντος αὐτὸ τὴν ὁμαλότητα [ἀποβάλλει, ταύτην δὲ] ἀπολέσαν μετίσχει μᾶλλον κινήσεως, γενόμενον δὲ εὐκίνητον, ὑπὸ τοῦ πλησίον ἀέρος ὠθούμενον καὶ κατα-

τεινόμενον ἐπὶ γῆν, τήκεσθαι μὲν τὴν τῶν ὄγκων καθαί-
ρεσιν, ῥοὴν δὲ τὴν κατάτασιν ἐπὶ γῆν ἐπωνυμίαν ἑκατέ-
ρου τοῦ πάθους ἔλαβε. πάλιν δὲ ἐκπίπτοντος αὐτόθεν τοῦ
59 πυρός, ἅτε οὐκ εἰς κενὸν ἐξιόντος, ὠθούμενος ὁ πλησίον
ἀὴρ εὐκίνητον ὄντα ἔτι τὸν ὑγρὸν ὄγκον εἰς τὰς τοῦ πυ-
ρὸς ἕδρας ξυνωθῶν αὐτὸν αὐτῷ ξυμμίγνυσιν· ὁ δὲ ξυνω-
θούμενος ἀπολαμβάνων τε τὴν ὁμαλότητα πάλιν, ἅτε
τοῦ τῆς ἀνωμαλότητος δημιουργοῦ πυρὸς ἀπιόντος, εἰς
ταὐτὸν αὑτῷ καθίσταται· καὶ τὸν μὲν τοῦ πυρὸς ἀπαλλα-
γὴν ψῦξιν, τὴν δὲ ξύνοδον ἀπελθόντος ἐκείνου πεπηγὸς
εἶναι γένος προσερρήθη. τούτων δὴ πάντων, ὅσα χυτὰ
B προσείπομεν ὕδατα, τὸ μὲν ἐκ λεπτοτάτων καὶ ὁμαλωτά-
των πυκνότατον γιγνόμενον, μονοειδὲς γένος, στίλβοντι
καὶ ξανθῷ χρώματι κοινωθέν, τιμαλφέστατον κτῆμα χρυ-
σὸς ἠθημένος διὰ πέτρας ἐπάγη· χρυσοῦ δὲ ὄζος, διὰ
πυκνότητα σκληρότατον ὂν καὶ μελανθέν, ἀδάμας ἐκλή-
θη. τὸ δ' ἐγγὺς μὲν χρυσοῦ τῶν μερῶν, εἴδη δὲ πλέονα
ἑνὸς ἔχον, πυκνότητι δ' ἔτι μὲν χρυσοῦ πυκνότερον ὄν,
καὶ γῆς μόριον ὀλίγον καὶ λεπτὸν μετασχόν, ὥστε σκλη-
C ρότερον εἶναι, τῷ δὲ μεγάλα ἐντὸς αὐτοῦ διαλείμματα
ἔχειν κουφότερον, τῶν λαμπρῶν πηκτῶν τε ἓν γένος ὑδά-
των χαλκὸς συσταθεὶς γέγονε· τὸ δ' ἐκ γῆς αὐτῷ μιχθέν,
ὅταν παλαιουμένω διαχωρίζησθον πάλιν ἀπ' ἀλλήλων,
ἐκφανὲς καθ' αὑτὸ γιγνόμενον ἰὸς λέγεται. τἆλλα δὲ τῶν
τοιούτων οὐδὲν ποικίλον ἔτι διαλογίσασθαι τὴν τῶν εἰκό-
των μύθων μεταδιώκοντα ἰδέαν, ἣν ὅταν τις ἀναπαύσεως
ἕνεκα, τοὺς περὶ τῶν ὄντων ἀεὶ κατατιθέμενος λόγους,
D τοὺς γενέσεως πέρι διαθεώμενος εἰκότας ἀμεταμέλητον
ἡδονὴν κτᾶται, μέτριον ἂν ἐν τῷ βίῳ παιδιὰν καὶ φρόνι-
μον ποιοῖτο. ταύτῃ δὴ καὶ τὰ νῦν ἐφέντες τὸ μετὰ τοῦτο
τῶν αὐτῶν πέρι τὰ ἑξῆς εἰκότα δίιμεν τῇδε. τὸ πυρὶ μεμιγ-
μένον ὕδωρ, ὅσον λεπτὸν ὑγρόν τε διὰ τὴν κίνησιν καὶ

τὴν ὁδόν, ἣν κυλινδούμενον ἐπὶ γῆς ὑγρὸν λέγεται, μαλα-
κόν τε αὖ τῷ τὰς βάσεις ἧττον ἑδραίους οὔσας ἢ τὰς γῆς
ὑπείκειν, τοῦτο ὅταν πυρὸς ἀποχωρισθὲν ἀέρος τε μονω-
θῇ, γέγονε μὲν ὁμαλώτερον, ξυνέωσται δὲ ὑπὸ τῶν ἐξιόν- E
των εἰς αὐτό, παγέν τε οὕτως τὸ μὲν ὑπὲρ γῆς μάλιστα
παθὸν ταῦτα χάλαζα, τὸ δ' ἐπὶ γῆς κρύσταλλος, τὸ δὲ
ἧττον ἡμιπαγές τε ὂν ἔτι, τὸ μὲν ὑπὲρ γῆς αὖ χιών, τὸ δ'
ἐπὶ γῆς ξυμπαγὲν ἐκ δρόσου γενόμενον πάχνη λέγεται. τὰ
δὲ δὴ πλεῖστα ὑδάτων εἴδη μεμιγμένα ἀλλήλοις, ξύμπαν
μὲν τὸ γένος, διὰ τῶν ἐκ γῆς φυτῶν ἠθημένα, χυμοὶ λε- 60
γόμενοι· διὰ δὲ τὰς μίξεις ἀνομοιότητα ἕκαστοι σχόντες
τὰ μὲν ἄλλα πολλὰ ἀνώνυμα γένη παρέσχοντο, τέτταρα
δέ, ὅσα ἔμπυρα εἴδη, διαφανῆ μάλιστα γενόμενα εἴληφεν
ὀνόματα αὐτῶν, τὸ μὲν τῆς ψυχῆς μετὰ τοῦ σώματος θερ-
μαντικὸν οἶνος, τὸ δὲ λεῖον καὶ διακριτικὸν ὄψεως διὰ
ταῦτά τε ἰδεῖν λαμπρὸν καὶ στίλβον λιπαρόν τε φανταζό-
μενον ἐλαιηρὸν εἶδος, πίττα καὶ κίκι καὶ ἔλαιον αὐτὸ ὅσα
τ' ἄλλα τῆς αὐτῆς δυνάμεως· ὅσον δὲ διαχυτικὸν μέχρι B
φύσεως τῶν περὶ τὸ στόμα ξυνόδων, ταύτῃ τῇ δυνάμει
γλυκύτητα παρεχόμενον, μέλι τὸ κατὰ πάντων μάλιστα
πρόσρημα ἔσχε· τὸ δὲ τῆς σαρκὸς διαλυτικὸν τῷ καίειν
ἀφρῶδες γένος ἐκ πάντων ἀφορισθὲν τῶν χυμῶν ὀπὸς
ἐπωνομάσθη.

XXV. Γῆς δὲ εἴδη, τὸ μὲν ἠθημένον διὰ ὕδατος τοιῷδε
τρόπῳ γίγνεται σῶμα λίθινον. τὸ ξυμμιγὲς ὕδωρ ὅταν ἐν
τῇ ξυμμίξει κοπῇ, μετέβαλεν εἰς ἀέρος ἰδέαν· γενόμενος
δὲ ἀὴρ εἰς τὸν ἑαυτοῦ τόπον ἀναθεῖ. κενὸν δ' οὐ περι- C
εῖχεν αὐτὸν οὐδέν· τὸν οὖν πλησίον ἔωσεν ἀέρα· ὁ δὲ ἅτε
ὢν βαρύς, ὠσθεὶς καὶ περιχυθεὶς τῷ τῆς γῆς ὄγκῳ, σφό-
δρα ἔθλιψε ξυνέωσέ τε αὐτὸν εἰς τὰς ἕδρας, ὅθεν ἀνῄει ὁ
νέος ἀήρ· ξυνωσθεῖσα δὲ ὑπ' ἀέρος ἀλύτως ὕδατι γῆ ξυν-
ίσταται πέτρα, καλλίων μὲν ἡ τῶν ἴσων καὶ ὁμαλῶν δια-

φανὴς μερῶν, αἰσχίων δὲ ἡ ἐναντία. τὸ δὲ ὑπὸ πυρὸς
τάχους τὸ νοτερὸν πᾶν ἐξαρπασθὲν καὶ κραυρότερον ἐκεί-
D νου ξυστάν, ᾧ γένει κέραμον ἐπωνομάκαμεν, τοῦτο γέγο-
νεν· ἔστι δὲ ὅτε νοτίδος ὑπολειφθείσης χυτὴ γῆ γενομένη
διὰ πυρός, ὅταν ψυχθῇ, γίγνεται τὸ μέλαν χρῶμα ἔχον
εἶδος· τῷ δ' αὖ κατὰ ταὐτὰ μὲν ταῦτα ἐκ ξυμμίξεως ὕδα-
τος ἀπομονουμένῳ πολλοῦ, λεπτοτέρων δὲ ἐκ γῆς μερῶν
ἁλμυρῷ τε ὄντι ἡμιπαγεῖ γενομένῳ καὶ λυτῷ πάλιν ὑφ'
ὕδατος, τὸ μὲν ἐλαίου καὶ γῆς καθαρτικὸν γένος λίτρον,
τὸ δ' εὐάρμοστον ἐν ταῖς κοινωνίαις ταῖς περὶ τὴν τοῦ
E στόματος αἴσθησιν ἁλῶν κατὰ λόγον νόμου θεοφιλὲς
σῶμα ἐγένετο. τὰ δὲ κοινὰ ἐξ ἀμφοῖν ὕδατι μὲν οὐ λυτά,
πυρὶ δὲ διὰ τὸ τοιόνδε οὕτω ξυμπήγνυται· γῆς ὄγκους
πῦρ μὲν ἀήρ τε οὐ τήκει· τῆς γὰρ ξυστάσεως τῶν διακέ-
νων αὐτῆς σμικρομερέστερα πεφυκότα, διὰ πολλῆς εὐ-
ρυχωρίας ἰόντα, οὐ βιαζόμενα, ἄλυτον αὐτὴν ἐάσαντα
ἄτηκτον παρέσχε· τὰ δὲ ὕδατος ἐπειδὴ μείζω πέφυκε
μέρη, βίαιον ποιούμενα τὴν διέξοδον, λύοντα αὐτὴν τήκει.
61 γῆν μὲν γὰρ ἀξύστατον ὑπὸ βίας οὕτως ὕδωρ μόνον λύει,
ξυνεστηκυῖαν δὲ πλὴν πυρὸς οὐδέν· εἴσοδος γὰρ οὐδενὶ
πλὴν πυρὶ λέλειπται. τὴν δὲ ὕδατος αὖ ξύνοδον τὴν μὲν
βιαιοτάτην πῦρ μόνον, τὴν δὲ ἀσθενεστέραν ἀμφότερα,
πῦρ τε καὶ ἀήρ, διαχεῖτον, ὁ μὲν κατὰ τὰ διάκενα, τὸ δὲ
καὶ κατὰ τὰ τρίγωνα· βίᾳ δὲ ἀέρα ξυστάντα οὐδὲν λύει
πλὴν κατὰ τὸ στοιχεῖον, ἀβίαστον δὲ κατατήκει μόνον
πῦρ. τὰ δὲ δὴ τῶν ξυμμίκτων ἐκ γῆς τε καὶ ὕδατος σωμά-
B των, μέχριπερ ἂν ὕδωρ αὐτοῦ τὰ τῆς γῆς διάκενα καὶ βίᾳ
ξυμπεπιλημένα κατέχῃ, τὰ μὲν ὕδατος ἐπιόντα ἔξωθεν εἴς-
οδον οὐκ ἔχοντα μέρη περιρρέοντα τὸν ὅλον ὄγκον ἄτη-
κτον εἴασε, τὰ δὲ πυρὸς εἰς τὰ τῶν ὑδάτων διάκενα εἰσι-
όντα, ὅπερ ὕδωρ γῆν, τοῦτο πῦρ ἀέρα ἀπεργαζόμενα, τη-
χθέντι τῷ κοινῷ σώματι ῥεῖν μόνα αἴτια ξυμβέβηκε· τυγ-

χάνει δὲ ταῦτα ὄντα, τὰ μὲν ἔλαττον ἔχοντα ὕδατος ἢ γῆς
τό τε περὶ τὴν ὕαλον γένος ἅπαν ὅσα τε λίθων χυτὰ εἴδη
καλεῖται, τὰ δὲ πλέον ὕδατος αὖ πάντα ὅσα κηροειδῆ καὶ C
θυμιατικὰ σώματα ξυμπήγνυται.

XXVI. Καὶ τὰ μὲν δὴ σχήματα κοινωνίαις τε καὶ με-
ταλλαγαῖς εἰς ἄλληλα πεποικιλμένα εἴδη σχεδὸν ἐπιδέδει-
κται· τὰ δὲ παθήματα αὐτῶν δι' ἃς αἰτίας γέγονε πειρα-
τέον ἐμφανίζειν. πρῶτον μὲν οὖν ὑπάρχειν αἴσθησιν δεῖ
τοῖς λεγομένοις ἀεί, σαρκὸς δὲ καὶ τῶν περὶ σάρκα γένεσιν,
ψυχῆς τε ὅσον θνητόν, οὔπω διεληλύθαμεν· τυγχάνει δὲ
οὔτε ταῦτα χωρὶς τῶν περὶ τὰ παθήματα ὅσα αἰσθητικὰ
οὔτ' ἐκεῖνα ἄνευ τούτων δυνατὰ ἱκανῶς λεχθῆναι, τὸ δὲ D
ἅμα σχεδὸν οὐ δυνατόν· ὑποθετέον δὴ πρότερον θάτερα,
τὰ δ' ὑποτεθέντα ἐπάνιμεν αὖθις. ἵνα οὖν ἑξῆς τὰ πα-
θήματα λέγηται τοῖς γένεσιν, ἔστω πρότερα ἡμῖν τὰ περὶ
σῶμα καὶ ψυχὴν ὄντα. πρῶτον μὲν οὖν ᾗ πῦρ θερμὸν λέ-
γομεν, ἴδωμεν ὧδε σκοποῦντες, τὴν διάκρισιν καὶ τομὴν
αὐτοῦ περὶ τὸ σῶμα ἡμῶν γιγνομένην ἐννοηθέντες. ὅτι E
μὲν γὰρ ὀξύ τι τὸ πάθος, πάντες σχεδὸν αἰσθανόμεθα·
τὴν δὲ λεπτότητα τῶν πλευρῶν καὶ γωνιῶν ὀξύτητα τῶν
τε μορίων σμικρότητα καὶ τῆς φορᾶς τὸ τάχος, οἷς πᾶσι
σφοδρὸν ὂν καὶ τομὸν ὀξέως τὸ προστυχὸν ἀεὶ τέμνει, λο-
γιστέον ἀναμιμνησκομένοις τὴν τοῦ σχήματος αὐτοῦ γέ- 62
νεσιν, ὅτι μάλιστα ἐκείνη καὶ οὐκ ἄλλη φύσις διακρίνουσα
ἡμῶν κατὰ σμικρά τε τὰ σώματα κερματίζουσα τοῦτο ὃ
νῦν θερμὸν λέγομεν εἰκότως τὸ πάθημα καὶ τοὔνομα παρ-
έσχε. τὸ δ' ἐναντίον τούτων κατάδηλον μέν, ὅμως δὲ
μηδὲν ἐπιδεὲς ἔστω λόγου. τὰ γὰρ δὴ τῶν περὶ τὸ σῶμα
ὑγρῶν μεγαλομερέστερα εἰσιόντα, τὰ σμικρότερα ἐξω-
θοῦντα, εἰς τὰς ἐκείνων οὐ δυνάμενα ἕδρας ἐνδῦναι, ξυν-
ωθοῦντα ἡμῶν τὸ νοτερὸν ἐξ ἀνωμάλου κεκινημένου τε B
ἀκίνητον δι' ὁμαλότητα καὶ τὴν ξύνωσιν ἀπεργαζόμενα

πήγνυσι· τὸ δὲ παρὰ φύσιν ξυναγόμενον μάχεται κατα
φύσιν αὐτὸ ἑαυτὸ εἰς τοὐναντίον ἀπωθοῦν· τῇ δὴ μάχῃ
καὶ τῷ σεισμῷ τούτῳ τρόμος καὶ ῥῖγος ἐτέθη, ψυχρόν τε
τὸ πάθος ἅπαν τοῦτο καὶ τὸ δρῶν αὐτὸ ἔσχεν ὄνομα.
σκληρὸν δέ, ὅσοις ἂν ἡμῶν ἡ σὰρξ ὑπείκῃ· μαλακὸν δέ,
ὅσα ἂν τῇ σαρκί· πρὸς ἄλληλά τε οὕτως. ὑπείκει δὲ ὅσον
C ἐπὶ σμικροῦ βαίνει· τὸ δὲ ἐκ τετραγώνων ὂν βάσεων, ἅτε
βεβηκὸς σφόδρα, ἀντιτυπώτατον εἶδος, ὅ τί τε ἂν εἰς πυ-
κνότητα ξυνιὸν πλείστην ἀντίτονον ᾖ μάλιστα. βαρὺ δὲ
καὶ κοῦφον μετὰ τῆς τοῦ κάτω φύσεως ἄνω τε λεγομένης
ἐξεταζόμενον ἂν δηλωθείη σαφέστατα. φύσει γὰρ δή τινας
τόπους δύο εἶναι διειληφότας διχῇ τὸ πᾶν ἐναντίους, τὸν
μὲν κάτω, πρὸς ὃν φέρεται πάνθ᾽ ὅσα τινὰ ὄγκον σώματος
ἔχει, τὸν δ᾽ ἄνω, πρὸς ὃν ἀκουσίως ἔρχεται πᾶν, οὐκ ὀρ-
D θὸν οὐδαμῇ νομίζειν· τοῦ γὰρ παντὸς οὐρανοῦ σφαιρο-
ειδοῦς ὄντος, ὅσα μὲν ἀφεστῶτα ἴσον τοῦ μέσου γέγονεν
ἔσχατα, ὁμοίως αὐτὰ χρὴ ἔσχατα πεφυκέναι, τὸ δὲ μέσον
τὰ αὐτὰ μέτρα τῶν ἐσχάτων ἀφεστηκὸς ἐν τῷ καταντικρὺ
νομίζειν δεῖ πάντων εἶναι. τοῦ δὴ κόσμου ταύτῃ πεφυ-
κότος τί τῶν εἰρημένων ἄνω τις ἢ κάτω τιθέμενος οὐκ ἐν
δίκῃ δόξει τὸ μηδὲν προσῆκον ὄνομα λέγειν; ὁ μὲν γὰρ
μέσος ἐν αὐτῷ τόπος οὔτε κάτω πεφυκὼς οὔτε ἄνω λέγε-
σθαι δίκαιος, ἀλλ᾽ αὐτὸ ἐν μέσῳ· ὁ δὲ πέριξ οὔτε δὴ μέσος
οὔτ᾽ ἔχων διάφορον αὑτοῦ μέρος ἕτερον θατέρου μᾶλλον
E πρὸς τὸ μέσον ἤ τι τῶν καταντικρύ. τοῦ δὲ ὁμοίως πάντῃ
πεφυκότος ποῖά τις ἐπιφέρων ὀνόματα αὐτῷ ἐναντία καὶ
πῇ καλῶς ἂν ἡγοῖτο λέγειν; εἰ γάρ τι καὶ στερεὸν εἴη
63 κατὰ μέσον τοῦ παντὸς ἰσοπαλές, εἰς οὐδὲν ἄν ποτε τῶν
ἐσχάτων ἐνεχθείη διὰ τὴν πάντῃ ὁμοιότητα αὐτῶν· ἀλλ᾽
εἰ καὶ περὶ αὐτὸ πορεύοιτό τις ἐν κύκλῳ, πολλάκις ἂν στὰς
ἀντίπους ταὐτὸν αὐτοῦ κάτω καὶ ἄνω προσείποι. τὸ μὲν
γὰρ ὅλον, καθάπερ εἴρηται νῦν δή, σφαιροειδὲς ὄν, τόπον

τινὰ κάτω, τὸν δὲ ἄνω λέγειν ἔχειν οὐκ ἔμφρονος· ὅθεν δὲ
ὠνομάσθη ταῦτα καὶ ἐν οἷς ὄντα εἰθίσμεθα δι' ἐκεῖνα καὶ
τὸν οὐρανὸν ὅλον οὕτω διαιρούμενοι λέγειν, ταῦτα διο- B
μολογητέον ὑποθεμένοις τάδε ἡμῖν. εἴ τις ἐν τῷ τοῦ παν-
τὸς τόπῳ, καθ' ὃν ἡ τοῦ πυρὸς εἴληχε μάλιστα φύσις, οὗ
καὶ πλεῖστον ἂν ἠθροισμένον εἴη πρὸς ὃ φέρεται, ἐπεμβὰς
ἐπ' ἐκεῖνο καὶ δύναμιν εἰς τοῦτο ἔχων, μέρη τοῦ πυρὸς
ἀφαιρῶν ἱσταίη, τιθεὶς εἰς πλάστιγγας, αἴρων τὸν ζυγὸν
καὶ τὸ πῦρ ἕλκων εἰς ἀνόμοιον ἀέρα βιαζόμενος, δῆλον
ὡς τοὔλαττόν που τοῦ μείζονος ῥᾷον βιᾶται· ῥώμῃ γὰρ C
μιᾷ δυοῖν ἅμα μετεωριζομένοιν τὸ μὲν ἔλαττον μᾶλλον,
τὸ δὲ πλέον ἧττον ἀνάγκῃ που κατατεινόμενον ξυνέπε-
σθαι τῇ βίᾳ, καὶ τὸ μὲν πολὺ βαρὺ καὶ κάτω φερόμενον
κληθῆναι, τὸ δὲ σμικρὸν ἐλαφρὸν καὶ ἄνω. ταὐτὸν δὴ
τοῦτο δεῖ φωρᾶσαι δρῶντας ἡμᾶς περὶ τόνδε τὸν τόπον.
ἐπὶ γὰρ γῆς βεβῶτες, γεώδη γένη διιστάμενοι καὶ γῆν
ἐνίοτε αὐτὴν ἕλκομεν εἰς ἀνόμοιον ἀέρα βίᾳ καὶ παρὰ
φύσιν, ἀμφότερα τοῦ ξυγγενοῦς ἀντεχόμενα, τὸ δὲ σμι- D
κρότερον ῥᾷον τοῦ μείζονος βιαζομένοις εἰς τὸ ἀνόμοιον
πρότερον ξυνέπεται· κοῦφον οὖν αὐτὸ προσειρήκαμεν
καὶ τὸν τόπον εἰς ὃν βιαζόμεθ' ἄνω, τὸ δ' ἐναντίον τού-
τοις πάθος βαρὺ καὶ κάτω. ταῦτ' οὖν δὴ διαφόρως ἔχειν
αὐτὰ πρὸς αὑτὰ ἀνάγκη διὰ τὸ τὰ πλήθη τῶν γενῶν
τόπον ἐναντίον ἄλλα ἄλλοις κατέχειν· τὸ γὰρ ἐν ἑτέρῳ
κοῦφον ὂν τόπῳ τῷ κατὰ τὸν ἐναντίον τόπον ἐλαφρῷ καὶ
τῷ βαρεῖ τὸ βαρὺ τῷ τε κάτω τὸ κάτω καὶ τῷ ἄνω τὸ ἄνω E
πάντ' ἐναντία καὶ πλάγια καὶ πάντως διάφορα πρὸς ἄλ-
ληλα ἀνευρεθήσεται γιγνόμενα καὶ ὄντα· τόδε γε μὴν ἕν
τι διανοητέον περὶ πάντων αὐτῶν, ὡς ἡ μὲν πρὸς τὸ ξυγ-
γενὲς ὁδὸς ἑκάστοις οὖσα βαρὺ μὲν τὸ φερόμενον ποιεῖ,
τὸν δὲ τόπον εἰς ὃν τὸ τοιοῦτον φέρεται κάτω, τὰ δὲ τού-
τοις ἔχοντα ὡς ἑτέρως θάτερα. περὶ δὴ τούτων αὖ τῶν πα-

θημάτων ταῦτα αἴτια εἰρήσθω. λείου δ᾽ αὖ καὶ τραχέος παθήματος αἰτίαν πᾶς που κατιδὼν καὶ ἑτέρῳ δυνατὸς ἂν εἴη λέγειν· σκληρότης γὰρ ἀνωμαλότητι μιχθεῖσα, τὸ δ᾽
64 ὁμαλότης πυκνότητι παρέχεται.

XXVII. Μέγιστον δὲ καὶ λοιπὸν τῶν κοινῶν περὶ ὅλον τὸ σῶμα παθημάτων τὸ τῶν ἡδέων καὶ τῶν ἀλγεινῶν αἴτιον ἐν οἷς διεληλύθαμεν, καὶ ὅσα διὰ τῶν τοῦ σώματος μορίων αἰσθήσεις κεκτημένα καὶ λύπας ἐν αὐτοῖς ἡδονάς θ᾽ ἅμα ἑπομένας ἔχει. ὧδ᾽ οὖν κατὰ παντὸς αἰσθητοῦ καὶ ἀναισθήτου παθήματος τὰς αἰτίας λαμβάνω-
B μεν, ἀναμιμνησκόμενοι τὸ τῆς εὐκινήτου τε καὶ δυσκινήτου φύσεως ὅτι διειλόμεθα ἐν τοῖς πρόσθεν· ταύτῃ γὰρ δὴ μεταδιωκτέον πάντα, ὅσα ἐπινοοῦμεν ἑλεῖν. τὸ μὲν γὰρ κατὰ φύσιν εὐκίνητον, ὅταν καὶ βραχὺ πάθος εἰς αὐτὸ ἐμπίπτῃ, διαδίδωσι κύκλῳ μόρια ἕτερα ἑτέροις ταὐτὸν ἀπεργαζόμενα, μέχριπερ ἂν ἐπὶ τὸ φρόνιμον ἐλθόντα ἐξαγγείλῃ τοῦ ποιήσαντος τὴν δύναμιν· τὸ δ᾽ ἐναντίον ἑδραῖον ὂν κατ᾽ οὐδένα τε κύκλον ἰὸν πάσχει μόνον, ἄλλο δὲ οὐ κινεῖ
C τῶν πλησίον, ὥστε οὐ διαδιδόντων μορίων μορίοις ἄλλων ἄλλοις τὸ πρῶτον πάθος ἐν αὐτοῖς ἀκίνητον εἰς τὸ πᾶν ζῶον γενόμενον ἀναίσθητον παρέσχε τὸ παθόν. ταῦτα δὲ περί τε ὀστᾶ καὶ τὰς τρίχας ἐστὶ καὶ ὅσ᾽ ἄλλα γήϊνα τὸ πλεῖστον ἔχομεν ἐν ἡμῖν μόρια· τὰ δὲ ἔμπροσθεν περὶ τὰ τῆς ὄψεως καὶ ἀκοῆς μάλιστα, διὰ τὸ πυρὸς ἀέρος τε ἐν αὐτοῖς δύναμιν ἐνεῖναι μεγίστην. τὸ δὴ τῆς ἡδονῆς καὶ
D λύπης ὧδε δεῖ διανοεῖσθαι. τὸ μὲν παρὰ φύσιν καὶ βίαιον γιγνόμενον ἀθρόον παρ᾽ ἡμῖν πάθος ἀλγεινόν, τὸ δ᾽ εἰς φύσιν ἀπιὸν πάλιν ἀθρόον ἡδύ, τὸ δὲ ἠρέμα καὶ κατὰ σμικρὸν ἀναίσθητον, τὸ δ᾽ ἐναντίον τούτοις ἐναντίως. τὸ δὲ μετ᾽ εὐπετείας γιγνόμενον ἅπαν αἰσθητὸν μὲν ὅ τι μάλιστα, λύπης δὲ καὶ ἡδονῆς οὐ μετέχον, οἷον τὰ περὶ τὴν ὄψιν αὐτὴν παθήματα, ἣ δὴ σῶμα ἐν τοῖς πρόσθεν ἐρρή-

θη καθ' ἡμέραν ξυμφυὲς ἡμῶν γίγνεσθαι. ταύτῃ γὰρ το-
μαὶ μὲν καὶ καύσεις καὶ ὅσα ἄλλα πάσχει λύπας οὐκ ἐμ- E
ποιοῦσιν, οὐδὲ ἡδονὰς πάλιν ἐπὶ ταὐτὸν ἀπιούσης εἶδος,
μέγισται δὲ αἰσθήσεις καὶ σαφέσταται καθότι τ' ἂν πάθῃ
καὶ ὅσων ἂν αὐτή πῃ προσβαλοῦσα ἐφάπτηται· βία γὰρ
τὸ πάμπαν οὐκ ἔνι τῇ διακρίσει τε αὐτῆς καὶ συγκρίσει.
τὰ δ' ἐκ μειζόνων μερῶν σώματα μόγις εἴκοντα τῷ δρῶντι,
διαδιδοντα δὲ εἰς ὅλον τὰς κινήσεις, ἡδονὰς ἴσχει καὶ λύ-
πας, ἀλλοτριούμενα μὲν λύπας, καθιστάμενα δὲ εἰς τὸ 65
αὐτὸ πάλιν ἡδονάς. ὅσα δὲ κατὰ σμικρὸν τὰς ἀποχωρή-
σεις ἑαυτῶν καὶ κενώσεις εἴληφε, τὰς δὲ πληρώσεις
ἀθρόας καὶ κατὰ μεγάλα, κενώσεως μὲν ἀναίσθητα, πλη-
ρώσεως δὲ αἰσθητικὰ γιγνόμενα, λύπας μὲν οὐ παρέχει
τῷ θνητῷ τῆς ψυχῆς, μεγίστας δὲ ἡδονάς· ἔστι δὲ ἔνδηλα
περὶ τὰς εὐωδίας. ὅσα δὲ ἀπαλλοτριοῦται μὲν ἀθρόα,
κατὰ σμικρὰ δὲ μόγις τε εἰς ταὐτὸ πάλιν ἑαυτοῖς καθίστα- B
ται, τοὐναντίον τοῖς ἔμπροσθεν πάντα ἀποδίδωσι· ταῦτα
δ' αὖ περὶ τὰς καύσεις καὶ τομὰς τοῦ σώματος γιγνόμενά
ἐστι κατάδηλα.

XXVIII. Καὶ τὰ μὲν δὴ κοινὰ τοῦ σώματος παντὸς
παθήματα, τῶν τ' ἐπωνυμιῶν ὅσαι τοῖς δρῶσιν αὐτὰ γε-
γόνασι, σχεδὸν εἴρηται· τὰ δ' ἐν ἰδίοις μέρεσιν ἡμῶν γι-
γνόμενα, τά τε πάθη καὶ τὰς αἰτίας αὖ τῶν δρώντων, πει-
ρατέον εἰπεῖν, ἄν πῃ δυνώμεθα. πρῶτον οὖν ὅσα τῶν C
χυμῶν πέρι λέγοντες ἐν τοῖς πρόσθεν ἀπελίπομεν, ἴδια
ὄντα παθήματα περὶ τὴν γλῶτταν, ἐμφανιστέον ᾗ δυνα-
τόν. φαίνεται δὲ καὶ ταῦτα, ὥσπερ οὖν καὶ τὰ πολλά, διὰ
συγκρίσεών τέ τινων καὶ διακρίσεων γίγνεσθαι, πρὸς δὲ
αὐταῖς κεχρῆσθαι μᾶλλόν τι τῶν ἄλλων τραχύτησί τε καὶ
λειότησιν. ὅσα μὲν γὰρ εἰσιόντα περὶ τὰ φλέβια, οἱόν-
περ δοκίμια τῆς γλώττης τεταμένα ἐπὶ τὴν καρδίαν, εἰς τα D
νοτερὰ τῆς σαρκὸς καὶ ἁπαλὰ ἐμπίπτοντα γήϊνα μέρη κα-

τατηκόμενα ξυνάγει τὰ φλέβια καὶ ἀποξηραίνει, τραχύ-
τερα μὲν ὄντα στρυφνά, ἧττον δὲ τραχύνοντα αὐστηρὰ
φαίνεται· τὰ δὲ τούτων τε ῥυπτικὰ καὶ πᾶν τὸ περὶ τὴν
γλῶτταν ἀποπλύνοντα, πέρα μὲν τοῦ μετρίου τοῦτο
δρῶντα καὶ προσεπιλαμβανόμενα, ὥστε ἀποτήκειν αὐτῆς
τῆς φύσεως, οἷον ἡ τῶν λίτρων δύναμις, πικρὰ πάνθ' οὕ-
E τως ὠνόμασται, τὰ δὲ ὑποδεέστερα τῆς λιτρώδους ἕξεως
ἐπὶ τὸ μέτριόν τε τῇ ῥύψει χρώμενα ἁλυκὰ ἄνευ πικρότη-
τος τραχείας καὶ φίλα μᾶλλον ἡμῖν φαντάζεται. τὰ δὲ τῇ
τοῦ στόματος θερμότητι κοινωνήσαντα καὶ λεαινόμενα
ὑπ' αὐτοῦ, ξυνεκπυρούμενα καὶ πάλιν αὐτὰ ἀντικάοντα
τὸ διαθερμῆναν, φερόμενά τε ὑπὸ κουφότητος ἄνω πρὸς
τὰς τῆς κεφαλῆς αἰσθήσεις, τέμνοντά τε πάνθ' ὁπόσοις
66 ἂν προσπίπτῃ, διὰ ταύτας τὰς δυνάμεις δριμέα πάντα
τοιαῦτα ἐλέχθη. τῶν δὲ αὐτῶν προλελεπτυσμένων μὲν
ὑπὸ σηπεδόνος, εἰς δὲ τὰς στενὰς φλέβας ἐνδυομένων, καὶ
τοῖς ἐνοῦσιν αὐτόθι μέρεσι γεώδεσι καὶ ὅσα ἀέρος ξυμ-
μετρίαν ἔχοντα, ὥστε κινήσαντα περὶ ἄλληλα ποιεῖν κυ-
κᾶσθαι, κυκώμενα δὲ περιπίπτειν τε καὶ εἰς ἕτερα ἐνδυό-
μενα ἕτερα κοῖλα ἀπεργάζεσθαι περιτεινόμενα τοῖς εἰσι-
B οῦσιν, ἃ δὴ νοτίδος περὶ ἀέρα κοίλης περιταθείσης, τοτὲ
μὲν γεώδους, τοτὲ δὲ καὶ καθαρᾶς, νοτερὰ ἀγγεῖα ἀέρος
ὕδατα κοῖλα περιφερῆ τε γενέσθαι, καὶ τὰ μὲν τῆς καθα-
ρᾶς διαφανεῖς περιστῆναι κληθείσας ὄνομα πομφόλυγας,
τὰ δὲ τῆς γεώδους ὁμοῦ κινουμένης τε καὶ αἰρομένης ζέσιν
τε καὶ ζύμωσιν ἐπίκλην λεχθῆναι — τὸ δὲ τούτων αἴτιον
τῶν παθημάτων ὀξὺ προσρηθῆναι. ξύμπασι δὲ τοῖς περὶ
ταῦτα εἰρημένοις πάθος ἐναντίον ἀπ' ἐναντίας ἐστὶ προ-
C φάσεως, ὁπόταν ἡ τῶν εἰσιόντων ξύστασις ἐν ὑγροῖς,
οἰκεία τῇ τῆς γλώττης ἕξει πεφυκυῖα, λεαίνῃ μὲν ἐπαλεί-
φουσα τὰ τραχυνθέντα, τὰ δὲ παρὰ φύσιν ξυνεστῶτα ἢ
κεχυμένα τὰ μὲν ξυνάγῃ, τὰ δὲ χαλᾷ, καὶ πάνθ' ὅ τι μά-

λιστα ἱδρύῃ κατὰ φύσιν, ἡδὺ καὶ προσφιλὲς παντὶ πᾶν τὸ
τοιοῦτον ἴαμα τῶν βιαίων παθημάτων γιγνόμενον κέκλη-
ται γλυκύ.

XXIX. Καὶ τὰ μὲν ταύτῃ ταῦτα· περὶ δὲ δὴ τὴν τῶν D
μυκτήρων δύναμιν, εἴδη μὲν οὐκ ἔνι· τὸ γὰρ τῶν ὀσμῶν
πᾶν ἡμιγενές, εἴδει δὲ οὐδενὶ ξυμβέβηκε ξυμμετρία πρὸς
τό τινα ἔχειν ὀσμήν· ἀλλ' ἡμῶν αἱ περὶ ταῦτα φλέβες
πρὸς μὲν τὰ γῆς ὕδατός τε γένη στενότεραι ξυνέστησαν,
πρὸς δὲ τὰ πυρὸς ἀέρος τε εὐρύτεραι, διὸ τούτων οὐδεὶς
οὐδενὸς ὀσμῆς πώποτε ᾔσθετό τινος, ἀλλὰ ἢ βρεχομένων
ἢ σηπομένων ἢ τηκομένων ἢ θυμιωμένων γίγνονταί τι-
νων. μεταβάλλοντος γὰρ ὕδατος εἰς ἀέρα ἀέρος τε εἰς E
ὕδωρ ἐν τῷ μεταξὺ τούτων γεγόνασιν, εἰσὶ δὲ ὀσμαὶ ξύμ-
πασαι καπνὸς ἢ ὁμίχλη· τούτων δὲ τὸ μὲν ἐξ ἀέρος εἰς
ὕδωρ ἰὸν ὁμίχλη, τὸ δὲ ἐξ ὕδατος εἰς ἀέρα καπνός· ὅθεν
λεπτότεραι μὲν ὕδατος, παχύτεραι δὲ ὀσμαὶ ξύμπασαι γε-
γόνασιν ἀέρος, δηλοῦνται δέ, ὁπόταν τινὸς ἀντιφραχθέν-
τος περὶ τὴν ἀναπνοὴν ἄγῃ τις βίᾳ τὸ πνεῦμα εἰς αὑτόν·
τότε γὰρ ὀσμὴ μὲν οὐδεμία ξυνδιηθεῖται, τὸ δὲ πνεῦμα
τῶν ὀσμῶν ἐρημωθὲν αὐτὸ μόνον ἕπεται. δι' οὖν ταῦτα
ἀνώνυμα τὰ τούτων ποικίλματα γέγονεν, οὐκ ἐκ πολλῶν 67
οὐδ' ἁπλῶν εἰδῶν ὄντα, ἀλλὰ διχῇ τό θ' ἡδὺ καὶ τὸ λυπη-
ρὸν αὐτόθι μόνω διαφανῆ λέγεσθον, τὸ μὲν τραχῦνόν τε
καὶ βιαζόμενον τὸ κύτος ἅπαν, ὅσον ἡμῶν μεταξὺ κορυ-
φῆς τοῦ τε ὀμφαλοῦ κεῖται, τὸ δὲ ταὐτὸν τοῦτο κατα-
πραῦνον καὶ πάλιν ᾗ πέφυκεν ἀγαπητῶς ἀποδιδόν. τρί-
τον δὲ αἰσθητικὸν ἐν ἡμῖν μέρος ἐπισκοποῦσι τὸ περὶ τὴν
ἀκοήν, δι' ἃς αἰτίας τὰ περὶ αὐτὸ ξυμβαίνει παθήματα, B
λεκτέον. ὅλως μὲν οὖν φωνὴν θῶμεν τὴν δι' ὤτων ὑπ'
ἀέρος ἐγκεφάλου τε καὶ αἵματος μέχρι ψυχῆς πληγὴν δια-
διδομένην, τὴν δὲ ὑπ' αὐτῆς κίνησιν, ἀπὸ τῆς κεφαλῆς
μὲν ἀρχομένην, τελευτῶσαν δὲ περὶ τὴν τοῦ ἥπατος ἕδραν,

ἀκοήν· ὅση δ' αὐτῆς ταχεῖα, ὀξεῖαν, ὅση δὲ βραδυτέρα,
βαρυτέραν· τὴν δὲ ὁμοίαν ὁμαλήν τε καὶ λείαν, τὴν δὲ
C ἐναντίαν τραχεῖαν· μεγάλην δὲ τὴν πολλήν, ὅση δὲ ἐναν-
τία, σμικράν. τὰ δὲ περὶ ξυμφωνίας αὐτῶν ἐν τοῖς ὕστε-
ρον λεχθησομένοις ἀνάγκη ῥηθῆναι.

XXX. Τέταρτον δὴ λοιπὸν ἔτι γένος ἡμῖν αἰσθητικόν,
ὃ διελέσθαι δεῖ συχνὰ ἐν ἑαυτῷ ποικίλματα κεκτημένον,
ἃ ξύμπαντα μὲν χρόας ἐκαλέσαμεν, φλόγα τῶν σωμάτων
ἑκάστων ἀπορρέουσαν, ὄψει ξύμμετρα μόρια ἔχουσαν
πρὸς αἴσθησιν· ὄψεως δ' ἐν τοῖς πρόσθεν αὐτῶν περὶ
D τῶν αἰτίων τῆς γενέσεως ὀλίγα ἐρρήθη. τῇδ' οὖν τῶν
χρωμάτων πέρι μάλιστα εἰκὸς πρέποι τ' ἂν τὸν ἐπιεικῆ
λόγῳ διεξελθεῖν, τὰ φερόμενα ἀπὸ τῶν ἄλλων μόρια
ἐμπίπτοντά τε εἰς τὴν ὄψιν τὰ μὲν ἐλάττω, τὰ δὲ μείζω,
τὰ δ' ἴσα τοῖς αὐτῆς τῆς ὄψεως μέρεσιν εἶναι· τὰ μὲν οὖν
ἴσα ἀναίσθητα, ἃ δὴ καὶ διαφανῆ λέγομεν, τὰ δὲ μείζω
καὶ ἐλάττω, τὰ μὲν συγκρίνοντα, τὰ δὲ διακρίνοντα αὐτήν,
τοῖς περὶ τὴν σάρκα θερμοῖς καὶ ψυχροῖς καὶ τοῖς περὶ
E τὴν γλῶτταν στρυφνοῖς καὶ ὅσα θερμαντικὰ ὄντα δριμέα
ἐκαλέσαμεν ἀδελφὰ εἶναι, τά τε λευκὰ καὶ τὰ μέλανα, ἐκεί-
νων παθήματα γεγονότα ἐν ἄλλῳ γένει τὰ αὐτά, φαντα-
ζόμενα δὲ ἄλλα δια ταύτας τὰς αἰτίας. οὕτως οὖν αὐτὰ
προσρητέον, τὸ μὲν διακριτικὸν τῆς ὄψεως λευκόν, τὸ δ'
ἐναντίον αὐτοῦ μέλαν, τὴν δὲ ὀξυτέραν φορὰν καὶ γένους
πυρὸς ἑτέρου προσπίπτουσαν καὶ διακρίνουσαν τὴν ὄψιν
μέχρι τῶν ὀμμάτων, αὐτάς τε τῶν ὀφθαλμῶν τὰς διεξό-
68 δους βίᾳ διωθοῦσαν καὶ τήκουσαν, πῦρ μὲν ἀθρόον
καὶ ὕδωρ, ὃ δάκρυον καλοῦμεν, ἐκεῖθεν ἐκχέουσαν, αὐτὴν
δὲ οὖσαν πῦρ ἐξ ἐναντίας ἀπαντῶσαν, καὶ τοῦ μὲν ἐκ-
πηδῶντος πυρὸς οἷον ἀπ' ἀστραπῆς, τοῦ δ' εἰσιόντος καὶ
περὶ τὸ νοτερὸν κατασβεννυμένου, παντοδαπῶν ἐν τῇ κυ-
κήσει ταύτῃ γιγνομένων χρωμάτων, μαρμαρυγὰς μὲν τὸ

πάθος προσείπομεν, τὸ δὲ τοῦτο ἀπεργαζόμενον λαμπρόν
τε καὶ στίλβον ἐπωνομάσαμεν. τὸ δὲ τούτων αὖ μεταξὺ
πυρὸς γένος, πρὸς μὲν τὸ τῶν ὀμμάτων ὑγρὸν ἀφικνού- B
μενον καὶ κεραννύμενον αὐτῷ, στίλβον δὲ οὔ, τῇ δὲ διὰ
τῆς νοτίδος αὐγῇ τοῦ πυρὸς μιγνυμένῃ χρῶμα ἔναιμον
παρασχομένῃ, τοὔνομα ἐρυθρὸν λέγομεν. λαμπρόν τε
ἐρυθρῷ λευκῷ τε μιγνύμενον ξανθὸν γέγονε· τὸ δὲ ὅσον
μέτρον ὅσοις, οὐδ' εἴ τις εἰδείη νοῦν ἔχει τὸ λέγειν, ὧν
μήτε τινὰ ἀνάγκην μήτε τὸν εἰκότα λόγον καὶ μετρίως
ἄν τις εἰπεῖν εἴη δυνατός. ἐρυθρὸν δὲ δὴ μέλανι λευκῷ
τε κραθὲν ἁλουργόν· ὄρφνινον δέ, ὅταν τούτοις μεμιγ- C
μένοις καυθεῖσί τε μᾶλλον συγκραθῇ μέλαν. πυρρὸν δὲ
ξανθοῦ τε καὶ φαιοῦ κράσει γίγνεται, φαιὸν δὲ λευκοῦ
τε καὶ μέλανος, τὸ δὲ ὠχρὸν λευκοῦ ξανθῷ μιγνυμένου.
λαμπρῷ δὲ λευκὸν ξυνελθὸν καὶ εἰς μέλαν κατακορὲς ἐμ-
πεσὸν κυανοῦν χρῶμα ἀποτελεῖται, κυανοῦ δὲ λευκῷ κε-
ραννυμένου γλαυκόν, πυρροῦ δὲ μέλανι πράσιον. τὰ δὲ
ἄλλα ἀπὸ τούτων σχεδὸν δῆλα, αἷς ἂν ἀφομοιούμενα μί- D
ξεσι διασῴζοι τὸν εἰκότα μῦθον. εἰ δέ τις τούτων ἔργῳ
σκοπούμενος βάσανον λαμβάνοι, τὸ τῆς ἀνθρωπίνης καὶ
θείας φύσεως ἠγνοηκὼς ἂν εἴη διάφορον, ὅτι θεὸς μὲν τὰ
πολλὰ εἰς ἓν ξυγκεραννύναι καὶ πάλιν ἐξ ἑνὸς εἰς πολλὰ
διαλύειν ἱκανῶς ἐπιστάμενος ἅμα καὶ δυνατός, ἀνθρώ-
πων δὲ οὐδεὶς οὐδέτερα τούτων ἱκανὸς οὔτε ἔστι νῦν
οὔτ' εἰσαῦθίς ποτ' ἔσται. ταῦτα δὴ πάντα τότε ταύτῃ E
πεφυκότα ἐξ ἀνάγκης ὁ τοῦ καλλίστου τε καὶ ἀρίστου δη-
μιουργὸς ἐν τοῖς γιγνομένοις παρελάμβανεν, ἡνίκα τὸν
αὐτάρκη τε καὶ τὸν τελεώτατον θεὸν ἐγέννα, χρώμενος
μὲν ταῖς περὶ ταῦτα αἰτίαις ὑπηρετούσαις, τὸ δὲ εὖ τεκται-
νόμενος ἐν πᾶσι τοῖς γιγνομένοις αὐτός. διὸ δὴ χρὴ δύ'
αἰτίας εἴδη διορίζεσθαι, τὸ μὲν ἀναγκαῖον, τὸ δὲ θεῖον,
καὶ τὸ μὲν θεῖον ἐν ἅπασι ζητεῖν κτήσεως ἕνεκα εὐδαίμο-

69 νος βίου, καθ' ὅσον ἡμῶν ἡ φύσις ἐνδέχεται, τὸ δὲ ἀναγ-
καῖον ἐκείνων χάριν, λογιζόμενον, ὡς ἄνευ τούτων οὐ
δυνατὰ αὐτὰ ἐκεῖνα, ἐφ' οἷς σπουδάζομεν, μόνα κατανοεῖν
οὐδ' αὖ λαβεῖν οὐδ' ἄλλως πως μετασχεῖν.

XXXI. Ὅτ' οὖν δὴ τὰ νῦν οἷα τέκτοσιν ἡμῖν ὕλη παρά-
κειται τὰ τῶν αἰτίων γένη διυλισμένα, ἐξ ὧν τὸν ἐπίλοιπον
λόγον δεῖ ξυνυφανθῆναι, πάλιν ἐπ' ἀρχὴν ἐπανέλθωμεν
διὰ βραχέων, ταχύ τε εἰς ταὐτὸν πορευθῶμεν, ὅθεν δεῦρο
B ἀφικόμεθα, καὶ τελευτὴν ἤδη κεφαλήν τε τῷ μύθῳ πει-
ρώμεθα ἁρμόττουσαν ἐπιθεῖναι τοῖς πρόσθεν. ὥσπερ οὖν
καὶ κατ' ἀρχὰς ἐλέχθη, ταῦτα ἀτάκτως ἔχοντα ὁ θεὸς ἐν
ἑκάστῳ τε αὑτῷ πρὸς αὑτὸ καὶ πρὸς ἄλληλα συμμετρίας
ἐνεποίησεν, ὅσας τε καὶ ὅπῃ δυνατὸν ἦν ἀνάλογα καὶ
σύμμετρα εἶναι. τότε γὰρ οὔτε τούτων ὅσον μὴ τύχῃ τι
μετεῖχεν, οὔτε τὸ παράπαν ὀνομάσαι τῶν νῦν ὀνομαζομέ-
νων ἀξιόλογον ἦν οὐδέν, οἷον πῦρ καὶ ὕδωρ καὶ εἴ τι τῶν
C ἄλλων· ἀλλὰ πάντα ταῦτα πρῶτον διεκόσμησεν, ἔπειτ'
ἐκ τούτων πᾶν τόδε ξυνεστήσατο, ζῷον ἓν ζῷα ἔχον τὰ
πάντα ἐν αὑτῷ θνητὰ ἀθάνατά τε. καὶ τῶν μὲν θείων
αὐτὸς γίγνεται δημιουργός, τῶν δὲ θνητῶν τὴν γένεσιν
τοῖς ἑαυτοῦ γεννήμασι δημιουργεῖν προσέταξεν· οἱ δὲ
μιμούμενοι, παραλαβόντες ἀρχὴν ψυχῆς ἀθάνατον, τὸ
μετὰ τοῦτο θνητὸν σῶμα αὐτῇ περιετόρνευσαν ὄχημά τε
πᾶν τὸ σῶμα ἔδοσαν ἄλλο τε εἶδος ἐν αὐτῷ ψυχῆς προσ-
ῳκοδόμουν τὸ θνητόν, δεινὰ καὶ ἀναγκαῖα ἐν ἑαυτῷ
D παθήματα ἔχον, πρῶτον μὲν ἡδονήν, μέγιστον κακοῦ δέ-
λεαρ, ἔπειτα λύπας, ἀγαθῶν φυγάς, ἔτι δ' αὖ θάρρος καὶ
φόβον, ἄφρονε ξυμβούλω, θυμὸν δὲ δυσπαραμύθητον,
ἐλπίδα δ' εὐπαράγωγον· αἰσθήσει δὲ ἀλόγῳ καὶ ἐπι-
χειρητῇ παντὸς ἔρωτι ξυγκερασάμενοι ταῦτα ἀναγκαίως
τὸ θνητὸν γένος ξυνέθεσαν. καὶ διὰ ταῦτα δὴ σεβόμενοι
μιαίνειν τὸ θεῖον, ὅ τι μη πᾶσα ἦν ἀνάγκη, χωρὶς ἐκείνου

κατοικίζουσιν εἰς ἄλλην τοῦ σώματος οἴκησιν τὸ θνητόν, E
ἰσθμὸν καὶ ὅρον διοικοδομήσαντες τῆς τε κεφαλῆς καὶ
τοῦ στήθους, αὐχένα μεταξὺ τιθέντες, ἵνα εἴη χωρίς. ἐν
δὴ τοῖς στήθεσι καὶ τῷ καλουμένῳ θώρακι τὸ τῆς ψυχῆς
θνητὸν γένος ἐνέδουν, καὶ ἐπειδὴ τὸ μὲν ἄμεινον αὐτῆς,
τὸ δὲ χεῖρον ἐπεφύκει, διοικοδομοῦσι τὸ τοῦ θώρακος αὖ
κύτος, διορίζοντες οἷον γυναικῶν, τὴν δὲ ἀνδρῶν χω- 70
ρὶς οἴκησιν, τὰς φρένας διάφραγμα εἰς τὸ μέσον αὐτῶν
τιθέντες. τὸ μετέχον οὖν τῆς ψυχῆς ἀνδρείας καὶ θυμοῦ,
φιλόνεικον ὄν, κατῴκισαν ἐγγυτέρω τῆς κεφαλῆς μεταξὺ
τῶν φρενῶν τε καὶ αὐχένος, ἵνα τοῦ λόγου κατήκοον ὂν
κοινῇ μετ' ἐκείνου βίᾳ τὸ τῶν ἐπιθυμιῶν κατέχοι γένος,
ὁπότ' ἐκ τῆς ἀκροπόλεως τῷ ἐπιτάγματι καὶ λόγῳ μη-
δαμῇ πείθεσθαι ἑκὸν ἐθέλοι· τὴν δὲ δὴ καρδίαν ἅμμα
τῶν φλεβῶν καὶ πηγὴν τοῦ περιφερομένου κατὰ πάντα B
τὰ μέλη σφοδρῶς αἵματος εἰς τὴν δορυφορικὴν οἴκησιν
κατέστησαν, ἵνα, ὅτε ζέσειε τὸ τοῦ θυμοῦ μένος, τοῦ
λόγου παραγγείλαντος, ὥς τις ἄδικος περὶ αὐτὰ γίγνεται
πρᾶξις ἔξωθεν ἢ καί τις ἀπὸ τῶν ἔνδοθεν ἐπιθυμιῶν,
ὀξέως διὰ πάντων τῶν στενωπῶν πᾶν ὅσον αἰσθητικὸν
ἐν τῷ σώματι τῶν τε παρακελεύσεων καὶ ἀπειλῶν αἰσθα-
νόμενον γίγνοιτο ἐπήκοον καὶ ἕποιτο πάντη, καὶ τὸ βέλτι-
στον οὕτως ἐν αὐτοῖς πᾶσιν ἡγεμονεῖν ἐῷ. τῇ δὲ δὴ C
πηδήσει τῆς καρδίας ἐν τῇ τῶν δεινῶν προσδοκίᾳ καὶ τῇ
τοῦ θυμοῦ ἐγέρσει, προγιγνώσκοντες ὅτι διὰ πυρὸς ἡ τοι-
αύτη πᾶσα ἔμελλεν οἴδησις γίγνεσθαι τῶν θυμουμένων,
ἐπικουρίαν αὐτῇ μηχανώμενοι τὴν τοῦ πλεύμονος ἰδέαν
ἐνεφύτευσαν, πρῶτον μὲν μαλακὴν καὶ ἄναιμον, εἶτα σή-
ραγγας ἐντὸς ἔχουσαν οἷον σπόγγου κατατετρημένας, ἵνα
τό τε πνεῦμα καὶ τὸ πόμα δεχομένη, ψύχουσα, ἀναπνοὴν
καὶ ῥᾳστώνην ἐν τῷ καύματι παρέχοι· διὸ δὴ τῆς ἀρτηρίας D
ὀχετοὺς ἐπὶ τὸν πλεύμονα ἔτεμον, καὶ περὶ τὴν καρδίαν

αὐτὸν περιέστησαν οἷον μάλαγμα, ἵν' ὁ θυμὸς ἡνίκα ἐν αὐτῇ
ἀκμάζοι, πηδῶσα εἰς ὑπεῖκον καὶ ἀναψυχομένη, πονοῦσα
ἧττον, μᾶλλον τῷ λόγῳ μετὰ θυμοῦ δύναιτο ὑπηρετεῖν.
XXXII. Τὸ δὲ δὴ σίτων τε καὶ ποτῶν ἐπιθυμητικὸν
τῆς ψυχῆς καὶ ὅσον ἔνδειαν διὰ τὴν τοῦ σώματος ἴσχει
φύσιν, τοῦτο εἰς τὰ μεταξὺ τῶν τε φρενῶν καὶ τοῦ πρὸς
E τὸν ὀμφαλὸν ὅρου κατῴκισαν, οἷον φάτνην ἐν ἅπαντι
τούτῳ τῷ τόπῳ τῇ τοῦ σώματος τροφῇ τεκτηνάμενοι·
καὶ κατέδησαν δὴ τὸ τοιοῦτον ἐνταῦθα ὡς θρέμμα ἄγριον,
τρέφειν δὲ ξυνημμένον ἀναγκαῖον, εἴπερ τι μέλλοι τὸ
θνητὸν ἔσεσθαι γένος. ἵν' οὖν ἀεὶ νεμόμενον πρὸς φάτνῃ
καὶ ὅ τι πορρωτάτω τοῦ βουλευομένου κατοικοῦν, θόρυ-
βον καὶ βοὴν ὡς ἐλαχίστην παρέχον, τὸ κράτιστον καθ'
71 ἡσυχίαν περὶ τοῦ πᾶσι κοινῇ ξυμφέροντος ἐῷ βουλεύε-
σθαι, διὰ ταῦτα ἐνταῦθ' ἔδοσαν αὐτῷ τὴν τάξιν. εἰδότες
δὲ αὐτό, ὡς λόγου μὲν οὔτε ξυνήσειν ἔμελλεν, εἴ τέ πῃ καὶ
μεταλαμβάνοι τινὸς αὐτῶν αἰσθήσεως, οὐκ ἔμφυτον αὐτῷ
τὸ μέλειν τινῶν ἔσοιτο λόγων, ὑπὸ δὲ εἰδώλων καὶ φαν-
τασμάτων νυκτός τε καὶ μεθ' ἡμέραν μάλιστα ψυχαγωγή-
σοιτο, τούτῳ δὴ θεὸς ἐπιβουλεύσας αὐτῷ τὴν ἥπατος
B ἰδέαν ξυνέστησε καὶ ἔθηκεν εἰς τὴν ἐκείνου κατοίκησιν,
πυκνὸν καὶ λεῖον καὶ λαμπρὸν καὶ γλυκὺ καὶ πικρότητα
ἔχον μηχανησάμενος, ἵνα ἐν αὐτῷ τῶν διανοημάτων ἡ ἐκ
τοῦ νοῦ φερομένη δύναμις, οἷον ἐν κατόπτρῳ δεχομένῳ
τύπους καὶ κατιδεῖν εἴδωλα παρέχοντι, φοβοῖ μὲν αὐτό,
ὁπότε μέρει τῆς πικρότητος χρωμένη ξυγγενεῖ, χαλεπὴ
προσενεχθεῖσα, ἀπειλῇ κατὰ πᾶν ὑπομιγνῦσα ὀξέως τὸ
ἧπαρ, χολώδη χρώματα ἐμφαίνοι ξυνάγουσά τε πᾶν ῥυσὸν
C καὶ τραχὺ ποιοῖ, λοβὸν δὲ καὶ δοχὰς πύλας τε τὰ μὲν ἐξ
ὀρθοῦ κατακάμπτουσα καὶ ξυσπῶσα, τὰ δὲ ἐμφράττουσα
συγκλείουσά τε, λύπας καὶ ἄσας παρέχοι καὶ ὅτ' αὖ τἀ-
ναντία φαντάσματα ἀποζωγραφοῖ πραότητός τις ἐκ δια-

νοίας ἐπίπνοια, τῆς μὲν πικρότητος ἡσυχίαν παρέχουσα
τῷ μήτε κινεῖν μήτε προσάπτεσθαι τῆς ἐναντίας ἑαυτῇ
φύσεως ἐθέλειν, γλυκύτητι δὲ τῇ κατ' ἐκεῖνο ξυμφύτῳ
πρὸς αὐτὸ χρωμένη καὶ πάντα ὀρθὰ καὶ λεῖα αὐτοῦ καὶ D
ἐλεύθερα ἀπευθύνουσα, ἵλεών τε καὶ εὐήμερον ποιοῖ τὴν
περὶ τὸ ἧπαρ ψυχῆς μοῖραν κατῳκισμένην, ἔν τε τῇ νυκτὶ
διαγωγὴν ἔχουσαν μετρίαν, μαντείᾳ χρωμένην καθ'
ὕπνον, ἐπειδὴ λόγου καὶ φρονήσεως οὐ μετεῖχε. μεμνη-
μένοι γὰρ τῆς τοῦ πατρὸς ἐπιστολῆς οἱ ξυνιστάντες ἡμᾶς,
ὅτε τὸ θνητὸν ἐπέστελλε γένος ὡς ἄριστον εἰς δύναμιν
ποιεῖν, οὕτω δὴ κατορθοῦντες καὶ τὸ φαῦλον ἡμῶν, ἵνα E
ἀληθείας πῃ προσάπτοιτο, κατέστησαν ἐν τούτῳ τὸ μαν-
τεῖον. ἱκανὸν δὲ σημεῖον, ὡς μαντικὴν ἀφροσύνῃ θεὸς
ἀνθρωπίνῃ δέδωκεν· οὐδεὶς γὰρ ἔννους ἐφάπτεται μαν-
τικῆς ἐνθέου καὶ ἀληθοῦς, ἀλλ' ἢ καθ' ὕπνον τὴν τῆς
φρονήσεως πεδηθεὶς δύναμιν ἢ διὰ νόσον ἢ διά τινα
ἐνθουσιασμὸν παραλλάξας. ἀλλὰ ξυννοῆσαι μὲν ἔμφρο-
νος τά τε ῥηθέντα ἀναμνησθέντα ὄναρ ἢ ὕπαρ ὑπὸ τῆς
μαντικῆς τε καὶ ἐνθουσιαστικῆς φύσεως, καὶ ὅσα ἂν
φαντάσματα ὀφθῇ, πάντα λογισμῷ διελέσθαι, ὅπῃ τι 72
σημαίνει καὶ ὅτῳ μέλλοντος ἢ παρελθόντος ἢ παρόντος
κακοῦ ἢ ἀγαθοῦ· τοῦ δὲ μανέντος ἔτι τε ἐν τούτῳ μένον-
τος οὐκ ἔργον τὰ φανέντα καὶ φωνηθέντα ὑφ' ἑαυτοῦ
κρίνειν, ἀλλ' εὖ καὶ πάλαι λέγεται τὸ πράττειν καὶ γνῶναι
τά τε αὑτοῦ καὶ ἑαυτὸν σώφρονι μόνῳ προσήκειν. ὅθεν
δὴ καὶ τὸ τῶν προφητῶν γένος ἐπὶ ταῖς ἐνθέοις μαντείαις
κριτὰς ἐπικαθιστάναι νόμος· οὓς μάντεις αὐτοὺς ὀνομά- B
ζουσί τινες, τὸ πᾶν ἠγνοηκότες, ὅτι τῆς δι' αἰνιγμῶν
οὗτοι φήμης καὶ φαντάσεως ὑποκριταί, καὶ οὔ τι μάντεις,
προφῆται δὲ μαντευομένων δικαιότατα ὀνομάζοιντ' ἄν.
ἡ μὲν οὖν φύσις ἥπατος διὰ ταῦτα τοιαύτη τε καὶ ἐν τόπῳ
ᾧ λέγομεν πέφυκε, χάριν μαντικῆς· καὶ ἔτι μὲν δὴ ζῶντος

ἑκάστου τὸ τοιοῦτον σημεῖα ἐναργέστερα ἔχει, στερηθὲν
δὲ τοῦ ζῆν γέγονε τυφλὸν καὶ τὰ μαντεῖα ἀμυδρότερα
C ἔσχε τοῦ τι σαφὲς σημαίνειν. ἡ δ᾽ αὖ τοῦ γείτονος αὐτῷ
ξύστασις καὶ ἕδρα σπλάγχνου γέγονεν ἐξ ἀριστερᾶς χάριν
ἐκείνου, τοῦ παρέχειν αὐτὸ λαμπρὸν ἀεὶ καὶ καθαρόν,
οἷον κατόπτρῳ παρεσκευασμένον καὶ ἕτοιμον ἀεὶ παρα-
κείμενον ἐκμαγεῖον· διὸ δὴ καὶ ὅταν τινὲς ἀκαθαρσίαι
γίγνωνται διὰ νόσους σώματος περὶ τὸ ἧπαρ, πάντα ἡ
σπληνὸς καθαίρουσα αὐτὰ δέχεται μανότης, ἅτε κοίλου
καὶ ἀναίμου ὑφανθέντος· ὅθεν πληρούμενος τῶν ἀπο-
D καθαιρομένων μέγας καὶ ὕπουλος αὐξάνεται, καὶ πάλιν,
ὅταν καθαρθῇ τὸ σῶμα, ταπεινούμενος εἰς ταὐτὸν ξυνίζει.
XXXIII. Τὰ μὲν οὖν περὶ ψυχῆς, ὅσον θνητὸν ἔχει
καὶ ὅσον θεῖον, καὶ ὅπῃ, καὶ μεθ᾽ ὧν, καὶ δι᾽ ἃ χωρὶς
ᾠκίσθη, τὸ μὲν ἀληθές, ὡς εἴρηται, θεοῦ ξυμφήσαντος
τότ᾽ ἂν οὕτω μόνως δισχυριζοίμεθα· τό γε μὴν εἰκὸς
ἡμῖν εἰρῆσθαι καὶ νῦν καὶ ἔτι μᾶλλον ἀνασκοποῦσι δια-
E κινδυνευτέον τὸ φάναι, καὶ πεφάσθω. τὸ δ᾽ ἑξῆς δὴ τού-
τοισι κατὰ ταὐτὰ μεταδιωκτέον· ἦν δὲ τὸ τοῦ σώματος
ἐπίλοιπον ᾗ γέγονεν. ἐκ δὴ λογισμοῦ τοιοῦδε ξυνίστασθαι
μάλιστ᾽ ἂν αὐτὸ πάντων πρέποι. τὴν ἐσομένην ἐν ἡμῖν
ποτῶν καὶ ἐδεστῶν ἀκολασίαν ᾔδεσαν οἱ ξυντιθέντες
ἡμῶν τὸ γένος, καὶ ὅτι τοῦ μετρίου καὶ ἀναγκαίου διὰ
μαργότητα πολλῷ χρησοίμεθα πλέονι· ἵν᾽ οὖν μὴ φθορὰ
διὰ νόσους ὀξεῖα γίγνοιτο καὶ ἀτελὲς τὸ γένος εὐθὺς τὸ
73 θνητὸν τελευτῷ, ταῦτα προορώμενοι τῇ τοῦ περιγενησο-
μένου πόματος ἐδέσματός τε ἕξει τὴν ὀνομαζομένην κάτω
κοιλίαν ὑποδοχὴν ἔθεσαν, εἵλιξάν τε πέριξ τὴν τῶν ἐντέ-
ρων γένεσιν, ὅπως μὴ ταχὺ διεκπερῶσα ἡ τροφὴ ταχὺ
πάλιν τροφῆς ἑτέρας δεῖσθαι τὸ σῶμα ἀναγκάζοι, καὶ
παρέχουσα ἀπληστίαν διὰ γαστριμαργίαν ἀφιλόσοφον καὶ
ἄμουσον πᾶν ἀποτελοῖ τὸ γένος, ἀνυπήκοον τοῦ θειοτά-

του τῶν παρ' ἡμῖν. τὸ δὲ ὀστῶν καὶ σαρκῶν καὶ τῆς
τοιαύτης φύσεως πέρι πάσης ὧδε ἔσχε. τούτοις ξύμπασιν B
ἀρχὴ μὲν ἡ τοῦ μυελοῦ γένεσις· οἱ γὰρ τοῦ βίου δεσμοὶ
τῆς ψυχῆς τῷ σώματι ξυνδουμένης ἐν τούτῳ διαδούμενοι
κατερρίζουν τὸ θνητὸν γένος· αὐτὸς δὲ ὁ μυελὸς γέγονεν
ἐξ ἄλλων. τῶν γὰρ τριγώνων ὅσα πρῶτα ἀστραβῆ καὶ
λεῖα ὄντα πῦρ τε καὶ ὕδωρ καὶ ἀέρα καὶ γῆν δι' ἀκριβείας
μάλιστα ἦν παρασχεῖν δυνατά, ταῦτα ὁ θεὸς ἀπὸ τῶν
ἑαυτῶν ἕκαστα γενῶν χωρὶς ἀποκρίνων, μιγνὺς δὲ ἀλλή-
λοις ξύμμετρα, πανσπερμίαν παντὶ θνητῷ γένει μηχανώ- C
μενος, τὸν μυελὸν ἐξ αὐτῶν ἀπειργάσατο, καὶ μετὰ ταῦτα
δὴ φυτεύων ἐν αὐτῷ κατέδει τὰ τῶν ψυχῶν γένη, σχημά-
των τε ὅσα ἔμελλεν αὖ σχήσειν οἷά τε καθ' ἕκαστα εἴδη,
τὸν μυελὸν αὐτὸν τοσαῦτα καὶ τοιαῦτα διῃρεῖτο σχήματα
εὐθὺς ἐν τῇ διανομῇ τῇ κατ' ἀρχάς. καὶ τὴν μὲν τὸ θεῖον
σπέρμα οἷον ἄρουραν μέλλουσαν ἕξειν ἐν αὑτῇ περιφερῆ
πανταχῇ πλάσας ἐπωνόμασε τοῦ μυελοῦ ταύτην τὴν μοῖ- D
ραν ἐγκέφαλον, ὡς ἀποτελεσθέντος ἑκάστου ζῴου τὸ περὶ
τοῦτο ἀγγεῖον κεφαλὴν γενησόμενον· ὃ δ' αὖ τὸ λοιπὸν
καὶ θνητὸν τῆς ψυχῆς ἔμελλε καθέξειν, ἅμα στρογγύλα
καὶ προμήκη διῃρεῖτο σχήματα, μυελὸν δὲ πάντα ἐπεφή-
μισε, καὶ καθάπερ ἐξ ἀγκυρῶν βαλλόμενος ἐκ τούτων
πάσης ψυχῆς δεσμοὺς περὶ τοῦτο ξύμπαν ἤδη τὸ σῶμα
ἡμῶν ἀπειργάζετο, στέγασμα μὲν αὐτῷ πρῶτον ξυμπηγνὺς
περίβολον ὀστέϊνον· τὸ δὲ ὀστοῦν ξυνίστησιν ὧδε. γῆν E
διαττήσας καθαρὰν καὶ λείαν ἐφύρασε καὶ ἔδευσε μυελῷ,
καὶ μετὰ τοῦτο εἰς πῦρ αὐτὸ ἐντίθησι, μετ' ἐκεῖνο δὲ εἰς
ὕδωρ βάπτει, πάλιν δὲ εἰς πῦρ αὖθίς τε εἰς ὕδωρ· με-
ταφέρων δ' οὕτω πολλάκις εἰς ἑκάτερον ὑπ' ἀμφοῖν ἄτη-
κτον ἀπειργάσατο. καταχρώμενος δὴ τούτῳ περὶ μὲν τὸν
ἐγκέφαλον αὐτοῦ σφαῖραν περιετόρνευσεν ὀστεΐνην,
ταύτῃ δὲ στενὴν διέξοδον κατελείπετο· καὶ περὶ τὸν

D ἐπ' ἐσχάτην τὴν κεφαλὴν περιστήσας κύκλῳ περὶ τὸν τράχηλον ἐκόλλησεν ὁμοιότητι. καὶ τὰς σιαγόνας ἄκρας αὐτοῖς ξυνέδησεν ὑπὸ τὴν φύσιν τοῦ προσώπου· τὰ δ' ἄλλα εἰς ἅπαντα τὰ μέλη διέσπειρε, ξυνάπτων ἄρθρον ἄρθρῳ. τὴν δὲ δὴ τοῦ στόματος ἡμῶν δύναμιν ὀδοῦσι καὶ γλώττῃ καὶ χείλεσιν ἕνεκα τῶν ἀναγκαίων καὶ τῶν ἀρίστων διεκόσμησαν οἱ διακοσμοῦντες, ᾗ νῦν διατέτακται, τὴν μὲν
E εἴσοδον τῶν ἀναγκαίων μηχανώμενοι χάριν, τὴν δ' ἔξοδον τῶν ἀρίστων· ἀναγκαῖον μὲν γὰρ πᾶν ὅσον εἰσέρχεται τροφὴν διδὸν τῷ σώματι, τὸ δὲ λόγων νᾶμα ἔξω ῥέον καὶ ὑπηρετοῦν φρονήσει κάλλιστον καὶ ἄριστον πάντων ναμάτων. τὴν δ' αὖ κεφαλὴν οὔτε μόνον ὀστεΐνην ψιλὴν δυνατὸν ἐᾶν ἦν διὰ τὴν ἐν ταῖς ὥραις ἐφ' ἑκάτερον ὑπερβολήν, οὔτ' αὖ ξυσκιασθεῖσαν κωφὴν καὶ ἀναίσθητον διὰ τὸν τῶν σαρκῶν ὄχλον περιιδεῖν γιγνομένην· τῆς δὴ
76 σαρκοειδοῦς φύσεως οὐ καταξηραινομένης λέμμα μεῖζον περιγιγνόμενον ἐχωρίζετο, δέρμα τὸ νῦν λεγόμενον. τοῦτο δὲ διὰ τὴν περὶ τὸν ἐγκέφαλον νοτίδα ξυνιὸν αὐτὸ πρὸς αὑτὸ καὶ βλαστάνον κύκλῳ περιημφιέννυε τὴν κεφαλήν· ἡ δὲ νοτὶς ὑπὸ τὰς ῥαφὰς ἀνιοῦσα ἦρδε καὶ συνέκλεισεν αὐτὸ ἐπὶ τὴν κορυφήν, οἷον ἅμμα ξυναγαγοῦσα, τὸ δὲ τῶν ῥαφῶν παντοδαπὸν εἶδος γέγονε διὰ τὴν τῶν περιόδων δύναμιν καὶ τῆς τροφῆς, μᾶλλον μὲν ἀλλήλοις μα-
B χομένων τούτων πλείους, ἧττον δὲ ἐλάττους. τοῦτο δὴ πᾶν τὸ δέρμα κύκλῳ κατεκέντει πυρὶ τὸ θεῖον, τρωθέντος δὲ καὶ τῆς ἰκμάδος ἔξω δι' αὐτοῦ φερομένης τὸ μὲν ὑγρὸν καὶ θερμὸν ὅσον εἰλικρινὲς ἀπήειν, τὸ δὲ μικτὸν ἐξ ὧν καὶ τὸ δέρμα ἦν, αἰρόμενον μὲν ὑπὸ τῆς φορᾶς ἔξω μακρὸν ἐτείνετο, λεπτότητα ἴσην ἔχον τῷ κατακεντήματι, διὰ δὲ βραδυτῆτα ἀπωθούμενον ὑπὸ τοῦ περιεστῶτος ἔξωθεν πνεύματος πάλιν ἐντὸς ὑπὸ τὸ δέρμα εἱλλόμενον
C κατερριζοῦτο, καὶ κατὰ ταῦτα δὴ τὰ πάθη τὸ τριχῶν γένος

*ἐν τῷ δέρματι πέφυκε, ξυγγενὲς μὲν ἱμαντῶδες ὂν αὐτοῦ,
σκληρότερον δὲ καὶ πυκνότερον τῇ πιλήσει τῆς ψύξεως,
ἣν ἀποχωριζομένη δέρματος ἑκάστη θρὶξ ψυχθεῖσα συν-
επιλήθη. τούτῳ δὴ λασίαν ἡμῶν ἀπειργάσατο τὴν κεφαλὴν
ὁ ποιῶν, χρώμενος μὲν αἰτίοις τοῖς εἰρημένοις, διανοού-
μενος δὲ ἀντὶ σαρκὸς αὐτὸ δεῖν εἶναι στέγασμα, τῆς περὶ
τὸν ἐγκέφαλον ἕνεκα ἀσφαλείας κοῦφον, καὶ θέρους χει-* D
*μῶνός τε ἱκανὸν σκιὰν καὶ σκέπην παρέχειν, εὐαισθησίας
δὲ οὐδὲν διακώλυμα ἐμποδὼν γενησόμενον. τὸ δὲ ἐν τῇ
περὶ τοὺς δακτύλους καταπλοκῇ τοῦ νεύρου καὶ τοῦ δέρ-
ματος ὀστοῦ τε, ξυμμιχθὲν ἐκ τριῶν, ἀποξηρανθὲν ἓν
κοινὸν ξυμπάντων σκληρὸν γέγονε δέρμα, τοῖς μὲν
ξυναιτίοις τούτοις δημιουργηθέν, τῇ δὲ αἰτιωτάτῃ δια-
νοίᾳ τῶν ἔπειτα ἐσομένων ἕνεκα εἰργασμένον. ὡς γάρ
ποτε ἐξ ἀνδρῶν γυναῖκες καὶ τἆλλα θηρία γενήσοιντο,* E
*ἠπίσταντο οἱ ξυνιστάντες ἡμᾶς, καὶ δὴ καὶ τῆς τῶν ὀνύχων
χρείας ὅτι πολλὰ τῶν θρεμμάτων καὶ ἐπὶ πολλὰ δεήσοιτο
ᾔδεσαν, ὅθεν ἐν ἀνθρώποις εὐθὺς γιγνομένοις ὑπετυ-
πώσαντο τὴν τῶν ὀνύχων γένεσιν· τούτῳ δὴ τῷ λόγῳ
καὶ ταῖς προφάσεσι ταύταις δέρμα τρίχας ὄνυχάς τε ἐπ'
ἄκροις τοῖς κώλοις ἔφυσαν.*

XXXIV. *Ἐπειδὴ δὲ πάντ' ἦν τὰ τοῦ θνητοῦ ζώου
ξυμπεφυκότα μέρη καὶ μέλη, τὴν δὲ ζωὴν ἐν πυρὶ καὶ* 77
*πνεύματι ξυνέβαινεν ἐξ ἀνάγκης ἔχειν αὐτῷ, καὶ διὰ
ταῦτα ὑπὸ τούτων τηκόμενον κενούμενόν τ' ἔφθινε,
βοήθειαν αὐτῷ θεοὶ μηχανῶνται. τῆς γὰρ ἀνθρωπίνης
ξυγγενῆ φύσεως φύσιν ἄλλαις ἰδέαις καὶ αἰσθήσεσι κε-
ραννύντες, ὥσθ' ἕτερον ζῶον εἶναι, φυτεύουσιν· ἃ δὴ
νῦν ἥμερα δένδρα καὶ φυτὰ καὶ σπέρματα παιδευθέντα
ὑπὸ γεωργίας τιθασῶς πρὸς ἡμᾶς ἔσχε, πρὶν δὲ ἦν μόνα
τὰ τῶν ἀγρίων γένη, πρεσβύτερα τῶν ἡμέρων ὄντα. πᾶν* B
γὰρ οὖν, ὅ τί περ ἂν μετάσχῃ τοῦ ζῆν, ζῶον μὲν ἂν ἐν

δίκῃ λέγοιτο ὀρθότατα· μετέχει γε μὴν τοῦτο, ὃ νῦν λέγομεν, τοῦ τρίτου ψυχῆς εἴδους, ὃ μεταξὺ φρενῶν ὀμφαλοῦ τε ἱδρῦσθαι λόγος, ᾧ δόξης μὲν λογισμοῦ τε καὶ νοῦ μέτεστι τὸ μηδέν, αἰσθήσεως δὲ ἡδείας καὶ ἀλγεινῆς μετὰ ἐπιθυμιῶν. πάσχον γὰρ διατελεῖ πάντα, στραφέντι δ' αὐτῷ ἐν ἑαυτῷ περὶ ἑαυτό, τὴν μὲν ἔξωθεν ἀπωσαμένῳ
C κίνησιν, τῇ δ' οἰκείᾳ χρησαμένῳ, τῶν αὑτοῦ τι λογίσασθαι κατιδόντι φύσιν οὐ παραδέδωκεν ἡ γένεσις. διὸ δὴ ζῇ μὲν ἔστι τε οὐχ ἕτερον ζώου, μόνιμον δὲ καὶ κατερριζωμένον πέπηγε διὰ τὸ τῆς ὑφ' ἑαυτοῦ κινήσεως ἐστερῆσθαι.

XXXV. Ταῦτα δὴ τὰ γένη πάντα φυτεύσαντες οἱ κρείττους τοῖς ἥττοσιν ἡμῖν τροφήν, τὸ σῶμα αὐτὸ ἡμῶν διωχέτευσαν τέμνοντες οἷον ἐν κήποις ὀχετούς, ἵνα ὥσπερ ἐκ νάματος ἐπιόντος ἄρδοιτο. καὶ πρῶτον μὲν ὀχετοὺς
D κρυφαίους ὑπὸ τὴν ξύμφυσιν τοῦ δέρματος καὶ τῆς σαρκὸς δύο φλέβας ἔτεμον νωτιαίας διδύμους, ὡς τὸ σῶμα ἐτύγχανε δεξιοῖς τε καὶ ἀριστεροῖς ὄν· ταύτας δὲ καθῆκαν παρὰ τὴν ῥάχιν, καὶ τὸν γόνιμον μεταξὺ λαβόντες μυελόν, ἵνα οὗτός τε ὅ τι μάλιστα θάλλοι, καὶ ἐπὶ τἆλλα εὔρους ἐντεῦθεν ἅτε ἐπὶ κάταντες ἡ ἐπίχυσις γιγνομένη παρέχοι τὴν ὑδρείαν ὁμαλήν. μετὰ δὲ ταῦτα σχίσαντες
E περὶ τὴν κεφαλὴν τὰς φλέβας καὶ δι' ἀλλήλων ἐναντίας πλέξαντες διεῖσαν, τὰς μὲν ἐκ τῶν δεξιῶν ἐπὶ τἀριστερὰ τοῦ σώματος, τὰς δ' ἐκ τῶν ἀριστερῶν ἐπὶ τὰ δεξιὰ κλίναντες, ὅπως δεσμὸς ἅμα τῇ κεφαλῇ πρὸς τὸ σῶμα εἴη μετὰ τοῦ δέρματος, ἐπειδὴ νεύροις οὐκ ἦν κύκλῳ κατὰ κορυφὴν περιειλημμένη, καὶ δὴ καὶ τὸ τῶν αἰσθήσεων πάθος ἵν' ἀφ' ἑκατέρων τῶν μερῶν εἰς ἅπαν τὸ σῶμα εἴη διαδιδόμενον. τὸ δ' ἐντεῦθεν ἤδη τὴν ὑδραγωγίαν παρε-
78 σκεύασαν τρόπῳ τινὶ τοιῷδε, ὃν κατοψόμεθα ῥᾷον προδιομολογησάμενοι τὸ τοιόνδε, ὅτι πάντα, ὅσα ἐξ ἐλαττό

νων ξυνίσταται, στέγει τὰ μείζω, τὰ δ' ἐκ μειζόνων τὰ
σμικρότερα οὐ δύναται, πῦρ δὲ πάντων γενῶν σμικρομε-
ρέστατον, ὅθεν δι' ὕδατος καὶ γῆς ἀέρος τε καὶ ὅσα ἐκ
τούτων ξυνίσταται διαχωρεῖ καὶ στέγειν οὐδὲν αὐτὸ
δύναται. ταὐτὸν δὴ καὶ περὶ τῆς παρ' ἡμῖν κοιλίας δια-
νοητέον, ὅτι σιτία μὲν καὶ ποτὰ ὅταν εἰς αὐτὴν ἐμπέσῃ
στέγει, πνεῦμα δὲ καὶ πῦρ σμικρομερέστερα ὄντα τῆς B
αὐτῆς ξυστάσεως οὐ δύναται. τούτοις οὖν κατεχρήσατο
ὁ θεὸς εἰς τὴν ἐκ τῆς κοιλίας ἐπὶ τὰς φλέβας ὑδρείαν,
πλέγμα ἐξ ἀέρος καὶ πυρὸς οἷον οἱ κύρτοι ξυνυφηνάμε-
νος, διπλᾶ κατὰ τὴν εἴσοδον ἐγκύρτια ἔχον, ὧν θάτερον
αὖ πάλιν διέπλεξε δίκρουν· καὶ ἀπὸ τῶν ἐγκυρτίων δὴ
διετείνατο οἷον σχοίνους κύκλῳ διὰ παντὸς πρὸς τὰ
ἔσχατα τοῦ πλέγματος. τὰ μὲν οὖν ἔνδον ἐκ πυρὸς συνε-
στήσατο τοῦ πλοκάνου ἅπαντα, τὰ δ' ἐγκύρτια καὶ τὸ C
κύτος ἀεροειδῆ, καὶ λαβὼν αὐτὸ περιέστησε τῷ πλασθέντι
ζώῳ τρόπον τοιόνδε. τὸ μὲν τῶν ἐγκυρτίων εἰς τὸ στόμα
μεθῆκε· διπλοῦ δὲ ὄντος αὐτοῦ κατὰ μὲν τὰς ἀρτηρίας
εἰς τὸν πλεύμονα καθῆκε θάτερον, τὸ δ' εἰς τὴν κοιλίαν
παρὰ τὰς ἀρτηρίας· τὸ δ' ἕτερον σχίσας τὸ μέρος ἑκάτε-
ρον κατὰ τοὺς ὀχετοὺς τῆς ῥινὸς ἀφῆκε κοινόν, ὥσθ' ὅτε
μὴ κατὰ στόμα ἴοι θάτερον, ἐκ τούτου πάντα καὶ τὰ ἐκεί- D
νου ῥεύματα ἀναπληροῦσθαι. τὸ δ' ἄλλο κύτος τοῦ
κύρτου περὶ τὸ σῶμα ὅσον κοῖλον ἡμῶν περιέφυσε, καὶ
πᾶν δὴ τοῦτο τοτὲ μὲν εἰς τὰ ἐγκύρτια ξυρρεῖν μαλακῶς,
ἅτε ἀέρα ὄντα, ἐποίησε, τοτὲ δὲ ἀναρρεῖν μὲν τὰ ἐγκύρτια,
τὸ δὲ πλέγμα, ὡς ὄντος τοῦ σώματος μανοῦ, δύεσθαι εἴσω
δι' αὐτοῦ καὶ πάλιν ἔξω, τὰς δὲ ἐντὸς τοῦ πυρὸς ἀκτῖνας
διαδεδεμένας ἀκολουθεῖν ἐφ' ἑκάτερα ἰόντος τοῦ ἀέρος,
καὶ τοῦτο, ἕωσπερ ἂν τὸ θνητὸν ξυνεστήκῃ ζῷον, μὴ δια- E
παύεσθαι γιγνόμενον· τούτῳ δὲ δὴ τῷ γένει τὸν τὰς
ἐπωνυμίας θέμενον ἀναπνοὴν καὶ ἐκπνοὴν λέγομεν

θέσθαι τοὔνομα. πᾶν δὲ δὴ τό τ' ἔργον καὶ τὸ πάθος
τοῦθ' ἡμῶν τῷ σώματι γέγονεν ἀρδομένῳ καὶ ἀναψυχο-
μένῳ τρέφεσθαι καὶ ζῆν· ὁπόταν γὰρ εἴσω καὶ ἔξω τῆς
ἀναπνοῆς ἰούσης τὸ πῦρ ἐντὸς ξυνημμένον ἕπηται, διαιω-
79 ρούμενον δὲ ἀεὶ διὰ τῆς κοιλίας εἰσελθὸν τὰ σιτία καὶ
ποτὰ λάβῃ, τήκει δή, καὶ κατὰ σμικρὰ διαιροῦν, διὰ τῶν
ἐξόδων ᾗπερ πορεύεται διάγον, οἷον ἐκ κρήνης ἐπ' ὀχε-
τοὺς ἐπὶ τὰς φλέβας ἀντλοῦν αὐτά, ῥεῖν ὥσπερ αὐλῶνος
διὰ τοῦ σώματος τὰ τῶν φλεβῶν ποιεῖ ῥεύματα.

XXXVI. Πάλιν δὲ τὸ τῆς ἀναπνοῆς ἴδωμεν πάθος, αἷς
χρώμενον αἰτίαις τοιοῦτον γέγονεν, οἷόνπερ τὰ νῦν ἐστίν.
B ὧδ' οὖν. ἐπειδὴ κενὸν οὐδέν ἐστιν, εἰς ὃ τῶν φερομένων
δύναιτ' ἂν εἰσελθεῖν τι, τὸ δὲ πνεῦμα φέρεται παρ' ἡμῶν
ἔξω, τὸ μετὰ τοῦτο ἤδη παντὶ δῆλον, ὡς οὐκ εἰς κενόν,
ἀλλὰ τὸ πλησίον ἐκ τῆς ἕδρας ὠθεῖ· τὸ δ' ὠθούμενον
ἐξελαύνει τὸ πλησίον ἀεί, καὶ κατὰ ταύτην τὴν ἀνάγκην
πᾶν περιελαυνόμενον εἰς τὴν ἕδραν, ὅθεν ἐξῆλθε τὸ
πνεῦμα, εἰσιὸν ἐκεῖσε καὶ ἀναπληροῦν αὐτὴν ξυνέπεται
τῷ πνεύματι, καὶ τοῦτο ἅμα πᾶν οἷον τροχοῦ περιαγομέ-
C νου γίγνεται διὰ τὸ κενὸν μηδὲν εἶναι. διὸ δὴ τὸ τῶν στη-
θῶν καὶ τοῦ πλεύμονος ἔξω μεθιὲν τὸ πνεῦμα πάλιν ὑπὸ
τοῦ περὶ τὸ σῶμα ἀέρος, εἴσω διὰ μανῶν τῶν σαρκῶν δυο-
μένου καὶ περιελαυνομένου, γίγνεται πλῆρες· αὖθις δὲ
ἀποτρεπόμενος ὁ ἀὴρ καὶ διὰ τοῦ σώματος ἔξω ἰὼν εἴσω
τὴν ἀναπνοὴν περιωθεῖ κατὰ τὴν τοῦ στόματος καὶ τὴν
τῶν μυκτήρων δίοδον. τὴν δὲ αἰτίαν τῆς ἀρχῆς αὐτῶν
D θετέον τήνδε· πᾶν ζῶον ἑαυτοῦ τἀντὸς περὶ τὸ αἷμα καὶ
τὰς φλέβας θερμότατα ἔχει, οἷον ἐν ἑαυτῷ πηγήν τινα
ἐνοῦσαν πυρός· ὃ δὴ καὶ προσεικάζομεν τῷ τοῦ κύρτου
πλέγματι, κατὰ μέσον διατεταμένον ἐκ πυρὸς πεπλέχθαι
πᾶν, τὰ δὲ ἄλλα, ὅσα ἔξωθεν, ἀέρος. τὸ θερμὸν δὴ κατὰ
φύσιν εἰς τὴν αὑτοῦ χώραν ἔξω πρὸς τὸ ξυγγενὲς ὁμολο-

γητέον ἰέναι· δυοῖν δὲ ταῖν διεξόδοιν οὔσαιν, τῆς μεν
κατὰ τὸ σῶμα ἔξω, τῆς δὲ αὖ κατὰ τὸ στόμα καὶ τὰς ῥῖνας, E
ὅταν μὲν ἐπὶ θάτερα ὁρμήσῃ, θάτερα περιωθεῖ· τὸ δὲ πε-
ριωσθὲν εἰς τὸ πῦρ ἐμπῖπτον θερμαίνεται, τὸ δ᾽ ἐξιον
ψύχεται. μεταβαλλούσης δὲ τῆς θερμότητος καὶ τῶν κατα
τὴν ἑτέραν ἔξοδον θερμοτέρων γιγνομένων πάλιν ἐκεινῃ
ῥέπον αὖ τὸ θερμότερον μᾶλλον, πρὸς τὴν αὑτοῦ φύσιν
φερόμενον, περιωθεῖ τὸ κατὰ θάτερα· τὸ δὲ τὰ αὐτα
πάσχον καὶ τὰ αὐτὰ ἀνταποδιδὸν ἀεί, κύκλον οὕτω σα-
λευόμενον ἔνθα καὶ ἔνθα ἀπειργασμένον ὑπ᾽ ἀμφοτέρων
τὴν ἀναπνοὴν καὶ ἐκπνοὴν γίγνεσθαι παρέχεται.

XXXVII. Καὶ δὴ καὶ τὰ τῶν περὶ τὰς ἰατρικὰς σικύας
παθημάτων αἴτια καὶ τὰ τῆς καταπόσεως τά τε τῶν ῥι- 80
πτουμένων, ὅσα ἀφεθέντα μετέωρα καὶ ὅσα ἐπὶ γῆς φέρε-
ται, ταύτῃ διωκτέον, καὶ ὅσοι φθόγγοι ταχεῖς τε καὶ βρα-
δεῖς ὀξεῖς τε καὶ βαρεῖς φαίνονται, τοτὲ μὲν ἀνάρμοστοι
φερόμενοι δι᾽ ἀνομοιότητα τῆς ἐν ἡμῖν ὑπ᾽ αὐτῶν κινή-
σεως, τοτὲ δὲ ξύμφωνοι δι᾽ ὁμοιότητα. τὰς γὰρ τῶν προ-
τέρων καὶ θαττόνων οἱ βραδύτεροι κινήσεις ἀποπαυομέ-
νας ἤδη τε εἰς ὅμοιον ἐληλυθυίας, αἷς ὕστερον αὐτοὶ προσ- B
φερόμενοι κινοῦσιν ἐκείνας, καταλαμβάνουσι, καταλαμ-
βάνοντες δὲ οὐκ ἄλλην ἐπεμβάλλοντες ἀνετάραξαν κίνη-
σιν, ἀλλ᾽ ἀρχὴν βραδυτέρας φορᾶς κατὰ τὴν τῆς θᾶττο-
νος, ἀποληγούσης δὲ ὁμοιότητα προσάψαντες μίαν ἐξ
ὀξείας καὶ βαρείας ξυνεκεράσαντο πάθην, ὅθεν ἡδονὴν
μὲν τοῖς ἄφροσιν, εὐφροσύνην δὲ τοῖς ἔμφροσι διὰ τὴν τῆς
θείας ἁρμονίας μίμησιν ἐν θνηταῖς γενομένην φοραῖς παρ-
έσχον. καὶ δὴ καὶ τὰ τῶν ὑδάτων πάντα ῥεύματα, ἔτι δὲ C
τὰ τῶν κεραυνῶν πτώματα καὶ τὰ θαυμαζόμενα ἠλέκ-
τρων περὶ τῆς ἕλξεως καὶ τῶν Ἡρακλείων λίθων, πάντων
τούτων ὁλκὴ μὲν οὐκ ἔστιν οὐδενί ποτε, τὸ δὲ κενὸν εἶναι
μηδὲν περιωθεῖν τε αὐτὰ ταῦτα εἰς ἄλληλα, τό τε διακρι-

νόμενα καὶ συγκρινόμενα πρὸς τὴν αὑτῶν διαμειβόμενα
ἕδραν ἕκαστ᾽ ἰέναι πάντα, τούτοις τοῖς παθήμασι πρὸς
ἄλληλα συμπλεχθεῖσι τεθαυματουργημένα τῷ κατὰ τρό-
πον ζητοῦντι φανήσεται.

D XXXVIII. Καὶ δὴ καὶ τὸ τῆς ἀναπνοῆς, ὅθεν ὁ λόγος
ὥρμησε, κατὰ ταὐτὰ καὶ διὰ τούτων γέγονεν, ὥσπερ ἐν
τοῖς πρόσθεν εἴρηται, τέμνοντος μὲν τὰ σιτία τοῦ πυρός,
αἰωρουμένῳ δὲ ἐντὸς τῷ πνεύματι ξυνεπομένου, τὰς φλέ-
βας τε ἐκ τῆς κοιλίας τῇ ξυναιωρήσει πληροῦντος τῷ τὰ
τετμημένα αὐτόθεν ἐπαντλεῖν· καὶ διὰ ταῦτα δὴ καθ᾽ ὅλον
τὸ σῶμα πᾶσι τοῖς ζώοις τὰ τῆς τροφῆς νάματα οὕτως
E ἐπίρρυτα γέγονε. νεότμητα δὲ καὶ ἀπὸ ξυγγενῶν ὄντα,
τὰ μὲν καρπῶν, τὰ δὲ χλόης, ἃ θεὸς ἐπ᾽ αὐτὸ τοῦθ᾽ ἡμῖν
ἐφύτευσεν εἶναι τροφήν, παντοδαπὰ μὲν χρώματα ἴσχει
διὰ τὴν ξύμμιξιν, ἡ δ᾽ ἐρυθρὰ πλείστη περὶ αὐτὸ χρόα
διαθεῖ, τῆς τοῦ πυρὸς τομῆς τε καὶ ἐξομόρξεως ἐν ὑγρῷ
δεδημιουργημένη φύσις· ὅθεν τοῦ κατὰ τὸ σῶμα ῥέοντος
τὸ χρῶμα ἔσχεν οἷαν ὄψιν διεληλύθαμεν. ὃ καλοῦμεν
81 αἷμα, νομὴν σαρκῶν καὶ ξύμπαντος τοῦ σώματος, ὅθεν
ὑδρευόμενα ἕκαστα πληροῖ τὴν τοῦ κενουμένου βάσιν· ὁ
δὲ τρόπος τῆς πληρώσεως ἀποχωρήσεώς τε γίγνεται, κα-
θάπερ ἐν τῷ παντὶ παντὸς ἡ φορὰ γέγονεν, ἣν τὸ ξυγγενὲς
πᾶν φέρεται πρὸς ἑαυτό. τὰ μὲν γὰρ δὴ περιεστῶτα ἐκτὸς
ἡμᾶς τήκει τε ἀεὶ καὶ διανέμει πρὸς ἕκαστον εἶδος τὸ ὁμό-
φυλον ἀποπέμποντα, τὰ δὲ ἔναιμα αὖ, κερματισθέντα ἐν-
τὸς παρ᾽ ἡμῖν καὶ περιειλημμένα ὥσπερ ὑπ᾽ οὐρανοῦ ξυν-
B εστῶτος ἑκάστου τοῦ ζώου, τὴν τοῦ παντὸς ἀναγκάζεται
μιμεῖσθαι φοράν· πρὸς τὸ ξυγγενὲς οὖν φερόμενον ἕκα-
στον τῶν ἐντὸς μερισθέντων τὸ κενωθὲν τότε πάλιν ἀνε-
πλήρωσεν. ὅταν μὲν δὴ πλέον τοῦ ἐπιρρέοντος ἀπίῃ, φθί-
νει πᾶν, ὅταν δὲ ἔλαττον, αὐξάνεται. νέα μὲν οὖν ξύστα-
σις τοῦ παντὸς ζώου, καινὰ τὰ τρίγωνα οἷον ἐκ δρυόχων

ἔτι ἔχουσα τῶν γενῶν, ἰσχυρὰν μὲν τὴν ξύγκλεισιν αὐτῶν
πρὸς ἄλληλα κέκτηται, ξυμπέπηγε δὲ ὁ πᾶς ὄγκος αὐτῆς
ἁπαλός, ἅτ' ἐκ μυελοῦ μὲν νεωστὶ γεγονυίας, τεθραμμέ- C
νης δὲ ἐν γάλακτι· τὰ δὴ περιλαμβανόμενα ἐν αὐτῇ τρί-
γωνα ἔξωθεν ἐπεισελθόντα, ἐξ ὧν ἂν ᾖ τά τε σιτία καὶ
ποτά, τῶν ἑαυτῆς τριγώνων παλαιότερα ὄντα καὶ ἀσθε-
νέστερα καινοῖς ἐπικρατεῖ τέμνουσα, καὶ μέγα ἀπεργάζε-
ται τὸ ζῶον τρέφουσα ἐκ πολλῶν ὁμοίων. ὅταν δ' ἡ ῥίζα
τῶν τριγώνων χαλᾷ διὰ τὸ πολλοὺς ἀγῶνας ἐν πολλῷ
χρόνῳ πρὸς πολλὰ ἠγωνίσθαι, τὰ μὲν τῆς τροφῆς εἰσιόντα
οὐκέτι δύναται τέμνειν εἰς ὁμοιότητα ἑαυτοῖς, αὐτὰ δὲ D
ὑπὸ τῶν ἔξωθεν ἐπεισιόντων εὐπετῶς διαιρεῖται· φθίνει
δὴ πᾶν ζῶον ἐν τούτῳ κρατούμενον, γῆράς τε ὀνομάζεται
τὸ πάθος. τέλος δέ, ἐπειδὰν τῶν περὶ τὸν μυελὸν τριγώ-
νων οἱ ξυναρμοσθέντες μηκέτι ἀντέχωσι δεσμοὶ τῷ πόνῳ
διεσταμένοι, μεθιᾶσι τοὺς τῆς ψυχῆς αὖ δεσμούς, ἡ δὲ λυ-
θεῖσα κατὰ φύσιν μεθ' ἡδονῆς ἐξέπτατο· πᾶν γὰρ τὸ μὲν
παρὰ φύσιν ἀλγεινόν, τὸ δ' ᾗ πέφυκε γιγνόμενον ἡδύ· E
καὶ θάνατος δὴ κατὰ ταὐτὰ ὁ μὲν κατὰ νόσους καὶ ὑπὸ
τραυμάτων γιγνόμενος ἀλγεινὸς καὶ βίαιος, ὁ δὲ μετὰ
γήρως ἰὼν ἐπὶ τέλος κατὰ φύσιν ἀπονώτατος τῶν θανά-
των καὶ μᾶλλον μεθ' ἡδονῆς γιγνόμενος ἢ λύπης.

XXXIX. Τὸ δὲ τῶν νόσων ὅθεν ξυνίσταται, δῆλόν
που καὶ παντί. τεττάρων γὰρ ὄντων γενῶν, ἐξ ὧν συμπέ- 82
πηγε τὸ σῶμα, γῆς πυρὸς ὕδατός τε καὶ ἀέρος, τούτων ἡ
παρὰ φύσιν πλεονεξία καὶ ἔνδεια καὶ τῆς χώρας μετάστα-
σις ἐξ οἰκείας ἐπ' ἀλλοτρίαν γιγνομένη, πυρός τε αὖ καὶ
τῶν ἑτέρων, ἐπειδὴ γένη πλείονα ἑνὸς ὄντα τυγχάνει, τὸ
μὴ προσῆκον ἕκαστον ἑαυτῷ προσλαμβάνειν καὶ πάνθ'
ὅσα τοιαῦτα στάσεις καὶ νόσους παρέχει· παρὰ φύσιν γὰρ
ἑκάστου γιγνομένου καὶ μεθισταμένου θερμαίνεται μὲν
ὅσα ἂν πρότερον ψύχηται, ξηρὰ δὲ ὄντα εἰς ὕστερον γί- B

γνεται νοτερά, καὶ κοῦφα δὴ καὶ βαρέα, καὶ πάσας πάντη
μεταβολὰς δέχεται. μόνως γὰρ δή, φαμέν, ταὐτὸν ταὐτῷ
κατὰ ταὐτὸ καὶ ὡσαύτως καὶ ἀνὰ λόγον προσγιγνόμενον
καὶ ἀπογιγνόμενον ἐάσει ταὐτὸν ὂν αὑτῷ σῶν καὶ ὑγιὲς
μένειν· ὃ δ' ἂν πλημμελήσῃ τι τούτων ἐκτὸς ἀπιὸν ἢ
προσιόν, ἀλλοιότητας παμποικίλας καὶ νόσους φθοράς τε
ἀπείρους παρέξεται. δευτέρων δὴ ξυστάσεων αὖ κατὰ φύ-
C σιν ξυνεστηκυιῶν δευτέρα κατανόησις νοσημάτων τῷ
βουλομένῳ γίγνεται ξυννοῆσαι. μυελοῦ γὰρ ἐξ ἐκείνων
ὀστοῦ τε καὶ σαρκὸς καὶ νεύρου ξυμπαγέντος, ἔτι τε αἵ-
ματος ἄλλον μὲν τρόπον, ἐκ δὲ τῶν αὐτῶν γεγονότος, τῶν
μὲν ἄλλων τὰ πλεῖστα ᾗπερ τὰ πρόσθεν, τὰ δὲ μέγιστα
τῶν νοσημάτων τῇδε χαλεπὰ ξυμπέπτωκεν, ὅταν ἀνάπα-
λιν ἡ γένεσις τούτων πορεύηται, τότε ταῦτα διαφθείρεται.
κατὰ φύσιν γὰρ σάρκες μὲν καὶ νεῦρα ἐξ αἵματος γίγνεται,
D νεῦρον μὲν ἐξ ἰνῶν διὰ τὴν ξυγγένειαν, σάρκες δὲ ἀπὸ
τοῦ παγέντος, ὃ πήγνυται χωριζόμενον ἰνῶν· τὸ δὲ ἀπὸ
τῶν νεύρων καὶ σαρκῶν ἀπιὸν αὖ γλίσχρον καὶ λιπαρὸν
ἅμα μὲν τὴν σάρκα κολλᾷ πρὸς τὴν τῶν ὀστῶν φύσιν
αὐτό τε τὸ περὶ τὸν μυελὸν ὀστοῦν τρέφον αὔξει, τὸ δ'
αὖ διὰ τὴν πυκνότητα τῶν ὀστῶν διηθούμενον καθαρώ-
τατον γένος τῶν τριγώνων λειότατόν τε καὶ λιπαρώτατον,
E λειβόμενον ἀπὸ τῶν ὀστῶν καὶ στάζον, ἄρδει τὸν μυελόν,
καὶ κατὰ ταῦτα μὲν γιγνομένων ἑκάστων ὑγίεια ξυμβαί-
νει τὰ πολλά· νόσοι δέ, ὅταν ἐναντίως. ὅταν γὰρ τηκο-
μένη σὰρξ ἀνάπαλιν εἰς τὰς φλέβας τὴν τηκεδόνα ἐξιῇ,
τότε μετὰ πνεύματος αἷμα πολύ τε καὶ παντοδαπὸν ἐν ταῖς
φλεψὶ χρώμασι καὶ πικρότησι ποικιλλόμενον, ἔτι δὲ ὀξεί-
αις καὶ ἁλμυραῖς δυνάμεσι, χολὰς καὶ ἰχῶρας καὶ φλέγ-
ματα παντοῖα ἴσχει· παλιναίρετα γὰρ πάντα γεγονότα καὶ
διεφθαρμένα τό τε αἷμα αὐτὸ πρῶτον διόλλυσι, καὶ αὐτὰ
83 οὐδεμίαν τροφὴν ἔτι τῷ σώματι παρέχοντα φέρεται πάντη

διὰ τῶν φλεβῶν, τάξιν τῶν κατὰ φύσιν οὐκέτ' ἴσχοντα περιόδων, ἐχθρὰ μὲν αὐτὰ αὑτοῖς διὰ τὸ μηδεμίαν ἀπόλαυσιν ἑαυτῶν ἔχειν, τῷ ξυνεστῶτι δὲ τοῦ σώματος καὶ μένοντι κατὰ χώραν πολέμια, διολλύντα καὶ τήκοντα. ὅσον μὲν οὖν ἂν παλαιότατον ὂν τῆς σαρκὸς τακῇ, δύσπεπτον γιγνόμενον μελαίνει μὲν ὑπὸ παλαιᾶς ξυγκαύσεως, διὰ δὲ τὸ πάντη διαβεβρῶσθαι πικρὸν ὂν παντὶ χαλεπὸν προσπίπτει τοῦ σώματος, ὅσον ἂν μήπω διεφθαρμένον ᾖ, B
καὶ τοτὲ μὲν ἀντὶ τῆς πικρότητος ὀξύτητα ἔσχε τὸ μέλαν χρῶμα, ἀπολεπτυνθέντος μᾶλλον τοῦ πικροῦ· τοτὲ δὲ ἡ πικρότης αὖ βαφεῖσα αἵματι χρῶμα ἔσχεν ἐρυθρώτερον, τοῦ δὲ μέλανος τούτῳ ξυγκεραννυμένου χολῶδες· ἔτι δὲ ξυμμίγνυται ξανθὸν χρῶμα μετὰ τῆς πικρότητος, ὅταν νέα ξυντακῇ σὰρξ ὑπὸ τοῦ περὶ τὴν φλόγα πυρός. καὶ τὸ μὲν κοινὸν ὄνομα πᾶσι τούτοις ἤ τινες ἰατρῶν που χολὴν C
ἐπωνόμασαν ἢ καί τις ὢν δυνατὸς εἰς πολλὰ μὲν καὶ ἀνόμοια βλέπειν, ὁρᾶν δὲ ἐν αὐτοῖς ἓν γένος ἐνὸν ἄξιον ἐπωνυμίας πᾶσι· τὰ δ' ἄλλα ὅσα χολῆς εἴδη λέγεται, κατὰ τὴν χρόαν ἔσχε λόγον αὐτῶν ἕκαστον ἴδιον. ἰχὼρ δέ, ὁ μὲν αἵματος ὀρὸς πρᾶος, ὁ δὲ μελαίνης χολῆς ὀξείας τε ἄγριος, ὅταν ξυμμιγνύηται διὰ θερμότητα ἁλμυρᾷ δυνάμει· καλεῖται δὲ ὀξὺ φλέγμα τὸ τοιοῦτον· τὸ δ' αὖ μετ' ἀέρος τηκόμενον ἐκ νέας καὶ ἁπαλῆς σαρκός, τούτου δὲ ἀνεμωθέντος καὶ ξυμπεριληφθέντος ὑπὸ ὑγρότητος, καὶ πομ- D
φολύγων ξυστασῶν ἐκ τοῦ πάθους τούτου καθ' ἑκάστην μὲν ἀοράτων διὰ σμικρότητα, ξυναπασῶν δὲ τὸν ὄγκον παρεχομένων ὁρατόν, χρῶμα ἐχουσῶν διὰ τὴν τοῦ ἀφροῦ γένεσιν ἰδεῖν λευκόν, ταύτην πᾶσαν τηκεδόνα ἁπαλῆς σαρκὸς μετὰ πνεύματος ξυμπλακεῖσαν λευκὸν εἶναι φλέγμα φαμέν. φλέγματος δὲ αὖ νέου ξυνισταμένου ὀρὸς ἱδρὼς καὶ δάκρυον, ὅσα τε ἄλλα τοιαῦτα σῶμα τὸ καθ' ἡμέραν E
χεῖται καθαιρόμενον· καὶ ταῦτα μὲν δὴ πάντα νόσων ὀρ-

γανα γέγονεν, ὅταν αἷμα μὴ ἐκ τῶν σιτίων καὶ ποτῶν πλη-
θύσῃ κατὰ φύσιν, ἀλλ' ἐξ ἐναντίων τὸν ὄγκον παρὰ τοὺς
τῆς φύσεως λαμβάνῃ νόμους. διακρινομένης μὲν οὖν ὑπὸ
νόσων τῆς σαρκὸς ἑκάστης, μενόντων δὲ τῶν πυθμένων
αὐταῖς ἡμίσεια τῆς ξυμφορᾶς ἡ δύναμις· ἀνάληψιν γὰρ
84 ἔτι μετ' εὐπετείας ἴσχει· τὸ δὲ δὴ σάρκας ὀστοῖς ξυνδοῦν
ὁπότ' ἂν νοσήσῃ, καὶ μηκέτι αὖ τὸ ἐξ ἰνῶν αἷμα καὶ νεύ-
ρων ἀποχωριζόμενον ὀστῷ μὲν τροφή, σαρκὶ δὲ πρὸς
ὀστοῦν γίγνηται δεσμός, ἀλλ' ἐκ λιπαροῦ καὶ λείου καὶ
γλίσχρου τραχὺ καὶ ἁλμυρὸν αὐχμῆσαν ὑπὸ κακῆς διαίτης
γένηται, τότε ταῦτα πάσχον πᾶν τὸ τοιοῦτον καταψήχε-
ται μὲν αὐτὸ πάλιν ὑπὸ τὰς σάρκας καὶ τὰ νεῦρα, ἀφιστά-
B μενον ἀπὸ τῶν ὀστῶν, αἱ δ' ἐκ τῶν ῥιζῶν ξυνεκπίπτουσαι
τά τε νεῦρα γυμνὰ καταλείπουσι καὶ μεστὰ ἅλμης, αὐταὶ
δὲ πάλιν εἰς τὴν αἵματος φορὰν ἐμπεσοῦσαι τὰ πρόσθεν
ῥηθέντα νοσήματα πλείω ποιοῦσι. χαλεπῶν δὲ τούτων
περὶ τὰ σώματα παθημάτων γιγνομένων μείζω ἔτι γίγνε-
ται τὰ πρὸ τούτων, ὅταν ὀστοῦν διὰ πυκνότητα σαρκὸς
ἀναπνοὴν μὴ λαμβάνον ἱκανήν, ὑπ' εὐρῶτος θερμαινό-
μενον, σφακελίσαν μήτε τὴν τροφὴν καταδέχηται πάλιν τε
C αὐτὸ εἰς ἐκείνην ἐναντίως ἴῃ ψηχόμενον, ἡ δ' εἰς σάρκας,
σὰρξ δὲ εἰς αἷμα ἐμπίπτουσα τραχύτερα πάντα τῶν πρό-
σθεν τὰ νοσήματα ἀπεργάζηται· τὸ δ' ἔσχατον πάντων,
ὅταν ἡ τοῦ μυελοῦ φύσις ἀπ' ἐνδείας ἤ τινος ὑπερβολῆς
νοσήσῃ, τὰ μέγιστα καὶ κυριώτατα πρὸς θάνατον τῶν νο-
σημάτων ἀποτελεῖ, πάσης ἀνάπαλιν τῆς τοῦ σώματος φύ-
σεως ἐξ ἀνάγκης ῥυείσης.

XL. Τρίτον δ' αὖ νοσημάτων εἶδος τριχῇ δεῖ διανοεῖ-
D σθαι γιγνόμενον, τὸ μὲν ὑπὸ πνεύματος, τὸ δὲ φλέγμα-
τος, τὸ δὲ χολῆς. ὅταν μὲν γὰρ ὁ τῶν πνευμάτων τῷ σώ-
ματι ταμίας πλεύμων μὴ καθαρὰς παρέχῃ τὰς διεξόδους
ὑπὸ ῥευμάτων φραχθείς, ἔνθα μὲν οὐκ ἰόν, ἔνθα δὲ πλεῖον

ἢ τὸ προσῆκον πνεῦμα εἰσιὸν τὰ μὲν οὐ τυγχάνοντα ἀνα-
ψυχῆς σήπει, τὰ δὲ τῶν φλεβῶν διαβιαζόμενον καὶ ξυνε-
πιστρέφον αὐτὰ τῆκόν τε τὸ σῶμα εἰς τὸ μέσον αὐτοῦ διά-
φραγμά τ' ἴσχον ἐναπολαμβάνεται, καὶ μυρία δὴ νοσή- E
ματα ἐκ τούτων ἀλγεινὰ μετὰ πλήθους ἱδρῶτος ἀπείργα-
σται. πολλάκις δ' ἐν τῷ σώματι διακριθείσης σαρκὸς
πνεῦμα ἐγγενόμενον καὶ ἀδυνατοῦν ἔξω πορευθῆναι τὰς
αὐτὰς τοῖς ἐπεισεληλυθόσιν ὠδῖνας παρέσχε, μεγίστας
δέ, ὅταν περὶ τὰ νεῦρα καὶ τὰ ταύτῃ φλέβια περιστὰν
καὶ ἀνοιδῆσαν τούς τε ἐπιτόνους καὶ τὰ ξυνεχῆ νεῦρα
οὕτως εἰς τὸ ἐξόπισθεν κατατείνῃ τούτοις· ἃ δὴ καὶ ἀπ'·
αὐτοῦ τῆς συντονίας τοῦ παθήματος τὰ νοσήματα τέτα-
νοί τε καὶ ὀπισθότονοι προσερρήθησαν. ὧν καὶ τὸ φάρ-
μακον χαλεπόν· πυρετοὶ γὰρ οὖν δὴ τὰ τοιαῦτα ἐγγιγνό-
μενοι μάλιστα λύουσι. τὸ δὲ λευκὸν φλέγμα διὰ τὸ τῶν 85
πομφολύγων πνεῦμα χαλεπὸν ἀποληφθέν, ἔξω δὲ τοῦ
σώματος ἀναπνοὰς ἴσχον, ἠπιώτερον μέν, καταποικίλλει
δὲ τὸ σῶμα λεύκας ἀλφούς τε καὶ τὰ τούτων ξυγγενῆ νο-
σήματα ἀποτίκτον· μετὰ χολῆς δὲ μελαίνης κερασθὲν ἐπὶ
τὰς περιόδους τε τὰς ἐν τῇ κεφαλῇ θειοτάτας οὔσας ἐπι-
σκεδαννύμενον καὶ ξυνταράττον αὐτάς, καθ' ὕπνον μὲν
ἰὸν πραότερον, ἐγρηγορόσι δὲ ἐπιτιθέμενον δυσαπαλλα- B
κτότερον· νόσημα δὲ ἱερᾶς ὂν φύσεως ἐνδικώτατα ἱερὸν
λέγεται. φλέγμα δ' ὀξὺ καὶ ἁλμυρὸν πηγὴ πάντων νοση-
μάτων, ὅσα γίγνεται καταρροϊκά· διὰ δὲ τοὺς τόπους, εἰς
οὓς ῥεῖ, παντοδαποὺς ὄντας παντοῖα ὀνόματα εἴληφεν·
ὅσα δὲ φλεγμαίνειν λέγεται τοῦ σώματος, ἀπὸ τοῦ κάεσθαί
τε καὶ φλέγεσθαι διὰ χολὴν γέγονε πάντα. λαμβανουσα
μὲν οὖν ἀναπνοὴν ἔξω παντοῖα ἀναπέμπει φύματα ζεουσα, C
καθειργνυμένη δ' ἐντὸς πυρίκαυτα νοσήματα πολλὰ ἐμ-
ποιεῖ, μέγιστον δέ, ὅταν αἵματι καθαρῷ ξυγκερασθεῖσα
τὸ τῶν ἰνῶν γένος ἐκ τῆς ἑαυτῶν διαφορῇ τάξεως, αἳ διε-

σπάρησαν μὲν εἰς αἷμα, ἵνα συμμέτρως λεπτότητος ἴσχοι καὶ πάχους καὶ μήτε διὰ θερμότητα ὡς ὑγρὸν ἐκ μανοῦ τοῦ σώματος ἐκρέοι, μήτ' αὖ πυκνότερον δυσκίνητον ὂν
D μόλις ἀναστρέφοιτο ἐν ταῖς φλεψί. καιρὸν δὴ τούτων ἶνες τῇ τῆς φύσεως γενέσει φυλάττουσιν· ἃς ὅταν τις καὶ τεθνεῶτος αἵματος ἐν ψύξει τε ὄντος πρὸς ἀλλήλας συναγάγῃ, διαχεῖται πᾶν τὸ λοιπὸν αἷμα, ἐαθεῖσαι δὲ ταχὺ μετὰ τοῦ περιεστῶτος αὐτὸ ψύχους ξυμπηγνύασι. ταύτην δὴ τὴν δύναμιν ἐχουσῶν ἰνῶν ἐν αἵματι χολὴ φύσει παλαιὸν αἷμα γεγονυῖα καὶ πάλιν ἐκ τῶν σαρκῶν εἰς τοῦτο τετηκυῖα, θερμὴ καὶ ὑγρὰ κατ' ὀλίγον τὸ πρῶτον ἐμπί-
E πτουσα πήγνυται διὰ τὴν τῶν ἰνῶν δύναμιν, πηγνυμένη δὲ καὶ βίᾳ κατασβεννυμένη χειμῶνα καὶ τρόμον ἐντὸς παρέχει· πλείων δ' ἐπιρρέουσα, τῇ παρ' αὑτῆς θερμότητι κρατήσασα, τὰς ἶνας εἰς ἀταξίαν ζέσασα διέσεισε· καὶ ἐὰν μὲν ἱκανὴ διὰ τέλους κρατῆσαι γένηται, πρὸς τὸ τοῦ μυελοῦ διαπεράσασα γένος καίουσα ἔλυσε τὰ τῆς ψυχῆς αὐτόθεν οἷον νεὼς πείσματα μεθῆκέ τε ἐλευθέραν, ὅταν δ' ἐλάττων ᾖ τό τε σῶμα ἀντίσχῃ τηκόμενον, αὐτὴ κρατηθεῖσα ἢ κατὰ πᾶν τὸ σῶμα ἐξέπεσεν, ἢ διὰ τῶν φλεβῶν εἰς τὴν κάτω ξυνωσθεῖσα ἢ τὴν ἄνω κοιλίαν, οἷον φυγὰς ἐκ πόλεως στασιασάσης ἐκ τοῦ σώματος ἐκπίπτουσα, διαρ-
86 ροίας καὶ δυσεντερίας καὶ τὰ τοιαῦτα νοσήματα πάντα παρέσχετο. τὸ μὲν οὖν ἐκ πυρὸς ὑπερβολῆς μάλιστα νοσῆσαν σῶμα ξυνεχῆ καύματα καὶ πυρετοὺς ἀπεργάζεται, τὸ δ' ἐξ ἀέρος ἀμφημερινούς, τριταίους δ' ὕδατος διὰ τὸ νωθέστερον ἀέρος καὶ πυρὸς αὐτὸ εἶναι· τὸ δ' ἐκ γῆς, τετάρτως ὂν νωθέστατον τούτων, ἐν τετραπλασίαις περιόδοις χρόνου καθαιρόμενον, τεταρταίους πυρετοὺς ποιῆσαι ἀπαλλάττεται μόλις.

B XLI. *Καὶ τὰ μὲν περὶ τὸ σῶμα νοσήματα ταύτῃ ξυμβαίνει γιγνόμενα, τὰ δὲ περὶ ψυχὴν διὰ σώματος ἕξιν τῇδε.*

νόσον μὲν δὴ ψυχῆς ἄνοιαν ξυγχωρητέον, δύο δ᾽ ἀνοίας
γένη, τὸ μὲν μανίαν, τὸ δὲ ἀμαθίαν. πᾶν οὖν ὅ τι πά-
σχων τις πάθος ὁπότερον αὐτῶν ἴσχει, νόσον προσρητέον,
ἡδονὰς δὲ καὶ λύπας ὑπερβαλλούσας τῶν νόσων μεγίστας
θετέον τῇ ψυχῇ· περιχαρὴς γὰρ ἄνθρωπος ὢν ἢ καὶ τά-
ναντία ὑπὸ λύπης πάσχων, σπεύδων τὸ μὲν ἑλεῖν ἀκαί- C
ρως, τὸ δὲ φυγεῖν, οὔθ᾽ ὁρᾶν οὔτε ἀκούειν ὀρθὸν οὐδὲν
δύναται, λυττᾷ δὲ καὶ λογισμοῦ μετασχεῖν ἥκιστα τότε δὴ
δυνατός ἐστι. τὸ δὲ σπέρμα ὅτῳ πολὺ καὶ ῥυῶδες περὶ
τὸν μυελὸν γίγνεται [καὶ] καθαπερεὶ δένδρον πολυκαρπό-
τερον τοῦ ξυμμέτρου πεφυκὸς ᾖ, πολλὰς μὲν καθ᾽ ἕκα-
στον ὠδῖνας, πολλὰς δ᾽ ἡδονὰς κτώμενος ἐν ταῖς ἐπιθυ-
μίαις καὶ τοῖς περὶ τὰ τοιαῦτα τόκοις, ἐμμανὴς τὸ πλεῖστον
γιγνόμενος τοῦ βίου διὰ τὰς μεγίστας ἡδονὰς καὶ λύπας, D
νοσοῦσαν καὶ ἄφρονα ἴσχων ὑπὸ τοῦ σώματος τὴν ψυχήν,
οὐχ ὡς νοσῶν ἀλλ᾽ ὡς ἑκὼν κακὸς δοξάζεται· τὸ
δὲ ἀληθὲς ἡ περὶ τὰ ἀφροδίσια ἀκολασία κατὰ τὸ πολὺ
μέρος διὰ τὴν ἑνὸς γένους ἕξιν ὑπὸ μανότητος ὀστῶν ἐν
σώματι ῥυώδη καὶ ὑγραίνουσαν νόσος ψυχῆς γέγονε. καὶ
σχεδὸν δὴ πάντα, ὁπόσα ἡδονῶν ἀκράτεια καὶ ὄνειδος ὡς
ἑκόντων λέγεται τῶν κακῶν, οὐκ ὀρθῶς ὀνειδίζεται· κα-
κὸς μὲν γὰρ ἑκὼν οὐδείς, διὰ δὲ πονηρὰν ἕξιν τινὰ τοῦ E
σώματος καὶ ἀπαίδευτον τροφὴν ὁ κακὸς γίγνεται κακός,
παντὶ δὲ ταῦτα ἐχθρὰ καὶ ἄκοντι προσγίγνεται· καὶ πά-
λιν δὴ τὸ περὶ τὰς λύπας ἡ ψυχὴ κατὰ ταὐτὰ διὰ σῶμα
πολλὴν ἴσχει κακίαν. ὅπου γὰρ ἂν οἱ τῶν ὀξέων καὶ τῶν
ἁλυκῶν φλεγμάτων καὶ ὅσοι πικροὶ καὶ χολώδεις χυμοὶ
κατὰ τὸ σῶμα πλανηθέντες ἔξω μὲν μὴ λάβωσιν ἀναπνοήν,
ἐντὸς δὲ εἱλλόμενοι τὴν ἀφ᾽ αὑτῶν ἀτμίδα τῇ τῆς ψυχῆς 87
φορᾷ ξυμμίξαντες ἀνακερασθῶσι, παντοδαπὰ νοσήματα
ψυχῆς ἐμποιοῦσι μᾶλλον καὶ ἧττον καὶ ἐλάττω καὶ πλείω,
πρός τε τοὺς τρεῖς τόπους ἐνεχθέντα τῆς ψυχῆς, πρὸς ὃν

ἂν ἕκαστ' αὐτῶν προσπίπτῃ, ποικίλλει μὲν εἴδη δυσκολίας καὶ δυσθυμίας παντοδαπά, ποικίλλει δὲ θρασύτητός τε καὶ δειλίας, ἔτι δὲ λήθης ἅμα καὶ δυσμαθείας. πρὸς δὲ τούτοις, ὅταν οὕτω κακῶς παγέντων πολιτεῖαι κακαὶ
B καὶ λόγοι κατὰ πόλεις ἰδίᾳ τε καὶ δημοσίᾳ λεχθῶσιν, ἔτι δὲ μαθήματα μηδαμῇ τούτων ἰατικὰ ἐκ νέων μανθάνηται, ταύτῃ κακοὶ πάντες οἱ κακοὶ διὰ δύο ἀκουσιώτατα γιγνόμεθα· ὧν αἰτιατέον μὲν τοὺς φυτεύοντας ἀεὶ τῶν φυτευομένων μᾶλλον καὶ τοὺς τρέφοντας τῶν τρεφομένων, προθυμητέον μήν, ὅπῃ τις δύναται, καὶ διὰ τροφῆς καὶ δι' ἐπιτηδευμάτων μαθημάτων τε φυγεῖν μὲν κακίαν, τοὐναντίον δὲ ἑλεῖν. ταῦτα μὲν οὖν δὴ τρόπος ἄλλος λόγων.

C XLII. Τὸ δὲ τούτων ἀντίστροφον αὖ, τὸ περὶ τὰς τῶν σωμάτων καὶ διανοήσεων θεραπείας αἷς αἰτίαις σώζεται, πάλιν εἰκὸς καὶ πρέπον ἀνταποδοῦναι· δικαιότερον γὰρ τῶν ἀγαθῶν πέρι μᾶλλον ἢ τῶν κακῶν ἴσχειν λόγον. πᾶν δὴ τὸ ἀγαθὸν καλόν, τὸ δὲ καλὸν οὐκ ἄμετρον· καὶ ζῷον οὖν τὸ τοιοῦτον ἐσόμενον ξύμμετρον θετέον· ξυμμετριῶν δὲ τὰ μὲν σμικρὰ διαισθανόμενοι ξυλλογιζόμεθα, τὰ δὲ κυριώτατα καὶ μέγιστα ἀλογίστως ἔχομεν. πρὸς γὰρ ὑγι-
D είας καὶ νόσους ἀρετάς τε καὶ κακίας οὐδεμία ξυμμετρία καὶ ἀμετρία μείζων ἢ ψυχῆς αὐτῆς πρὸς σῶμα αὐτό· ὧν οὐδὲν σκοποῦμεν οὐδ' ἐννοοῦμεν, ὅτι ψυχὴν ἰσχυρὰν καὶ πάντῃ μεγάλην ἀσθενέστερον καὶ ἔλαττον εἶδος ὅταν ὀχῇ, καὶ ὅταν αὖ τοὐναντίον ξυμπαγῆτον τούτω, οὐ καλὸν ὅλον τὸ ζῷον· ἀξύμμετρον γὰρ ταῖς μεγίσταις ξυμμετρίαις· τὸ δὲ ἐναντίως ἔχον πάντων θεαμάτων τῷ δυναμένῳ
E καθορᾶν κάλλιστον καὶ ἐρασμιώτατον. οἷον οὖν ὑπερσκελὲς ἢ καί τινα ἑτέραν ὑπέρεξιν ἄμετρον ἑαυτῷ τι σῶμα ὂν ἅμα μὲν αἰσχρόν, ἅμα δ' ἐν τῇ κοινωνίᾳ τῶν πόνων πολλοὺς μὲν κόπους, πολλὰ δὲ σπάσματα καὶ διὰ τὴν παραφορότητα πτώματα παρέχον μυρίων κακῶν αἴτιον ἑαυ-

*τῷ, ταὐτὸν δὴ διανοητέον καὶ περὶ τοῦ ξυναμφοτέρου,
ζῶον ὃ καλοῦμεν, ὡς ὅταν τε ἐν αὐτῷ ψυχὴ κρείττων οὖσα
σώματος περιθύμως ἴσχῃ, διασείουσα πᾶν αὐτὸ ἔνδοθεν* 88
*νόσων ἐμπίπλησι, καὶ ὅταν εἴς τινας μαθήσεις καὶ ζητή-
σεις συντόνως ἴῃ, κατατήκει, διδαχάς τ' αὖ καὶ μάχας ἐν
λόγοις ποιουμένη δημοσίᾳ καὶ ἰδίᾳ δι' ἐρίδων καὶ φιλο-
νεικίας γιγνομένων διάπυρον αὐτὸ ποιοῦσα λύει, καὶ ῥεύ-
ματα ἐπάγουσα, τῶν λεγομένων ἰατρῶν ἀπατῶσα τοὺς
πλείστους, τἀναντία αἰτιᾶσθαι ποιεῖ· σῶμά τε ὅταν αὖ
μέγα καὶ ὑπέρψυχον σμικρᾷ ξυμφυὲς ἀσθενεῖ τε διανοίᾳ
γένηται, διττῶν ἐπιθυμιῶν οὐσῶν φύσει κατ' ἀνθρώ-* B
*πους, διὰ σῶμα μὲν τροφῆς, διὰ δὲ τὸ θειότατον τῶν ἐν
ἡμῖν φρονήσεως, αἱ τοῦ κρείττονος κινήσεις κρατοῦσαι
καὶ τὸ μὲν σφέτερον αὔξουσαι, τὸ δὲ τῆς ψυχῆς κωφὸν καὶ
δυσμαθὲς ἀμνῆμόν τε ποιοῦσαι, τὴν μεγίστην νόσον ἀμα-
θίαν ἐναπεργάζονται. μία δὴ σωτηρία πρὸς ἄμφω, μήτε
τὴν ψυχὴν ἄνευ σώματος κινεῖν μήτε σῶμα ἄνευ ψυχῆς,
ἵνα ἀμυνομένω γίγνησθον ἰσορρόπω καὶ ὑγιῆ. τὸν δὴ μα-
θηματικὸν ἤ τινα ἄλλην σφόδρα μελέτην διανοίᾳ κατερ-* C
*γαζόμενον καὶ τὴν τοῦ σώματος ἀποδοτέον κίνησιν, γυ-
μναστικῇ προσομιλοῦντα, τόν τε αὖ σῶμα ἐπιμελῶς πλάτ-
τοντα τὰς τῆς ψυχῆς ἀνταποδοτέον κινήσεις, μουσικῇ καὶ
πάσῃ φιλοσοφίᾳ προσχρώμενον, εἰ μέλλει δικαίως τις ἅμα
μὲν καλός, ἅμα δὲ ἀγαθὸς ὀρθῶς κεκλήσεσθαι. κατὰ δὲ
ταὐτὰ ταῦτα καὶ τὰ μέρη θεραπευτέον, τὸ τοῦ παντὸς
ἀπομιμούμενον εἶδος. τοῦ γὰρ σώματος ὑπὸ τῶν εἰσιόν-* D
*των καομένου τε ἐντὸς καὶ ψυχομένου, καὶ πάλιν ὑπὸ τῶν
ἔξωθεν ξηραινομένου καὶ ὑγραινομένου καὶ τὰ τούτοις
ἀκόλουθα πάσχοντος ὑπ' ἀμφοτέρων τῶν κινήσεων, ὅταν
μέν τις ἡσυχίαν ἄγον τὸ σῶμα παραδιδῷ ταῖς κινήσεσι,
κρατηθὲν διώλετο, ἐὰν δὲ ἥν τε τροφὸν καὶ τιθήνην τοῦ
παντὸς προσείπομεν μιμῆταί τις, καὶ τὸ σῶμα μάλιστα*

μὲν μηδέποτε ἡσυχίαν ἄγειν ἐᾷ, κινῇ δὲ καὶ σεισμοὺς ἀεί
E τινας ἐμποιῶν αὐτῷ διὰ παντὸς τὰς ἐντὸς καὶ ἐκτὸς ἀμύ-
νηται κατὰ φύσιν κινήσεις, καὶ μετρίως σείων τά τε περὶ
τὸ σῶμα πλανώμενα παθήματα καὶ μέρη κατὰ ξυγγενείας
εἰς τάξιν κατακοσμῇ πρὸς ἄλληλα, κατὰ τὸν πρόσθεν λό-
γον, ὃν περὶ τοῦ παντὸς ἐλέγομεν, οὐκ ἐχθρὸν παρ' ἐχ-
θρὸν τιθέμενον ἐάσει πολέμους ἐντίκτειν τῷ σώματι καὶ
νόσους, ἀλλὰ φίλον παρὰ φίλον τεθὲν ὑγίειαν ἀπεργαζό-
89 μενον παρέξει. τῶν δ' αὖ κινήσεων ἡ ἐν ἑαυτῷ ὑφ' αὑ-
τοῦ ἀρίστη κίνησις· μάλιστα γὰρ τῇ διανοητικῇ καὶ τῇ
τοῦ παντὸς κινήσει ξυγγενής· ἡ δὲ ὑπ' ἄλλου χείρων·
χειρίστη δὲ ἡ κειμένου τοῦ σώματος καὶ ἄγοντος ἡσυχίαν
δι' ἑτέρων αὐτὸ κατὰ μέρη κινοῦσα. διὸ δὴ τῶν καθάρ-
σεων καὶ ξυστάσεων τοῦ σώματος ἡ μὲν διὰ τῶν γυμνα-
σίων ἀρίστη, δευτέρα δὲ ἡ διὰ τῶν αἰωρήσεων κατά τε
τοὺς πλοῦς καὶ ὅπῃ περ ἂν ὀχήσεις ἄκοποι γίγνωνται·
τρίτον δὲ εἶδος κινήσεως σφόδρα ποτὲ ἀναγκαζομένῳ χρή-
B σιμον, ἄλλως δὲ οὐδαμῶς τῷ νοῦν ἔχοντι προσδεκτέον, τὸ
τῆς φαρμακευτικῆς καθάρσεως γιγνόμενον ἰατρικόν. τὰ
γὰρ νοσήματα, ὅσα μὴ μεγάλους ἔχει κινδύνους, οὐκ ἐρε-
θιστέον φαρμακείαις. πᾶσα γὰρ ξύστασις νόσων τρόπον
τινὰ τῇ τῶν ζώων φύσει προσέοικε. καὶ γὰρ ἡ τούτων ξύν-
οδος ἔχουσα τεταγμένους τοῦ βίου γίγνεται χρόνους τοῦ
τε γένους ξύμπαντος καὶ κατ' αὐτὸ τὸ ζῶον εἱμαρμένον
C ἕκαστον ἔχον τὸν βίον φύεται, χωρὶς τῶν ἐξ ἀνάγκης πα-
θημάτων· τὰ γὰρ τρίγωνα εὐθὺς κατ' ἀρχὰς ἑκάστου δύ-
ναμιν ἔχοντα ξυνίσταται μέχρι τινὸς χρόνου δυνατὰ ἐξαρ-
κεῖν, οὗ βίου οὐκ ἄν ποτέ τις εἰς τὸ πέραν ἔτι βιῴη. τρό-
πος οὖν ὁ αὐτὸς καὶ τῆς περὶ τὰ νοσήματα ξυστάσεως·
ἣν ὅταν τις παρὰ τὴν εἱμαρμένην τοῦ χρόνου φθείρῃ
φαρμακείαις, ἅμα ἐκ σμικρῶν μεγάλα καὶ πολλὰ ἐξ ὀλίγων
νοσήματα φιλεῖ γίγνεσθαι. διὸ παιδαγωγεῖν δεῖ διαίταις

*πάντα τὰ τοιαῦτα, καθ' ὅσον ἂν ᾖ τῳ σχολή, ἀλλ' οὐ φαρ- D
μακεύοντα κακὸν δύσκολον ἐρεθιστέον.*

XLIII *Καὶ περὶ μὲν τοῦ κοινοῦ ζώου καὶ τοῦ κατὰ τὸ
σῶμα αὐτοῦ μέρους, ᾗ τις ἂν καὶ διαπαιδαγωγῶν καὶ δια-
παιδαγωγούμενος ὑφ' αὑτοῦ μάλιστ' ἂν κατὰ λόγον ζῴη,
ταύτῃ λελέχθω· τὸ δὲ δὴ παιδαγωγῆσον αὐτὸ μᾶλλόν που
καὶ πρότερον παρασκευαστέον εἰς δύναμιν ὅ τι κάλλιστον
καὶ ἄριστον εἰς τὴν παιδαγωγίαν εἶναι. δι' ἀκριβείας μὲν
οὖν περὶ τούτων διελθεῖν ἱκανὸν ἂν γένοιτο αὐτὸ καθ'
αὑτὸ μόνον ἔργον· τὸ δ' ἐν παρέργῳ κατὰ τὰ πρόσθεν E
ἑπόμενος ἄν τις οὐκ ἄπο τρόπου τῇδε σκοπῶν ὧδε τῷ
λόγῳ διαπεράναιτ' ἄν. καθάπερ εἴπομεν πολλάκις, ὅτι
τρία τριχῇ ψυχῆς ἐν ἡμῖν εἴδη κατῴκισται, τυγχάνει δὲ
ἕκαστον κινήσεις ἔχον, οὕτω κατὰ ταὐτὰ καὶ νῦν ὡς διὰ
βραχυτάτων ῥητέον, ὅτι τὸ μὲν αὐτῶν ἐν ἀργίᾳ διάγον
καὶ τῶν ἑαυτοῦ κινήσεων ἡσυχίαν ἄγον ἀσθενέστατον
ἀνάγκη γίγνεσθαι, τὸ δ' ἐν γυμνασίοις ἐρρωμενέστατον·
διὸ φυλακτέον, ὅπως ἂν ἔχωσι τὰς κινήσεις πρὸς ἄλληλα 90
συμμέτρους. τὸ δὲ περὶ τοῦ κυριωτάτου παρ' ἡμῖν ψυχῆς
εἴδους διανοεῖσθαι δεῖ τῇδε, ὡς ἄρα αὐτὸ δαίμονα θεὸς
ἑκάστῳ δέδωκε, τοῦτο ὃ δή φαμεν οἰκεῖν μὲν ἡμῶν ἐπ'
ἄκρῳ τῷ σώματι, πρὸς δὲ τὴν ἐν οὐρανῷ ξυγγένειαν ἀπὸ
γῆς ἡμᾶς αἴρειν ὡς ὄντας φυτὸν οὐκ ἔγγειον ἀλλὰ οὐρά-
νιον, ὀρθότατα λέγοντες· ἐκεῖθεν γάρ, ὅθεν ἡ πρώτη τῆς
ψυχῆς γένεσις ἔφυ, τὸ θεῖον τὴν κεφαλὴν καὶ ῥίζαν ἡμῶν B
ἀνακρεμαννὺν ὀρθοῖ πᾶν τὸ σῶμα. τῷ μὲν οὖν περὶ τὰς
ἐπιθυμίας ἢ περὶ φιλονεικίας τετευτακότι καὶ ταῦτα δια-
πονοῦντι σφόδρα πάντα τὰ δόγματα ἀνάγκη θνητὰ ἐγγε-
γονέναι, καὶ παντάπασι καθ' ὅσον μάλιστα δυνατὸν θνη-
τῷ γίγνεσθαι, τούτου μηδὲ σμικρὸν ἐλλείπειν, ἅτε τὸ τοι-
οῦτον ηὐξηκότι· τῷ δὲ περὶ φιλομαθίαν καὶ περὶ τὰς ἀλη-
θεῖς φρονήσεις ἐσπουδακότι καὶ ταῦτα μάλιστα τῶν αὑ-*

C τοῦ γεγυμνασμένῳ φρονεῖν μὲν ἀθάνατα καὶ θεῖα, ἄνπερ
ἀληθείας ἐφάπτηται, πᾶσα ἀνάγκη που, καθ' ὅσον δ' αὖ
μετασχεῖν ἀνθρωπίνη φύσις ἀθανασίας ἐνδέχεται, τούτου
μηδὲν μέρος ἀπολείπειν, ἅτε δὲ ἀεὶ θεραπεύοντα τὸ θεῖον
ἔχοντά τε αὐτὸν εὖ κεκοσμημένον τὸν δαίμονα ξύνοικον
ἐν αὑτῷ διαφερόντως εὐδαίμονα εἶναι. θεραπεία δὲ δὴ
παντὶ πάντως μία, τὰς οἰκείας ἑκάστῳ τροφὰς καὶ κινήσεις
D ἀποδιδόναι· τῷ δ' ἐν ἡμῖν θείῳ ξυγγενεῖς εἰσι κινήσεις
αἱ τοῦ παντὸς διανοήσεις καὶ περιφοραί· ταύταις δὴ ξυν-
επόμενον ἕκαστον δεῖ τὰς περὶ τὴν γένεσιν ἐν τῇ κεφαλῇ
διεφθαρμένας ἡμῶν περιόδους ἐξορθοῦντα διὰ τὸ κατα-
μανθάνειν τὰς τοῦ παντὸς ἁρμονίας τε καὶ περιφορὰς τῷ
κατανοουμένῳ τὸ κατανοοῦν ἐξομοιῶσαι κατὰ τὴν ἀρχαίαν
φύσιν, ὁμοιώσαντα δὲ τέλος ἔχειν τοῦ προτεθέντος ἀν-
θρώποις ὑπὸ θεῶν ἀρίστου βίου πρός τε τὸν παρόντα καὶ
τὸν ἔπειτα χρόνον.
E XLIV. Καὶ δὴ καὶ τὰ νῦν ἡμῖν ἐξ ἀρχῆς παραγγελ-
θέντα διεξελθεῖν περὶ τοῦ παντὸς μέχρι γενέσεως ἀνθρω-
πίνης σχεδὸν ἔοικε τέλος ἔχειν. τὰ γὰρ ἄλλα ζῷα ᾗ γέγο-
νεν αὖ, διὰ βραχέων ἐπιμνηστέον, ὃ μή τις ἀνάγκη μηκύ-
νειν· οὕτω γὰρ ἐμμετρότερός τις ἂν αὑτῷ δόξειε περὶ
τοὺς τούτων λόγους εἶναι. τῇδ' οὖν τὸ τοιοῦτον ἔστω λε-
γόμενον. τῶν γενομένων ἀνδρῶν ὅσοι δειλοὶ καὶ τὸν βίον
ἀδίκως διῆλθον, κατὰ λόγον τὸν εἰκότα γυναῖκες μετε-
91 φύοντο ἐν τῇ δευτέρᾳ γενέσει· καὶ κατ' ἐκεῖνον δὴ τὸν
χρόνον διὰ ταῦτα θεοὶ τὸν τῆς ξυνουσίας ἔρωτα ἐτεκτή-
ναντο, ζῷον τὸ μὲν ἐν ἡμῖν, τὸ δ' ἐν ταῖς γυναιξὶ συστή-
σαντες ἔμψυχον, τοιῷδε τρόπῳ ποιήσαντες ἑκάτερον. τὴν
τοῦ ποτοῦ διέξοδον, ᾗ διὰ τοῦ πλεύμονος τὸ πόμα ὑπὸ
τοὺς νεφροὺς εἰς τὴν κύστιν ἐλθὸν καὶ τῷ πνεύματι θλι-
φθὲν ξυνεκπέμπει δεχομένη, ξυνέτρησαν εἰς τὸν ἐκ τῆς
κεφαλῆς κατὰ τὸν αὐχένα καὶ διὰ τῆς ῥάχεως μυελὸν

ξυμπεπηγότα, ὃν δὴ σπέρμα ἐν τοῖς πρόσθεν λόγοις εἴπο- B
μεν· ὁ δέ, ἅτ' ἔμψυχος ὢν καὶ λαβὼν ἀναπνοὴν τοῦθ'
ᾗπερ ἀνέπνευσε, τῆς ἐκροῆς ζωτικὴν ἐπιθυμίαν ἐμποιή-
σας αὐτῷ τοῦ γεννᾶν ἔρωτα ἀπετέλεσε. διὸ δὴ τῶν μὲν
ἀνδρῶν τὸ περὶ τὴν τῶν αἰδοίων φύσιν ἀπειθές τε καὶ
αὐτοκρατὲς γεγονός, οἷον ζῶον ἀνυπήκοον τοῦ λόγου,
πάντων δι' ἐπιθυμίας οἰστρώδεις ἐπιχειρεῖ κρατεῖν· αἱ δ'
ἐν ταῖς γυναιξὶν αὖ μῆτραί τε καὶ ὑστέραι λεγόμεναι διὰ C
τὰ αὐτὰ ταῦτα, ζῶον ἐπιθυμητικὸν ἐνὸν τῆς παιδοποιίας,
ὅταν ἄκαρπον παρὰ τὴν ὥραν χρόνον πολὺν γίγνηται,
χαλεπῶς ἀγανακτοῦν φέρει, καὶ πλανώμενον πάντῃ κατὰ
τὸ σῶμα, τὰς τοῦ πνεύματος διεξόδους ἀποφράττον,
ἀναπνεῖν οὐκ ἐῶν, εἰς ἀπορίας τὰς ἐσχάτας ἐμβάλλει καὶ
νόσους παντοδαπὰς ἄλλας παρέχει· μέχριπερ ἂν ἑκατέ-
ρων ἡ ἐπιθυμία καὶ ὁ ἔρως ξυνδιαγαγόντες, οἷον ἀπὸ
δένδρων καρπὸν καταδρέψαντες, ὡς εἰς ἄρουραν τὴν μή- D
τραν ἀόρατα ὑπὸ σμικρότητος καὶ ἀδιάπλαστα ζῶα κα-
τασπείραντες καὶ πάλιν διακρίναντες μεγάλα ἐντὸς ἐκ-
θρέψωνται καὶ μετὰ τοῦτο εἰς φῶς ἀγαγόντες ζώων ἀπο-
τελέσωσι γένεσιν. γυναῖκες μὲν οὖν καὶ τὸ θῆλυ πᾶν
οὕτω γέγονε· τὸ δὲ τῶν ὀρνέων φῦλον μετερρυθμίζετο,
ἀντὶ τριχῶν πτερὰ φύον, ἐκ τῶν ἀκάκων ἀνδρῶν, κού-
φων δέ, καὶ μετεωρολογικῶν μέν, ἡγουμένων δὲ δι' ὄψεως
τὰς περὶ τούτων ἀποδείξεις βεβαιοτάτας εἶναι δι' εὐή- E
θειαν. τὸ δ' αὖ πεζὸν καὶ θηριῶδες γέγονεν ἐκ τῶν μη-
δὲν προσχρωμένων φιλοσοφίᾳ μηδὲ ἀθρούντων τῆς περὶ
τὸν οὐρανὸν φύσεως πέρι μηδέν, διὰ τὸ μηκέτι ταῖς ἐν
τῇ κεφαλῇ χρῆσθαι περιόδοις, ἀλλὰ τοῖς περὶ τὰ στήθη
τῆς ψυχῆς ἡγεμόσιν ἕπεσθαι μέρεσιν. ἐκ τούτων οὖν τῶν
ἐπιτηδευμάτων τά τ' ἐμπρόσθια κῶλα καὶ τὰς κεφαλὰς
εἰς γῆν ἑλκόμενα ὑπὸ ξυγγενείας ἤρεισαν, προμήκεις τε
καὶ παντοίας ἔσχον τὰς κορυφάς, ὅπῃ συνεθλίφθησαν

92 ὑπὸ ἀργίας ἑκάστων αἱ περιφοραί· τετράπουν τε τὸ γένος
αὐτῶν ἐκ ταύτης ἐφύετο καὶ πολύπουν τῆς προφάσεως,
θεοῦ βάσεις ὑποτιθέντος πλείους τοῖς μᾶλλον ἄφροσιν,
ὡς μᾶλλον ἐπὶ γῆν ἕλκοιντο. τοῖς δ' ἀφρονεστάτοις αὐ-
τῶν τούτων καὶ παντάπασι πρὸς γῆν πᾶν τὸ σῶμα κατα-
τεινομένοις ὡς οὐδὲν ἔτι ποδῶν χρείας οὔσης, ἄποδα αὐτὰ
καὶ ἰλυσπώμενα ἐπὶ γῆς ἐγέννησαν. τὸ δὲ τέταρτον γένος
ἔνυδρον γέγονεν ἐκ τῶν μάλιστα ἀνοητοτάτων καὶ ἀμα-
θεστάτων, οὓς οὐδ' ἀναπνοῆς καθαρᾶς ἔτι ἠξίωσαν οἱ με-
ταπλάττοντες, ὡς τὴν ψυχὴν ὑπὸ πλημμελείας πάσης ἀκα-
θάρτως ἐχόντων, ἀλλ' ἀντὶ λεπτῆς καὶ καθαρᾶς ἀναπνοῆς
ἀέρος εἰς ὕδατος θολερὰν καὶ βαθεῖαν ἔωσαν ἀνάπνευσιν·
B ὅθεν ἰχθύων ἔθνος καὶ τὸ τῶν ὀστρέων ξυναπάντων τε
ὅσα ἔνυδρα γέγονε, δίκην ἀμαθίας ἐσχάτης ἐσχάτας οἰκή-
σεις εἰληχότων. καὶ κατὰ ταῦτα δὴ πάντα τότε καὶ νῦν
διαμείβεται τὰ ζῷα εἰς ἄλληλα, νοῦ καὶ ἀνοίας ἀποβολῇ
καὶ κτήσει μεταβαλλόμενα. καὶ δὴ καὶ τέλος περὶ τοῦ παν-
τὸς νῦν ἤδη τὸν λόγον ἡμῖν φῶμεν ἔχειν· θνητὰ γὰρ καὶ
ἀθάνατα ζῷα λαβὼν καὶ ξυμπληρωθεὶς ὅδε ὁ κόσμος οὕτω,
ζῷον ὁρατὸν τὰ ὁρατὰ περιέχον, εἰκὼν τοῦ νοητοῦ θεὸς
αἰσθητός, μέγιστος καὶ ἄριστος κάλλιστός τε καὶ τελεώτα-
τος γέγονεν, εἷς οὐρανὸς ὅδε μονογενὴς ὤν.

ΤΙΜΑΙΩ ΛΟΚΡΩ

ΠΕΡΙ ΨΥΧΑΣ ΚΟΣΜΩ ΚΑΙ ΦΥΣΙΟΣ.

St. III.p

I. *Τίμαιος ὁ Λοκρὸς τάδε ἔφα· δύο αἰτίας εἶμεν τῶν* 93
συμπάντων, νόον μὲν τῶν κατὰ λόγον γιγνομένων, ἀνάγ-
καν δὲ τῶν βίᾳ καττὰς δυνάμεις τῶν σωμάτων. τουτέων
δὲ τὸν μὲν τᾶς τἀγαθῶ φύσιος εἶμεν θεόν τε ὀνυμαίνε-
σθαι ἀρχάν τε τῶν ἀρίστων, τὰ δ' ἑπόμενά τε καὶ συναίτια
εἰς ἀνάγκαν ἀνάγεσθαι· τὰ δὲ ξύμπαντα ἰδέαν, ὕλαν, αἰ- B
σθητόν τε οἷον ἔκγονον τουτέων. καὶ τὸ μὲν εἶμεν ἀεί,
ἀγέννατόν τε καὶ ἀκίνατον καὶ μένον τε καὶ τᾶς ταὐτῶ
φύσιος, νοατόν τε καὶ παράδειγμα τῶν γεννωμένων,
ὁκόσα ἐν μεταβολᾷ ἐντί· τοιοῦτον γάρ τι τὰν ἰδέαν λέγε- 94
σθαί τε καὶ νοῆσθαι· τὰν δ' ὕλαν ἐκμαγεῖον καὶ ματέρα
τιθάναν τε καὶ γεννατικὰν εἶμεν τᾶς τρίτας οὐσίας· δεξα-
μέναν γὰρ τὰ ὁμοιώματα ἐς ἑαυτὰν καὶ οἷον ἀναμαξαμέ-
ναν ἀποτελῆν τάδε τὰ γεννάματα. ταύταν δὲ τὰν ὕλαν
ἀΐδιον μὲν ἔφα, οὐ μὰν ἀκίνατον, ἄμορφον δὲ καθ' αὐτὰν
καὶ ἀσχημάτιστον, δεχομέναν δὲ πᾶσαν μορφάν, τὰν δὲ
περὶ τὰ σώματα μεριστὰν εἶμεν καὶ τᾶς θατέρω φύσιος·
ποταγορεύοντι δὲ τὰν ὕλαν τόπον καὶ χώραν. δύο ὦν αἵδε B
ἀρχαὶ ἐντί, ἂν τὸ μὲν εἶδος λόγον ἔχει ἄρρενός τε καὶ πα-
τρός, ἁ δ' ὕλα θήλεός τε καὶ ματέρος· τρίτα δὲ εἶμεν τὰ
ἐκ τούτων ἔκγονα· τρία δὲ ὄντα τρισὶ γνωρίζεσθαι, τὰν
μὲν ἰδέαν νόῳ κατ' ἐπιστάμαν, τὰν δ' ὕλαν λογισμῷ νόθῳ
τῷ μήπω κατ' εὐθυωρίαν νοῆσθαι ἀλλὰ κατ' ἀναλογίαν,
τὰ δ' ἀπογεννάματα αἰσθήσι καὶ δόξᾳ.

II. *Πρὶν ὦν ὠρανὸν γενέσθαι, λόγῳ ἤστην ἰδέα τε*
καὶ ὕλα καὶ ὁ θεὸς δαμιουργὸς τῶ βελτίονος· ἐπεὶ δὲ τὸ C
πρεσβύτερον κάρρον ἐστὶ τῶ νεωτέρω καὶ τὸ τεταγμένον
πρὸ τῶ ἀτάκτω, ἀγαθὸς ὢν ὁ θεὸς ὁρῶν τε τὰν ὕλαν δε-
χομέναν τὰν ἰδέαν καὶ ἀλλοιουμέναν παντοίως μέν, ἀτά-
κτως δέ, ἐδῆτ' εἰς τάξιν αὐτὰν ἄγεν καὶ ἐξ ἀορίστων μετα-
βολᾶν ἐς ὡρισμέναν καταστᾶσαι, ἵν' ὁμόλογοι ταὶ διακρί-

σιες τῶν σωμάτων γίγνοιντο καὶ μὴ κατ' αὐτόματον τρο-
D πὰς δέχοιτο. ἐποίησεν ὦν τόνδε τὸν κόσμον ἐξ ἁπάσας τᾶς
ὕλας, ὅρον αὐτὸν κατασκευάξας τᾶς τῶ ὄντος φύσιος διὰ
τὸ πάντα τἆλλα ἐν αὑτῷ περιέχεν, ἕνα, μονογενῆ, τέλειον,
ἔμψυχόν τε καὶ λογικόν· κρέσσονα γὰρ τάδε ἀψύχω καὶ
ἀλόγω ἐστόν· καὶ σφαιροειδὲς σῶμα· τελειότερον γὰρ τῶν
ἄλλων σχημάτων ἦν τοῦτο· δηλόμενος ὦν ἄριστον γέννημα
ποιῆν, τοῦτον ἐποίη θεὸν γεννατόν, οὔ ποκα φθαρησού-
μενον ὑπ' ἄλλω αἰτίω ἔξω τῶ αὐτὸν συντεταγμένω θεῶ,
E εἴ ποκα δήλετο αὐτὸν διαλύεν. ἀλλ' οὐ γὰρ τἀγαθῶ ἐστὶν
ὁρμᾶν ἐπὶ φθορὰν γεννάματος καλλίστω· διαμένει ἄρα
τοιόσδε ὢν ἄφθαρτος καὶ ἀνώλεθρος καὶ μακάριος. κρά-
τιστος δ' ἐστὶ γεννατῶν, ἐπεὶ ὑπὸ τῶ κρατίστω αἰτίω ἐγέ-
νετο, ἀφορῶντος οὐκ ἐς χειρόκματα παραδείγματα, ἀλλ'
ἐς τὰν ἰδέαν καὶ ἐς τὰν νοατὰν οὐσίαν, ποθ' ἅνπερ τὸ
95 γεννώμενον ἀπακριβωθὲν κάλλιστόν τε καὶ ἀπαρεγχείρη-
τον γίγνεται. τέλειος δ' ἀεὶ κατὰ τὰ αἰσθητά ἐστιν, ὅτι καὶ
τὸ παράδειγμα τῆνο αὐτῶ περιέχον πάντα τὰ νοατὰ ζῶα
ἐν αὑτῷ οὐδὲν ἐκτὸς ἀπέλιπεν ἄλλο, ὅρος ὢν νοατῶν παν-
τελής, ὡς ὅδε ὁ κόσμος αἰσθητῶν.

III. Στερεὸς δὲ ὢν ἁπτός τε καὶ ὁρατὸς γᾶς μεμόρα-
κται πυρός τε καὶ τῶν μεταξὺ ἀέρος καὶ ὕδατος. ἐκ παντε-
B λέων δὲ συνέστακε σωμάτων, τάπερ ὅλα ἐν αὑτῷ ἐντί, ὡς
μή ποκα μέρος ἀπολειφθῆμεν ἐκτὸς αὐτῶ, ἵνα ᾖ αὐταρκέ-
στατον τὸ τῶ παντὸς σῶμα, ἀκήρατον τῶν ἐκτὸς κηρῶν,
οὐ γάρ τι ἦν δίχα τουτέων, ἀλλὰ καὶ τῶν ἐντός. τὰ γὰρ
καττὰν ἀρίσταν ἀναλογίαν συντεθέντα ἐν ἰσοδυναμίᾳ
οὔτε κρατεῖ ἀλλάλων ἐκ μέρεος οὔτε κρατέεται, ὡς τὰ μὲν
αὔξαν, τὰ δὲ φθίσιν λαμβάνεν, μένει δ' ἐν ξυναρμογᾷ ἀδια-
C λύτῳ κατὰ λόγον ἄριστον. τριῶν γὰρ ὡντινωνῶν ὅρων
ὅταν καὶ τὰ διαστάματα καττὸν αὐτὸν ἐστάθη λόγον ποτ'
ἄλλαλα, τότε δὴ τὸ μέσον ῥυσμῶ δίκαν ὁρήμεθα ποττὸ

πρᾶτον ὅ τί περ τὸ τρίτον ποτ' αὐτό, κἀνάπαλιν καὶ παρ-
αλλὰξ κατ' ἐφάρμοσιν τόπων καὶ τάξιος. ταῦτα δ' ἀριθ-
μήμεναι μὴ μετ' ἰσοκρατίας ἀμάχανον παντί· εὖ δ' ἔχει
καὶ καττὸ σχῆμα καὶ κattὰν κίνασιν, καθ' ὃ μὲν σφαῖρα
ὄν, ὡς ὅμοιον αὐτὸ αὐτῷ παντᾷ εἶμεν καὶ πάντα τἆλλα
ὁμογενέα σχήματα χωρῆν δύνασθαι, καθ' ἃν δὲ ἐγκύκλιον D
μεταβολὰν ἀποδιδὸν δι' αἰῶνος. μώνα δὲ ἁ σφαῖρα ἐδύ-
νατο καὶ ἀρεμέωσα καὶ κινωμένα ἐν τᾷ αὐτᾷ συναρμόσεν
χώρᾳ, ὡς μή ποκα ἀπολιπὲν μήτε λαμβάνεν ἄλλον τόπον,
τῷ ἐκ μέσου ἴσον εἶμεν παντᾷ. λειότατον δ' ὂν ποτ' ἀκρί-
βειαν καττὰν ἐκτὸς ἐπιφάνειαν οὐ ποτιδέεται θνατῶν ὀρ-
γάνων, ἃ διὰ τὰς χρείας τοῖς ἄλλοις ζώοις ποτάρτηταί τε
καὶ διᾶκται.

IV. Τὰν δὲ τῶ κόσμω ψυχὰν μεσόθεν ἐξάψας ἐπάγα- E
γεν ἔξω, περικαλύψας αὐτὸν ὅλον αὐτᾷ, κρᾶμα αὐτὰν κε-
ρασάμενος ἔκ τε τᾶς ἀμερίστω μορφᾶς καὶ τᾶς μεριστᾶς
οὐσίας, ὡς ἓν κρᾶμα ἐκ δύο τουτέων εἶμεν· ᾧ ποτέμιξε δύο 96
δυνάμεις ἀρχὰς κινασίων, τᾶς τε ταὐτῶ καὶ τᾶς τῶ ἑτέρω,
ἃ καὶ δύσμικτος ἐᾶσα οὐκ ἐκ τῶ ῥάστω συνεκίρνατο. λό-
γοι δ' οἵδε πάντες ἐντὶ κατ' ἀριθμὼς ἁρμονικὼς συγκε-
κραμένοι· ὣς λόγως κατὰ μοῖραν διαιρήκει ποτ' ἐπιστά-
μαν, ὡς μὴ ἀγνοῆν ἐξ ὧν ἁ ψυχὰ καὶ δι' ὧν συνεστάκει.
ἃν οὐχ ὑστέραν τᾶς σωματικᾶς οὐσίας συνετάξατο ὁ θεός,
ὥσπερ λέγομες ἁμές, πρότερον γὰρ τὸ τιμιώτερον καὶ δυ- B
νάμει καὶ χρόνῳ, ἀλλὰ πρεσβυτέραν ἐποίη, μίαν ἀφαι-
ρέων τὰν πράταν μονάδων οὖσαν τεττόρων ποτὶ ὀκτὼ
δεκάσι καὶ τρισὶν ἑκατοντάσι. ταύτας δὲ τάν τε διπλασίαν
καὶ τριπλασίαν ῥᾷον συλλογίξασθαι ἐσταμένω τῷ πράτω.
δεῖ δ' εἶμέν πως πάντας σὺν τοῖς πληρώμασι καὶ τοῖς ἐπογ-
δόοις ὅρους ἓξ καὶ τριάκοντα, τὸν δὲ σύμπαντα ἀριθμὸν
γενέσθαι μυριάδων ἕνδεκα καὶ τεττόρων χιλιάδων ἑξακο-
σίων πέντε καὶ ἐνενήκοντα. ταὶ δὲ διαιρέσιες αὗται ἐντί· C

(α′) (β′) (γ′) λεῖμμα (δ′) (ε′) (ϛ′) (ζ′) λεῖμμα
(α′) . . . . τπδ′ υλβ′ υπϛ′ φιβ′ φοϛ′ χμη′ ψκθ′

(η′) (θ′) (ι′) λεῖμμα (ια′)
(β′) βπλάσιον τοῦ α′ ψξη′ ωξδ′ ϡοβ′ ͵ακδ′

(ιβ′) (ιγ′) (ιδ′) λεῖμμα
(γ′) γπλάσιον τοῦ α′ ͵αρνβ′ ͵ασϟϛ′ ͵αυνη′

ἀποτομὴ
δίεσις ͵βρπζ λεῖμμα

(ιε′) (ιϛ′) (ιζ′) λεῖμμα (ιη′) | (ιθ′) (κ′) (κα′) λεῖμμα
(δ′) δπλάσιον τοῦ α′ ͵αφλϛ′ ͵αψκη′ ͵αϡμδ′ ͵βμη′ ͵βτδ′ ͵βφϟβ′ ͵βϡιϛ′

(κβ′)
(ε′) ηπλάσιον τοῦ α′ ͵γοβ′

ἀποτομὴ
δίεσις ͵ϛφξα′ λεῖμμα

(κγ′) (κδ′) (κε′) λεῖμμα (κϛ′) (κζ′) (κη′) λεῖμμα (κθ′)
(ϛ′) θπλάσιον { τοῦ α′ ͵γυνϛ′ ͵γωπη′ ͵δτοδ′ ͵δχη′ ͵ερπδ′ ͵εωλβ′ ͵ϛρμδ′

(λ′) (λα′) (λβ′) λεῖμμα (λγ′)
τοῦ β′ ͵ϛϡιβ′ ͵ζψοϛ′ ͵ηψμη′ ͵θσιϛ′

(λδ′)
(ζ′) κζπλάσιον τοῦ α′ ἄτξη′

μυριάδες ια̅ δ̅ χ̅ Ϝε. τὰν μὲν ὦν τῶ ὅλω ψυχὰν πως διεῖλε.

V. Θεὸν δὲ τὸν μὲν αἰώνιον νόος ὁρῇ μόν ἁπάντων ἀρχαγὸν καὶ γενέτορα τουτέων· τὸν δὲ τὸν ὄψι ὁρέομες, κόσμον τε τόνδε καὶ τὰ μέρει ὁκόσα ὠράνια ἐντί, τά περ αἰθέρια ὄντα διαιρετ ὡς τὰ μὲν τᾶς ταὐτῶ φύσιος εἶμεν, τὰ δὲ τὰς τῶ ὧν τὰ μὲν ἔξωθεν ἄγει πάντα ἐν αὐτοῖς τὰ ἐντὸς ἀ τολᾶς ἐπὶ δύσιν τὰν καθ' ἁμέραν κίνασιν, τὰ δὲ ἑτέρω ἐντὸς ἀπὸ ἑσπέρας τὰ ποθ' ἕω μὲν ἐπαναφε τε καὶ καθ' αὐτὰ κινεόμενα, συμπεριδινέεται δ συμβεβηκὸς τᾷ ταὐτῶ φορᾷ, κράτος ἐχοίσᾳ ἐν κόσμ ρον. ἁ δὲ τῶ ἑτέρω φορὰ μεμερισμένα καθ' ἁρμ λόγως ἐς ἑπτὰ κύκλως συντέτακται. ἁ μὲν ὦν σελά τιγειοτάτα ἐᾶσα ἔμμηνον τὰν περίοδον ἀποδίδω ἅλιος μετὰ ταύταν ἐνιαυσίῳ χρόνῳ τὸν αὐτῶ ἐκτελεῖ· δύο δ' ἰσόδρομοι ἀελίῳ ἐντί, Ἑρμᾶ τε καὶ τὸν Ἀφροδίτας καὶ φασφόρον τοὶ πολλοὶ καλέοντι. γὰρ καὶ πᾶς ὅμιλος οὐ σοφὸς τὰ περὶ τὰν ἱερὰν ἀσ μίαν ἐντὶ οὐδ' ἐπιστάμων ἀνατολᾶν τᾶν ἑσπερί ἑῴαν· ὁ γὰρ αὐτὸς πόκα μὲν ἕσπερος γίγνεται, ἐπ τῷ ἁλίῳ τοσοῦτον, ὁκόσον μὴ ὑπὸ τᾶς αὐγᾶς αὐτά νισθῆμεν, πόκα δὲ ἑῷος, αἴ κα προαγέηται [τῶ ἁλι προανατέλλῃ ποτ' ὄρθρον. φωσφόρος ὦν πολλά γίγνεται ὁ τᾶς Ἀφροδίτας διὰ τὸ ὁμοδρομῆν ἁλί αἰεὶ δέ, ἀλλὰ πολλοὶ μὲν τῶν ἀπλανέων, πολλοὶ πλαζομένων· πᾶς δὲ ἐν μεγέθει ἀστὴρ ὑπὲρ τὸν ὁρ πρὸ ἁλίου προγενόμενος ἁμέραν ἀγγέλλει. τοὶ δ' τρεῖς, Ἄρεός τε καὶ Διὸς καὶ Κρόνου, ἔχοντι ἴδια καὶ ἐνιαυτὼς ἀνίσως, ἐκτελέοντι δὲ τὸν δρόμον περ λάψιας ποιεύμενοι φάσιάς τε καὶ κρύψιας καὶ ἐκλ γεννῶντες ἀτρεκέας τε ἀνατολὰς καὶ δύσιας· ἔτι

σιας φανερὰς ἑῴας ἢ ἑσπερίας ἐκτελέοντι ποτὶ τὸν ἅλιον,
ὃς ἀμέραν ἀποδίδωτι τὸν ἀπ' ἀνατολᾶς ἐπὶ δύσιν αὐτῶ
δρόμον, νύκτα δὲ τὰν ἀπὸ δύσιος ἐπ' ἀνατολὰν κίνασιν
κατ' ἄλλο ποιέεται, ἀγόμενος ὑπὸ τᾶς ταὐτῶ φορᾶς, ἐνι-
C αυτὸν δὲ καττὰν αὐτῶ καθ' ἑαυτὸν κίνασιν. ἐκ δὲ του-
τέων τῶν κινασίων, δύο ἐασᾶν, τὰν ἕλικα ἐκτυλίσσει, πο-
θέρπων μὲν κατὰ μίαν μοῖραν ἐν ἀμερησίῳ χρόνῳ, περι-
δινεύμενος δὲ ὑπὸ τᾶς τῶν ἀπλανέων σφαίρας καθ' ἑκά-
σταν περίοδον ὄρφνας καὶ ἀμέρας.

VI. Χρόνω δὲ τὰ μέρεα τάσδε τὰς περιόδως λέγοντι,
ἃς ἐκόσμησεν ὁ θεὸς σὺν κόσμῳ· οὐ γὰρ ἦν πρὸ κόσμω
D ἄστρα, διόπερ οὐδ' ἐνιαυτὸς οὐδ' ὡρᾶν περίοδοι, αἷς με-
τρέεται ὁ γεννατὸς χρόνος οὗτος. εἰκὼν δέ ἐστι τῶ ἀγεν-
νάτω χρόνω, ὃν αἰῶνα ποταγορεύομες· ὡς γὰρ ποτ' ἀΐδιον
παράδειγμα τὸν ἰδανικὸν κόσμον ὅδε ὁ ὠρανὸς ἐγεννάθη,
οὕτως ὡς πρὸς παράδειγμα τὸν αἰῶνα ὅδε ὁ χρόνος σὺν
κόσμῳ ἐδαμιουργήθη.

VII. Γᾶ δ' ἐν μέσῳ ἱδρυμένα ἑστία θεῶν ὤρός τε ὄρφ-
νας καὶ ἀμέρας γίνεται, δύσιάς τε καὶ ἀνατολὰς γεννῶσα
κατ' ἀποτομὰς τῶν ὁριζόντων, ὧς τᾷ ὄψει καὶ τᾷ ἀπο-
E τομᾷ τᾶς γᾶς περιγράφομεν. πρεσβίστα δ' ἐντὶ τῶν ἐντὸς
ὠρανῶ σωμάτων, οὐδέ ποκα ὕδωρ ἐγεννάθη δίχα γᾶς,
οὐδὲ μὰν ἀὴρ χωρὶς ὑγρῶ, πῦρ τε ἔρημον ὑγρῶ καὶ
ὕλας ἇς ἐξάπτοι οὔ κα διαμένοι· ὥστε ῥίζα πάντων καὶ
βάσις ἁ γᾷ ἐρήρεισται ἐπὶ τᾶς αὐτᾶς ῥοπᾶς. ἀρχαὶ μὲν
ὧν τῶν γεννωμένων ὡς μὲν ὑποκείμενον ἁ ὕλα, ὡς δὲ λό-
γος μορφᾶς τὸ εἶδος· ἀπογεννάματα δὲ τουτέων ἐστὶ τὰ
98 σώματα, γᾶ τε καὶ ὕδωρ ἀήρ τε καὶ πῦρ, ὧν ἁ γέννασις
τοιαύτα.

VIII. Ἅπαν σῶμα ἐξ ἐπιπέδων ἐστί, τοῦτο δὲ ἐκ τριγώνων, ὧν τὸ μὲν ὀρθογώνιον ἰσοσκελὲς ἡμιτετράγωνον, τὸ δὲ ἀνισόπλευρον, ἔχον τὰν μέζονα δυνάμει τριπλασίαν

τᾶς ἐλάσσονος. ἁ δ' ἐλαχίστα ἐν αὐτῷ γωνία τρίτον ὀρθᾶς ἐστί, διπλασία δὲ ταύτας ἁ μέσα· δύο γὰρ τρίτων ἅδ' ἐστίν· ἁ δὲ μεγίστα ὀρθά, ἁμιόλιος μὲν τᾶς μέσας ἐᾶσα, τριπλασία δὲ τᾶς ἐλαχίστας. τοῦτο δ' ὦν τὸ τρίγωνον ἁμιτρίγωνόν ἐστιν ἰσοπλεύρω τριγώνω, δίχα τετμαμένω κα- B
θέτῳ ἀπὸ τᾶς κορυφᾶς ἐς τὰν βάσιν ἐς ἴσα μέρεα δύο. ὀρθογώνια μὲν ὦν ἐντὶ ἑκατέρω, ἀλλὰ ἐν ᾧ μὲν ταὶ δύο πλευραὶ ταὶ περὶ τὰν ὀρθὰν μόναι ἴσαι, ἐν ᾧ δὲ ταὶ τρεῖς πᾶσαι ἄνισοι. σκαληνὸν δὲ τοῦτο μὲν καλεέσθω, κεῖνο δὲ ἁμιτετράγωνον, ἀρχὰ συστάσιος γᾶς. τὸ γὰρ τετράγωνον ἐκ τουτέω, ἐκ τεττόρων ἡμιτετραγώνων συντεθειμένον, ἐκ δὲ τῶ τετραγώνω γεννᾶσθαι τὸν κύβον, ἑδραιότατον C
καὶ σταδαῖον παντᾷ σῶμα, ἓξ μὲν πλευράς, ὀκτὼ δὲ γωνίας ἔχον. καττοῦτο δὲ βαρύτατόν τε καὶ δυσκίνατον ἁ γᾶ, ἀμετάβλητόν τε σῶμα ἐς ἄλλα διὰ τὸ ἀκοινώνατον εἶμεν τῶ ἄλλω γένεος τῶ τριγώνω. μόνα γὰρ ἁ γᾶ ἴδιον στοιχεῖον ἔχει τὸ ἁμιτετράγωνον, τοῦτο δὲ στοιχεῖον τῶν ἄλλων σωμάτων ἐστί, πυρός, ἀέρος, ὕδατος. ἑξάκις γὰρ συντεθέντος τῶ ἁμιτριγώνω τρίγωνον ἐξ αὐτῶ ἰσόπλευρον γίνεται, ἐξ ὦ ἁ πυραμὶς τέττορας βάσιας καὶ τὰς ἴσας γω- D
νίας ἔχοισα συντίθεται, εἶδος πυρὸς εὐκινατότατον καὶ λεπτομερέστατον, μετὰ δὲ τοῦτο ὀκτάεδρον, ὀκτὼ μὲν βάσιας, ἓξ δὲ γωνίας ἔχον, ἀέρος στοιχεῖον, τρίτον δὲ τὸ εἰκοσίεδρον βασίων μὲν εἴκοσι, γωνιῶν δὲ δώδεκα, ὕδατος στοιχεῖον πολυμερέστατον καὶ βαρύτατον. ταῦτα δ' ὦν ἀπὸ ταὐτῶ στοιχείω συγκείμενα εἰς ἄλλαλα τρέπεται· τὸ δὲ δωδεκάεδρον εἰκόνα τῶ παντὸς ἐστάσατο, ἔγγιστα σφαί- E
ρας ἐόν. πῦρ μὲν ὦν διὰ τὰν λεπτομερίαν διὰ πάντων ἧκεν, ἀήρ τε διὰ τῶν ἄλλων ἔξω πυρός, ὕδωρ δὲ διὰ τᾶς γᾶς. ἅπαντα δ' ὦν πλήρη ἐντί, οὐδὲν κενεὸν ἀπολείποντα. συνάγεται δὲ τᾷ περιφορᾷ τῶ παντός, καὶ ἠρεισμένα τρί-

δεκτα μὲν καὶ διαλύει, ἀδιάλλακτα δὲ ἀλλοίωσιν ποτὶ γένεσιν καὶ φθορὰν ἐπιδέδωκεν.

IX. Τούτοις δὲ κατακεχρημένος ὁ θεὸς τόνδε τὸν κό-
99 σμον κατεσκεύαξεν ἁπτὸν μὲν διὰ τὰν γᾶν, ὁρατὸν δὲ διὰ τὸ πῦρ, ἅπερ δύο ἄκρα· δι᾽ ἀέρος δὲ καὶ ὕδατος συνεδήσατο δεσμῷ κρατίστῳ, ἀναλογίᾳ, ἃ καὶ αὑτὰν καὶ τὰ δι᾽ αὐτᾶς κρατεόμενα συνέχεν δύναται. εἰ μὲν ὦν ἐπίπεδον ἦς τὸ συνιστάμενον, μία μεσότας ἱκανά ἐστιν· αἱ δέ κα στερεὸν, δύο χρέει. δυσὶ δὴ μεσότασι δύο ἄκρα ξυναρμόξατο, ὅπως ᾖ, ὡς πῦρ ποτ᾽ ἀέρα, ἀὴρ ποτὶ ὕδωρ καὶ ὕδωρ
B ποτὶ γᾶν, καὶ κατ᾽ ἐναλλαγάν, ὡς πῦρ ποτὶ ὕδωρ, ἀὴρ ποτὶ γᾶν, καὶ ἀνάπαλιν, ὡς γᾶ ποτὶ ὕδωρ, ὕδωρ ποτ᾽ ἀέρα καὶ ἀὴρ ποτὶ πῦρ, καὶ κατ᾽ ἐναλλαγάν, ὡς γᾶ ποτ᾽ ἀέρα, ὕδωρ ποτὶ πῦρ· καὶ ἐπεὶ δυνάμει ἴσα ἐντὶ πάντα, τοὶ λόγοι αὐτῶν ἐν ἰσονομίᾳ ἐντί. εἷς μὲν ὦν ὅδε ὁ κόσμος δεδεμένος δεσμῷ τῷ ἀνὰ λόγον ἐστίν· ἕκαστον δὲ τῶν τεττάρων σωμάτων πολλὰ εἴδεα ἔχει, πῦρ μὲν φλόγα καὶ φῶς
C καὶ αὐγάν, διὰ τὰν ἀνισότατα τῶν ἐν ἑκάστῳ αὐτῶν τριγώνων· κατταὐτὰ δὲ καὶ ἀὴρ τὸ μὲν καθαρὸν καὶ αὖον, τὸ δὲ νοτερὸν καὶ ὀμιχλῶδες· ὕδωρ τε τὸ μὲν ῥέον, τὸ δὲ πακτόν, ὁκόσον χιών τε καὶ πάχνα χάλαζά τε καὶ κρύσταλλος, ὑγρόν τε τὸ μὲν ῥυτόν, ὡς μέλι, ἔλαιον, τὸ δὲ πακτόν, ὡς πίσσα, κηρός· πακτῶ δὲ εἴδεα τὸ μὲν χυτὸν χρυσός, ἄργυρος, χαλκός, κασσίτερος, μόλιβδος, σταγών, τὸ δὲ
D θραυστὸν θεῖον, ἄσφαλτον, νίτρον, ἅλες, στυπτηρία, λίθοι τοὶ ὁμογενέες.

X. Μετὰ δὲ τὰν τῶ κόσμω σύστασιν ζώων θνατῶν γέννασιν ἐμαχανάσατο, ἵν᾽ ᾖ τέλεος ποτὶ τὰν εἰκόνα παντελῶς ἀπειργασμένος. τὰν μὲν ὦν ἀνθρωπίναν ψυχὰν ἐκ τῶν αὐτῶν λόγων καὶ δυναμίων συγκερασάμενος καὶ μερίξας διένειμε τᾷ φύσει τᾷ ἀλλοιωτικᾷ παραδούς· διαδεξαμένα δ᾽ αὐτὸν ἐν τῷ ἀπεργάζεν θνατά τε καὶ ἐφαμέρια

ζῷα, ὧν τὰς ψυχὰς ἐπιρρύτως ἐνάγαγε τὰς μὲν ἀπὸ σε- E
λάνας, τὰς δ' ἀπὸ ἁλίω, τὰς δὲ ἀπὸ τῶν ἄλλων τῶν πλα-
ζομένων ἐν τᾷ τῶ ἑτέρω μοίρᾳ, ἔξω μιᾶς τᾶς ταὐτῶ δυνά-
μιος, ἃν ἐν τῷ λογικῷ μέρει ἔμιξεν, εἰκόνα σοφίας τοῖς
εὐμοιρατοῦσι. τᾶς μὲν γὰρ ἀνθρωπίνας ψυχᾶς τὸ μὲν λο-
γικόν ἐστι καὶ νοερόν, τὸ δ' ἄλογον καὶ ἄφρον· τῶ δὲ λο-
γικῶ τὸ μὲν κρέσσον ἐκ τᾶς ταὐτῶ φύσιος, τὸ δὲ χέρειον
ἐκ τᾶς τῶ ἑτέρω, ἑκάτερον δὲ περὶ τὰν κεφαλὰν ἱδρυμένον,
ὡς τἆλλα μέρεα τᾶς ψυχᾶς καὶ τῶ σώματος ὑπηρετεῖν τού-
τῳ, καθάπερ ὑπάτῳ τῶ σκάνεος ἅπαντος· τῶ δ' ἀλόγω
μέρεος τὸ μὲν θυμοειδὲς περὶ τὰν καρδίαν, τὸ δ' ἐπιθυ-
ματικὸν περὶ τὸ ἧπαρ. τοῦ δὲ σώματος ἀρχὰν μὲν καὶ
ῥίζαν μυελῶ εἶμεν ἐγκέφαλον, ἐν ᾧ ἁ ἁγεμονία· ἀπὸ δὲ
τούτω οἷον ἀπόχυμα ῥεῖν διὰ τῶν νωτίων σπονδύλων τὸ
λοιπόν, ἐξ ὧ εἰς σπέρμα καὶ γόνον μερίζεσθαι. ὀστέα δὲ B
μυελῶν περιφράγματα· τουτέων δὲ σκέπαν μὲν τὰν σάρκα
καὶ προκάλυμμα, συνδέσμοις δὲ ποττὰν κίνασιν τοῖς νεύ-
ροις συνᾶψε τὰ ἄρθρα. τῶν δ' ἐντοσθίων τὰ μὲν τροφᾶς
χάριν, τὰ δὲ σωτηρίας.

XI. Κινασίων δὲ τῶν ἀπὸ τῶν ἐκτὸς τὰς μὲν ἀναδι-
δομένας εἰς τὸν φρονέοντα τόπον αἰσθήσιας εἶμεν, τὰς δ'
ὑπ' ἀντίλαψιν μὴ πιπτοίσας ἀνεπαισθήτως, ἢ τῷ τὰ πά-
σχοντα σώματα γαιοειδέστερα εἶμεν, ἢ τῷ τὰς κινάσιας C
ἀμενηνοτέρας γίγνεσθαι. ὁκόσαι μὲν ὦν ἐξίσταντι τὰν
φύσιν, ἀλγειναὶ ἐντί· ὁκόσαι δὲ ἀποκαθίσταντι ἐς αὐτάν,
ἁδοναὶ ὀνυμαίνονται. τᾶν δ' αἰσθησίων τὰν μὲν ὄψιν
ἁμὶν τὸν θεὸν ἀνάψαι εἰς θέαν τῶν ὠρανίων καὶ ἐπιστά-
μας ἀνάλαψιν, τὰν δ' ἀκουὰν λόγων καὶ μελῶν ἀντιλη-
πτικὰν ἔφυσεν, ἇς στερισκόμενος ἐκ γενέσιος ὁ ἄνθρωπος
οὐδὲ λόγον ἔτι προέσθαι δυνάσεται· διὸ καὶ συγγενε-
στάταν τῷ λόγῳ ταύταν αἴσθασίν φαντι εἶμεν. ὁκόσα δὲ D
πάθεα τῶν σωμάτων ὀνυμαίνεται, ποτὶ τὰν ἁφὰν κλητ-

ζεται, τὰ δὲ ῥοπᾷ ποτὶ τὰν χώραν. ἁ μὲν γὰρ ἁφὰ κρίνει
τὰς ζωτικὰς δυνάμιας, θερμότατα, ψυχρότατα, ξηρότατα,
ὑγρότατα, λειότατα, τραχύτατα, εἴκοντα, ἀντίτυπα, μα-
λακά, σκληρά· βαρὺ δὲ καὶ κοῦφον ἁφὰ μὲν προκρίνει,
λόγος δ' ὁρίζει τᾷ εἰς τὸ μέσον καὶ ἀπὸ τῶ μέσω νεύσει.
E κάτω δὲ καὶ μέσον ταὐτὸν φαντί· τὸ γὰρ κέντρον τᾶς
σφαίρας, τοῦτό ἐστι τὸ κάτω, τὸ δ' ὑπὲρ τούτω ἄχρι τᾶς
περιφερείας ἄνω. τὸ μὲν ὦν θερμὸν λεπτομερές τε καὶ
διαστατικὸν τῶν σωμάτων δοκεῖ εἶμεν, τὸ δὲ ψυχρὸν πα-
χυμερέστερον καὶ συμπιλατικὸν πόρων ἐστί. τὰ δὲ περὶ
τὰν γεῦσιν ἔοικε τᾷ ἁφᾷ. συγκρίσει γὰρ καὶ διακρίσει, ἔτι
δὲ τᾷ ἐς τὼς πόρως διαδύσει καὶ τοῖς σχημάτεσσιν ἢ στρυφ-
νὰ ἢ λεῖα, ἀποτάκοντα μὲν καὶ ῥύπτοντα τὰν γλῶτταν
στρυφνὰ φαίνεται, μετριάζοντα δὲ τᾷ ῥύψει ἁλμυρά, ἐκ-
101 πυροῦντα δὲ καὶ διαιρέοντα τὰν σάρκα δριμέα· τὰ δ'
ἐναντία λεῖά τε καὶ γλυκέα κεχύλωται. ὀσμᾶς δὲ εἴδεα μὲν
οὐ διώρισται· διὰ γὰρ στενῶν πόρων διαθεῖσθαι, στερ-
ροτέρων ὄντων ἢ ὡς συνάγεσθαι καὶ διίστασθαι, σάψεσι
δὲ καὶ πέψεσι γᾶς τε καὶ γεοειδέων εὐώδεά τε καὶ δυσώδεα
εἶμεν.

XII. Φωνὰ δ' ἐστὶ μὲν πλᾶξις ἐν ἀέρι διικνουμένα
ποτὶ τὰν ψυχὰν δι' ὤτων, ὧν τοὶ πόροι διήκοντι ἄχρις
ἥπατος χωρέοντες· ἐν δ' αὖ τούτοις πνεῦμα, οὗ ἁ κίνα-
B σις ἀκουά ἐστι. φωνᾶς δὲ καὶ ἀκουᾶς ἁ μὲν ταχεῖα ὀξεῖα,
ἁ δὲ βραδεῖα βαρεῖα, μέσα δ' ἁ συμμετροτάτα· καὶ ἁ μὲν
πολλὰ καὶ κεχυμένα μεγάλα, ἁ δὲ ὀλίγα καὶ συναγμένα
μικρά· ἁ δὲ τεταγμένα ποτὶ λόγως μωσικὼς ἐμμελής, ἁ
δὲ ἄτακτός τε καὶ ἄλογος ἐκμελής τε καὶ ἀνάρμοστος.
τέταρτόν τε γένος αἰσθητῶν πολυειδέστατον καὶ ποικι-
λώτατον, ὁρατὰ δὲ λέγεται, ἐν ᾧ χρώματά τε παντοῖα
C καὶ κεχρωσμένα μυρία, πρᾶτα δὲ τέττορα, λευκόν, μέλαν,
λαμπρόν, φοινικοῦν· τἆλλα γὰρ ἐκ κιρναμένων τούτων

γεννᾶται. το μὲν ὦν λευκὸν διακρίνει τὰν ὄψιν, τὸ δὲ
μέλαν συγκρίνει, ὅκως περ τὸ θερμὸν διαχεῖ τὰν ἀφάν,
ὁ δὲ ψυχρὸν συνάγεν δύναται, καὶ τὸ μὲν στρυφνὸν συν-
άγεν τὰν γεῦσιν, τὸ δὲ δριμὺ διαιρῆν πέφυκε.

XIII. Τρέφεσθαι δὲ τὸ σκᾶνος τῶν ἐναερίων ζώων
καὶ συνέχεσθαι τᾶς μὲν τροφᾶς διαδιδομένας διὰ τῶν
φλεβῶν εἰς ὅλον τὸν ὄγκον κατ' ἐπιρροάν, οἷον δι' ὀχε- D
τῶν ἀγομένας καὶ ἀρδομένας ὑπὸ τῶ πνεύματος, ὃ διαχεῖ
αὐτὰν ἐπὶ τὰ πέρατα φέρον. ἁ δ' ἀνάπνοια γίνεται μηδε-
νὸς μὲν κενεῶ ἐν τᾷ φύσει ἐόντος, ἐπιρρέοντος δὲ καὶ
ἑλκομένω τῶ ἀέρος ἀντὶ τῶ ἀπορρέοντος διὰ τῶν ἀορά-
των στομίων, δι' ὧν καὶ ἁ νοτὶς ἐπιφαίνεται, τινὸς δὲ καὶ
ὑπὸ τᾶς φυσικᾶς θερμότατος ἀπαναλουμένω. ἀνάγκα ὦν
ἀντικαταχθῆμεν τὸν ἴσον τῷ ἀναλωθέντι, εἰ δὲ μή, κε-
νώσιας εἶμεν, ὅπερ ἀμάχανον· οὐδὲ γὰρ ἔτι εἴη κα σύρ- E
ροον καὶ ἓν τὸ ζῶον, διαιρωμένω τῶ σκάνεος ὑπὸ τῶ
κενῶ. ἁ δ' ὁμοία ὀργανοποιία γίνεται καὶ ἐπὶ τῶν ἀψύ-
χων καττὰν τᾶς ἀναπνοίας ἀναλογίαν· ἁ γὰρ σικύα καὶ
τὸ ἤλεκτρον εἰκόνες ἀναπνοίας ἐντί· ῥεῖ γὰρ διὰ τῶ 102
σώματος ἔξω θύραζε τὰ πνεύματα, ἀντεπεισάγεται δὲ
διὰ τᾶς ἀναπνοίας τῷ τε στόματι καὶ ταῖς ῥισίν, εἶτα
πάλιν οἷον εὔριπος ἀντεπιφέρεται εἰς τὸ σῶμα, τὸ δὲ
ἀνατείνεται καττὰς ἐκροάς. ἁ δὲ σικύα ἀπαναλωθέντος
ὑπὸ τῶ πυρὸς τῶ ἀέρος ἐφέλκεται τὸ ὑγρόν· τὸ δ' ἤλεκ-
τρον ἐκκριθέντος τῶ πνεύματος ἀναλαμβάνει τὸ ὅμοιον
σῶμα.

XIV. Τροφὰ δὲ πᾶσα ἀπὸ ῥίζας μὲν τᾶς καρδίας, πα-
γᾶς δὲ τᾶς κοιλίας ἐπάγεται τῷ σώματι, ὃ καὶ εἴ κα πλείω B
τᾶς ἀπορρεοίσας ἐπάρδοιτο, αὖξα λέγεται, εἴ κα δὲ μείω,
φθίσις· ἁ δ' ἀκμὰ μεθόριον τουτέων ἐστὶ καὶ ἐν ἰσότατι
ἀπορροᾶς καὶ ἐπιρροᾶς νοέεται. λυομένων δὲ τῶν ἁρμῶν
τᾶς συστάσιος, αἴ κα μηκέτι δίοδος πνεύματι ᾖ τροφᾷ

[illegible] ζωὰς καὶ
[illegible]ι. νόσων
[illegible]ιητρίαι, αἱ
[illegible], θερμό-
[illegible] δὲ ταύτης αἱ
[illegible] καὶ αἱ
[illegible] μεταβολὰς ἐπὶ
[illegible] ἢ σαρκὸς τακε-
[illegible]ς καὶ φλέγματος
[illegible], ἀφαυραὶ μὲν
[illegible]οῦνται ἐξ ὀστέων,
[illegible]λευταία δὲ νόσων
[illegible] καὶ ῥέοντα ἐς χώρας
[illegible] γὰρ ἀντικαταλαμβά-
[illegible] ἀπελάσαντα τὰ συγ-
[illegible] καὶ ἐς αὐτὰ ταῦτα

[illegible] τάδε, καὶ ἐκ τῶνδε
[illegible] δ' ἄλλων δυναμίων ἐντί,
[illegible]φρονικᾶς δὲ λάθα, ὁρμη-
[illegible]πιθυμητικᾶς δὲ ἄγρια πά-
[illegible]λογικᾶς δὲ ἀμαθία καὶ ἐκ-
[illegible] καὶ λῦπαι ἐπιθυμίαι τε
[illegible]ματος, ἀνακεκραμέναι δὲ
[illegible] ὀνόμασι ποικίλοις· ἔρωτες
[illegible] ὀργαί τε σύντονοι καὶ
[illegible]ποικίλαι καὶ ἁδοναὶ ἄμετροι
[illegible] ποτὶ τὰ πάθεα καὶ ἄρχεσθαι

λοῖαι γιγνόμεναι, ἔς τε μελαγχολίας καὶ λαγνείας λαβρο-
τάτας ἄγοισαι ἁμέ, καὶ ῥευματιζόμενά τινα μέρεα δαξα- B
σμὼς ποιεῦντι καὶ μορφὰς φλεγμαινόντων σωμάτων μᾶλ-
λον ἢ ὑγιαινόντων, δι' ὧν δυσθυμίαι καὶ λῆθαι παραφρο-
σύναι τε καὶ πτοῖαι ἀπεργάζονται.

XVI. Ἱκανὰ δὲ τὰ ἔθεα, ἐν οἷς ἂν ἐντραφῶσι κατὰ
πόλιν ἢ οἶκον, καὶ ἁ καθ' ἁμέραν δίαιτα, θρύπτοισα τὰν
ψυχὰν ἢ ῥωννῦσα ποτ' ἀλκάν. ταὶ γὰρ θυραυλίαι καὶ
ἁπλαῖ τροφαὶ τά τε γυμνάσια καὶ τὰ ἤθεα τῶν συνόντων
τὰ μέγιστα δύνανται ποτὶ ἀρετὰν καὶ ποτὶ κακίαν. καὶ
ταῦτα μὲν αἴτια ἐκ τῶν γενετόρων καὶ στοιχείων ἐπά- C
γεται μᾶλλον ἢ ἐξ ἁμέων, ὅ τι μὴ ἀργία ἐστίν, ἀφιστα-
μένων ἁμῶν τῶν ποθακόντων ἔργων. ποτὶ δὲ τὸ εὖ ἔχεν
τὸ ζῶον δεῖ τὸ σῶμα ἔχεν τὰς ὑπ' αὐτῷ ἀρετάς, ὑγείαν
τε καὶ εὐαισθησίαν ἰσχύν τε καὶ κάλλος. ἀρχαὶ δὲ κάλ-
λους συμμετρία ποτί τ' αὐτῶ τὰ μέρεα καὶ ποτὶ τὰν
ψυχάν· ἁ γὰρ φύσις οἷον ὄργανον ἁρμόξατο τὸ σκᾶνος,
ὑπάκουόν τε εἶμεν καὶ ἐναρμόνιον ταῖς τῶν βίων ὑποθέ-
σεσι. δεῖ δὲ καὶ τὰν ψυχὰν ῥυθμίζεσθαι ποτὶ τὰς ἀναλό- D
γως ἀρετάς, ποτὶ μὲν σωφροσύναν οἷον ποτὶ ὑγίειαν τὸ
σῶμα, ποτὶ δὲ φρόνασιν οἷον ποτὶ εὐαισθησίαν, ποτὶ δὲ
ἀνδρειότατα οἷον ποτὶ ῥώμαν καὶ ἰσχύν, ποτὶ δὲ δικαιο-
σύναν οἷον ποτὶ κάλλος τὸ σῶμα. τουτέων δὲ ἀρχαὶ μὲν ἐκ
φύσιος, μέσα δὲ καὶ πέρατα ἐξ ἐπιμελείας, σώματος μὲν
διὰ γυμναστικᾶς καὶ ἰατρικᾶς, ψυχᾶς δὲ διὰ παιδείας καὶ
φιλοσοφίας· αὗται γὰρ ταὶ δυνάμιες τρέφοισαι καὶ τονοῖ-
σαι καὶ τὰ σώματα καὶ τὰς ψυχὰς διὰ πόνων καὶ γυμνα- E
σίων καὶ διαίτας καθαρότατος, ταὶ μὲν διὰ φαρμακειᾶν, ταὶ
δὲ παιδευτικαὶ τᾶν ψυχᾶν διὰ κολασίων καὶ ἐπιπλαξίων.
ῥωννύουσι γὰρ διὰ προτροπᾶν ἐγείροισαι τὰν ὁρμὰν καὶ 104
ἐγκελευόμεναι τὰ ποτίφορα ποττὰ ἔργα. ἀλειπτικὰ μὲν
ὦν καὶ ἁ ταύτᾳ συγγενεστάτα ἰατρικά, σώματα ταχθεῖσα

θεραπεῦεν, ἐς τὰν κρατίσταν ἁρμονίαν ἄγοισα τὰς δυνάμιας τό τε αἷμα καθαρὸν καὶ τὸ πνεῦμα σύρροον ἀπεργάζεται, ἵν' εἰ καί τι νοσῶδες ὑπογένοιτο, κράτος αὐτῶ ἔχοιεν ἐρρωμέναι ταὶ δυνάμιες αἵματος καὶ πνεύματος.

XVII. *Μωσικὰ δὲ καὶ ἁ ταύτας ἁγεμὼν φιλοσοφία,*
B ἐπὶ τᾷ τᾶς ψυχᾶς ἐπανορθώσει ταχθεῖσαι ὑπὸ θεῶν τε καὶ νόμων, ἐθίζοντι καὶ πείθοντι, τὰ δὲ καὶ ποταναγκάζοντι, τὸ μὲν ἄλογον τῷ λογισμῷ πείθεσθαι, τὼ δ' ἀλόγω θυμὸν μὲν πρᾶον εἶμεν, ἐπιθυμίαν δὲ ἐν ἀρεμήσει, ὡς μὴ δίχα λόγω κινέεσθαι, μηδὲ μὰν ἀτρεμίζειν τῶ νῶ ἐκκαλεομένω ἢ ποτὶ ἔργα ἢ ποτὶ ἀπολαύσιας. οὗτος γάρ ἐστιν ὅρος σωφροσύνας, εὐπείθειά τε καὶ καρτερία. καὶ σύνεσις καὶ ἁ πρεσβίστα φιλοσοφία ἀποκαθαράμεναι ψευδέας δόξας
C ἐνέθηκαν τὰν ἐπιστάμαν, ἀνακαλεσάμεναι τὸν νόον ἐκ μεγάλας τᾶς ἀγνοίας, χαλάσασαι ἐς ὄψιν τῶν θείων, τοῖς ἐνδιατρίβεν σὺν αὐταρκίᾳ τε ποττἀνθρώπεια καὶ σὺν εὐροίᾳ ἐπὶ τὸν σύμμετρον βίω χρόνον εὔδαιμόν ἐστιν. ὅτῳ μὲν δὴ ὁ δαίμων μοίρας τᾶσδ' ἔλαχε, δι' ἀληθεστάταν δόξαν ἄγεται ἐπὶ τὸν εὐδαιμονέστατον βίον· εἰ δέ κά τι, σκλαρὸς καὶ ἀπειθής, τῷ δ' ἐπέσθω κόλασις ἅ τ' ἐκ τῶν
D νόμων καὶ ἁ ἐκ τῶν λόγων, σύντονα ἐπάγοισα δείματά τε ἐπουράνια καὶ τὰ καθ' Ἅιδεω, ὅτι κολάσιες ἀπαραίτητοι ἀπόκεινται δυσδαίμοσι νερτέροις, καὶ τἆλλα ὅσα ἐπαινέω τὸν Ἰωνικὸν ποιητὰν ἐκ παλαιᾶς ποιεῦντα τὼς ἐναγέας· ὡς γὰρ τὰ σώματα νοσώδεσί ποκα ὑγιάζομες, αἴ κα μὴ εἴκῃ τοῖς ὑγιεινοτάτοις, οὕτω τὰς ψυχὰς ἀπείργομες ψευδέσι λόγοις, εἴ κα μὴ ἄγηται ἀλαθέσι. λέγοιντο δ' ἂν ἀναγκαίως καὶ τιμωρίαι ξέναι, ὡς μετενδυομέναν τᾶν
E ψυχᾶν τῶν μὲν δειλῶν ἐς γυναικέα σκάνεα ποθ' ὕβριν ἐκδιδόμενα, τῶν δὲ μιαιφόνων ἐς θηρίων σώματα ποτὶ κόλασιν, λάγνων δ' ἐς συῶν ἢ κάπρων μορφάς, κούφων δὲ καὶ μετεώρων ἐς πτηνῶν ἀεροπόρων, ἀργῶν δὲ καὶ

ἀπράκτων ἀμαθῶν τε καὶ ἀνοήτων ἐς τὰν τῶν ἐνύδρων ἰδέαν. ἅπαντα δὲ ταῦτα ἐν δευτέρᾳ περιόδῳ ἁ Νέμεσις συνδιέκρινε σὺν δαίμοσι παλαμναίοις χθονίοις τε, τοῖς ἐπόπταις τῶν ἀνθρωπίνων, οἷς ὁ πάντων ἁγεμὼν θεὸς ἐπέτρεψε διοίκησιν κόσμω συμπεπληρωμένω ἐκ θεῶν τε καὶ ἀνθρώπων τῶν τε ἄλλων ζώων, ὅσα δεδαμιούργαται ποτ' εἰκόνα τὰν ἀρίσταν εἴδεος ἀγεννάτω καὶ αἰωνίω καὶ νοατῶ.

μελλόντων ῥηθήσεσθαι, πάντα ταῦτα εἴρηκα, ὦ Σώκρατες. εἰ δὴ δικαίως αἰτεῖν φαίνομαι τὴν δωρεάν, ἑκόντες δίδοτε.

II. ΣΩ. Τί δ' οὐ μέλλομεν, ὦ Κριτία, διδόναι; καὶ πρός γ' ἔτι τρίτῳ διδόσθω ταὐτὸν τοῦτο Ἑρμοκράτει παρ' ἡμῶν. δῆλον γάρ, ὡς ὀλίγον ὕστερον, ὅταν αὐτὸν δέῃ λέ-
B γειν, παραιτήσεται καθάπερ ὑμεῖς· ἵν' οὖν ἑτέραν ἀρχὴν ἐκπορίζηται καὶ μὴ τὴν αὐτὴν ἀναγκασθῇ λέγειν, ὡς ὑπαρχούσης αὐτῷ συγγνώμης εἰς τότε οὕτω λεγέτω. προλέγω γε μήν, ὦ φίλε Κριτία, σοὶ τὴν τοῦ θεάτρου διάνοιαν, ὅτι θαυμαστῶς ὁ πρότερος εὐδοκίμηκεν ἐν αὐτῷ ποιητής, ὥστε τῆς συγγνώμης δεήσει τινός σοι παμπόλλης, εἰ μέλλεις αὐτὰ δυνατὸς γενέσθαι παραλαβεῖν.

ΕΡ. Ταὐτὸν μήν, ὦ Σώκρατες, κἀμοὶ παραγγέλλεις
C ὅπερ τῷδε. ἀλλὰ γὰρ ἀθυμοῦντες ἄνδρες οὔπω τρόπαιον ἔστησαν, ὦ Κριτία· προϊέναι τε οὖν ἐπὶ τὸν λόγον ἀνδρείως χρή, καὶ τὸν Παίωνά τε καὶ τὰς Μούσας ἐπικαλούμενον τοὺς παλαιοὺς πολίτας ἀγαθοὺς ὄντας ἀναφαίνειν τε καὶ ὑμνεῖν.

ΚΡ. Ὦ φίλε Ἑρμόκρατες, τῆς ὑστέρας τεταγμένος, ἐπίπροσθεν ἔχων ἄλλον, ἔτι θαρρεῖς. τοῦτο μὲν οὖν οἷόν ἐστιν, αὐτό σοι τάχα δηλώσει· παραμυθουμένῳ δ' οὖν
D καὶ παραθαρρύνοντί σοι πειστέον, καὶ πρὸς οἷς θεοῖς εἶπες τούς τε ἄλλους κλητέον καὶ δὴ καὶ τὰ μάλιστα Μνημοσύνην. σχεδὸν γὰρ τὰ μέγιστα ἡμῖν τῶν λόγων ἐν ταύτῃ τῇ θεῷ πάντ' ἐστί· μνησθέντες γὰρ ἱκανῶς καὶ ἀπαγγείλαντες τά ποτε ῥηθέντα ὑπὸ τῶν ἱερέων καὶ δεῦρο ὑπὸ Σόλωνος κομισθέντα σχεδὸν οἶδ' ὅτι τῷδε τῷ θεάτρῳ δόξομεν τὰ προσήκοντα μετρίως ἀποτετελεκέναι. τοῦτ' οὖν αὐτὸ ἤδη δραστέον, καὶ μελλητέον οὐδὲν ἔτι.

E III. Πάντων δὴ πρῶτον μνησθῶμεν, ὅτι τὸ κεφάλαιον ἦν ἐνακισχίλια ἔτη, ἀφ' οὗ γεγονὼς ἐμηνύθη πόλε-

μος τοῖς θ' ὑπὲρ Ἡρακλείας στήλας ἔξω κατοικοῦσι καὶ
τοῖς ἐντὸς πᾶσιν· ὃν δεῖ νῦν διαπεραίνειν. τῶν μὲν οὖν
ἥδε ἡ πόλις ἄρξασα καὶ πάντα τὸν πόλεμον διαπολεμή-
σασα ἐλέγετο, τῶν δ' οἱ τῆς Ἀτλαντίδος νήσου βασιλεῖς,
ἣν δὴ Λιβύης καὶ Ἀσίας μείζω νῆσον οὖσαν ἔφαμεν εἶναί
ποτε, νῦν δὲ ὑπὸ σεισμῶν δῦσαν ἄπορον πηλὸν τοῖς ἐν-
θένδε ἐκπλέουσιν ἐπὶ τὸ πέραν πέλαγος ὥστε μηκέτι πο- 109
ρεύεσθαι κωλυτὴν παρασχεῖν. τὰ μὲν δὴ πολλὰ ἔθνη βάρ-
βαρα, καὶ ὅσα Ἑλλήνων ἦν γένη τότε, καθ' ἕκαστα ἡ τοῦ
λόγου διέξοδος οἷον ἀνειλλομένη τὸ προστυχὸν ἑκασταχοῦ
δηλώσει· τὸ δὲ Ἀθηναίων τε τῶν τότε καὶ τῶν ἐναντίων,
οἷς διεπολέμησαν, ἀνάγκη κατ' ἀρχὰς διελθεῖν πρῶτα,
τήν τε δύναμιν ἑκατέρων καὶ τὰς πολιτείας. αὐτῶν δὲ
τούτων τὰ τῇδε ἔμπροσθεν προτιμητέον εἰπεῖν. θεοὶ γὰρ
ἅπασαν γῆν ποτε κατὰ τοὺς τόπους διελάγχανον, οὐ κατ' B
ἔριν· οὐ γὰρ ἂν ὀρθὸν ἔχοι λόγον θεοὺς ἀγνοεῖν τὰ πρέ-
ποντα ἑκάστοις αὐτῶν, οὐδ' αὖ γιγνώσκοντας τὸ μᾶλλον
ἄλλοις προσῆκον τοῦτο ἑτέρους αὑτοῖς δι' ἐρίδων ἐπιχει-
ρεῖν κτᾶσθαι· δίκης δὴ κλήροις τὸ φίλον λαγχάνοντες κατ-
ῴκιζον τὰς χώρας, καὶ κατοικίσαντες, οἷον νομῆς ποί-
μνια, κτήματα καὶ θρέμματα ἑαυτῶν ἡμᾶς ἔτρεφον, πλὴν
οὐ σώμασι σώματα βιαζόμενοι, καθάπερ ποιμένες κτήνη
πληγῇ νέμοντες, ἀλλ' ᾗ μάλιστα εὔστροφον ζῶον, ἐκ πρύ- C
μνης ἀπευθύνοντες οἷον οἴακι, πειθοῖ ψυχῆς ἐφαπτόμε-
νοι κατὰ τὴν αὑτῶν διάνοιαν οὕτως ἄγοντες τὸ θνητὸν
πᾶν ἐκυβέρνων. ἄλλοι μὲν οὖν κατ' ἄλλους τόπους κλη-
ρουχήσαντες θεῶν ἐκεῖνα ἐκόσμουν, Ἥφαιστος δὲ κοινὴν
καὶ Ἀθηνᾶ φύσιν ἔχοντες, ἅμα μὲν ἀδελφὴν ἐκ ταὐτοῦ
πατρός, ἅμα δὲ φιλοσοφίᾳ φιλοτεχνίᾳ τε ἐπὶ τὰ αὐτὰ ἐλ-
θόντες, οὕτω μίαν ἄμφω λῆξιν τήνδε τὴν χώραν εἰλήχα-
τον ὡς οἰκείαν καὶ πρόσφορον ἀρετῇ καὶ φρονήσει πεφυ-
κυῖαν, ἄνδρας δὲ ἀγαθοὺς ἐμποιήσαντες αὐτόχθονας ἐπὶ D

διέθεσαν τὴν τῆς πολιτείας τάξιν· ὧν τὰ μὲν ὀνόματα σέσωσται, τὰ δὲ ἔργα διὰ τὰς τῶν παραλαμβανόντων φθορὰς καὶ τὰ μήκη τῶν χρόνων ἠφανίσθη. τὸ γὰρ περιλειπόμενον ἀεὶ γένος, ὥσπερ καὶ πρόσθεν ἐρρήθη, κατελείπετο ὄρειον καὶ ἀγράμματον, τῶν ἐν τῇ χώρᾳ δυναστῶν τὰ ὀνόματα ἀκηκοὸς μόνον καὶ βραχέα πρὸς αὐτοῖς τῶν
e ἔργων. τὰ μὲν οὖν ὀνόματα τοῖς ἐκγόνοις ἐτίθεντο ἀγαπῶντες, τὰς δὲ ἀρετὰς καὶ τοὺς νόμους τῶν ἔμπροσθεν οὐκ εἰδότες, εἰ μὴ σκοτεινάς περὶ ἑκάστων τινὰς ἀκοάς, ἐν ἀπορίᾳ δὲ τῶν ἀναγκαίων ἐπὶ πολλὰς γενεὰς ὄντες καὶ αὐτοὶ καὶ παῖδες, πρὸς οἷς ἠπόρουν τὸν νοῦν ἔχοντες,
110 τούτων πέρι καὶ τοὺς λόγους ποιούμενοι, τῶν ἐν τοῖς πρόσθεν καὶ πάλαι ποτὲ γεγονότων ἠμέλουν. μυθολογία γὰρ ἀναζήτησίς τε τῶν παλαιῶν μετὰ σχολῆς ἅμ' ἐπὶ τὰς πόλεις ἔρχεσθον, ὅταν ἴδητόν τισιν ἤδη τοῦ βίου τἀναγκαῖα κατεσκευασμένα, πρὶν δὲ οὔ. ταύτῃ δὴ τὰ τῶν παλαιῶν ὀνόματα ἄνευ τῶν ἔργων διασέσωται. λέγω δὲ αὐτὰ τεκμαιρόμενος, ὅτι Κέκροπός τε καὶ Ἐρεχθέως καὶ Ἐριχθονίου καὶ Ἐρυσίχθονος τῶν τε ἄλλων τὰ πλεῖστα, ὅσαπερ
b καὶ Θησέως τῶν ἄνω περὶ τῶν ὀνομάτων ἑκάστων ἀπομνημονεύεται, τούτων ἐκείνους τὰ πολλὰ ἐπονομάζοντας τοὺς ἱερέας Σόλων ἔφη τὸν τότε διηγεῖσθαι πόλεμον, καὶ τὰ τῶν γυναικῶν κατὰ τὰ αὐτά. καὶ δὴ καὶ τὸ τῆς θεοῦ σχῆμα καὶ ἄγαλμα, ὡς κοινὰ τότ' ἦν τὰ ἐπιτηδεύματα τοῖς τε γυναιξὶ καὶ τοῖς ἀνδράσι τὰ περὶ τὸν πόλεμον, οὕτω κατ' ἐκεῖνον τὸν νόμον ὡπλισμένην τὴν θεὸν ἀνά-
c θημα εἶναι τοῖς τότε, ἔνδειγμα ὅτι πάνθ' ὅσα ξύννομα ζῷα θήλεα καὶ ὅσα ἄρρενα, τὴν προσήκουσαν ἀρετὴν ἑκάστῳ γένει πᾶν κοινῇ δυνατὸν ἐπιτηδεύειν πέφυκεν.

IV Ὤικουν δὲ δὴ τότ' ἐν τῇδε τῇ χώρᾳ τὰ μὲν ἄλλα ἔθνη τῶν πολιτῶν περὶ τὰς δημιουργίας ὄντα καὶ τὴν ἐκ τῆς γῆς τροφήν, τὸ δὲ μάχιμον ὑπ' ἀνδρῶν θείων κατ'

ἀρχὰς ἀφορισθὲν ᾤκει χωρίς, πάντα εἰς τροφὴν καὶ παίδευσιν τὰ προσήκοντα ἔχον, ἴδιον μὲν αὐτῶν οὐδεὶς οὐδὲν κεκτημένος, ἅπαντα δὲ πάντων κοινὰ νομίζοντες αὐ- D
τῶν, πέρα δὲ ἱκανῆς τροφῆς οὐδὲν ἀξιοῦντες παρὰ τῶν ἄλλων δέχεσθαι πολιτῶν, καὶ πάντα δὴ τὰ χθὲς λεχθέντα ἐπιτηδεύματα ἐπιτηδεύοντες, ὅσα περὶ τῶν ὑποτεθέντων ἐρρήθη φυλάκων. καὶ δὴ καὶ τὸ περὶ τῆς χώρας ἡμῶν πιθανὸν καὶ ἀληθὲς ἐλέγετο, πρῶτον μὲν τοὺς ὅρους αὐτὴν ἐν τῷ τότ' ἔχειν ἀφωρισμένους πρὸς τὸν Ἰσθμὸν καὶ τὸ κατὰ τὴν ἄλλην ἤπειρον μέχρι τοῦ Κιθαιρῶνος καὶ Πάρνηθος τῶν ἄκρων, καταβαίνειν δὲ τοὺς ὅρους ἐν δεξιᾷ τὴν E
Ὠρωπίαν ἔχοντας, ἐν ἀριστερᾷ δὲ πρὸς θαλάττης ἀφορίζοντας τὸν Ἀσωπόν, ἀρετῇ δὲ πᾶσαν γῆν ὑπὸ τῆς ἐνθάδε ὑπερβάλλεσθαι, διὸ καὶ δυνατὴν εἶναι τότε τρέφειν τὴν χώραν στρατόπεδον πολὺ τῶν περιοίκων. μέγα δὲ τεκμήριον ἀρετῆς· τὸ γὰρ νῦν αὐτῆς λείψανον ἐνάμιλλόν ἐστι πρὸς ἥντινοῦν τῷ πάμφορον εὔκαρπόν τε εἶναι καὶ τοῖς ζώοις πᾶσιν εὔβοτον· τότε δὲ πρὸς τῷ κάλλει καὶ παμ- 111
πλήθη ταῦτα ἔφερε. πῶς οὖν δὴ τοῦτο πιστόν, καὶ κατὰ τί λείψανον τῆς τότε γῆς ὀρθῶς ἂν λέγοιτο; πᾶσα ἀπὸ τῆς ἄλλης ἠπείρου μακρὰ προτείνουσα εἰς τὸ πέλαγος οἷον ἄκρα κεῖται· τὸ δὴ τῆς θαλάττης ἀγγεῖον περὶ αὐτὴν τυγχάνει πᾶν ἀγχιβαθὲς ὄν. πολλῶν οὖν γεγονότων καὶ μεγάλων κατακλυσμῶν ἐν τοῖς ἐνακισχιλίοις ἔτεσι, τοσαῦτα γὰρ πρὸς τὸν νῦν ἀπ' ἐκείνου τοῦ χρόνου γέγονεν ἔτη, τὸ τῆς γῆς ἐν τούτοις τοῖς χρόνοις καὶ πάθεσιν ἐκ τῶν B
ὑψηλῶν ἀπορρέον οὔτε χῶμα, ὡς ἐν ἄλλοις τόποις, προχοῖ λόγου ἄξιον ἀεί τε κύκλῳ περιρρέον εἰς βάθος ἀφανίζεται. λέλειπται δή, καθάπερ ἐν ταῖς μικραῖς νήσοις, πρὸς τὰ τότε τὰ νῦν οἷον νοσήσαντος σώματος ὀστᾶ, περιερρυηκυίας τῆς γῆς, ὅση πίειρα καὶ μαλακή, τοῦ λεπτοῦ σώματος τῆς χώρας μόνου λειφθέντος· τότε δὲ ἀκέραιος

C οὖσα τά τε ὄρη γηλόφους ὑψηλοὺς εἶχε, καὶ τὰ φελλέας
νῦν ὀνομασθέντα πεδία πλήρη γῆς πιείρας ἐκέκτητο, καὶ
πολλὴν ἐν τοῖς ὄρεσιν ὕλην εἶχεν, ἧς καὶ νῦν ἔτι φανερὰ
τεκμήρια. τῶν γὰρ ὀρῶν ἔστιν ἃ νῦν μὲν ἔχει μελίτταις
μόναις τροφήν, χρόνος δ' οὐ πάμπολυς, ὅτε δένδρων αὐ-
τόθεν εἰς οἰκοδομήσεις τὰς μεγίστας ἐρεψίμων τμηθέντων
στεγάσματ' ἐστὶν ἔτι σᾶ. πολλὰ δ' ἦν ἄλλ' ἥμερα ὑψηλὰ
δένδρα, νομὴν δὲ βοσκήμασιν ἀμήχανον ἔφερε· καὶ δὴ
D καὶ τὸ κατ' ἐνιαυτὸν ὕδωρ ἐκαρποῦτο ἐκ Διός, οὐχ ὡς
νῦν ἀπολλῦσα ῥέον ἀπὸ ψιλῆς τῆς γῆς εἰς θάλατταν, ἀλλὰ
πολλὴν ἔχουσα καὶ εἰς αὐτὴν καταδεχομένη, τῇ κεραμίδι
στεγούσῃ γῇ διαταμιευομένη τὸ καταποθὲν ἐκ τῶν ὑψη-
λῶν ὕδωρ εἰς τὰ κοῖλα ἀφιεῖσα, κατὰ πάντας τοὺς τό-
πους παρείχετο ἄφθονα κρηνῶν καὶ ποταμῶν νάματα,
ὧν καὶ νῦν ἔτι ἐπὶ ταῖς πηγαῖς πρότερον οὔσαις ἱερὰ
λελειμμένα ἐστὶ σημεῖα, ὅτι περὶ αὐτῆς ἀληθῆ λέγεται
τὰ νῦν.

E V. Τὰ μὲν οὖν τῆς ἄλλης χώρας φύσει τε οὕτως εἶχε,
καὶ διεκεκόσμητο, ὡς εἰκός, ὑπὸ γεωργῶν μὲν ἀληθινῶν
καὶ πραττόντων αὐτὸ τοῦτο, φιλοκάλων δὲ καὶ εὐφυῶν,
γῆν δὲ ἀρίστην καὶ ὕδωρ ἀφθονώτατον ἐχόντων καὶ ὑπὲρ
τῆς γῆς ὥρας μετριώτατα κεκραμένας· τὸ δ' ἄστυ κατῳ-
κισμένον ὧδ' ἦν ἐν τῷ τότε χρόνῳ. πρῶτον μὲν τὸ τῆς
ἀκροπόλεως εἶχε τότε οὐχ ὡς τὰ νῦν ἔχει. νῦν μὲν γὰρ
112 μία γενομένη νὺξ ὑγρὰ διαφερόντως γῆς αὐτὴν ψιλὴν πε-
ριτήξασα πεποίηκε, σεισμῶν ἅμα καὶ πρὸ τῆς ἐπὶ Δευκα-
λίωνος φθορᾶς τρίτου πρότερον ὕδατος ἐξαισίου γενομέ-
νου· τὸ δὲ πρὶν ἐν ἑτέρῳ χρόνῳ μέγεθος μὲν ἦν πρὸς τὸν
Ἠριδανὸν καὶ τὸν Ἰλισὸν ἀποβεβηκυῖα καὶ περιειληφυῖα
ἐντὸς τὴν Πύκνα καὶ τὸν Λυκαβηττὸν ὅρον ἐκ τοῦ κατ-
αντικρὺ τῆς Πυκνὸς ἔχουσα, γεώδης δ' ἦν πᾶσα καὶ πλὴν
ὀλίγων ἐπίπεδος ἄνωθεν. ᾠκεῖτο δὲ τὰ μὲν ἔξωθεν, ὑπ'

αὐτὰ τὰ πλάγια αὐτῆς, ὑπὸ τῶν δημιουργῶν καὶ τῶν B
γεωργῶν ὅσοι πλησίον ἐγεώργουν· τὰ δ' ἐπάνω τὸ μάχι-
μον αὐτὸ καθ' αὑτὸ μόνον γένος περὶ τὸ τῆς Ἀθηνᾶς
Ἡφαίστου τε ἱερὸν κατῳκήκειν, οἷον μιᾶς οἰκίας κῆπον
ἑνὶ περιβόλῳ προσπεριβεβλημένοι. τὰ γὰρ πρὸς βορρᾶ
αὐτῆς ᾤκουν οἰκίας κοινὰς καὶ ξυσσίτια χειμερινὰ κατα-
σκευασάμενοι, καὶ πάντα, ὅσα πρέποντα ἦν τῇ κοινῇ πο-
λιτείᾳ δι' οἰκοδομήσεων ὑπάρχειν αὐτῶν καὶ τῶν ἱερέων, C
ἄνευ χρυσοῦ καὶ ἀργύρου· τούτοις γὰρ οὐδὲν οὐδαμόσε
προσεχρῶντο, ἀλλὰ τὸ μέσον ὑπερηφανίας καὶ ἀνελευ-
θερίας μεταδιώκοντες κοσμίας ᾠκοδομοῦντο οἰκήσεις, ἐν
αἷς αὐτοί τε καὶ ἐκγόνων ἔκγονοι καταγηρῶντες ἄλλοις
ὁμοίοις τὰς αὐτὰς ἀεὶ παρεδίδοσαν· τὰ δὲ πρὸς νότου
κήπους καὶ γυμνάσια συσσίτιά τε ἀνέντες οἷα θέρους κατ-
εχρῶντο ἐπὶ ταῦτα αὐτοῖς. κρήνη δ' ἦν μία κατὰ τὸν τῆς
νῦν ἀκροπόλεως τόπον, ἧς ἀποσβεσθείσης ὑπὸ τῶν σει- D
σμῶν τὰ νῦν νάματα σμικρὰ κύκλῳ καταλέλειπται, τοῖς
δὲ τότε πᾶσι παρεῖχεν ἄφθονον ῥεῦμα, εὐκρὰς οὖσα πρὸς
χειμῶνά τε καὶ θέρος. τούτῳ δὴ κατῴκουν τῷ σχήματι,
τῶν μὲν αὑτῶν πολιτῶν φύλακες, τῶν δὲ ἄλλων Ἑλλήνων
ἡγεμόνες ἑκόντων, πλῆθος δὲ διαφυλάττοντες ὅ τι μά-
λιστα ταὐτὸν ἑαυτῶν εἶναι πρὸς τὸν ἀεὶ χρόνον ἀνδρῶν
καὶ γυναικῶν τὸ δυνατὸν πολεμεῖν ἤδη καὶ τότε [ἔτι] περὶ
δύο μάλιστα ὄντες μυριάδας. E

VI. Οὗτοι μὲν οὖν δὴ τοιοῦτοί τε ὄντες αὐτοὶ καί τινα τοιοῦτον ἀεὶ τρόπον τήν τε ἑαυτῶν καὶ τὴν Ἑλλάδα δίκῃ διοικοῦντες, ἐπὶ πᾶσαν Εὐρώπην καὶ Ἀσίαν κατά τε σωμάτων κάλλη καὶ κατὰ τὴν τῶν ψυχῶν παντοίαν ἀρετὴν ἐλλόγιμοί τε ἦσαν καὶ ὀνομαστότατοι πάντων τῶν τότε· τὰ δὲ δὴ τῶν ἀντιπολεμησάντων αὐτοῖς οἷα αὖ ἦν ὥς τε ἀπ' ἀρχῆς ἐγένετο, μνήμης ἂν μὴ στερηθῶμεν ὧν ἔτι παῖδες ὄντες ἠκούσαμεν, εἰς τὸ μέσον αὐτὰ νῦν ἀπο-

δώσομεν ὑμῖν τοῖς φίλοις εἶναι κοινά. τὸ δ' ἔτι βραχὺ πρὸ
113 τοῦ λόγου δεῖ δηλῶσαι, μὴ πολλάκις ἀκούοντες Ἑλλη-
νικὰ βαρβάρων ἀνδρῶν ὀνόματα θαυμάζητε· τὸ γὰρ αἴ-
τιον αὐτῶν πεύσεσθε. Σόλων ἅτ' ἐπινοῶν εἰς τὴν αὑτοῦ
ποίησιν καταχρήσασθαι τῷ λόγῳ, διαπυνθανόμενος τὴν
τῶν ὀνομάτων δύναμιν, εὗρε τούς τε Αἰγυπτίους τοὺς
πρώτους ἐκείνους αὐτὰ γραψαμένους εἰς τὴν αὑτῶν φω-
νὴν μετενηνοχότας, αὐτός τε αὖ πάλιν ἑκάστου τὴν διά-
B νοιαν ὀνόματος ἀναλαμβάνων εἰς τὴν ἡμετέραν ἄγων φω-
νὴν ἀπεγράφετο· καὶ ταῦτά γε δὴ τὰ γράμματα παρὰ τῷ
πάππῳ τ' ἦν καὶ ἔτ' ἐστὶ παρ' ἐμοὶ νῦν διαμεμελέτηταί
τε ὑπ' ἐμοῦ παιδὸς ὄντος. ἂν οὖν ἀκούητε τοιαῦτα οἷα
καὶ τῇδε ὀνόματα, μηδὲν ὑμῖν ἔστω θαῦμα· τὸ γὰρ αἴ-
τιον αὐτῶν ἔχετε. μακροῦ δὲ δὴ λόγου τοιάδε τις ἦν
ἀρχὴ τότε.

VII. Καθάπερ ἐν τοῖς πρόσθεν ἐλέχθη περὶ τῆς τῶν
θεῶν λήξεως, ὅτι κατενείμαντο γῆν πᾶσαν ἔνθα μὲν μεί-
ζους λήξεις, ἔνθα δὲ καὶ ἐλάττους, ἱερὰ θυσίας τε αὑτοῖς
C κατασκευάζοντες, οὕτω δὴ καὶ τὴν νῆσον Ποσειδῶν τὴν
Ἀτλαντίδα λαχὼν ἐκγόνους ἑαυτοῦ κατῴκισεν ἐκ θνητῆς
γυναικὸς γεννήσας ἔν τινι τόπῳ τοιῷδε τῆς νήσου. πρὸς
θαλάττης μέν, κατὰ δὲ μέσον πάσης πεδίον ἦν, ὃ δὴ πάν-
των πεδίων κάλλιστον ἀρετῇ τε ἱκανὸν γενέσθαι λέγεται,
πρὸς τῷ πεδίῳ δ' αὖ κατὰ μέσον σταδίους ὡς πεντήκοντα
ἀφεστὸς ἦν ὄρος βραχὺ πάντῃ· τούτῳ δ' ἦν ἔνοικος τῶν
ἐκεῖ κατὰ ἀρχὰς ἐκ γῆς ἀνδρῶν γεγονότων Εὐήνωρ μὲν
D ὄνομα, γυναικὶ δὲ συνοικῶν Λευκίππῃ· Κλειτὼ δὲ μονο-
γενῆ θυγατέρα ἐγεννησάσθην. ἤδη δ' εἰς ἀνδρὸς ὥραν
ἡκούσης τῆς κόρης ἥ τε μήτηρ τελευτᾷ καὶ ὁ πατήρ, αὐ-
τῆς δὲ εἰς ἐπιθυμίαν Ποσειδῶν ἐλθὼν ξυμμίγνυται, καὶ
τὸν γήλοφον, ἐν ᾧ κατῴκιστο, ποιῶν εὐερκῆ περιρρή-
γνυσι κύκλῳ, θαλάττης γῆς τε ἐναλλὰξ ἐλάττους μείζους

τε περὶ ἀλλήλους ποιῶν τροχούς, δύο μὲν γῆς, θαλάττης
δὲ τρεῖς οἷον τορνεύων ἐκ μέσης τῆς νήσου, πάντῃ ἴσον
ἀφεστῶτας, ὥστε ἄβατον ἀνθρώποις εἶναι· πλοῖα γὰρ E
καὶ τὸ πλεῖν οὔπω τότ' ἦν. αὐτὸς δὲ τήν τε ἐν μέσῳ νῆσον
οἷα δὴ θεὸς εὐμαρῶς διεκόσμησεν, ὕδατα μὲν διττὰ ὑπὸ
γῆς ἄνω πηγαῖα κομίσας, τὸ μὲν θερμόν, ψυχρὸν δὲ ἐκ
κρήνης ἀπορρέον ἕτερον, τροφὴν δὲ παντοίαν καὶ ἱκανὴν
ἐκ τῆς γῆς ἀναδιδούς· παίδων δὲ ἀρρένων πέντε γενέσεις
διδύμους γεννησάμενος ἐθρέψατο, καὶ τὴν νῆσον τὴν
Ἀτλαντίδα πᾶσαν δέκα μέρη κατανείμας τῶν μὲν πρεσβυ-
τάτων τῷ προτέρῳ γενομένῳ τήν τε μητρῴαν οἴκησιν καὶ 114
τὴν κύκλῳ λῆξιν, πλείστην καὶ ἀρίστην οὖσαν, ἀπένειμε,
βασιλέα τε τῶν ἄλλων κατέστησε, τοὺς δὲ ἄλλους ἄρχον-
τας, ἑκάστῳ δὲ ἀρχὴν πολλῶν ἀνθρώπων καὶ [τόπον] πολ-
λῆς χώρας ἔδωκεν. ὀνόματα δὲ πᾶσιν ἔθετο, τῷ μὲν πρε-
σβυτάτῳ καὶ βασιλεῖ τοῦτο, οὗ δὴ καὶ πᾶσα ἡ νῆσος τό τε
πέλαγος ἔσχεν ἐπωνυμίαν, Ἀτλαντικὸν λεχθέν, ὅτι τοὔ-
νομ' ἦν τῷ πρώτῳ βασιλεύσαντι τότε Ἄτλας· τῷ δὲ δι-
δύμῳ μετ' ἐκεῖνόν τε γενομένῳ, λῆξιν δὲ ἄκρας τῆς νήσου B
πρὸς Ἡρακλείων στηλῶν εἰληχότι ἐπὶ τὸ τῆς Γαδειρικῆς
νῦν χώρας κατ' ἐκεῖνον τὸν τόπον ὀνομαζομένης, Ἑλλη-
νιστὶ μὲν Εὔμηλον, τὸ δ' ἐπιχώριον Γάδειρον, ὅπερ τὴν
ἐπίκλην ταύτην ὄνομα παράσχοι. τοῖν δὲ δευτέροιν γενο-
μένοιν τὸν μὲν Ἀμφήρη, τὸν δὲ Εὐαίμονα ἐκάλεσε· τρί-
τοις δέ, Μνησέα μὲν τῷ προτέρῳ γενομένῳ, τῷ δὲ μετὰ
τοῦτον Αὐτόχθονα· τῶν δὲ τετάρτων Ἐλάσιππον μὲν C
τὸν πρότερον, Μήστορα δὲ τὸν ὕστερον· ἐπὶ δὲ τοῖς πέμ-
πτοις τῷ μὲν ἔμπροσθεν Ἀζάης ὄνομα ἐτέθη, τῷ δ' ὑστέ-
ρῳ Διαπρεπής. οὗτοι δὴ πάντες αὐτοί τε καὶ ἔκγονοι
τούτων ἐπὶ γενεὰς πολλὰς ᾤκουν ἄρχοντες μὲν πολλῶν
ἄλλων κατὰ τὸ πέλαγος νήσων, ἔτι δέ, ὥσπερ καὶ πρότε-
ρον ἐρρήθη, μέχρι τε Αἰγύπτου καὶ Τυρρηνίας τῶν ἐντὸς

δεῦρο ἐπάρχοντες. Ἄτλαντος δὴ πολὺ μὲν ἄλλο καὶ τί-
D μιον γίγνεται γένος, βασιλεὺς δὲ ὁ πρεσβύτατος ἀεὶ τῷ
πρεσβυτάτῳ τῶν ἐκγόνων παραδιδοὺς ἐπὶ γενεὰς πολλὰς
τὴν βασιλείαν διέσωζον, πλοῦτον μὲν κεκτημένοι πλήθει
τοσοῦτον, ὅσος οὔτε πω πρόσθεν ἐν δυναστείαις τισὶ βα-
σιλέων γέγονεν οὔτε ποτὲ ὕστερον γενέσθαι ῥᾴδιος, κατε-
σκευασμένα δὲ πάντα ἦν αὐτοῖς, ὅσα ἐν πόλει καὶ ὅσα
κατὰ τὴν ἄλλην χώραν ἦν ἔργον κατασκευάσασθαι. πολλὰ
μὲν γὰρ διὰ τὴν ἀρχὴν αὐτοῖς προσῄειν ἔξωθεν, πλεῖστα
E δὲ ἡ νῆσος αὐτὴ παρείχετο εἰς τὰς τοῦ βίου κατασκευάς,
πρῶτον μὲν ὅσα ὑπὸ μεταλλείας ὀρυττόμενα στερεὰ καὶ
ὅσα τηκτὰ γέγονε, καὶ τὸ νῦν ὀνομαζόμενον μόνον, τότε
δὲ πλέον ὀνόματος ἦν τὸ γένος ἐκ γῆς ὀρυττόμενον ὀρει-
χάλκου κατὰ τόπους πολλοὺς τῆς νήσου, πλὴν χρυσοῦ
τιμιώτατον ἐν τοῖς τότε ὄν· καὶ ὅσα ὕλη πρὸς τὰ τεκτό-
νων διαπονήματα παρέχεται, πάντα φέρουσα ἄφθονα, τά
τε αὖ περὶ τὰ ζῷα ἱκανῶς ἥμερα καὶ ἄγρια τρέφουσα. καὶ
δὴ καὶ ἐλεφάντων ἦν ἐν αὐτῇ γένος πλεῖστον· νομὴ γὰρ
τοῖς τε ἄλλοις ζῴοις, ὅσα καθ' ἕλη καὶ λίμνας καὶ ποτα-
115 μούς, ὅσα τ' αὖ κατ' ὄρη καὶ ὅσα ἐν τοῖς πεδίοις νέμεται,
ξύμπασι παρῆν ἄδην, καὶ τούτῳ κατὰ ταὐτὰ τῷ ζῴῳ, με-
γίστῳ πεφυκότι καὶ πολυβορωτάτῳ. πρὸς δὴ τούτοις, ὅσα
εὐώδη τρέφει που γῆ τὰ νῦν, ῥιζῶν ἢ χλόης ἢ ξύλων ἢ
χυλῶν στακτῶν εἴτε ἀνθῶν ἢ καρπῶν, ἔφερέ τε ταῦτα
καὶ ἔτρεφεν εὖ· ἔτι δὲ τὸν ἥμερον καρπόν, τόν τε ξηρόν,
ὃς ἡμῖν τροφῆς ἕνεκά ἐστι, καὶ ὅσοις χάριν τοῦ σίτου προς-
B χρώμεθα — καλοῦμεν δὲ αὐτοῦ τὰ μέρη ὄσπρια — καὶ
τὸν ὅσος ξύλινος, πόματα καὶ βρώματα καὶ ἀλείμματα
φέρων, παιδιᾶς τε ὃς ἕνεκα ἡδονῆς τε γέγονε δυσθησαύ-
ριστος ἀκροδρύων καρπός, ὅσα τε παραμύθια πλησμο-
νῆς μεταδόρπια αγαπητα κάμνοντι τίθεμεν, ἅπαντα ταῦτα
ἡ τότε ποτὲ οὖσα ὑφ' ἡλίῳ νῆσος ἱερὰ καλά τε καὶ θαυ-

μαστὰ καὶ πλήθεσιν ἄπειρα ἔφερε. ταῦτα οὖν λαμβά-
νοντες πάντα παρὰ τῆς γῆς κατεσκευάζοντο τά τε ἱερὰ καὶ
τὰς βασιλικὰς οἰκήσεις καὶ τοὺς λιμένας καὶ τὰ νεώρια C
καὶ ξύμπασαν τὴν ἄλλην χώραν, τοιᾷδε ἐν τάξει διακο
σμοῦντες.

VIII. Τοὺς τῆς θαλάττης τροχούς, οἳ περὶ τὴν ἀρ-
χαίαν ἦσαν μητρόπολιν, πρῶτον μὲν ἐγεφύρωσαν, ὁδὸν
ἔξω καὶ ἐπὶ τὰ βασίλεια ποιούμενοι. τὰ δὲ βασίλεια ἐν
ταύτῃ τῇ τοῦ θεοῦ καὶ τῶν προγόνων κατοικήσει κατ'
ἀρχὰς ἐποιήσαντο εὐθύς, ἕτερος δὲ παρ' ἑτέρου δεχόμενος,
κεκοσμημένα κοσμῶν, ὑπερεβάλλετο εἰς δύναμιν ἀεὶ τὸν D
ἔμπροσθεν, ἕως εἰς ἔκπληξιν μεγέθεσι κάλλεσί τε ἔργων
ἰδεῖν τὴν οἴκησιν ἀπειργάσαντο. διώρυχα μὲν γὰρ ἐκ τῆς
θαλάττης ἀρχόμενοι τρίπλεθρον τὸ πλάτος, ἑκατὸν δὲ πο-
δῶν βάθος, μῆκος δὲ πεντήκοντα σταδίων, ἐπὶ τὸν ἐξω-
τάτω τροχὸν συνέτρησαν, καὶ τὸν ἀνάπλουν ἐκ τῆς θα-
λάττης ταύτῃ πρὸς ἐκεῖνον ὡς εἰς λιμένα ἐποιήσαντο, διε-
λόντες στόμα ναυσὶ ταῖς μεγίσταις ἱκανὸν εἰσπλεῖν. καὶ
δὴ καὶ τοὺς τῆς γῆς τροχούς, οἳ τοὺς τῆς θαλάττης διεῖρ- E
γον, κατὰ τὰς γεφύρας διεῖλον ὅσον μιᾷ τριήρει διέκπλουν
εἰς ἀλλήλους, καὶ κατεστέγασαν ἄνωθεν, ὥστε τὸν ὑπό-
πλουν κάτωθεν εἶναι· τὰ γὰρ τῶν τῆς γῆς τροχῶν χείλη
βάθος εἶχεν ἱκανὸν ὑπερέχον τῆς θαλάττης. ἦν δὲ ὁ μὲν
μέγιστος τῶν τροχῶν, εἰς ὃν ἡ θάλαττα συνετέτρητο, τρι-
στάδιος τὸ πλάτος, ὁ δ' ἑξῆς τῆς γῆς ἴσος ἐκείνῳ· τοῖν
δὲ δευτέροιν ὁ μὲν ὑγρὸς δυοῖν σταδίοιν πλάτος, ὁ δὲ
ξηρὸς ἴσος αὖ πάλιν τῷ πρόσθεν ὑγρῷ· σταδίου δὲ ὁ
περὶ αὐτὴν τὴν ἐν μέσῳ νησον περιθέων, ἡ δὲ νῆσος, ἐν 116
ᾗ τὰ βασίλεια ἦν, πέντε σταδίων τὴν διάμετρον εἶχε. ταύ-
την δὴ κύκλῳ καὶ τοὺς τροχοὺς καὶ τὴν γέφυραν πλε-
θριαίαν τὸ πλάτος οὖσαν ἔνθεν καὶ ἔνθεν λιθίνῳ περιε-
βάλλοντο τείχει, πύργους καὶ πύλας ἐπὶ τῶν γεφυρων

κατὰ τὰς τῆς θαλάττης διαβάσεις ἑκασταχόσε ἐπιστήσαν-
τες· τὸν δὲ λίθον ἔτεμνον ὑπὸ τῆς νήσου κύκλῳ τῆς ἐν
μέσῳ καὶ ὑπὸ τῶν τροχῶν ἔξωθεν καὶ ἐντός, τὸν μὲν
λευκόν, τὸν δὲ μέλανα, τὸν δὲ ἐρυθρὸν ὄντα· τέμνοντες
B δὲ ἅμα εἰργάζοντο νεωσοίκους κοίλους διπλοῦς ἐντός,
κατηρεφεῖς αὐτῇ τῇ πέτρᾳ. καὶ τῶν οἰκοδομημάτων τὰ
μὲν ἁπλᾶ, τὰ δὲ μιγνύντες τοὺς λίθους ποικίλα ὕφαινον
παιδιᾶς χάριν, ἡδονὴν αὐτοῖς ξύμφυτον ἀπονέμοντες·
καὶ τοῦ μὲν περὶ τὸν ἐξωτάτω τροχὸν τείχους χαλκῷ πε-
ριελάμβανον πάντα τὸν περίδρομον, οἷον ἀλοιφῇ προς-
χρώμενοι, τοῦ δ' ἐντὸς καττιτέρῳ περιέτηκον, τὸν δὲ περὶ
C αὐτὴν τὴν ἀκρόπολιν ὀρειχάλκῳ μαρμαρυγὰς ἔχοντι πυ-
ρώδεις.
IX. Τὰ δὲ δὴ τῆς ἀκροπόλεως ἐντὸς βασίλεια κατε-
σκευασμένα ὧδ' ἦν. ἐν μέσῳ μὲν ἱερὸν ἅγιον αὐτόθι τῆς
τε Κλειτοῦς καὶ τοῦ Ποσειδῶνος ἄβατον ἀφεῖτο, περι-
βόλῳ χρυσῷ περιβεβλημένον, τοῦτ' ἐν ᾧ κατ' ἀρχὰς ἐφί-
τυσαν καὶ ἐγέννησαν τὸ τῶν δέκα βασιλειδῶν γένος· ἔνθα
καὶ κατ' ἐνιαυτὸν ἐκ πασῶν τῶν δέκα λήξεων ὡραῖα αὐ-
τόσε ἀπετέλουν ἱερὰ ἐκείνων ἑκάστῳ. τοῦ δὲ Ποσειδῶνος
D αὐτοῦ νεὼς ἦν, σταδίου μὲν μῆκος, εὖρος δὲ τρισὶ πλέ-
θροις, ὕψος δ' ἐπὶ τούτοις σύμμετρον ἰδεῖν, εἶδος δέ τι
βαρβαρικὸν ἔχοντος· πάντα δὲ ἔξωθεν περιήλειψαν τὸν
νεὼν ἀργύρῳ, πλὴν τῶν ἀκρωτηρίων, τὰ δὲ ἀκρωτήρια
χρυσῷ· τὰ δὲ ἐντός, τὴν μὲν ὀροφὴν ἐλεφαντίνην ἰδεῖν
πᾶσαν χρυσῷ καὶ ὀρειχάλκῳ πεποικιλμένην, τὰ δὲ ἄλλα
πάντα τῶν τοίχων τε καὶ κιόνων καὶ ἐδάφους ὀρειχάλκῳ
περιέλαβον. χρυσᾶ δὲ ἀγάλματα ἐνέστησαν, τὸν μὲν θεὸν
E ἐφ' ἅρματος ἑστῶτα ἓξ ὑποπτέρων ἵππων ἡνίοχον, αὐτὸν
δὲ ὑπὸ μεγέθους τῇ κορυφῇ τῆς ὀροφῆς ἐφαπτόμενον,
Νηρῇδας δὲ ἐπὶ δελφίνων ἑκατὸν κύκλῳ· τοσαύτας γὰρ
ἐνόμιζον αὐτὰς οἱ τότε εἶναι· πολλὰ δ' ἄλλα ἀγάλματα

ἰδιωτῶν ἀναθήματα ἐνῆν. περὶ δὲ τὸν νεὼν ἔξωθεν εἰ-
κόνες ἁπάντων ἕστασαν ἐκ χρυσοῦ, τῶν γυναικῶν καὶ
αὐτῶν ὅσοι τῶν δέκα ἐγεγόνεσαν βασιλέων, καὶ πολλὰ
ἕτερα ἀναθήματα μεγάλα τῶν τε βασιλέων καὶ ἰδιωτῶν ἐξ
αὐτῆς τε τῆς πόλεως καὶ τῶν ἔξωθεν ὅσων ἐπῆρχον. βω-
μός τε δὴ ξυνεπόμενος ἦν τὸ μέγεθος καὶ τὸ τῆς ἐργα- 117
σίας ταύτῃ τῇ κατασκευῇ, καὶ τὰ βασίλεια κατὰ τὰ αὐτὰ
πρέποντα μὲν τῷ τῆς ἀρχῆς μεγέθει, πρέποντα δὲ τῷ περὶ
τὰ ἱερὰ κόσμῳ. ταῖς δὲ δὴ κρήναις, τῇ τοῦ ψυχροῦ καὶ τῇ
τοῦ θερμοῦ νάματος, πλῆθος μὲν ἄφθονον ἐχούσαις,
ἡδονῇ δὲ καὶ ἀρετῇ τῶν ὑδάτων πρὸς ἑκατέρου τὴν χρῆ-
σιν θαυμαστοῦ πεφυκότος, ἐχρῶντο περιστήσαντες οἰκο-
δομήσεις καὶ δένδρων φυτεύσεις πρεπούσας ὕδασι, δεξα-
μενάς τε αὖ τὰς μὲν ὑπαιθρίους, τὰς δὲ χειμερινὰς τοῖς B
θερμοῖς λουτροῖς ὑποστέγους περιτιθέντες, χωρὶς μὲν βα-
σιλικάς, χωρὶς δὲ ἰδιωτικάς, ἔτι δὲ γυναιξὶν ἄλλας καὶ ἑτέ-
ρας ἵπποις καὶ τοῖς ἄλλοις ὑποζυγίοις, τὸ πρόσφορον τῆς
κοσμήσεως ἑκάστοις ἀπονέμοντες. τὸ δὲ ἀπορρέον ἦγον
ἐπὶ τὸ τοῦ Ποσειδῶνος ἄλσος, δένδρα παντοδαπὰ κάλλος
ὕψος τε δαιμόνιον ὑπὸ ἀρετῆς τῆς γῆς ἔχον, τὸ δὲ καὶ ἐπὶ
τοὺς ἔξω κύκλους δι' ὀχετῶν κατὰ τὰς γεφύρας ἐπωχέ-
τευον· οὗ δὴ πολλὰ μὲν ἱερὰ καὶ πολλῶν θεῶν, πολλοὶ δὲ C
κῆποι καὶ γυμνάσια ἐκεχειρούργητο, τὰ μὲν ἀνδρῶν, τὰ δὲ
ἵππων χωρὶς ἐν ἑκατέρᾳ τῇ τῶν τροχῶν νήσῳ, τά τε ἄλλα
καὶ κατὰ μέσην τὴν μείζω τῶν νήσων ἐξῃρημένος ἱππό-
δρομος ἦν αὐτοῖς, σταδίου τὸ πλάτος ἔχων, τὸ δὲ μῆκος
περὶ τὸν κύκλον ὅλον ἀφεῖτο εἰς ἅμιλλαν τοῖς ἵπποις. δο-
ρυφορικαὶ δὲ περὶ αὐτὸν ἔνθεν τε καὶ ἔνθεν οἰκήσεις ἦσαν
τῷ πλήθει τῶν δορυφόρων· τοῖς δὲ πιστοτέροις ἐν τῷ D
σμικροτέρῳ τροχῷ καὶ πρὸς τῆς ἀκροπόλεως μᾶλλον ὄντι
διετέτακτο ἡ φρουρά, τοῖς δὲ πάντων διαφέρουσι πρὸς
πίστιν ἐντὸς τῆς ἀκροπόλεως περὶ τοὺς βασιλέας αὐτοὺς

ἦσαν οἰκήσεις δεδομέναι. τὰ δὲ νεώρια τριήρων μεστὰ ἦν
καὶ σκευῶν ὅσα τριήρεσι προσήκει, πάντα ἐξηρτυμένα
ἱκανῶς. καὶ τὰ μὲν δὴ περὶ τὴν τῶν βασιλέων οἴκησιν
οὕτω κατεσκεύαστο· διαβάντι δὲ τοὺς λιμένας ἔξω τρεῖς
E ὄντας ἀρξάμενον ἀπὸ τῆς θαλάττης ᾔειν ἐν κύκλῳ τεῖχος,
πεντήκοντα σταδίους τοῦ μεγίστου τροχοῦ τε καὶ λιμένος
ἀπέχον πανταχῇ, καὶ συνέκλειεν εἰς ταὐτὸν πρὸς τὸ τῆς
διώρυχος στόμα τὸ πρὸς θαλάττης. τοῦτο δὴ πᾶν συνῳ-
κεῖτο μὲν ὑπὸ πολλῶν καὶ πυκνῶν οἰκήσεων, ὁ δὲ ἀνά-
πλους καὶ ὁ μέγιστος λιμὴν ἔγεμε πλοίων καὶ ἐμπόρων
ἀφικνουμένων πάντοθεν, φωνὴν καὶ θόρυβον παντοδα-
πὸν κτύπον τε μεθ' ἡμέραν καὶ διὰ νυκτὸς ὑπὸ πλήθους
παρεχομένων.

X. Τὸ μὲν οὖν ἄστυ καὶ τὸ περὶ τὴν ἀρχαίαν οἴκησιν
σχεδὸν ὡς τότ' ἐλέχθη νῦν διεμνημόνευται· τῆς δ' ἄλλης
118 χώρας ὡς ἡ φύσις εἶχε καὶ τὸ τῆς διακοσμήσεως εἶδος,
ἀπομνημονεῦσαι πειρατέον. πρῶτον μὲν οὖν ὁ τόπος ἅπας
ἐλέγετο σφόδρα τε ὑψηλὸς καὶ ἀπότομος ἐκ θαλάττης, τὸ
δὲ περὶ τὴν πόλιν πᾶν πεδίον, ἐκείνην μὲν περιέχον, αὐτὸ
δὲ κύκλῳ περιεχόμενον ὄρεσι μέχρι πρὸς τὴν θάλατταν
καθειμένοις, λεῖον καὶ ὁμαλές, πρόμηκες δὲ πᾶν, ἐπὶ μὲν
θάτερα τρισχιλίων σταδίων, κατὰ δὲ μέσον ἀπὸ θαλάττης
ἄνω δισχιλίων. ὁ δὲ τόπος οὗτος ὅλης τῆς νήσου πρὸς
B νότον ἐτέτραπτο, ἀπὸ τῶν ἄρκτων κατάβορρος· τὰ δὲ
περὶ αὐτὸν ὄρη τότε ὑμνεῖτο πλῆθος καὶ μέγεθος καὶ κάλ-
λος παρὰ πάντα τὰ νῦν ὄντα γεγονέναι, πολλὰς μὲν κώμας
καὶ πλουσίας περιοίκων ἐν ἑαυτοῖς ἔχοντα, ποταμοὺς δὲ
καὶ λίμνας καὶ λειμῶνας τροφὴν τοῖς πᾶσιν ἡμέροις καὶ
ἀγρίοις ἱκανὴν θρέμμασιν, ὕλην δὲ καὶ πλήθει καὶ γένεσι
ποικίλην ξύμπασί τε τοῖς ἔργοις καὶ πρὸς ἕκαστα ἄφθο-
C νον. ὧδε οὖν τὸ πεδίον φύσει καὶ ὑπὸ βασιλέων πολλῶν
ἐν πολλῷ χρόνῳ διεπεπόνητο. τετράγωνον μὲν αὔθ'

ὑπῆρχε τὰ πλεῖστ' ὀρθὸν καὶ πρόμηκες, ὅ τι δ' ἐνέλειπε,
κατεύθυντο τάφρου κύκλῳ περιορυχθείσης· τὸ δὲ βάθος
καὶ πλάτος τό τε μῆκος αὐτῆς ἄπιστον μὲν τὸ λεχθέν, ὡς
χειροποίητον ἔργον, πρὸς τοῖς ἄλλοις διαπονήμασι τοσοῦ-
τον εἶναι, ῥητέον δὲ ὅ γε ἠκούσαμεν· πλέθρου μὲν γὰρ
βάθος ὀρώρυκτο, τὸ δὲ πλάτος ἁπάντῃ σταδίου, περὶ δὲ
πᾶν τὸ πεδίον ὀρυχθεῖσα συνέβαινεν εἶναι τὸ μῆκος στα- D
δίων μυρίων. τὰ δ' ἐκ τῶν ὀρῶν καταβαίνοντα ὑποδεχο-
μένη ῥεύματα καὶ περὶ τὸ πεδίον κυκλωθεῖσα, πρὸς τὴν
πόλιν ἔνθεν τε καὶ ἔνθεν ἀφικομένη, ταύτῃ πρὸς θάλατ-
ταν μεθεῖτο ἐκρεῖν. ἄνωθεν δὲ ἀπ' αὐτῆς τὸ πλάτος μά-
λιστα ἑκατὸν ποδῶν διώρυχες εὐθεῖαι τετμημέναι κατὰ τὸ
πεδίον πάλιν εἰς τὴν τάφρον τὴν πρὸς θαλάττης ἀφεῖντο,
ἑτέρα δὲ ἀφ' ἑτέρας αὐτῶν σταδίους ἑκατὸν ἀπεῖχεν· ᾗ
δὴ τήν τ' ἐκ τῶν ὀρῶν ὕλην κατῆγον εἰς τὸ ἄστυ καὶ τἆλλα
δὲ ὡραῖα πλοίοις κατεκομίζοντο, διάπλους ἐκ τῶν διω- E
ρύχων εἰς ἀλλήλας τε πλαγίας καὶ πρὸς τὴν πόλιν τεμόν-
τες. καὶ δὶς δὴ τοῦ ἐνιαυτοῦ τὴν γῆν ἐκαρποῦντο, χειμῶ-
νος μὲν τοῖς ἐκ Διὸς ὕδασι χρώμενοι, θέρους δὲ ὅσα γῆ
φέρει, τὰ ἐκ τῶν διωρύχων ἐπάγοντες νάματα. πλῆθος δέ,
τῶν μὲν ἐν τῷ πεδίῳ χρησίμων πρὸς πόλεμον ἀνδρῶν
ἐτέτακτο τὸν κλῆρον ἕκαστον παρέχειν ἄνδρα ἡγεμόνα, τὸ
δὲ τοῦ κλήρου μέγεθος εἰς δέκα δεκάκις ἦν στάδια, μυ- 119
ριάδες δὲ ξυμπάντων τῶν κλήρων ἦσαν ἕξ· τῶν δὲ ἐκ τῶν
ὀρῶν καὶ τῆς ἄλλης χώρας ἀπέραντος μὲν ἀριθμὸς ἀν-
θρώπων ἐλέγετο, κατὰ δὲ τόπους καὶ κώμας εἰς τούτους
τοὺς κλήρους πρὸς τοὺς ἡγεμόνας ἅπαντες διενενέμηντο.
τὸν οὖν ἡγεμόνα ἦν τεταγμένον εἰς τὸν πόλεμον παρέχειν
ἕκτον μὲν ἅρματος πολεμιστηρίου μόριον εἰς μύρια ἅρ-
ματα, ἵππους δὲ δύο καὶ ἀναβάτας, ἔτι δὲ ξυνωρίδα χωρὶς B
δίφρου καταβάτην τε σμικράσπιδα καὶ τὸν ἀμφοῖν μετ'
ἐπιβάτην τοῖν ἵπποιν ἡνίοχον ἔχουσαν, ὁπλίτας δὲ δύο

καὶ τοξότας σφενδονήτας τε ἑκατέρους δύο, γυμνῆτας δὲ
λιθοβόλους καὶ ἀκοντιστὰς τρεῖς ἑκατέρους, ναύτας δὲ
τέτταρας εἰς πλήρωμα διακοσίων καὶ χιλίων νεῶν. τὰ μὲν
οὖν πολεμιστήρια οὕτω διετέτακτο τῆς βασιλικῆς πόλεως,
τῶν δὲ ἐννέα ἄλλα ἄλλως, ἃ μακρὸς ἂν χρόνος εἴη λέγειν.
C XI. Τὰ δὲ τῶν ἀρχῶν καὶ τιμῶν ὧδ' εἶχεν ἐξ ἀρχῆς
διακοσμηθέντα. τῶν δέκα βασιλέων εἷς ἕκαστος ἐν μὲν
τῷ καθ' αὑτὸν μέρει κατὰ τὴν αὑτοῦ πόλιν τῶν ἀνδρῶν
καὶ τῶν πλείστων νόμων ἦρχε, κολάζων καὶ ἀποκτιννὺς
ὅντιν' ἐθελήσειεν· ἡ δὲ ἐν ἀλλήλοις ἀρχὴ καὶ κοινωνία
κατὰ ἐπιστολὰς ἦν τὰς τοῦ Ποσειδῶνος, ὡς ὁ νόμος αὐ-
τοῖς παρέδωκε καὶ γράμματα ὑπὸ τῶν πρώτων ἐν στήλῃ
γεγραμμένα ὀρειχαλκίνῃ, ἣ κατὰ μέσην τὴν νῆσον ἔκειτο
D ἐν ἱερῷ Ποσειδῶνος, οἷ δὴ δι' ἐνιαυτοῦ πέμπτου, τοτὲ δὲ
ἐναλλὰξ ἕκτου, συνελέγοντο, τῷ τε ἀρτίῳ καὶ τῷ περιττῷ
μέρος ἴσον ἀπονέμοντες, ξυλλεγόμενοι δὲ περί τε τῶν κοι-
νῶν ἐβουλεύοντο καὶ ἐξήταζον εἴ τίς τι παραβαίνοι, καὶ
ἐδίκαζον. ὅτε δὲ δικάζειν μέλλοιεν, πίστεις ἀλλήλοις τοιάσ-
δε ἐδίδοσαν πρότερον. ἀφέτων ὄντων ταύρων ἐν τῷ τοῦ
Ποσειδῶνος ἱερῷ, μόνοι γιγνόμενοι δέκα ὄντες, ἐπευξά-
E μενοι τῷ θεῷ τὸ κεχαρισμένον αὐτῷ θῦμα ἑλεῖν, ἄνευ
σιδήρου ξύλοις καὶ βρόχοις ἐθήρευον, ὃν δὲ ἕλοιεν τῶν
ταύρων, πρὸς τὴν στήλην προσαγαγόντες κατὰ κορυφὴν
αὐτῆς ἔσφαττον κατὰ τῶν γραμμάτων· ἐν δὲ τῇ στήλῃ
πρὸς τοῖς νόμοις ὅρκος ἦν μεγάλας ἀρὰς ἐπευχόμενος τοῖς
ἀπειθοῦσιν. ὅτ' οὖν κατὰ τοὺς αὑτῶν νόμους θύσαντες
120 καθαγίζοιεν πάντα τοῦ ταύρου τὰ μέλη, κρατῆρα κερά-
σαντες ὑπὲρ ἑκάστου θρόμβον ἐνέβαλλον αἵματος, τὰ δ'
ἄλλ' εἰς τὸ πῦρ ἔφερον, περικαθήραντες τὴν στήλην·
μετὰ δὲ τοῦτο χρυσαῖς φιάλαις ἐκ τοῦ κρατῆρος ἀρυτόμε-
νοι, κατὰ τοῦ πυρὸς σπένδοντες ἐπώμνυσαν δικάσειν τε
κατὰ τοὺς ἐν τῇ στήλῃ νόμους καὶ κολάσειν εἴ τίς τι πρό-

τερον παραβεβηκὼς εἴη, τό τε αὖ μετα τοῦτο μηδὲν τῶν γραμμάτων ἑκόντες παραβήσεσθαι, μηδὲ ἄρξειν μηδὲ ἄρχοντι πείσεσθαι πλὴν κατὰ τοὺς τοῦ πατρὸς ἐπιτάττοντι B
νόμους. ταῦτα ἐπευξαμενος ἕκαστος αὐτῶν αὑτῷ καὶ τῷ ἀφ' αὑτοῦ γένει, πιὼν καὶ ἀναθεὶς τὴν φιάλην εἰς τὸ ἱερὸν τοῦ θεοῦ, περὶ τὸ δεῖπνον καὶ τἀναγκαῖα διατρίψας, ἐπειδὴ γίγνοιτο σκότος καὶ τὸ πῦρ ἐψυγμένον τὸ περὶ τὰ θύματα εἴη, πάντες οὕτως ἐνδύντες ὅ τι καλλίστην κυανῆν στολήν, ἐπὶ τὰ τῶν ὁρκωμοσίων καύματα χαμαὶ καθίζοντες, νύκτωρ, πᾶν τὸ περὶ τὸ ἱερὸν ἀποσβεννύντες πῦρ, ἐδικάζοντό τε καὶ ἐδίκαζον, εἴ τίς τι παραβαίνειν αὐτῶν C
αἰτιῷτό τινα· δικάσαντες δὲ τὰ δικασθέντα, ἐπειδὴ φῶς γένοιτο, ἐν χρυσῷ πίνακι γράψαντες μετὰ τῶν στολῶν μνημεῖα ἀνετίθεσαν. νόμοι δὲ πολλοὶ μὲν ἄλλοι περὶ τὰ γέρα τῶν βασιλέων ἑκάστων ἦσαν ἴδιοι, τὰ δὲ μέγιστα, μήτε ποτὲ ὅπλα ἐπ' ἀλλήλους οἴσειν βοηθήσειν τε πάντας, ἄν πού τις αὐτῶν ἔν τινι πόλει τὸ βασιλικὸν καταλύειν ἐπιχειρῇ γένος, κοινῇ δέ, καθάπερ οἱ πρόσθεν, βουλευό- D
μενοι τὰ δόξαντα περὶ πολέμου καὶ τῶν ἄλλων πράξεων, ἡγεμονίαν ἀποδιδοντες τῷ Ἀτλαντικῷ γένει. θανάτου δὲ τὸν βασιλέα τῶν συγγενῶν μηδενὸς εἶναι κύριον, ἂν μὴ τῶν δέκα τοῖς ὑπὲρ ἥμισυ δοκῇ.

XII. Ταύτην δὴ τοσαύτην καὶ τοιαύτην δύναμιν ἐν ἐκείνοις τότε οὖσαν τοῖς τόποις ὁ θεὸς ἐπὶ τούσδε αὖ τοὺς τόπους ξυντάξας ἐκόμισεν ἔκ τινος τοιᾶσδε, ὡς λόγος, προφάσεως. ἐπὶ πολλὰς μὲν γενεάς, μέχρι περ ἡ τοῦ θεοῦ φύσις αὐτοῖς ἐξήρκει, κατήκοοί τε ἦσαν τῶν νόμων καὶ E
πρὸς τὸ ξυγγενὲς θεῖον φιλοφρόνως εἶχον· τὰ γὰρ φρονήματα ἀληθινὰ καὶ πάντη μεγάλα ἐκέκτηντο, πραότητι μετὰ φρονήσεως πρός τε τὰς ἀεὶ ξυμβαινούσας τύχας καὶ πρὸς ἀλλήλους χρώμενοι, διὸ πλὴν ἀρετῆς πάντα ὑπερορῶντες σμικρὰ ἡγοῦντο τὰ παρόντα καὶ ῥᾳδίως ἔφερον

121 οἷον ἄχθος τὸν τοῦ χρυσοῦ τε καὶ τῶν ἄλλων κτημάτων
ὄγκον, ἀλλ' οὐ μεθύοντες ὑπὸ τρυφῆς διὰ πλοῦτον ἀκρά
τορες αὑτῶν ὄντες ἐσφάλλοντο, νήφοντες δὲ ὀξὺ καθεώ-
ρων, ὅτι καὶ ταῦτα πάντα ἐκ φιλίας τῆς κοινῆς μετὰ ἀρε-
τῆς αὐξάνεται, τῇ δὲ τούτων σπουδῇ καὶ τιμῇ φθίνει
ταῦτά τε αὐτὰ κἀκείνη ξυναπόλλυται τούτοις. ἐκ δὴ λο-
γισμοῦ τε τοιούτου καὶ φύσεως θείας παραμενούσης πάντ'
αὐτοῖς ηὐξήθη, ἃ πρὶν διήλθομεν. ἐπεὶ δ' ἡ τοῦ θεοῦ μὲν
μοῖρα ἐξίτηλος ἐγίγνετο ἐν αὐτοῖς πολλῷ τῷ θνητῷ καὶ
B πολλάκις ἀνακεραννυμένη, τὸ δὲ ἀνθρώπινον ἦθος ἐπε-
κράτει, τότε ἤδη τὰ παρόντα φέρειν ἀδυνατοῦντες ἠσχη-
μόνουν, καὶ τῷ δυναμένῳ μὲν ὁρᾷν αἰσχροὶ κατεφαίνοντο,
τὰ κάλλιστα ἀπὸ τῶν τιμιωτάτων ἀπολλύντες, τοῖς δὲ ἀδυ-
νατοῦσιν ἀληθινὸν πρὸς εὐδαιμονίαν βίον ὁρᾷν τότε δὴ
μάλιστα πάγκαλοί τε μακάριοί τε ἐδοξάζοντο εἶναι, πλεο-
νεξίας ἀδίκου καὶ δυνάμεως ἐμπιπλάμενοι. θεὸς δὲ ὁ
θεῶν Ζεὺς ἐν νόμοις βασιλεύων, ἅτε δυνάμενος καθορᾷν
τὰ τοιαῦτα, ἐννοήσας γένος ἐπιεικὲς ἀθλίως διατιθέμενον,
δίκην αὐτοῖς ἐπιθεῖναι βουληθείς, ἵνα γένοιντο ἐμμελέ-
C στεροι σωφρονισθέντες, ξυνήγειρε θεοὺς πάντας εἰς τὴν
τιμιωτάτην αὐτῶν οἴκησιν, ἣ δὴ κατὰ μέσον παντὸς τοῦ
κόσμου βεβηκυῖα καθορᾷ πάντα, ὅσα γενέσεως μετείληφε,
καὶ ξυναγείρας εἶπεν. . . .

ΜΙΝΩΣ ἢ ΠΕΡΙ ΝΟΜΟΥ

[*πολιτικός.*]

ΤΑ ΤΟΥ ΔΙΑΛΟΓΟΥ ΠΡΟΣΩΠΑ

ΣΩΚΡΑΤΗΣ, ΕΤΑΙΡΟΣ.

St. II. p.

I. Ὁ νόμος ἡμῖν τί ἐστιν; 313

ΕΤ. Ποῖον καὶ ἐρωτᾷς τῶν νόμων;

ΣΩ. Τί δέ; ἔστιν ὅ τι διαφέρει νόμος νόμου κατ' αὐτὸ τοῦτο, κατὰ τὸ νόμος εἶναι; σκόπει γὰρ δὴ ὃ τυγχάνω ἐρωτῶν σε. ἐρωτῶ γάρ, ὥσπερ ἂν εἰ ἠρόμην, τί ἐστι χρυσός, εἴ με ὡσαύτως ἀνήρου, ὁποῖον καὶ λέγω χρυσόν, οἶομαί σε οὐκ ἂν ὀρθῶς ἐρέσθαι. οὐδὲν γάρ που διαφέρει οὔτε χρυσὸς χρυσοῦ οὔτε λίθος λίθου κατά γε τὸ λίθος B
εἶναι καὶ κατὰ τὸ χρυσός· οὕτω δὲ οὐδὲ νόμος που νόμου οὐδὲν διαφέρει, ἀλλὰ πάντες εἰσὶ ταὐτόν. νόμος γὰρ ἕκαστος αὐτῶν ἐστὶν ὁμοίως, οὐχ ὁ μὲν μᾶλλον, ὁ δ' ἧττον· τοῦτο δὴ αὐτὸ ἐρωτῶ τὸ πᾶν, τί ἐστι νόμος. εἰ οὖν σοι πρόχειρον, εἰπέ.

ΕΤ. Τί οὖν ἄλλο νόμος εἴη ἄν, ὦ Σώκρατες, ἀλλ' ἢ τὰ νομιζόμενα;

ΣΩ. Ἦ καὶ λόγος σοι δοκεῖ εἶναι τὰ λεγόμενα, ἢ ὄψις τὰ ὁρώμενα, ἢ ἀκοὴ τὰ ἀκουόμενα; ἢ ἄλλο μὲν λόγος, ἄλλο δὲ τὰ λεγόμενα· καὶ ἄλλο μὲν ὄψις, ἄλλο δὲ C
τὰ ὁρώμενα· καὶ ἄλλο μὲν ἀκοή, ἄλλο δὲ τὰ ἀκουόμενα, καὶ ἄλλο δὴ νόμος, ἄλλο δὲ τὰ νομιζόμενα; οὕτως ἢ πῶς σοι δοκεῖ;

ΕΤ. Ἄλλο μοι νῦν ἐφάνη.

II. ΣΩ. Οὐκ ἄρα νόμος ἐστὶ τὰ νομιζόμενα.

ΕΤ. Οὔ μοι δοκεῖ.

ΣΩ. Τί δῆτ' ἂν εἴη νόμος; ἐπισκεψώμεθα αὐτὸ ὧδε.
εἴ τις ἡμᾶς τὰ νῦν δὴ λεγόμενα ἀνήρετο, ἐπειδὴ ὄψει
314 φατὲ τὰ ὁρώμενα ὁρᾶσθαι, τίνι ὄντι τῇ ὄψει ὁρᾶται; ἀπε-
κρινάμεθ' ἂν αὐτῷ, ὅτι αἰσθήσει ταύτῃ τῇ διὰ τῶν ὀφθαλ-
μῶν δηλούσῃ τὰ πράγματα· εἰ δ' αὖ ἤρετο, τί δαί; ἐπειδὴ
ἀκοῇ τὰ ἀκουόμενα ἀκούεται, τίνι ὄντι τῇ ἀκοῇ; ἀπεκρι-
νάμεθ' ἂν αὐτῷ, ὅτι αἰσθήσει ταύτῃ τῇ διὰ τῶν ὤτων
δηλούσῃ ἡμῖν τὰς φωνάς. οὕτω τοίνυν καὶ εἰ ἀνέροιτο
ἡμᾶς, ἐπειδὴ νόμῳ τὰ νομιζόμενα νομίζεται, τίνι ὄντι τῷ
νόμῳ νομίζεται; πότερον αἰσθήσει τινὶ ἢ δηλώσει, ὥσπερ
B τὰ μανθανόμενα μανθάνεται δηλούσῃ τῇ ἐπιστήμῃ, ἢ εὑ-
ρέσει τινί, ὥσπερ τὰ εὑρισκόμενα εὑρίσκεται, οἷον τὰ μὲν
ὑγιεινὰ καὶ νοσώδη ἰατρικῇ, ἃ δὲ οἱ θεοὶ διανοοῦνται, ὥς
φασιν οἱ μάντεις, μαντικῇ· ἡ γάρ που τέχνη ἡμῖν εὕρεσίς
ἐστι τῶν πραγμάτων· ἢ γάρ;

ΕΤ. Πάνυ γε.

III. ΣΩ. Τί οὖν ἂν τούτων ὑπολάβοιμεν μαλιστα τὸν νόμον εἶναι;

ΕΤ. Τὰ δόγματα ταῦτα καὶ ψηφίσματα, ἔμοιγε δο-
κεῖ. τί γὰρ ἂν ἄλλο τις φαίη νόμον εἶναι; ὥστε κινδυ-
C νεύει, ὃ σὺ ἐρωτᾷς, τὸ ὅλον τοῦτο, νόμος δόγμα πόλεως
εἶναι.

ΣΩ. Δόξαν, ὡς ἔοικε, λέγεις πολιτικὴν τὸν νόμον.

ΕΤ. Ἔγωγε.

ΣΩ. Καὶ ἴσως καλῶς λέγεις· τάχα δὲ ὧδε ἄμεινον εἰσόμεθα. λέγεις τινὰς σοφούς;

ΕΤ. Ἔγωγε.

ΣΩ. Οὐκοῦν οἱ σοφοί εἰσι σοφίᾳ σοφοί;

ΕΤ. Ναί.

ΣΩ. Τί δέ; οἱ δίκαιοι δικαιοσύνῃ δίκαιοι;

ΕΤ. Πάνυ γε.

ΣΩ. Οὐκοῦν καὶ οἱ νόμιμοι νόμῳ νόμιμοι;

ΕΤ. Ναί. D

ΣΩ. Οἱ δὲ ἄνομοι ἀνομίᾳ ἄνομοι;

ΕΤ. Ναί.

ΣΩ. Οἱ δὲ νόμιμοι δίκαιοι;

ΕΤ. Ναί.

ΣΩ. Οἱ δὲ ἄνομοι ἄδικοι;

ΕΤ. Ἄδικοι.

ΣΩ. Οὐκοῦν κάλλιστον ἡ δικαιοσύνη τε καὶ ὁ νόμος;

ΕΤ. Οὕτως.

ΣΩ. Αἴσχιστον δὲ ἡ ἀδικία τε καὶ ἡ ἀνομία;

ΕΤ. Ναί.

ΣΩ. Καὶ τὸ μὲν σώζει τὰς πόλεις καὶ τἆλλα πάντα, ὸ δὲ ἀπόλλυσι καὶ ἀνατρέπει;

ΕΤ. Ναί.

ΣΩ. Ὡς περὶ καλοῦ ἄρα τινὸς ὄντος δεῖ τοῦ νόμου ιανοεῖσθαι, καὶ ὡς ἀγαθὸν αὐτὸ ζητεῖν.

ΕΤ. Πῶς δ' οὔ;

ΣΩ. Οὐκοῦν δόγμα ἔφαμεν εἶναι πόλεως τὸν νόμον; E

ΕΤ. Ἔφαμεν γάρ.

ΣΩ. Τί οὖν; οὐκ ἔστι τὰ μὲν χρηστὰ δόγματα, τὰ ὲ πονηρά;

ΕΤ. Ἔστι μὲν οὖν.

ΣΩ. Καὶ μὴν νόμος γε οὐκ ἦν πονηρός.

ΕΤ. Οὐ γάρ.

ΣΩ. Οὐκ ἄρα ὀρθῶς ἔχει ἀποκρίνεσθαι οὕτως ἁπλῶς, τι νόμος ἐστὶ δόγμα πόλεως.

ΕΤ. Οὐκ ἔμοιγε δοκεῖ.

ΣΩ. Οὐκ ἄρα ἁρμόττοι ἄν, τὸ πονηρὸν δόγμα νόμος ἶναι.

ΕΤ. Οὐ δῆτα.

IV. ΣΩ. Ἀλλὰ μὴν δόξα γέ τις καὶ αὐτῷ μοι κατα-
φαίνεται ὁ νόμος εἶναι· ἐπειδὴ δὲ οὐχ ἡ πονηρὰ δόξα,
ἆρα οὐκ ἤδη τοῦτο κατάδηλον, ὡς ἡ χρηστή, εἴπερ δόξα
νόμος ἐστίν;

ΕΤ. Ναί.

ΣΩ. Δόξα δὲ χρηστὴ τίς ἐστιν; οὐχ ἡ ἀληθής;

ΕΤ. Ναί.

315 ΣΩ. Οὐκοῦν ἡ ἀληθὴς δόξα τοῦ ὄντος ἐστὶν ἐξεύ-
ρεσις;

ΕΤ. Ἔστι γάρ.

ΣΩ. Ὁ νόμος ἄρα βούλεται τοῦ ὄντος εἶναι ἐξεύ-
ρεσις.

ΕΤ. Πῶς οὖν, ὦ Σώκρατες, εἰ ὁ νόμος τοῦ ὄντος
ἐστὶν ἐξεύρεσις, οὐκ ἀεὶ τοῖς αὐτοῖς νόμοις χρώμεθα περὶ
τῶν αὐτῶν, εἰ τὰ ὄντα γε ἡμῖν ἐξεύρηται;

ΣΩ. Βούλεται μὲν οὐδὲν ἧττον ὁ νόμος εἶναι τοῦ
ὄντος ἐξεύρεσις· εἰ δ' ἄρα μὴ τοῖς αὐτοῖς ἀεὶ νόμοις
B χρῶνται ἄνθρωποι, ὡς δοκοῦμεν, οὐκ ἀεὶ δύνανται ἐξευ-
ρίσκειν ὃ βούλεται ὁ νόμος, τὸ ὄν. ἐπεὶ φέρε ἴδωμεν, ἐὰν
ἄρα ἡμῖν ἐνθένδε κατάδηλον γένηται, εἴτε τοῖς αὐτοῖς ἀεὶ
νόμοις χρώμεθα ἢ ἄλλοτε ἄλλοις, καὶ εἰ ἅπαντες τοῖς αὐ-
τοῖς ἢ ἄλλοι ἄλλοις.

V. ΕΤ. Ἀλλὰ τοῦτό γε, ὦ Σώκρατες, οὐ χαλεπὸν
γνῶναι, ὅτι οὔτε οἱ αὐτοὶ ἀεὶ τοῖς αὐτοῖς νόμοις χρῶνται
ἄλλοι τε ἄλλοις. ἐπεὶ αὐτίκα ἡμῖν μὲν οὐ νόμος ἐστὶν ἀν-
C θρώπους θύειν ἀλλ' ἀνόσιον, Καρχηδόνιοι δὲ θύουσιν
ὡς ὅσιον ὂν καὶ νόμιμον αὐτοῖς, καὶ ταῦτα ἔνιοι αὐτῶν
καὶ τοὺς αὑτῶν υἱεῖς τῷ Κρόνῳ, ὡς ἴσως καὶ σὺ ἀκήκοας.
καὶ μὴ ὅτι βάρβαροι ἄνθρωποι ἡμῶν ἄλλοις νόμοις χρῶν-
ται, ἀλλὰ καὶ οἱ ἐν τῇ Λυκαίᾳ οὗτοι καὶ οἱ τοῦ Ἀθάμαν-
τος ἔκγονοι οἵας θυσίας θύουσιν Ἕλληνες ὄντες· ὥσπερ

καὶ ἡμᾶς αὐτοὺς οἶσθά που καὶ αὐτὸς ἀκούων, οἵοις νόμοις ἐχρώμεθα πρὸ τοῦ περὶ τοὺς ἀποθανόντας, ἱερεῖά τε προσφάττοντες πρὸ τῆς ἐκφορᾶς τοῦ νεκροῦ καὶ ἐγχυ- D τριστρίας μεταπεμπόμενοι· οἱ δ' αὖ ἐκείνων ἔτι πρότεροι αὐτοῦ καὶ ἔθαπτον ἐν τῇ οἰκίᾳ τοὺς ἀποθανόντας· ἡμεῖς δὲ τούτων οὐδὲν ποιοῦμεν. μυρία δ' ἄν τις ἔχοι τοιαῦτα εἰπεῖν· πολλὴ γὰρ εὐρυχωρία τῆς ἀποδείξεως, ὡς οὔτε ἡμεῖς ἡμῖν αὐτοῖς ἀεὶ κατὰ ταὐτὰ νομίζομεν οὔτε ἀλλήλοις οἱ ἄνθρωποι.

ΣΩ. Οὐδέν τοι θαυμαστόν ἐστιν, ὦ βέλτιστε, εἰ σὺ μὲν ὀρθῶς λέγεις, ἐμὲ δὲ τοῦτο λέληθεν. ἀλλ' ἕως ἂν σύ τε κατὰ σαυτὸν λέγῃς ἅ σοι δοκεῖ μακρῷ λόγῳ καὶ πάλιν E ἐγώ, οὐδὲν μή ποτε ξυμβῶμεν, ὡς ἐγὼ οἶμαι· ἐὰν δὲ κοινὸν τεθῇ τὸ σκέμμα, τάχ' ἂν ὁμολογήσαιμεν. εἰ μὲν οὖν βούλει, πυνθανόμενός τι παρ' ἐμοῦ κοινῇ μετ' ἐμοῦ σκόπει· εἰ δ' αὖ βούλει, ἀποκρινόμενος.

ΕΤ. Ἀλλ' ἐθέλω, ὦ Σώκρατες, ἀποκρίνεσθαι ὅ τι ἂν βούλῃ.

VI. ΣΩ. Φέρε δή, σὺ πότερα νομίζεις τὰ δίκαια ἄδικα εἶναι καὶ τὰ ἄδικα δίκαια, ἢ τὰ μὲν δίκαια δίκαια, τὰ δὲ ἄδικα ἄδικα;

ΕΤ. Ἐγὼ μὲν τά τε δίκαια δίκαια καὶ τὰ ἄδικα ἄδικα.

ΣΩ. Οὐκοῦν καὶ ἐν Πέρσαις οὕτως ὡς ἐνθάδε νο- 316 μίζεται;

ΕΤ. Ναί.

ΣΩ. Ἀλλ' ἀεὶ δήπου;

ΕΤ. Ἀεί.

ΣΩ. Πότερον δὲ τὰ πλεῖον ἕλκοντα βαρύτερα νομίζεται ἐνθάδε, τὰ δὲ ἔλαττον κουφότερα, ἢ τοὐναντίον;

ΕΤ. Οὔκ, ἀλλὰ τὰ πλεῖον ἕλκοντα βαρύτερα, τὰ δὲ ἔλαττον κουφότερα.

ΣΩ. Οὐκοῦν καὶ ἐν Καρχηδόνι καὶ ἐν Λυκαίᾳ;

Lightning Source UK Ltd.
Milton Keynes UK
UKHW021617261118
332986UK00012B/985/P

9 780332 415956